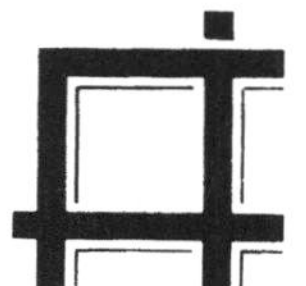

Forum Italicum
Filibrary Series
No. 33

Fratelli d'Italia

150 ANNI DI CULTURA, LAVORO, EMIGRAZIONE

A cura di
Luigi Troiani

✦ Forum Italicum Publishing ✦
Stony Brook, NY

Library of Congress Cataloging-in-Publication Data

Luigi Troiani, Fratelli d'Italia, 150 Anni di cultura, lavoro, emigrazione

p. cm.
1. 2.
3.
I. Title II. Series

ISBN 978-1-893127-36-4

Forum Italicum
Center for Italian Studies
State University of New York at Stony Brook
Stony Brook, NY 11794-3358
USA
www.italianstudies.org

Cover Acknowledgement:
Cinthia Pinotti, Tre Colori, 2011. Photo by Claudio Ciufo. Si ringrazia per la gentile concessione.

INDICE

INTRODUZIONE
Luigi Troiani vii

LO SVILUPPO POLITICO, ECONOMICO, SOCIALE, CULTURALE
Albino Gorini, Tre questioni per la storia unitaria 35
Raffaele Mambella, Dalle "Italie" all'Italia 44
Salvatore Rotella, Federalism in Italy: Past, Present and Future 69
Cinthia Pinotti, La questione giustizia "giusta" 81
Alja Van Klinken, Public and Private Media, in the Making of Italy 102
Raffaella Petrini, Saints and Patrons in the National History: The Case of Francis of Assisi 118
Daniella Allevato, Water: A Major Factor in Italy's History 130
Giuseppe Gazzola, Letterature della storia: le lezioni di Tiraboschi e De Sanctis 145

LAVORO ITALIANO DENTRO E FUORI DAI CONFINI
Mario B. Mignone, Rimesse e acquisti degli emigrati: risorsa per lo sviluppo dello stato unitario 163
Oreste Bazzichi, L'industria nella storia nazionale 186
Brandon Essary, Work and Migration in Italian Middle Age: Parallels with Present Times 202
Luigi Fontanella, The Experience of Italian Writers Expatriated in the USA: Some Preliminary Reflections 223
Amir Malek, Dialetti e lingua nella vicenda italiana 230
Irene Marchegiani, "Canale Mussolini", paradigma della storia nazionale 241

IL FATTORE INTERNAZIONALE: STORIA, ECONOMIA, CULTURA
Luigi Troiani, Un'interpretazione della politica estera italiana 255
Rocco Pezzimenti, Considerazioni sulla questione romana 288
Alan Hartman, The Role of the Italian National Parish in the Creation of an Italian-American Identity 299
Stefano Vaccara, La Mafia, strumento del governo locale 315
Luigi Troiani, Camere di Commercio italiane all'estero, emigrazione, politica estera economica 338
Simone Colafranceschi, La nascita delle Camere di commercio italiane negli Stati Uniti 357
Simona Frasca, Itinerari della canzone napoletana nel continente americano 370

DOCUMENTAZIONE
Corrispondenza tra Mario B. Mignone e Giorgio Napolitano
Lettera del prof. Mignone al presidente Napolitano 388
Lettera del presidente Napolitano al prof. Mignone 389
Raffaele Mambella
Historia Italica, tra confini e immagini 390
Luigi Troiani
Cronologia dell'unità 409
Capi di stato d'Italia 452
Variazioni del territorio d'Italia 1915-1975 453
Indicatori socio-economici di sviluppo 454
Sigle 456

GLI AUTORI 458

Introduzione

Un libro sull'Italia, in occasione del centocinquantenario, può apparire omaggio rituale all'evento che ha ridato *patria* politica a un popolo la cui unità era stata frantumata nel rovinare di Roma antica. La lettura di "*Fratelli d'Italia*" convincerà che curatore ed editore non hanno scelto la facile via della celebrazione, ma della ricerca critica e dell'analisi realistica. Il centocinquantenario non come evento apologetico, ma come opportunità per riflettere sui successi, senza nascondere i limiti se non i fallimenti, dello stato creato il 17 marzo 1861.

In questa prospettiva, al centro del libro stanno i due poli della questione unitaria: stato e popolo. Il primo, transitato da monarchia con statuto *octroyé*, a dittatura, a repubblica. Il secondo, disperso per quasi un millennio e mezzo tra poteri diversi e conflittivi, finalmente riunito sotto la stessa bandiera, il tricolore dell'assemblea cispadana di Reggio Emilia del 1797.

Lo stato, voluto dai padri della patria come edificatore di unità politica e integrazione sociale, costruttore e amministratore delle regole di convivenza, stimolo dello sviluppo economico, garante della sicurezza interna ed internazionale, attore di pace e concordia tra i popoli, è risultato spesso inadempiente rispetto a funzioni e doveri fissati dall'etica pubblica prima ancora che dalle carte costituzionali che si sono succedute. Per questa ragione, viene vissuto oggi da molti come distante, isolato nella *turris eburnea* di autoreferenze e privilegi sfacciatamente esibiti, nelle endogamie che dalla politica trasmigrano al sociale e all'economico, quel tanto da autorizzare il termine *casta* per qualificarne i comportamenti, sovvenzionati dal contribuente con 23 miliardi l'anno.

Il popolo, idealizzato dal risorgimento, reso suddito da monarchia e fascismo, in pienezza di cittadinanza grazie alla costituzione repubblicana, si è mostrato perfetto nell'interpretare le sue doti di solidarietà e convivialità, geniale nel tramutare il paese arretrato in potenza industriale mondiale, ma in palese difficoltà nell'interpretare i ruoli di datore di lavoro e controllore dei ceti dirigenti di stato e pubbliche amministrazioni. Difficoltà che gli deriva dall'aver scantonato dalla lezione mazziniana che la fruizione dei diritti può darsi solo *dopo* aver ottemperato ai doveri; dall'essersi reso complice della corruzione che sgretola dall'interno istituzioni e sistema economico: dal non aver saputo opporsi agli scellerati favori che politici, management pubblico e privato, burocrati dei livelli centrali e periferici si sono attribuiti dirottando su fini particolari una troppo grande fetta della ricchezza che democrazia e fatica dei connazionali generano.

Come dice il sottotitolo di copertina, il libro guarda in particolare a quanto espresso dai "Fratelli d'Italia" nel *lavoro,* nell'*emigrazione*, nella *cultura*. Questo perché è sembrato al curatore che la vicenda unitaria potesse essere meglio raccontata partendo da quelle tematiche, e perché Italia è essenzialmente lavoro e cultura come ha ben riassunto Carlo M. Cipolla in uno scritto del 1994:

> "L'Italia è ricca solo di marmo. La Germania ha il ferro e il carbone. L'Inghilterra aveva nel Medioevo la lana, poi il carbone, ora il petrolio. La Norvegia ha abbondanza di petrolio. La Francia è ricca d'ogni ben di Dio. L'Italia non ha avuto mai niente e non ha niente. Anche la terra è avara e scarsa: due sole le pianure fertili, in Puglia e in Lombardia. L'Italia è paragonabile alla Svizzera che pure è priva di ricchezze naturali, ma un conto è risolvere i problemi economici quando la popolazione del paese si aggira fra i 3 e gli 8 milioni di abitanti. Ben altro quando la popolazione era già oltre 10 milioni di abitanti quattro secoli or sono e ora supera i 56 milioni".

Non disponiamo né di materie prime industriali ed energetiche, né di territorio vasto e ben dotato. La nostra forza, la nostra opportunità di imporci nella famiglia delle nazioni sta nell'ingegno e nelle sue espressioni. E' così da sempre e lo è anche di più oggi, in tempi di competizione aperta e di società globale della conoscenza. Solo le eccellenze di cultura e lavoro che la nostra storia ha saputo esprimere, solo la duttilità e creatività che le nostre imprese manifestano, consentono di essere nazione rispettata. A testimoniarlo, anche nel presente, Nobel come Carlo Rubbia, Rita Levi Montalcini, Renato Dulbecco, Riccardo Giacconi.

L'errore dei periodi bui — è successo anche in stagione recente — è stato quello di dimenticare che trascurare o smarrire il "genio" italico significava privarci dell'unico grande *asset* in cassaforte. Altro errore di prossimità: l'illusione di poter staccare la spina del lavoro e continuare comunque ad arricchire, di abbassare la produttività e ricevere le stesse retribuzioni a compenso, di lasciare i figli studiare poco e male e poterli tuttavia indirizzare su posizioni ben remunerate nel mercato del lavoro. I migliori e più svegli di questi ultimi, in realtà, pensano ora ad andarsene, sognano di trasferirsi all'estero.

L'inchiesta pubblicata su "la Stampa" nel giugno del centocinquantenario, quota a quattro su dieci il numero dei nostri ragazzi che volentieri lascerebbero la penisola. Mettono sotto accusa lo scarso senso civico, la corruzione, la crisi economica. Sono consapevoli che, terminati gli studi, l'ingresso nel mercato del lavoro chiede loro fatica doppia rispetto ai coetanei di altri paesi (tripla rispetto a quelli tedeschi). Sanno che, quando arriverà il loro momento, si sentiranno probabilmente offrire un contratto a termine e meno di ottocento euro al mese. Il 44% dei nostri ragazzi aspetta più di un anno per lavorare. Il 28% degli under 25 è disoccupato. L'Italia è penultimo, tra i paesi Ocse (Organizzazione per la cooperazione e lo sviluppo economico), nella classifica del *Labour age gap*, misuratore del divario occupazionale tra lavoratori giovani e popolazione attiva complessiva. Questo indice pone a 1000 la situazione che meno discrimina i giovani: la media europea è 470, la media generale 508. I singoli valori: Danimarca 698, Olanda 691, Canada 676, Germania 607, Portogallo 442, Polonia 418, Spagna 416, Francia 401,Grecia 323. Il valore espresso dalla nostra Italia è 274.

Senza il potenziamento del sistema di istruzione e formazione, senza il suo collegamento al mercato del lavoro, senza politiche che rendano produttivo e ben retribuito il ceto dei docenti di ogni grado, il "genio" italico deperisce e scompare. Il nostro investimento in scuola e università non arriva al 5% del pil, contro la media Ocse del 6,1%. Dal 2003, unica eccezione il 2007, la nostra percentuale di spesa per scuola e università sulla spesa pubblica a tutti i livelli è in costante declino, arrivando ora al 9,3%, contro la media Ocse del 13,1%. Nel decennio scorso gli stipendi dei docenti sono diminuiti dell'1%, quando nei paesi Ocse sono cresciuti mediamente del 7%. Nel confronto con i connazionali con medesimo grado di istruzione ma altre occupazioni, i docenti guadagnano quasi la metà, esattamente il 40% in meno.

Alla lunga, il cattivo trattamento dell'istruzione pubblica porta a fenomeni di regressione collettiva, che già si avvertono in talune indagini sull'analfabetismo di ritorno di larghi strati della popolazione adulta. Su questa preoccupazione fanno testo i dati Eurostat che assegnano alla famiglia italiana una percentuale di spesa per cultura e ricreazione, rispetto al totale della spesa familiare, quartultima nell'Ue: 6,9% contro sette paesi membri piazzati tra l'11 e il 12%, e dieci tra l'8 e l'11%: dietro di noi solo Lituania, Bulgaria, Romania.

L'emigrazione, terzo focus del libro, sta tutta dentro questa vicenda, in quanto cultura e lavoro italiani delocalizzati nei luoghi dell'accoglienza straniera. Sintomatico errore di prospettiva, l'emigrazione, i 28 milioni di italiani partiti dal loro paese dall'unità (113 mila nell'ultimo anno), è analizzata da storici ed economisti *come se* fosse esterna allo sviluppo del paese, fattore aggiuntivo e separato, ritenuto positivo o negativo a seconda delle convenienze anche ideologiche del momento. In questo libro è parte a pieno titolo della storia patria, in termini etnici culturali e morali, ma anche economici e finanziari, visto il contributo essenziale che ha fornito all'accumulo delle risorse indispensabili al decollo di fine Ottocento, alla ricostruzione del secondo dopoguerra, al boom dei Sessanta del Novecento (v. Mignone). Hanno spazio, nel libro, le comunità di compatrioti dei luoghi di migrazione, in particolare Stati Uniti. Non casualmente parte dei contributi al libro provengono dagli atti della conferenza su emigrazione lavoro e unità realizzata a Stony Brook, nel tardo autunno 2010, ad inaugurazione del calendario di appuntamenti del centocinquantenario. Fu condiviso, in quel convegno e fuori, nei ragionamenti con relatori e autori, che occorresse mettere in evidenza la continuità *strutturale*, anche sul piano letterario e culturale, tra Italia e italiani costretti dalle circostanze a stabilirsi fuori dai confini. Le comunità di emigrati si propongono anzi, con il passare dei decenni, come l'Italia più genuina, sospesa tra ricordo e classicità, dove la contaminazione della contemporaneità ha trovato resistenza nell'attaccamento a identità e tradizioni delle radici. Di quell'Italia trattano più autori (v. Hartman e i contributi sulle Camere di commercio italiane all'estero).

Il curatore e il prof. Mignone, ospite della conferenza di Stony Brook, in tale convinzione risultano recidivi. Quindici anni fa, con altri compagni di ventura, grazie alla benevolente generosità della Federazione dei Cavalieri del Lavoro e dell'allora uomo Italia del Governatore dello stato di New York, prof. Paolo Palombo, promossero l'Aiae, Association of Italian American Educators e fondarono il Programma Ponte, aggregando a questo fine risorse intellettuali tra gli educatori italiani e italoamericani di ogni livello e grado. Da allora ogni estate una quindicina di studenti universitari, in stragrande numero italoamericani, soggiornano a Roma per un corso dedicato all'Italia contemporanea e contatti diretti con le realtà istituzionali, economiche e sociali della capitale. Due di quegli ex studenti (v. Essary e Malek) contribuiscono ai contenuti del libro, nel segno di una coerenza che ha meritato il riconoscimento dell'istituzione somma dell'unità del paese, prima con la medaglia conferita dalla Presidenza della Repubblica al programma e ai suoi esponenti italoamericani, oggi con l'alto onore dell'in-tervento del presidente Napolitano in chiusura di volume.

Un'Italia, tante Italie

Rispetto alle ricorrenze del cinquantenario e del centenario, si rilevano differenze importanti nel clima e nelle consapevolezze del paese. Ad un secolo e mezzo dalla creazione dello stato unitario, viene da talune forze politiche e culturali messa in discussione la stessa convenienza dell'operazione realizzata dai Savoia e Garibaldi, con la regia di Cavour. Il risorgimento è guardato da qualche partito con astio e diffidenza. Si arriva a negargli quel carattere di rinascita nazionale e popolare che l'etimo intende orgogliosamente evocare. Significativi ceppi culturali, che trovano anche rappresentanza politica, nel settentrione come nel meridione puntano al ritorno all'indietro, rivendicano dignità ai particolarismi che hanno preceduto la formazione del regno unitario. Se non giungono al rimpianto verso il Borbone, l'Asburgo, il papare, sono sufficientemente scontenti dei risultati dell'unità da lanciare pubblico anatema contro Garibaldi e Cavour, da irridere al tricolore e ipotizzare la secessione.

È stato deleterio che uomini con quest'ideologia ricoprissero cariche di governo nell'anno della commemorazione, giurando fedeltà ad una costituzione che ridurrebbero volentieri a incunabolo da biblioteca. Il fatto che quei personaggi abbiano messo la sordina alle aspirazioni separatiste mentre si accomodavano alla tavola di Roma e le abbiano rilanciate appena allontanati dai privilegi del potere centrale, la dice lunga sulla loro fede nelle idee (scarsa) e sui loro appetiti materiali (alti). E rende credibile la previsione di un'estenuante trattativa su ulteriori benefici comparativi da attribuire a zone già favorite dalle politiche pubbliche (v. Gorini). Resta il *vulnus* del linguaggio grossolano se non pecoreccio, che esponenti del separatismo adottano contro istituzioni e parti della nazione. Restano la pratica di azioni e l'esibizione di simboli inaccettabili, la nomina di sedicenti parlamenti, polizie, ministri, risibili riti da sagra di strapaese che riesumano miti e identità mai esistite.

Il tempo della demagogia e dei sofismi è quello che uccide filosofia e verità; la falsità che si pretende verità, se non contrastata, tende ad affermarsi. Purtroppo, in Italia, il cosiddetto quarto potere dei media denuncia un percorso, rispetto a quello di altri paesi, non sempre favorevole alla crescita dello spirito critico (v. Van Klinken). Non è casuale che da noi il termine *Federalismo*, per decenni parola d'ordine di battaglieri democratici desiderosi di traslare poteri dello stato ad un soggetto sovranazionale europeo, e di padri costituenti che vi avevano visto il modo di riorganizzare lo stato attraverso l'ulteriore valorizzazione degli istituti regionali, identifichi oggi, nella vulgata di un partito antitaliano, il processo di smembramento attraverso il quale condurre alla secessione la zona più ricca del paese, diventata tale anche grazie al lavoro degli immigrati meridionali, e ai trasferimenti che lo stato ha operato nelle tasche dei suoi abitanti attraverso investimenti, stipendi, pensioni. Tutto il contrario di quanto è nella realtà una Federazione. Combinazione vuole che giusto 150 anni fa gli Stati Uniti d'America fossero costretti in una sanguinosa e dolorosa guerra civile per affermare che Federazione significa consegna di poteri degli stati membri ad un centro superiore e cogente (v. Rotella), anche attraverso l'uso della forza, principio ampiamente illustrato e motivato nei *Federalist Papers* che, va ricordato, portavano la firma romana di *Publius*. Il *foederare* latino identificava l'unire in alleanza, non il separare e disperdere. Tant'è che a Roma *foedifragus* era colui che spezzava o violava il patto, il fedifrago (dal latino *foedus frango*, rompo l'alleanza). Quando tredici colonie indipendenti danno inizio alla rivoluzione americana, nel 1776, scelgono il motto *E pluribus unum,* per significare che è finito il tempo dello star separati e che ci si mescola in una sola grande nazione americana per rendersi indipendenti dall'impero britannico.

Tenere insieme l'Italia in modo equo e giusto è esercizio complesso e chiede equilibrio tra esigenze centrali e identità locali e regionali, tra le pretese di chi molto ha in termini economici e vorrebbe non disperderlo, e i bisogni di chi arranca nel basso se non misero reddito. E' inevitabile che equità e coesione vadano orientate a beneficio della parte del paese che è in difficoltà, in termini territoriali e/o sociali. Cos'altro potrebbe essere giustizia ed equità in un paese di democrazia e radici cristiane come il nostro? Soprattutto se si ha certezza che le responsabilità di ritardi e povertà non stanno tutte e solo da una parte, non appartengono solo ai territori o alle persone incapaci di procacciarsi benessere. Il Mezzogiorno arretrato e in preda a demoni come la criminalità organizzata e la mafia (v. Vaccara) è problema dell'intera nazione e come tale va trattato e risolto. Si guardi al disastro economico e sociale apportato da usurai e racket, che lavorano a tassi tra il 120 e il 240% l'anno, al tessuto imprenditoriale italiano. Si calcola che 190 mila imprese (50 al giorno) abbiano chiuso tra il 2008 e il 2011 per debiti da usura. Sarebbero 200 mila i commercianti coinvolti, 600 mila le posizioni debitorie, 130 mila i posti di lavoro distrutti.

Le sacche di povertà, che resistono nel sud, nelle periferie delle grandi città, in macchie di agricoltura povera di campagna o montagna, e la vasta rete criminale testimoniano inadeguatezze delle persone e dei territori, ma anche errori della politica e del tessuto sociale in generale. Come evidenziano alcuni autori (v. Marchegiani, Essary) le responsabilità della situazione sono antiche e diffuse.

Lo storico inglese David Abulafia, ne *I regni del Mediterraneo occidentale dal 1200 al 1300* (Laterza) afferma che in quei secoli il sud italiano era "molto ricco, produceva ampie quantità di cibo, indispensabili per la sopravvivenza delle regioni settentrionali". Racconta che i compratori europei, in particolare dal nord peninsulare scendevano in Campania e Sicilia per acquistarvi cibo, cotone, seta. Con Svevi, Angiò, Aragonesi risulta che il sud fosse decisamente prospero. Nella reputazione europea del tempo, tra le glorie italiche non compariva solo Firenze, ma Napoli e Palermo. Il medievista Franco Cardini, commentando la tesi di Abulafia, ha aggiunto, in un articolo uscito sul Corriere della Sera:

> Noi leggiamo abitualmente la storia partendo da nord e da ovest, mentre il medio evo andrebbe letto partendo da est e da sud, i punti cardinali che irradiavano civiltà e cultura. Basti pensare a Bisanzio, al Medio Oriente, al Nord Africa: e l'Italia meridionale si trovava proprio all'intersezione di quelle influenze.

Come lo stesso Cardini approfondisce, quello era un benessere che, pur potendo contare sull'esportazione di cibo e materie prime, veniva eterodiretto da sovrani, incluso lo svevo *stupor mundi* Federico II, proclivi a un'economia "dominata" e amministrata dall'alto: nel sud arrivavano acquirenti del nord, ma dagli affari non si generava borghesia produttiva locale. Un limite che si sarebbe ripercosso negativamente sulla formazione della struttura socio-economica del Mezzogiorno dell'epoca moderna. Le avvisaglie di decadenza sarebbero arrivate nel XVI e XVII secolo, benché ancora alla metà del '700 un filosofo e politico francese del calibro di Charles de Brosses, visitando Napoli dichiarasse: "Questa è la sola città d'Italia che abbia il sapore di una capitale".

I Borbone avrebbero drammatizzato il quadro complessivo del Mezzogiorno, assumendo comportamenti da sfruttatori coloniali, grassando i territori in loro dominio e spingendoli verso la decadenza. I sovrani ispanici si sarebbero rivelati paternalisti e reazionari, e avrebbero giocato le punte di aristocrazia colta napoletana e palermitana contro il popolino analfabeta e ignorante: sotto pesante pressione popolare avrebbero concesso due volte il regime costituzionale, e due volte, esaurito lo stato di costrizione, lo avrebbero abrogato. Nelle Due Sicilie era analfabeta totale l'87% della popolazione, eppure i Borbone incassavano primati italiani nei collegamenti ferroviari (Napoli-Portici, 1835) e marittimi (piroscafo a vapore, Castellammare di Stabia, 1818), e nei ponti sospesi (sul Garigliano, 1828).

Nel libro pubblicato da Svimez in occasione del centocinquantenario appare con evidenza che il sud nella stagione dell'unità produceva altrettanta ricchezza pro capite del centro nord. Le due velocità e i dualismi sono andati accentuandosi con l'unificazione. Novant'anni dopo, nel 1951, la ricchezza prodotta a sud era circa la metà di quella creata dal resto del paese. All'unità era "attivo nell'industria" il 22,8 per cento della popolazione meridionale, e solo il 15,5% di quella centro settentrionale. Al censimento del 2001, l'ultimo disponibile, solo 1 milione 600 mila meridionali trovavano impiego industriale, contro i 5,6 milioni del resto del paese.

Cavour, che aveva capito le istanze del meridione quel tanto da non desiderarne l'incorporazione nel regno d'Italia, si lasciò scappare che "mettere in armonia il Nord e il Sud" era complicato quanto una guerra contro l'Austria. Sul letto di morte, annusando il sangue che avrebbero scatenato le azioni dei suoi contro i *cafoni* meridionali, disse: "Tutti son buoni di governare con lo stato d'assedio. Io li governerò con la libertà". Purtroppo il nuovo stato, a tre mesi dalla fondazione, restò privo della consumata guida di moderazione ed equilibrio di Cavour, e si prestò a promuovere lo scontro di culture e interessi particolari invece dell'armonizzazione.

Il Mezzogiorno si era ritrovato nel regno senza sceglierlo e senza negarlo: i siciliani erano passati con Garibaldi dopo che a Calatafimi avevano visto i borbonici del brigadiere generale Landi, meglio armati e più numerosi, darsela a gambe. Quando il Generale prese a risalire lo stivale, le popolazioni non si misero contro di lui ma neppure con lui, scegliendo la posizione attendista. Anni dopo, trovandosi vessati e non riconoscendosi nei nuovi governanti, scatenarono la guerra del brigantaggio. Gli "unitari" vollero imporre, sulla canna dei fucili, una coscienza nazionale che non c'era e che non sarebbe certo nata dalle feroci azioni di settentrionali incapaci persino di spiegarsi e farsi capire, causa le differenze linguistiche della lunga penisola. Indro Montanelli, storico e giornalista un tempo monarchico e sempre conservatore, ha ricordato il 27 aprile 2001 nella sua rubrica sul Corriere della Sera che la guerra dello stato ai briganti del sud (1861-1865) "costò più sangue di tutte le battaglie contro l'Austria". Fu in quel tempo periglioso che iniziò, per evidente responsabilità delle decisioni di politica economica e sociale assunte nella capitale Torino, la dolorosa emorragia dell'emigrazione, durata un intero secolo. Un'emigrazione, si noti, che è ripresa da qualche anno, sempre come conseguenza di cattive scelte del governo.

Ma ancora prima che si scateni il brigantaggio, si viene meno non solo al dovere di costruire la base di affratellamento morale e culturale necessario al progetto unitario, ma agli obblighi minimi di cura dei prigionieri catturati nel disfacimento delle forze armate dei regimi abbattuti.

Nel 1861 i resti delle forze napoletana (in numero di quarantamila) e papalina (dai territori pontifici di Marche e Umbria) sono deportati in lager approntati sulle Alpi e in Sardegna (più di dodicimila). Fame e ghiaccio sono micidiali per uomini che vengono da ben altro clima. Nel forte della Val Chisone, a 1200 metri di altitudine, i prigionieri napoletani sono collocati sulla nuda terra, o in camerate dormitorio dalle quali i piemontesi tolgono le finestre. L'eroe della Cernaia (guerra di Crimea, 1855), Alfonso La Marmora, scrive a Cavour, facendo inconsapevole elogio dei *terroni* ostaggio della sua spietatezza: "I prigionieri dimostrano un pessimo spirito tanto che su 1600 non arriveranno a 100 quelli che acconsentiranno a prendere servizio. A Taluni che con arroganza pretendevano aver diritto di andare a casa perché non volevano prestare un nuovo giuramento avendo già giurato fedeltà a Francesco II, gli rinfacciai che erano un branco di carogne, che avremmo trovato il modo di metterli alla ragione". Nei registri i decessi da fame e assideramento non sono neppure rendicontati: il nuovo stato mostra per quegli italiani minore considerazione di quanta il nazismo ne avrà nei lager per gli ebrei, sterminati e gasati ma riconosciuti come individui da catalogare e schedare minuziosamente in termini di generalità, provenienza, effetti personali. A ulteriore ignominia dei graduati piemontesi può evidenziarsi che gli uomini periti nei campi sabaudi del nord erano stati militi di eserciti regolari catturati in un conflitto internazionale, non briganti e fuorilegge. Vi fu, contro il meridione, ferocia, razzismo, esercizio del dominio. Va detto che quello era lo stile della casa ... Savoia. Alfonso La Marmora non aveva riservato trattamento più umano agli insorti dei moti di Genova dell'aprile 1849, cannoneggiando la città, specie nei quartieri più poveri, con quasi cinquecento morti, e stupri e angherie sui civili.

Eppure proprio dal Napoletano il risorgimento aveva ricevuto ispirazione e la prima leva di insorgenti. Nei moti del 1820 (30 borghesi e 127 militari marciarono da Nola ad Avellino con la coccarda azzurra, nera e rossa della Carboneria), del '21, del '30, del '31, il Mezzogiorno risultò sempre protagonista, con i vari Ciro Menotti (impiccato per i suoi ideali), Carlo Pisacane, Guglielmo Pepe. Quest'ultimo, guidando nel '20 i congiurati campani, costrinse il Borbone alla costituzione, spingendo all'azione il movimento costituzionalista di altri stati italiani, ad iniziare dal Piemonte, dove Santorre di Santa Rosa sull'onda del successo di Pepe nel '21 guidò i suoi verso Novara per ottenere da Carlo Alberto la costituzione.

Certamente il passaggio dalle Italie all'Italia (v. Mambella), espresso nell'antichità attraverso ferro e *gladium*, avrebbe potuto trovare nella contemporaneità un modello meno traumatico e violento delle guerre per l'Indipendenza, della sanguinosa spedizione dei Mille, della successiva "pacificazione" *manu militari* dei territori appartenuti ai Borbone e al Pontefice. Certamente la restituzione di Roma alla comunità nazionale, senza alterarne la funzione di Santa Sede del cattolicesimo avrebbe potuto aver luogo senza una "presa" violatrice del *jus* internazionale e dilacerante per le coscienze (v. Pezzimenti). È tuttavia altrettanto certo che ovunque, nei processi di formazione della comunità degli stati sovrani, si ritrovano eguali vicende di aggregazione nazionale attraverso conquista insieme a consenso, ponendosi ovunque la forza come elemento costitutivo degli stati.

Il parto dell'unità è stato doloroso, come ogni altro nella comunità internazionale. A scandalizzare è che il riconoscimento a regionalismi e autonomie fissato dalla carta repubblicana, abbia tardato per decenni e non abbia ancora trovato pienezza di interpretazione. A scandalizzare è che il *risentimento* per le violente ingiustizie degli inizi e le inadempienze successive rispetto alle identità locali e regionali, lieviti nelle aree che più hanno ricevuto dall'unità, grazie alla posizione geoeconomica, e alla leadership, anche politica, assunta nei decenni sul paese. È curioso, e peggio, che si rilanci in tempi di globalizzazione e di integrazione europea, il velleitarismo delle *piccole patrie* da parte di ceti e territori che dovrebbero invece assumere le responsabilità di guida del paese nella sua interezza, verso la riconquista delle posizioni di leadership europea detenute sino alla metà degli anni Novanta dello scorso secolo. C'è da sperare che il governo del milanese Mario Monti vada in quella direzione. Ma serve la volontà politica dell'intero settentrione.

Non sono ammesse ambiguità. I padri fondatori hanno rimesso insieme i cocci di una nazione dispersa dalle invasioni barbariche del V secolo, dando forma politica a un potente e profondo vincolo unitario rimasto vivo nei secoli grazie ad almeno quattro elementi. L'eredità della classicità greco-romana; la ricomposizione culturale del tardo medioevo con il fulcro abbaziale, romanico-gotico e comunale; la lingua, le arti e la scienza cresciute nel mezzo millennio intercorso tra Dante e Manzoni, passando per i vari Galileo, Leonardo, Vico, Guicciardini, Machiavelli, Leopardi, e fenomeni grandiosi come i comuni, il rinascimento, l'illuminismo; il filo rosso del cattolicesimo, pervasivo al punto da far dire a un liberale come Croce che non possiamo non dirci tutti cristiani.

Le diversità e le ricchezze locali e regionali sono sempre esistite nella penisola, e si è trattato di un patrimonio che l'universalismo romano si è ben guardato dal distruggere (*parcere subiectis*), derivandone vantaggi in termini di potenza economica, culturale, politica. Così accadde nella lunga stagione comunale e delle signorie, e poi durante l'umanesimo, con l'esplosione positiva derivata dall'illuminismo e dalle rivoluzioni che dalla metà dell'Ottocento portarono alla contemporaneità del pluralismo e delle frontiere aperte.

Di quella profonda unità e diversità è data vasta testimonianza nel libro attraverso contributi che guardano a Francesco d'Assisi (v. Petrini), al-l'espressività in lingua e canzone locale (v. Gazzola, Frasca, Malek), all'apposizione/opposizione tra comunità diverse nel territorio nazionale (v. Marchegiani). Fu il fascismo a mortificare le identità locali, nel segno di una romanità malintesa e becera, che faceva il verso alla grandiosità anche militare di un passato estinto, con atteggiamento estraneo all'abitudine italica di tolleranza e curiosità verso le diversità espresse da altri italiani. Si trattò di eccezione ai due universalismi, greco-romano e cattolico, che hanno formato nei millenni il carattere della nazione.

Belli e bravi, nonostante tutto

Nel 1873, con Roma da poco capitale, Antonio Stoppani pubblica a Milano la sua opera più famosa, *Il bel paese*. Il titolo viene dal sonetto CXLVI del Canzoniere di Petrarca: "... il bel paese/ ch'Appennin parte, e 'l mar circonda e l'Alpe". Nel trascorrere del tempo l'espressione finisce sull'etichetta del formaggino per i più piccini, e nell'immaginario collettivo diventa espressione critica, epicedio ironico di una bellezza sfiorita e rimpianta, nel confronto tra il paese dei *Grand Tour* di innumerevoli spiriti europei e il paese nostro, deturpato da saccheggi delle città d'arte, dall'accerchiamento alle aree archeologiche, dalla cementificazione di coste e campagne, dall'avvelenamento di città hinterland fiumi laghi e mari, per scarichi e fumi. Delle 310 mila persone uccise ogni anno da inquinamento in Europa, 50 mila sono italiane. La pianura Padana, insieme al Benelux, appare l'area più esposta, con tre anni di vita in meno originati da inquinamento ambientale, specie atmosferico.

A dispetto di autolesionismo e cinismo con cui camuffiamo l'amore per l'Italia, che appartiene anche a tantissimi stranieri italiani d'elezione, il nostro rimane un paese davvero bello, perché i padri ci hanno consegnato città con centri storici dall'armonia insuperabile, e una natura antropizzata la cui eleganza non ha pari al mondo. Basta scorrere il lungo elenco dei siti italiani che l'Unesco include nel Patrimonio culturale e naturalistico del pianeta (47 su 936), dal primo (l'arte rupestre della Valcamonica, iscritto nel 1979) all'ultimo (i siti palafitticoli preistorici delle Alpi, iscritto nel 2011), per trovare conferma.

Nessun paese al mondo può vantare la quantità e la qualità di risultati, in termini di arte e pensiero, ma anche di ingegneria e tecnologia, accumulati dal nostro genio, nel corso dei millenni che hanno fatto la storia, visibili anche nella produzione dell'oggi.

Siamo il secondo paese manifatturiero dell'Ue, dopo la Germania. Sul sito Confindustria appare la mappa di migliaia di eccellenze industriali e tecnologiche, in continuo aggiornamento. L'innovazione la fa da padrona, dall'aerospazio al biotech, dalla chimica e farmaceutica alle energie rinnovabili e alle nanotecnologie, alla meccatronica, alla logistica. Il biotech conta quasi ottocento aziende, collocate specialmente nel nord-ovest, in Toscana, Emilia Romagna e Lazio, ma anche in Sicilia e nord-est. Il farmaceutico ha 330 aziende, lungo il Tirreno sino alla Campania (65 fanno ricerca e sviluppo, R&S), con un distretto di biomedicina e tecnologie per la salute in Sardegna. Delle quasi 15 mila aziende dell'alimentare, 384 conducono progetti di R&S. Tra le quasi 20 mila aziende del tessile-moda, 200 sono impegnate in R&S. Meccatronica (757 aziende e 30 progetti di R&S), e nanotecnologie (50 aziende e 50 progetti di R&S) chiudono l'elenco, di cui qui si offre qualche dettaglio. In totale sono 204 i centri di ricerca al servizio delle imprese (dati disponibili, 2008): 88 in università, 46 nel settore pubblico, 29 nel settore privato. Sono 22 i parchi scientifici e tecnologici, 19 i centri per innovazione e trasferimento tecnologico.

Sull'intreccio tra *bello* e *utile*, fenomeno specifico dell'eccellenza italiana che va a nostra gloria, il libro ospita diversi contributi (v. Allevato e Bazzichi).

Ospita anche scritti (compreso quello del curatore) che ricordano periodi bui, nei quali il genio nazionale è apparso appannato, poco incline a nobiltà e grandezza. E' giusto chiedersi perché siano accaduti, come facciamo per i clamorosi ripiegamenti di altre nazioni: l'improvviso declino della luminosa civiltà medievale araba, la chiusura del Giappone tra il 1639 e la missione del commodoro statunitense Perry del 1853, la scomparsa della Cina dalle mappe della storia intorno alla metà del XVI secolo subito dopo la gloria di unica potenza detentrice di navi oceaniche, l'imbarbarimento delle periferie urbane britanniche dopo l'ammainamento della *Union Jack* imperiale, l'eclissi di ragione e sentimento della Germania nazista.

In epoca moderna, la prima spinta al "declino" della penisola italica discende dagli effetti della corsa all'occidente americano. E' un fenomeno che lesiona l'intero Mediterraneo. Le zone del nord ovest peninsulare saranno meno toccate dal fenomeno, perché potranno continuare a trarre vantaggio dal cordone ombelicale che le lega all'Europa centrale e al meglio dello sviluppo continentale: Renania, Île-de-France, sud inglese.

Il regno d'Italia, consapevole della posizione decentrata della penisola, avrebbe dovuto affrontare con decisione il quadro di dualismo strutturale interno, ma non lo fa né agli inizi né dopo, decidendo di non assumere come snodo centrale della sua missione la questione della struttura italiana e del suo collegamento con l'evoluzione di produzione e commercio internazionali. Nei primi decenni pasticcia tra protezionismo e apertura doganale, penalizza gli agricoltori del sud a favore degli industriali del nord, inventa una tassa sul macinato che diventa anche un caso politico. Nonostante il servizio del debito debba onorare l'ingente massa di prestiti contratti nei decenni delle guerre per la creazione dello stato unitario, rifiuta di concentrarsi sull'edificazione della società nuova: si pensi agli immensi bisogni in termini di istruzione, sanità, igiene pubblica, infrastrutture, modernizzazione del sistema agro-industriale, equilibrio città-campagna. I Savoia preferiscono infilarsi nel tritacarne delle guerre coloniali per soddisfare l'ambizione a sedere al tavolo dei grandi. Dopo la "vittoria mutilata" della prima guerra mondiale, l'opzione li porterà dritti nelle braccia delle ambizioni fasciste.

I Savoia optano per la pratica di un vizio italiano antico almeno quanto il *particulare* che Francesco Guicciardini aveva additato alla coscienza della nazione, facendo prevalere sulla soddisfazione del bene comune quella della casa regnante e del suo *entourage* aristocratico e finanziario. Così gettano il seme di un malessere sociale profondo, che avrebbe generato sindacalismo militante e movimenti antisistema, facendo poi attecchire la mala pianta dell'estremismo politico. Si spingono larghe fette di popolo a non riconoscersi nel sistema e a collocarsi ai suoi margini, dando spazio a un indirizzo foriero di guai peggiori, a cominciare dal fascismo.

Il secondo decennio dello scorso secolo porta alla dispersione dell'insegnamento di civismo e impegno sociale, di patriottismo e spinta all'equità tra territori e classi, che viene dal risorgimento nelle sue venature liberali, cristiane e di socialismo umanitario, che sarebbe stato recuperato solo con la riscossa repubblicana del dopoguerra, anche in chiave europeista (Mazzini fu Giovine Europa oltre che Giovine Italia…). Persi nei *particulare*, le classi dominanti hanno scelto la guerra all'estero e lo scontro con i ceti meno abbienti all'interno. Non hanno voluto o potuto capire che a tutela dell'*interesse nazionale* avrebbero dovuto conferire priorità alle politiche sociali, all'istruzione di massa, al riscatto del Mezzogiorno.

Avrebbero edificato una nazione più forte e degna, arrestato l'emorragia dei milioni di emigranti che nei decenni priveranno il paese di un immenso patrimonio di risorse morali e intellettuali.

Qualcosa di meglio riuscirà a fare la Repubblica. Mette il Mezzogiorno in testa alle priorità di sviluppo della nazione: a testimoniarlo la riforma agraria, la Cassa per il Mezzogiorno, l'impegno dell'Iri. Sceglie Nato e sovranazionalità europea, come obiettivi dell'interesse nazionale nei rapporti internazionali. Ma intanto, nell'intermezzo della tragica stagione che ha liquidato il fascismo e avviato la Repubblica, oltre al tentativo di riscatto della dignità nazionale di cui si fa protagonista la Resistenza, si sono scritte pagine dolorose come gli eccidi nazisti in Italia (Marzabotto, Sant'Anna di Stazzema, le Fosse Ardeatine) e fuori (Cefalonia), le foibe carsiche, l'esodo giuliano-dalmata.

Anche la cacciata degli italiani dalla Libia di Gheddafi, le modalità con cui avviene, trovano radice in quel periodo. La citazione riporta alle considerazioni sul comportamento di politica estera di casa Savoia, su come quell'avventurismo distogliesse dalla cura degli squilibri storici interni.

Esaurito il quindicennio iniziale della Destra storica (1861-1876), l'Italia va per colonie già nei primi anni '80, ad appena due decenni dal costituirsi in unità. Acquista nel 1882 la baia di Assab sul mar Rosso, e nel 1885, in seguito all'uccisione dell'esploratore Gustavo Bianchi e di due suoi compagni, passa all'occupazione di Beilul e Massaua. Crispi, succeduto a Depretis nel 1887, sogna la continuità territoriale dal mar Rosso all'Etiopia trascinando la nazione in aggressioni esterne che fanno il paio con l'autoritarismo interno. Si proseguirà nello sperpero di risorse e nel sogno di grandezza anche nel secolo successivo sino alla seconda guerra mondiale, con episodi di crudeltà gratuita come i lager di Rodolfo Graziani in Libia (centomila detenuti), con gli internamenti di civili tra il 1940 e il 1943 in cinquanta luoghi di detenzione in territorio nazionale e in dieci fuori, con la repressione etnica contro croati e sloveni del fascismo di guerra.

All'inizio degli anni '50, l'analfabetismo colpisce ancora il 13% della popolazione. Un decennio dopo, anno del centenario, quel dato supera l'8%, circa 5 milioni e mezzo di persone. Gli analfabeti di ritorno e le persone che non possono esprimersi che in gergo dialettale, sono in numero anche maggiore, visto che nel 1951 solo un terzo della popolazione (35,4%, oltre 15 milioni) ha abbandonato il dialetto come unico ed esclusivo strumento di comunicazione.

Tra il 1950 e il 1961 l'Italia sperimenta il boom economico: l'aumento medio annuo del pil è del 6,7%. A fronte dell'aumento dei salari del 46,9% si ha incremento di produttività dell'84%. Si gonfiano grande industria ed esportazioni. L'Italia "copia" lo stile di fabbrica fordista degli Usa, scopre i giacimenti Agip in val Padana, vara il piano per l'acciaio di stato, ottiene l'Oscar della stabilità monetaria (1960). Il quadro politico è solido, avendo alla radice il modello di gestione sociale e di sviluppo economico einaudiano e degasperiano detto di "liberismo sociale". Considerando l'intero periodo tra il dopoguerra e i primi '70, il segno positivo del tasso di crescita scende di poco rispetto al solo decennio '50, ma è pur sempre del 5,4%. Cresce anche il pil pro-capite: tra il 1951 e il1972 segna +4,6%.

La guerra fredda forza i ceti dirigenti a corrispondere alle necessità delle masse popolari. Come posto dal rapporto del liberale Beveridge nel 1942, la solidità delle democrazie non può che fondarsi su livelli minimi di giustizia sociale e sulla soddisfazione dei bisogni umani, intesa come un nuovo diritto che lo stato deve salvaguardare e soddisfare.

L'incontro tra democristiani e socialisti, tra ispirazione della dottrina sociale della chiesa e il riformismo della scuola socialdemocratica renana condito con le tradizioni fabiane e turatiane, sostenuto dalle lotte dei sindacati dei lavoratori, porta l'Italia a livelli di *welfare* compatibili con le aspirazioni di quel rapporto. Ad avvantaggiarsi non è solo il principio di equità ma quello di sviluppo territoriale.

Se sotto il profilo sociale e politico l'Europa ha vissuto nei primi decenni del Novecento due emergenze, quella "rossa" (materializzatasi in particolare nell'azione dei bolscevichi in Russia e degli spartachisti a Berlino) e quella "nera" (fascismi e nazismo), dopo la seconda guerra mondiale vede prevalere la disponibilità di capitale e lavoro a dialogo e tolleranza. Questo è particolarmente vero nella Germania federale che, attraverso il meccanismo costituzionale del *Mitbestimmung*, crea con successo un modello di cogestione dell'economia e del sociale in grado di evitare i conflitti sociali troppo acuti e regolare investimenti e crescita in funzione di un progetto condiviso di società. Una visione sindacale della crescita e dello sviluppo, che rende la confederazione Dgb soggetto autorevole e responsabile, capace anche di stimolare la revisione da parte del partito amico socialdemocratico, Spd, dei presupposti marxisti della sua ideologia, con la conferenza del novembre 1959 a Bad Godesberg.

Niente del genere in Italia dove, causa anche il peso di un partito comunista ben radicato nel sindacato maggiore, la Cgil, vince la indisponibilità del lavoro ad assumere responsabilità di gestione, ritenendosi che il conflitto sociale debba costituirsi come elemento col quale le istituzioni della democrazia devono confrontarsi in permanenza. Si aggiunga che le forze sindacali appaiono frammentate nei tre filoni laico, cattolico, e socialista comunista, generando un habitat di rappresentanza sociale complesso in quanto a conciliazione degli interessi.

Con la crisi petrolifera del '73 le cose cambiano: come tutti, l'Italia è chiamata a ristrutturare il proprio sistema produttivo, fiaccato dall'imprevisto aumento della bolletta petrolifera, e il sindacato si fa trovare pronto per il dialogo sociale, grazie anche al cambiamento dello scenario politico che, dagli anni '60 ha imboccato la via del dialogo tra centristi e sinistra, finalizzata ad una nuova stagione di riforme. "Mani pulite", la serie di azioni giudiziarie che intorno alla metà degli anni Novanta decimerà il ceto politico al fine di combatterne malcostume e corruzione, interromperà quel processo, aprendo una nuova fase della politica e dell'economia.

Nel decennio '90, la crescita è dell'1,3% medio annuo, rispetto al 2,2 dell'intera area euro e al 3% degli Stati Uniti. Declinano anche gli investimenti, con aumenti medi dello 0,8%, l'1,5% in meno della media europea. Il tasso di partecipazione della forza lavoro si ferma al 58,5%, 20 punti meno degli Usa, 8 punti meno dell'area euro. Persino la presenza nel commercio internazionale, sofferente per l'apparizione di potenze nuove come i Bric (Brasile, Russia, India, Cina), è in progressiva diminuzione relativa, scendendo sotto il 4% di partecipazione alla torta totale (si abbassa ulteriormente l'investimento pubblico in promozione del Made in Italy, già risibile: 33 milioni di euro, contro 105 della Francia, 110 della Spagna, 112 del Regno Unito, 252 della Germania),

In detto scenario, le due fratture italiane, territoriale e sociale, tendono ad accentuarsi ulteriormente, in particolare nel Mezzogiorno. L'evidenza sta nel paragone con i partner europei, come illustrato da una ricerca di Confartigianato del novembre 2011. Il pil pro capite del Mezzogiorno supera solo del 13,8% la media delle venti regioni più povere dell'Ue. Nella crisi scatenatasi dal 2008, il sud ha perso 329 mila posti di lavoro, più del doppio rispetto ai quasi 160 mila del centro nord. La ricchezza pro capite prodotta nel sud è inferiore persino a quella di talune regioni rumene, polacche, slovacche, uscite dalla morsa comunista vent'anni fa. Fra le 271 regioni dell'Ue, è la Campania a registrare il tasso di occupazione più basso (al lavoro va solo il 40% dei potenziali addetti fra 15 e 64 anni) seguita da

Calabria e Sicilia. La Campania ha pure il più alto numero di maschi inattivi tra regioni europee, e più di un terzo, in numero di quasi 295 mila, del totale degli italiani in età lavorativa inattivi (nell'intero settentrione lo stesso dato si ferma a 326 mila). Disturba sapere che, nella classifica europea, regioni arretrate e periferiche come Réunion e Guyana stanno messe meglio. Siamo in coda anche nell'occupazione giovanile: la Calabria dà lavoro appena al 10,7% dei suoi ragazzi (peggio fa solo Martinica con 10,6%). E se in Calabria lavora un ragazzo su nove, in Basilicata e Campania lavora uno su otto. Al tempo stesso, nel sud il sistema clientelare e assistenziale fa sì che quasi un quarto degli addetti trovi occupazione nel settore pubblico, mentre la media paese è 16,1%; al contempo le pensioni d'invalidità sono quasi 1 milione 200 mila, sei circa ogni cento abitanti.

La frattura è anche tra i generi. All'assemblea di luglio 2010 del Consiglio nazionale dell'economia e lavoro, Cnel, è stato presentato un rapporto che evidenziava come, tra il 1960 e il 2008, la percentuale di popolazione femminile occupata sia passata soltanto dal 26,9 al 33,4% del totale della popolazione. Il tasso italiano di attività femminile, fra i minori nell'Ue, fa sì che cinque regioni del sud (Sicilia, Calabria, Puglia, Basilicata, Campania) siano quelle con meno occupazione femminile europea.

Altro dato sociale da evidenziare: la quantità esorbitante di lavoro nero. Il sommerso italiano supererebbe il 10% e, tenendo conto anche degli immigrati, potrebbe arrivare intorno al 15% del lavoro totale, con perdite enormi per fiscalità, capacità dell'assistenzialismo pubblico, *welfare* in senso lato. A sud il sommerso è a un livello quasi doppio del centro nord, superando il 20%.

Si arriva al centocinquantenario nel mezzo di squilibri non sanati, chiudendo il 2011 con una recessione dove le retribuzioni crescono meno dell'inflazione (la forbice tende al 2%), in un quadro salariale già depresso nel confronto con i paesi Ocse. Il salario annuo medio, calcolato in dollari, dopo tasse e contributi, per lavoratore *single* e senza figli risulta in Italia, pari a 25.155, contro 27.084 in Spagna, 28.028 in Francia, 31.573 in Germania, 33.171 negli Stati Uniti, 39.929 in Gran Bretagna. Peggio di noi, in Europa, risultano Islanda, Portogallo e Grecia, più ovviamente tutti i paesi ex comunisti.

Allarma in particolare la nazione e i mercati che comprano debito italiano, la situazione del debito sovrano dell'Italia.

Il debito pubblico rapportato al prodotto interno lordo, pil, è, a fine 2011, intorno al 120%, e rappresenta il terzo debito pubblico del mondo. Genera una spesa per interessi da pagare ai detentori delle obbligazioni statali, il cosiddetto servizio del debito (valore nominale di tutte le passività lorde consolidate delle amministrazioni pubbliche, centrali, enti locali e istituti previdenziali pubblici, costituito da biglietti, monete e depositi, titoli diversi dalle azioni, esclusi gli strumenti finanziari derivati, e prestiti), di circa 70 miliardi l'anno. Il nostro debito era stato ampiamente sotto il 50% sino al 1975, lontano dal 100% sino alla metà degli anni '80, pericolosamente prossimo a quota 100 all'inizio del decennio successivo, e dal 1992 mai più sotto quel limite anche simbolico, sforando persino la vetta dei 120 punti tra il 1994 e il 1996.

Il peso abnorme degli interessi sottoscritti negli ultimi decenni rendono di difficile governabilità la situazione e i mercati se ne danno conto, chiedendo alti interessi per sottoscrivere i Buoni del Tesoro.

Debito da sanare ed equità nel prelievo a copertura della spesa pubblica, diventano binomio che tocca la natura del sistema democratico. In carenza di crescita, l'esosità del costo sociale (si pensi ai tagli fissati dalla manovra Monti su pensioni e prestazioni di stato, regioni e comuni) imposto ai singoli e alle imprese, potrà essere ritenuta in linea con le aspettative democratiche soltanto se si riverserà anche sui privilegi accumulati nei livelli alti dell'amministrazione e della politica. Bisogna partire dalla constatazione che il 54,5% dei pensionati italiani (7,5 milioni) riceve meno di mille euro mensili, il 23,3% (3,2 milioni) meno di cinquecento, un altro 23% tra mille e millecinquecento. E che i 2238 assegni pagati mensilmente da Camera e Senato per vitalizi a ex membri, costano 218,3 milioni l'anno e sono di ben altra consistenza.

Così quando si fa raccolta tra i cittadini per tappare le falle della finanza di regioni ed enti locali, bisogna dire che non possiamo permetterci di spendere 150 miliardi di euro l'anno per i costi delle amministrazioni locali, tanto più se guardiamo che fra il 2001 e il 2008 gli enti regione hanno dilatato le spese di quasi il 48%, infilandosi in sperequazioni tra regione e regione che non hanno nessun senso, se non quello del saccheggio del pubblico denaro. Due esempi. Il presidente dell'assemblea calabrese dispone di 600 mila euro per spese di rappresentanza, 54 volte più del pari grado della regione Emilia Romagna che ha ben altra ricchezza e peso economico e il doppio di abitanti. Il consigliere regionale lombardo e pugliese riceve una indennità di fine mandato due volte e mezza più pingue di quella dei consiglieri di altre regioni.

Nel paragone con gli Stati Uniti, potremmo arrossire. Abbiamo a livello centrale quasi il doppio dei parlamentari, con costi annui di diverse centinaia di milioni. Un parlamentare statunitense riceve 10.315 euro lordi, 1.389 meno del trattamento mensile lordo dei nostri deputati. Le indennità parlamentari italiane ammontano a 11.704 euro mensili, e sono le massime in Europa; l'Austria, seconda in graduatoria, non va oltre gli 8.882 euro, la Germania si ferma a 7.009 euro, la Francia a 6.892. Malta, fanalino di coda, sta a 1.314 euro. L'attuale presidente degli Stati Uniti guadagna al lordo 34.416 euro annui meno del presidente della provincia di Bolzano, che porta a casa 25.600 euro al mese. Il governatore Andrew Cuomo prende al lordo 10.612 euro al mese e quello del Maine, 4.150; mediamente i governatori statunitensi hanno in busta paga 93.450 euro, 7.787 al mese. E', al lordo e prima delle tasse, meno della metà di quanto al netto riscuota il governatore della Sicilia, regione che, in forza dello statuto speciale, sciala anche più di altre. Sempre al netto, lo stipendio del presidente della giunta del Veneto è 12.615 euro, e meglio sta il collega calabrese con 13.353 euro. E comunque il governatore di New York incassa meno anche di quanto, tra indennità e rimborsi, porta a casa al netto un semplice consigliere regionale molisano (10.255 euro) e pugliese (11.461), o un deputato sardo (11.417).

I partiti (per le elezioni politiche del 2008 quelli in lizza hanno avuto spese autorizzate per 136 milioni e ottenuto rimborsi per 503 milioni...), la dirigenza di stato e regioni, devono compiere un passo indietro, ridurre le pretese finanziarie, sottoporsi a dimagrimento pesante, dopo aver troppo sottratto al bilancio pubblico in decenni che hanno visto crescere le ingiustizie economiche e sociali.

Nel ragionamento entra anche il capitolo fiscale. Se lo stato vuole rispetto e adesione dei cittadini, deve cancellare la vergogna di italiani che vivono alle spalle di altri italiani che lavorano e pagano regolarmente le imposte. Né la questione riguarda solo i cittadini, visto che nella penisola operano lavoratori e imprenditori stranieri che pagano a testa mediamente al fisco 2.810 euro l'anno contro i 4.865 degli italiani, per un totale di sei miliardi. Non sorprenda l'importo: le aziende con titolare estero sono in Italia 400 mila, il che significa che un imprenditore su dieci è straniero (ai primi posti marocchini, rumeni, cinesi).

Trent'anni fa, l'allora ministro delle Finanze Reviglio denunciava evasione fiscale pari al 7, 8% del reddito nazionale. Secondo il presidente dell'Istat Giovannini quel dato si colloca ora tra il 16,3 e il 17,5% del prodotto interno lordo: tra 255 e 273 miliardi di euro, cinque volte i 54 miliardi del 1981. Ci sono solo 77 mila persone che denunciano redditi annui superiori a 200 mila euro, contro 206 mila automobili di lusso (costo medio 103 mila euro) vendute ogni anno. E però, mentre negli Stati Uniti fra il 2000 e il 2007 sono state incarcerate per un tempo medio di trenta mesi per reati fiscali federali quasi 12 mila persone, nel paese europeo a più alto tasso di evasione, il nostro, la situazione appare diversa. Nel 2005, su 6120 denunciati, in galera sono andati 170, 2,8%. Nel 2009 su 11.489 denunciati ci sono stati 144 arrestati, l'1,3%. Nei primi cinque mesi del 2011, 5360 denunciati e 108 arrestati, 2%. Si noti che negli Stati Uniti si va dentro subito dopo la condanna di primo grado, e che se ad evadere è un'impresa, il manager prende in media 37 mesi perché si presume abbia maggiore consapevolezza della norma e della colpa.

Un fisco non equo, invece di essere elemento di solidale ed efficace ridistribuzione della ricchezza, diventa ulteriore fattore di ingiusta polarizzazione sociale, fondando squilibri aggiuntivi tra la popolazione, e sovvertendo la logica di far arricchire chi più e meglio lavora e produce; toglie pesantemente ad alcuni, i cosiddetti "soliti noti", i cittadini per bene che producono e investono alla luce del sole, e ridistribuisce anche ai mariuoli che evadono.

Stessa logica di ricerca di equità deve riguardare il trattamento di chi porta fondi neri all'estero. In Svizzera, secondo l'Associazione banche ticinesi, soggetti italiani hanno depositi per circa 150 miliardi di euro; e c'è chi, sommando il valore di lingotti d'oro e altre valute, azzarda numeri anche doppi.

Sono anche questi i meccanismi che spiegano perché l'Italia sia divenuto paese meno giusto che in passato, concentrando nel 10% della popolazione quasi la metà della ricchezza attualmente disponibile.

È evidente che corruzione privata, scarsa coscienza civica, costo eccessivo della politica e dell'amministrazione si mischiano, mortificando i tantissimi bravi italiani che lavorano, pagano le tasse, fanno volontariato, chiedono uno stato equo e giusto nel quale possano pienamente riconoscersi. Intanto l'ong *Transparency International*, un centinaio di sezioni nel mondo, ci mette tra i più corrotti dell'Ue, al sessantanovesimo posto, nel plotone di coda di cui sono protagonisti i paesi in arrivo dal comunismo: trentasei posizioni perse nell'ultimo quindicennio. Gli affari della criminalità, si legge in quel rapporto, superano largamente i 100 miliardi di euro: equivalgono alla ricchezza prodotta in un anno da paesi come Argentina e Israele.

Preoccupante, in termini di struttura, la crisi demografica, spia del malessere che i decenni a cavallo del nuovo secolo hanno spalmato sulla nazione. La donna della prima Italia unitaria aveva un tasso di fecondità pari a 4,1; quella dell'Italia del centocinquantenario con tasso 1,4, legge al contrario quel vecchio dato. Non siamo gli ultimi in Europa per fecondità, solo perché inscriviamo correttamente nella "popolazione" anche i nati da donne immigrate. Se la tendenza non sarà sanata, muterà radicalmente in pochi decenni la composizione etnica e culturale della penisola, portando la componente originaria italiana a livelli che potrebbero risultare troppo bassi per salvaguardare la civiltà che conosciamo e amiamo. I forti livelli di immigrazione, che scenderanno come conseguenza della crisi attuale, ma che resteranno consistenti, e le ulteriori natalità prevedibili di stranieri in territorio nazionale, porranno questioni di relazioni sociali ed economiche tra autoctoni e allogeni, alle quali il paese non è preparato e alle quali la Repubblica dovrà fornire in tempo risposte credibili. Gli italiani sotto i 14 anni sono ora il 14,1% della popolazione, gli anziani sopra i 60 il 19,7%.

Il ragionamento vale in particolare per il Mezzogiorno, da dove si continua ad emigrare, mentre sono in diminuzione le nascite. Entro il 2030, dicono le proiezioni, il meridione perderà quasi un milione di residenti, scendendo sotto i 20 milioni.

E però, nonostante la frattura sociale e regionale, l'Italia è divenuto paese moderno e ricco, è uscito dalla condizione di inferiorità preunitaria affermandosi nella famiglia delle nazioni. Al momento dell'unità l'italiano aveva un'aspettativa di vita di poco inferiore ai trent'anni, come al tempo degli antichi romani; l'italiano che nasce centocinquant'anni dopo, supererà gli ottanta, quarto al mondo in aspettativa di vita dopo Giappone, Svizzera e Australia. Durante l'unità il reddito medio pro capite è cresciuto, in termini reali, tredici volte. L'altezza delle persone, calcolata sul maschio di leva, è transitata da cm. 163 dei nati nel 1861 a quasi 175 dei nati nel 1981. Disponiamo di calorie per il nutrimento in quantità che è seconda soltanto a quella degli Stati Uniti. La nostra è democrazia forte e rispettata, anche se non sempre capace di esprimere un ceto politico all'altezza delle sfide.

I limiti raccontati nel libro, vanno intesi come stimoli per far meglio, non ragione per giudizi sommari e inconcludenti. Anche perché non sfugge cosa il nostro paese abbia rappresentato e rappresenti nella vicenda umana universale, non solo di quella antica, ma di quella moderna e contemporanea.

Shakespeare, che non ebbe mai occasione di visitare l'Italia, vi ambientò ben tredici drammi. Goethe, uno dei tanti grandi tedeschi innamorati delle nostre contrade, seppe dire: "Siamo tutti viaggiatori e cerchiamo l'Italia". Nietzsche era uso consigliare a chi si lamentava dello stile di vita del suo paese: "Partite per l'Italia con dei buoni amici e niente sarà più come prima". Lord Byron, che evidentemente temeva di sfigurare, viaggiò a Pisa con cinque carrozze, sette domestici e nove cavalli. Flaubert, non uso ad esagerare, si lasciò andare rispetto al Bel Paese, trovando che là "tutto è allegro e facile". Ha ripreso un concetto del genere una rivista nipponica, nel settembre 2000: "Gli italiani e gli spagnoli vivono bene perché lo fanno senza cercare l'impossibile. Danno importanza soprattutto ai legami interpersonali, alla famiglia, alla terra d'origine. La ricchezza viene dopo". Enzo Biagi, tentando di interpretare tutto questo grande amore della modernità per l'Italia, scrisse che da noi "c'è il tipo dinarico, il padano, l'alpino, che ha la testa larga, o il sardo che ce l'ha invece piccola. Siamo diversi perché sulle nostre strade hanno marciato, o passeggiato, greci, arabi, normanni, spagnoli, celti, teutoni: sentivano il fascino di queste contrade e si mettevano in moto".

Nella classifica pubblicata negli Stati Uniti ad inizio millennio, titolata *Mille anni Mille persone*, i quattro compilatori inseriscono nei primi quaranta posti, ben otto italiani: Tommaso d'Aquino (1225-1274) ottavo, Leonardo da Vinci (1452-1519) nono, Michelangelo Buonarroti (1475-1564) tredicesimo, e distanziati Dante Alighieri (1265-1321), Francesco D'Assisi (1181-1226), Niccolò Machiavelli (1469-1527), Cristoforo Colombo (1451-1506), Galileo Galilei (1564-1642). Abbondano scienziati, inventori, pensatori, contro il pregiudizio che ci attribuisce soprattutto buona cucina (e siamo comunque la prima industria alimentare europea, con una quota intorno al 15% del totale) e bel canto.

Il Rapporto 2011 curato dallo *United Nations Development Programme* sullo sviluppo umano, ci mette al ventiquattresimo posto, prima del Regno Unito, anche se dopo Norvegia (prima), Stati Uniti (quarti), Hong Kong (tredicesimo), Francia (ventesima).

E, visto che si è in tema di pregiudizi, proviamo a sfatarne un altro, quello della mancanza di *virtus*, come i romani chiamavano il coraggio, o di fedeltà al campo scelto nei conflitti per non aver terminato certe guerre con l'alleato della fase iniziale. Basti la citazione dalla *Encliclopedia dell'Olocausto* pubblicata in Israele nel settembre 2000 da Israel Gutman, con un capitolo dedicato a "L'eroismo degli italiani". Si legge: "Un popolo che digerì malvolentieri le imposizioni dei nazisti, che si distinse per aver nascosto migliaia d'israeliti dalle loro grinfie, e per questo merita un capitolo dedicato alla sua umanità". Un paragrafo è su "L'aiuto degli italiani" e dice: "Anche molti sacerdoti si adoperarono per nascondere gli ebrei, soprattutto dopo l'8 settembre. Ma anche molti diplomatici si ribellarono ai nazisti; tra questi Luigi Vidau, Leonardo Visetti, Luca Pietromarchi, Giuseppe Bastianini, Blasco Lanza d'Ajeta e molti altri".

Il fascismo fu antisemita e il re firmò nel 1938 la legge che discriminava gli italiani di religione ebraica, ma a Gerusalemme sul monte della Rimembranza, allo Yad Vashem, ci sono 500 nomi italiani iscritti nell'orto dei Giusti fra le Nazioni.

Guardando avanti

In chiusura, citazioni da tre grandi italiani di diverso orientamento, per tre questioni chiave del nostro futuro: il sistema politico ed elettorale, la giustizia, la condivisione di libertà e dignità.

In "La rivoluzione liberale" Piero Gobetti, neppure 25 anni di vita ma raffinata intelligenza e moralità, metteva in guardia il paese dal rischio della demagogia, identificandone le radici nella mancanza di confronto politico esplicito e definito:

> "Senza conservatori e senza rivoluzionari, l'Italia è diventata la patria naturale del costume demagogico".

L'Italia imbocca l'ultima fase del centocinquantenario, con un governo e un primo ministro espressione soprattutto del ceto intellettuale e accademico; accantonato il tempo del governo dei politici di professione, dei politici imprenditori, di "nani e ballerine".

Si tratta di un governo d'eccezione, che dovrebbe provvedere al risanamento della finanza pubblica, al sostegno del titolo Italia sui mercati, al rilancio della domanda interna, alle poche necessarie riforme, in primis quella del sistema elettorale. Nel suo modo di operare non appare sinora il "costume demagogico" temuto da Gobetti: apprezzabile avanzamento rispetto a precedenti situazioni anche se, come sempre quando è accantonata la "normalità" del confronto-scontro tra partiti per il potere, può paventarsi il rischio che si ingenerino situazioni di opacità nel rapporto tra governanti e poteri forti non istituzionali. L'alta funzione del capo dello stato è in questo garanzia di imparzialità e rispetto delle regole.

Al governo di tregua succederà una campagna elettorale dove i partiti torneranno a competere per il potere. Il sistema bipolare non ha dato buoni risultati, anche se il bipolarismo era stato supposto come cura del proporzionale estremo e inconcludente. Stretto tra cancellazione del referendum abrogativo e progetti di riforma depositati in parlamento, è prevedibile che il *porcellum* (così definì Giovanni Sartori l'iniqua legge Calderoli sul sistema elettorale) sia presto condotto al mattatoio. E poi? Facciano i partiti la riforma migliore possibile, e tengano presenti le due indicazioni della lezione di Gobetti: l'elettorato deve poter scegliere tra opzioni e modelli di società il più possibile antitetici, la demagogia del compromesso spartitorio va bandita come il vizio occulto del costume nazionale.

La costituzione repubblicana ci ha tirato fuori dal contesto giudiziario monarchico, denunciato nel 1920 da Antonio Gramsci in "L'Ordine nuovo". Ricordato che lo statuto albertino aveva previsto due soli poteri, l'esecutivo e il legislativo, relegando il giudiziario ad "ordine" (uno dei due nei quali doveva articolarsi il potere esecutivo regio, essendo l'altro l'autorità amministrativa), il fondatore del partito comunista concludeva:

> Negli stati capitalistici, che si chiamano liberali democratici, l'istituto massimo delle libertà popolari è il potere giudiziario.

Sulla questione giustizia, il volume incorpora il preciso contributo della prof.ssa Pinotti, che è anche magistrato della Corte dei Conti, con riflessioni e indicazioni di grande utilità per il legislatore. La riforma delle magistrature, al fine di una giustizia complessivamente più giusta, è fuori dal mandato che l'attuale governo si è attribuito. Comprensibile che il governo tecnico evada da un tema tanto controverso, ma l'urgenza di interventi rimane. Con la sempre rinviata revisione *radicale* del sistema educativo e dell'istruzione, la riorganizzazione *radicale* del sistema giudiziario dovrebbe essere in cima ad ogni agenda di governo. Non casualmente quando il fascismo si costituì in regime, varò due grandi riforme, quella Gentile per l'istruzione (1923) e quella Rocco per la giustizia penale (1930): il regime democratico partorito dalla Costituzione del 1948 ha proceduto per rattoppi di quei sistemi legislativi invece di sostituirvi impianti alternativi, e paga gli errori di quella scelta.

Non si pensa a provvedimenti che vadano nella direzione, destabilizzante e personalistica ripetutamente rilanciata dall'uscente capo di governo. Il sistema giudiziario deve restare libero dalla tutela politica, però deve caratterizzarsi per certezza della pena ed efficienza degli uffici. Sono caratteri la cui assenza ha avuto, tra gli altri effetti, quello di scoraggiare gli investimenti diretti esteri, ide, dei quali abbiamo bisogno.

Pur con tante attrattive restiamo, come è stato scritto in un documento istituzionale, "paese chiuso e meno disponibile di altri all'apporto di capitali e di tecnologie dall'esterno". Lo stock complessivo degli ide nel nostro paese si aggira intorno al 10% del pil, con investimenti fissi annui che oscillano intorno al 5% del totale. In Germania lo stock complessivo di ide arriva a superare il 20% e in Francia il 30% del pil. La distanza con i partner europei deriva, in larga parte, dallo stato biasimevole del nostro sistema giudiziario dove la giustizia appare tutt'altro che giusta.

Sembra pensarla così anche il canadese *Fraser Institute*, che ci ha retrocesso lo scorso anno al settantesimo posto nella classifica mondiale della libertà economica. Messi sotto accusa il peso della mano pubblica (tassazione, autorizzazioni, vincoli amministrativi e burocratici), la corruzione e i taglieggiamenti, il rapporto del *Fraser* ha puntato l'indice su cosa accade in Italia in quanto a struttura legale e tutela dei rapporti di proprietà: i tribunali non sono ritenuti "imparziali" (voto 2,82 su 10 disponibili), il rispetto dei contratti è giudicato basso (voto 3,18).

Va considerato come investimento estero anche lo stabilirsi in Italia di immigrati di qualità, in particolare se propensi a investire e sviluppare attività professionale o d'impresa. La limitata capacità di attrattiva economica e finanziaria del paese fa sì che, secondo una ricerca Ocse, solo il 13% dei nostri immigrati sia in possesso di laurea o master, contro il 42% del Regno Unito, il 40% degli Stati Uniti, il 35% di Francia e Svizzera, il 30% di Germania e Austria.

Giuseppe Garibaldi, nella tormentata stagione politica e ideologica degli ultimi due decenni, è passato, per taluni, dall'altare di indiscusso padre della patria alla polvere di guerrigliero schierato con gli interessi dinastici dei Savoia. Rimane tra i nostri personaggi più venerati al mondo, per la vita avventurosa e romantica, per le coerenti scelte di prima linea contro tiranni e dominatori stranieri. Victor Hugo lasciò dall'Assemblea nazionale per difenderne l'onore intaccato dalla destra francese. Lincoln gli offrì il comando di un corpo d'armata. Il primo ministro Palmerston lo volle a Londra e il futuro re Edoardo VII, visto il tripudio di folla a Nine Elms Station, gli rese omaggio.

Nel dimettersi da deputato, il 27 settembre 1880, due anni prima della morte, il Nizzardo scrive nella lettera agli elettori romani attraverso il giornale romano "La Capitale":

> Non posso più contare fra i legislatori in un Paese ove la libertà è calpestata, e la legge non serve nella sua applicazione.... Tutt'altra

> Italia io sognavo nella mia vita, non questa Italia, miserabile all'interno e umiliata all'estero.

Il deputato Garibaldi, allora eletto in un collegio sardo, si era dimesso una prima volta nel 1868, vergognandosi di come il governo trattasse il Mezzogiorno. In quell'occasione aveva scritto ad Adelaide Cairoli che lo rimproverava:

> non rifarei oggi la via dell'Italia Meridionale, temendo di esservi preso a sassate da popoli che mi tengono complice della spregevole genìa che disgraziatamente regge l'Italia e che seminò l'odio e lo squallore là dove noi avevamo gettato le fondamenta di un avvenire italiano…

È successo a molti padri nobili di disconoscere il frutto della propria opera, raramente con questa violenza morale, espressione della natura di un protagonista italiano che Hugo ebbe a definire "un uomo, nient'altro" intendendo uomo "in tutta l'accezione sublime del termine", *vir* alla maniera virgiliana.

Le citazioni garibaldine dicono che si dovrebbe rinunciare, nel segno dell'etica personale e della posizione politica sigillata dal voto del proprio collegio, all'incarico parlamentare, quando si cambia posizione o si ritiene di non adempiere al mandato ricevuto. Il costume del "salto del banco" che da diverse legislature sta dilagando in parlamento ad opera di deputati e senatori … saltimbanco, potrebbe essere sostituito dal più nobile costume delle dimissioni. Ne guadagnerebbero la coerenza della persona e l'onore dell'istituzione rappresentativa del potere popolare.

Dicono anche che l'ex camicia rossa guida dei Mille, avesse immediatamente compreso che quanto la monarchia sabauda stava compiendo con il Mezzogiorno, era cosa diversa dalle aspirazioni che avevano portato la "meglio gioventù" del tempo ad offrire la vita per liberare il sud dal Borbone e consegnarlo al monarca come pegno di unificazione della patria. Spiegano inoltre come la dignità della nazione e la libertà individuale vadano necessariamente insieme o si neghino a vicenda.

LUIGI TROIANI

Roma, Capodanno 2012

Lo sviluppo economico, sociale, culturale

ALBINO GORINI
Università S. Pio V, Roma

TRE QUESTIONI PER LA STORIA UNITARIA

A 150 anni dall'unità d'Italia, la questione meridionale resta ferma nella sua drammatica realtà, riconosciuta ancora recentemente dai vescovi italiani nel documento "Per un Paese solidale. Chiesa italiana e Mezzogiorno", sottolineata nel corso dei lavori della recente 46ª settimana sociale dei cattolici italiani, svoltasi in Calabria.

L'unità d'Italia è nata con molte contraddizioni. Il 2 agosto 1861 (138 giorni dopo la proclamazione del regno d'Italia) Massimo D'Azeglio, uno dei padri del Risorgimento, di ritorno da un viaggio nell'Italia meridionale, scriveva, sconfortato, al ministro Carlo Matteucci:

> ...ci vogliono, e pare che non bastino, sessanta battaglioni per tenerci quel Regno....tu mi dirai: e i plebisciti? E il suffragio? Io non so niente di suffragi, ma so che di qua del Tronto non ci vogliono sessanta battaglioni, ma di la sì. Dunque deve esserci stato qualche errore.... D'altronde, ad altri italiani che, pur rimanendo italiani, non vogliono unirsi a noi, non abbiamo il diritto di prenderli ad archibugiate...

La prima grande rivolta armata era scoppiata in Basilicata nel marzo 1861 e nell'estate si era estesa all'Irpinia, al Sannio, al Molise e poi ad Abruzzo, Puglia, Capitanata[1]. Ma si trattava veramente di briganti come sosteneva la stampa subalpina? I sessanta battaglioni citati dal D'Azeglio non erano sufficienti per contrastarli.

Quella grande insorgenza sociale, che gli storici politicamente corretti hanno sbrigativamente definito "brigantaggio" fu in realtà una guerra civile vera e propria che affondava le sue radici in una società arcaica popolata di braccianti (lavoratori agricoli senza terre), mezzadri e fittavoli che ora, oltre alla consueta esosità dei proprietari terrieri — il latifondo di origine feudale — dovevano sopportare anche i nuovi balzelli imposti dal governo piemontese.

Ciò spiega perché, sommando questo ad altri problemi non meno gravi, si possa affermare che lo stato italiano sia nato contro le forze sociali. Nell'idea liberale e accentratrice che lo contraddistinse non erano previste né le autonomie territoriali né le autonomie sociali funzionali. Fu la visione dello stato che sconfisse le idee di federalismo, che pure erano circolate nella fase risorgimentale, nel pensiero sia degli intellettuali cattolici che di quelli laici.

Idee di federalismo

Come dimenticare Rosmini che riservava alla Dieta nazionale, che deve risiedere nella capitale, il compito di rappresentare non gli interessi privati ed opposti dei singoli stati, che per questo hanno le loro camere legislative, ma gli interessi dell'Italia come nazione[2]?

Da ricordare che, col federalismo, l'azione dello stato verrebbe ad avere limiti precisi e non andrebbe ad invadere altre istituzioni sociali come, ad esempio, la famiglia e la chiesa. Questo è ampiamente dimostrato dalle istituzioni di stati federali come gli Stati Uniti e la Germania ai quali si contrappongono il modello rivoluzionario francese e quello idealista tedesco. A questi ultimi modelli, che determinano lo stato dispotico, ci si oppone con lo stato federale che riconosce una serie di distinzioni, come ad esempio quella tra momento religioso e politico, e non crea un legislativo onnipotente[3]. Né si deve dimenticare che il federalismo rende i popoli protagonisti, perché i compiti del potere centrale sono ridotti, anche se restano fondamentali.

Su questo aspetto puntava in modo particolare Cattaneo che vedeva realizzarsi nel federalismo quella competizione capitalistica, per lui "garanzia di crescente benessere, libertà e pluralismo". Il centralismo, al contrario, avrebbe annullato progresso e intelligenza morale. Senza contare che, sempre nell'analisi di Cattaneo, risultava che l'Italia, storicamente e geograficamente, non fosse mai stata un regno. Per questo era adatta al federalismo repubblicano "che è non il risultato di un'annessione ma di un consenso"[4].

In quest'ottica si spiega anche il successo riscosso nell'opinione pubblica del tempo dall'idea di "una Lega presieduta dal Papa". Questa "affonda le sue radici in tutta la tradizione medievale" e forse anche nella storia antica. In più il romanticismo, con l'idealizzazione delle lotte comunali contro l'Impero, aveva formato le coscienze a quella che si poteva ritenere "la soluzione del minimo sforzo". Per molti si trattava di arrivare alla "conquista della libertà senza la rivoluzione, dell'indipendenza senza la guerra, dell'unione senza l'unità". Basti ricordare che Balbo, nelle *Speranze d'Italia*, sosteneva che la cosa più importante era "fuggire le rivoluzioni, e tutto il programma del futuro sarà quello di contemperare il principato tradizionale con la partecipazione del popolo al governo"[5].

A ciò si aggiunga che la libertà di pensiero e di parola e quella di associazione non contrastano l'autonomo svilupparsi dell'associazionismo libero: professionale, sindacale, economico, culturale, religioso.

Il problema del Mezzogiorno

L'avvio dell'unificazione d'Italia si caratterizzò per tre conflitti: il primo riguardò il sud dove i legittimisti, seguaci della monarchia dei Borboni, vennero combattuti da ribelli, *manu militari*, senza una autentica azione politica.

Il secondo conflitto fu quello con la chiesa: la presa di Roma come capitale d'Italia fa nascere non solo la questione romana, ma mette al centro il tema della libertà della chiesa.

Il terzo conflitto è quello sociale, visto che i fenomeni di miseria e di povertà vennero come mai prima in evidenza, e le risorse dello stato vennero indirizzate a sostenere i simboli di potenza più che i bisogni delle popolazioni.

Sul conflitto del nuovo stato con il suo sud ci sarebbe stata una riscrittura della storia. La versione dei vincitori sarebbe stata messa fortemente in discussione, anche all'interno del rinvigorito contrasto nord-sud di questi nostri anni di inizio millennio.

La presente questione meridionale e il rifiorire editoriale sul tema, sono in buona misura lascito di quel tempo. Il conflitto nord-sud fomentato da forze politiche che ne fanno spesso una leva per attrarre voti, pare aver superato il livello di guardia. Ripercorrere la storia del sud che per alcuni è conquista per altri liberazione, conduce a una sola conclusione: se centocinquant'anni non sono stati sufficienti a risolvere il problema del meridione, vuol dire che non si è voluto risolverlo. Certo se il grande malato d'Europa, il sud italiano, fosse l'amara eredità dell'unificazione imposta 150 anni fa, sarebbe necessario analizzare non solo i sintomi gravi ma le ragioni di fondo. Si capirebbe probabilmente che risolvere i problemi del Mezzogiorno e risolvere i problemi d'Italia richiede la stessa strategia di fondo.

Continua, sulla questione meridionale, un grande equivoco. Recenti studi hanno dimostrato che un cittadino del sud beneficia di una spesa pubblica corrente inferiore del 28% rispetto a quella di un cittadino del centro nord. La spesa pubblica corrente svolge quindi in Italia una funzione regressiva: premia di più le regioni dove risiedono i cittadini con redditi più alti. Al sud sono state destinate sempre meno risorse, sia per la spesa pubblica corrente sia per gli investimenti.

Tutto questo accade nel silenzio della politica: continua la retorica dello sperpero delle risorse pubbliche nelle regioni meridionali, fenomeno certamente esistente e diffuso, che però è servito — da sempre — come clava ideologica per realizzare un radicale spostamento delle politiche regionali dalle realtà svantaggiate verso le regioni forti — e industrializzate — del paese.

La questione meridionale torna ad essere una questione squisitamente politica, e si assiste ad una sorta di continuazione, nei nostri tempi, di un conflitto avviato all'epoca della unificazione della nazione italiana.

Rapporti tra stato e chiesa

Per il secondo conflitto una premessa è d'obbligo: nei paesi europei i rapporti tra stato e chiesa dalla rottura illuministica della rivoluzione francese a tutta la prima metà del Novecento, hanno conosciuto contrasti, diversamente da quanto avvenuto negli Stati Uniti d'America, dove fin dalle origini le relazioni tra potere politico e confessioni religiose sono improntate a pienezza di libertà e a generosa collaborazione, in un regime di separatezza che suscita ammirazione in ogni osservatore della realtà americana, da Tocqueville a Gentile.

Ripercorrere la storia dei conflitti tra stato e chiesa, sopiti ma non risolti con la prassi dei concordati, che all'indomani della dissoluzione dei regimi fascisti sono stati confermati dai nuovi ordinamenti statutari, significa leggere una vicenda abbastanza comune nell'intera Europa.

Va detto che con la presa di Roma si realizzarono due eventi epocali: la realizzazione dell'unità nazionale e la fine del potere temporale. L'Italia realizza le grandi riforme liberali evitando eccessi francesizzanti anticattolici, ma la fine del potere temporale è traumatica e drammatica. Le leggi liberali sono contraddittorie[6]: da una parte l'incameramento dei beni ecclesiastici e dall'altra un momento di sapienza giuridica con la legge delle guarentigie del 1871 che riconosce al Papa la sovranità personale (non territoriale) ma ne fa oggetto di "guarentigie" così importanti che quasi prefigurano quella che sarà la soluzione della "questione Romana" con il trattato del Laterano del 1929.

Non tutti gli eccessi anticattolici sono da ascrivere alla responsabilità dello stato. Il conflitto si inasprisce anche per le iniziative della chiesa che con il "Non expedit" non contribuisce a creare condizioni favorevoli alla collaborazione e al coinvolgimento politico della maggioranza della popolazione nazionale, che era cattolica. Un mondo, quello cattolico italiano, attento al Magistero che indica con la "Rerum Novarum" forme di aggregazioni sociali libere in un'ottica di sussidiarietà, di attenzione alle emigrazioni, di assistenza caritativa.

È qui che nascono le iniziative cooperative, del risparmio locale finalizzato allo sviluppo del territorio; le "Opere pie" per l'assistenza ai bisognosi, la tutela delle famiglie attraverso la difesa di un salario "familiare" al lavoratore; l'assistenza agli emigranti anche in paesi lontani (USA, Argentina[7], etc.) con opere assistenziali spirituali ma anche materiali. Si pensi per tutti a Scalabrini, a Francesca Cabrini etc. Le prime mosse di questi fermenti si erano già registrate in quella che può essere definita l'azione dell'Opera dei Congressi[8], grazie soprattutto all'impegno di Giuseppe Toniolo, esponente di primo piano di quell'iniziativa.

Del resto, unità d'Italia, questione meridionale ed emigrazione nascono praticamente insieme. La prima rilevazione ufficiale dell'emigrazione italiana, risale infatti al 1876, mentre ci sono stime per il periodo precedente: in un secolo circa, dall'Italia emigrarono quasi 28 milioni di persone, in maggior parte dal meridione.

La questione sociale

L'unificazione del paese non porta nuovo benessere: lo raccontano le cronache dei moti popolari del 1898 che furono una serie di sollevamenti e proteste sorte in tutta l'Italia, motivate da gravissime condizioni sociali.

Umberto I aveva imposto al governo di rafforzare lo stato, anche a scapito dei gravi problemi e delle sofferenze del popolo. Tra le conseguenze, il lungo periodo delle grandi migrazioni dal nord Italia di una popolazione stremata e ridotta letteralmente alla fame. Ne conseguì *la protesta dello stomaco* per vari giorni, interrotta dai cannoni del generale Beccaris sulla folla[9]. La repressione contro i partecipanti alle manifestazioni di protesta scatenate dalla tassa sul macinato costò più di cento morti e oltre cinquecento feriti, probabile causa della morte tragica del re d'Italia nell'attentato di Monza del maggio del 1900.

La crisi di fine secolo mostra la fragilità della costruzione unitaria e spinge gli esponenti più aperti della vecchia classe dirigente alla necessaria correzione di rotta[10]: gli anni di Giolitti (1900-1915) sono anche quelli dell'apertura alle forze sociali, come mostra la creazione del Consiglio Superiore del lavoro (antenato dell'attuale Cnel). È la prassi di governo giolittiana che è diversa: c'è un coinvolgimento, si costituiscono molte commissioni per progettare le riforme (previdenza, sanità, bonifica dei territori a rischio, etc.) creando la conoscenza di situazioni che troveranno soluzioni con iniziative legislative negli anni del fascismo.

Lo stato fascista fu una grande burocrazia, dirigista ed accentratrice, che fece della valorizzazione delle forze sociali la sua bandiera. Peccato che non lasciasse loro la minima autonomia.

> Chi dice lavoro, dice borghesia produttiva e classi lavoratrici delle città e dei campi. Non privilegi alla prima, non privilegi alle ultime ma tutela di tutti gli interessi che armonizzano con quelli della produzione della Nazione.

Non è un discorso sull'attuale esigenza di corresponsabilità fra imprese e lavoro, ma un discorso di Mussolini in Parlamento del 1922.

Il corporativismo, la dottrina elaborata dal fascismo e codificata nella Carta del lavoro del 1927, regolò la vita economica e sindacale italiana negli anni del regime, ispirandosi ad una collaborazione di classe che individuasse una terza via, tale da aiutare a risolvere i conflitti sociali. Lavoratori e datori di lavoro furono associati all'interno di un'ampia gamma di corporazioni, corrispondenti alle varie attività economiche poste sotto il controllo del governo e riunite nella "Camera dei fasci e delle corporazioni". Spettava allo stato, per mezzo delle corporazioni, definire quale fosse la giusta mercede invece di affidarsi al vecchio meccanismo della domanda e dell'offerta. Si scardinava completamente il liberalismo economico e si subordinava l'economia ai superiori interessi dello stato.

È così che i corpi sociali (e le associazioni dei lavoratori tra questi) entrarono nello stato, furono riconosciuti e valorizzati, ma finendo incasellati all'interno di strutture dello stato regime che non ammetteva autonomie sostanziali, né funzionali né territoriali.

Occorre prestare la massima attenzione ad un fenomeno che, benché pericoloso, non è sempre facile da decifrare e tende a riemergere. La pericolosità del fenomeno è data dal fatto che, senza rendersene completamente conto, la società è sollecitata a chiudersi in se stessa e a negare le vitali forze pluraliste.

La fine della dittatura fascista avviene con l'arrivo degli alleati nel sud d'Italia. Venivano a mutare, nel paese, le condizioni socio-economiche: la reggenza luogotenenziale dispone cambiamenti importanti nella legislazione previdenziale consentendo la ricostituzione delle libere coesioni sociali.

Un ruolo importante va riconosciuto al piano Marshall[12]. Il programma di aiuti ai paesi europei, dopo le distruzioni della Seconda guerra mondiale, costituì di fatto la precondizione del miracolo economico italiano. È stato uno strumento di modernizzazione strutturale dell'industria, favorendo in particolare lo sviluppo e l'ammodernamento di siderurgia, energia, meccanica. È stato anche importante strumento di diffusione della moderna mentalità imprenditoriale: gli aiuti del Piano pretendevano il rispetto delle norme di legge a tutela del lavoratore.

Con la Repubblica e la Costituzione, per la prima volta nella storia d'Italia, si parla di centralità della persona, sia come singolo che come gruppo sociale. Nell'impianto legislativo e nei comportamenti, resta, tuttavia, molto del vecchio impianto accentratore e corporativo, e la vecchia mentalità fondata su privilegi e scarsa autonomia del sociale continua a prevalere.

Le grandi associazioni di rappresentanza (Confindustria, organizzazioni contadine, dell'artigianato e del commercio, i sindacati dei lavoratori), sono ascoltate, consultate ed hanno la possibilità di farsi sentire. Nei fatti, però, il canale attraverso il quale la società, il mondo della produzione e del lavoro, fanno transitare le loro rivendicazioni è dato dai grandi partiti di massa. Qui trovano ospitalità molti pezzi delle rappresentanze reali del paese.

Il 1957 è l'anno della firma dei trattati di Roma istitutivi della Comunità economica europea, Cee, e della Comunità europea dell'energia atomica. A Parigi, qualche anno prima, 1951, era nata la Comunità europea del carbone e dell'acciaio, Ceca[13]. Mentre i Sei avviano il processo di aggregazione continentale, si pensa ad un coinvolgimento delle parti sociali, strumento prezioso di partecipazione e di assunzione di responsabilità.

Il trattato Cee fa tesoro di questa novità introdotta dalla Ceca, istituendo un organo della nuova Comunità economica europea — il Comitato Economico e Sociale — in rappresentanza di tutte le forze sociali dei paesi membri.

Il dialogo con le parti sociali costituisce uno dei pilastri del modello sociale europeo, ed è ancora oggi il principale strumento con cui le parti sociali contribuiscono a definire le norme sociali europee, svolgendo un ruolo importante nella *governance* della Cee prima e dell'Ue ora.

Il dialogo sociale europeo completa così le prassi nazionali che sono state seguite nella maggior parte degli stati membri.

Anche l'Italia, sul piano istituzionale, si è dato un organo di partecipazione delle parti sociali — il Cnel, Consiglio nazionale dell'economia e del lavoro — con l'art. 99 della costituzione repubblicana. Un organo costituzionale non è solo un punto fermo nell'ordinamento italiano, è elemento frenante rispetto ai tentativi di rapido cambiamento che la turbolenza politica potrebbe attuare.

Il Cnel esercita un ruolo di consulenza per parlamento e governo nelle materie dell'economia, dell'occupazione, e delle condizioni sociali. Può anche ricorrere a un proprio potere con iniziative di proposte di legge nelle materie di competenza.

Conclusioni

Con la fine della cosiddetta Prima repubblica e dei suoi grandi partiti di massa, la questione "i lavoratori nello stato" riemerge nella sua drammaticità. Nel senso che non solo il lavoro organizzato ma tutte le autonome espresse dalla società civile, hanno grande difficoltà ad arrivare alla piena cittadinanza.

Oggi questa situazione risulta ancora più evidente, in quanto la politica non ascolta la voce della società. Dopo la fase corporativa e la repubblica dei partiti, occorre trovare una nuova modalità per gestire la vita repubblicana. Questa non può che basarsi sul principio di autonomia e rispetto delle forze sociali. L'obiettivo deve essere quello di creare meccanismi che vincolino l'amministrazione pubblica e la politica a rispettare e collaborare con l'autonoma delle forze sociali e della società civile. Bisogna migliorare concretamente le condizioni di vita di tutti, offrire speranza alle persone, riscoprendone il valore essenziale.

Note

[1] Tra l'ampia letteratura relativa all'argomento, vedi soprattutto: Massimo L. Salvadori, *Il mito del buongoverno. La questione meridionale da Cavour a Gramsci* (Torino: Einaudi, 1960); Luciano Cafagna, *Dualismo e sviluppo nella storia d'Italia*, (Venezia: Marsilio, 1989); Francesco Barbagallo, *Stato, Parlamento e lotte politico-sociali nel Mezzogiorno*, (Napoli: Guida, 1976); Giordano Bruno Guerri, *Il sangue del sud. Antistoria del Risorgimento e del brigantaggio*, (Milano: Mondadori, 2010); Giovanna Procacci, *La lotta di classe in Italia agli inizi del secolo XX*, (Roma: Editori Riuniti, 1972).

[2] Cfr. Antonio Rosmini, *Sull'unità d'Italia*, in *Scritti politici*, Seconda edizione accresciuta, a cura di U. Muratore, (Stresa: Edizioni Rosminiane, 2100), p. 259.

[3] Cfr. Paolo Armellini, *Elementi di storia del pensiero politico federalista*, in *Introduzione al pensiero federalista*, a cura di Paolo Armellini, (Roma: Aracne, 2003), pp. 66-67.

[4] Ibidem, pp. 69-70.

[5] Cfr. Giovanni Spadolini, *Le due Rome. Chiesa e Stato fra '800 e '900*, (Firenze: Felice Le Monnier, 1975), pp. 26 e 25.

[6] Per quanto riguarda le leggi antiecclesiastiche subito prima e dopo l'unità cfr.: Arturo Carlo Jemolo, *Il partito cattolico piemontese nel 1855 e la legge sarda soppressiva delle comunità religiose*, (Casale: Tip. Bellatore e Bosco, 1919); Arturo Carlo Jemolo, *Chiesa e Stato in Italia negli ultimi cento anni*, (Torino: Einaudi, 1963), pp. 142-171; Giacomo Martina, *Pio IX (1846-1850)*, Roma: Università Gregoriana, 1974); Giacomo Martina, *Pio IX (1851-1866)*, (Roma: Pontificia Università Gregoriana, 1986); Rosario Romeo, *Cavour e il suo tempo*, 3 voll., (Roma-Bari: Laterza, 1969-1984), *passim*.

[7] Per l'emigrazione verso USA e Argentina a fine Ottocento e inizio Novecento, tra i numerosi testi, vedi: Emilio Franzina, *Gli italiani al Nuovo Mondo: l'emigrazione*

italiana in America 1492-1942, (Milano: Mondatori, 1995); Emilio Franzina, *L'America gringa: storie italiane d'immigrazione tra Argentina e Brasile*, (Reggio Emilia: Diabasis, 2008); Francesco Citarella (a cura di), *Emigrazione e presenza italiana in Argentina: atti del Congresso internazionale: Buenos Aires, 2-6 novembre 1989*, (Roma: Consiglio Nazionale delle Ricerche, 1992); Ercole Sori, *L'emigrazione italiana dall'Unità alla seconda guerra mondiale*, (Bologna: Il Mulino, 1979); Piero Bevilacqua, Andreina De Clementi, Emilio Franzina, *Storia dell'emigrazione italiana*, (Roma: Donzelli, 2009). Sulle condizioni che hanno determinato il fenomeno cfr. AA.VV., *Un secolo di emigrazione italiana: 1876-1976*, (Roma: Centro studi emigrazione, 1976). E. Sonnino, A. Nobili, *Questione demografica e grandi migrazioni*, in «La Storia», vol. VI, (Torino: UTET, 1988).

[8] Al riguardo cfr.: Gabriele De Rosa, *Storia del movimento cattolico in Italia*, vol. I, (Bari: Laterza, 1966); Fausto Fonzi, *I cattolici e la società italiana dopo l'unità*, (Roma: Ed. Studium, 1977); Pietro Scoppola, *Dal neoguelfismo alla democrazia cristiana*, (Roma: Ed. Studium, 1979); Giovanni Spadolini, *L'opposizione cattolica*, (Milano: Ed. Mondatori, 1976).

[9] Sulla politica del Beccaris vedi P. Valera, *I cannoni di Bava Beccaris*, (Milano: Giordano, 1966); Alfredo Canavero, *Milano e la crisi di fine secolo (1896-1900)*, (Milano: SugarCo, 1976).

[10] Sulle condizioni di povertà nelle quali si dibatteva gra parte della popolazione italiana e soprattutto quella contadina vedi Paolo Sorcinelli, *Gli italiani e il cibo. Appetiti, digiuni e rinunce dalla realtà contadina alla società del benessere*, (Bologna: Clueb, 1992); Vittorio Zamagni (ed.), *Povertà e innovazioni istituzionali in Italia. Dal Medioevo a oggi*, (Bologna: il Mulino, 2000).

[11] Cfr. sull'argomento Nicola Matteucci, *Lo Stato moderno*, (Bologna: il Mulino, 1993), soprattutto il cap. VI *Corporativismo*, pp. 189 e segg.

[12] Tra la sterminata bibliografia sull'argomento cfr. Gianfranco Bianchi, *Il piano Marshall nella prospettiva della politica estera USA e dell'europeismo degasperiano*, (Cesano Maderno: F.lli Vaghi, 1979); Aga Eleana Rossi, *Il piano Marshall e l'Europa*, (Roma: Enciclopedia Italiana, 1983).

[13] Sulla Ceca e sui trattati di Roma vedi: Henri Rieben (M. Nathusius, F. Nicod, C. Camperio-Tixier), *Un changement d'espérance. La Déclaration du 9 mai 1950 Jean Monnet-Robert Schuman*, (Lausanne: Fondation Jean Monnet pour l'Europe – Centre de recherches européennes, 2000); D. Sierenburg, R. Poidevin, *Histoire de la Haute Autorité de la Communaté Européenne du Charbon et de l'Acier. Une histoire supranationale*, (Bruxelles: Bruylant, 1993); Luciano Tosi, Ruggero Ranieri (a cura di), *La Comunità europea del Carbone e dell'Acciaio, 1952-2002: gli esiti del trattato in Europa e in Italia*, (Padova: Cedam, 2004); M. Dumoulin, P. Guillen, M. Vaïsse, *L'énergie nucléaire en Europe, des origines à Euratom*, (Bern: Peter Lang, 1994); P. Gerbet, *La naissance du Marché Commun*, (Bruxelles: Éditions Complexe, 1987); E: Serra (a cura di), *L'Italia e la Conferenza di Messina*, in Id., *Il rilancio dell'Europa e i trattati di Roma*, (Bruxelles-Milano-Parigi-Baden-Baden: Bruylant-Giuffrè-LGDJ-Nomos, 1989).

RAFFAELE MAMBELLA
Università di Padova

DALLE "ITALIE" ALL'ITALIA

Quando si ragiona sull'origine del nome Italia, ci si imbatte in alcune ricostruzioni piuttosto fantasiose. Così quelle basate su derivazioni linguistiche ottocentesche. Ad esempio Gian Domenico Romagnosi faceva risalire il nome di Italiani a quello dei Taliani, genti provenienti da una città africana chiamata Tala.

Altre ricostruzioni presentano maggiore credibilità. Così quella, sempre ottocentesca, di Gabriele Rosa. Afferma che il nome Italìa, pronunciato così in greco, si baserebbe sulla forma greca non attestata (dunque ipotetica) Αιθαλία (Aithalìa) che nella sua parte iniziale Aith- (tipica di parole riferite al fuoco) conterrebbe un riferimento alla dimensione vulcanica delle terre della penisola. Questo significato resisterebbe ad esempio nel nome dell'Etna, in greco antico "Aitna".

A questa ipotesi si oppongono i sostenitori della "soluzione" etrusca all'origine del nome Italia. Immaginano che il nome si sia propagato da nord verso sud. Di recente, un'altra interpretazione, piuttosto contestata, suggerisce che Italia derivi da "Atalu", una parola accadica (lingua semitica come il fenicio). La ricostruzione appartiene allo studioso Giovanni Semerano che conseguentemente offre il significato "terra del tramonto".

L'origine del nome "Italia"

La tesi oggi più accreditata, e sicuramente più attendibile, è quella che ritiene il nome "Italia" un prestito linguistico della parola Viteliù, di origine osca, al greco che a sua volta la passò al latino dopo che la "v" era decaduta. Questa tradizione poggia sul riferimento alla società arcaica, dove pastorizia, allevamento e caccia la facevano da padroni. In quell'epoca il toro era un simbolo molto diffuso presso le genti della penisola che, al centro-sud, si opponevano all'avanzata della cultura romana. Le monete italiche sono molto eloquenti in proposito, raffigurando spesso il toro nell'atto di incornare la lupa.

Il nome latino Italia avrebbe origine dal corrispondente osco *Viteliù* che significava "terra di bovini giovani" (cfr. il latino *vitulus* "vitello", l'umbro *vitlo* "vitello"). La parola deve essere giunta ai Romani attraverso una parlata greca del sud, data la perdita del *-v-*, l'antico digamma che avrebbe resa identica la pronuncia latina di U e V, e il mutamento subito da *-e-*. Il termine geografico ed etnico di *Italia* inizia ad essere usato nel sesto secolo A.C. e si riferisce solo alla regione che oggi chiamiamo Calabria. In Ecateo il nome designava l'estremità meridionale dell'odierna Calabria. Per Erodoto si estendeva fino a Metaponto e Taranto, mentre per Antioco di Siracusa e Tucidide indicava la regione compresa fra lo stretto di Messina, il fiume Lao e il territorio di Metaponto. Narra Aristotele: (Politica, VII, 9, 2, e VII, 10, 2-3):

> Divenne re dell'Enotria un certo Italo, dal quale si sarebbero chiamati, cambiando nome, Itali invece che Enotri. Dicono anche che questo Italo abbia trasformato gli Enotri, da nomadi che erano, in agricoltori e che abbia anche dato ad essi altre leggi, e per primo istituito i sissizi (erano i pasti comuni consumati dai cittadini). Per questa ragione ancora oggi alcune delle popolazioni che discendono da lui praticano i sissizi e osservano alcune sue leggi » e ancora: « Italo, re degli Enotri, da lui in seguito presero il nome di Itali e Italìa l'estrema propaggine delle coste europee delimitata a Nord dai golfi [di Squillace e di S.Eufemia], di lui dicono che abbia fatto degli Enotri, da nomadi che erano degli agricoltori stabili, e che abbia imposto loro nuove leggi, istituendo tra l'altro per primo le sissizie.

Aristotele parla dunque di Italo re degli Enotri, dal quale successivamente presero il nome gli Itali, facendone da popolo nomade — quale erano gli Enotri — un popolo stabile che si stanziò nell'estrema propaggine delle coste europee, nell'attuale istmo di Catanzaro nell'omonima provincia delimitata rispettivamente ad oriente dal golfo di Squillace e ad occidente dal Golfo di Sant'Eufemia.

Nel quinto secolo A.C. lo storico Antioco di Siracusa scrise un saggio sull'Italia, che comprende già tutte le regioni meridionali, e fa derivare il suo nome da un leggendario re Italo. Egli così scriveva:

> L'intera terra fra i due golfi di mari, il Nepetinico [S. Eufemia] e lo Scilletinico [Squillace], fu ridotta sotto il potere di un uomo buono e saggio, che convinse i vicini, gli uni con le parole, gli altri con la forza. Questo uomo si chiamò Italo che denominò per primo questa terra Italia. E quando Italo si fu impadronito di questa terra dell'istmo, ed aveva molte genti che gli erano sottomesse, subito pretese anche i territori confinanti e pose sotto la sua dominazione molte città.

Ellanico invece raccontava che Eracle, mentre attraversava l'Italia, per condurre in Grecia il gregge di Gerione, perdette un capo di bestiame, che si diede a ricercare affannosamente; avendo saputo che, secondo l'idioma indigeno, la bestia aveva nome *vitulus*, chiamò *Ouitalia* tutta la regione.

Anche altri, da Timeo a Varone, misero in connessione Italia con il latino *vitulus* «vitello» (affine all'osco *vitluf*, accusativo plurale). Si legge per esempio in Festo: «*Italia dicta quod magnos italos, hoc est boves habeat; vituli enim ab italis itali sunt dicti*» («Italia è detta così perché possiede grandi *itali*, cioè buoi; infatti i vitelli dagli Itali son detti *itali*»). Questa interpretazione è stata accettata da alcuni studiosi moderni e corretta in parte: *Italia* non significherebbe «terra di vitelli» piuttosto «terra degli Itali», e *Itali* sarebbe forse il nome totemico di una popolazione italica che aveva per totem il vitello. Si evidenzia come le popolazioni straniere ritenessero la penisola italica ubertosa e fertile, adatta particolarmente all'allevamento dei vitelli.

Quella terra era anche chiamata Enotria (*terra del vino*). La probabile derivazione è dal vocabolo greco "*oinos*" (vino), indicativo del territorio ricco di vigneti prima ancora delle popolazioni che lo abitavano. Esiste anche un'ulteriore ipotesi che riguarda il metodo di coltivazione della vite. Contrariamente alla pratica di altre regioni, qui non veniva "maritata" ma messa a coltura con un palo corto (in greco "*oinotron*") di sostegno. Altri nomi furono Ausonia, dal verbo "auxo – abbondo", sulla scia dunque dei nomi indicanti ubertosità e fertilità del terreno, ed Esperia "Terra del Tramonto", nomi che tuttora identificano paesini del basso Lazio. Così la designavano i naviganti che dall'Egeo e dalla Grecia si spingevano verso la nostra penisola a cercare mercati o fortune e nuove terre da colonizzare. Nei loro racconti troviamo traccia degli avventurosi viaggi compiuti da alcuni eroi reduci da Troia verso i paesi d'Occidente e in particolare verso i lidi della favolosa Esperia; vi raccogliamo l'eco delle peregrinazioni di Ulisse lungo le coste tirreniche, di Diomede nel basso Adriatico, di Antenore verso le coste venete. I reperti archeologici ci svelano che sotto il mito e la narrazione poetica si nasconde un fenomeno reale: il diramarsi in tutto il Mediterraneo occidentale, in età micenea (XIV-XII sec. A.C.), delle rotte commerciali provenienti dal mondo greco ed egeo.

La forza dei miti

La mitologia classica narra di Ausonio, figlio di Ulisse e Calipso, (la ninfa dai bei ricci), come del capostipite di una tribù meridionale degli Umbri, gli Ausoni, che per un certo periodo avrebbero dato il nome all'intera penisola. Nell'età del ferro popolazioni abitavano il Sannio, e i latini le definivano Osci, cioè operosi mentre i greci li chiamavano Opici e li ritenevano Osci che si erano riuniti ai Sanniti. Doveva trattarsi di genti di origini e lingua indoeuropea, affine agli Ausoni, ai Latini e ai Siculi.

Per Aristotele Oschi o Opici, Aurunci ed Ausoni erano la medesima popolazione. La voce Opici o Opigia, deriva dal greco Ops, terra, che per i Romani era la divinità consorte del dio Saturno.

Gli Aurunci sarebbero emigrati in parte nel Lazio, in parte in Campania, dove vengono ricordati dall'etimo della città di Sessa Aurunca. Nel V sec. A.C., dal Gargano discesero gli Iapigi provenienti dall'Illiria e dall'Epiro e in Calabria si confusero con i Messapi di origine ellenica.

Gli Itali invece appartenevano ad un unico ceppo, che secondo Aristotele, traeva la sua etimologia dal nome del re degli Enotri, Italo, il quale civilizzò il suo popolo, fornendogli ordini e leggi, facendolo uscire dal selvaggio mondo dei boschi incolti, ed istruendolo nell'arte dell'agricoltura.

Secondo Antioco Siracusano, la parola Italia apparve per la prima volta in un trattato di pace con i Tarantini. Il nome deriverebbe da Vitelia o Vitola, per via di un episodio, relativa ad una delle dodici fatiche di Ercole. L'eroe vi avrebbe smarrito uno dei vitelli degli armenti di Gerione, in greco anche chiamato Italos, che, come sostiene Varrone nel "*de Re Rustica*", vuol dire toro.

Ercole, nell'idioma egizio, corrisponde a Con, il nome stesso di quella misteriosa popolazione, i Caoni, della quale fu assunto da taluni come progenitore. Per altri, l'eroe eponimo sarebbe Caone, figlio di Priamo ed Ecuba, nonché fratello dell'indovino Eleno, il quale avrebbe generato quelle genti provenienti dall'Epiro nord-occidentale, e precisamente da quella regione che da loro era detta Caonia. I greci li definivano Xaones e i latini Chaones; il loro nome deriverebbe da Kon, valente, robusto, da Kannen o da Kama, valore, potere. Più complicato e contorto il legame con i lucani (Lu-Caoni) e con gli Entri, discendenti questi ultimi dal figlio di Cillene e di Licaone (Li-Caone), il re d'Arcadia, Enotrio, venuto ad occupare l'estremità della penisola. Inizialmente si stabilirono nella fascia che unisce il golfo di Squillace a quello di Sant'Eufemia.

Gli Itali occuparono in un primo tempo solo una piccola parte della regione. I Romani estesero il territorio della cosiddetta Italia sino a comprenderla per intero. Nel III A.C. il nome veniva ad includere tutta la parte peninsulare, dall'Arno allo Stretto di Messina. Nel 42 A.C. avrebbe designato l'intera penisola al di qua delle Alpi.

Come si può notare tutto questo è mito e non storia.

Dal V secolo, è il tempo in cui la storia dei popoli antichi comincia ad appartenere agli storici di professione, ai geografi, ai filosofi e uomini di scienza, come Dionigi di Alicarnasso, Aristotele e Diodoro Siculo. Si cerca di fare chiarezza, pur nella difficoltà di districarsi tra tante notizie, giunte da un lontano passato miste alle leggende e ai miti. Il che spiega perché sul nome e la dislocazione di alcuni popoli permangano dati discordanti.

Ma cerchiamo di orientarci nell'intrico di notizie che portano dal nome 'Esperia' a quello di 'Italia'. Dionigi di Alicarnasso racconta a suo modo l'antica storia d'Italia, attingendo notizie da un repertorio antico, della prima emigrazione greca verso le coste meridionali della nostra penisola. C'era un re, Licaone, che abitava in Arcadia e aveva 22 figli. Alla suddivisione del regno tra i discendenti, si generò qualche insoddisfazione per le parti. Enotrio, assieme al fratello Peucezio, decise di attraversare il mare e raggiungere l'Esperia per procurarsi un regno. Una volta sbarcati, Peucezio decise di fermarsi a quel primo approdo e dal suo nome la terra fu chiamata Peucezia. Enotrio proseguì insediandosi nel territorio dell'odierna Basilicata-Calabria, che in suo onore fu chiamato Enotria. La storia continua: figlio o successore di Enotrio, sulla scena compare Italo. Ausone era figlio o comunque successore di Italo; per altri era figlio di Ulisse e della maga Circe o della ninfa Calipso.

Esperia, Enotria, Ausonia, Italia... nomi che corrispondono a una realtà frammentata, resa complessa dall'intrecciarsi e sovrapporsi di popoli ed etnie, storia e mito. Difficile raccogliere tanto patrimonio sotto un'unica denominazione. Solo i Romani, destreggiandosi fra guerre e alleanze e rendendo beneficiari della cittadinanza romana i 'nuovi acquisti', nel corso di tre secoli riusciranno a comporre il variegato mosaico della Penisola in unità, estendendo il loro dominio a nord e a sud di Roma, allargando via via il pomerio della città, cioè i suoi sacri confini, sino a toccare le Alpi e le acque dello Ionio.

Italia romana e Italici

La valenza di quest'operazione non fu solo di carattere politico-amministrativo, poiché permise l'interscambio di abitudini, costumi, mentalità, preparando il sottofondo culturale comune che in avvenire, nonostante secoli bui, momenti di crisi e frantumazione politica, rivelerà la forza aggregativa e identitaria. Sin dall'inizio furono i Romani a scegliere tra le varie denominazioni e a designare in blocco col nome di Italici, distinguendoli dai Latini , cioè da quelli che abitavano il Lazio e parlavano latino, tutti gli altri popoli della penisola (Equi, Volsci, Sanniti, Messapi, etc.). E quando in età augustea tutti gli abitanti, dalle Alpi allo Stretto di Messina, ottennero la cittadinanza romana, il nome Italia assunse il significato geografico che tuttora conserva.

Ritornando ad Aristotele occorre riconoscere che nell'orazione d'Ercole precisa che non tutta la regione prese il nome di Italia e aggiunge che Brettio, figlio di Ercole, giunto nella nostra regione, l'avrebbe occupata contro i Morgezi e i Japigi e l'avrebbe chiamata "Bruzia". La tesi aristotelica fu accettata da Stefano di Bisanzio che scrive: "Bruzia venne chiamata quella terra, che ebbe il nome di Morgezia, Japigia e Italia". Però secondo gli scrittori romani, il nome di Bruzia seguì a quello di "Magna Grecia" tra il sec. V e IV A.C. Infatti Ovidio nei Fasti, lib. IV, cantò "*Itala nam tellus, Graecia major erat*". Anche Strabone, Plinio e Cicerone scrivono che la regione Italia fu chiamata Grecia per i nuovi numerosi suoi abitatori greci. Lo stesso Diodoro Siculo (XVI, 15) con Tito Livio (XXX, 19) scrive che il nome Brutium la nostra penisola l'avrebbe preso dopo quello di Magna Grecia, quando nel sec. IV A.C. i Bruzi o Bretti, scesi dalla Lucania, presero a scorrazzare per tutto il territorio dopo aver distrutto Terina, Ipponio e Thurii e fondato una loro federazione, che si estendeva dalla città di Laos in Lucania all'Aspromonte.

Nel sec. III A.C. il nome passò all'Italia centrale e, poi, a quella settentrionale, dall'Arno al Rubicone, fino ad indicare tutto il territorio della penisola con la riforma amministrativa ordinata da Augusto nel 24 A.C. quando Plinio già poteva dire: "questa è l'Italia sacra agli dei" (*nat. hist.* III 5,46). La provenienza del nome Italia e della sua radice da vitello-toro è confermata dal fatto che allo scoppio della guerra sociale (90-87 A.C.), provocata dagli alleati italici Marsi, Sanniti e Lucani contro Roma per la parificazione dei diritti, fu dai ribelli vittoriosi scelto il Toro come simbolo monetale e a Corfino, centro del moto insurrezionale, fu dato il nome di "Italica".

Le successive conquiste romane a nord dei fiumi Arno e Esimo estesero il termine fino alla catena alpina (e già Polibio e Catone sono per il significato più largo del nome, molto vicino a quello odierno). Come detto, la sanzione ufficiale del nome si ebbe con Ottaviano nel 42 A.C., ma l'unione amministrativa delle isole si ebbe solo con Diocleziano (*diocesi italiciana*). Molteplici le vicende del nome Italia dagl'inizi del Medioevo alle soglie dell'età moderna: le fonti mostrano contraddizioni e oscurità, che si spiegano distinguendo tra il significato largo, geografico, della parola, che non si spegne, e un significato più limitato, di denominazione riferentesi a un organismo politico-amministrativo. In questo secondo senso, il nome subisce vicende varie, secondo gli eventi politici, e scompare nel Medioevo sommerso da quello da quello di alcune grandi regioni come, ad esempio Lombardia, Romagna, Tuscia.

Con il termine di Italoi o Italioti i greci antichi indicavano le popolazioni di lingua greca che avevano colonizzato e vivevano nella penisola italiana, cioè in Magna Grecia. Con l'avvento della dominazione romana gli italioti erano distinti dai popoli italici autoctoni.

Verso la metà del terzo millennio A.C., i "Primi Italici", popolazioni di provenienza indoeuropea in arrivo da oriente attraverso l'area balcanica, si stabilirono nella parte centro-meridionale tirrenica della penisola, spingendosi fino alla Sicilia. Il principale di questi popoli proto italici (Latini) parlava il dialetto latino e occupava l'Etruria meridionale e l'odierno Lazio, lungo il basso corso del Tevere.

I "Secondi Italici" si stabilirono nell'Italia centrale nel I millennio A.C.: dapprima genti di lingua osca, seguite da altre di lingua umbra (Umbri). Da queste popolazioni sono da espungere gli Etruschi perché non indoeuropei e stabilitisi in aree dove era fiorita la civiltà villanoviana. Si autonominavano"Rasenna", e si insediarono tra gli Umbri e i Latini, che li chiamarono anche "Etrurii" o "Tusci", mentre i Greci preferirono la parola Tirreni. Gruppo a sé fu quello dei Sabini-Safini, detti dai Greci anche Sanniti.

La necessità di assicurarsi sempre nuovi territori per garantirsi la sopravvivenza, fece nascere la pratica rituale del "Ver Sacrum" ("Primavera Sacra"), mediante la quale, come avrebbero fatto secondo Erodoto gli Etruschi, per far fronte alle difficoltà derivanti da carestie, guerre ed altre calamità, gruppi di giovani venivano consacrati ad una divinità e destinati ad un esodo forzato verso nuovi territori. Questi giovani erano diretti da un dio il quale inviava loro come guida un animale sacro. Per esempio il picchio, uccello sacro a Marte, guidò i Picenti nel territorio dei Piceni e dei Liburni; il lupo, "hirpus", anch'esso sacro a Marte, fu guida per gli Irpini; altri assunsero direttamente il nome della stessa divinità protettrice, come i Marsi da Marte o i Vestini da Vesta. Fu, probabilmente, in tal modo che da queste popolazioni si staccarono sempre nuovi nuclei che si stabilirono: tra i Sabini e i Latini (Aequi ed Aequicoli); nel Lazio (Volsci); a nord del Tronto (Picentes); fra il Tronto e il Gran Sasso (Praetutii); tra i Pretuzi e l'Aterno (Vestini); tra il Morrone, la Maiella e il Sirente, nel territorio attraversato dal medio corso dell'Aterno (Paeligni); intorno al Lago Fucino (Marsi); nel Chietino (Marrucini); tra i Marrucini e il Biferno (Frentani); nella zona di Alfedena (Caraceni); nel Molise (Pentri); in Campania (Oschi o Campani); a nord-ovest del Gargano (Apuli); nel Beneventano (Hirpini); in Basilicata (Lucani); in Calabria (Brutii). L'origine di ciascuna di queste popolazioni può essere distinta sulla base delle differenze linguistiche. Come la lingua etrusca e quella latina, l'umbra e la picena non erano assimilabili a quelle degli altri Italici. I Pretuzi parlavano un dialetto "sud piceno". Dialetti oschi erano parlati da Frentani, Caraceni, Pentri, Irpini, Apuli, Campani, Lucani, Brutii. Sabini, Vestini, Marrucini, Peligni, Marsi, Equi ed Equicoli parlavano dialetti sabellici, che presentavano caratteri attinti dall'umbro e dall'osco.

Nell'Italia preromana bisogna ricordare anche la cultura di Golasecca del Ticino inserita fin dal IX secolo A.C. nel processo di formazione dell'etnia celtica, dunque prima delle spedizioni militari dei Celti contro Roma (IV secolo A.C.). Quest'area era abitata inizialmente da Leponzi (nella val d'Ossola e Canton Ticino), Orobi (fra Como e Bergamo), Insubri a Milano, Levi e Marici intorno a Pavia. Quando i Romani decisero di occupare la Gallia Cisalpina si scontrarono con varie tribù fra le quali i Salassi, di origine celto-ligure, stanziati nella valle della Dora Baltea che furono definitivamente sottomessi da Aulo Terenzio Claudio Pulcro nel 25 A.C.. Il loro accampamento diventò la colonia romana Augusta Pretoria, attuale Aosta.

I Reti abitarono l'area alpina centro-orientale, mentre gli Euganei vissero nell'area compresa fra la Valcamonica, la Valtellina e le Giudicarie, dove sono diffusi elementi culturali specifici, fra cui le incisioni camune e le iscrizioni in alfabeto di Sondrio o camuno.

Con la terza e ultima invasione italica, sempre provenendo da oriente e in particolare dalla penisola balcanica, arrivarono i Veneti diffusisi nel Triveneto fino all'Istria. Con loro giunsero gli Apuli che abitarono una terra dove vi erano altre popolazioni illiriche che avevano attraversato l'Adriatico in epoca preistorica: i Dauni, i Peucezi, i Messapi (per loro valeva il nome collettivo di Iapigi). Già in epoca micenea (II millennio A.C.) vi erano intensi rapporti fra la costa pugliese e la Grecia tanto che di provenienza greca sono l'alfabeto delle iscrizioni messapiche (conosciamo i nomi di alcuni antichi re: Opis, Artas, etc.) e molti elementi della loro cultura artistica.

I Liguri che abitavano un vasto territorio dell'Italia nord-occidentale fino a Pisa, e l'Appennino settentrionale con il Casentino, erano un mosaico di diverse popolazioni di difficile inquadramento etnico. Sicuramente non erano indoeuropei anche se in seguito subirono fortemente l'influenza celtica, tanto che spesso si usa la definizione di celto-liguri (esempio i Taurini del Piemonte). Un discorso a parte meriterebbe la Sardegna degli antichi Sardi, con le imponenti tracce di quella che fu una grande civiltà e un'originale organizzazione sociale.

Alle diversità linguistiche facevano riscontro atteggiamenti politici diversi: le popolazioni sabelliche nutrivano una profonda aspirazione all'unione politico sociale con le altre entità etnico-linguistiche. In quelle osche erano fortemente radicata l'inclinazione all'indipendenza e al separatismo.

Nei secoli V e IV A.C., quasi tutti gli Italici di lingua osca si erano uniti in una confederazione detta "Lega Sannitica" e perciò venivano genericamente denominati "Sanniti". Nello stesso periodo, le città laziali formarono una "Lega Latina" sotto l'egemonia di Roma, che si rafforzò con la presa dell'antagonista Veio (396 A.C.) e fu, solo temporaneamente, messa in pericolo, circa dieci anni dopo, dall'invasione dei Galli guidati da Brenno. Ambedue le leghe ambivano ad impossessarsi del territorio che le separava, laValle del Liri, ma, poiché si temevano reciprocamente, pervennero ad una"societas", trattato di non-aggressione.

Quando poi si giunse alla prima guerra sannitica (343-341), si scelse il compromesso e la spartizione del territorio conteso. Nel 327 scoppiò la seconda guerra sannitica, durante la quale le popolazioni sabelliche concessero all'esercito romano di attraversare i loro territori per prendere i Sanniti tra due fuochi. Solo i Vestini si opposero e, per questo, furono attaccati e sconfitti. Nel 321, i Romani subirono l'umiliazione delle "Forche Caudine", ma, nel 304, nonostante l'alleanza tra Sanniti, Etruschi ed Equi, la guerra si concluse con la vittoria dei Romani che, impossessandosi di Campania e Puglia, accerchiarono il Sannio. Roma stabilì accordi di alleanza con Marsi, Marrucini, Peligni, Frentani e, in seguito con Piceni (303) e Vestini (302). Fondò colonie nei territori degli Equicoli (AlbaFucens) e degli Equi (Carsioli). Nel 298, Sanniti, Etruschi e Galli si allearono per contrastare l'espansione romana dando avvio alla terza guerra sannitica, conclusasi nel 290 con l'ulteriore vittoria di Roma, che si impossessò di gran parte della regione dei Pretuzi e fondò, nella parte restante, la colonia di Hatria, la prima sul mare Adriatico.

I Sanniti provarono ancora ad opporsi a Roma alleandosi a Taranto, che aveva ottenuto l'aiuto di Pirro, re dell'Epiro. Anche la guerra tarentina (282-272) fu vinta dai Romani, che sciolsero la Lega Sannitica, stabilirono trattati bilaterali con le singole popolazioni e trasformarono Aesernia (Isernia) in loro colonia. Nel 269 furono i Piceni ad opporsi allo strapotere di Roma, che aveva fondato la colonia di Ariminium (Rimini) alle loro spalle. Anche nella guerra picentina, la vittoria arrise a Roma, che si impossessò del Piceno, lasciando indipendente soltanto Asculum. Roma era ormai padrona dell'Italia centro-meridionale, le cui popolazioni cominciarono ad assumere la lingua, la cultura e l'organizzazione politico economica e militare della vincitrice.

I nuovi soci di Roma ebbero l'occasione di dimostrare lealtà quando, nella seconda guerra punica (218-202), Annibale tentò di isolare l'Urbe dagli alleati per averne ragione. I confederati italici resistettero: solo dopo la disfatta romana di Canne (216), ci fu la defezione dei Sanniti, ad eccezione dei Pentri. Due anni dopo, quando l'esercito romano, guidato dal console C. Claudio Nerone, partì dall'Apulia per andare nel Piceno ad affrontare i Cartaginesi condotti da Asdrubale, fu determinante l'organizzazione dei rifornimenti da parte delle popolazioni italiche. Strabone riassume così il ruolo storico dei popoli italici:

> Questi popoli sono piccoli ma valorosissimi, e spesso mostrarono questo loro valore ai Romani, dapprima quando guerreggiarono (contro di loro), in un secondo momento quando combatterono al loro fianco, in un terzo tempo quando... intrapresero la guerra chiamata Marsica.

Il nome di Italia fu assunto anche dai popoli della Lega che nel 90-89 A.C. combatté contro Roma (la "Guerra Sociale"). L'antica Corfinio (presso Sulmona), capitale della Lega, fu ribattezzata Italica, ed ebbe due consoli (il marso Poppedio Silone e il sannita Papio Mutilo). Essa possedette zecca propria con incisa la parola Italia nelle monete. Le monete della guerra sociale furono le emissioni coniate dagli alleati italici, Sanniti, Marsi, Piceni, Peligni, Vestini, Frentani, Lucani e Marrucini, durante l'estremo conflitto per l'indipendenza da Roma. Ispirate al denario della monetazione romana, la loro circolazione (e forse emissione) continuò anche dopo il termine del conflitto, in parallelo e in maniera promiscua con quella del loro modello repubblicano. Nella trattazione numismatica, queste emissioni, come tutte le coniazioni italiote e italiche, sono tradizionalmente ascritte alla monetazione greca.La monetazione emessa dai popoli italici durante la guerra contro Roma, fornisce la prima evidenza epigrafica dell'utilizzo del nome Italia. La personificazione dell'Italia come dea è accompagnata a una legenda che riproduce il suo nome, ITALIA, in alfabeto latino o VITELIU (*Víteliú* = Italia) in alfabeto osco. Si tratta della prima testimonianza epigrafica dell'uso del nome *Italia*.

L'Italia unita da Roma

Nell'81 A.C. Silla attribuisce al nome Italia un significato politico ufficiale, che comprende le regioni peninsulari e la Liguria. Nel 45 A.C. Giulio Cesare include nel territorio d'Italia le altre regioni del nord. Nel 27 A.C. l'imperatore Cesare Ottaviano Augusto suddivide l'Italia in 11 regioni. Pochi anni dopo lo storico e geografo Strabone afferma: "tutti gli Italiani sono ormai Romani". Il resto dell'impero romano è suddiviso in province, che non hanno la cittadinanza romana. La Sicilia, la Sardegna e la Corsica per adesso rimangono ancora province esterne all'Italia. In quest'epoca

Virgilio scrive l'Eneide, in cui celebra l'Italia e le origini di Roma. Sopra l'attuale principato di Monaco i Romani costruiscono il Trofeo della Turbia, dove si legge l'iscrizione: "Huc usque Italia, abhinc Gallia" ("Fin qui l'Italia, da qui la Gallia").

La regione geografica italiana viene unita politicamente per la prima volta con la Repubblica romana (509-27 A.C.), ma il carattere imperiale delle conquiste effettuate nei secoli seguenti da Roma snatura il carattere nazionale che questa regione stava acquisendo sul finire del I secolo A.C.

Giunta all'apice dello sviluppo politico, economico e sociale, Roma imperiale, con la sua organizzazione socio-politica, lascia un segno indelebile nella storia dell'umanità. In tutti i territori dell'impero, i romani costruiscono città, strade, ponti, acquedotti, fortificazioni, esportando ovunque il loro modello di civiltà e al contempo integrando le popolazioni e le civiltà assoggettate, in un processo così profondo che per secoli, ancora dopo la fine dell'impero, queste genti continueranno a definirsi *romane*. La civiltà nata sulle rive del Tevere, cresciuta in epoca repubblicana e sviluppatasi in età imperiale, fornirà la base dell'attuale civiltà occidentale.

Una tendenza storiografica in voga qualche decennio fa vedeva nelle condizioni geografiche il fattore che avrebbe forgiato in modo decisivo gli sviluppi di una civiltà antica: così l'accidentata geografia della Grecia ne avrebbe determinato la frammentazione politica in numerose città stato, mentre il Nilo sarebbe stato garanzia dell'unità dell'Egitto. La centralità dell'Italia nel Mediterraneo avrebbe inevitabilmente portato la piattaforma peninsulare a dominare i popoli dell'area.

Queste forme di rigido determinismo, che si rifanno a concetti sviluppati già nell'antichità classica (si veda Vitruvio, VI, 1, 9-11), sono state generalmente abbandonate. Non per questo lo studio del contesto geografico che fu teatro degli avvenimenti del passato è oggi ritenuto inutile. L'Italia fu non solo il teatro di buona parte degli eventi della storia romana, in particolare nella sua prima fase, ma anche la principale base della potenza di Roma: fu principalmente grazie al potenziale umano e alle risorse dell'Italia che Roma riuscì a conquistare l'impero.

La consapevolezza di questo fatto emerge chiaramente in un celebre passo di Polibio, nel quale lo storico registra gli effettivi che Roma poteva mobilitare in Italia nel 225 A.C., per fronteggiare l'ultima grande invasione della penisola da parte dei Galli (Polibio, *Storie*, II, 24). Sabini e Tirreni venuti in soccorso di Roma in tutta fretta fornivano circa 4.000 cavalieri e oltre 50.000 fanti. ...Gli Umbri e i Sarsinati abitanti dell'Appennino furono radunati in circa 20.000 e con loro 20.000 Veneti e Cenomani. ... Queste, dunque, le truppe che presidiavano il territorio. A Roma, intanto stazionavano come corpo di riserva, 20.000 fanti e 1.500 cavalieri Romani, 30.000 fanti e 2.000 cavalieri alleati. Le liste d'arruolamento furono così presentate: Latini 80.000 fanti e 5.000 cavalieri, Sanniti 70.000 fanti e 7.000 cavalieri, Iapigi e Messapi 50.000 fanti e 12.000 cavalieri, Lucani 30.000 fanti e 3.000 cavalieri, Marsi, Marrucini, Frentani e Vestini 20.000 fanti e 4.000 cavalieri. In Sicilia e a Taranto stavano di riserva due legioni, ciascuna delle quali era di 4.200 fanti e 200 cavalieri. Fra Romani e Campani fu registrata una massa di circa 250.000 fanti e c'erano poi 23.000 cavalieri, mentre la quantità complessiva di quelli in grado di portare le armi era di oltre 700.000 fanti e di circa 70.000 cavalieri. [Traduzione di M. Mari in D. Musti (a cura di), *Polibio. Storie. I (libri I-II)*, Milano 2001]

Il passo polibiano ha dato adito ad una vivace discussione sull'attendibilità delle cifre tramandate e sulla possibilità che si riferissero all'insieme dei maschi adulti o piuttosto solamente ai reclutabili per il servizio militare attivo. Qui interessa rilevare il ruolo fondamentale che gli alleati avevano nelle forze armate romane. Il passo polibiano mostra come il concetto di Italia si definisca in rapporto a Roma. E' un rapporto che emerge regolarmente nelle fonti sull'Italia antica in età romana: la regione, che di fatto era un mosaico di popoli e comunità con culture, lingue, strutture politiche, economiche e sociali assai differenti, ritrova la sua unità con Roma, oppure contro Roma. È quanto accade per esempio durante la guerra sociale del 91-89 A.C., quando gli alleati (socii) italici si ribellano alla città egemone e coniano, come abbiamo visto, un'interessante serie di monete nella quale è evidente la contrapposizione ideologica tra Roma e l'Italia. Ma già Annibale, dopo le vittorie ai fiumi Ticino e Trebbia e prima del grande scontro sul lago Trasimeno, aveva cercato di sfruttare la tensione esistente tra Roma e i suoi alleati italici. Leggiamo cosa scrive Polibio a questo proposito: (Polibio, *Storie*, III, 77, 3-7: L'Italia contro Roma nella propaganda di Annibale).

Annibale, svernando in Gallia, teneva sotto severa sorveglianza i Romani fatti prigionieri in battaglia, facendo loro somministrare solo i viveri strettamente necessari, trattava invece con grande mitezza i loro alleati; infine riunì tutti insieme questi ultimi, per rivolgere loro un'allocuzione e dichiarare che non era venuto per combatterli, ma per combattere in loro difesa contro i Romani. Se conoscevano il loro interesse, egli disse, dovevano assolutamente abbracciare la sua causa.

Egli era lì infatti prima di tutto per ristabilire l'indipendenza degli Italici e insieme per recuperare le città e il territorio di cui ognuno era stato privato ad opera dei Romani. Detto questo, lasciò che tutti ritornassero senza riscatto alle proprie case, volendo così da una parte accattivarsi gli abitanti dell'Italia, dall'altra alienare gli animi dai Romani e incitare alla ribellione quanti stimavano che le loro città o i loro porti avessero subito qualche danno a causa del dominio romano. [traduzione di C. Schick in G. Zelasco (a cura di), Polibio. Storie, Milano 1955]

I confini dell'Italia romana

L'Italia romana è concetto ambiguo, non solo perché esiste una sorta di tensione tra i due termini, il sostantivo "Italia" e l'aggettivo "romana", ma soprattutto perché si tratta di un concetto la cui valenza mutò sensibilmente nel tempo, i cui confini si spostarono continuamente in avanti, almeno nel corso dell'età repubblicana. Ciò avvenne non tanto per considerazioni di carattere geografico, quanto per l'evoluzione continua delle condizioni politiche e dello statuto giuridico degli abitanti della regione.

Il progressivo ampliarsi del concetto di Italia e il legame con il fattore politico è chiarissimo nel passo di apertura della descrizione dell'Italia che troviamo nell'opera di Strabone, geografo che scrisse tra l'età augustea e quella tiberiana.

> Alle falde delle Alpi inizia quella che ora si chiama Italia. Gli antichi infatti chiamavano col nome di Italìa l'Enotria, che si estendeva dallo Stretto di Sicilia fino al Golfo di Taranto e di Posidonia; poi il nome prevalse e si estese fino alle falde delle Alpi. Arrivò a comprendere anche la parte della Liguria che va dai confini della Tirrenia fino a fiume Varo e la parte dell'Istria che arriva fino a Pola. Si può supporre che i primi a chiamarsi Itali, grazie alla loro prosperità, fecero partecipi di questo nome anche i popoli confinanti e continuarono ad estenderlo fino all'epoca della conquista romana. Più tardi poi, dopo che i Romani ebbero concesso il diritto di cittadinanza agli Italici, essi decisero di concedere lo stesso onore anche ai Galli Cisalpini ed ai Veneti e di chiamare tutti Italici e Romani. [traduzione di A.M. Biraschi in A.M. Biraschi, Strabone. Geografia. L'Italia. Libri V - VI, Milano 1988].

È tuttavia importante sottolineare ancora una volta come i confini della regione siano definiti in base allo statuto amministrativo delle comunità che la compongono e alla condizione giuridica dei suoi abitanti, non in base ad un criterio puramente geografico: Strabone non afferma semplicemente che l'Italia giungeva fino alle Alpi, come ci attenderemmo se la definizione avessere carattere puramente geografico, ma precisa che essa arrivava sino "alle falde delle Alpi". La zona propriamente montuosa è dunque apparentemente al di fuori dell'Italia romana. E' un dato confermato dall'analisi dei confini settentrionali dell'Italia ai tempi di Augusto. I limiti non combaciano coi confini geografici, in corrispondenza dello spartiacque alpino, e presentano alcune divergenze rispetto agli attuali confini della nostra nazione: le più significative riguardano l'inclusione di un lembo di quella che oggi è la Costa Azzurra francese, fino all'antica *Nicaea* (oggi Nizza) e al fiume Varo e, di converso, l'esclusione del corso superiore dei fiumi piemontesi (tra i quali la Stura di Demonte, il Maira e lo stesso Po), che un tempo facevano parte delle province delle Alpi Marittime e delle Alpi Cozie. Nel settore centrale colpisce l'inclusione, nella regione della Transpadana, dell'alta valle del Ticino (oggi Canton Ticino, Svizzera), mentre la Val Venosta, la valle dell'Isarco e la Val Pusteria erano comprese nelle province di Rezia (le prime due) e del Norico (la terza). Nelle Alpi orientali i limiti dell'Italia romana ricalcano sostanzialmente i confini geografici e linguistici odierni, giungendo sino alle spartiacque delle Alpi Giulie e comprendendo buona parte dell'Istria, ma si discostano in modo significativo dall'attuale confine politico dell'Italia, che in questo settore è molto più arretrato.

Il carattere più evidente di questa Italia romana è dato dal fatto che tutti i suoi abitanti di libera condizione possiedono la cittadinanza romana. Questa tuttavia è solo una condizione necessaria, ma non sufficiente: vi sono infatti cittadini romani che risiedono al di fuori dell'Italia, nelle province.

Dobbiamo definire con maggiore precisione il concetto di Italia. La formulazione più immediata è quella in negativo: l'Italia non è una provincia, e i suoi abitanti, a differenza dei provinciali, non sono sottoposti ad una tassazione diretta su proprietà e persone; la giurisdizione non è affidata ad un governatore inviato da Roma, ma è nelle mani degli stessi magistrati locali eletti nelle singole comunità. In Italia non sono stanziate le truppe di guarnigione, composte da legioni di cittadini romani e da reparti ausiliari forniti dagli alleati, che vigilano sulle province (per la verità l'Italia non è comunque completamente indifesa, ma le truppe che vi sono stazionate hanno un carattere sostanzialmente differente da quelle che sono presenti nelle province: si tratta delle coorti pretoriane, propriamente la guardia del corpo dell'imperatore, accasermate a Roma, e delle due squadre della flotta imperiale che fanno base rispettivamente a Classe, nei pressi di Ravenna, e Miseno, nel golfo di Napoli.

È tuttavia possibile avanzare anche qualche definizione in positivo: in effetti ai cittadini dell'Italia sono riservati alcuni privilegi, come per esempio quello di potere esercitare le vecchie magistrature repubblicane di Roma, almeno fino all'età di Claudio (dal momento che in età tardorepubblicana conosciamo qualche senatore di origine provinciale è probabile che questo privilegio sia stato introdotto da Augusto). In età augustea ricordiamo la creazione di seggi distaccati nei municipi d'Italia, che consentiva ai consiglieri municipali di votare nelle loro città, invece di recarsi a Roma, come di regola. Agli italici inoltre era riservato, almeno per la prima età imperiale, il diritto di essere iscritti negli elenchi da cui venivano tratti i membri delle giurie dei tribunali permanenti, le *quaestiones perpetuae*, e di entrare a far parte del corpo d'élite dell'esercito romano, le già ricordate coorti pretoriane.

L'Italia nell'età augustea e imperiale

Le undici regioni augustee erano le seguenti:

Regio I Latium et Campania
Regio II Apulia et Calabria
Regio III Lucania et Brutii
Regio IV Samnium
Regio V Picenum
Regio VI Umbria et Ager Gallicus
Regio VII Etruria
Regio VIII Aemilia
Regio IX Liguria
Regio X Venetia et Histria
Regio XI Transpadana

Col censimento augusteo i cittadini maschi erano 4.063.000: comprendendo le donne ed i bambini, la popolazione totale dell'Italia all'inizio del primo secolo era intorno ai 10 milioni. Verosimilmente negli stessi anni in cui procedeva alla suddivisione della città di Roma in 14 quartieri, detti *regiones*, dunque intorno al 7 A.C., Augusto raggruppò i tanti municipi dell'Italia romana in unità più ampie, anch'esse chiamate *regiones*. Il testo fondamentale a questo proposito è un passaggio di Plinio il Vecchio, l'enciclopedista vissuto tra l'età giulio-claudia e quella flavia, che nel III libro della sua monumentale *Storia naturale*, descrive brevemente il territorio dell'Italia

> Passerò ora in rassegna il territorio e le città dell'Italia. A questo proposito devo premettere che seguirò come autore il divino Augusto e la suddivisione, fatta da lui, dell'Italia in undici regioni, procedendo però secondo il tracciato della costa. Quanto ai rapporti di vicinanza tra le singole città, ritengo impossibile mantenerli inalterati, almeno in un discorso affrettato come il mio; perciò, riguardo alle città dell'interno, mi atterrò all'indicazione per ordine alfabetico fatta dallo stesso Augusto, segnalando le varie colonie, come fece lui. [Traduzione di G. Ra-

nucci in G.B. Conte (a cura di), Gaio Plinio Secondo. Storia Naturale I. Cosmologia e geografia. Libri 1-6, Torino 1982].

Nel 77 D.C. Plinio il Vecchio descrive l'Italia nel libro III della sua *Naturalis Historia* e afferma: "*Questa è l'Italia sacra agli dei*". Plinio afferma dunque che, nella propria descrizione dell'Italia si atterrà alla divisione dell'Italia in 11 regioni, operata da Augusto. Dalle fonti letterarie, e principalmente dallo stesso Plinio, sappiamo che le regioni erano contraddistinte da un numero e da un nome, generalmente ricalcato su quello dell'etnia prevalente nella regione: fanno eccezione la regio VIII Aemilia, che prendeva il nome dalla strada che, da Rimini a Piacenza, la attraversava per tutta la sua lunghezza, e la regio XI Transpadana, che presenta invece un nome di carattere geografico, designante i territori al di là del fiume Po. Il dato pliniano può essere trasferito su una mappa, nella quale non si mancherà di notare come non facessero parte dell'Italia augustea due importanti regioni dell'Italia attuale, la Sicilia e la Sardegna, le prime due province create da Roma.

Il significato delle regioni augustee è stato vivacemente dibattuto. Sostanzialmente si confrontano due opinioni: la prima, che risale in definitiva alla figura del grande Theodor Mommsen e che è stata in buona misura ripresa da un importante studioso dell'Italia romana, Gianfranco Tibiletti. Si ritiene che la divisione regionale augustea non fosse finalizzata a precisi scopi pratici, ma semplicemente alla creazione di un nuovo quadro in cui inserire, per scopi semplicemente statistici, i dati relativi all'Italia romana, come per esempio il numero degli abitanti.

Una seconda teoria, che ha trovato sostegno in particolare negli scritti di Francesco De Martino e, da ultimo, di Claude Nicolet, ritiene piuttosto che la creazione delle regioni dell'Italia obbedisse alle esigenze di una riorganizzazione amministrativa. Il censimento veniva condotto secondo la vecchia suddivisione in tribù, anche se i suoi dati potevano essere presentati per regioni (così Plinio il Vecchio, Storia naturale, VII, 163-164 effettua la statistica degli ultracentenari residenti nella regione dell'Aemilia); ma le regioni erano il quadro operativo, non solo statistico, di altre importanti azioni di carattere amministrativo, come la gestione delle proprietà che l'imperatore aveva in Italia, la riscossione delle tasse indirette, come la vicesima hereditatium, la tassa del 5% sulle successioni, o la vicesima libertatis, un'imposta della medesima aliquota che veniva pagata all'atto di manomissione di uno schiavo, o ancora il censimento dei territori non centuriati, rimasti proprietà del demanio pubblico, i cosiddetti subseciva.

Nell'età augustea il concetto di Italia si stabilizza e precisa.. Senza dubbio il fatto è da porre in connessione all'uso politico che Augusto, allora ancora Ottaviano, aveva fatto dell'Italia nelle guerre civili. Al momento dello scoppio della guerra contro Cleopatra e Antonio, Ottaviano aveva chiesto e ottenuto che tutte le città dell'Italia gli giurassero fedeltà: *iuravit in mea verba tota Italia sponte sua* ("l'Italia intera giurò nel mio nome spontaneamente"), afferma l'imperatore in un famosissimo passaggio delle sue *Res Gestae* (25, 2). L'Italia è invenzione di Augusto, nel senso etimologico di "scoperta".

Se il limite alto del nostro oggetto di studio si può dunque facilmente fissare all'età di Augusto, il limite basso deve essere collocato più vagamente alla fine del II sec. D.C. A partire da Marco Aurelio, l'Italia viene suddivisa in distretti, in ciascuno dei quali l'amministrazione della giustizia viene affidata ad un funzionario, detto *iuridicus*, nominato dall'imperatore. Un'anticipazione di questo provvedimento si era avuta sotto Adriano, che aveva incaricato della giurisdizione sull'Italia quattro ex-consoli. Non si tratta di vera provincializzazione dell'Italia, di cui si può forse parlare, per il III sec. D.C., quando l'imperatore affida, seppure temporaneamente, il governo di una regione italica ad un *corrector*, e certamente a partire da Diocleziano, che istituzionalizza la divisione dell'Italia in 12 province (tra le quali sono ormai comprese la Sicilia, la Sardegna e la Corsica ed anche la Rezia, corrispondente all'odierno Tirolo e alla Baviera), raggruppate in unità amministrativa La riforma dioclezianea si rifà ai provvedimenti di Marco Aurelio e trova fondamento anche nel fatto che, dopo la concessione della cittadinanza romana a tutti gli abitanti dell'impero nel 212 D.C., era venura a cadere una delle ragioni del privilegio dell'Italia.

Nell'anno 292 viene formata la "Diocesi Italiciana", che comprende anche la Sicilia, la Sardegna e la Corsica. Diocleziano divide l'impero in quattro parti (*diocesi*). La *diocesis Italiae* viene così ripartita in due zone, ciascuna divisa in zone più piccole governate da *correctores*:

Suburbicaria dell'Italia ("sotto il governo di Roma")
Tuscia et l'Umbria
Valeria
Campania et Samnium
Apulia et la Calabria
Sicilia
La Sardegna et la Corsica

Annonaria dell'Italia (con capitale Mediolanum (Milano)

Venetia et Histria
Aemilia et la Liguria
Flaminia et Picenum
Raetia
Alpes Cottiae.

Le Alpes Poenninae e le Alpes Maritimae diventano parte della Diocesis Galliarum.

Nel 330 D.C. Costantino sposta la capitale dell'impero a Costantinopoli e dopo la morte di Teodosio I, detto il Grande, l'Italia diventa parte dell'Impero d'Occidente, mentre nel 402 D.C. la capitale dell'Impero d'Occidente è spostata da Milano a Ravenna. Secondo la *Notitia Dignitatum*, compilazione degli ufficiali civili e militari pubblici aggiornata nel 420 D.C. per la parte occidentale dell'impero romano, l'Italia viene governata da un *Prefectus Praetorio Italiae* con competenze anche su Illirico e Africa. Le regioni sono governate da otto consulares (Venetiae et Histriae, Aemiliae, Liguriae, Annonarii Piceni et Flaminiae, Tusciae et Umbriae, Suburbicarii Piceni, Campaniae et Siciliae), due correctores (Apuliae et Calabriae e Lucaniae et Bruttiorum) e quattro praesides (Alpium Cottiarum, Samnii, Sardiniae e Corsicae).

Nel quinto secolo D.C. l'Impero Romano collassa sotto le invasioni barbariche e si riduce alla sola Italia. Nel 476 D.C. Odoacre pone fine all'impero e si dichiara re d'Italia: inizia il Medioevo.

Nel 493 D.C. l'ostrogoto Teodorico destituisce Odoacre e diventa re d'Italia. Tra il 535 D.C. e il 553 D.C. Giustiniano, imperatore bizantino, riconquista l'Italia e afferma: "*Italia non provincia sed Domina provinciarum*" ("L'Italia non è una provincia ma la Signora delle province"). Tra il 568 e il 569 la penisola perde l'unità politica: i Longobardi, entrando dal Friuli, conquistano gran parte dell'Italia centro-settentrionale, chiamata *Langobardia Maior*, e poi dell'Italia meridionale, la *Langobardia Minor*. La *Langobardia Maior*, con capitale Pavia, cade dopo circa due secoli, a seguito della sconfitta subita ad opera di Carlo Magno nel 774, quella Minor sopravvive fino all'XI secolo, quando viene conquistata dai Normanni. I successivi tentativi di costituire un regno d'Italia autonomo dal Sacro Romano Impero, ad opera in particolare di Berengario del Friuli e di Arduino d'Ivrea, non riportano all'unità perduta.

Nell'800 D.C. Carlo Magno costituisce il Sacro Romano Impero, che comprende il regno d'Italia. L'impero inizia presto a perdere territori: tra il dodicesimo e il tredicesimo secolo il Sacro Romano Impero comprende solo la Germania con poche aree limitrofe e l'Italia centro-settentrionale.

L'Italia medievale

I primi secoli dopo il Mille vedono l'affermarsi delle repubbliche marinare (le più note sono Amalfi, Genova, Pisa e Venezia), e dei liberi comuni, spesso in conflitto tra loro ma accomunati dal ricordo dell'antica grandezza romana, perpetuata idealmente da quella cristiana, nonché da un forte desiderio di autonomia, che li porterà a schierarsi, nella contesa tra papato e impero, in due opposte fazioni, rispettivamente Guelfi e Ghibellini.

La vittoria nella battaglia di Legnano ad opera della Lega Lombarda contro l'imperatore Federico Barbarossa (1176), e la rivolta dei Vespri siciliani contro il tentativo del fratello del re di Francia Carlo I d'Angiò di assoggettare la Sicilia (1282), saranno assunte dalla retorica romantica ottocentesca come i simboli del primo ridestarsi di una coscienza di patria. Con l'uscita di scena degli imperatori di Germania, il fervore della civiltà comunale raggiunge l'apogeo economico, spirituale, artistico, alimentato dagli ideali di numerosi poeti, tra cui Dante Alighieri, e dall'esigenza, fatta propria da Cola di Rienzo, della rinascita dell'unità d'Italia.

Nel 1176 la Lega Lombarda, formata da varie città del nord e appoggiata dal papa e dalla Sicilia, sconfigge temporaneamente l'imperatore Federico Barbarossa. Intorno al 1220 l'imperatore Federico II di Svevia, nipote del Barbarossa, diventa re d'Italia e di Sicilia. Alla sua corte di Palermo nasce la "scuola siciliana", che costituisce la prima scuola poetica della letteratura italiana. I poeti siciliani non scrivono in latino, che ormai pochi capiscono, bensì in lingua volgare, quella del popolo (anche se molto ripulita). Il risultato è una lingua simile all'italiano attuale, che verrà ripresa dai poeti dello Stil Novo, tra cui Dante.

Dante Alighieri si propone di definire un "volgare illustre" comune a tutte le regioni d'Italia, e per far questo estrae il meglio dagli autori che avevano scritto in volgare fino ad allora. Nel De Vulgari Eloquentia descrive le 14 principali parlate regionali d'Italia ed evidenzia le caratteristiche comuni su cui deve fondarsi l'unico "volgare illustre". Nella Divina Commedia e in altri scritti lascia in eredità un patrimonio vastissimo ed esemplare del "volgare illustre". In alcuni scritti descrive anche la triste situazione in cui si trova l'Italia. A partire dal 1300, il "volgare illustre" di Dante, cioè la lingua italiana, si diffonde sempre più, e intorno al 1500 inizia a sostituire il latino come lingua ufficiale dei vari stati presenti nella peniosola italiana.

Dall'età moderna al Risorgimento

Diversi fattori impediscono per lunghi secoli la nascita di uno stato unitario in terra italiana, al contrario di quanto avviene nella gran parte dell'Europa. Oltre alla suddivisione in tanti piccoli Comuni, che lentamente si tramutano in Signorie, c'è il timore del papato di veder sorgere una potenza statale in grado di compromettere la sua autonomia.

I principi, i signori, i capi politici che nel tempo si succedono in Italia, suppliscono con l'intelligenza strategica alla maggiore forza degli stati nazionali europei. Un esempio viene da Cosimo de' Medici, detto "padre della patria", considerato tra i principali artefici del rinascimento fiorentino: la sua politica estera, mirata al mantenimento di un costante e sottile equilibrio fra i vari stati italiani, risulta lungimirante nell'individuare nella concordia italiana l'elemento che impedisca agli stati stranieri di intervenire approfittando delle divisioni.

La strategia di Cosimo, proseguita dal successore Lorenzo il Magnifico, non è sempre compresa dagli altri principi italiani, e si conclude con la morte di Lorenzo nel 1492. Da allora l'Italia diventa teatro di invasioni straniere: dapprima da parte francese ad opera di Carlo VIII, poi delle truppe spagnole di Carlo V. L'inizio della dominazione straniera si deve al ritardo del processo politico di unificazione. Non mancano episodi di patriottismo e resisitenza, come accade con il gesto di Ettore Fieramosca nella disfida di Barletta.

Nella seconda metà del Cinquecento comincia il tramonto della vitalità rinascimentale, indebolita anche dalle nuove tensioni religiose dovute all'avvento della riforma protestante in Europa. Si registrano episodi luttuosi come il sacco di Roma del 1527 ad opera dei Lanzichenecchi. Soltanto la repubblica di Venezia manterrà una certa prosperità e autonomia politica.

Il Seicento è un secolo di crisi. La chiesa, che ha subìto la perdita dell'unità dei fedeli, cerca con la controriforma di rafforzare la sua presenza nei paesi rimasti cattolici, isolandoli dall'influsso protestante e promuovendo iniziative educative e assistenziali. L'Italia viene salvaguardata dai conflitti religiosi che si accendono oltralpe, ma è soggetta ugualmente a carestie, spesso seguite da epidemie. Scoppiano numerose rivolte contro la dominazione spagnola, di cui la più nota avviene a Napoli nel 1647 ad opera di Masaniello.

Nel Settecento finisce il periodo di pace e torpore: a seguito dei trattati di Utrecht e Rastatt, gli Asburgo d'Austria si impossessano di vari domini italiani subentrando agli spagnoli. Dalla seconda metà del secolo, la diffusione dell'illuminismo fa sì che anche l'Italia venga investita da importanti riforme.

Scrive Goethe nel 1790:

L'Italia è ancora come la lasciai, ancora polvere sulle strade,
ancora truffe al forestiero, si presenti
come vuole.
Onestà tedesca ovunque cercherai invano,
c'è vita e animazione qui, ma non ordine e disciplina;
ognuno pensa per sé, è vano, dell'altro diffida,
e i capi dello stato, pure loro, pensano solo per sé.
Bello è il paese! Ma Faustina, ahimè, più non ritrovo.
Non è più questa l'Italia che lasciai con dolore.

E come non ricordare, dal "Viaggio in Italia" del grande tedesco:

Conosci tu il paese dove fioriscono i limoni?
Nel verde fogliame splendono arance d'oro
Un vento lieve spira dal cielo azzurro
Tranquillo è il mirto, sereno l'alloro
Lo conosci tu bene?
Laggiù, laggiù
Vorrei con te, o mio amato, andare!

Con il *De vulgari eloquentia* dantesco, fondamentale testo sulla identità italiana appare il *Discorso sopra lo stato presente dei costumi degl'Italiani,* di Giacomo Leopardi. Quando lo scrive, il poeta, filologo e filosofo di Recanati non ha ancora trent'anni.

Nel corso degli ultimi decenni, afferma, l'Italia si è avvicinata alle altre nazioni europee più progredite. L'attenuazione della dittatura filosofica e militare della Francia ha aperto varchi inaspettati, provocando tra le varie nazioni europee un processo di uniformazione, "*una specie di uguaglianza di riputazione*" che ha investito anche l'Italia. La "*conformità*" delle "*opinioni*" non era arrivata tuttavia a influenzare nello stesso modo i "*costumi*", i quali invece erano restati da noi "*notabilmente diversi dagli altri popoli civili*".

L'Italia, che si colloca a mezza strada fra le nazioni civili e progredite (Inghilterra e Francia, in modo particolare) e quelle rimaste ancorate alla "*barbarie de' tempi bassi*" (Russia, Polonia, Spagna, Portogallo, in quel periodo storico, s' intende), somma gl'inconvenienti delle due condizioni, senza avere i vantaggi né dell'una né dell'altra. In Francia, Inghilterra, Germania agisce potentemente un principio di coesione che salva le società dal caos, e questo, secondo Leopardi, si deve alla "*società stessa*", a quel "*commercio più intimo degl'individui fra loro*" che fa sì che le nazioni civili più progredite si comportino quasi come "*una famiglia*".

Leopardi parla di "*società stretta*", con allusione probabilmente, anche all'esistenza di una componente sociale determinata, che lui definisce "*la classe non bisognosa*", la quale fa da collante a tutto il resto della società nazionale. In Italia la "*società stretta*" non ha trovato modo di crescere. E l'eventuale avanzamento delle opinioni, in astratto considerato, non è quindi in grado di produrre effetti positivi sulla società, anzi stravolge la moralità primitiva sopravvissuta alla modernità.

Leopardi approfondisce. In Italia non esistono praticamente né occasioni né luoghi per un vero scambio sociale, per un' autentica "*conversazione*":

> Il passeggio, gli spettacoli e le Chiese sono le principali occasioni di società che hanno gl'Italiani, e in essi consiste, si può dir, tutta la loro società.

Non esiste coesione né sociale né civile né di costumi. Manca "un tuono (tono) italiano determinato", anzi "ciascuna città italiana non solo, ma ciascuno italiano fa tuono e maniera a sé". E in progressione fulminante: "Gl'Italiani hanno piuttosto usanze e abitudini che costumi"; "Gli usi e i costumi in Italia si riducono generalmente a questo, che ciascuno segua l'uso e il costume proprio, qual che egli sia" –

Gli italiani si comportano non come "cittadini" ma come "individui". E sono individui ridanciani, e cinici:

> Gl'Italiani ridono della vita: ne ridono assai più, e con più verità e persuasione intima di disprezzo e freddezza che non fa niun' altra nazione.

> Le classi superiori d' Italia sono le più ciniche di tutte le loro pari nelle altre nazioni. Il popolaccio italiano è il più cinico de' popolacci.

Con un'analisi del genere, non sorprende che, quando mette mano all'orazione "All'Italia", il recanatese constati con amarezza: "Ma la gloria non vedo"

Alla fine del Settecento si manifestano i primi segni del risorgimento italiano. Nel 1797 a Reggio Emilia, uno degli stati satelliti creati in Italia da Napoleone, la Repubblica Cispadana, adotta la bandiera tricolore, che poi diventerà la bandiera d'Italia. Vengono considerati primi segnali del risorgimento anche la Repubblica Romana (1798) e la Repubblica Partenopea (1799).

Nel 1802 Napoleone si proclama Presidente d'Italia, quindi re nel 1805. Il regno napoleonico dura pochi anni e include solo il nord. Nel 1814 Napoleone, prigioniero all'Elba, dichiarerà di voler riunificare l'Italia

Nel 1814 Gioacchino Murat, cognato di Napoleone e re di Napoli, nel "Proclama di Rimini" inneggia all'unificazione e all'indipendenza d'Italia. Pochi mesi dopo, la restaurazione del Congresso di Vienna prova a fermare quei fermenti, con l'austriaco Metternich che suggella la posizione delle teste coronate europee verso le speranze dei patrioti italiani, ragionando di un'Italia espressione geografica.

Provvederà la Carboneria, con i moti del 1820-1821, a mostrare che le cose non stavano esattamente così. Lo stesso farà la mazziniana Giovine Italia. I moti del 1848 portano alla prima guerra d'indipendenza contro gli austriaci. Le popolazioni cittadine sono attivamente coinvolte, in particolare durante le famose cinque giornate di Milano, le dieci giornate di Brescia e la spedizione nel 1857 di Carlo Pisacane nel regno delle Due Sicilie. Ancora qualche anno, e sarà unità.

Bibliografia

A.A.V.V. *L'Italie d'Auguste à Dioclétien*. Rome: École française de Rome, 1994.

Banti, Alberto Mario. *La nazione del Risorgimento: parentela, santità e onore alle origini dell'Italia unita*. Torino: Einaudi, 2000.

Borri, Roberto. *L'Italia nelle antiche carte dal medioevo all'unità nazionale*. Milano: Priuli & Verlucca, 2010.

Catalano, Pierangelo. 'Appunti sul più antico concetto giuridico di Italia.' Atti dell'Accademia delle scienze di Torino. Classe scienze morali, storiche, filologiche. Torino: La Accademia, 1961-62: 198-228.

Cordano, Federica. *La geografia degli antichi*. Roma – Bari: Laterza, 1992.

Defelice, Domenico e Rudy De Cadaval. *Una vita per la poesia*. Milano: Istituto Editoriale Moderno, 2006.

De Martino Francesco. 'Note sull'Italia augustea.'Athenaeum nuova serie n. 53. Roma: Bulzoni, 1975: 245-261.

De Sanctis, Francesco. 'Carattere di Dante e sua utopia, 4^ parte.' Rivista contemporanea. Torino: Editrice Unione tipografica, 1858.

Di Gesù, Matteo. *Dispatrie lettere. Di Blasi, Leopardi, Collodi: letterature e identità nazionali*. Roma: Aracne, 2005.

Di Gesù, Matteo. *Letteratura identità nazione*. Palermo: Duepunti, 2009.

Dionisotti, Carlo. *Geografia e storia della letteratura italiana*. Torino: Einaudi, 1966.

Ferroni Giulio. *Prima lezione di letteratura italiana*. Bari: Laterza, 2009.

Gabba, Emilio. *Italia romana*. Como: New Press, 1994.

Gabba, Emilio. 'Alcune considerazioni su una identità nazionale nell'Italia romana.' *Geographia Antiqua*, n. 7. Firenze: Olschki, 1998: 15-21.

Galli della Loggia, Ernesto. *L'identità italiana*. Bologna: Il Mulino, 1998.

Gely, Suzanne. *Le nom de l'Italie. Mythe et histoire, d'Hellanicos à Virgile*. Génève: Gisserot, 1991.

Giardina, Andrea. *L'Italia romana. Storie di un'identità incompiuta*. Roma – Bari: Laterza, 1997.

Gruber, Herbert Appold. *Coins of the Roman Republic in the British Museum*, II, Oxford: London Library, 1910.

Guillotining, Marc. 'History of Earliest Italy, trans. Ryle, M & Soper, K.', in *Jerome Lectures*, diciassettesima serie: 50 (London: Thieme, 1990).

Guzzo, Piergiovanni, Sabatino Moscati, Giancarlo Susini. *Antiche genti d'Italia*. Roma: Edizioni De Luca, 1994.

Jossa, Stefano. *L'Italia letteraria*. Bologna: Il Mulino, 2006.

Keaveney See. *Ancient Rome and the Unification of Italy*. London: Routledge, 1987.

Lista, Giovanni. *La Stella d'Italia*. Milano: Edizioni Mudima, 2011.

Malato, Enrico. *Quale Italia. Prospettive e retrospettive*. Roma: Salerno Editrice, 2009.

Malgeri, Francesco. *Sul nome Italia. Nuove osservazioni*. Messina: G.D'Anna, 1899.

Mallory, James Patrick e Douglas Adams. *Enciclopedia delle culture indo-europee*. Londra: Oxford UP, 1997.

Manco, Alberto. Italia. *Disegno storico-linguistico*. Napoli: L'Orientale, 2009.

Massa, Giuseppe. *La formazione del concetto d'Italia. Tradizioni politiche e storiografiche nell'età precedente la rivoluzione romana*. Como: New Press, 1996.

Moscati, Sabatino. *L'Italia prima di Roma. Greci, Fenici, Etruschi, Italici*. Milano: Electa, 1987.

Nicolet, Claude. *L'inventario del mondo. Geografia e politica alle origini dell'impero romano*. Roma – Bari: Laterza 1989

Nicolet, Claude. 'L'origine des regions de l'Italie Augustinienne'. In *Cahiers du Centre Gustave Glotz*, n. 2. (Parigi: Gallimard, 1991): 73-97.

Nicolet, Claude.'L'Italie comme cadre juridique, sous le Haute-Empire'. *L'Italia d'Auguste à Diocletien*. Rome: École française de Rome, 1994: 377-398.

Orza, Nunziata Corrado. *Dante poeta nazionale ed europeo*. Napoli: Loffredo, 1974.

Pervanoglu, Pietro. *Della origine del nome Italia*. Trieste: Deputazione per La Storia Patria, 1900.

Polverini, Leandro. 'Le regioni nell'Italia romana'. *Geographia Antiqua*, n. 7. Firenze: Olschki, 1998: 23-33.

Potter, Timothy. *Roman Italy*. London: British Museum Publications, 1987.

Prontera, Francesco. *Geografia e geografi nel mondo antico. Guida storica e critica*. Roma – Bari, Laterza, 1990.

Raimondi, Ezio. *Letteratura e identità nazionale*. Milano: Bruno Mondadori, 1998.
Romanelli, Domenico. *Antica topografia istorica del Regno di Napoli*. Napoli: Stamperia Reale, 1815.
Rosa, Alberto Asor. *Genus italicum*. Torino: Einaudi, 1997.
Rosa, Alberto Asor. *Storia europea della letteratura italiana*. Torino: Einaudi, 2009.
Rosa, Gabriele. *Le origini della civiltà in Europa*. Milano: Editori del Politecnico, 1863.
Rossi, Vittorio. *Dante europeo e universale*. Verona, N. J.: Il Ponte Italo-Americano, 2006.
Russo, Francesco. 'Il concetto di Italia nelle relazioni di Roma con Cartagine e Pirro.' *Historia Zeitschrift für Alte Geschichte*, n. 59. Berlino: Franz Steiner Verlag, 2010: 74-105.
Silvestri, Domenico. 'Per una etimologia del nome Italia'. AIΩN-linguistica n. 22. Napoli: L'Orientale, 2000: 215-254.
Silvestri, Domenico. 'Per una etimologia del nome Italia'. Il mondo enotrio tra VI e V sec. A.C. *Atti dei seminari napoletani* (1996-1998). Napoli: L'Orientale, 2001: 207-238.
Tibiletti, Gianfranco. 'Le regioni dell'Italia augustea e le lingue dell'Italia antica.' *Convegno per la preparazione della Carta dei Dialetti Italiani Università di Messina*, 16-17 maggio 1964. Messina: G. D'Anna, 1965: 41-45.
Tibiletti, Gianfranco. 'Italia Augustea'. *Mélanges d'archéologie, d'épigraphie et d'histoire offerts à J. Carcopino*. Paris: Hachette, 1966: 917-926.
Tibiletti, Gianfranco. 'Storie locali dell'Italia romana'. Pavia: Edizioni Istituto di Storia Antica, 1978.
Thomsen, Rudi. 'The Italic Region from Augustus to the Lombard Invasion'. Copenhagen: Glydendalske Boghandel, 1947.
Werner Eck. 'Die staatliche Organisation Italiens'. Der hohen Kaiserzeit, München, 1979.
Wojtilak, Lucasz. 'On the Etymology of the Name Italia'. *Incontri Linguistici* 26. Pisa, Roma: Fabrizio Serra editore, 2003.

SALVATORE G. ROTELLA
Riverside Community College

FEDERALISM IN ITALY: PAST, PRESENT AND FUTURE

Federalism is a term that pertains to the structure of government of some modern nations. It is a form of governance. It is one, according to Webster's definition, in which "a central government is created by a number of separate states, each of which retains control of its internal affairs". According to the definition of Gianfranco Pasquino, a professor at Bologna University, a federal state "results from the act of a number of political entities that put in common a part of their *sovereignty* [emphasis mine] and entrust it to a higher entity, generally with the objective of protecting their security and promote their well-being." According to the same definition: "...to function well (federalism) is born from the ground up: from a ceding of sovereignty on the part of the states that want to form a federation."[1] It is the case of a number of political entities, nations, states, regions, that come together to create the federation, and not an existing political entity that arranges for the federation of the component parts. Given these definitions, considering how Italy was formed one hundred and fifty years ago, and the intervening evolution of its centralized institutional structure, why all the talk about federalism in Italy today? Spurred by the Lega Party, as of this writing, the Italian Parliament is paving the way to Fiscal Federalism: fiscal federalism in the absence of federalism per se? Is it all wishful thinking? Or, using La Palombara's terminology, do we need to start talking about "Federalism, Italian Style"?[2]

The Lega Nord, the party that at some point has called for the secession of the North from the rest of the nation, is the champion of federalism in Italy today. Devolution, (à la Tony Blair in England?) was its original demand, but a popular referendum put an end to that. According to professor Pasquino "the presumed federalism of the Lega was simply a free Padania with its own separate parliament based in Mantua and its government based in Venice."[3] For Gianfranco Miglio, the political theorist of the Lega Nord, Italy should be made up of "Padania (the region West-East along the Po river), Etruria at the Center of the peninsula, and a macro region to the South (Borbonia) with a political culture defined as 'Mediterranean,' i.e. based on a subservience to political chieftains and a network of Clientelismo." Ultimately, for Pasquino, Italy faces a dilemma. The country has been searching for an effective and efficient central government for decades.

> If [Italy had] a strong democratic central government there would be no need of federalism, but if federalism is the creature of a strong central government, then it is not federalism.[4]

The Lega has put its aspirations for the future of Italy under the rubric of federalism. As a word, federalism has positive connotations in Italian history and political discourse. In the past, before unification, there was a call from some to turn the various states in the Italian peninsula into a federation. Federalism is also identified with the new Europe. As a term, it is also connected with the government of two nations that are much admired (even if often criticized) by Italians: the United States and Germany.

There is a fascination, among some Italians, with the American political system. Terms associated with this system tend to appeal to Italians regardless of whether they fit or not. The use of the term ''Governor" in referring to the chief executive of the regional governments is a good example of this practice. The official name of the holder of that office is "Presidente Della Giunta Regionale" (President of the Regional Government). *America Oggi*, the leading Italian newspaper in the United States, in a report on the recent visit to New York by Renata Polverini, the President of the Regional Government of Lazio, refers to her first as Governor, then as President, then again as Governor and at the end of the article states "President Polverini gave an award..." Also, it is amusing, though perplexing in terms of its meaning, to hear the Minister of Defense La Russa say on television: "Abbiamo il federalismo, come in America." (We have federalism, like in the United States).

The debate on federalism certainly made sense before the unification of Italy and there were various proposals for giving such a structure to the Italy of the Risorgimento. The debate, considering the time and circumstances, was meaningful and somewhat lively, but came to naught. More recently, in the late nineteen fifties and early sixties, there was a serious concern and debate in Italy about the federal structure of the emerging European Union. This debate, which should be especially vital today, has toned down and the concern with federalism has been deflected to the internal structure of the country. Basically, the Italians are concerned with reducing the powers of the central government and returning some of that power to the citizenry and to the institutions of government that are closer to them, the regions and the municipalities. But to invoke federalism in order to give more autonomy to the regions or groups of regions, as the entry on Fiscal Federalism in Wikipedia has properly put it "is the contrary of Federalism in the strict sense of that term, because this (federalism) is based on organizations that are already autonomous that want to federate, and not, as in the case of Italy, on entities that are integral part of a unitary state, from which they are attempting to extract powers." To avoid confusion such debate should be placed under the rubric of administrative decentralization.

Federalism before the Unification

The aftermath of the French Revolution and of Napoleon's temporary conquests left much unrest in the various states of the Italian peninsula. The masses, to some extent, but certainly the middle classes yearned for the freedoms promised by the Enlightenment. The leaders of the Risorgimento capitalized on those sentiments to bring about unification. Vincenzo Gioberti, a priest and for a while a member of the Government of Piedmont, was one of the advocates of Federalism. For Gioberti the thought of a unitary state brought about peacefully was "foolishness" (*una demenza*): "To the contrary the idea of a federal union, which should not be new to the Italians, is ancient in their country and natural (*connaturata*) given their genius, habits (*costumi*), institutions and the very geographic conditions of the peninsula. "Neo-guelfismo" as Gioberti's ideas were termed, considered the establishment of a federation led by four states — Rome, Tuscany, Piedmont and Naples — as the first step towards the unification of Italy. The Pope would preside over the Federation. Some advocated Piedmont as the lead state. The election of Pious IX, the former Cardinal Mastai who was considered a liberal, gave impetus to "neo-guelfismo." Unfortunately, the Pope, confronted with the problem of Austria as the occupier of Lombardy and the Veneto, retreated from his "liberal" position, claiming that, as the Pope of all Catholics, he could not take a stand against Catholic Austria.

More intriguing, but summarily pushed aside by the turn of events in Italy before and after 1860, are the ideas of another pre-unification federalist: Carlo Cattaneo. At the heart of his philosophy of governance is the preservation of the freedom of the individual and of the way of life of each of the component parts that would band to form the new nation. For Cattaneo republican federalism is the safeguard of local and individual freedom. Only systems like Switzerland and the United States make possible national unity with individual freedom. The people must keep their hand in the decision making of the political system. The autonomy guaranteed to the individual by a federal system, for Cattaneo, is quite different from that guaranteed by a system of administrative decentralization as is attested by the examples of France and Spain. In these countries power has accumulated in the hands of the state. To the contrary, in Switzerland and the United States "liberty has remained firm in the hands of the individual."[5]

The Unification and its Aftermath

Historians tell us that the Kingdom of Piedmont unified Italy as the result of conditions internal to the peninsula, but even more so as the result of external conditions. Realistically, it can be said that Piedmont put together Italy by circumventing diplomatically and defeating on the battlefield the previous rulers of the various states. Piedmont thus extended its hegemony over the North, then the South, and finally the Papal States and Rome. It is also safe to say that Piedmont engaged in a series of occupations that resembled more the addition of one pre-1860 state after instead of the creation a new nation made up of diverse and very valuable components, each with unique traditions and a history of world significance. Symbolism is very relevant in interpreting historical events. For example, the united Italy, from the point of view of size, dwarfed the kingdom of Piedmont. Yet Victor Emanuel II, the "father of the country," instead of sending the message that he was head of a new reality in history, and not of an enlarged Piedmont, retained the title that he had as King of Piedmont, as if Italy had ultimately become a mere extension of Piedmont. Why not assume a new title associated with the new kingdom, such as Victor Emanuel I, King of Italy? In the words of David Gilmour: "on March 17, 1871 the Kingdom Of Italy was formally proclaimed." In spite of the addition of new "states" all with outstanding historical lineage and character: Parma, Modena, Tuscany, most of Lombardy, the Papal State and the Kingdom of the two Sicilies, "it was constitutionally still Piedmont with a new name but with the same Monarch, the same capital and ….constitution". Italy's first legislature "was labeled the eight because it followed Piedmont's seven previous ones". The new Kingdom was an expanded Piedmont. "The Piedmontese character of the kingdom was further emphasized by the King's retention of his old title, Victor Emanuel II, though, of course, Italy had never had a Victor Emanuel I."[6]

In fairness to history one should hasten to add that keeping together such a large number of diverse entities was an enormous if not altogether impossible task, especially because of outside forces that would have welcomed instability to return to the status quo. Maintaining order was essential and for this Piedmont had the perfect system of government: the Napoleonic system. It had served the House of Savoy in keeping together the Kingdom of Piedmont and Sardinia as it had served well France and Spain in keeping together a group of diverse, and some recalcitrant, regions. The cities and the regions, the natural components of Italy, are pushed aside in the administrative organization of the new state and a new unit of government is put in place: the province. Each province is entrusted to a Prefect who is the representative of, and responsible to, the central government. The Prefect oversees the enforcement of the national laws and makes sure that no decision is made locally by the municipalities that are not consistent with the law and the interest of the national government. The Carabinieri, a military police system, with their presence in every city, town, and hamlet, maintain order and function as the eyes and ears of the central government. The administrative structure put in place was intended to facilitate the communication flow from the periphery to the center and vice-versa. There is no question that, especially in the South, the new Italy was welcome if not warmly, at least with hope. I see no other explanation for the popularity after 1860 of the name Victor Emanuel given to many children even in the most conservative if not reactionary parts of the island of Sicily. A simple research that has yet to be done is to comb the baptismal records of the parishes and search for the spread of the popularity of the name Victor Emanuel after the "liberation." (For example, my great grand-parents were not known for their enthusiasm for the House of Savoy but they named Victor Emanuel their son born as Garibaldi was "liberating" their town. And we still carry that name in the family).

But the hope in many cases soon turned into disillusion. That the new political reality was a disappointment is best attested by the words of Isidoro La Lumia, a Sicilian historian, who like many other intellectuals had hoped that the new Italy would be the sum total of the component parts and that it would preserve what was good in the identity of those parts. Instead, the band-wagon of the new nationalism flattened any uniqueness. All regions were forced to shed their identity and were fused into the homogenous, artificial construct of the new Italy. For this, as he put it, Isidoro La Lumia died "perennially disillusioned."[7]

Italy Becomes a Republic

The Constitution of 1947 gave birth to the government of the new republican Italy. Among its many objectives is an attempt to undo the centralized state of the Unification. The post-World War II period in Italy represented for many an opportunity for a rebirth. The state had to be reconceptualized and reshaped around fundamental democratic values. Since

1947 there has been a debate in Italy as to how best create a structure conducive to the realization of a modern state that is prosperous economically and respectful of the rights that every individual should enjoy in a democracy. The constitution is quite generous with reciting the rights to be protected. Laws have been passed, the constitution itself has been amended, but the old problems persist. The North/South economic divide is as problematic as ever. As far as the mechanism of the state is concerned, there is dissatisfaction with how it works, as well as with the sense of fairness that a modern state should assure all its citizens.

In my estimation two problems are at the heart of this situation. On one hand, the battle lines for the establishment of a true democracy have been drawn along ideological lines, thus eluding the real nature of the situation to be remedied. On the other, and this may be the most crucial problem of Italy today, the battle for the common good is being fought by political parties so rooted in the nation that instead of being the intermediary for the citizens they represent they constitute an end into themselves. The very constitutional convention of 1946 was not a coming together of regions wanting to establish a new form of government and individuals speaking for them, but a group of political organizations, some concerned with serious ideological positions, but all concerned with their continued existence. Electoral laws have been manipulated in the intervening years to better serve the persistence of political parties. With the toning down of ideological differences on the world scene and the advent of what the Italians call the second republic, the concern of the parties with their own survival has become clear. That power that Cattaneo wanted the citizens to retain in their own hands has been ceded to the political parties, the intermediaries with the state. To remedy the effect of what has become known as the "partitocrazia" Italians have to retake power into their own hands and delegate it with no intermediaries to individuals that remain directly accountable to their constituents. The representatives of the people can then band into groups (parties) to facilitate the processes of legislative decision-making, but the direct relationship between the voter and the elected representative must be retained at all times.

One of the most meaningful and authoritative voices of the post World War II period was that of Luigi Einaudi who eventually was appointed President of the Republic. Einaudi's essays, collected into a volume entitled *Il Buongoverno*, are as relevant to Italy today as they were sixty years ago. Two of these essays speak to our concerns here. The first, "Via il Prefetto!" (Let's do away with the Prefect), addresses the issue of the structure of the state. The second, "Contro la Proporzionale" (Against the Proportional

Representation), addresses the relationship of the citizenry to their elected representatives. Einaudi called the institution of the Prefect a "disease inoculated into the Italian body politic by Napoleon". In a meaningful democracy, he maintained, individuals take care of their local business with no help or permission from the government. The individual and the local community must be at the base of the political system. The political class must be drawn from the local community,"it is not created by a general election". It grows slowly from the base as the result of the choice of individuals who know personally those who can be entrusted with the conduct of local affairs and eventually with national and international affairs. The people are the guarantors of the nation as a whole.

Thus, the process to rebuild the Italian political system must begin with local governments freely elected and operated by the citizens. After the local government (the municipi) come the regions and it is the regions as sovereign entities that must decide which power to entrust to the state. Einaudi points out that when the Italian state collapsed in World War II, the people were left helpless with the need to rebuild the nation, so individuals "banded in groups of friends, people who knew each other, people from the same neighborhood, and they called themselves partisans (partigiani)." (The latter is an allusion to the movement that helped liberate Italy from Germany and the Fascist regime). A state that is real and alive for Einaudi is ultimately the result of the entities that "we all know and love: the family, the municipality, and the region."[8]

The political parties have usurped power by forcing on the country the system of proportional representation, by manipulating the electoral laws and by intruding in the relationship between the electorate and its representatives. Proportional Representation as an electoral scheme claims to satisfy the higher principle of making every vote count. But an election, for Einaudi, is not a means to assure that no ideas are lost in the shuffle, and that every vote counts: it is simply a device to elect those who shall represent us in the government. The person with the largest number of votes wins. The elected, in turn, form the government and hold it accountable, as they, the legislators, remain constantly accountable to the base that elected them. This is hardly the picture that the Italian political system gives today.

The State of Federalism in Italy Today

The ferment in Italy after World War II included also the demand on the part of some regions at the borders of the nation to become independent or secede. Most spectacular were the demands in the Region of Sicily where some even claimed that they would make the island the 49th star of the

American Union. To calm the situation down five regions were given special autonomy status which eventually was written into the Constitution. To further appease the unrest, Sicily was granted a special Tribunal to resolve disputes with the state, the High Court for Sicily. The court functioned diligently for several years but as the new Constitution was put into effect the country found itself with two courts of constitutional jurisdiction: the High Court for Sicily and the Italian Supreme Court. The High Court for Sicily was never formally disbanded. The embarrassing situation appeared beyond solution and eventually it was done away ....Italian style. It was given a painless death by absorbing some of the judges into the new Supreme Court and by failing to appoint new personnel required for operation.

The Constitution of 1947 introduced the Region as a new subdivision of the Republic. Article 114 states: "The Republic is divided into Regions, Provinces and Municipalities." Such language is more consistent with decentralization than with federation. It recites further that the Regions are autonomous, and five of them — Sicily, Sardinia. Trentino-Alto Adige, Friuli-Venezia Giulia, and the Valle d'Aosta — are given special autonomy. The Regions were entrusted with specific powers and the State had all the residual powers. Further reforms in the late 1990's, which for some supposedly constitute a move towards federalism, turn the order upside down. "The Republic," recites the new Art. 114, "is constituted of Comuni (municipalities), Provinces, Metropolitan Cities, the Regions, and the State."

In the same article Rome is declared the capital of the Republic. The legislation pertaining to the functioning of Rome as Capital of the Republic was passed this current year. Contrary to the earlier version, the powers of the State are enumerated, then there is mention of powers that can be exercised concurrently by the State and the Regions, and finally the Constitution recites that all powers not attributed to the State remain in the hands of the Regions (residual powers). A new electoral law is scheduled to be passed to make elections more consistent with the new structure. The Mayors of the cities and the Presidents of the regional governments are elected by the people at large. Some scholars and thoughtful observers of the Italian political system, while they talk of the recent changes as the "Italian way to Federalism," are quick to add that these reforms do not create a federal state as such, but are inspired by the principles of federalism. Professor Marco Olivetti in a publication entitled "Italy's Move toward Federalism," finds it necessary to point out that the situation in Italy is different from that of states that have come to federalism through the concession of power by sovereign entities. In Italy federalism is "somewhat artificial" because it was born as a result of the decentralization of a State that was at first unitary. Professor Olivetti ultimately defines the Italian system as a "polycentric State of Autonomies."[9]

The planned restructuring provides also for a legislative chamber that will represent the regions or maybe even other autonomies (the Metropolitan Cities and/or Rome Capital?) as constituent parts of the state. (The current legislative chambers, the Chamber of Deputies and the Senate, represent the nation as a whole). What has stopped the establishment of such an important institution that represents the autonomous regions? It is a well known secret, confirmed by Professor Olivetti that "it has been stopped by the *corporative resistance* on the part of the senators of all political parties," i.e. the senators of all political parties do not want to lose their job.

Another way of admitting indirectly that federalism per se is not possible in Italy is the continuous mentioning of special forms of federalism. For some time there has been much talk about Fiscal Federalism which is basically a reorganization of the financial system. But there is also talk of Administrative Federalism, Federalism of Public Properties, etc. Both the party in power and the opposition, the latter with some qualifications, are willing to consider legislation on fiscal reform. The regions and the localities must have fiscal resources to become the new centers of governmental operations; ultimately they must be autonomous both in raising taxes and in spending them. Currently there is proposed legislation in Parliament on Fiscal Federalism. Florinda Lanzillotta, as Minister of Regional Affairs, in a talk on Fiscal Federalism, argued that

> the [Italian] Government considers modernization of the country a top priority...a modern state for the stabilization of public accounts...a truly modern state which is close to its citizens ...This is why *Federalism provides an important conceptual framework* [emphasis mine] for interpreting the changes occurring in Italian politics during the past decade and those pertaining to the near future.

By transferring powers, functions, and activities from the center to the periphery, according to Lanzillotta, there will be four main advantages:

> a more economical management of services, a strengthening of local government regulatory roles, increased competitiveness..., and a subsequent economic growth and a greater well-being for the citizenry.

Ultimately the aim of Fiscal Federalism is to increase the taxing power of the regions and localities, to make them responsible for services, and to see that they are efficient as well as effective. Wasteful regions can be punished by receiving fewer resources, virtuous ones can be rewarded by letting them hold on to the savings. And those entities that cannot stay within their means for reasons beyond their control will be helped along by the higher level of government through a mechanism called the principle of "subsidiarity" (Equalization type Funding). Minister Lanzillotta concluded her thoughts on Fiscal Federalism, (and I am confident that representatives of the Lega Nord would go along with such a statement), by saying that "Fiscal Federalism is not a piece of the reform puzzle; it is the very essence of the game."[10]

In fiscal matters, unfortunately the Damocles Sword over Italy's head is the watchful eye of the European Union. Italy cannot exceed certain parameters concerning expenditures and public debt imposed on all members of the Union. In the long run, will Fiscal Federalism help or hinder the situation? Will it aggravate further the economic disparity between the North and the South, which has been a serious problem since the unification of the country? The representatives of the Lega Nord hazard the claim that the South could be the great beneficiary of the legislation. However, at a recent gathering of academics and economic experts in Milan, as reported by *Sole24Ore*, there prevailed a consensus that the situation is "troublesome." Some maintained that "looking at the future we see nothing but chaos." The North /South imbalance can actually get worse. In fact, the disparity among all the regions of Italy can be aggravated. Because of the world economic situation, Italy's public debt cannot be brought under the control expected by the European Union. One academic, Professor Luca Ridolfi, concluded that

> Fiscal Federalism will abort completely because of the long terms of implementation planned for the law and the total darkness that still exists about specifics for implementation.[11]

Conclusion

Italian history and the Italian experience generally, offer enough good models for the kind of reform Italy seems to need: making its governmental system function more efficiently and effectively. The operational term in Italian is: making government more modern. Federalism, given Italy's past record of centralization, is at best an illusion. The reasoning provided by Einaudi which deals both with the mechanisms as well as the essence of government, could and should be a meaningful agenda for reform. It would help the country make the final necessary step towards democracy and would simplify the relationship between those who govern and the governed. The political party system must lose the centrality that has had in Italian political life since the inception of the system and especially since the establishment of the Republic. Also, in the words of Einaudi: "[Italians] must put an end to the little arithmetic games of the so called proportional justice in deciding about serious business such as the choice of legislators and governments."[12]

The future of Italy is within the European Union. It is in that context that the discourse about federalism must be undertaken as early as possible and in the most serious manner. The most basic issue to be resolved is the extent to which the Union will be a union of peoples or a union of states. Such discourse must be carried out not only within each state but especially across the various states. The shape and character of European federalism can create an exciting future for the coming Italian and European generations.

Notes

[1] Pasquino, Gianfranco, *La Transizione a Parole.* (Bologna Società Editrice Il Mulino, 2000) p. 93.

[2] La Palombara, Joseph, *Democracy Italian Style.* (New Haven and London: Yale UP, 1987.

[3] Pasquino, *La Transizione a Parole,* p. 95.

[4] Ibid., p. 96.

[5] For a discussion of Cattaneo's ideas about the structure for the future government of Italy see: Norberto Bobbio, *Una Filosofia Militante, Studi su Carlo Cattaneo.* (Torino: Einaudi, 1971).

[6] Gilmour, David, *The Pursuit of Italy A history of a Land its Regions, and their Peoples.* (London: Penguin Books, 2011) p. 203.

[7] For a discussion of La Lumia's views on the nation of Italy, see Salvatore G. Rotella, "La Lumia and the Story of the Sicilian Jews" in Thomas Di Napoli, editor: *The Italian Jewish Experience,* (New York: Forum Italicum 2000).

[8] Einaudi, Luigi, *Il Buongoverno.* (Bari: Editore Laterza, 1955) pp. 52-67. [9] Olivetti, Marco. "L'Italia Verso il Federalismo. Il Sistema Italiano delle Autonomie Dopo la Riforma Costitutzionale del 2001." Luca Germano, Francesco Russo, Ed. *Nord Est Amaro? Riflessioni sul Federalismo Incompiuto Prima e Dopo la Riforma.* (Trieste: Lint editoriale Associati, 2002) pp. 34-53.

[10] Lanzillotta, Linda, "Evolution and Transformation of the Italian Federalism." A speech given at the European Institute, London School of Economics, March 12, 2007.

[11] Bianchi, Sara, Esposti, Massimo and Di Martino, Chiara. " I Commercialisti a Congresso 'Otto Anni per Fare il Federalismo Fiscale'". *Il Sole 24 Ore.* October 21, 2010.

[12] Einaudi, p. 65.

Bibliography

Bianchi, Sara, Esposti, Massimo & Di Martino, Chiara. " I Commercialisti a Congresso 'Otto Anni per Fare il Federalismo Fiscale'." *Il Sole 24 Ore*. October 21, 2010.

Bobbio, Norberto. *Una Filosofia Militante, Studi su Carlo Cattaneo*. Torino: Einaudi, 1971.

Di Napoli, Thomas, Ed. *The Italian Jewish Experience*. New York: Forum Italicum, 2000.

Einaudi, Luigi. *Il Buongoverno*. Bari: Editori Laterza, 1955.

Gilmour, David. *The Pursuit of Italy* (*A History of a Land, its Regions, and their Peoples,*) London, Penguin Books, 2011.

Lanzillotta, Linda. "Evolution and Transformation of the Italian Federalism." Speech given at the European Institute, London School of Economics, March 12, 2007.

La Palombara, Joseph. *Democracy Italian Style*. New Haven and London: Yale UP, 1987.

Olivetti, Marco. " L'Italia Verso il Federalismo. Il Sistema Italiano delle Autonomie Dopo la Riforma Costituzionale del 2001." L. Germano, F. Russo, Ed., Trieste: Lint Editoriale Associati, (2002): 34-53.

Pasquino, Gianfranco. *LaTransizione a Parole*. Bologna: Società Editrice Il Mulino, 2000.

CINTHIA PINOTTI
Pontificia Università Lateranense

LA QUESTIONE GIUSTIZIA "GIUSTA"

Una riflessione sulla giustizia italiana dall'unità d'Italia ad oggi richiede un approccio multiplo. Occorre partire da una considerazione riguardante il diritto positivo, sotto vari aspetti: contenuti, qualità delle leggi, ruolo giocato dal diritto nazionale, dapprima monopolio dello stato, messo successivamente in crisi dal diritto europeo, dal diritto globale, dal nuovo *ius commune* che ha costretto i giuristi ad uscire dal guscio. In sostanza, la relatività dei sistemi giuridici, emersa anche per merito del diritto comunitario a partire dagli anni settanta, ha decostruito in Italia come in altri ordinamenti non solo europei, il mito delle risposte esatte sul quale si era edificata l'unificazione giuridica nazionale, soprattutto in relazione ai cosiddetti *nuovi diritti* e ai *diritti fondamentali.*

La seconda questione concerne il rapporto tra *lex e jus* ed il ruolo del giudice e della giurisprudenza. Qui si tocca un tema cruciale dei sistemi di *civil law* qual è il nostro. Non si può parlare di giustizia senza sfiorare lo snodo delicatissimo del rapporto fra giudice (o meglio fra giudici) e legge e del ruolo *creativo* della giurisprudenza, per tacere dell'altro tema, altrettanto scottante, ad esso strettamente collegato, dello storico antagonismo che in Italia caratterizza, quanto meno dagli anni sessanta, il rapporto tra politica e magistratura.

Terza questione, intimamente connessa alle altre è quella della giustizia come servizio oltre che funzione sovrana, destinato/a ai cittadini in cui nome viene amministrata. Cos'è la giustizia, quale significato concreto assume per coloro che le si rivolgono o dalla quale vengono colpiti? Quali sono le condizioni minime essenziali per definire giusto un processo e giusto il suo prodotto, cioè la sentenza? È uguale per tutti la giustizia che intercettando sostanziali disuguaglianze anche con riferimento alla conoscenza effettiva dei contenuti delle norme, non riesce a fornire in tempi rapidi risposte, specie quando da esse dipende il destino di un uomo, della sua libertà, della sua sicurezza, dei suoi beni, della sua dignità di persona? Com'è cambiato, infine, se è cambiato, dall'Unità ad oggi il rapporto di fiducia tra giustizia e cittadini anche a causa (o per merito) dei *mass media*? È tollerabile che, e la questione non è solo italiana, in stati che continuiamo a ritenere democratici, possano darsi ampi strati di popolazione che non ritengono che la giustizia funzioni in modo giusto ed equo?

Questi dunque gli elementi di fondo di una riflessione che lega a filo doppio due punti essenziali per la democrazia (*giustizia e comunicazione*) e prende avvio dalle tappe salienti dell'unificazione del nostro diritto.

Formazione e primi sviluppi del sistema giudiziario unitario

Quando nel 1865 si compie l'unificazione giuridica e amministrativa, si afferma necessariamente il principio della prevalenza del diritto di fonte statale, espressione della sovranità nazionale, e con esso il postulato dell'uguaglianza, almeno formale dei soggetti davanti alla legge.

L'unità dello Stato monoclasse[1] esige l'unità del suo diritto, la sua certezza e la sua completezza nonché rimedi efficaci per dirimere le antinomie e indirizzi giurisprudenziali contrastanti.

Come emerge dalla lucida analisi di Natalino Irti[2], l'uguaglianza tra membri di una nazione sottoposti allo stesso diritto e governati da magistrati comuni connota non solo l'unità ed identità storica della nazione, ma è condizione necessaria per lo svolgersi di un commercio libero: libero perché intercorrente tra soggetti uguali. La borghesia italiana (come quella europea) protesa verso l'espansione dei mercati non tollera un diritto incerto o dubbio. La calcolabilità giuridica delle azioni è necessaria al capitalismo. Come ricorda Max Weber[3], occorre una matematica delle azioni che trovando la loro misura nella legge devono diventare prevedibili e controllabili dagli organi giurisdizionali.

L'unità giuridica in Italia (come del resto in altri ordinamenti giuridici europei) viene affidata ai codici, ed alle carte costituzionali[4]. La divisione di sfere (privata e politica) tra gli uni e le altre in teoria è netta, in pratica difficilissima, perché se è vero che al codice (civile) è assegnata la disciplina dei rapporti tra privati e alla costituzione il rapporto tra stato e cittadini, è anche vero che i rapporti civili sono e forse soprattutto rapporti politici e costituiscono la base per l'effettivo esercizio di diritti e libertà.

In Italia la prima tappa della codificazione raccoglie l'ideologia del Risorgimento, i cui padri, consapevoli del valore della tradizione giuridica italiana e del primato della legge in ogni settore della vita sociale, promuovono nel 1865 la redazione di testi normativi completi per ogni branca del diritto, nei quali far confluire i tratti comuni e salienti delle legislazioni preunitarie sulla scia della grande realizzazione napoleonica. Sono questi codici e leggi di unificazione che caratterizzano sino alla prima guerra mondiale la vita dello Stato liberale e la stessa società civile italiana[5].

Il giudizio sulla reale capacità dei codici di garantire l'uguaglianza dei soggetti dell'ordinamento, non può, tuttavia, che essere negativo stante l'evidente disinteresse del codice civile per la dimensione sociale. Il codice in alcuni casi, segna addirittura un arretramento rispetto alle normative di alcuni Stati preunitari: sesso, istruzione e reddito diventano, infatti, elementi che condizionano l'esercizio dei diritti civili e politici(il diritto di associazione e libera manifestazione del pensiero viene legato all'appartenenza ad una classe, l'autorizzazione maritale è condizione per gli atti di disposizione dei beni da parte delle donne coniugate, reddito ed istruzione condizionano l'esercizio del diritto di voto, le disparità di potere contrattuale sono del tutto ignorate nella disciplina del contratto e dei rapporti di lavoro, basata su un'astratta uguaglianza formale delle parti).

Anche la codificazione operata durante il ventennio, benché venga da un regime politico che si propone come "rivoluzionario" o almeno dirompente rispetto al regime "plutocratico" che lo ha preceduto, ha contenuti che si pongono in sostanziale continuità con la tradizione giuridica precedente.

Il che non è certo irrilevante, visto che il Codice civile, con il suo alto contenuto prescrittivo e di principi generali, è la manifestazione più forte ed emblematica del potere legislativo e della classe sociale che lo ha espresso, ne rappresenta l'essenza più intima e controversa, nonché l'aspirazione all'autosufficienza e completezza. Esso non regola solo i rapporti fra privati ma contiene la disciplina delle altre leggi (il codice civile italiano del 1942 è preceduto da trentuno articoli, le disposizioni sulla legge in generale, la cui *ratio* risiede nel fatto che ogni domanda di diritto deve trovare necessariamente una risposta che sia *corretta e giusta* alla stregua dei canoni di interpretazione, ma al tempo stesso *flessibile,* capace cioè di adeguarsi ai mutamenti della realtà economico sociale).

Sotto questo profilo, il codice è lungimirante e reca già in sé alcuni dispositivi di adattamento quale il *ricorso all'analogia* per i casi non contemplati espressamente dalla norma, ma occorreranno decenni prima che di dette potenzialità si avverta la piena consapevolezza (basti pensare alla *clausola generale di buona fede* fondamentale per garantire l'uguaglianza fra i soggetti privati ed impedire l'abuso del potere privato, sottostimata per un quarto di secolo dai giudici in quanto ritenuta eccessivamente vaga ed indeterminata, o al fondamentale richiamo *all'equità* come regola di giudizio[6]).

Nel 1942 si compie un altro passaggio importante: l'unificazione del codice civile con il codice di commercio. I principi di diritto commerciale diventano i principi generali delle obbligazioni e gli istituti dell'impresa istituti di diritto comune; la sfera dell'individuo membro della società civile viene così assorbita ed attratta nella dimensione economica il cui primato, però, si afferma solo con riferimento a determinati ceti sociali, non riuscendo a proteggere i soggetti economicamente più deboli (donne, contadini, operai, lavoratori...) che ne vengono, addirittura, schiacciati. Si compie così la definitiva subordinazione dei diritti individuali alla dimensione economica in coerenza alla posizione centrale che assume la proprietà nel sistema codicistico italiano. All'unificazione del diritto privato non si affianca con uguale velocità l'unificazione del diritto amministrativo, ed assai incerta è la disciplina dei rapporti tra cittadini e pubblici poteri, specie sotto l'aspetto della tutela giurisdizionale dei privati contro gli atti limitativi dei diritti compiuti dall'amministrazione.

La legge abolitrice del contenzioso amministrativo (legge 1865 n. 2248) sul modello della Costituzione belga del 1831, affida al giudice civile ordinario tutti i rapporti tra cittadino e pubblica amministrazione nei quali si faccia questione di un diritto civile e politico. L'unico limite che incontra il giudice, in ossequio al principio della divisione dei poteri, è il divieto di annullare e modificare l'atto amministrativo.

Ma lo spirito di questa legge assai moderna e liberale viene sostanzialmente tradito dalla stessa magistratura ordinaria, sulla cui indipendenza dal potere politico si era, forse troppo ottimisticamente, confidato. Per i giudici i diritti civili e politici non sono più tali se entrano a contatto con l'atto amministrativo. Inizia a farsi strada la teoria, tutta italiana, della degradazione del diritto ad opera del provvedimento amministrativo, teoria cui si deve la nascita di una situazione giuridica soggettiva nuova *sui generis*, sconosciuta alla quasi totalità degli ordinamenti giuridici qual è *l'interesse legittimo*, profondamente diversa dal diritto soggettivo, anche per le diverse tecniche di tutela che verranno affidate sin dalla legge "Crispi" del 1889 ad un organo speciale (IV sezione del Consiglio di Stato) inizialmente facente parte della stessa amministrazione. L'interesse del singolo viene tutelato solo e nella misura in cui coincida con l'interesse pubblico. Questa è l'intima essenza dell'interesse legittimo, che, per quanto possa apparire paradossale, rimane sostanzialmente immodificata dall'unità d'Italia ai nostri giorni.

La Costituzione repubblicana

Il passaggio cruciale per la nostra unificazione giuridica avviene ad opera della Costituzione del 1948. La carta, nata da una profonda spinta ideale che racchiude i principi morali e giuridici della convivenza sociale, è assai innovativa sul terreno delle libertà e dei diritti. I diritti cosiddetti fondamentali vengono dotati della clausola di inviolabilità e contribuiscono a definire quell'insieme di principi supremi che non possono essere modificati e sovvertiti nel loro contenuto essenziale, neppure con il procedimento di revisione costituzionale, in quanto appartenenti all'essenza dei valori supremi sui quali si fonda la Costituzione italiana. Inoltre la Carta, come vuole il moderno costituzionalismo, include al suo interno principi direttivi prima lasciati al codice civile (proprietà, famiglia, contratti, lavoro...). I diritti sociali trovano finalmente ingresso accanto a quelli civili e politici e nascono nuovi diritti (diritto alla salute, al paesaggio...).

C'è poi un nuovo modo di concepire l'uguaglianza. Non basta un riconoscimento formale e astratto ma occorre garantire l'uguaglianza dei cittadini nelle condizioni effettive del suo esercizio, come afferma il secondo comma dell'art. 3, frutto della raffinata e sensibile intuizione politico/giuridica di Lelio Basso e Massimo Severo Giannini[7]. La complessiva impronta garantista sul piano della tutela dei diritti è rafforzata dalla creazione della Corte costituzionale e dall'affermazione dell'autonomia e indipendenza dell'ordine giudiziario, affidate ad un organo di autogoverno (Consiglio superiore della magistratura).

Novità tutte di rilievo, seppure, in parte, condizionate dall'alea politica. Perché la Costituzione nella sua modernità guarda al futuro. È anche un programma, la programmazione della compiutezza di un ideale, una sorta di speranza proposta alle generazioni future, un impegno che dovrà coinvolgere non solo gli uomini di legge ma i politici e i cittadini. È il messaggio alto, profetico di uno dei padri costituzionali più illustri, Piero Calamandrei nelle sue lezioni milanesi ai giovani, nel 1955[8]. La Costituzione può essere viva ed operante solo se e in quanto venga condivisa e attuata, altrimenti resta un ideale non raggiunto, inconcluso.

E difatti le speranze sollevate dalla lettera e dallo spirito della Costituzione cedono ben presto il passo alla lunga fase della cosiddetta inattuazione costituzionale (denunciata più volte da Calamandrei[9]) che inizia il giorno stesso dell'entrata in vigore, il 1 gennaio 1948. L'inattuazione tocca snodi cruciali: le Regioni a statuto ordinario, la riforma dell'ordinamento giudiziario, il diritto del lavoro.

In questo campo, così delicato, per circa un quarto di secolo si va avanti nel disordine più completo, perché "la politica" è nello stallo della guerra fredda, e non ritiene di confrontarsi con i conflitti sociali attraverso comportamenti impositivi. Il conflitto sociale a bassa tensione (scioperi, occupazioni, manifestazioni, proteste) viene considerato un bene, rispetto alla eventualità di fratturare il Parlamento sulla faglia sociale dove sia la sinistra che le forze di centro che si ispirano alla dottrina sociale della Chiesa intendono trovare un accordo. Non si attua l'art. 39 nella parte diretta a conferire ai contratti collettivi efficacia generale, non si attua l'art. 40 che prevede leggi di regolamentazione dello sciopero, cadono nel dimenticatoio l'art. 46 sulla partecipazione dei lavoratori alla gestione delle aziende e l'art. 2 che richiama i doveri di solidarietà sociale. I sindacati dei lavoratori acquisiscono sul campo diritti che esercitano attraverso la sottoscrizione dei contratti collettivi e la rappresentanza universale del lavoro, e al contempo impongono l'inattuazione del metodo regolativo dettato dalla Costituzione.

Se la Costituzione contiene i meccanismi per prevenire i conflitti, si ha come risultato delle scelte che politici e sindacato concertano, l'elevazione del conflitto (collettivo e individuale) a valore in sé, con ciò favorendo l'accesso massiccio delle istanze conflittive di datori e prestatori d'opera presso il giudice del lavoro. Prende avvio così una delle cause del fallimento della giustizia civile incapace di dare risposte in tempi rapidi a contrasti d'interesse che buone leggi, dialogo sociale e strumenti di conciliazione potrebbero prevenire, come peraltro accade in ogni altro paese dell'Europa occidentale, anche là dove non si arriva, come nella Rft con il sistema di *Mitbestimmung*, alla cogestione e concertazione tra interessi diversi.

Sia chiaro che la responsabilità per l'inattuazione della Costituzione non ricade solo sul legislatore. I giudici raccolgono infatti a fatica le consegne della Carta quando finalmente, nel 1957 inizierà a funzionare la Corte costituzionale e sono comunque assai cauti nel distinguere le norme programmatiche (effettive solo dopo un intervento legislativo) da quelle precettive.

Più coraggiosi, da subito, gli interventi della Corte costituzionale che avvia l'immediato smantellamento della legislazione fascista soprattutto in materia penale e di pubblica sicurezza, aprendo la strada anche a future riforme in materia civile improntate alla parità dei sessi (riforma del diritto di famiglia) con orientamenti comunque volti a garantire le libertà individuali anche di gruppi (donne, minori, portatori di *handicap*) oggetto di discriminazioni.

Resta il problema della comunicazione tra città degli amministratori, a vario titolo, del *jus*, e cittadini. La Carta è destinata ad essere una sconosciuta in quanto nessuno si incaricherà di educare ai suoi contenuti i principali destinatari: i cittadini, i ceti sociali più deboli e soprattutto i giovani. In altre parti dell'Europa democratica, a questo problema si danno risposte di tipo diverso. Ad esempio, la Spagna post franchista istituisce il giorno della Costituzione: una festa che ogni anno rilancia presso l'opinione pubblica la conoscenza dei contenuti della Carta fondatrice dello stato monarchico e democratico.

La generale disinformazione sul contenuto della Costituzione ne mina, sin dall'origine, le grandi potenzialità e realizza un vero attentato al sistema democratico. Resta da chiedersi se ciò avvenga per una qualche strategia e per volontà politica, o sia solo un sintomo dei tanti malesseri di cui vive la vita pubblica del paese.

Un radicale mutamento: dall'interno, dall'Unione europea

In questo scenario di riferimento, a partire dagli anni settanta muta radicalmente, insieme al cambiamento del paradigma culturale e sociale, anche il ruolo della magistratura.

Da bocca della legge il giudice diviene con gradualità ma ineluttabilità bocca della Costituzione. La Costituzione, a sua volta, diventa il primo punto di riferimento per la tutela dei diritti, se necessario anche "contro" la legge. La sede giudiziaria (cosiddetta supplenza giudiziaria) diviene da quel periodo storico in poi la sede destinata a dare (o meglio tentare di dare) effettività ai più impegnativi diritti sociali (lavoro, abitazione, salute) previsti dalla Carta.

Ciò può avvenire in quanto la Corte costituzionale, ai fini del suo giudizio sulla costituzionalità delle leggi, applica la tecnica del bilanciamento tra valori, diritti ed interessi, metodo che negli stati costituzionali di diritto (anche di tipo continentale) esalta la soggettività del giudice (anche i valori di cui è portatore) e rappresenta il cuore della sua attività interpretativa[10]. Ponderare i principi, come inizia a fare il giudice costituzionale, significa aprire il mondo giuridico ad orizzonti nuovi che non potevano essere neppure immaginati. In ciò le Costituzione anche rigida, appare quale scienza della cultura.

Ci sono altri elementi che non possono essere trascurati in un discorso che prenda in considerazione il rapporto tra giudice e norma: quello della frammentazione del diritto di fonte statuale e, prima ancora, della perdita da parte del parlamento nazionale del monopolio nella produzione del diritto positivo.

La stagione dell'unità giuridica nazionale garantita dal diritto statuale è in effetti, di breve durata: verso la fine degli anni sessanta è messa in crisi da due fattori, uno esterno, l'altro interno.

Il *fattore esterno* è l'irruzione del diritto comunitario con l'avvento delle comunità europee, che spezza il nesso diritto/sovranità. Il fenomeno non è nuovo in quanto già in base agli obblighi derivanti dal diritto internazionale lo stato accetta liberamente limiti alla propria sovranità (la Costituzione italiana contiene una grande intuizione internazionalistica sin dall'origine), ma il rapporto tra ordinamento comunitario e nazionale, grazie anche alle pronunce della Corte di giustizia di Lussemburgo intervenute dalla fine degli anni sessanta in poi, si pone rispetto al diritto internazionale su basi nuove e del tutto originali.

L'ordinamento sovranazionale qual è quello comunitario, cui gli stati europei hanno volontariamente aderito, prevale su quello nazionale ove con esso contrastante, e impone di scegliere la norma di derivazione comunitaria rispetto a quella nazionale. Il giudice nazionale viene così immesso in un sistema normativo multilivello ed inizia ad interloquire direttamente con un giudice appartenente ad un ordinamento diverso da quello nazionale (la Corte di giustizia della Comunità europea) senza l'intermediazione della Corte costituzionale. Se una norma nazionale è incompatibile con un trattato comunitario, può essere immediatamente disapplicata; se una norma interna contrasta con l'*acquis* della Corte europea dei diritti dell'uomo, Cedu, detta norma è denunciata alla Corte costituzionale usando la Cedu come parametro interposto del giudizio di costituzionalità. La stessa vicenda giudiziaria può dar luogo a diverse soluzioni[11].

Nel dialogo del giudice nazionale con la Corte di giustizia di Lussemburgo si salda una singolare alleanza tra giudici che, in taluni casi, può avere, come conseguenza immediata, la marginalizzazione del diritto prodotto del parlamento nazionale e dei suoi principi, almeno nei settori ricadenti nelle competenze decisionali delle istituzioni europee.

Il giudice, quindi il potere giudiziario e di fatto anche quello politico, si de-territorializza, si sgancia dallo stato e dal territorio su cui esercita sovranità, e si muove come un navigatore tra fonti interne e fonti esterne. È anzi la stessa sovranità a trovare limiti al suo pieno e totale esercizio. Il sistema multilivello attribuisce al giudice nazionale il delicato ruolo di mediatore tra possibili conflitti di valori, ruolo che può essere assolto molto bene avendo il medesimo a disposizione molteplici strumenti da attivare a seconda della prospettiva di tutela che assume, in concreto. Detta prospettiva si adatta in relazione alla natura degli interessi tutelati: al vertice della tutela dei diritti fondamentali c'è la Corte di Strasburgo, Cedu, mentre la Corte di Lussemburgo è l'istanza giudiziale più forte per la difesa del mercato, ed evolutivamente dei diritti sociali.

Il *fattore interno* di disgregazione dell'unità del diritto positivo nazionale avviene ad opera della cosiddetta decodificazione, e del frequente ricorso alla legislazione speciale ed eccezionale, se non addirittura singolare.

Il codice perde la sua centralità con l'avvento di sottosistemi normativi (codici di settore, leggi speciali, leggi *ad personam*) governati da principi propri, spesso frutto di accordi tra potere politico e operatori di settore, che si formano al di fuori degli schemi della legittimazione democratica. Detto fenomeno, la cui più approfondita analisi si deve a Natalino Irti[12], porta a concepire in nuovo modo il giudice ed il giurista. Questi operano su una sorta di sabbie mobili giuridiche, non dispongono più di stabilità normativa, anzi si muovono nello scenario di regole in potenziale contrasto tra di loro, reso ancor più incerto dall'evanescenza del confine (in passato assai netto) tra diritto pubblico e diritto privato. Il venir meno della pienezza di certezza e stabilità del diritto, consegna integralmente al giudice la domanda di giustizia (*jus*) cui, talvolta sotto specie di situazioni drammatizzate, esso solo *deve* (non solo *può*) dare risposte. La politica, come pure l'economia, può differire le proprie scelte, ma il giudice non può. Non c'è giudice che possa rifiutare la decisione: appartiene alla sua natura l'obbligo a decidere, non gli appartiene la facoltà della sospensione del giudizio.

E però, in un ordinamento che, come quello italiano, resta di *civil law*, l'uscita dalle contraddizioni evidenziate non può che essere ricercata attraverso la norma scritta, non essendo ammesso, dall'ordinamento, il ricorso al principio cui attingono a piene mani i giudici dei regimi di *common law*. Lo *stare decisis* (il rifarsi a decisioni assunte precedentemente da altri giudici, ovvero il carattere vincolante del precedente giudiziario) non è consentito, non appartiene alle regole del nostro gioco giuridico. E allora si resta nel mezzo del guado, né il dilemma sembra possa trovare soluzione adeguata!

Ineluttabilità della grande riforma della giustizia

Giudice e norma, *lex* e *jus,* politica e giustizia: due poli di un problema da sempre irrisolto. Se da mezzo secolo resta da tutti condiviso il bisogno di riformare la giustizia, come dare sintesi giusta ed equa alle dialettiche, portatrici di interessi diversi, che hanno incrociato le lame negli aspri decenni del confronto/scontro tra politica e sistema giudiziario, con i cittadini spettatori (ed elettori, e giudici, e giudicandi) interessati? È una dialettica che riporta al tormento dell'Antigone di Sofocle, con l'eterna contrapposizione tra *lex* (espressione della sovranità) e *jus* (espressione della sacralità propria della dimensione etico/giusnaturalistica della giustizia).

La lettura del cambiamento va interpretata anche in relazione alle complesse dinamiche dei rapporti tra la magistratura e gli altri poteri, inevitabilmente influenzati dal contesto storico/politico nel quale si sviluppano. Così, negli anni settanta, caratterizzati anche dall'emergenza del terrorismo[13], la cosiddetta supplenza giudiziaria diviene ineludibile. Le leggi varate per garantire la sicurezza sono forzate a sacrificare, in omaggio a quel principio, certi diritti e certe libertà del cittadino. La sicurezza dello stato prevale sul garantismo del singolo, la delega alla magistratura e in particolare al sistema della giustizia penale da parte del parlamento consente a questo di porsi al riparo dalla responsabilità politica diretta. La politica dispone che in prima linea vada la magistratura, così come in un conflitto bellico disporrebbe che in prima linea vadano le forze armate. Una decisione impeccabile sotto il profilo formale, che lascia però aperto il giudizio della storia sulla capacità di quel ceto politico di assumere su di sé e gestire responsabilità e attribuzioni che gli competono.

I giudici vanno nella trincea della lotta al crimine (terrorismo, mafia, criminalità organizzata) con pienezza di mandato e di conseguenza con pienezza di poteri. Vi è consapevolezza, nel ceto politico e nell'opinione pubblica, che tentare di renderete risolutive e rassicuranti quelle inchieste giudiziarie comporta il sacrificio di taluni spazi consolidati di diritti individuali e di controllo politico. Un atteggiamento che viene mantenuto anche di fronte ad esiti difficoltosi ed incerti[14] di inchieste giudiziarie e processi di estrema rilevanza.

I germi del possibile conflitto tra politica e magistratura sono inoculati nel corpo della Repubblica, perché è nella natura della politica occupare quanto più spazio possibile dello stato e della vita pubblica, e quindi a risentirsi ogni volta che si senta ridotta nei suoi spazi di agibilità, "costretta" a retrocedere di fronte a limitazioni delle quali attribuisce responsabilità a un vero o presunto contropotere. Accade così che, nello stesso periodo in cui è eclatante il positivo risultato delle inchieste contro la mafia condotte da magistrati siciliani che pagheranno con la vita il loro eroico impegno[15], alcune forze politiche iniziano a porre con forza la questione dei limiti all'autonomia del pubblico ministero nell'esercizio dell'azione penale. Nel 1987 un *referendum* sulla responsabilità civile dei magistrati registra un ampio consenso, tanto da condurre nel 1988 all'approvazione di una legge *ad hoc*. In un messaggio alle Camere del 26 luglio 1990, il presidente della Repubblica sente il dovere di richiamare il valore costituzionale dell'indipendenza del giudice come valore essenziale di uno stato di diritto[16]. A partire dagli anni novanta, la dialettica fra i poteri si evolve in senso sempre più marcatamente antagonistico, tanto che sono numerosi i conflitti di attribuzione innanzi alla Corte costituzionale sollevati dalla magistratura in seguito al diniego dell'autorizzazione a procedere nei confronti di parlamentari[17]. Le inchieste avviate dalla Procura della Repubblica di Milano mettono impietosamente a nudo la fragilità del quadro politico della cosiddetta "Prima Repubblica", facendo emergere un abisso morale e un vasto sistema di corruzione e malaffare: in breve la questione giustizia diventa uno snodo cruciale della transizione italiana[18].

All'obiettivo di rendere la giustizia efficiente, rapida, efficace si affianca (sopravanzandolo) quello della legittimazione della magistratura giudicante ed in particolare di quella requirente accusata di uso politico e strumentale dell'azione penale. Si devono sciogliere , tra gli altri, i nodi relativi all'esercizio obbligatorio dell'azione penale, la separazione delle carriere tra giudici e pubblici ministeri, la separazione dell'organo di autogoverno (il Consiglio superiore della magistratura) in due sezioni, le garanzie d'indipendenza dei magistrati (distinti sotto questo aspetto tra giudici e pubblici ministeri), l'esercizio dell'azione disciplinare da parte del ministro della giustizia nei confronti dei magistrati. Contro ogni logica che tenga in conto gli interessi della Repubblica e dei cittadini, la fisiologica e utile dialettica tra poteri viene a trasformarsi in vero e proprio scontro tra politica e magistratura. Conciliare l'obiettivo di rendere la giustizia più efficace con quello di contenere entro limiti ben precisi l'azione penale, è reso di fatto impossibile, tanto che una Commissione bicamerale istituita nel 1996 per modificare la seconda parte della Costituzione è costretta a sospendere *sine die* i suoi lavori proprio a causa dell'alta conflittualità che la proposta (la cosiddetta bozza Boato) innesca tra magistratura e parlamento .

Eppure il tema della riforma della giustizia non può essere eluso. Il nodo da sciogliere non riguarda tanto la perimetrazione tra diversi poteri (legislativo/esecutivo/giudiziario), quanto l'efficienza dell'apparato giustizia in quanto tale. A causa della sua complessità e dell'abnorme durata dei processi, il sistema giudiziario italiano non è compatibile con i principi internazionali e comunitari: sono migliaia, già verso la metà degli anni novanta, i ricorsi presentati contro il governo italiano alla Corte europea dei diritti dell'uomo di Strasburgo per violazione dell'art. 6 par. 1[19]. La lentezza dei processi rappresenta la più clamorosa sconfitta della giustizia. Una giustizia ritardata è per definizione a favore di chi commette il reato che è in giudizio. C'è di più: il ritardo nel comminare giustizia, lede la convivenza pacifica tra cittadini, e si trasforma in attacco alla democrazia e alla pace sociale: i criminali possono sperare nell'impunità derivante dalla prescrizione dei reati, i tempi lunghi della definizione dei processi civili vanno a vantaggio solo degli inadempienti e non degli onesti. Oltre a ciò la lentezza dei processi costituisce uno dei principali freni allo sviluppo produttivo del paese e si frammette come ostacolo obiettivo alle decisioni di investimenti diretti esteri in Italia da parte di imprese non nazionali e di multinazionali.

Con queste consapevolezze, prende corpo l'idea di intervenire su singole norme costituzionali e l'attenzione si concentra sull'art. 111. Il nuovo testo approvato con legge costituzionale 23 novembre 1999 n. 2, preceduto da ampio dibattito dottrinale e politico/istituzionale, recepisce in larga misura la normativa internazionale e in particolare la Convenzione per la salvaguardia dei diritti dell'uomo e delle libertà fondamentali (art. 6) e il Patto internazionale per i diritti civili e politici stipulato in sede Onu (art. 14) che riconoscono come fondamentali il principio del processo equo e il corrispondente diritto ad un processo equo e cioè: il diritto ad un giudizio/giudice indipendente e imparziale, il diritto all'uguaglianza delle parti nel processo; il diritto ad un processo che venga effettuato in tempo ragionevole; il diritto ad essere informato rapidamente ed in maniera dettagliata dell'accusa mossa contro un soggetto; il diritto a far convenire, interrogare o far interrogare, i testimoni a carico e a discarico; il diritto di disporre del tempo e delle possibilità necessari a preparare la difesa.

Vero è che la norma costituzionale italiana capovolge la prospettiva individualistica della Convenzione europea (formulata in termini di diritto soggettivo dell'individuo ad un giusto processo), ponendo come soggetto il processo e non l'individuo e ponendo, in definitiva, i principi costituzionali al servizio della "giustizia "e non dei singoli, ma la sostanza non cambia. Si è di fronte ad una norma costituzionale che pone le regole e disvela quindi come di giusto nel processo ci debba essere *in primis* (se non solo) il metodo seguito per ottenerne il risultato (la sentenza, il verdetto finale), come del resto intuito dal grande Ascarelli[20]. La sentenza è giusta se sono state applicate le regole (il metodo) del giusto processo e fra queste regole campeggia il principio del contraddittorio (anche nella formazione della prova), l'effettivo esercizio del diritto di difesa.

La modifica costituzionale suscita larga eco dottrinale e mediatica ed assume innegabilmente un forte valore simbolico. Essa tuttavia non risolve (né lo potrebbe) i tanti problemi della giustizia italiana . Il giusto processo dovrebbe, a monte, garantire l'assenza di discriminazioni e quindi l'uguaglianza sostanziale tra chi dispone di risorse per un'adeguata difesa tecnica e chi non ne dispone, ma nel processo penale italiano la difesa d'ufficio è un mero simulacro e negli altri settori della giustizia (civile e amministrativa) le norme sul gratuito patrocinio per i non abbienti sono del tutto inadeguate (sono quindi carenti le pre-condizioni per assicurare in concreto e non in astratto l'inscindibile binomio- costituzionale giurisdizione- effettività del diritto di difesa).

C'è di più. I principi garantistici del "giusto processo" devono essere calati in una realtà sociale che vede aumentare a dismisura la domanda complessiva di giurisdizione (giustizialismo) per la moltiplicazione e diversificazione delle istanze sociali, per la richiesta di rappresentanza e visibilità degli interessi anche parziali e minoritari, per la pluralità e conflittualità dei valori. I crescenti sentimenti di insicurezza dei cittadini specie nelle grandi città (immigrazione clandestina, cosiddetta microcriminalità) vengono affidati quasi esclusivamente al sistema repressivo penale che diviene così anche strumento di governo e consenso dell'opinione pubblica. La collettività reclama risposte certe, invoca condanne esemplari irrogate al termine di giudizi celeri, esige che il garantismo venga conciliato con il suo opposto: il giustizialismo. Ma l'uso massiccio della giustizia penale, che alimenta la sola finalità retributiva della pena, ormai sganciata da ogni pretesa di tipo rieducativo, si rivela come una rassicurazione meramente simbolica, giacché l'elevato numero di processi non garantisce che tutti possano essere portati a compimento nel termine di prescrizione dei reati e le politiche carcerarie devono fare i conti con l'entità numerica della popolazione detenuta (specie con quella in attesa di giudizio che ammonta a più della metà del totale dei detenuti, palese ingiustizia di una istituzione che esiste per fare giustizia), consentendo, anche a costo di qualche forzatura, il ricorso sempre più ampio a misure alternative alla detenzione, disposte dal giudice.

Quanto alla giustizia civile, i cui tempi di definizione (a prescindere dalle altre criticità) risentono della macroscopica ed endemica sproporzione tra domanda e offerta di giustizia, a fronte della pressione esercitata sull'Italia dalle Risoluzioni approvate dal comitato dei ministri del Consiglio d'Europa vengono approvati numerosi provvedimenti volti a migliorare l'efficacia degli uffici giudiziari e smaltire l'arretrato, provvedimenti che, tuttavia, paradossalmente, finiscono per riversare sul processo civile gli effetti delle condanne inflitte all'Italia dalla Corte di Strasburgo per la violazione del principio della ragionevole durata del processo, aumentandone ulteriormente i tempi di durata[21].

Capitolo a sé è quello della giustizia amministrativa che, a partire dall'anno duemila, confermando la linea evolutiva iniziata negli anni novanta, vede ampliate dal legislatore in modo assai rilevante le materie devolute alla giurisdizione esclusiva (la giurisdizione concernente sia i diritti soggettivi che gli interessi legittimi) del giudice amministrativo. Si determina nei fatti, per legge ordinaria, il capovolgimento degli originari criteri di riparto della giurisdizione fra giudice ordinario e speciale delineati dall'art. 103 della Costituzione, tanto che la Corte costituzionale con sentenza n. 204 del 2004 viene a porre limiti ben precisi all'indiscriminata attribuzione al giudice speciale di ogni vertenza su diritti sol perché vi sia coinvolto un interesse pubblico, delimitando l'ambito delle materie alle sole controversie nelle quali l'amministrazione agisce come autorità.

La questione risolta dalla Corte costituzionale è cruciale dal punto di vista dell'effettività della tutela del cittadino nei confronti della pubblica amministrazione, atteso che il dualismo di giurisdizioni del sistema italiano (art. 113 della Costituzione) che deriva dalla sua particolare origine storica (distinzione del giudice dei diritti soggettivi dal giudice degli interessi legittimi) comporta due diverse tecniche di tutela dei diritti rispetto agli interessi legittimi, connotando il processo amministrativo come assai distante dai principi costituzionali del giusto processo (art. 111 della Costituzione) a causa delle limitazioni delle facoltà processuali delle parti e delle maggiori prerogative processuali di cui dispone la parte pubblica (pubblica amministrazione) rispetto a quella privata: di qui l'inopportunità di attribuire i diritti soggettivi ad una giurisdizione diversa da quella prevista come "naturale " dalla Costituzione.

Si può dire che la riforma dell'art. 111, rappresenti un punto di partenza per aggiornare i modelli processuali e il sistema giustizia complessivamente considerato ai suoi principi, e che l'ultimo decennio si presenti come un *cantiere aperto* di riforme che investono trasversalmente la giustizia penale, civile e amministrativa e le altre giurisdizioni speciali nei loro diversi profili organizzativi e ordinamentali. Nel settore *penale* si alternano leggi sull'imunità temporanea delle alte cariche dall'azione penale (legittimo impedimento) ad una molteplicità di micro-interventi dettati dall'emergenza: introduzione di nuovi reati come lo *stalking* e l'immigrazione clandestina, abolizione del patteggiamento in appello, ampliamento del ricorso a riti alternativi a quello ordinario, cosiddetti pacchetti sicurezza per aggredire i patrimoni dei mafiosi e applicare le misure di prevenzione. Nel settore *civile* si introducono norme per accelerare i processi ed evitarne l'uso strumentale (come la testimonianza scritta, e la disciplina delle spese processuali in caso di soccombenza), filtri al ricorso per cassazione, *Alternative Dispute Resolution* sul modello anglosassone della mediazione finalizzata alla conciliazione delle controversie civili, si inizia a sperimentare la digitalizzazione del processo. Il processo *amministrativo*, pur fra mille dubbi e perplessità, vede la nascita nel 2010, per la prima volta nella storia repubblicana, di un proprio codice di procedura varato con d. lgs. 2 luglio 2010 n.104.

Interventi evidentemente disorganici, che nel settore penale sono spesso animati da obiettivi contingenti di contenimento delle attività delle Procure (previsione della limitazione dell'uso delle intercettazioni, divieto di pubblicazione degli atti giudiziari, abbreviazione dei termini di prescrizione dei reati, sganciamento della polizia giudiziaria dal pubblico ministero) e negli altri settori della giustizia, ancorché astrattamente condivisibili, difettano della necessaria ampia visione organica che metta in primo piano gli interessi dei cittadini utenti della giustizia, anziché interessi corporativi e di parte .

Appare evidente che la necessaria riforma (costituzionale e ordinaria) della giustizia risulti lontana e che la dialettica tra *lex* e *jus*, per come si è venuta evolvendo, tenda ad enfatizzare il ruolo del giudice. Il suo ruolo di supplenza risulta accetta all'opinione pubblica, stante la profonda diffidenza e sfiducia che questa continua a vivere nei confronti di un legislatore in balia di maggioranze sempre più liquide e preda sempre più spesso di stati d'animo e/o di interessi particolari, invece che di linee politiche miranti alla necessaria profonda riforma..

Ogni e qualsiasi supplenza non può però che costituirsi come dato di eccezione, *pro tempore*, altrimenti incorre nel rischio di attentare di fatto alle regole della democrazia. Lo stato di eccezione, ammissibile quando "Sagunto ha i barbari alle porte", non può diventare la regola con cui ci si rapporta alla *res pubblica*. È certo che la giustizia nel nostro paese è amministrata in nome del popolo, ma è anche certo che la funzione dei giudici non è stata mai trasferita, né direttamente né indirettamente, all'interno del circuito democratico definito dalla Costituzione per tutte le funzioni politicamente rilevanti, che dalla Carta risultano in linea con lettera e spirito costituzionali solo se e quando sono frutto della legittimazione del voto popolare.

Nel nostro ordinamento può anzi affermarsi che il consenso popolare venga escluso da ogni rapporto con la funzione giurisdizionale, al punto che esso *non possa e non debba* costituirsi in misura di legittimazione delle modalità attraverso le quali si esercita la funzione giurisdizionale. La *ratio* di questa scelta sta nel fatto che detta funzione, al fine di potersi esprimere nella piena e assoluta neutralità del giudice, viene prevista del tutto "distante" dai "luoghi" nei quali il consenso della pubblica opinione si costruisce (si manipola?) e si rende manifesto[22]. Il corpus costituzionale che attiene alla funzione giurisdizionale, ma anche la nostra tradizione giuridica, prevede un giudice che non debba porsi la questione di essere percepito come "popolare" o "impopolare", "gradito" o "sgradito". Il giudice non opera per ricevere premi come fosse un letterato o un cineasta, perché a lui si chiede soltanto che sia giusto, bendato e sordo come lo vuole la dea giustizia, alla quale esclusivamente risponde.

E questo senza dimenticare che l'unica vera legittimazione mancante alla funzione giurisprudenziale nel nostro paese potrebbe semmai essere identificata nell'assunzione della parte giudicante di eventuali responsabilità effettive per errori commessi, stante l'imperfezione e fallibilità delle decisioni. Si comprende, tuttavia, come su uno snodo così discriminante, il dibattito in corso da decenni necessiti ancora di tempo per arrivare a conclusioni condivise[23].

Aspettando Media responsabili e consapevoli

E qui si è nel pieno dell'ultimo dei fattori posti all'attenzione: la percezione dei cittadini/utenti, costruita attraverso la rappresentazione che della giustizia forniscono i *mass media.* Non vi è dubbio che, sia che si faccia riferimento alla giustizia come funzione esercitata dai giudici (art. 101 Costituzione), sia che si faccia riferimento all'apparato chiamato a svolgerla (artt.106, 2 comma e 110 Costituzione), il cosiddetto potere giudiziario, il sistema dell'informazione ha contribuito non poco in Italia ad alimentarne una profonda crisi di identità e credibilità del sistema di giustizia nei confronti dei cittadini.

Applicando i principi costituzionali, la sentenza è giusta non in quanto certa e prevedibile applicazione della legge generale e astratta, ma sol perché è giusto il "processo" e prima ancora il "procedimento" adottato per emetterla, nel rispetto del diritto di difesa, del contraddittorio paritario delle parti, della neutralità, indipendenza e terzietà del giudice. Un modello siffatto privilegia la "procedura" su ogni altro tipo di esigenza e considerazione, e va detto senza pudori e riserve.

Ora, quanto di questa "giustizia" della procedura e della sentenza viene trasferito all'opinione pubblica tramite la pubblicità e i *media*? Poco e niente. Sono altri i valori e le esigenze alle quali tentano di corrispondere i nostri mass *media.* Il risultato di una scelta siffatta è drammatico: la sentenza decontestualizzata dall'alveo processuale che l'ha prodotta appare figlia del caso, o peggio di un volubile arbitrio. Scartati analisi e racconto dell'andamento del processo, la vicenda giudiziaria diventa "altro dal processo", e al cittadino, nonostante disponga della motivazione che è sempre pubblica, la sentenza rimane imperscrutabile, non essendo in grado di ricostruirne la motivazione, la completezza procedurale, la razionalità intrinseca.

Si arriva ad un ulteriore paradosso, deleterio quanto quello appena riportato. La sentenza, effetto dell'esclusività procedurale del processo, è "fredda", un dato tecnico non concepito per scaldare il cuore e l'immaginazione dei cittadini. Quel "freddo", diventa per l'opinione pubblica un indice di colpevolezza del ceto giurisprudenziale: tanto più la sentenza è fredda e non demagogica, tanto più può essere percepita come ingiusta e irrazionale. I fatti portati dai *media* all'attenzione dell'opinione pubblica, assumono un calore e un colore estranei al meccanismo di procedura processuale.

Succede anche che *l'agorà* della pubblica opinione, oggi anche piazza dell'incontro dei cibernauti, abbia proposto e celebrato il processo mediatico parallelo e che questo abbia magari condotto a verità diversa da quella processuale.

La pubblicità del processo, i cui tempi di definizione sono sempre più dilatati nel tempo, non può rimediare ai guasti del possibile scostamento tra opinione pubblica e giustizia, anzi finisce per accrescerli, giacché l'interesse dell'opinione pubblico ai contenuti del processo è massimo solo nella fase *calda* che si occupa delle indagini e segue l'avvio del procedimento, mentre si raffredda, fino a scomparire, nelle fasi successive specie se il giudizio prevede un grado d'appello e di cassazione[24]. Quanto alle fasi successive, la legge assicura la pubblicità del processo penale, ammettendo il pubblico nell'aula in cui si celebra il dibattimento salve le eccezioni del processo "a porte chiuse" (art. 433 c.p.p., art. 128 c.p.c.), ma questa pubblicità "immediata" si riduce in pratica nel controllo diretto di poche centinaia di persone.

Avviene così nei fatti in Italia che il sistema dell'informazione governato da potenti *lobbies* editoriali diventi l'unico vero mediatore tra processo e popolo, mediatore che in carenza di regole precise, adeguati correttivi, forme di *check and balance*, non solo non contribuisce ad accrescere la fiducia dei cittadini nella giustizia ma semmai contribuisce a farla apparire ancor più imperscrutabile e irrazionale[25], e a far percepire la magistratura non quale strumento di garanzia dello stato costituzionale nel suo complesso, ma piuttosto come un contrappeso o un limite agli altri poteri dello stato, quindi, una "parte" sia pur autorevole che, nell'agone politico, si contrappone ad altre "parti"[26].

Anche la drammatizzazione ad opera dei *media* della mancanza di incontro tra politica e magistratura, tra certa opinione pubblica e certa magistratura, può essere letta come uno dei mali italiani che dovrebbero essere sconfitti. Realisticamente, senza la buona politica e senza *lex* il giudice fallisce il suo compito.

Se il giudice fallisce, è l'intera comunità che perisce.

Note

[1] Si intende per tale lo stato liberale, inteso come stato di diritto basato sul primato della legge ed in cui gli elettori appartengono ad una sola classe sociale (cittadini provvisti di adeguato livello di reddito ed istruzione).

[2] Natalino Irti, "Legislazione e codificazione" in *Enciclopedia Treccani delle Scienze sociali*, Roma.

[3] Weber, Max. *Sociologia Del Diritto*. Vol. VI. Torino: Edizioni Di Comunità, 2000.

[4] Sul punto, vedi specialmente, Rodotà, Stefano. *Libertà e Diritti in Italia: Dall'Unità ai giorni nostri*. Roma: Donzelli, 1997 e Ghisalberti, Carlo. *La Codifi-cazione Del Diritto in Italia: 1865-1942*. Bari: Laterza, 1985.

[5] Nel 1865 in base alla legge sull'unificazione legislativa, 2 aprile 1865 n. 2215, entrano in vigore i codici civile, di commercio, di procedura civile, di procedura pena-

le, e della marina mercantile, la legge sull'unificazione amministrativa (20 marzo 1865 n. 2248), la legge sull'ordinamento giudiziario (decreto legislativo 6 dicembre 1865 n. 2626), la legge sulle espropriazioni per pubblica utilità (25 giugno 1865 n. 2959. Rimane esclusa solo la materia penale che giunge all'unificazione nel 1889.

[6] Sul punto, ampiamente, Alpa, Guido. *L'arte di giudicare*. Vol. X. Bari: Laterza, 1996.

[7] L'art. 3 secondo comma afferma: "*È compito della Repubblica rimuovere gli ostacoli di ordine economico e sociale,che, limitando di fatto la libertà e uguglianza dei cittadini impediscono il pieno sviluppo della persona umana e l'effettiva partecipazione di tutti i lavoratori all'organizzazione politica, economica e sociale del paese.*"

[8] "Piero Calamandrei all'università di Milano 1955 Parte 3." *YouTube -Broadcast Yourself.* Web. 03 June 2011.
<http://www.youtube.com/watch?v=wlToXBAXs88>.

[9] Calamandrei, Piero. *Storia di dodici anni , Scritti e discorsi politici; Opere politiche e letterarie di Piero Calamandre.* Secondo Vol. Firenze: La Nuova Italia, 1966.

[10] Sull'argomento: Guastini, Riccardo. *Il Giudice e la Legge: Lezioni di Diritto Costituzionale*. Torino: Giappichelli, 1995.; Zagrebelsky, Gustavo. *Il diritto mite: legge, diritti, giustizia.* Vol. VII. Torino: Einaudi, 1992.; Bin, Roberto. *Capire La Costituzione*. Nuova ed. Bari: Laterza, 2002.

[11] Una importante applicazione di detti principi si è avuta ad opera della Corte costituzionale italiana che con la sentenza n. 113 dell'aprile 2011 ha dichiarato l'illegittimità costituzionale dell'art. 630 del codice di procedura penale, nella parte in cui non prevede un diverso caso di revisione della sentenza o del decreto penale di condanna al fine di conseguire la riapertura del processo, *quando ciò sia necessario ai sensi dell'art. 46 paragrafo 1 della Convenzione per la salvaguardia dei diritti dell'uomo e delle libertà fondamentali, per conformarsi ad una sentenza definitiva della Corte europea dei diritti dell'uomo*. La Corte è intervenuta, per la seconda volta in tre anni, sul caso di Paolo Dorigo, un militante comunista veneziano condannato a 13 anni di carcere per un attentato alla base Usaf di Aviano nel 1993. Nel settembre del 1998, la Corte europea dei diritti dell'uomo aveva accertato la *non equità* della sentenza con cui la Corte di Assise di Udine, nel 1996, aveva condannato Dorigo Con la decisione della Corte si apre la strada alla revisione del processo a carico di Dorigo, come sollecitato dalla Corte di Appello di Bologna che aveva fatto ricorso alla Corte Costituzionale. Già una volta, nel 2008, la questione era arrivata all'esame dei giudici costituzionali che nell'occasione avevano ''rivolto un pressante invito al legislatore affinchè colmasse, con provvedimenti ritenuti più idonei, la lacuna normativa''. Detta lacuna non era stata però colmata.

[12] Irti, Natalino. *L'età della decodificazione*. Milano: Giuffrè, 1979.

[13] Nel 1969 una bomba uccide a Milano 27 persone (la strage di piazza Fontana) e nel 1970 iniziano a circolare nelle fabbriche milanesi i volantini a firma "brigate rosse"; il terrorismo sia di destra che di sinistra cresce drammaticamente negli anni successivi caratterizzati da sanguinosi attentati e stragi. La strage di Piazza Fontana rappresenta nell'immaginario collettivo la data che segna l'inizio della c.d. strategia della tensione ed il simbolo del terrorismo "stragista" nero, che verrà seguito di lì a poco dal terrorismo rosso ("brigate rosse") che rivendica nel corso della sua azione eversiva (soprattutto anni 1970- 1982), 86 omicidi fra cui quello, clamoroso, del Presidente del

maggiore partito italiano (la Democrazia Cristiana,) Aldo Moro, ucciso nel maggio del 1978 dopo un rapimento durato 55 giorni.

[14] Il 3 maggio 2005 la Corte di cassazione chiude definitivamente la vicenda giudiziaria della strage di piazza Fontana iniziata il 15 dicembre 1969, con l'arresto dell'anarchico Cesare Pinelli, morto durante l'interrogatorio precipitando dalla finestra. La Corte conferma l'assoluzione degli imputati principali per non aver commesso il fatto e l'intervenuta prescrizione per altri. Nelle motivazioni delle sentenze emerge il ruolo di copertura e depistaggio avuto dai servizi segreti. Anche altri processi per strage, quale quello della Stazione di Bologna del 2 agosto 1980, che costa la vita a 85 persone e la c.d. strage di Ustica del 27 giugno 1980 (esplosione di un DC 9 al largo di Ustica) non portano all'accertamento della verità.

[15] Ci si riferisce ai giudici Rocco Chinnici (ucciso nel 1983), Giovanni Falcone (ucciso nel maggio del 1992) e Paolo Borsellino (ucciso nel luglio del 1992).

[16] Nel messaggio dell'allora Presidente Cossiga, si afferma con enfasi "L'indipendenza del giudice come organo-potere e l'indipendenza del magistrato quale servitore dello Stato cui è affidata la missione di attivare a far vivere con la sua opera il sistema degli organi-giudici, è valore essenziale e strutturale, indefettibile del nostro Stato di diritto."

[17] Le immunità parlamentari sono disciplinate dall'art. 68 della Costituzione italiana, modificato con la legge costituzionale n. 3 del 29 ottobre 1993. Prima della revisione costituzionale, per sottoporre un parlamentare a procedimento penale era necessaria l'autorizzazione a procedere della Camera di appartenenza. Se la Camera negava l'autorizzazione, il parlamentare non era processabile fino alla fine dell'incarico. Nel nuovo testo il primo comma contiene una garanzia relativa alla discussione parlamentare, la così detta insindacabilità: "I membri del Parlamento non possono essere chiamati a rispondere delle opinioni espresse e dei voti dati nell'esercizio delle loro funzioni". Il secondo comma dell'art. 68 stabilisce che "senza autorizzazione della Camera alla quale appartiene, nessun membro del Parlamento può essere sottoposto a perquisizione personale o domiciliare, né può essere arrestato o altrimenti privato della libertà personale, o mantenuto in detenzione, salvo che in esecuzione di una sentenza irrevocabile di condanna, ovvero se sia colto nell'atto di commettere un delitto per il quale è previsto l'arresto obbligatorio in flagranza". "Analoga autorizzazione è richiesta per sottoporre i membri del Parlamento ad intercettazioni, in qualsiasi forma, di conversazioni o comunicazioni e a sequestro di corrispondenza". La legge 20 giugno 2003 n.140 attuativa dell'articolo ha poi dettato una disciplina *ad hoc* per i processi penali nei confronti delle alte cariche dello Stato.

[18] Si chiama "mani pulite" l'indagine giudiziaria contro la corruzione del mondo politico condotta a livello nazionale in Italia, all'inizio degli anni novanta, i cui esiti portano all'azzeramento della cosiddetta Prima Repubblica e alla scomparsa dei principali partiti di governo, come la Democrazia Cristiana (DC) e il Partito Socialista Italiano (PSI).

[19] La norma stabilisce che: "Ogni persona ha diritto a che la sua causa sia esaminata equamente, pubblicamente ed entro un termine ragionevole da un tribunale indipendente e imparziale, costituito per legge, il quale deciderà sia delle controversie sui suoi diritti e doveri di carattere civile, sia della fondatezza di ogni accusa penale che le venga rivolta".

[20] Tullio Ascarelli nel bellissimo saggio "Democrazia e processo" in Riv. trim. dir. e proc. civ., 1958, pp. ricordando le parole del maestro Calamandrei affermava. "*Alla affermazione della necessaria giustizia della legge nelle pagine di Rousseau, fa riscontro quella processualistica che risolve ogni ingiustizia pur sempre nel processo, così in via definitiva, negando la sentenza ingiusta proprio perché, al termine di tutto il cammino processuale, la giustizia della sentenza sta nel cammino seguito pel risultato*".

[21] Viene infatti varata una legge (legge 2001/89, c.d. Pinto) che consente ai cittadini di richiedere al giudice civile (la Corte d'appello) il risarcimento del danno per l'irragionevole durata dei processi civili, penali ed amministrativi, prevedendo per la definizione del relativo processo un termine di soli quattro mesi (raelisticamente non ripsettabile). La legge Pinto provoca un effetto moltiplicatore del contenzioso civile, affiancando ad esso una sorta di contenzioso straordinario che aggrava il carico degli uffici giudiziari e, fatto ancor più grave, non garantisce affatto un giusto e rapido risarcimento del danno per carenza di risorse umane e di risorse finanziarie, esponendo così l'Italia ad ulteriori domande di equa riparazione fondate sulla "irragionevole durata dei procedimenti di equa riparazione".

[22] Sui rischi di una giurisdizione che aspiri al consenso dell'opinione pubblica, vedi Zagrebelsky, Gustavo. *Il crucifige e la democrazia.* Vol VIII. Torino: Einaudi, 1995 in cui si rammenta come nel racconto dei Vangeli , il processo a Gesù di Nazareth e la condanna a morte fosse stata comminata in conformità al "sentimento popolare"e quindi voluta proprio dal popolo. Il *"crucifige"* della folla, per l'Autore può assurgere a prova inconfutabile dell'insensatezza della democrazia ovvero dell'opinione pubblica dominante. Anche Calamandrei, ricorda nei suoi scritti come nella Germania di Hitler una norma del codice penale permetteva al giudice di punire non solo i fatti previsti dalla legge come reato ma anche quelli che fossero ritenuti *"contrari al sano sentimento del popolo tedesco"*e nella Russia post zarista, il giudice decideva non applicando norme precostituite ma il "*suo immediato sentimento di uomo politico*".

[23] uno dei quali è costituito dalla possibilità o meno di affermare la responsabilità del giudice per errata interpretazione di norme giuridiche. La legge italiana del 1988 che prevede una serie di limitazioni in tal senso (non può dar luogo a responsabilità l'attività di interpretazione delle norme di diritto) è attualmente oggetto di un procedimento di infrazione ex art. 258 TFUE attivato dalla Commissione contro l'Italia in quanto contrastante con il principio della responsabilità degli Stati per violazioni del diritto comunitario commesse da giudici di ultima istanza. Sulle implicazioni dei principi comunitari si veda: Pinotti, Cinthia. *La responsabilità risarcitoria dello Stato per violazione del diritto comunitario da parte del potere giurisdizionale:prospettive e ricadute nell'ordinamento italiano*, in Rassegna Giur. Energia, n. 3, 2003. pp. 437-466. Le proposte di riforma della responsabilità civile del magistrato devono affrontare una serie di problemi di non facile soluzione, [24] La fase delle indagini del processo penale che è quella in cui dovrebbe prevalere la riservatezza, è quella nella quale, invece, si concentra la massima attenzione da parte degli organi di informazione con evidenti forzature del segreto investigativo e del testo novellato dell'art. 111 della Costituzione che afferma come principio del giusto processo, il diritto della persona accusata di un reato di essere informata *"riservatamente"* dei motivi dell'accusa. La sdrammatizzazione da parte dei *media* dell'accertamento penale, o comunque attivato ad impulso di una parte pubblica sarebbe condizione irrinunciabile per rendere com-

prensibile il ruolo e la funzione del pubblico ministero, ch spesso viene impropriamente definito dai media "giudice", mentre è organo non votato all'accusa a tutti i costi ma tenuto anche a svolgere accertamenti su fatti e circostanze a favore della persona sottoposta alle indagini (art. 358 c.p.p.). Assai diversa è invece la percezione che della funzione del pubblico ministero penale ha l'opinione pubblica, atteso che le esternazioni dei magistrati ai *media* vengono, alcune volte, intese (forse anche correttamente) come *captatio benevolentiae* e ricerca di consenso sociale, anziché espressione di un preciso dovere di informazione sulle attività svolte dall'ufficio.

[25] Un insieme di notizie, isolate dal loro contesto, non assicurano di per sé la correttezza dell'informazione, anzi, spesso i media diventano strumenti più o meno consapevoli di precise strategie processuali di accusa e difesa, che in quanto svolgentisi fuori dal processo senza alcuna garanzia di pari opportunità e di controllo da parte del giudice, sono di per sé fattori che impediscono la formazione di un corretto giudizio critico da parte dell'opinione pubblica . C'è poi da considerare la difficoltà di indurre i *media* ad una transizione dall'interesse (quasi esclusivo) per i soggetti più o meno "celebri" convenuti nei giudizi ad un interesse *per le materie trattate nel giudizio.* La giurisprudenza della Corte di cassazione ha stabilito una sorta di decalogo del diritto di cronaca giudiziaria, richiedendo la verità della notizia (oggettiva o anche soltanto putativa, l'interesse pubblico alla conoscenza del fatto (pertinenza), la correttezza formale dell'esposizione (continenza), ma rimane aperta la questione se l'interesse è pubblico se è d'interesse sociale la materia trattata o se sono note le persone coinvolte. Un'informazione corretta dovrebbe far prevalere il primo aspetto (oggettivo interesse pubblico della materia) ma la prassi del nostro sistema d'informazione dimostra il contrario.

[26] La Corte di Cassazione in una sentenza del 6 luglio 2004, n. 29232, presenta l'ampia possibilità di critica dei provvedimenti giudiziari, da riconoscersi a tutti i cittadini e non soltanto agli addetti ai lavori, come "un contrappeso all'elevato grado di indipendenza e di autonomia della magistratura".

ALJA VAN KLINKEN
Iscop, Rome

PUBLIC AND PRIVATE MEDIA, IN THE MAKING OF ITALY

17 march 1861 marks the formation of the Kingdom of Italy. Kings from the house of Savoy then ruled a geographically united area. Through much of its post-Roman history, Italy was fragmented into numerous kingdoms and city-states (such as the Kingdom of Sardinia, the Kingdom of the two Sicilies (run by the Bourbon's) and the Duchy of Milan. The tumultuous period of, or the movement for the liberation (of foreign occupants) and political unification is known as "Il Risorgimento," "The Resurgence." Apart from other political protagonists, like Giuseppe Mazzini and Camillo Benso, count of Cavour, Giuseppe Garibaldi became the undisputed Italian nationalist revolutionary hero and leader in the struggle for Italian unification and independence. In 1848, back in Italy (he was for a period in the United States where he became later a US citizen), he organized a corps of volunteers, which served under the Piedmontese ruler, Charles Albert, king of Sardinia. Garibaldi's dream of a united Italy motivated his successful expedition against the Austrian forces in the Alps in 1859. In 1860 he conquered Sicily. In 1861 Victor Emanuel, successor of king Charles Albert, gained the annexation of Umbria and Marches, from the papal government. Victor Emanuel became king of united Italy. But the kingdom was missing the Venice and Friuli region, they were still controlled by the Austrians until 1866, when they got annexed to Italy. But Rome, which was still a papal possession, only in 1871, ten years later, Rome became Capital of the Kingdom). In 1946, the Italians, in a referendum, voted against the Kingdom and in favor of the Republic.

On 17 march 2011, president Giorgio Napolitano went to the Pantheon in the center of Rome, to pay homage to the kings of Italy, buried there (Victor Emmanuel, in whose honor the Vittoriano in Piazza Venezia was built). That a republican president should acknowledge the role of the monarchy in the formation of a united Italy might once have raised eyebrows. Now it seems a fitting way to celebrate 150 years of nationhood, a relative young nation, compared with other European countries like France, England or Holland (who are at least 200 years older). But quite similar to the German unification and a country that obtained a century and a half of achievements.

At his visit to the New-York University recently,[1] President Napolitano answered to the question; "Is Italy experiencing a difficult moment in history, delicate inter alia, with a prime minister on trial, what do you think?," that the biggest problem of Italian politics, is the hyper partisanship, that produces a daily guerrilla that makes it impossible for discussion and debate and leads to a mutual delegitimization of political competitors."

Italy, with over 60 million of residents, is one of the most populous countries in Europe. A research done by "Demos" (Italian Public Opinion Institute) in *La Repubblica*[2] tells that only 7% of the population thinks that the administrative unification has been an error. 56% of the population is regarding the National Unity as "positive" and 33% as very positive. The "unitarian spirit" is less extended in Northern Italy. But also under the voters of the "Lega" (Northern Italian separatist Lombardy League), about 70% are in favor of the unification. Some small minorities around the borders, less than half a million of people, French in Valle d'Aosta, Germans in Trentino Alto Adige (the South-Tirol party abstained from the celebration. They still consider themselves Austrians, which they were till 1919 when they were annexed by Italy), Slovenians in Friuli Venezia Giulia and Albanians in Puglia. They all have their own language and media and enjoy economic, administrative and educational privileges.

Although today, comparing with ten years ago, Italians feel themselves, less cohesive, more divided, mostly due to the economic crisis. Nevertheless they believe that within 10 years, the country will remain united, and within the European Union.

The above positions express what the Italian Public Opinion Institute, Demos, reports on the Italian Unity. In private the opinions may differ, because when we deal with Communication, the difference between public and private matters. With private and public communication, I mean the structure of ownership of the main traditional mass-media; the press, cinema, radio and television and their conversion into the information communication technologies. They can be owned either privately or publicly or a combination of the two. (for a definition; D. Mc. Quail, mass communication theory, Sage 2005). In this paper I will discuss the Italian press and television and their convergence into internet. Those three had or have a main impact on the unification-process in Italy.

A Short History and Theory of the Press in Italy

D. Mc Quail describes that the distinctiveness of the press as compared to other forms of cultural communication lies in it's individualism, reality orientation, utility, secularity and suitability for the needs of a new class:

town-based business and professional people (penny press 1830-40 New York). From it's beginning, the press was an actual or potential adversary of established power, especially in it's own self perception. The struggle for freedom to publish, often within a broader movement for freedom, democracy and citizen rights, is emphasized. The part played by underground presses under foreign occupation or dictatorial rule, have also been celebrated.

There has been a general progression, historically towards more press freedom, despite major setbacks from time to time. However the modern newspaper, as a large business enterprise, is vulnerable to more kinds of pressure or intervention than it's simpler forerunners were.

When we look at the Italian History and the role of the press in it, we have to say that one of the main characteristics of the Resurgence was the birth of many (privately owned) papers and periodicals. In contrast with just a few official authorized governments papers, the so called "privileged papers." Around 1800 for example there was the "Il Giornale Italiano" in 1806. The "Corriere Milanese" circulated from 1796-1815. The authoritarianism of the Napoleonic empire made their life very difficult and the liberal press became clandestine or disappeared. Around 1830, new patriotic waves created new publications, but mostly abroad, for example; "La giovane Italia"(1832-1834), by G. Mazzini in Marseille, France, or Mazzini's, "Apostolo popolare"(1840-1843) in London. Most Italian States, around 1947 reached to an agreement about the liberty of the press. In correlation with the Revolution of 1848, many publications were printed. In Rome (again by Mazzini), "L'Italia del popolo"(1848). In Florence, "La Patria" (1847-1848), in Naples, "Il Movimento"(1855) in Genoa as the spokesman of Garibaldi. With the proclamation of the unification of Italy in 1861, the democratic constitution implied also the freedom of the press. The newspapers multiplied and became mature, but without reaching a solid modern structure (higher circulation of newspapers were in England, France and the USA).

The tone was less patriotic and more open to problems and polemics within the new Nation.[3] Although the official language was Italian, the population spoke mainly different dialects, according to the different regions and villages. In 1861 the estimated population was about 22 million and with an illiteracy of about 70%. Italy had mainly a rural economy and the upcoming industry was mostly concentrated in the North, the Piedmont and Lombardy area. Those days the press suited the intellectual and industrial-bourgeois and mostly male (women only got in 1946 the right to vote). Apart from the official government-newspapers, Milan (those days 250,000 inhabitants), with *Il Secolo* (1866) creates the first modern Italian newspaper, with a conservative tone, sustaining the monarchy. Later followed by *Corriere della Sera* (1876), also referring to the Milan bourgeois, moderate and conservative, following the political line of Cavour. In 1877, in Rome starts *Il popolo Romano* At the same time, in Livorno, *Il Telegrafo*, directed by a Garibaldian.

The industrial modernization and development of the Italian newspaper-industry corresponds with the development of newspapers in opposition to the governments. On one side Socialist papers emerged (for example *Avanti*, 1897 with 40.000 copies), on the other side Catholic newspapers, like *L'Osservatore cattolico* and *L'Avvenire* emerged. Around 1901 (still about 50% of the population is illiterate), industrialization and urbanization increased the circulation of newspapers and weeklies.[4]

At the beginning of the 20th century, the *Corriere della Sera* took over the leading position of "Il Secolo" with 600.000 copies in 1920. The public consisted of the higher or higher middle-class. The huge costs of modernisation and expansion had to be supported by big industrial groups (for example FIAT or Perrone, iron). In general the paper carried the values of the higher class industrial Lombardian families.

Industrial financing of the Italian press, has been important from the National Unity onwards (also during the First world war, the fascist era and the Second world war). The industries financed also the Catholic press. The Socialist press and other so-called subversive political groups (those days Republicans and Anarchists), had a model of financing different from the Catholic and "Independent" press (not independent from the leading political ideology). They were financed by means of gifts from the party, donations, subscriptions and militant diffusion. Still nowadays, the alternative newspaper industry suffers from insufficient capital.(David Forgacs, Italian Culture in the industrial era, Manchester). We may go through the historical development of press and TV.

The First World war, the rise of Mussolini and the Second World war

Those periods were marked by a progressive censorship (for the main newspapers), or suppression of the adverse press. Fascist papers like *L'impero* and *il Tevere* emerged. Together with radio and cinema (the creation of Cinecittà studio's at Rome), the press served as an important propaganda tool of Mussolini's fascist leadership during all *ventennio*. (Paolo

Murialdi, storia del giornalismo italiano, il Mulino) . The clandestine press had a revival from September 1943 till the end of the second World War, starting from Rome towards the North. The Communist press was the most numerous and diversified. The official organ of the PCI (Communist party); *L'Unità*, distributed 60.000 copies in 1944 (between Milan, Rome, Turin and Genoa).

The end of the Second World War created a new general ideological style of the main newspapers. The new ideology was conservative, in favor of foreign American politics and the Marshall plan. A new journalistic style appeared, dealing with economy and finance. The General Confederation of Italian Industries took control and financed three economic-political newspapers: *Il Globo*, *Sole* and *24 Ore* (the last two are now unified in a single newspaper).

From 1945 to 1960, G. Mazzoleni (The media in Europe, the euro-media Handbook, Sage 2008) talks about the rebirth and normalization for the entire media system. The main dailies (*Corriere della Sera*, *La Stampa*, *La Nazione*, *Il Messaggero*) regained and consolidated their traditional leadership (with a circulation around 5 million copies).

Between the sixties and the eighties, D. Forgacs identifies two different tendencies in the whole media-field. The first is that of "counterculture": a growing politization of journalists. More separation between editing and owner control, such as the creation of boards of editors with major decision of editing. In general, journalists gained more status and power. In the Seventies, started La Repubblica founded by Eugenio Scalfari, who was director of *Espresso* a center-left weekly. *La Repubblica* is nowadays the most read national newspaper and most sold among center-left professionals. During those years emerged *Il Giornale*, a center-right newspaper which after decades in the "liberal" hands of Montanelli was acquired by Berlusconi who only for a brief period could retain the consensus of Montanelli on his way of interpreting the freedom of expression, forcing the founder and *decano* of the Italian journalist to resign and be back to his old "house," the *Corriere della Sera*.

The second tendency is that of "concentration." This was a period of financial difficulties for the whole press sector, which opened the way for powerful interest groups to seize control of the major newspapers, in spite of state interventions like financial subsidies and antitrust measures (press law, 1981). Twenty percent of the whole national communication industry went into the hands of two owners, Berlusconi with Fininvest/Mediaset and Mondadori, and Fiat with HDP-RCS (Rizzoli *Corriere della Sera* and *La*

Stampa). The marriage between advertising, marketing and the news industry, became very strong. The circulation reached a peak of 7 million.

The period 1990-onwards, shows a fairly stagnant crises for a number of dailies, a decrease in circulation rates and diminished profits. Apart from the main dailies, Mazzoleni (The media in Europe Sage, 2008) mentions the importance of minor dailies, which are very important in that they generate vital interactions among the media, politics and economics. For example the "Democrats of the left" (which include the ex-Italian Communist Party) no longer retains the ownership of *L'Unità* (now owned by Dalai Editore) but it is able to considerably influence its editorial line.

Also *Il sole 24 ore*, owned by *Confindustria*, exercises a main role in the economic and political arena.

Some comments on the present situation

Italy does not have a tabloid market, mainly owing to the fact that there exists a very well developed periodical popular press and also because of the tendency to consider daily newspapers

as products for the elites. Another important characteristic of the newspaper market is the significant presence of a regional and local press: 90 % of the 138 daily newspapers are regional and local. Nevertheless, many local newspapers are also controlled by the main publishing trusts.

The FIEG (Italian Association of Newspaper Publishers) notes a number of factors due to the recent crisis.

1. The rapid and successful diffusion of the free press, with a daily circulation of about 2 million copies.
2. the substantial increase in the price of the daily newspapers in connection with the introduction of the euro, from €0,77 to €0,90.
3. The crisis of advertising (57% of newspapers total income comes from advertising, versus 43% from sales, partly due to global economics, partly due to the penetration of internet advertising).
4. Most newspapers are now also on-line.

According to "World Press Trends" (WPT), compared with other European countries, Italy scores relatively low in the classification of numbers of copies sold per thousand inhabitants. 105 copies in 2002 (versus Britain 383, Germany 371 or France 181). Forgac's conclusion is relatively negative about concepts as pluralism, diversity and access in the Italian newspaper-industry.

The market is relatively small, but there is no light-newspaper trend like in England, with for example the *Daily Express*, which sells almost as much of copies as the main Italian newspapers together. While private ownership of the press was also typical in Italy before 1980, the owners of the media did not pursue a profit motive as much as they sought to favorably influence public opinion.

What has remained unchanged throughout, is the difficulty of success of independent newspapers. *L'indipendente*, founded in 1991, with the aim to publish a quality-newspaper being rigorously independent, had to make political alliances (northern industrial political power) in order to survive. There has emerged now recently; *Il fatto quotidiano* (2009), run by journalist Marco Travaglio . Even more than *La Repubblica*, it has been at the forefront of exposures of corruption in the ruling classes. Travaglio is also leader of "The Purple movement," a movement which tries to see an ethical renewal in Italian politics. It is a small newspaper, but completely free of financing by others.[5]

A global survey of 186 countries, Freedom house (2001)[6] shows that most European countries ranked high in the "free press category," while Italy received a ranking of 32, placing it in "the partly free press group," considering the pattern of ownership, industrial and political control of the major newspaper publishing groups.

The rise and reigning of television

Television has a fifty plus-year history and like the radio, grew out of pre-existing technologies. Telephone, telegraph, photography, sound recording, now Internet are all there. Television was primarily designed for transmission and reception as abstract processes, with little or no definition of preceding content. A distinctive feature of (radio) and television has been their high degree of regulation, control or licensing by public authority, initially out of technical necessity, later from a mixture of democratic choice, state self-interest, economic convenience and sheer institutional custom (Mc. Quail, 2005). A second and related feature of television media has been its centre-periphery pattern of distribution and the association of national television with political life and the power centres of society, as it became established as both popular and politically important. Despite, or perhaps because of, this closeness to power, television has hardly anywhere acquired, as of right, the same freedom that the press enjoys, to express views and act with political independence. The main genre of television stems from its capacity to transmit many pictures and sound live and thus act as a "window on the world." The capacity of simultaneity has been retained for some kinds of content, including sporting events, some news casting and certain kinds of entertainment show. Most TV content is not live, although it aims to create an illusion of ongoing reality.

A second important feature of television is the sense of intimacy and personal involvement that it seems able to cultivate between the spectator and presenter or the actors and participants on the screen. The status of television as the most "massive" of the media in terms of reach, time spent and popularity has barely changed over thirty years. Even so, there are significant inter country differences in its dominance of free time. For example in 1998: United States 238 minutes per day, Italy 217, the Netherlands 157 (Mc. Quail 2005). Despite the fact that television has been largely denied an autonomous political role and is primarily considered a medium of entertainment, it plays a vital role in modern politics. It is considered to be the main source of news and information for most people and the main channel of communication between politicians and citizens, especially at election times. In this informally allocated role of public informer, television has generally remained credible and trusted. Another role is that of educator, for children at school and adults at home.

It is also the largest single channel of advertising, in nearly all countries and this has helped to confirm it's mass entertainment functions. So far many predictions that mass television would fragment into many different channels, along the model of the magazine, have only been partially realized, although the process is likely to accelerate as digitalisation proceeds. Nevertheless, one enduring feature of the appeal of television seems to lie in the fact that it is a medium that brings people together to share the same experiences in an otherwise fragmented and individuated society and not only in the circle of the family.

Mc Quail mentions six characteristics of TV. 1: Very large output, range and reach, 2: Audiovisual content, 3: Complex technology and organization, 4: Public character and extensive regulation, 5: National and international character and 6: Very diverse content forms.

The history of television in Italy can be analyzed in different periods.

The period of state monopoly (1954-1975)

Italy's television service came into being in 1954, when the public company RAI, officially inaugurated its first television channel. In respect to the United States, European broadcasting, also in Italy, started (like the radio in 1910) as publicly owned companies, according to the dominant culture of the old Continent.

Especially to television (next to radio and cinema), was attributed the role of "cultural patronage." Also in Italy the public television was and is mainly financed by household license fees. The main ideology was to acculturate and improve the masses It was the "welfare Communication," according to the politics of the Welfare State.

In order to better understand this fact, some figures may help. In the years after the Second World War, Italian economy and culture were mainly rural. In 1954, 39.5% of the occupation was concentrated in agriculture, 28.4% in industry and 28% in services and public administration. Only 1/5th of the Italian population spoke correct Italian and still 12.9% was illiterate. People spoke mainly their different dialects, culture seemed to be still strongly "oral." Television therefore became the instrument of national acculturation and literacy campaign. The main goal became to create a common language and a common sense of national feeling and belonging (M. Morcellini 1994).

In the beginning, only 34% of the population could receive television signals. (The North and Centre), but with a steady growth, in 1961 (economic boom), with the birth of the second channel, 96% of the Italian population could reach the national program. The number of spectators was much more than the number of subscribers. Families with television, gathered all their neighborhood. Also cinema provided themselves with a television. They postponed the evening program to show some TV programs. The main goals of the state TV was to inform, to update and that of cultural divulgation.

The main categories of the programs were: Variety (theater, music, fiction and entertainment) 25%, Culture 42% (mainly through the second channel), information 33% (mainly through the first channel). The offering of programs were mostly of national origin. The state monopoly created a fast growing audiovisual industry.

The TV reform, the birth of a dual system (public-private), 1975-on

In 1975, there was the reform of the control of the public TV. It passed from government control to Parliament control. The first channel was mainly represented by the catholic area (the Christian Democratic party was for almost 45 years the main party) and the second channel by the non religious area. In the same year, the third public channel emerged. It became a regional broadcasting channel (regional governments had recently been created) and was/is based on a network of regional centers of production with the aim of contrasting the numerous local commercial broadcasting stations, emerging in those years. The first private television stations popped up in the years 1974-8, following the partial and unintended deregulation of cable television, while the first channels with broadcasting at a national level were established between 1981 and 1982. Two channels, Rete 4 owned by Mondadori and Italia 1 owned by Rusconi, both press publishers, were bought up by Silvio Berlusconi, who had already a successful commercial television network, Canale 5.

From 1976 onwards, the televiewer became more and more a protagonistic "zapper," with the growing number of channels and a growing amount of hours of broadcasting. Concurrence started between the public and private channels, but also within the private broadcasters. The aim of education of the masses by the public broadcaster became secondary. Morcellini talks about a process of homologation and leveling of the programs. From 1976-1981, entertainment grows 260%, cultural programs 80% information 40% .You can note a strong growth of the production of telefilm and cinema, with the collaboration of important directors: for example "L'albero degli zoccoli" by Olmi, "Padre padrone" by Taviani, "Prova d'orchestra" by Fellini, "Cristo si è fermato a Eboli" by Rosi. New variety programs were introduced, such as "talk shows," with anchormen such as Maurizio Costanzo. Programs "container" appeared alternating entertainment, sport, fiction and information: "Portobello" by Enzo Tortora was probably the most known.

The hybridization between information and entertainment created the phenomenon of "infotainment." The private broadcasters introduced huge amounts of film, telefilm and cartoons from main American producers. With the introduction of more channels, RAI 1 lost his monopoly of daily television news. The first RAI channel became more specialized in official news, and in line with the main political party. The second channel puts more attention to in depth news and civil society items. Other minor parties are here represented. The third channel shows regional news and high level cultural programs, it used to be represented by the Communist party, nowadays by left-wing parties. News information has been the first battle of the private TV channels, to oppose to the RAI news channel.

The "Contatto" by Maurizio Costanzo, was the first daily news program on a private national level. Also sports, especially the direct transmission of soccer tournament like Uruguay Italy, in 1980, Berlusconi purchased the rights. Morcellini considers the dualistic TV system nowadays still heavily depending on the institutional culture, the political and economical establishment. (Morcellini 1994).

Mazzoleni (European media handbook 2008) speaks about an important Italian phenomenon: the system of "*lottizzazione*," that is, the partitioning of power among all parties, opposition included, over public resources and over State television (RAI), newspapers, press agencies and to a certain extent, also over commercial television channels. Following the collapse of the old political establishment, (partly caused by judicial investigations into corrupt political parties and leaders), the so called "Second Republic" started, a new electoral law in 1993 introduced a mixed system, (75% majority, 25% proportional). Italy's economic system has been characterized for decades by extensive state intervention. During the 1990s, prompted by EU directives, privatization of public estates and shares started. Important was the liberalization of the Telecommunications. A significant exception is Public Broadcasting, which is still contracted by the State to the publicly owned RAI. New political players emerged. The most relevant example was the electoral victory in 1994 of Silvio Berlusconi, a Milanese entrepreneur and media baron who became premier of Italy.

The duopolist structure of the television marketplace is quite solid. The two biggest groups, RAI, the public broadcaster and mediaset, the private broadcaster (Berlusconi owned), share 90% of the audience and of the television advertising resources (RAI 32%; Mediaset 58%). Over 50 % of the total advertising expenditure destined to the media sector, is attracted by television. A year ago, the public and private broadcasting have been digitalized and a more diversified offer has been created (for example RAI storia, specialized in history).

The structure of the RAI programs compared with those of Mediaset, differ mainly between some particular program-types. According to RAI-Statistics 2001[7] for example, for the program-type; "Information and Culture" there is a notable difference between the percentage of the amount of programming: RAI: 25.8% versus Mediaset: 6%. Also the programme type; "Television-fiction"; RAI: 15.3%, versus Mediaset: 31.7% and the programme type "Entertainment": RAI: 9.1% versus Mediaset:18.3%.

The birth in 2001 of a third pole in a media market place almost completely dominated by the "duopoly" of RAI and Mediaset, was troubled. The film-producer "Cecchi Gori," former owner of "Telemonte-carlo," set up "La 7," a channel, that voiced the interests of all those, cultural, political and industrial, who did not identify with the two opposed giants. It's now owned by Telecom and with an audience of 4%, is struggling for survival. Digital television by satellite started at the end of the 1990s. Two companies, Stream and Tele+ started with this kind of pay television. They have suffered both a serious financial setback, much in line with similar crises of pay television in other countries. After receiving the European Union's green light, the Australian-American tycoon Rupert Murdoch bought the two companies and merged them into "Sky Italia." Also Telecom has a 20% share in it.

Italy is one of the few countries in Europe in which a single company has a monopoly of the entire pay-television market. Nowadays Sky has 6 million subscribers and even overruled Berlusconi's Mediaset in revenues. It is nowadays also the main counter voice, since Berlusconi, being the Prime Minister of Italy, started to exercise influence and hard power over the RAI television system.

On European level, many voices are worried about the freedom of information in Italy. The deregulation of the media, especially of the broadcasting system in the seventies, has created main problems of conflict of interests, pluralism, diversity and access (Berlusconi as premier and owner of a media empire), very unlikely to other European countries and the United States (In the US, a law prohibits the combination of media ownership and political involvement, as in most European countries) . Mazzoleni (Towards a videocracy? SAGE 1995) outlines these problems and wonders if Italy is not transforming into a videocracy, the media especially television, becoming a strong fourth power (next to the three "Montesquieu" powers of: legislation, execution and the judicial) of the State .

The Internet Troubled Village Era

Internet and World Wide Web can be considered as a medium in its own rights on the grounds of its now extensive diffusion. It began as a non-commercial means of intercommunication and data exchange between professionals, but its more recent rapid advance has been fueled by its potential as a purveyor of goods and many profitable services and as an alternative to other means of interpersonal communication. The medium is not yet mature, or clearly defined. Diffusion proceeded most rapidly in North America and Northern Europe and will reach the same high penetration of the television and the telephone in a half generation (Mc Quail 2005). The fact is that uses of the internet are often not clearly mass-communication. But extensions of newspaper journalism or the television on-line can be defined as mass-communication. On-line journalism is also evolving in new directions, with new capabilities of content and new forms (as where the public adopts the role of journalist). The internet is not owned, controlled or organized by any single body, but is a network of internationally interconnected computers, operating according to agreed protocols. Numerous organizations, especially service providers and telecommunication bodies, contribute to its operation . The internet as such, does not exist anywhere as a legal entity.

Those who use the internet can be accountable to the laws and regulations of the country in which they reside, as well as to international law. Mc. Quail mentions 8 characteristics of internet; Computer-based technologies, Hybrid- flexible character, Interactive potential, Private and public functions, Low degree of regulation, Interconnectedness, Ubiquity and delocatedness, Accessible to individuals as communicators. Although the internet is still not a means of communication accessible to everybody, in Italy its popularity has steadily grown since it first arrived in the country.

Thanks to Tiscali's "free internet access" formula, the number of internet users quadrupled. In order to overcome the delay in respect to other (North-European) countries, recent governments have introduced financial incentives for those companies investing in this sector and established an Agency for the Informatization of Public Administration (AIPA). Data concerning the exact number of internet users, have a tendency to overestimate this phenomenon (Mazzoleni 2008)), however the "Corriere delle comunicazioni"(2010), mentions that about 90% of all the private and public workplaces, use internet everyday. And about 50% of the Italian population is connected with internet. Also with the new media-consumption of internet, you can note a difference between the relative rich North and the relative poor South. "Corriere delle Comunicazioni" talks about a gap of coverage of 13,8% of the population, that means that 1 out of 8 Italians, can't still use internet-services.

The best covered area's are in the North, "Emilia Romagna," and the "Venice" area, with a coverage of about 95%. Next to this North- South digital-divide, you can note a digital divide between the ages; the older people and large sections of lower and less educated classes have less access. In the 1990s, some regulations, also harmonizing to directives of the EEC (former U.E), are regarding security aspects, individual privacy rights, legal protection of software, informatics systems, data banks and informatic crimes. An important contribution of internet, has been the appearance of many bloggers, for example the famous comedian "Beppe Grillo," who with his blog offers very critical and antagonistic information about Italian politics and social events, he is very popular among the young adults. An on-line editor like "Huffington Post" does not still exist. But most television and newspapers are on-line, with many possibilities for the individual consumer, to interact with forum's and social media (especially Twitter and Facebook).

Morcellini ("Il medioevo italiano," 2006, Carocci), mentions that especially new digital information technologies, have helped to change the Italian society, rather traditional and static, into an "Information-Society," involving all the institutional, political and socio-cultural levels of Italian society. You can verify a progressive evolution of the communicative experience, a media and cultural boom, the multiplications of lifestyles and relations. According to Morcellini, internet has offered huge impulses to the Italian population, modernizing, informing and above all, making them from passive to active participants in modern global society. Internet by computer and mobile telephone have intensified enormously, social relations, interests, intellectual and cultural outdoor activities (Istat, 2002).[8]

Conclusion

Mc Quail mentions that the relations between media and society have a material, a political and a normative or social-cultural dimension. Central to the political dimension is the question of freedom and control. The main normative issue concerns how media ought to use the freedom they have.

The newspaper press bases its historical claim to freedom of operation on political functions, of expressing opinion and circulating political and economic information. As the other media, the early press, has a radical potential, in the sense of being potentially subversive of reigning systems of social control. They can provide access for new voices and perspectives on the new order. Regarding the Italian Unification or Resurgence, you can mention for example; "La Giovine Italia" 1830, by Mazzini, or "La Nazionale" 1855 spokesman of Garibaldi. The institutionalization of the Italian press, has resulted in a major elimination of this early potential. As you can note, already at the beginning of the twentieth century, main economic forces gained control over the main newspaper press with the goal of political (economical) influence. While the Italian newspaper press has become more and more a business enterprise, the political component has still remained important. The main press are the voice of the economic and political establishment (for example Il sole 24 ore, exercises a major influence on Italian politics).

The Italian television has had from it's beginning much less freedom, partly because of their privileged access to scarce spectrum space. and partly because of their believed impact and power to persuade. The centralized State television RAI, started to transmit mainly educational, language, culture and information programs, with a main social-responsibility role. Other than the press, which remained mainly a medium for the elite, the TV became a real mass-medium and played a vital role in the Italian Unification by transmitting language programs (population still divided by dialects) and cultural, educational programs. To TV was also assigned the important role of informer of the masses and therefore, supporting the democratic processes. From the seventies on, with the introduction of private TV, you can note a growing trend of the market forces, on both, public and private TV. But political control has become a major issue nowadays with problems of conflict of interest and concentration (RAI and Mediaset) for more; "Italy's Berlusconi factor," Mancini, (1997 Sage), or "Towards a videocracy?," Mazzoleni, (1995 Sage) And Paul Statham "Television news and the Public Sphere in Italy," Sage, 1996.[9]

Internet claims freedom of control on the grounds of privacy or the fact that it is not an indiscriminate mass distribution, but is directed to specific users. Nevertheless also in Italy, internet is increasingly sharing the same communicative tasks as media with established authority, as newspapers and TV. The facility of access and interactivity of internet is of huge importance, and creates new possibilities of freedom of expression in the Italian media-situation.

Notes

[1] Online article "Il Messaggero" "Napolitano at New York, the problem of Italy is the daily guerrilla" of 30-03-2011 www.ilmessaggero.it/articolo.php?id=143698

[2] Ilvo Diamanti in "La Repubblica" "L'Italia siamo noi," 17-3-2011, p.42.

[3] Paolo Murialdi *Storia del giornalismo italiano,* Bologna, Il Mulino 2006, Il giornalismo del Risorgimento p. 35-59.

[4] David Forgacs *Italian Culture in the Industrial era 1880-1980.* Manchester UP, 1990.

[5] James Walston in bimonthly "Wanted in Rome" of 14-4-2010 "Italy's purple people" p 5. Marco Travaglio, is leader of the purple movement and journalist and cofounder of the independent newspaper "Il fatto Quotidiano," www.ilfattoquotidiano.it

[6] In it's global survey of 186 countries, Freedom House (2001) assessed each country's system of mass communications. The following four dimensions were taken into account: government laws on the content of the news media ;the degree of political influence on news content; economic influence on the media, either by government or private parties, and the degree of oppression of the media, either by means of physical threats or via direct censorship of the news and it's distribution. Press Reference, Italy.www.pressreference.com/Gu-Ku/Italy.html

[7] Gianpietro Mazzoleni The media in Europe, London, Sage, 2008, Italy p. 127-138. For detailed information pages 130-131, tables 11.1 and 11.2 .

[8] Mario Morcellini *Il mediaevo italiano* Roma, Carocci, 2006, p. 91-98.

[9] For a detailed discussion on this issue, see; P.Mancini, Italy's Berlusconi factor, Harvard International Journal of Press/Politics, SAGE, online version 1997, www.Sagepublications.com; G.Mazzoleni, Towards a videocracy? European Journal

of Communication, Sage, online 1995; Paul Statham, television news and the public Sphere in Italy: Conflicts at the Media/Politics interface, European journal of Communication, Sage, online, 1996.

Bibliography

Books

Mary Kelly, Gianpietro Mazzoleni, Denis Mc. Quail .*The media in Europe, The Euromedia Handbook*, G. Mazzoleni 'Italy' p. 126-138 London: Sage, 2008.

Denis McQuail, *Mc Quail's Mass Communication Theory fifth edition* 'The rise of mass media' p. 23-45, 'Structures' p. 189-245, London, Sage, 2005.

Paolo Murialdi, *Storia del giornalismo italiano*, 'Il giornalismo del Risorgimento' 'Dall'Unità alla svolta di fine secolo fino al ritorno della libertà' p. 59-217, Bologna, Il Mulino, 2006.

Mario Morcellini, *Il mediaevo Italiano*, M. Morcellini e Michaela Gavrila 'Medioevo vs tecnoevo. Il mondo nuovo dei consumi culturali' p. 71-113, Roma, Carocci, 2006.

Mario Morcellini, *La Comunicazione* 'La televisione in Italia', p. 5-59, Roma, Mille Lire, 1994.

David Forgacs, *Italian culture in the Industrial Era 1880-1980*, Manchester UP, 1990.

Specialist magazines

Il corriere delle Comunicazioni, www.corrierecomunicazioni.it

Prima Comunicazione, www.italian.it/primacomunicazione/

Media 2000, www.ediland.it

Reports

Audience research, www.audipress.it, www.auditel.it, www.aie.it (italian association of editors)

Institute of Statistics, ISTAT, www.istat.it

Web

RAI, www.rai.it

Mediaset, www.rti.it

La 7, www.la7.it

Sky,www.sky.it

RCSCorriere della Sera, www.rcs.it

Mondadori Publishing Group, www.mondadori.it

La Repubblica, www.larepubblica.it

Il Sole 24 ore, www.ilsole24ore.it

Raffaella Petrini
Franciscan Sisters of the Eucharist

Saints and Patrons in the National History: the Case of Francis of Assisi

Giovanni Francesco di Bernardone was born in the town of Assisi, in Italy, in 1181, to a wealthy family: his father, Pietro, was a rich cloth merchant and his mother Giovanna, called Pica, a noble woman from Provence, in the south of France. Francis was born in a country divided into small states, remnants of fierce wars against the barbarians. At that time, cities were strongholds enclosed by high walls built for defense against feudal assaults, and whose citizens were all called to be soldiers.[1] The majority of the population lived in a state of profound poverty, decimated by famine and widespread diseases such as leprosy. Wealth instead was concentrated in the hands of very few families. Francesco was a vibrant and attractive young man, with a great personal charisma. He too participated in one of the many inter-city wars between Assisi and Perugia, but was almost immediately captured on his first outing and spent a year in a prison in Perugia. It was during this time of separation and suffering that something was deeply touched inside him, and he was forever transformed.

Returning to Assisi in 1205, Francis' life began to radically change. In a sequence of events which came about as a result of his profound commitment to the evangelical ideal, he started to work with the poor and with lepers. He went on to actually rebuild the little church of San Damiano himself, and finally, in the piazza of Assisi publically renounced the wealth of his father, who couldn't understand his choice and disinherited him.

He began to preach in the cities, among the people, thus breaking the monastic principle of separation of religious from the world.[2] Until then, monasticism meant withdrawing from the world to dedicate oneself exclusively to meditation, work, and prayer. Francis instead, started gathering the first brothers around him in the little church on the outskirts of Assisi called the "Porziuncola" (the "Little Portion"), which would always remain for him a most sacred place. Each day they would go out into Assisi to minister to the people.

In 1210, the Order was recognized by Pope Innocent III, who approved the Rule for the fledgling community. In 1219 Francis felt compelled to go to Egypt and it was there that he preached before the Sultan, who received him with admiration and hospitality. In 1224 he went to pray on the mountain of La Verna, and while in prayer, he received the stigmata, the signs of the crucifixion, in his own body. Deeply marked by suffering and almost completely blind, Francis died on October 3, 1226, in his favorite sacred place, the Porziuncola. On July 16, 1228 he was canonized by Pope Gregory IX.

The Patron Saint of Italy

More than 700 years later, with the Apostolic Letter of June 18, 1939, *Licet commissa*, Pius XII proclaimed St. Francis of Assisi the Patron Saint of Italy, along with St. Catherine of Siena, stating on the occasion that "... both Italians in extraordinarily difficult times ... through the clarity of their works and virtues ... they abundantly benefited their and Our country ... ." The initiative for the proclamation of St. Francis "Patron of Italy" was of the then Bishop of Assisi, Msgr. Giuseppe Placido Nicolini, who had received the strong support of numerous Italian dioceses and, of course, Franciscan families. For Francis then, specifically, the Pontiff added: "... He gave an unsurpassable example of evangelical life to the citizens of his much troubled times, and ... opened new paths and offered new ways for the correction of public and private customs ... .".[3]

He had already presented his petition to Pope Pius XI in 1938, almost a decade after the Lateran Pact (or Lateran Treaty) — the agreements of 1929 between the Vatican and the Italian Government, which had marked a definitive time of peace and reconciliation for the Italian nation, still tried by the tensions of the *Risorgimento*. Leveraging on this aspect, on that occasion Bishop Nicolini asked the Pope to complete his work of peacemaking, by entrusting the newly united Italy to a heavenly patron, who had left such a deep mark in the hearts of the Italians.[4]

Francis' life, his use of the vernacular, his preaching and his being deeply in touch with the roots of the tradition of his people, make him a perfect representative of that which Dante Alighieri called the "humble Italy" (cf. *Inferno*, Canto I), the "authentic Italy".[5] Through Francis as the Patron of Italy, these Franciscan virtues were consciously presented to the Italian citizens, and especially to young Italians, as a viable model to follow. Francis became the symbol of an "ideal Italy," founded upon her ancient thirst for freedom and the principles of the Catholic faith; this clearly is juxtaposed to the spirit of the *Risorgimento* which led to the "blasphemous construction" of the neo-pagan "Altare della Patria" in Rome, built by destroying part of the Franciscan convent of the "Ara Cœli."[6] Paradoxically, while the Franciscan Orders greatly suffered after the unity was achieved — given the suppression of their convents and the subsequent scattering of a multitude of Friars and Poor Clare Sisters — in those same years the figure of Francis was at the center of interest for many.[7]

The process towards the political unity of Italy was obviously a very complex one from many points of view, and thus would deserve a much more careful and thorough analysis. However, since the writer is neither an historian nor a politologist, the task of this paper is rather to identify some of those fundamental values, which the Franciscan charisma embodies and which shaped our national identity from the very beginning of its development. Those Franciscan virtues we mentioned above, in fact, became an integral part of that national *ethos* that allowed Italy to enter into modernity while maintaining a strong Catholic identity and preserving a true Franciscan universalistic spirit, far from any tendency towards nationalism or isolationism, but based on a dimension of fraternity.

Even today Francis still has a special place in the hearts of the Italian people. He remains a source of attraction, of interest and curiosity, for both believers and nonbelievers, of all ages and cultures. Perhaps because Francis was able to embrace the lives of the men of his era — their tensions, their conflicts, their burdens — and at the same time he was able to rise above the hatred, factions, and narrow views of particular interests that imprisoned the men of his time much like they do with modern men.[8] This capacity that John Paul II defined as an expression of the "Italian genius" signifies man's capacity to live his life for something greater than himself, for ideals that go beyond his limited, individual interests, be they legitimate or not. In this sense, the poverty witnessed to by St. Francis was a lesson in public morality aimed at encouraging every public representative to work with passion for the common good, to go beyond the petty logic of dispute and mere personal rivalry. The simplicity and directedness of Francis's words to the political leaders of his time exemplifies it:

> "Brother Francis, your little and looked-down-upon servant in the Lord God, wishes health and peace to all mayors and consuls, magistrates and governors throughout the world and to all others to whom these words may come. Reflect and see that the day of death is approaching. With all possible respect, therefore, I beg you not to forget the Lord because of this world's cares and preoccupations and not turn away from His commandments, for all those *who* leave Him in oblivion and *turn away from His commandments are cursed* and *will be left in oblivion* by Him. ... Therefore I strongly advise you, my Lords, to put aside

> all care and preoccupation and receive the most holy Body and Blood of our Lord Jesus Christ with fervor in holy remembrance of Him. May you foster such honor to the Lord among the people entrusted to you that every evening an announcement may be made by a messenger or some other sign that praise and thanksgiving may be given by all people to the all-powerful Lord God."[9]

An Italian Saint

From a social perspective, Francis embodies some principles that affect Italian people of yesterday and today, given our globalized society currently passing through a very profound transition, not only from a political and economic point of view, but also, and above all, from a moral and spiritual one.[10] But what are these principles? José Antonio Merino, a Franciscan philosopher, is provocative in this regard, as he claims that the glory and the torment of Francis reside in his having been transformed, after his death, into "a saint for all seasons and all tastes," whose figure has been portrayed "according to everyone's desires," or turned into a "religious, social and cultural pretext" which, unfortunately, can sometimes be useful even for "defending hidden ideologies".[11] In this brief presentation, I would like to point out at least some of those principles that have made Francis different, which inspired the life of the *Poverello* of Assisi radically changing not only the life of the Church, but also the life of all those around him, and of the many who have come after him, including, of course, ourselves. These very principles allowed him to pursue his ideals while transcending the harsh realism and the often violent contradictions of the everyday life of his time.

The economist Stefano Zamagni, who collaborated with Pope Benedict XVI in the draft of his first social encyclical, *Caritas in Veritate* (CIV, 2009), shortly after its promulgation, in an interview with the Italian weekly magazine "Famiglia Cristiana" stated that the very title of the encyclical indicates the reaffirmation of the "central principle of the Franciscans over the Dominicans, that is the primacy of good over justice and truth."[12] Francis is, therefore, first and foremost a *man of charity*, passionately striving to help the poor and the suffering, those who are in need or on the margins of society. Thomas of Celano, Francis' first biographer, writes: "What tongue could tell of this man's compassion for the poor? ... Francis' *soul melted* for the poor, and to those to whom he could not extend a hand, he extended his affection."[13] Francis lived and worked according to that "logic of gift" and that "principle of gratuitousness" (CIV, 34), which are expressions of a fraternity rooted in a common nature, a common origin and a common end. Hence the freedom of knowing how to relate with all in the same way, with a deep respect for the *humanitas* we share.[14] Francis was not afraid of diversity, as indirectly acknowledged also more recently by the Italian Parliament, which proclaimed October 4 as the "World Day of Peace, brotherhood and dialogue between people from different cultures and religions" (Law 10 February 2005, n. 24).[15]

In an analogous way, Francis is a *man of solidarity*, a solidarity deriving from the interdependence that bonds together the members of the same human family (cf. CIV, 53). While feeling instinctively repulsed, Francis kissed the wounds of the leper, thus reporting "the greatest victory that a man can report: the victory over himself."[16] With the concrete example and the consistency of his actions, Francis invites his friars to spend all the "energy and feelings of soul and body" in the service of others, so that they can "love their neighbors as themselves ... enjoying the goods of others as their own and in bad times by suffering together with them and *not bringing any offense to anyone*".[17]

Francis is also and above all a *man of relationality* – an aspect that perhaps more than others expresses his "Italianness": Francis is not isolated in his holiness but rather realizes it precisely *through* and *within* his interpersonal relationships.[18] The following passage taken from G.K. Chesterton exemplifies, in my opinion, such ability:

> "... To him a man was always a man and did not disappear in a dense crowd any more than in a desert. He honored all men; that is, he not only loved, but respected them all. What gave him his extraordinary personal power was this; that from the Pope to the beggar, from the sultan of Syria in his pavilion to the ragged robbers crawling out of the wood, there was never a man who looked into those brown burning eyes without being certain that Francis Bernardone was really interested in *him*; in his own inner individual life from the cradle to the grave; that he himself was being valued and taken seriously, and not merely added to the spoils of some social policy or the names in some clerical document".[19]

In this way, Francis was able to enter into relationship with all the men and women he met on his way — among whom, of course, is St. Clare, whose spiritual complementarity with Francis indelibly marked both Francis' vocation and the Franciscan charisma. In effect, in Franciscan spirituality not only "the woman appears beside the man with equal rights and on an equal basis," as Ezio Franceschini points out, but the relationship between Francis and Clare is one that does not need much human contact, or encounters, or words, because it is founded upon a real, deep, intimate cooperation, which arises from their consciousness of the need for a mutual integration in the spirit.[20]

Francis also knew how to enter into relationship with creation, recognizing all its elements as signs of the presence of the Creator. Therefore, he did not hesitate to recognize himself as "dependent" and in debt of gratitude towards He who authored it all.[21] In this regard, two aspects could be underlined here. The first is that Francis directly participates in the works of creation through his own work and mission, so embodying a fundamental principle of the Social Teaching of the Church.[22] After having heard the voice of Christ from the crucifix asking him to "go and repair" His church, Francis "sprang up and went" because "to go and do something was one of the driving demands of his nature,"[23] and may be even in this aspect one can discover another marked trait of his "Italianness". Francis is not properly an intellectual: he works, with his own hands, with hardship and sweat. In addition to the symbolic value of Francis' action to rebuild the church stone by stone, it should be pointed out here that Franciscanism has offered in time its own particular contribution to the development of a work ethic intended as a fundamental dimension of the human existence, not only to earn the "daily bread" but also to contribute to elevating the cultural and moral level of society.[24]

A second aspect is that Francis' capacity for relationship with all creatures is based above all on a profound sense of respect for the human being, for all those whom "nature and grace made his companions".[25] Thus for Francis natural ecology and human ecology are inseparable.[26] The dignity and freedom of the human person are fundamental concepts that will later be developed, in particular, by Ockham and Scotus. Dario Antiseri, a contemporary Italian philosopher, identifies these concepts among the lines of thought that make the Franciscan tradition more deeply significant at the present time, especially against the danger of the so-called "reification of collective concepts".[27]

It is precisely his attention for the person that makes Francis also a *man of peace*, a man of tolerance and forgiveness. Yves Congar, the renowned French theologian, says that Francis is able to approach human disputes from above them, and hence is perceived by others as wholly disinterested and transparent. Francis does not judge the person. For this reason he can act as mediator and peacemaker. He nevertheless, does not fall into a relativistic approach, because while he may not substitute his own will for that of others, he can admonish and appeal to people, letting them see truth in his own life as if reflected in a mirror, leaving their freedom of choice intact. In this way, Francis is able to rebuild and reform from within the civil community as well as from within the Church, never criticizing or attacking the system.[28]

Francis is a *man of fidelity*: fidelity to an ideal, which allows him to accept what he himself calls the "true and perfect joy," which includes rejection and injustice — even within his own Order — and often the lack of reciprocity of human expectations.[29] This fidelity is also to authority, expressed in particular in his obedience to the Pope, reconciling in his own person freedom and submission through his firm determination to receive the Holy Father's approval of the Rule.[30] It is also fidelity to his vocation, which led him to paradoxical acts in his process of conversion, such as the extreme decision of returning "all his money and clothes" to his irate father, stripping himself naked before the crowd gathered in the square before the Bishop's residence in Assisi.[31]

This ability to "strip" himself also symbolically of all that is superfluous, of anything that would hinder his inner freedom before God, that could prevent him from carrying on his mission in the service of others, makes Francis, as already mentioned, a *man of poverty*. He is attentive not only to the essence of things, but above all to the essence of persons: the spiritual element of the person and the value of the human soul are to him above possession of anything material in nature.[32] Although Francis' ideal of poverty was as difficult to pursue in its purity yesterday as it is today, it is this perspective that remains a deep inspiration against the attitude to assess the value of a person for what he or she *has*, rather than for who he or she *is*.

Finally, Francis is a *man of life*, and life in its entirety. Francis knows how to experience with joy and enthusiasm the moment that is given to him. But he also knows how to accept his suffering, the fragility of his body, and death as part of his human existence, even to the point of receiving it as "sister" and accepting it as a moment of necessary transition, to be reborn to new life. For this reason Merino claims that Francis taught us not only how to live — *ars vivendi* — but also how to die — *ars moriendi*. Very few have been able, like the *Poverello* of Assisi, to see death as a moment of *transitus* and farewell in time, as an encounter with another dimension of existence, which would lead him to a fuller capacity to relate to the Other. In embracing "Sister Death" Francis reminds us of a very important existential lesson, namely that life and death "are intermingled with each other like the branches of the same vine," that men experience daily "deaths" and ongoing "births" which gradually prepare them to disclose themselves precisely to that eternal dimension of their being.[33]

In Francis, *man of relationality* as defined above, the horizontal dimension of his relationship with the other members of the same human family intersects — in an inseparable way — with the vertical dimension of his relationship with the Transcendent, with that God whom he calls "my all" (cf. Sir 43:27). For this reason, St. Francis as Patron of Italy cannot but recall those Christian roots of our Italian and European cultures that sometimes it seems so difficult to recognize and openly acknowledge as an integral part of our own identity.[34]

A Saint of Sociality and of Today World

To lose the spirit of St. Francis would mean to empty our national consciousness of those principles which have been described here and are part of its foundation. Moreover, Francis represents not only a model of virtue for the Italy of 1939, which arduously reached its political national unity, but also a universal model of the "*humanum.*" Today, to quote once again the social encyclical *Caritas in Veritate*, Pope Benedict XVI states that "*the social question has become a radically anthropological question*" (CIV, 75), implying that at the core of the social question is precisely the way of conceiving man and the sense given to his existence. St. Francis offers, today as yesterday, some responses in this regard, calling us to recognize the importance of the spiritual nature of man as opposed to only the material, pointing as well to the essence of his tendency towards social and community life.

In our globalized and multicultural society — affected by many contradictions and crises of a different nature in comparison to those of medieval times, but equally profound and wounding in their own way, in Italy as in the United States of America — Francis still remains a *man of unity*. For if the fears, doubts and perplexities of modern men and women are intimately shared beyond any geographical and cultural dimensions, so are the hopes and the inexhaustible desire for happiness. In this sense, the light of the "sun" born into the world with Francis, in the unforgettable image used by Dante Alighieri (*Paradiso*, Canto XI), can still penetrate the darkness of the human heart, freeing it from the prison of its own selfishness towards the needs of others, and opening it up to a search for the true common good. This search can and must only begin in a localized way, that is to say in the "P*orziuncola*" of the world where each one of us is called to live and work, according to our talents and our fragilities, where, in the footsteps of Francis, it is possible to "rebuild" and "reform" not necessarily with so many words or great gestures, but above all with the simplicity — which is very Franciscan — of silent consistency and daily fidelity.

Notes

[1] Gilbert Keith Chesterton, Saint Francis of Assissi (New York: Image Books Doubleday, 1989), 32-33.

[2] Jacques Le Goff, 'Saint Francis, Medieval or Modern' in Maurice W. Sheehan, O.F.M. Cap., ed., *St. Francis of Assisi: Essays in Commemoration, 1982* (St. Bonaventure, N.Y.: The Franciscan Institute, St. Bonaventure University, 1982), 23.

[3] Pius XII, 'Licet commissa,' in *Acta Apostolicae Sedis* (Città del Vaticano: Libreria Editrice Vaticana, 1939), XXXI, 256-257 [my translation].

Available in Italian on the on-line monthly Magazine of the General Custody of the *Sacro Convento* of the Friars Minor Conventual in Assisi:

http://www.sanfrancescopatronoditalia.it/rubrica_singola.php?id_articolo=2888&tipo=70.

Last access: November 28, 2010.

[4] Benedict XVI, Address to the President of the Republic of Italy, 4 October 2008, when the Holy Father recalls: "… Among others, it was to St. Francis that Pius XI made reference in his announcement of the signing of the Lateran Pact and especially the Constitution of the Vatican City State; for that Pontiff, the new sovereign reality was, as it was for the Poverello, 'enough body, to keep body and soul together' (Discourse, 11 February 1929)."; see also Domenico Sorrentino, Address at the Conference San Francesco Patrono d'Italia a 150 anni dall'unità nazionale, given in Rome at the Senate of the Republic on 5 October 2010.

See also Bruno Forte, San Francesco d'Assisi. Attenti, il Poverello ci parla ancora. Available from:

http://www.ilsole24ore.com/art/commenti-e-idee/2010-08-15/attenti-poverello-parla-ancora-080117.shtml?uuid=AYn2syGC&fromSearch

Last access: November 28, 2010.

[5] Franco Cardini, Address at the Conference San Francesco Patrono d'Italia a 150 anni dall'unità nazionale, given in Rome at the Senate of the Republic on 5 October 2010.

[6] Ibid.

[7] Mariano Crociata, Address at the Conference San Francesco Patrono d'Italia a 150 anni dall'unità nazionale, given in Rome at the Senate of the Republic on 5 October 2010.

[8] John Paul II, Address to the President of the Republic of Italy, 4 October 1985; see also John Paul II, Address in the Basilica of St. Francis of Assisi, 5 November 1978; see also Renato Schifani, Address at the Conference San Francesco Patrono d'Italia a 150 anni dall'unità nazionale, given in Rome at the Senate of the Republic on 5 October 2010.

[9] Regis J. Armstrong, O.F.M. Cap., J.A. Wayne Hellmann, O.F.M. Conv., William J. Short, O.F.M., eds., Francis of Assisi. The Saint. Early Documents (New York: New City Press, 1999), vol. I, 58-59.

[10] Bruno Forte, ibid. [my translation].

[11] José Antonio Merino, Don Chisciotte e san Francesco (Padova: Messaggero di Sant'Antonio ed., 2007), 149-150 [my translation].

[12] Francesco Anfossi, 'Altro che Marx, la sua è la vera rivoluzione', in Famiglia Cristiana, n. 28, 12 July 2009, 32 [my translation].

[13] Ray J. Armstrong, O.F.M. Cap., J.A. Wayne Hellmann, O.F.M. Conv., William J. Short, O.F.M., eds., Francis of Assisi. The founder. Early Documents (New York: New City Press, 1999), vol. II, 302.

[14] Yves Congar, 'The Gospel as an Absolute Christendom,' in Maurice W. Sheehan, O.F.M. Cap., ed., cit., 62.

[15] Available from: http://www.parlamento.it/parlam/leggi/05024l.htm. Last access: November 28, 2010.

[16] Giovanni Joergensen, San Francesco d'Assisi (Assisi: Edizioni Porziuncola, 1983), 45 [my translation].

[17] Ibid., 270 [my translation].

[18] On the need for "a deeper critical evaluation of the category of relation," see Benedict XVI, Caritas in Veritate, nn. 53-55. In particular, the Holy Father states: "One of the deepest forms of poverty a person can experience is isolation. If we look closely at other kinds of poverty, including material forms, we see that they are born from isolation, from not being loved or from difficulties in being able to love. ... As a spiritual being, the human creature is defined through interpersonal relations. The more authentically he or she lives these relations, the more his or her own personal identity matures. It is not by isolation that man establishes his worth, but by placing himself in relation with others and with God. Hence these relations take on fundamental importance. The same holds true for peoples as well. A metaphysical understanding of the relations between persons is therefore of great benefit for their development" (53).

[19] Gilbert Keith Chesterton, cit., 96-97.

[20] Ezio Franceschini, Nel segno di Francesco (Assisi: Edizioni Porziuncola, 1988), 44-46; also Forma sororum, XIV, 1977, 50-53. Ezio Franceschini (1906-1983) was an expert of Medieval Latin literature and a scholar of Franciscanism, also former Rector of the Catholic University in Milan.

[21] Eugene Martin, 'The Catholicism of St. Francis,' in Maurice W. Sheehan, O.F.M. Cap., ed., cit., 89.

[22] John Paul II, Laborem exercens, n. 25.

[23] Gilbert Keith Chesterton, cit., 53-54.

[24] One could think, for instance to the contribution of Pietro of Giovanni Olivi, Alessandro Bonini, Duns Scotus, St. Bernardino of Siena [cf. Dario Antiseri, L'attualità del pensiero francescano (Soveria Mannelli [CZ]: Rubettino, 2008), 64-73; cf. also Benedict XVI, General Audience, January 27, 2010; on the double meaning of work, in its "objective" and "subjective" sense, see John Paul II, Laborem exercens, Blessing and 5-6. In particular: "There thus emerges the meaning of work in an objective sense, which finds expression in the various epochs of culture and civilization. Man dominates the earth by the very fact of domesticating animals, rearing them and obtaining from them the food and clothing he needs, and by the fact of being able to extract various natural resources from the earth and the seas. ... In industry and agriculture man's work has today in many cases ceased to be mainly manual, for the toil of human hands and muscles is aided by more and more highly perfected machinery. ... Man has to subdue the earth and dominate it, because as the 'image of God' he is a person, that is to say, a subjective being capable of acting in a planned and rational way, capable of deciding about himself, and with a tendency to self-realization. As a person, man is therefore the subject of work. As a person he works, he performs vari-

ous actions belonging to the work process; independently of their objective content, these actions must all serve to realize his humanity, to fulfill the calling to be a person that is his by reason of his very humanity".

[25] Fonti Francescane, 1168; see also Eugene Martin, cit., 96, and Ilia Delio, O.S.F., A Franciscan View of Creation (St. Bonaventure, NY: The Franciscan Institute, St. Bonaventure University, 1982), 15-17.

[26] John Paul II, Centesimus annus, nn. 37-38.

[27] Dario Antiseri, cit., 42.

[28] Yves Congar, cit., 68.

[29] Regis J. Armstrong, O.F.M. Cap., J.A. Wayne Hellmann, O.F.M. Conv., William J. Short, O.F.M., eds., cit., vol. I, p. 166; cf. also José Antonio Merino, cit., 74-78.

[30] Ibid., 31-40; see also Pio XI, 'Encyclical on the Seventh Centenary of the Death of St. Francis of Assisi,' in Maurice W. Sheehan, O.F.M. Cap., ed., cit., 174-176.

[31] Giovanni Joergensen, cit., p. 57 [my translation].

[32] Ray C. Petry, 'Poverty and World apostolate,' in Maurice W. Sheehan, O.F.M. Cap., ed., cit., 138-139.

[33] José Antonio Merino, cit., 142 [my translation]; cf. also Eloi Leclerc, The Wisdom of the Poverello (Chicago: Franciscan Herald Press, 1989), xiii-xv.

[34] Marcello Pera and Joseph Ratzinger, Senza radici (Milano: Mondadori, 2004), 59-60.

Bibliography

Anfossi, Francesco. 'Altro che Marx, la sua è la vera rivoluzione', in *Famiglia Cristiana*, n. 28, July 12, 2009. Antiseri, Dario. *L'attualità del pensiero francescano*, Rubettino ed., Soveria Mannelli (CZ) 2008.

Armstrong, Regis J., O.F.M. Cap., Hellmann, J.A. Wayne, O.F.M. Conv. and Short, William J., O.F.M., eds., *Francis of Assisi. The Saint. Early Documents*, Vol. I, New York: New City Press, 1999.

Armstrong, Regis J., O.F.M. Cap., Hellmann, J.A. Wayne, O.F.M. Conv. and Short, William J., O.F.M., eds., *Francis of Assisi. The Founder. Early Documents*, Vol. II, New York: New City Press, 1999.

Benedict XVI. *Address to the President of the Republic of Italy*, Vatican: Libreria Editrice Vaticana, October 4, 2008.

Benedict XVI. *Caritas in Veritate,* Vatican: Libreria Editrice Vaticana, 2009.

Benedict XVI. *General Audience*, Vatican: Libreria Editrice Vaticana, January 27, 2010.

Cardini, Franco. Address at the Conference *San Francesco Patrono d'Italia a 150 anni dall'unità nazionale*, Rome: Senate of the Republic, October 5, 2010.

Chesterton, Gilbert Keith. *Saint Francis of Assisi,* New York: Image Books Doubleday, 1989.

Crociata, Mariano. *Address at the Conference San Francesco Patrono d'Italia a 150 anni dall'unità nazionale*, Rome: Senate of the Republic, October 5, 2010.

Delio, Ilia, O.S.F. *A Franciscan View of Creation*, St. Bonaventure, NY: The Franciscan Institute, St. Bonaventure University, 1982.

_______. *Forma sororum*, XIV, 1977.

Forte, Bruno. *San Francesco d'Assisi. Attenti, il Poverello ci parla ancora*. Available from: http://www.ilsole24ore.com/art/commenti-e-idee/2010-08-15/attenti-poverello-parla-ancora-080117.shtml?uuid=AYn2syGC&fromSearch.

Franceschini, Ezio. *Nel segno di Francesco*, Assisi: Edizioni Porziuncola, S. Maria degli Angeli 1988.

_______. *Fonti Francescane*, Padova: Edizioni Messaggero, 1996.

Joergensen, Giovanni. *San Francesco d'Assisi*, Assisi: Edizioni Porziuncola, 1983.

John Paul II. *Address in the Basilica of St. Francis of Assisi*, Vatican: Libreria Editrice Vaticana, November 5, 1978.

John Paul II. *Address to the President of the Republic of Italy*, Vatican: Libreria Editrice Vaticana, October 4, 1985.

John Paul II. *Laborem exercens*, Vatican: Libreria Editrice Vaticana, 1981.

John Paul II. *Centesimus annus*, Vatican: Libreria Editrice Vaticana, 1991.

Leclerc Eloi. *The Wisdom of the Poverello*, Chicago: Franciscan Herald Press, 1989.

Merino José Antonio. *Don Chisciotte e san Francesco*, Padova: Messaggero di Sant'Antonio Ed., 2007.

Pera, Marcello, and Ratzinger, Joseph. *Senza radici*, Milano: Mondadori, 2004.

Pio XII. *Licet commissa*, in *Acta Apostolicae Sedis XXXI,* Vatican: Libreria Editrice Vaticana, 1939.

Schifani, Renato. *Intervento del Presidente del Senato al Convegno "San Francesco Patrono d'Italia a 150 anni dall'unità nazionale,*" Rome: Senate of the Republic, October 5, 2010.

Sheehan, Maurice W., O.F.M. Cap., ed., *St. Francis of Assisi: Essays in Commemoration, 1982*, St. Bonaventure, NY: The Franciscan Institute, St. Bonaventure University, 1982.

Sorrentino, Domenico. *Address at the Conference San Francesco Patrono d'Italia a 150 anni dall'unità nazionale*, Rome: Senate of the Republic, October 5, 2010.

DANIELLA ALLEVATO
University of California, Berkeley

WATER: A MAJOR FACTOR IN ITALY'S HISTORY

Water has been a powerful factor contributing to the creation of many civilizations. It is one of the necessities of life and this necessity is what allows water to be a strong social and economic driving force. Water itself has greatly contributed to the development of Italy and has acted as a connector between different places and ideas throughout Italy's history. The manipulation of water, allowed the Roman's to thrive in large extended areas. Other civilizations before chose to live near water sources, limiting their expansion and power; however, the establishment of the aqueduct system allowed water to travel long distances allowing other areas to be urbanized. The Roman standardization of many water systems including sewage also helped its empire to expand. The utilization of water by the Romans has carved the development of the civilization and its influence has progressed until today.

The Case of Rome

The creation of immense infrastructure such as aqueducts allowed for water to be distributed throughout the Roman Empire and was a means to assert the Empire's power. This immense network of over 500 miles both underground and aboveground allowed an unprecedented distribution of water (*Figure 1*). The word aqueduct comes from the Latin "aqua" meaning water and "ducere" meaning to lead. The first aqueduct "Aqua Appia" was built around 312 BC, in the course of 500 years, the Romans had built 11 major aqueducts. The water in these aqueducts traveled down by gravity and low points used siphons to get the water to travel. It is estimated that about 233,000 cubic meters of water entered Rome each day.[1] This great aqueduct system also played a great part in distinguishing the Roman Empire from other civilizations of the same era. The Egyptians with their astonishing pyramids did not become skilled at handling water distribution, as did their neighbors across the Mediterranean. Their canals aided by "shadufs" which were used to lift water from the canals did not reach a magnitude as great as the hydraulic systems of the Romans. The Egyptians waited for the annual floods of the Nile yet the Roman's did not they were in control of their water resources. Roman's themselves thought very highly of their advancements in terms of water. In the following quote by Frontinus it is possible to see the pride of the Roman's: "with such an array of indispensable structures carrying so much water, compare, if you will, the idle Pyramids or the useless, though famous, works of the Greeks!".[2] The Roman's mastery of water allowed them to prosper in many areas as well as become very skilled engineers and designers.

The standard installation of lead pipes throughout Italy during the Roman times is also remarkable due to its far-reaching effect. These pipes or "fistulae" had stamps, which are associated to who was the benefactor or owner of the pipe. Lead was copious in Italy and therefore was not difficult to use for all of the pipes around Rome. Vitruvius wrote about these pipes described the process of creating them as well. The lead was poured into molds that were three meters long and then they would bend the lead sheets to create a cylinder.[3] Around A.D. 123 emperor Hadrian created a law, which mandated the usage of date stamps on pipes and bricks.[4] This law allowed people to know what they were buying since it is possible that older items would break more easily. Lead pipes are however not good for the health of humans and this was even known by Vitruvius who wrote in De Architectura, "Water conducted through earthen pipes is more wholesome than that through lead; indeed that conveyed in lead must be injurious, because from it white lead [*cerussa*, cerussite or lead carbonate, PbCO3] is obtained, and this is said to be injurious to the human system. Hence, if what is generated from it is pernicious, there can be no doubt that itself cannot be a wholesome body".[5] From this quote we see that they did indeed know the dangers of lead; however, they continued to make these pipes, probably due to the fact that it was plentiful and long lasting. In modern times however, there are hypothesis's which refute that lead was transferred to the water. One is that the water in Rome had a lot of calcium as well as minerals, which would buildup on the pipe, acting as a barrier.

Water became an integral part of both urban and rural life in the Roman Empire. The vast system of water allowed for extensive use of water in Roman bathhouses. Therefore it is interesting to note how the abundance of water allowed for the Romans to create many massive Baths both for the elite and the public, which subsequently became social spaces. These Baths or "Termes" became important as centers for gathering and recreation. As Fikret Yegul articulates "the universal acceptance of bathing as a central event in daily life belongs to the Roman world and it is hardly an exaggeration to say that at the height of the empire, the baths embodied the ideal Roman way of urban life. Apart from their normal hygienic functions, they provided facilities for sports and recreation. Their public nature created the proper environment — much like a city club or community center — for social intercourse varying from neighborhood gossip to business discussions. There was even a cultural and intellectual side to the baths since the truly grand establishments, the thermae, incorporated libraries, lecture halls, colonnades, and promenades and assumed a character like the Greek gymnasium".[6] It is interesting how bathing, a normally private activity became a large social event. It was akin to a ritual in terms of how people progressed through these spaces from the dressing rooms to tepidarium to the caldarium and finally the frigidarium. These centers became great spaces for communities. These centers used ingenious heating systems, which worked by raising the floor with pillars, which allowed spaces for heat to rise from the furnaces below. Of course many baths were not completely free and included a small fee, but many people did enjoy these spaces.

The complex and ordered water system which included sewage troughs also allowed for the creation of fountains of drinking water on the street for the public. The first sewer, Cloaca Maxima, of the Romans was actually created by the Etruscans as a draining system for the swamp, which previously existed. The Romans converted this tunnel into a sewage tunnel, which dumped all their waste into the Tiber River. The Roman drains had large openings on the street. These areas could have been awful centers of disease yet the constant flow of water from the aqueducts prevented this from occurring. Though these systems actually used a lot of extra water, and potentially polluted good water, it was one of the most advanced sewage systems in the world at the time. One issue, which these cities had, was the fact that most households did not have a connection to the sewer system. Therefore it was necessary to use latrines or chamber pots and then take the feces to the drain. Many times people would only fling the contents of their chamber pots on the street. The constant flow of water also allowed for the prevalent display of public fountains. These fountains were great places for individuals to collect water. The use of cisterns in conjunction with the aqueducts would create enough pressure for a fantastical display of water.

In rural areas, water was used for agricultural purposes. The vast amount of water available allowed for the assessment of many different irrigation methods. Of course there were many places without the use of aqueducts and these were places that were not heavily populated. There is no necessity for such an enormous amount of water for a few people. However, the rural areas also used a lot of water. Where an aqueduct was not present the town members would dig out water channels from lakes and streams and if necessary build their own aqueduct. There were also many wetlands, which would flood regularly which would also be a source of water. However, many viewed these floods as bad and attempted to remove all the water from the wetlands. Though this caused environmental issues such as loss of habitat as well as changes in flooding in different areas. These seemingly natural disasters were the cause of human interaction. Many farmers also created ditches to retain water. In rural dry areas it was also very common to have storage tanks, ditches, and other seasonal infrastructure. These storage tanks allow for the capture of rainwater and the ability to set aside water for hotter and dryer times. There were many disputes in relation to who owned different ditches and channels. This however brings up a bigger question over the ownership of streams and rivers themselves. Many of these channels suffered from "free riders" just like the aqueducts. Many "free riders" would tap into these irrigation system and illegally use the water that was being streamed. Many rural areas that shared a lot of irrigation channels also suffered when the rich began to arrive in the countryside to build their villas. This caused a privatization of water, and we can see here a difference between "squatter rights" and the money of the rich. The poor had worked the land and used the water for their agriculture, yet once the rich appear they desire to use the water for their showy water features.[7] It is impossible for the poor to "buy" their rights for the water, but it appears that the rich themselves did not necessarily pay to get the water either. There were many rich who justified their actions by creating aqueducts to the rural towns though they normally kept the purest streams for themselves, and took most of the water as well. Water was an exploitable property at this time due to the privatization actions of the rich and powerful.

Privatizing water on villas

These rural areas held a sense of beauty which many rich citizens desired. This desire led to the creation of villas such as the villas in Pompeii. These peristyle courts with fountains and lush vegetation were made possible through the aqueduct system. This ordered design of building forms dates back to the grids of early Roman buildings. The Simple use of water in these early villas was the stepping-stone for the intricacies of future water use. For example the atriums of Roman homes included open ceilings and the room itself would include an "impluvium" or a sunken area in the ground. This impluvium was used as a collector of water for when it rains and many had an additional tank underground, which would store the water. These impluviums are also used for a cooling effect in the summer. The peristyle is a columned open courtyard that normally also contains a garden. Many early Roman buildings also had small water fountains in these areas, and the rainwater that fell would water the garden in this space. It is interesting to note how these spaces, which contain water elements, were centers of gathering and social interaction. These early "domus" form for houses was derived from the Etruscan homes created on an axial plan.[8] The progression from atrium to hallways/ rooms to finally the peristyle courtyard was formatted in a way that placed the water features in the center axis of the house with rooms on the flanks. The atrium and peristyle courtyard spaces include an exquisite sensory quality created through the implementation of art and the sounds of water. The Romans were in love with these Dionysian scenes of lush vegetation and beauty. The extensive aqueducts also made possible the "villeggiatura" lifestyle. The aqueducts of Roman times in addition to its dominance over water served as inspirations for future designers. Water has played a main part in the creation households for an extensive period of time. What emerged from the domus was the Italian Villa, which was an extremely elaborate form of a domus. In turn the Italian Villa itself served as a catalyst for Renaissance villas throughout Europe.

The villa was a place where the elite of Rome would go to escape the oppressive heat and mayhem of the city as well as to contemplate life and enjoy the sensory pleasures of water splashing in fountains and reflecting in pools. Water is used everywhere in villas and it is used as a unifying factor to connect various narratives and lead one to different areas. Hadrian's Villa is a perfect example of a country retreat of Emperor Hadrian. Hadrian's villa is located in Tivoli or Tibur in Classical times is a city east of Rome where both Hadrian's Villa and Villa d'Este are located. Tivoli's land is very lush and this is because it is very well watered by the three rivers: Aniene, Erculaneo, and Albuneo. The great presence of water allowed for the immense use of water in Villa Adriana. The ubiquitous use of water in Hadrian's Villa was unusual for its time, yet it was the abundance of water in Tivoli that allowed this to work. Water entered the villa from the southeast through the Ano Novus aqueduct for 2 km.[9] from here the water traveled underground and was into two paths, which were then divided repeatedly to reach various parts of the villa. The water was controlled throughout the villa by the use of cisterns and plumbing, and jets of water were made possible through the "superior elevation of water and strategic [location of] cisterns".[10] There was also another stream, that is artificial, which is called the Acquaferrata that flowed to Aniene and it represented "Peneus as it winds in Valle Pussiana".[11] Hadrian wanted to have all his meetings in the country in his villa, yet for this he needed a lot of space, so therefore he used water in pools, basins and fountains to create different areas without actually dividing places. His villa was almost like a small town since it included lodgings, imperial palace, barracks, 2 theaters, arena, stadium, temple, and a gymnasium.[12] Water was very prevalent everywhere and it helped to create a pleasant and cool atmosphere, creating a musical sound as well. The Piazza d'Oro or Water Court gives the feeling of a private garden of waterworks. On the south side there is a reservoir of water and on the side that faces the valley there is nymphaeum (sanctuary of nymphs) with a pool.[13] The reverse curve structure of the water court made it climactic and also led to the 6 niches with statues and fountains that dispensed water over the marble steps.[14] The pool took the curve of the piazza into account and the water surface reflected the rectangular and semicircular decorations on the walls. Each courtyard also had a shallow euripus in the center that was filled with rainwater.[15] The use of water here allowed for a cool atmosphere that was private and pleasant. Pirro Ligorio excavated the site and he named the Water Court the Piazza d'Oro. He studied how the Romans used water with architecture as a way to use the sound of water and its reflective properties to create a space with symbolism.

Italy, being between the Alps and the Mediterranean Sea has a very variegated geological/hydrological structure. These different areas with different climatic influences allowed for a certain variance between these areas. This allowed for a proliferation of many different species. Italy, being a peninsula also had an extensive fishing network both in the Mediterranean Sea as well as in rivers. One interesting practice they had was creating artificial maritime environments where they would put different fish species and mollusks to be bred and then harvested.[16] Many of the Roman elite had fish species they deemed "better" then others which were then sought after and placed in these fish farms. These farms would lessen travel costs, since most of the "prized fish" were to be found in far away lands. After some time these farms became recreational spaces where the rich would go and fish for amusement. In Rome the law only gave the state jurisdiction over fishing and not property rights.[17] Therefore once captured they belonged to the fisherman, though there was a tax in silver, which was asked for the fish captured. This is due to the fact that fishing is difficult to manage and restrict since water is easily accessible to the public. As time went by however, many landlords and archbishops appropriated rivers and streams for themselves, privatizing these areas. Soon thereafter fisherman associations were created in order to formulate agreements to fish in certain areas. The privatization of water around 800 A.D. truly reorganized the economic and social systems and was a drastic change from the original Roman view of public access to water. Slowly almost all waterways were privatized and the rich as well as the church were in control. The extensive fishing really affected the environment and many animal species and surrounding plant communities suffered with the change in water ecosystems.

Medieval times

Water also played a big role in the mills. The flow of the water could create energy, which would grind grain. These mills are important for the organization of workers and landlords in a social exchange involving labor. Hydraulic engineers were able to use water with other factors such as high heights in order to convert potential energy into mechanic energy. Cisterns positioned at the top of hills allowed for magnificent water features at the bottom of the hill. This technology uses water and gravity. The Romans used vertically wheeled mills, which use wheels that are perpendicular to the water. This vertical mill needed a gear, which would turn the horizontal millstone.[18] In the Medieval period the mill type that was popular was the horizontal mill. These mills would normally be near a channel, which would deliver water to the wheels that would rotate with the steady stream. These wheels would create power from the kinetic energy or movement of the wheels to perform the grinding. The wheels would also be modified for varying streams, and if they wanted it to be faster they would use smaller wheels. These horizontal-wheeled mills were not as efficient as vertically wheeled mills; however, they were less costly to build and so many continued to build these horizontal-wheeled mills. Even though the vertical wheeled mills were most costly as an initial investment due to the gears needed, it had fewer problems and worked much better. An issue that arose was the fact that mills needed the constant force of the water, but when there are many farmers also taking the land for their own irrigation the force of the water could be lessened. In this case many pleased to receive "mill rights" guaranteeing them the water. It was not possible for many to own mills; therefore, mills became monopolies in some areas.

In the late Antiquity, there was an emergence of other manmade systems like cisterns and wells. These systems were available before however they became more popular during this time. This allowed cities to not depend too much on aqueducts in case an enemy halts water flow or if there is a problem with an aqueduct. These systems also worked to serve smaller groups of people. Therefore, these became main sources of water for residential areas. Cisterns are storage devices, which are used to collect rainwater for future uses. The use of cisterns as a water system was an early technology that had many advancements leading to more and more successful systems. Cisterns were also used in conjunction with aqueducts in order to store water. This is due to the fact that there was not really an on or off button for the aqueduct. Therefore the water would stream continuously and these cisterns could be used to collect the water, which was not used. Wells tap into groundwater, and allow a person to extract water from the ground. Though these systems worked as security for the cities they also required labor. Carrying water back to ones house could take an extreme amount of strenuous labor. Therefore, we can see how these local water systems could be costly for the households in the area.[19] Maintenance of these systems was costly and this is why not every house was able to have their own well. People quickly found that wells, which were too close together, could dry out the other well. Therefore, here it is possible to see that these walls can have a negative environmental effect when used extensively. The Romans however, appeared to realize this and stopped creating so many wells. Sharing wells allowed for a communal feeling, and created good social relations. Unlike the public aqueducts, a few households privately owned wells.

In the Medieval times however, water became privatized and many of the large public baths were made private. The same privatization that affected the fishery in waterways also became an issue for the once public baths. The wealth of the higher classes was used in a way, which further enlarged the gap between rich and poor. This gap was increased due to the fact that many public gathering centers were no longer opened for all. Therefore there was less interaction between the classes, and the importance of money was augmented. In addition, the baths became less about social interaction and more about one's own experience and relaxation. The Baths continually became more and more exclusive and in addition many rich began to have their own baths built into their own homes. As we can see water played an important part in the culture before and then during Medieval Italy where the baths were more a part of life solely for the higher classes. The Medieval times are also known as the Dark Ages. The Dark Ages were a time of degradation and economic downturn. During this time much technology was lost, and people no longer knew how to create the aqueducts or other infrastructure of the past. Many aqueducts were in need of repair and they became useless structures, since the people did not possess the knowledge needed to repair these structures. This loss of aqueducts and engineering knowledge made it difficult for the extensive water systems to successfully bring water to the cities. As water became less ubiquitous public baths became rare and more expensive. The Dark Ages became known as the "filthy Dark Ages" for the "thousand years without a bath".[20] The lack of wealth played a part in the fewer public baths, but another strong factor was religion. The prevalence of the plague led people to flock towards God and Christianity. The baths were places to display ones wealth, and it is possible that as Christianity became more prominent, excessive displays of wealth were seen negatively.

From Renaissance to present times

The transformation from the Dark Ages to the Renaissance was signaled by the reemergence of cultural and artistic pursuits. There was a renewed interest in objects from the past such as aqueducts as well as an interest in "Classical" ideas and art. There were many steps towards fixing Rome such as creating roads and aqueducts. In 1586 Pope Sixtus V, completed the Aqua Felice, a fifteen-mile aqueduct with both overhead arches and underground tunnels. The Aqua Felice brought water to Villa Montalto as well as 27 public fountains in Rome. In the Renaissance it is possible to see a revival of the fantastical use of water, which was witnessed in Classical times. However, the water structures used in the Renaissance were much more extravagant. The villas of the Renaissance used water extensively for fountains, pools, staircases, water parterres, and droll water games. Water was seen as magical and the "fontanieri" or hydraulic engineers were seen as magicians who could create fantastical water features. Villa Lante at Baganaia for Cardinal Giovanni Francesco Gamabara uses an axial planning with imaginative water creations.[21] This site was close to an aqueduct and also had variation in terrain, which allowed for extravagant water displays. There is an enormous cascade of water in the Fountain of the Deluge that is reminiscent of the flood. Around this fountain there are water tricks that squirt water on a passersby when they step on certain pavements. There is also a catena d'aqua or a water chain where water flows down circular curves down a staircase. In addition there is a water parterre with a circular island in the center for mock battles, which is reminiscent of the Maritime Theater in Hadrian's Villa. In this Villa it is possible to see how the Cardinal has created a bountiful land that draws from Classical traditions and brings art, humans, and nature into harmony as a second Golden Age. The rejuvenation of Roman aqueducts as well as the impressive knowledge of hydraulic engineers, allowed for the remarkable creations of the Renaissance.

Water gave excitement, movement, reflectivity and temporality to many sites. This is seen in particular at Villa d'Este. The designer of this villa was Ligorio and his excavation of Hadrian's Villa, and studies on how the Roman hydraulic systems disseminated the grand quantity of water through the villa were applied in his design of the Villa d'Este. The primary source of water for the Villa d'Este was the Aniene River, and its water was channeled underneath the town of Tivoli for a kilometer[22]. The people of Tivoli had used the river and the aqueduct, "Aqua Marcia" for water and this was what the Cardinal saw originally for his villa.[23] Yet, in 1550, another source of water was discovered called the Rivellese spring, which was known for its pure water. Since this water was cleaner and good to drink, it was used in the fountains close to the Villa house. Yet there was not a lot of it, so most of the Villa gets water from the Aniene River. The cardinal built an aqueduct and underground conduit, which gave water to both his villa and the town, and he paid for 2/3 of it. The huge aqueduct, which used gravity as the force to bring water down, was built from the Aniene River at the great cascade and it ended at a large receptacle.[24] The higher jets used throughout the garden were made possible by vast cisterns that were located under the courtyard. Villa d'Este was built on very steep terrain, and it is this quality that allowed for the great water pressure that led to the creation of its magnificent fountains. The Oval Fountain/ Fountain of Tivoli, is believed to be the most beautiful fountain in the Villa d'Este. It is also possible that Ligorio took ideas of the Oval east of the water court for its design.[25] There is a grand oval pond that consists of a balustrade arcade and rock conglomeration. There are nymphs in the arcades and they pour water into the pond. These arcades are reminiscent of those in Hadrian's Villa. The pathway underneath the cascade also seems to be modeled off the cryptoporticus of Hadrian's Villa.[26] It is very cool inside and the cascade's noise seems to increase inside. Inside there are water tricks that wet the casual observer as they walk through. The thin jets of water emerge from a marble ball making the lily for the Este court of arms. The water on the main cascade/waterfall comes from underneath statues in naturalistic grottoes that represent the 3 rivers at Tivoli.[27] The water flows into a marble basin with white mosaic and then flows over the sides as the waterfall, which is reminiscent of the Aniene River's great waterfall. The ruins of Hadrian's villa as well as other Classical forms influenced Villa d'Este's design, and its hydraulic systems used Roman technology as a base to discover new applications for waterworks.

The 17th Century in Italy, we see the emergence of Baroque and then Rococo gardens, which influence the design of other gardens in Europe. The gardens now were very integrative, and they used dramatic terraces and ornamental pathways and stairways to create theatrical effects. Italians were easily able to get large amounts of water with labor to embellish their villas. These gardens worked as vehicles of pomp and display. Villa Aldobrandini for example had an enormous cascade and water theater with a diagonal composition. Villa Farnese on the other hand acted like a secluded garden.

It contained many symbols of Classical times as well as a curvilinear catena d'aqua, which imitated the one in Villa Lante.[28] The Villas of this time period mimicked many designs of both Roman and Renaissance times, although they had a slight change, which normally consisted of great dramatic gestures. Not only were these designs repeated by future Italian generations but they were also copied in other countries of Europe. This can be witnessed at the Luxembourg Gardens in France. This garden's waterworks include grottoes, ornamental cascades, and arch fountains. Though, many countries attempted to mimic the style of the Italian gardens, much Italian hydraulic knowledge fell to disuse since other countries did not have the large amounts of water coupled with the steep terrain of Italy.

In the present times Italy is suffering from the world-wide problem of global warming. Global warming is contributing to a continuous decrease of water in Italy. The south of Italy for instance has very hot and dry summers which last for June, July, and August and this time is coupled with very low water levels. Summer drought is typical for the south and this includes an extremely high evaporation. This drought time as well as summer is further enlarged the more one goes in the southerly direction. Therefore as we can see it is difficult for farmers to grow crops and the ones that do well are not very varied by species. Currently the land is farmed using traditional mixed farming methods; however, this system can only be rejuvenated successfully through advancements in agricultural technology.[29] With the increase in water scarcity it becomes more difficult for the south of Italy's agriculture system. The Mezzogiorno agricultural system problems are worsened by this lack of water. In a parliamentary assembly of the Council of Europe these problems are discussed. As population increases steadily the demand for food and agriculture also increase. Water used in agriculture sums up to 80% of the water usage and this is many times due to inefficient usage of water, using old traditional farming methods.[30] Therefore it is necessary that this agricultural system adopt new technologies and policies in order to conserve more water through the use of efficient systems. Nevertheless it is not solely the agriculture systems that must be reformed, but also the aqueducts, infrastructural masterpieces of Rome, that should be maintained. These structures are very helpful in the transportation of water; however, just as in the Dark Ages, they are not being maintained. With a little bit of care, it is possible to keep these aqueducts running in a successful manner. At the moment about 40% of the water that is sent down the aqueduct is lost due to lack of maintenance of this archaic system.[31] Of course the south is then even worse off with less water when they need it the most. It is important to maintain the traditional aqueduct system; however, other traditional systems, such as those related to farming should be reformed.

At present there is serious debate over the privatization of drinkable water in Italy. Many protest this by saying that human's have a right to clean drinkable water, since it is necessary for survival. However through the legislation at the moment it appears to be viewed as both a "fundamental resource" and "environmental resource", not a human right.[32] The difficulty with water as a human right can be argued by discussing the disparity between water in North versus the South. The south definitely needs a lot of water due to the fact that it is much hotter. It is important to delegate the water in a manner, which is fair, as well as allowing for the good quality of water. In 25th of June 2008 Berlusconi brought forth the law, which required the government to lessen its power over water distribution and instead lead to the privatization of water. The "Decreto Legge" declared water as an economic good. This law was met by various protests. Changing this distributional regime, will change a tradition of free water which has been present for many centuries. Italian water activists have started a referendum to oppose the privatization of water and in June of 2011, Italian electors will vote on this referendum to overthrow the laws that privatize water.[33] The water of Italy is one of the best in the world. The central southern part of Italy has water, which is very clean and contains many minerals. These minerals are healthy for you and the water comes from wells or springs and is tantamount to drinking bottled water. For this reason, Rome is debating the possibility of commercializing "Roman water" throughout the world. This would be a great way to popularize roman culture since they will be selling the water from ancient Roman Aqueducts.

The Romans accomplished many impressive waterworks both in Ancient times as well as in the Renaissance, even after the setback of the Dark Ages. The foundation of their fantastical hydraulic engineering is indebted to the immense infrastructure they created in Ancient times. Most importantly was the construction of many aqueducts and the immense pipe system. This infrastructure is what allowed for the establishment of their vast public Bathhouses and sewage systems. It was not only urban areas that were assisted by this infrastructure but also rural agriculture and mills. One could not forget the flight of the rich to the countryside with their grand villa creations. As the Dark Ages approached much technological knowledge was lost and many water systems were privatized and taken over by the rich. The emergence of the Renaissance was followed by even greater hydraulic engineering wonders, which once again used gravity together with an enormous amount of water to create fantastical waterworks. Their waterworks were so remarkable that they were imitated throughout Europe. One could even speculate that the Romans utilization of water influenced water works in the United States, namely, William Mulholland's gravitational aqueduct project that brings water to Los Angeles from Mono Lake, a project of great magnitude not seen Roman Times. Today, Italy faces many of the same problems related to water scarcity that are affecting the entire world. This environmental issue will cause a reformation of the agricultural system and allow for more efficient practices. The extensive infrastructure of Roman aqueducts have allowed for 2500 public fountains to be flowing with mineral water for the people of Italy. This accomplishment is what defines Italy from the rest of the world. The Romans created a great infrastructure of waterworks that has affected much of the development of the water system in Italy, which would not have been possible without the aqueduct.

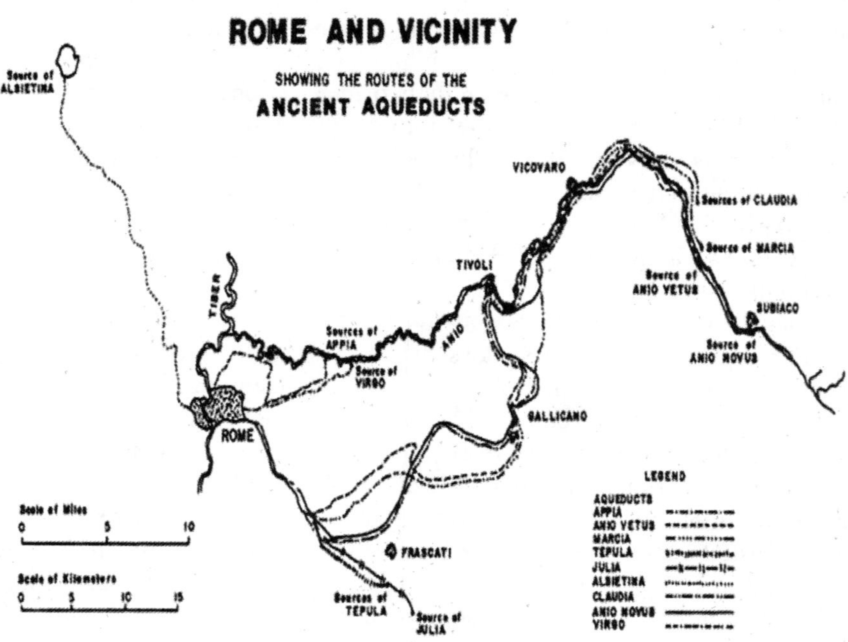

The Courses of the Nine Aqueducts in Existence at the Time of Frontinus (Source: Smith, 1978).

Notes

[1] Clemens Herschel, *Frontinus and the Water Supply of Rome* (New York: Longman Green and Company, 1913).

[2] Christer Bruun, *The Water Supply of Ancient Rome* (Helsinki: Societas Scientiarum Fennica, 1991), 2.

[3] J.A. Smythe, *A Roman Water Pipe* (Nature 143, 1939), 119-120.

[4] Christer Bruun, *The Water Supply of Ancient Rome* (Helsinki: Societas Scientiarum Fennica 1991), 39.

[5] Vitruvius, Ingrid Rowland, *"De Architectura"* (MA: Cambridge Press, 2001).

[6] Fikret Yegul, *Baths and Bathing in Classical Antiquity*. (Cambridge: MIT, 1992), 30.

[7] Paolo Squatriti, *Water and Society in early Medieval Italy, AD 400-1000* (MA: Cambridge Press, 1998), 95.

[8] Carlo Pavia, *Guide to underground Rome: From Cloaca Massima to Domus Aurea* (Roma: Gangemi, 2000).

[9] William Macdonald, *Hadrian's Vila and its Legacy*. (New Haven: Yale UP, 1995), 26.

[10] William Macdonald, *Hadrian's Vila and its Legacy*. (New Haven: Yale UP, 1995), 170.

[11] Gioachino Mancini, *Villa Adriana e Villa D'este* . (Rome: Libreria dello Stato, 1938), 7.

[12] Elisabeth Macdougall, *Ancient Roman Villa Gardens*. (Washington D.C.: Dumbarton Oaks Research Library and Collection,1987), 174.

[13] Ibid. 180.

[14] Gioachino Mancini,*Villa Adriana e Villa D'este* . (Rome: Libreria dello Stato, 1938), 11.

[15] Elisabeth Macdougall, *Ancient Roman Villa Gardens*. (Washington D.C.: Dumbarton Oaks Research Library and Collection,1987), 181.

[16] Paolo Squatriti, *Water and Society in early Medieval Italy, AD 400-1000* (Cambridge Press,1998), 99.

[17] P. Fenn, *The Origin of the Right of Fishery in Territorial Waters* (Cambridge, MA, 1926), 3-14.

[18] Paolo Squatriti, *Water and Society in early Medieval Italy, AD 400-1000* (Cambridge Press, 1998), 140.

[19] Paolo Squatriti, *Water and Society in early Medieval Italy, AD 400-1000* (Cambridge Press, 1998), 22.

[20] G. Fasoli, *L'Italia nell'alto medioevo* (Turin: Unione Tipografica Editrice, 1971), 622.

[21] Negri Arnoldi, *Villa Lante in Bagnaia* (Roma: Edizioni Palatino, 1963).

[22] Marcello de Vita, *Villa D'este in Tivoli*. (Tivoli: Poligrafico Alterocca, 1963), 12.

[23] Claudia Lazzaro, *Italian Renaissance Gardens*. (New Haven: Yale UP, 1990), 98.

[24] Ibid., 215.

[25] Gioachino Mancini,*Villa Adriana e Villa D'este* . (Rome: Libreria dello Stato, 1938), 17.

[26] Claudia Lazzaro, *Italian Renaissance Gardens*. (New Haven: Yale UP, 1990), 229.

[27] David Dernie, *The Villa D'este at Tivoli*. (London: Academy Editions, 1996), 72.

[28] Jerome Zerbe, *Small castles and pavilions of Europe* (New York: Walker, 1976).

[29] M.C. Dionnet, *Recent evolution of land use systems in the Abruzzi region, Italy, Land Use Policy Volume 2 Number 4* (UK: Butterworth & Co LTD, 1985).

[30] Parliamentary Assembly, *Doc.8805- Lack of water resources and agriculture* (Council of Europe, 10 July 2000).

[31] Autorità di Vigilanza sulle Risorse Idriche e i Rifiuti, *Relazione Annuale al Parlamento sullo Stato dei Servizi Idrici*, Anno 2005 at 119 (Rome, July 2006) [hereafter Autorità di Vigilanza](free translation by the author).

[32] Chiara Armeni, *The Right to Water in Italy: IELRC Briefing Paper* (Geneva: International Environmental Law Research Centre, 2001-01)1-8.

[33] Ministry of Foreign Affairs, *Referendum 12 to 13 June 2011.* http://www.esteri.it/MAE/EN/Sala_Stampa/ArchivioNotizie/Approf_PostingDettaglio/2011/05/20110504_Referendum2011.htm (updated 5/5/2011).

GIUSEPPE GAZZOLA
Stony Brook University

LETTERATURE DELLA STORIA: LE LEZIONI DI TIRABOSCHI E DE SANCTIS

Non pochi autori sono entrati nella storia della letteratura italiana per aver scritto una *Storia della letteratura italiana*. Ma se molte *Storie della letteratura italiana* sono state scritte, la storia della letteratura italiana che si insegna a scuola è, si tende a credere, una sola. Il progetto a cui sto lavorando, che porta, per ora, il nome *Literatures of History*, intende affrontare l'implicita tensione tra unità e molteplicità insita nel concetto di canone: per studiare, attraverso l'analisi di diverse storie della letteratura italiana disponibili, come il processo di normalizzazione della nostra letteratura abbia preso forma nei decenni dell'unificazione nazionale.

L'interesse sta nel capire come e perché, nei lunghi anni del risorgimento, la costruzione di un'identità nazionale italiana abbia avuto bisogno di modificare l'esistente concetto di canone letterario. Al tempo stesso, il tentativo è quello di delineare come l'idea di canone letterario abbia contribuito alla formazione dell'idea di nazione.

La relazione tra politica e letteratura è dinamica. È un fatto che i movimenti politici (intendo offrire al sostantivo, ma soprattutto all'aggettivo, la più ampia valenza possibile) possono motivare particolari ricostruzioni della tradizione letteraria e, di contro, gli istituti letterari possono essere usati per dare vita e forma a identità culturali e politiche diverse.

Il progetto è vasto e non ritengo serva qui soffermarcisi in maniera esaustiva. Basti dire che intende mettere a confronto intellettuali, poeti, memorialisti, gazzettieri, politici, critici pre- e post-unitari; studiando i testi attraverso cui gli intellettuali risorgimentali hanno ricostruito la propria genealogia, analizzando le differenze tra i volumi di storia della letteratura scritti in momenti politici e sociali differenti.

Un buon esempio viene dal confronto tra i nove volumi della *Storia della letteratura italiana*, scritti dal 1772 al 1782 da Girolamo Tiraboschi, e i due volumi della più conosciuta *Storia della letteratura italiana* di Francesco De Sanctis, pubblicata nel 1870-71. Le due letture rendono evidente come, nel secolo che separa quei due monumenti di storia patria letteraria, l'accoglienza della critica verso gli autori trattati, e più in generale la stessa concezione della letteratura fosse ampiamente mutata. Il raffronto tra il lavoro settecentesco di Tiraboschi e l'opera pienamente risorgimentale di De Sanctis diventa paradigmatico rispetto alla tesi qui esposta e al progetto su citato, tanto da meritare un approfondimento di merito.

Tiraboschi e i suoi epigoni

Se di De Sanctis molti sanno tutto, è mia impressione che non tutti sappiano molto di Tiraboschi, della cui figura darò un breve sommario, cercando di sfatare l'opinione comune dominante sul suo immenso lavoro.

Ritenuto l'epitome dell'erudizione settecentesca, Girolamo Tiraboschi nacque nel dicembre 1731 a Bergamo, studiò nel collegio dei Gesuiti a Monza ed entrò nell'ordine, per il quale insegnò dottrina ed eloquenza nei licei di Milano, prima di essere promosso professore di eloquenza presso l'università Braidense. Nel 1770 Francesco III, duca di Modena, lo chiamò a dirigere la biblioteca estense: la posizione, che era stata in precedenza tenuta da studiosi del calibro di Bacchini e Muratori, garantì l'accesso ai documenti che permisero a Tiraboschi di scrivere, in soli dieci anni, le quasi settemila pagine a stampa della prima edizione della *Letteratura*. Quest'opera, data la sua enorme mole, viene usualmente descritta, nei successivi testi di *Storia della letteratura italiana*, come un regesto: una congerie di scrittori raffazzonata senza spirito critico. Eppure Tiraboschi aveva un piano ben preciso, come si legge nell'introduzione alla seconda edizione:

> Io altro non bramo che di esporre nella vera sua luce quanto debbano all'Italia le lettere e le scienze tutte, acciocché e alcuni tra gli stranieri apprendano a sentire e a scrivere con minor disprezzo degli Italiani, e alcuni ancora tra gli Italiani cessino finalmente di essere ammiratori troppo ciechi e ammiratori troppo fervidi degli stranieri [...] E mi parrà di aver raccolto il più dolce frutto che dalle mie fatiche sperar potessi, se mi verrà fatto di assicurare all'Italia il glorioso vanto di cui sopra ogni altro si pregia, di madre e maestra delle scienze e delle arti.[1]

Aveva ereditato dai precursori settecenteschi (Giacinto Gimma, in particolare) la convinzione della superiorità della cultura italiana su quella di ogni altra nazione europea, pur limitandola in confini strettamente scientifici (entro l'idea di *scienza* propria del Settecento), usando termini quantificabili piuttosto che mitologici o di fede.[2] È vero che le idee di Tiraboschi appaiono assai diverse da quelle dei commentatori odierni. Per esempio, viene spesso osservato come sia anacronistico iniziare la storia della letteratura italiana nella Toscana degli Etruschi invece che nella

Toscana di Dante, senza dare nessuna considerazione a quello che, poi, è diventato un criterio selettivo determinante, il criterio linguistico. Da una prospettiva contemporanea, il metodo di Tiraboschi appare descrittivo e non prescrittivo, in contrasto con l'approccio di De Sanctis, il quale, d'altra parte, venne forzato dalle circostanze storiche, sociali e politiche ad imporre un criterio valutativo e normativo, quindi necessariamente selettivo. Tiraboschi non solo ebbe precisa prospettiva storica e critica, che osservò pedissequamente, ma anche un obbiettivo politico, magari non ben delineato come quello degli intellettuali risorgimentali, però con fini ben precisati, come si vedrà.

Tiraboschi applicò al proprio metodo un criterio di esclusione; come scrive nell'introduzione alla *Storia*:

> Ella è la Storia della letteratura italiana, non la Storia dei letterati italiani, ch'io prendo a scrivere. Quindi mal si apporrebbe chi giudicassi che di tutti gl'Italiani scrittori, e di tutte le loro opere io dovessi qui ragionare, e darne estratti, e rammentarne le diverse edizioni.[3]

Per noi, venuti dopo il risorgimento, ma anche dopo F. R. Leavis e le teorie del New Criticism, il criterio di esclusione può sembrare ovvio e normale; anzi ci sembrerebbe assurdo il contrario, anzi ci pare esagerato cominciare una storia della letteratura italiana parlando degli Etruschi, per poi discettare di autori della Magna Grecia, della Roma repubblicana ed imperiale, prima di arrivare al medioevo latino; ma nel 1760, in un momento di imperanti teorie enciclopediste, il criterio di esclusione è già una scelta di campo. C'era anche chi predicava e praticava il contrario, in Italia e all'estero, riuscendo nell'intento o meno. Giammaria Mazzuchelli intraprese una meritoria ed enciclopedica lista de *Gli scrittori d'Italia*, rimasta incompiuta nel 1763 al secondo volume, ovvero alla lettera "c", causa decesso.[4] E nel regno di Francia i "dotti Maurini" (contro cui Tiraboschi si scaglia, e con l'opera dei quali il suo lavoro vorrebbe rivaleggiare, ma di questo si riparlerà più avanti) avevano intrapreso nel 1733 la composizione dell'*Histoire litéraire de France*, giunta al quarantaduesimo volume. Così la descrive il sito web:

> Cette collection, obeyssant à un plan strictement cronologique, présente des notices sur la vie et les oeuvres de toutes auteurs que la France puisse revendiquer, sans prise en compte de la critique litéraire.[5]

Il volume più recente copre la seconda metà del quattordicesimo secolo. La Congregation des Bénédictines de Saint-Maur non è più responsabile del progetto, rilevato dalla apposita *Commission de l'Histoire Littéraire de la France*, né si è smesso di lavorarci su. Tanto per mostrare come il criterio di esclusione non vada dato per scontato; e non sia l'unico adottato da Tiraboschi:

> Ella è dunque, il ripeto, la Storia della Letteratura Italiana, ch'io mi son prefisso di scrivere; cioé la Storia dell'origine e dei progressi delle scienze tutte in Italia. [...] Di quelli che col loro sapere e colle opere loro si renderon più illustri, parlerò più ampiamente; più brevemente di quelli che non furon per ugual modo famosi, e di altri ancora mi basterà accennare i nomi e rimettere il lettore a quelli che ne hanno più lungamente trattato.[6]

Oltre all'introduzione del concetto di scrittori "maggiori" e "minori", che collega direttamente alla quantità di "fama" posseduta da ciascun autore ("più illustri" contro "non per ugual modo famosi"), Tiraboschi introduce un concetto arrivato immutato fino ai nostri catalogisti: quello che assegna al poeta "maggiore" (magari vincitore del nobel) più pagine nell'antologia dei poeti del Novecento, o relega il narratore "minore", magari "epigono", in un paragrafo nel capitolo dedicato al grande scrittore. Anche questo potrà risultare a molti ovvio, ma le cose non stanno necessariamente così. Lo sanno bene coloro che scrivono voci per enciclopedie. Qualche anno fa, per una enciclopedia della letteratura italiana edita negli Stati Uniti, a me sono state assegnate le voci sui Crepuscolari. Mille e cinquecento parole per Guido Gozzano, che è un "maggiore", solo settecentocinquanta per Marino Moretti, che è un "minore". Gozzano è morto a trentatré anni, ha avuto appena il tempo di finire tre libri di versi e quattro di racconti; Moretti di contro è morto quasi centenario, ha oltrepassato il crepuscolarismo, ha scritto undici libri di poesie e quindici romanzi (senza contare le riscritture ed i carteggi infiniti): non si potrebbero usare un po' delle parole riservate a Gozzano per parlare di Moretti? No, ammonirebbe Tiraboschi: gli autori non sono creati uguali, e neanche nella repubblica delle lettere si può dare a ciascuno secondo le sue necessità.

Il lavoro dell'abate è, a rigor di logica, sia descrittivo che prescrittivo; magari non è originale, anche se a noi può sembrare, nel senso etimologico, mostruoso. Non è originale perché segue le fonti con una certa precisione, limitandosi a riorganizzare gli autori secondo la propria necessità. Eppure persegue un obbiettivo ben preciso, trasparente nella sua semplicità: Tiraboschi vuole articolare la nozione di canone nazionale italiano per contribuire ad un clima di opposizione culturale, e per fare ciò celebra nella tradizione tutto quello che può, storicamente e geograficamente, considerare italiano.

La polemica antifrancese della *Storia della letteratura italiana* è evidente fin dall'introduzione. Ci sono pagine di deliziosa polemica con i benedettini di Saint-Maur per decidere se Virgilio fosse da considerarsi italiano o gallo, ovvero francese:

> Quando io dico di voler scrivere la Storia della Letteratura Italiana, parmi ch'io spieghi abbastanza qual tratto di paese io intenda di ragionare. Nondimeno mi veggo costretto a trattenermi qui alcun poco, perché alcuni pretendono di aver dei diritti su una gran parte d'Italia, e per poco non gridano alle armi per venirne alla conquista. Convien dunque che ci rechiam noi pure sulle difese, e ci disponiamo a ribattere, se sia d'uopo, un sì terribile assalto. Gli eruditi autori della sopraccennata Storia di Francia parlando della letteratura de' Galli al tempo della repubblica e dell'impero romano ci avvertono che, se volessero usare de' lor diritti, potrebbero annoverare tra' loro scrittori tutti que' che furon nativi di quella parte d'Italia, che da' Romani dicevasi *Gallia Cisalpina*; perciocché i Galli ch'erano di là dalle Alpi, occuparono innanzi all'era cristiana quell tratto di paese, ed erano lor discendenti quei che poscia vi nacquero. E qual copia, dicon essi, di valorosi scrittori potremmo noi rammentare? Un Cecilio Stazio, un Virgilio, un Catullo, i due Plinj, e tanti altri sì famosi. Essi son nondimeno così cortesi che spontaneamente ce ne fan dono, e ci permetton di annoverarli tra' nostri; e si aspettano per avventura che di tanta generosità ci mostriam loro ricordevoli e grati. Ma noi Italiani per non so qual alterigia non vogliam ricevere se non ciò ch'è nostro, e nostri pretendiamo che siano tutti i suddetti scrittori della Gallia cisalpina. [...] Che direbbono essi se un Tedesco pubblicasse una *Biblioteca Germanica*, e vedessero nominati in essa Fontenelle e Voltaire? Eppure non discendono egli i Francesi da' Franchi, popoli della Gemania?[7]

A un lettore che osservi il canone della letteratura italiana da un altro secolo appare assurdo considerare Virgilio un poeta italiano; infatti, anche un lettore acuto come Giovanni Getto descrive questo passaggio con un certo imbarazzo, "una strana polemica d'intonazione razzistica"[8]. Ma dibattere la nazionalità di Virgilio sembra anacronistico a noi, che abbiamo chiaro un concetto di stato nazionale quale combinazione indissolubile tra apparato statale, territorio, lingua, elaborato nel Risorgimento: Tiraboschi e i suoi contemporanei non potevano tenerlo presente. Tanto è vero che dalla attribuzione di autori ad una piuttosto che ad un'altra letteratura, e persino da una poco gradita valutazione di autori particolarmente importanti, facevano nascere incidenti diplomatici. Anzi proprio questa *contesa virgiliana* ci dà modo di riflettere su quanto importante fosse, nell'ascesa dei nazionalismi settecenteschi, la creazione di una storia letteraria comprendente gli autori più significativi.

Ricostruire il dialogo intercorso tra gli storici della letteratura italiani e quelli francesi ci permette di capire, con buona pace di Giovanni Getto, che Tiraboschi non era un "polemizzatore razzista": perché stava prendendo parte (con enfasi, sia pure) a un emergente discorso nazionalistico, nel corso del quale la sua *Storia della letteratura italiana* sarebbe diventata uno dei primi esempi di unificazione di un *corpus* letterario sulla base di una distintiva "italianità". Nel sistematizzare la letteratura italiana come fenomeno nazionale piuttosto che cittadino o regionale Tiraboschi stabilì, insieme al concetto di letteratura nazionale italiana, anche il concetto di nazione; e lo fece in opposizione a (e in competizione con) la già ricordata *Histoire littéraire de la France* della Congregation Bénédictine de Saint-Maur, rimasto costantemente l'obbiettivo del suo sdegno.

Nonostante i necessari aggiustamenti diplomatici, passato che fu un secolo e dopo alcune rivoluzioni, gli intellettuali del neonato regno d'Italia fecero proprio il concetto di tradizione culturale su cui Tiraboschi aveva così pesantemente influito, modificandolo in un modo che l'abate gesuita non aveva previsto e non avrebbe voluto prevedere. Come dice Dionisotti, "la rivoluzione portò la letteratura italiana in piazza e ne fece l'insegna di una religione civile e nazionale"[9]. Nello scrivere questa frase, che sta come una pietra miliare nella storia della critica italiana, Dionisotti aveva in mente soprattutto il lavoro laico di Francesco De Sanctis.

La lezione di De Sanctis

De Sanctis, la cui opera io intendo qui come sineddoche dello spirito dei suoi tempi, offre nella *Storia della letteratura italiana* una sintesi critica della cultura romantica e risorgimentale. Il disegno, di ascendenza hegeliana, è schematico e semplice: presenta una tesi (il medioevo, epoca di trascendenza), un'antitesi (il rinascimento, epoca di immanenza) e una sintesi (l'età a lui contemporanea, in grado di coniugare il reale e l'ideale). La storia della letteratura assume una direzione e uno scopo ben precisi: direzione perché De Sanctis presenta gli autori e le opere secondo un ordine genealogico sostenuto da precise coordinate storiche e cronologiche; scopo perché gli autori e i testi riescono a rendere reale l'ideale concretizzando lo stato nazionale.

De Sanctis non inventa l'idea di un uso "militante" della critica letteraria, lo raccoglie dalla generazione precedente, lo filtra attraverso le teorie hegeliane sulla storia e lo mette in una prospettiva che ha come unico punto di fuga lo stato nazionale. È già stato notato che, per De Sanctis, la storia della letteratura italiana diventa un romanzo: un romanzo storico con protagonisti ed attori minori. Come in un romanzo, conta sapere come finisce. Sappiamo che finisce bene, con le campane che suonano a festa, i buoni premiati (dalla gloria letteraria) i cattivi o gli ignavi puniti.

De Sanctis introduce nelle aule scolastiche, oltre al criterio della fama letteraria mutuato da Tiraboschi, anche il registro dei buoni e dei cattivi: buoni sono coloro che, da qualsiasi regione e a qualsiasi altezza storica, abbiano in qualche modo contribuito alla rivoluzione, cattivi coloro che abbiano avuto la malaccortezza di scrivere nella lingua sbagliata o di essere nati nella regione sbagliata o di aver usato il registro sbagliato: per loro la pena è la *damnatio memoriae*.

Per il multilingue Tiraboschi non importava quali opere di Petrarca fossero in volgare e quali in grammatica: tutte erano espressione del di lui genio. Per De Sanctis la distinzione è fondamentale: le une fanno parte del canone, le altre no. E ovviamente Petrarca, nonostante le due canzoni all'Italia, non può competere in impegno civile con Dante, la cui passione politica viene interpretata come tutta volta a prevedere lo stato nazionale (ma questo è un argomento di cui si sa già tutto: grazie al lavoro di Dionisotti, di Corrado Bologna,[10] e di Amedeo Quondam[11]). Più importante sarà notare come Guicciardini, l'uomo del "particulare", sia per De Sanctis storico inferiore a Machiavelli, in quanto portatore di "una fisionomia rimasta storica e tradizionale dell'uomo italiano", che "Vivere è conoscere il mondo e voltarlo a benefizio tuo"[12]. Guicciardini è un letterato, non un uomo d'armi: Machiavelli, invece, "combatte la corruttela italiana, e non dispera del suo paese. [...] Appartiene a quella generazione di patrioti fiorentini, che in tanta rovina cercavano i rimedi, e non si rassegnavano, e illustrarono l'Italia con la loro caduta"[13]. Guicciardini non cadde, e di conseguenza non diede lustro all'"Italia"; non fu mai torturato, mai sentì i crampi della fame: senza queste credenziali come avrebbe potuto appartenere alla nuova nazione, che aveva bisogno di eroi da additare ad esempio? Il Guicciardini di De Sanctis "Non ha illusioni. E perché non vede rimedio a quella corruttela, vi si avvolge egli pure, e ne fa la sua saviezza e la sua aureola"[14]. L'accusa di corruzione fu la sua fine. Essendo spiritualmente corrotto, infatti, egli non fu in grado di giudicare correttamente lo svolgersi degli eventi che racconta nella *Storia d'Italia*. Questa la valutazione di De Sanctis:

> La *Storia d'Italia* è in venti libri e si stende dal 1494 al 1532.[15] Comincia con la calata di Carlo VIII, finisce con la caduta di Firenze. Apparisce in ultimo, come un funebre annunzio di tempi peggiori, Paolo III, il Papa della Inquisizione e del Concilio di Trento. Questo periodo storico

si può chiamare la tragedia italiana, perché in questo spazio di tempo l'Italia dopo un vano dibattersi cesse in potestà dello straniero. Ma lo storico non ha pur sentore dell'unità e del significato di questa tragedia; e il protagonista non è l'Italia e non è il popolo italiano. La tragedia c'è, e sono le grandi calamità che colpiscono gli individui: le arsioni, le prede, gli stupri, tutt'i mali della guerra. Avvolto fra i tanti "atrocissimi accidenti," sagacissimo a indagarne i più riposti motivi nel carattere degli attori e delle loro forze, l'insieme gli fugge. La Riforma, la calata di Carlo, la lotta tra Carlo V e Francesco I, la trasformazione del papato, la caduta di Firenze, e l'Italia bilanciata di Lorenzo divenuta un'Italia definitivamente smembrata e soggetta, questi fatti generali preoccupano meno lo storico che l'assedio di Pisa e i piú oscuri pettegolezzi tra' principi. Sembra un naturalista, che studi e classifichi erbe, piante e minerali e indaghi la loro struttura interna e la loro fisiologia, che li fa essere cosí o cosí.[16]

È evidente che De Sanctis, che pure in altre occasioni dimostra grande interesse per i fatti della scienza, non cerchi nello storico lo scienziato, ma piuttosto l'uomo e il patriota, possibilmente il combattente. Guicciardini osserva ed enumera, ma non comprende la tragedia che si apre con la discesa di Carlo VIII, il quale conquista la penisola con il gesso; nel 1494 si consuma una tragedia politica, non semplicemente la tragedia di tanti individui messi insieme. Inoltre, Guicciardini è incapace di capire che questi individui, che egli pretende di analizzare a uno a uno nelle passioni e nelle speranze, costituiscono un *popolo*. Machiavelli, che lo ha compreso, è capace di procedere oltre, di diventare egli stesso punto di partenza:

Machiavelli va più in là. Egl'intravede una specie di fisica sociale, come si direbbe oggi, un complesso di leggi che regolano non solo gl'individui ma la società e il genere umano. Perciò patria, libertà, nazione, umanità, classi sociali sono per lui fatti non meno interessanti che le passioni, gl'interessi, le opinioni, le forze che muovono gl'individui. E se vogliamo trovare lo spirito e il significato di questa epoca, molto abbiamo ad imparare nelle sue opere. Indi è che, come carattere morale, il segretario fiorentino ispira anche oggi vive simpatie in tutti gl'intelletti elevati, che sanno mirare al di là della scorza nel fondo delle sue dottrine, e come forza intellettuale, unisce alla profonda analisi del Guicciardini una virtù sintetica, una larghezza di vista, che manca in quello. Lui è un punto di partenza nella storia, destinato a svilupparsi; l'altro è un bel quadro, finito e chiuso in sé.[17]

Letterature diverse, storie diverse

La preferenza per uno storico piuttosto che per l'altro è motivata dal bisogno di costruire un canone che rifletta, in termini letterari, l'ideale composizione della neonata nazione italiana quale unità territoriale e linguistica. Il lavoro di Folengo viene tralasciato, travisando con una semplice omissione l'intera prospettiva dell'epica rinascimentale in volgare. Un po' come se si presumesse di leggere Omero ma non Esiodo. Così; la poesia al femminile, che in Tiraboschi aveva ampia cittadinanza, in De Sanctis scompare senza appello, perché non in sintonia con le necessità del nascente regno d'Italia.

Non solo Tiraboschi aveva discusso ampiamente Colonna, Gambara e Stampa, mentre De Sanctis appena le degna di menzione; Tiraboschi, che volle dimostrare come la poesia italiana fosse più ricca di quella delle altre nazioni anche al femminile, si era fatto un punto d'onore nel menzionare le poetesse di ogni secolo, da Polla Argentaria, moglie di Lucano, a Elena Cornaro. Certamente, in quanto membro del clero, non si fece scrupolo a riprendere Margherita Sarocchi napoletana, "di cui non troppo onorevolmente, quanto a' costumi, ragiona l'Eritreo."[18] Eppure la censura di Tiraboschi risulta comunque più comprensiva della cesura di De Sanctis.

Risulta interessante notare come Lodovico (De Sanctis raramente gli concede l'onore di nominarlo con il nome di famiglia, Ariosto) venga onorato come grande poeta epico, ma canzonato come uomo, dato che aveva commesso l'errore di lamentarsi dell'esilio in Garfagnana; e via di questo passo.

È vero che nel paragonare questi monumenti di storia letteraria, massimamente in spazio così ridotto, si corre il rischio di generalizzare e, per usare un termine corrente nella critica anglosassone, "essenzializzare" (o polarizzare) il contrasto. La mia intenzione non è porre due *Storie della letteratura* sulla stadera per accertare quale sia più pesante ma, sottolineandone le differenze, far notare come ogni storia della letteratura (e in maggior misura le meglio riuscite) sia a sua volta prodotto della storia, letteratura della storia.

Con la creazione dello stato italiano il nazionalismo, inteso come ideologia, ha ridefinito il canone della letteratura in maniera forte per un secolo esatto, si è fatto istituzione, come è logico e forse addirittura inevitabile; grazie al concetto di letteratura della storia forse si potrà relativizzare il canone, ottenendo il vantaggio di poterlo osservare da un'infinità di prospettive differenti. Il che viene, in ultima analisi, a "s-canonizzare" o "s-canonicare" il canone: un processo, a tempi cambiati, essenzialmente inevitabile. Inevitabile come, per tutt'altre ragioni, era inevitabile a suo tempo la istituzionalizzazione del canone letterario italiano.

Note

[1] Tiraboschi, *Storia della letteratura italiana*, I, CIIV. Gli studiosi di Tiraboschi non hanno raggiunto un consenso su quale edizione della *Storia della letteratura italiana* debba essere preferita allo scopo di estrarne citazioni. Dopo aver esaminato le differenti edizioni, ho deciso di riprodurre il testo dall'edizione veneziana del 1823 stampata dalla Tipografia Molinari ("a spese di G. Antonelli"), che ripropone l'ultimo testo autorizzato dal Tiraboschi, cioé quello della seconda edizione mantovana, ed aggiunge i successivi emendamenti autoriali, oltre ad aggiungere alcuni utili documenti, come l'"Elogio del Cavaliere Ab. Girolamo Tiraboschi scritto dall'Ab. Antonio Lombardi" e la "Lettera dell'Ab. Carlo Ciocchi al dottissimo signor abate Antonio Zaccaria," le fonti più complete di informazioni biografiche sull'autore. Inoltre l'edizione Molinari raduna la corrispondenza di Tiraboschi con il gesuita spagnolo Saverio Lampillas, consistente in molte pagine di interessanti invettive a proposito di quale nazione europea possegga maggiori meriti letterari.

2 Per le opinioni del Gimma, si vedano le pagine iniziali della sua *Idea della storia dell' Italia letterata,* In Napoli: Nella Stamperia di Felice Mosca, 1723.

[3] Tiraboschi, *Storia della letteratura italiana* cit.: *Introduzione*, I, LXXXVIII

[4] Giammaria Mazzuchelli. *Gli scrittori d'Italia, cioé notizie storiche e critiche intorno alle vite e agli scritti dei letterati italiani*. Brescia: Bossini, 1753.

[5] http://www.aibl.fr/fr/public/catalogue/histlit.html al 30 giugno 2011.

[6] Tiraboschi, *Storia della letteratura italiana* cit.: *Introduzione*, I, LXXXIX

[7] Tiraboschi, *Storia della letteratura italiana* cit.: *Introduzione*, I, XCI.

[8] Giovanni Getto: *Storia delle storie letterarie*. Firenze: Sansoni, 1969, 82.

[9] Carlo Dionisotti: *Geografia e storia della letteratura italiana.* Torino: Einaudi, 1999, 258.

[10] Corrado Bologna: *Tradizione e fortuna dei classici italiani.* 2 voll. Torino: Einaudi, 1993.

[11] Amedeo Quondam: *Petrarca, l'italiano dimenticato.* Milano: Rizzoli, 2004. Si veda anche Amedeo Quondam, a cura di: *Paradigmi e traduzioni*. Roma: Bulzoni, 2005.

[12] Francesco De Sanctis, *Storia della letteratura italiana*, a cura di Niccolò Gallo, Biblioteca della Pléiade (Torino: Einaudi-Gallimard, 1996), La citazione riportata proviene da pagina 518. Qualche paragrafo prima, De Sanctis aveva condannato in Guicciardini la distanza fra intenzione ed azione, paragonandolo di nuovo sfavorevolmente a Machiavelli: "Francesco Guicciardini, ancorché di pochi anni più giovane di Machiavelli e di Michelangiolo, già non sembra della stessa generazione. Senti in lui il precursore di una generazione più fiacca e più corrotta, della quale egli ha scritto il Vangelo ne' suoi *Ricordi*. Ha le stesse aspirazioni del Machiavelli. Odia i preti. Odia lo straniero. Vuole l'Italia unita. Vuole anche la libertà, concepita a modo suo, con una immagine di governo stretto e temperato, che si avvicina a' presenti ordini costituzionali o misti. Ma sono semplici desideri, e non metterebbe un dito a realizzarli." (514).

[13] De Sanctis: *Storia della letteratura italiana* cit.: 516.

[14] Ibid.

[15] Riporto la nota al testo del curatore dell'edizione citata, Niccolò Gallo: "Cosí nel ms e nelle edd. Morano. Croce e Cortese correggono direttamente nel testo <<1534>>, anno dell'elezione al pontificato di Paolo III, sulla quale, come è noto, l'ultimo capitolo della *Storia d'Italia* si chiude." De Sanctis: *Storia della letteratura italiana*, cit.: 1142.

[16] De Sanctis: *Storia della letteratura italiana* cit.: 520-1.

[17] Ibid..

[18] "che volendo gareggiar col Marini, si accinse a scrivere un poema epico, intitolato *La Scanderbeide,* stampato in Roma nel 1623." Tiraboschi, *Storia della Letteratura Italiana* cit., VIII, 2, 647.

Bibliografia

Ascoli, Albert R. and Krystyna Von Henneberg, eds. *Making and Remaking Italy: The Cultivation of National Identity Around the Risorgimento*. Oxford: Berg, 2000.

Anderson, Benedict R. *Imagined Communities: Reflections on the Origin and Spread of Nationalism*. 2nd ed. London: Verso, 1991.

Andreoli, Aldo. *Nel mondo di Lodovico Antonio Muratori*. Bologna: Il mulino, 1972.

Arato, Franco. *La storiografia letteraria nel Settecento italiano*. Pisa: ETS, 2002.

_______. *Letterati e eruditi fra Sei e Ottocento*. Pisa: ETS, 1996.

Aristodemo, Dina. "National Values and Literary Form in De Sanctis' History of Italian Litrature." In *Nation Building and Writing Literary History*, 207-220. Yearbook of European Studies 12. Atlanta, GA: Rodopi, 1999.

Arpaia, Paul. "Constructing a national identity from a created literary past: Giosuè Carducci and the development of a national literature." *Journal of Modern Italian Studies* 7, no. 2 (2002): 192-214.

Ascenzi, Anna. *Tra educazione etico-civile e costruzione dell'identità nazionale: L'insegnamento della storia nelle scuole italiane dell'Ottocento*. Milano: Vita e pensiero, 2004.

Barbuto, Gennaro Maria. *Ambivalenze del moderno: De Sanctis e le tradizioni politiche italiane*. Napoli: Liguori, 2000.

Battaglia, Felice. *Parva Desanctisiana*. Bologna: R. Pàtron, 1970.

Biondolillo, Francesco. *L'estetica e la critica di Francesco De Sanctis*. 2nd ed. Roma: Edizioni "Ricerche", 1957.

Bollati, Giulio. *L'Italiano: Il carattere nazionale come storia e come invenzione*. Torino: G. Einaudi, 1983.

Bologna, Corrado. *Tradizione e fortuna dei classici italiani*. 2 voll. Torino: G. Einaudi, 1993.

Branach-Kallas, A., and Katia Wieckowska, a cura di. *The Nation of the Other: Constructions of Nation in Contemporary Cultural and Literary Discourses*. Torun: Wydawn. Uniwersytetu Mikolaja Kopernika, 2004.

Branca, Vittore. "Carità di patria e storia letteraria." *Il Ponte* I, no. I (1945): 201-209.

Bruyning, Lucas. "From Tiraboschi to Francesco De Sanctis: Italian Literary History as a Legitimation of National Unity." In *Nation Building and Writing Literary History*, 197-206. Yearbook of European Studies 12. Atlanta, GA: Rodopi, 1999.

Cantù, Cesare. *Storia della letteratura italiana*. Firenze: F. Le Monnier, 1865.

Caratozzolo, Vittorio. *Francesco De Sanctis: Parastoria della letteratura italiana: la fantasaggistica e l'impero del verosimile*. Napoli: Guida, 2006.

Chiosso, Giorgio, a cura di. *Scuola e stampa nel Risorgimento: Giornali e riviste per l'educazione prima dell'Unità*. Collana Centro studi "Carlo Trabucco" di Torino. Milano: F. Angeli, 1989.

Coletti, Vittorio. *Storia dell'italiano letterario: dalle origini al Novecento*. Torino: G. Einaudi, 1993.

Crescimbeni, Giovanni Mario. *L'istoria della volgar poesia scritta da Giovan Mario Crescimbeni*. In Roma: Nella stamperia d'Antonio de' Rossi, 1714.

_______. *La bellezza della volgar poesia di Gio. Mario Crescimbeni*. Roma: A. de' Rossi, 1712.

Croce, Benedetto. *Gli scritti di Francesco De Sanctis e la loro fortuna: Saggio bibliografico*. Bari: Laterza, 1917.

_______. *Scritti di storia letteraria e politica*. Bari: Laterza, 1938.

_______. *Storia della storiografia italiana nel Secolo XIX*. Bari: Laterza, 1947.

_______. *Scritti su Francesco De Sanctis*. A cura di Teodoro Tagliaferri e Fulvio Tessitore. Fonti e ricerche per la storia sociale e culturale del Mezzogiorno d'Italia 12. Napoli: Giannini, 2007.

De Sanctis, Francesco. *Epistolario*. Opere di Francesco de Sanctis 19-20. Torino: Giulio Einaudi Editore, 1965.

_______. *La giovinezza*. Edited by Gilberto Finzi. Milano: Garzanti, 1981.

_______. *La Letteratura Italiana Nel Secolo XIX: Scuola Liberale--Scuola Democratica*. A cura di Francesco Torraca. Napoli: A. Morano, 1902.

_______. *Storia della letteratura italiana*. A cura di Niccolò Gallo. Biblioteca della Pléiade. Torino: Einaudi-Gallimard, 1996.

_______. *Un Viaggio Elettorale: Racconto*. A cura di Toni Iermano e Paola Di Scanno. Cava de' Tirreni: Avagliano, 2003.

_______. *Verso Il realismo. Prolusioni e letture zurighesi sulla poesia cavalleresca. Frammenti di estetica. Saggi di metodo critico*. A cura di Nicola Borsellino. Opere di Francesco de Sanctis 7. Torino: G. Einaudi Editore, 1965.

Del Lungo, Isidoro. *Patria italiana*. Bologna: Zanichelli, 1909.

Di Gesù, Matteo. *Dispatrie lettere: Di Blasi, Leopardi, Collodi: Letterature e identità nazionali*. Roma: Aracne, 2005.

Di Pietro Lombardi, Paola. *Girolamo Tiraboschi*. Nuovi Profili. Rimini: Luisè, 1996.

Dionisotti, Carlo. *Geografia e storia della letteratura italiana*. Torino: G. Einaudi, 1999.

Ehrlich, Lothar, Judith Schildt, e Benjamin Specht, a cura di. *Die Bildung des Kanons: Textuelle Faktoren, Kulturelle Funktionen, Ethische Praxis*. Köln: Böhlau.

Elli, Enrico. *Un'idea di canone*. Novara: Interlinea, 2006.

Fontanini, Giusto. *Della eloquenza italiana di Monsignor Giusto Fontanini libri tre; nel primo si spiega l'origine e il processo dell'italiana favella: nel secondo si tratta del suo ingrandimento per le opere scritte: nel terzo si dispone una biblioteca ordinata d'autori singolari nelle materie più classiche, illustrata di molte osservazioni.* 3 voll. Venezia: Appresso Cristoforo Zane, 1737.

Genovesi, Giovanni. *Storia della scuola in Italia dal Settecento a oggi*. Nuova ed. accresciuta e aggiornata. Roma: Laterza, 2004.

Getto, Giovanni. *Storia delle storie letterarie*. II edizione ampliata. Firenze: Sansoni, 1969.

Gimma, Giacinto. *Idea della storia dell' Italia Letterata esposta coll'ordine cronologico dal suo principio sino all'ultimo Seculo, colla Notizia delle Storie Particolari di ciascheduna Scienza, e delle Arti Nobili: di molte Invenzioni: degli Scrittori più celebri, E de' loro Libri: e di alcune memorie della Storia Civile, e dell'Ecclesiastica: delle Religioni, delle Accademie, e delle Controversie in varj tempi accadute: e colla Defesa dalle Censure, con cui oscurarla hanno alcuni Stranieri creduto*. 2 voll. In Napoli: Nella Stamperia di Felice Mosca, 1723.

Guglielminetti, Marziano. "Storia delle storie letterarie." In *Fare storia della letteratura*, a cura di Ottavio Cecchi e Enrico Ghidetti, 13-28. Roma: Editori Riuniti, 1986.

Guillory, John. "Canonical and Non-Canonical: A Critique of the Curent Debate." *English Literary History* 54 (1987): 483-527.

________. *Cultural Capital: The Problem of Literary Canon Formation*. Chicago: University of Chicago Press, 1993.

Helgerson, Richard. *Forms of Nationhood: The Elizabethan Writing of England*. Chicago: University of Chicago Press, 1992.

Heydebrand, Renate, a cura di. *Kanon, Macht, Kultur: Theoretische, Historische und Soziale Aspekte aesthetischer Kanonbildung*. Germanistische Symposien, Berichtsbnde. Stuttgart: J.B. Metzler, 1998.

Histoire literaire de la France oû l'on traite de l'origine et du progrès, de la décadence et du rétablissement des Sciences parmi les Gaulois et parmi les François; Du goût et du génie des uns et les autres pour les Letres en chaque siécle; De leurs anciennes Ecoles; De l'établissement des Universités en France; Des principaux Colleges; Des Académies des Sciences et de Belles Letres; Des meilleures Bibliothéques anciennes et modernes; Des plus célebres Imprimeries; et de tout ce qui a un rapport particulier à la Literature, Par des Religieux Benedictins de la Congregation de S. Maur. Paris: V. Palmé, 1865.

Irace, Erminia. *Itale glorie*. Bologna: Il mulino, 2003.

Jossa, Stefano. *L'Italia letteraria*. Bologna: Il mulino, 2006.

Kennedy, William J. *The Site of Petrarchism: Early Modern National Sentiment in Italy, France, and England*. Baltimore, Md: Johns Hopkins University Press, 2003.

Lecoq, Anne-Marie, a cura di. *La querelle des Anciens et des Modernes: XVIIe.-*

XVIIIe. Siècles. Collection Folio. Paris: Gallimard, 2001.
Luperini, Romano, e Daniela Brogi, a cura di. *Letteratura e identità nazionale nel Novecento*. San Cesario di Lecce: Manni, 2004.
Marshall, Donald G, a cura di. *The Force of Tradition: Response and Resistance in Literature, Religion, and Cultural Studies*. Lanham, Md: Rowman & Littlefield, 2005.
Mari, Michele. *Il genio freddo. La storiografia letteraria di Girolamo Tiraboschi*. Bergomum - Bollettino della Civica Biblioteca Angelo Mai. Bergamo: Casa Editrice e Tipografia Secomandi, 1990.
Mazzuchelli, Giammaria. *Gli scrittori d'Italia, cioé notizie storiche e critiche intorno alle vite e agli scritti dei letterati italiani*. Brescia: Bossini, 1753.
Moog-Gruenewald, Marie, a cura di. *Kanon und Theorie*. Heidelberg: Winter, 1997.
Muratori, Lodovico Antonio. *Della perfetta poesia italiana*. A cura di Ada Ruschioni. 2 voll. Milano: Marzorati, 1971.
_______. *Edizione nazionale del carteggio di L. A. Muratori*. 46 vols. Firenze: L. S. Olschki, 1975.
_______. *Opere*. Milano: R. Ricciardi, 1964.
Muscetta, Carlo. *Francesco De Sanctis*. Roma: Laterza, 1990.
Petronio, Giuseppe. "Storicismo e storiografia letteraria." In *Fare storia della letteratura*, a cura di Ottavio Cecchi e Enrico Ghidetti, 43-58. Roma: Editori Riuniti, 1986.
Quadrio, Francesco Saverio. *Della Storia e della Ragione d'ogni Poesia volumi quattro*. Bologna: F. Pisarri, 1739.
_______. *Dissertazioni critico-storiche intorno alla Rezia di qua dalle Alpi, oggi detta Valtellina Al Santissimo Padre Benedetto XIV. P. O. M. dedicate dall'abate Francesco Saverio Quadrio*. Milano: nella stamperia della Società Palatina, 1755.
Quondam, Amedeo, a cura di. *Il Canone e la biblioteca: Costruzioni e decostruzioni della tradizione letteraria italiana*. 2 voll. Roma: Bulzoni, 2002.
_______. *Petrarca, l'italiano dimenticato*. Milano: Rizzoli, 2004.
Raimondi, Ezio. *I lumi dell'erudizione: Saggi sul Settecento italiano*. Arti e scritture 2. Milano: Vita e pensiero, 1989.
_______. *Letteratura e identità nazionale*. Milano: Bruno Mondadori, 1998.
Readings, Bill. "Canon and on: from Concept to Figure." *Journal of the American Academy of Religion* 57, no. 1 (Spring 1989): 149-172.
Riva, Massimo. *Malinconie del moderno: Critica dell'incivilimento e disagio della nazionalità nella letteratura italiana del XIX Secolo*. Ravenna: Longo, 2001.
Romagnani, Gian Paolo. *"Sotto la bandiera dell'istoria": eruditi e uomini di lettere nell'Italia del Settecento: Maffei, Muratori, Tartarotti*. Sommacampagna (Verona): Cierre, 1999.
Romagnoli, Sergio. "Il modello De Sanctis." In *Fare storia della letteratura*, a cura di Ottavio Cecchi e Enrico Ghidetti, 29-41. Roma: Editori Riuniti, 1986.
_______. *La buona compagnia: Studi sulla letteratura italiana del Settecento*. Milano: F. Angeli, 1983.

———. *Ottocento tra letteratura e storia*. Padova: Liviana, 1986.

———. *Per una storia della critica letteraria. Dal De Sanctis al Novecento*. Firenze: Le Lettere, 1993.

Sapegno, N. "Prospettive della storiografia letteraria." In *Ritratto di Manzoni e altri saggi*. Bari: Laterza, 1961.

Saul, Nicholas, and Ricarda Schmidt, a cura di. *Literarische Wertung und Kanonbildung*. Würzburg: Königshausen & Neumann, 2007.

Settembrini, Luigi. *Lezioni di letteratura italiana*. Nuova editrice napoletana. Napoli, 1898.

Smith, Anthony D. *Myths and Memories of the Nation*. Oxford: Oxford UP, 1999.

Society and Politics in the Age of the Risorgimento: Essays in Honour of Denis Mack Smith. Cambridge: Cambridge UP, 1991.

Tiraboschi, Girolamo. *Biblioteca modenese: o, notizie della vita e delle opere degli scrittori natii degli Stati del Serenissimo Signor Duca di Modena*. In Modena: Presso la Societa' tipografica, 1781.

———. *Dizionario topografico-storico degli Stati Estensi*. Bologna: A. Forni, 2002.

———. *Storia dell'augusta Badia di S. Silvestro di Nonantola: Aggiuntovi il codice diplomatico della medesima*. Modena: Presso la società tipografica modenese, 1784.

———. *Storia della Letteratura Italiana*. Nuova ed. Venezia: A spese di G. Antonelli, tip. Molinari, 1823.

Viola, Corrado. *Tradizioni letterarie a confronto. Italia e francia nella polemica Orsi-Bohours*. Verona: Edizioni Fiorini, 2001.

Viroli, Maurizio. *For Love of Country; an Essay on Patriotism and Nationalism*. Oxford: Oxford UP, 1997.

Wilkins, Ernest H. "Histories of Italian Literatures." *Bulletin of the American Association of Teachers of Italian* 2, no. 4 (November 1925): 61-63.

———. *Periods in History of Italian Literature*. "The Romanic Review", XLV (1954), 261-270.

LAVORO ITALIANO DENTRO E FUORI DAI CONFINI

MARIO B. MIGNONE
Stony Brook University

RIMESSE E ACQUISTI DEGLI EMIGRATI, RISORSA PER LO SVILUPPO DELLO STATO UNITARIO

L'emigrazione italiana nel mondo, realizzatasi negli anni del percorso unitario, è stato fenomeno profondamente legato alla dimensione del lavoro. Il complesso delle relazioni che hanno ruotato intorno a questa caratteristica ha recitato un ruolo determinante nel definire i contenuti dell'unità e dell'identità e risulta parte essenziale della storia d'Italia.

L'Italia ha mantenuto, sui centocinquant'anni di emigrazione, un silenzio colpevole, quasi che coloro che erano stati spinti a partire dal bisogno o da scelte individuali, non contassero più nulla per l'Italia. Era un silenzio che diveniva assordante, quando alle sofferenze quotidiane dei conterranei emigrati, si sommavano fatti tragici che avrebbero dovuto ricevere ben altra eco nella terra d'origine. La storia della nostra emigrazione non è fatta solo di piaghe ma di troppi morti. Basta ricordare gli italiani che partirono dalla penisola per andare a lavorare nelle miniere: una legge statunitense consentiva che ogni minatore potesse disporre di un minore di 8-12 anni che fungesse da supporto. Nella miniera di carbone di Monongah (West Virginia) si verificò nel 1907 un crollo minerario ancor più drammatico di quello che decenni dopo avrebbe colpito a Marcinelle la comunità emigrata italiana in Belgio: a Monongah ci furono almeno 361 vittime, e 171 erano nostri connazionali[1].

Solo di recente, attraverso iniziative come la creazione del Museo Nazionale dell'Emigrazione Italiana presso il Vittoriano, si sta cercando di cancellare il velo di silenzio che ha accompagnato la nostra emigrazione.

A questi italiani, che da lontano hanno contribuito ad edificare ciò che è l'Italia odierna, una potenza economica e politica rispettata nel mondo, il paese d'origine, facendo ammenda di errori e omissioni del passato, ha perfino restituito il diritto alla cittadinanza benché avessero assunto anche la cittadinanza del paese ospitante, riconoscendo nell'esperienza migratoria un elemento fondamentale dell'identità nazionale.

Nel corso delle celebrazioni del centocinquantenario, è doveroso riservare spazio al fenomeno dell'emigrazione, un fenomeno che per essere compreso appieno va visto da varie prospettive: storica, sociale, economica, antropologica, culturale, psicologica. In questo saggio, sarà esaminato principalmente dalla prospettiva economica.

"Dagli all'immigrato"

Da sempre nel mondo c'è la tendenza, a «etnicizzare» i conflitti sociali. Anche ai nostri giorni gli immigrati sono i capri espiatori per molti problemi di difficile soluzione. Le invettive contro gli immigrati «che non si vogliono integrare» (come se dipendesse solo da loro) e che pesano sui sistemi d'assistenza, sono ricorrenti, e fanno particolarmente comodo in questo momento di ristrettezze fiscali, quando i governi sono obbligati a risparmiare sul welfare.

In Arizona, nel luglio 2010 è entrata in vigore una legge dallo scopo dissuasivo nei confronti di tutti i clandestini (principalmente ispanici), che si apprestano a entrare e risiedere illegalmente in territorio americano. La nuova norma offre ai poliziotti la possibilità di fermare, controllare, interrogare e anche arrestare uno straniero per un "ragionevole sospetto". Sta al singolo individuo sospettato l'onere della prova in merito alla permanenza legale nel paese. Oltre a ciò, chiunque protegga o dia lavoro a dei clandestini rischia l'arresto.

Tre mesi dopo, in ottobre, la tedesca Merkel, per rispondere al crescente vento populista anti immigrazione e anti "political correctness," ha detto che il multiculturalismo nel suo paese è fallito, anzi «è completamente fallito». Pur ribadendo che la Germania resta aperta al mondo, ha dichiarato: «Non abbiamo bisogno di un'immigrazione che pesi sul nostro sistema sociale». Insomma chi va in Germania deve integrarsi accettando le regole europee, altrimenti torni a casa. La cancelliera ha aggiunto che gli immigrati devono adottare cultura e valori della Germania. Il caso non è esploso per via di una qualche emergenza migratoria: nel 2009 hanno lasciato la Germania 734.000 persone e ne sono arrivate solo 721.000. C'è piuttosto un clima ben rappresentato dal libro razzista di Thilo Sarrazin, ex membro del direttorio della Bundesbank (*Deutschland schafft sich ab — La Germania si distrugge da sé*) che sostiene che il quoziente d'intelligenza è prevalentemente ereditario e che quello degli emigrati turchi e arabi è basso. Il libro di Sarrazin ha venduto in un mese un milione di copie.

Troppo spesso si perde il senso della memoria e della storia. Già ad inizio Novecento, il "Padre dei migranti", Giovanni Battista Scalabrini, aveva indicato con profonda umanità e grande eloquenza i diritti umani dell'emigrante. Le sue parole sono ancora attuali e dovrebbero essere d'insegnamento:

> L'emigrazione e' un diritto naturale, inalienabile; e' una valvola di sicurezza sociale che ristabilisce l'equilibrio tra le ricchezze e le potenze produttive di un popolo; e' fonte di benessere per chi va e per chi resta, sgravando il suolo di una popolazione soverchia e avvalorando la mano d'opera di chi resta; puo' essere insomma un bene o un male individuale o nazionale, a seconda del modo e delle condizioni in cui si compie, ma e' quasi sempre una risorsa umana, poiché apre nuove vie ai commerci, facilita la diffusione dei trovati nella scienza e delle industrie, fonde e perfeziona le civiltà e allarga il concetto di patria oltre i confini materiali, facendo patria dell'uomo il mondo[2].

Anche in Italia il problema immigrati scotta. E' ben conosciuta la retorica al vetriolo della Lega Nord. Non c'e' dubbio che il fenomeno immigrazione sia di grande portata. Il Dossier Caritas/Migrantes indica che la stima del numero degli stranieri regolarmente soggiornanti è arrivata a 4 milioni e 919 mila, circa il 7% dei residenti[3]. Dato superiore di circa 700 mila unità rispetto a quello dell'Istat (4 milioni 235 mila all'inizio del 2010). Quasi 5 milioni di immigrati, ma la Lega fa pensare che siano il triplo. Il dossier fa delle constatazioni interessanti:

- oltre un ottavo degli immigrati, quasi 600 mila persone, risulta di seconda generazione;
- gli immigrati sono quasi tutti al nord e al centro, e al nord un residente su dieci è straniero. Un immigrato su quattro vive in Lombardia (982.225, 23,2%). Roma (405.657) perde il primato di provincia col più alto numero di immigrati a vantaggio di Milano (407.191);
- la città riscuote gradimento crescente rispetto alla campagna o al paesino;
- con gli stranieri l'Italia è demograficamente meno vecchia;
- la donna immigrata diventa il "motore della trasformazione" della propria comunità d'origine;
- i matrimoni misti non falliscono più di quelli tra italiani.

Complice la crisi economica, con il numero degli immigrati crescono anche le reazioni negative nei loro confronti da parte degli Italiani. Eppure i dati di Caritas mostrano un quadro favorevole al contributo economico degli immigrati, autentici produttori di ricchezza per il paese che li ospita:

- contribuiscono alla produzione del prodotto interno lordo per l'11,1%;
- versano alle casse dello stato quasi 11 miliardi di contributi previdenziali e fiscali l'anno;
- incidono per circa il 10% sul totale dei lavoratori dipendenti ma sono sempre più attivi anche nel lavoro autonomo e imprenditoriale, dove

riescono a creare nuove realtà aziendali anche in questa fase di crisi, risultando titolari del 3,5% del totale delle imprese.[4]

Molti Italiani sono preoccupati della presenza di "immigrati irregolari", perché tra essi possono essercene di "indesiderati"[5]. Ma sono ancora più preoccupati per l'impatto che gli immigrati hanno sulla trasformazione demografica e sul loro peso specifico nel sistema di welfare[6].Non pochi sono quelli che vedono le rimesse degli immigrati come un esodo di risorse nazionali verso i paesi di provenienza degli immigrati. Il Dossier Caritas 2010 evidenzia il ruolo rilevante delle rimesse, che rappresentano ormai la prima fonte finanziaria globale di sviluppo insieme agli investimenti diretti esteri di imprese e privati, distanziando platealmente le cifre degli aiuti pubblici internazionali.

Le rimesse, motore di sviluppo

Nonostante l'attuale crisi economica, il flusso di denaro dall'Italia verso l'estero[7] operato dagli immigrati, continua a crescere. Gli immigrati supportano le famiglie e il gruppo famigliare, ricoprendo un ruolo fondamentale per il miglioramento delle condizioni socio-economiche dei paesi di provenienza. La cifra complessiva delle rimesse di cittadini stranieri residenti in Italia nel 2009 ha superato i 6,7 miliardi di euro. L'83,2% del totale proviene da sette regioni e oltre il 50% da cinque province (Roma, Milano, Prato, Firenze e Napoli). Le aree più importanti sono il Lazio (in particolare l'area metropolitana di Roma) e la Lombardia, da dove risulta partito complessivamente il 47,7% delle rimesse, a conferma dell'elevata presenza d'immigrati nelle due regioni. Al terzo posto la Toscana, con il 13,8% delle rimesse. La Toscana si fa apprezzare per l'incremento, +10%, documentato nell'anno, spiegabile con il vistoso incremento delle rimesse della comunità cinese di Prato.

I corridoi principali Italia-estero, nell'anno, si sono aperti verso il continente asiatico (Cina e Filippine insieme detengono il 50,2% del totale), con l'Europa al secondo posto, 24.2%. Nel vecchio continente spicca in particolare la Romania, dove sono stati inviati 824 milioni di euro. Un dato rilevante è che l'80% delle rimesse transita attraverso i *money transfer*, una scelta motivata da diversi fattori, tra cui la velocità del trasferimento effettivo di valuta.

Il fenomeno qui richiamato ha avuto come protagonisti, in altra epoca, anche i nostri emigranti, artefici dell'ingresso in Italia di ricchezze cospicue, consistenze finanziarie sottratte al consumo o all'investimento nei paesi di destinazione per essere indirizzate al sostegno delle famiglie e dell'economia del paese d'origine. Come oggi accade con le rimesse all'estero degli immigrati stranieri, veniva messa a disposizione della comunità di provenienza una parte sostanziale del frutto di un lavoro spesso effettuato in condizioni difficili e con scarse garanzie sociali. L'emigrante, che già soffriva condizioni affettive complesse, adottava uno stile di vita basato su rinunce e sacrificio. Allungava il più possibile la giornata di lavoro e risparmiava sui consumi. Si è calcolato che, soprattutto nei primi anni del nuovo soggiorno, inviava a casa e ai suoi cari un quarto circa dello stipendio percepito. Si trattava di cifre importanti, tutt'altro che marginali per una nazione ancora allo stato nascente, nella quale gli squilibri territoriali e sociali costituivano la regola. Quei soldi tornavan buoni per soddisfare le necessità immediate della famiglia, e risultavano utili per permettere il mantenimento e la riproduzione di ampi strati della popolazione rimasta in Italia. Ma non si trattava solo di un fatto privato, che si esauriva nella sfera privata degli affetti e delle relazioni familiari. Già nei primi anni del Novecento, quando l'Italia iniziava a strutturare la propria identità economica unitaria, quando erano ancora drammatiche certe condizioni nel sud e nel nord-est del paese e servivano soldi per superarle, i flussi finanziari delle rimesse degli emigrati ebbero un ruolo economico enorme, assommando a circa un terzo della bilancia dei pagamenti.

In che modo l'emigrante, il suo lavoro, furono interpretati e valutati all'epoca? Si rese conto il paese di quale potere economico costituissero? Da un lato la nuova nazione subiva emorragia di capitale umano, dall'altro la perdita di quegli uomini e donne (spesso tra i migliori, in quanto coraggiosi e temprati al punto da poter scegliere di abbandonare tutto per affrontare l'ignoto di un nuovo paese) diventava fonte di capitalizzazione finanziaria.

Negli anni immediatamente successivi all'unificazione, il governo assunse una posizione sostanzialmente repressiva verso l'emigrazione soprattutto per ragioni legate alla struttura economica dell'epoca, fondata soprattutto sul primario. Tra le prime disposizioni normative in materia figura la "circolare Lanza" inviata ai prefetti il 18 luglio 1873. In essa si invitavano le autorità di governo delle province ad impedire l'emigrazione clandestina e a frenare con ogni mezzo quella lecita e spontanea. Era opinione corrente dei politici del tempo, che l'emigrazione provocasse la rottura di un equilibrio fra le classi agricole, determinando la diminuzione della mano d'opera disponibile nelle campagne e conseguentemente l'aumento dei salari, con spinta al mutamento delle condizioni contrattuali. Come sappiamo, però, i flussi migratori si andarono intensificando: a nulla valsero le disposizioni restrittive dei governanti della Destra né quelle successive diramate dalla Sinistra storica. Secondo quanto risulta dai dati Istat, emigrarono in America circa 4.711.000 italiani: 3.374.000 provenivano dal Mezzogiorno.

"Il bracciante disperato ed analfabeta diventò l'eroe di una nuova e pacifica rivoluzione sociale", scriveva Leopoldo Franchetti. "Mentre si scrivono libri, si pronunziano discorsi, si compilano leggi per risolvere il problema del Mezzogiorno, i contadini meridionali ne iniziano la soluzione da sé, silenziosamente. Vanno in America a creare quei capitali, che sono pure necessari per fecondare la terra del loro paese".[8]

L'avversione all'emigrazione trovò eco anche nella produzione letteraria dell'epoca. Pirandello, in "L'altro figlio," una delle novelle più rilevanti sull'emigrazione, sopratutto dal punto di vista di chi resta, scrive:

> Quel giorno si parlava della nuova comitiva d'emigranti che la mattina dopo doveva partire per l'America.
> – Parte Saro Scoma, — diceva una. – Lascia la moglie e tre figliuoli.
> – Vito Scordìa, - soggiungeva un'altra, — ne lascia cinque e la moglie gravida.
> — È vero che Càrmine Ronca, — domandava una terza, — se lo porta con sé il figliuolo di dodici anni, che già andava alla zolfara? Oh Santa Maria, il ragazzo, almeno, avrebbe potuto lasciarglielo alla moglie. Come farà quella povera cristiana, ora, a darsi ajuto?
> ......
> — S'io fossi re,--disse[Jaco Spina], e sputò, — s'io fossi re, nemmeno una lettera farei più arrivare a Farnia da laggiù.
> — Evviva Jaco Spina! — esclamò allora una delle vicine. — E come farebbero qua le povere mamme, le spose, senza notizie e senz'ajuto?
> – Sì! Ne mandano assai! – brontolò il vecchio, e sputò di nuovo. –Le madri, a far le serve, e le spose vanno a male. Ma perché i guaj che trovano laggiù non li dicono, nelle lettere? Solo il bene dicono, e ogni lettera è per questi ragazzacci ignoranti come la chioccia: — pio pio pio — se li chiama e porta via tutti quanti! Dove son più le braccia per lavorare le nostre terre? A Farnia, ormai, siamo rimasti noi soli: vecchi, femmine e bambini. E ho la terra e me la vedo patire. Con un solo pajo di braccia che posso fare? E ne partono ancora, ne partono! Pioggia in faccia e vento alle spalle, dico io. Si rompano il collo, maledetti![9]

Nella posizione esplicitamente avversa del personaggio pirandelliano, sono enunciati vari problemi creati dall'emigrazione, soprattutto in relazione ai colpi inferti su chi restava a casa e sulla situazione sociale del paese d'origine:

- lo spopolamento delle campagne;
- la riduzione di manodopera, con il rischio che la terra restasse incolta;

- la frantumazione delle famiglie, per lo più con il venir meno nei luoghi di origine dei ruoli maritali e paterni;
- la messa a rischio di taluni valori morali, come la fedeltà matrimoniale e la cura delle persone care;
- la piaga sociale delle "vedove bianche".

I personaggi di Pirandello se la vedono anche con la questione delle rimesse: "Sì! ne mandano assai!", dice Jaco Spina. Ma ha un tono ironico, come se masticasse amaro.

Eppure tutti sono consapevoli che le rimesse hanno un grosso impatto sulla vita delle singole famiglie, sullo sviluppo dei loro villaggi e della nazione nel suo complesso. Le rimesse appaiono con evidenza l'elemento più tangibile del contributo dell'emigrante allo sviluppo economico dell'Italia.

L'incontro scontro tra il pregiudizio antropologico e la consapevolezza del beneficio economico è ben descritto da Luigi Capuana in *Gli americani di Rabbato* (1909). I sentori anti emigrazione sono tutti nella descrizione maliziosa di naturalizzati rientrati dall'America, negli anelli pacchiani infilati in dita lavoratrici e nei denti d'oro esposti nella chiostra della bocca, ma accanto al pingue elenco dei terreni acquistati e delle case edificate grazie alle rimesse dei naturalizzati americani.

Emigrazione, fattore di modernizzazione

Né è solo una questione di rimesse, perché l'esperienza dell'emigrazione plasma un nuovo tipo di cittadino. Se ne accorge Francesco Saverio Nitti, quando sottolinea come gli emigrati che tornano in patria contribuiscano al risveglio della coscienza sociale nell'intero paese, in particolare in un Mezzogiorno che ha bisogno di valori nuovi per risolvere la "questione meridionale":

> I ritornati nel contatto di popoli economicamente più progrediti, han visto le organizzazioni dei lavoratori loro compagni, la indipendenza morale di cui godono, la partecipazione del popolo al governo ed ai benefici delle pubbliche spese. Tali esperienze, per quanto brevissime, hanno cominciato a sovvertire le vecchie esperienze, stratificate nel rozzo ed ingenuo animo, del secolare servaggio feudale. I ritornati pertanto cominciano dal non manifestare più l'antica reverenza pel signore, pel galantuomo locale, se ne sentono indipendenti. Si svincolano anche della sottomissione al prete....[10]

L'emigrazione ha mutato la coscienza morale e sociale dell'emigrante. Nel rientrare, mostrava consapevolezze inattese: di uomo che sentiva la nuova dignità conferita dal lavoro. Sa di aver imparato come applicare abilità ed energie, sa come rendere produttivo e redditizio sudore e creatività.

Carmine Biagio Iannace, beneventano che venne la prima volta in America nel 1907, nonno di chi scrive, nell'autobiografia *La scoperta dell'America*, evidenzia come non solo il lavoro attribuisca identità alla persona, ma si proponga come base della cittadinanza democratica:

> L'elemento più importante però che è la pietra di paragone fra l'americano e il non americano, è il concetto di lavoro come dignitosa attività. Venendo in America si entra in una nuova dimensione se, coscientemente o incoscientemente, si accetta il concetto di lavoro come possibilità vitale di espressione, come un inno alla vita e alle possibilità fisiche e psichiche di produrre, come mezzo di discorso con gli altri, con la società nuova. E' un cementare i propri sudori nel grande esperimento Americano, è sentirsi diversi e uguali, creati e creatori. Il crogiuolo trasformatore richiede come catalizzatore fede e volontà nelle possibilità completive del sistema[11].

Per trovare, nella cultura italiana ufficiale, il riconoscimento del valore del lavoro, occorrerà attendere la Costituzione repubblicana che, all'art. 1, afferma: "L'Italia è una repubblica democratica fondata sul lavoro". Mio nonno, dando voce a sentimenti e coscienza sociale di centinaia di migliaia di altri emigranti, affermava che il lavoratore andasse riconosciuto come soggetto autonomo, portatore di un interesse distinto, da mediare con l'interesse della proprietà al fine di una sintesi costruttiva.

Il lavoro è esso stesso un capitale e l'Italia di fine '800 e inizio '900 lo lascia partire oltre oceano, per produrre lì la ricchezza che in patria non può produrre, perché mancano le condizioni necessarie. Torna la domanda: si trattava di un investimento del paese o di dispersione di risorse utili alla patria d'origine?

Giustino Fortunato (1848-1932), uno degli uomini politici più sensibili al fenomeno migratorio, riconobbe pienamente sia il costo che il contributo dell'emigrazione:

> Inviamo di là da mari la sola merce di cui abbiamo dovizia: l'uomo; e lungo i mari c'è venuta in cambio, e ci viene, una larga striscia d'oro — le rimesse — che non ignoriamo, no di che lacrime e di che sangue sono fatte[12].

Nel rispetto di quelle lacrime e di quel sangue, è doveroso chiedersi che impatto abbiano avuto le rimesse: a mio modesto avviso, hanno costituito l'elemento di fondo dello sviluppo industriale tra la fine dell''800 e l'inizio del '900, così come del miracolo economico seguito alla seconda guerra mondiale.

Alla fine dell' '800 l'industrializzazione dell'Italia era vista come una chimera impossibile a realizzarsi. La penisola, si diceva, non aveva fonti di energia né risorse minerarie. Mancava dei mezzi di produzione e dell'accumulazione di capitali necessari al decollo. In quelle condizioni era difficile auspicare un processo di crescita che non fosse quello legato alla terra, al sole, all'acqua. Era il pregiudizio fisiocratico di un'Italia terra di agricoltura, al massimo meta di turismo[13]. Un pregiudizio, peraltro, che si sposava molto bene con gli interessi delle potenze europee di quegli anni, dato che a queste la nascita di uno stato unitario solo parzialmente "produttore" metteva a disposizione un grande mercato di sbocco dove difettavano competitori locali. Il manifatturiero europeo poteva a ragione ipotizzare di esportare a man bassa in Italia, senza timore di concorrenza interna o di contropartite da contrattare con pochi e mal assortiti esportatori nazionali.

In parte fondate, queste osservazioni non tenevano conto d'un dato: i fattori della produzione non sono solo quelli derivabili dalle materie prime energetiche e minerarie. Gli economisti classici, a partire da Adam Smith, in modo forse sintetico ma non per questo meno efficace, hanno insegnato che a fondamento dei processi produttivi efficaci stanno tre elementi: la terra, il capitale, il lavoro. Quell'Italia era ricchissima del terzo elemento, il capitale umano e la sua intelligenza. L'uomo italiano, cresciuto nelle libere civiltà comunali, poi organizzato nei tanti piccoli stati che si erano formati nel territorio peninsulare, si era affermato nei secoli grazie alla propria intelligenza, ai propri saperi, ottenendo riconoscimenti universali non solo per la sua capacità di fatica e lavoro materiale, ma per la lucida creatività intellettuale. Era un uomo che ovunque corti e signori avevano regolarmente richiesto nel corso dei millenni, per ottenerne opere dell'ingegno e pagarne le capacità di intuizione, lavoro, intraprendenza, pragmatismo.

Nella nuova Italia, politicamente unita da Casa Savoia, quelle capacità di lavoro e ingegno trovarono collocazione storica nella figura dell'emigrante. Con le sue prestazioni, egli divenne il perno di un sistema produttivo, anche industriale, che fece decollare la nuova nazione, contribuendo in maniera non secondaria alla trasformazione e modernizzazione del paese delle origini.

Alla fine dell''800 l'Italia si trovò, al pari di tutta l'Europa, in una situazione inaspettata: tra il 1875 e il 1896 si ebbe la cosiddetta *Grande depressione europea*, che per l'Italia, economia ancora eminentemente agricola, significò una grande crisi agraria. Con la ripresa del ciclo espansivo, Italia ed Europa iniziarono il processo di crescita che si fa coincidere con la "Belle Epoque" e che in Italia si identificò, nel nuovo secolo, con il periodo di governo di Giovanni Giolitti. Sono gli anni del primo *take off* italiano, il decollo industriale che interessò quasi esclusivamente la striscia di Settentrione che sta nel triangolo Genova - Torino - Milano.

In coincidenza, in un paradossale e imprevisto fenomeno che assume cadenze epocali, inizia a fluire verso l'Atlantico il grande fiume del popolo dei migranti. Sono soprattutto uomini del Sud, Campani, Calabresi, Lucani, Siciliani, Pugliesi, a cercare fortuna fuori dai confini. Puntano al nord America, in particolare agli Stati Uniti. Partono con l'obiettivo di un lavoro che consenta loro di donare ricchezza al proprio paese, inconsapevoli che nella gran parte dei casi non torneranno indietro e che il loro lavoro creerà ricchezza soprattutto nel paese di accoglienza. Prima ancora dell'invio di rimesse, rilasciano alla patria che abbandonano un dono certamente amaro, ma non per questo meno prezioso in termini economici. Sottraendo se stessi dalla massa di disoccupati senza futuro, realizzano una tremenda autoespulsione di forza lavoro eccedente, fomentando le condizioni per un riequilibrio tra offerta di braccia e domanda industriale che consentirà all'Italia la sua (parziale) industrializzazione. Non è irrilevante notare come le popolazioni del Mezzogiorno, già sacrificate da come l'Unità aveva preso forma storica, pagano un pesante conto in termini sociali ed umani ai limiti di espansione e industrializzazione del triangolo di nord ovest.

A detto contributo "passivo" farà presto seguito un contributo "attivo", di cui si ritrova traccia evidente nelle voci finanziarie del rapporto dell'Italia col mondo. Se, come si è notato, per alimentare la base industriale occorreva comprare all'estero energia (all'epoca soprattutto carbone) e materie prime, il pareggio di bilancia poteva essere realizzato solo attraverso esportazioni ed esborsi finanziari. Generando la relativa inconsistenza della base produttiva nazionale saldi commerciali cronicamente passivi (dato che permarrà sin quasi alla fine del Novecento), solo la disponibilità di mezzi valutari avrebbe consentito di non accrescere oltre il lecito la curva del debito. Da qui la rilevanza strategica del contributo che la remunerazione in valuta (segnatamente in dollari statunitensi) del lavoro italiano all'estero, viene ad assumere nella storia economica nazionale.

I protagonisti di questa epopea finanziaria, che drena risorse dalle tasche povere degli emigrati italiani per muoverle verso le famiglie d'origine e gli sportelli nei quali la raccolta di uffici postali e banche le aspira, sono i maschi del sud, spesso scuri e con i calli alle mani. Nelle regioni di provenienza, li ricordavano solo familiari ed amici. Nel nord Italia li chiamavano terroni o “Napoli”. Di loro non si parlava né nei libri di testo né sui giornali. E quegli italiani vivevano in modo frugale, austero, ripetendo dentro l’opulenza americana i riti e le abitudini delle campagne dell’origine, vivendo spesso in condizioni non solo affettive ma materiali persino peggiori. E però, conoscendo l’arte del risparmio, si facevano bastare tutto, e così raggranellavano montagne di centesimi e penny, a seconda se erano sotto padrone nei paesi dove i regimi valutari si richiamavano al dollaro o alla sterlina, bandiere finanziarie del tempo. Trasformavano in sostanziosi gruzzoli quei risparmi, e li rimettevano regolarmente in Italia, dove le famiglie, ma anche lo stato e gli industriali del nord sapevano come metterli a frutto[14].

L’emigrazione restava una immensa tragedia umana, sociale, politica per l’Italia dell’epoca. Ma da quel dramma emergeva qualcosa di fortemente positivo, i benefici per una bilancia dei pagamenti nazionale, ancora sotto stress per i costi dell’unificazione e i debiti contratti dal nuovo stato a sostegno dei processi di ingresso nel concerto delle nazioni. Si spiega così il fatto che il paese, con la sola eccezione della fase fascista, non ostacolerà più, incoraggerà anzi in certe fasi, i movimenti di esportazione di mano d’opera all’estero.

Le rimesse alla base dello sviluppo italiano

Non c’e’ dubbio che una delle conseguenze socialmente ed economicamente più rilevanti dell’intensificazione dei flussi migratori, fu la gestione in Italia delle rimesse degli emigranti, in particolare rispetto alla costruzione delle condizioni per il boom italiano degli anni Sessanta e l’introduzione del Settentrione all’interno dello sviluppo virtuoso europeo. La questione non viene sufficientemente messa a fuoco dagli storici dell’economia, salvo intelligenti eccezioni. Ed è invece evidente che le rimesse risultarono una fonte preziosa di valuta pregiata, elemento di ricchezza per le finanze dello stato e, tramite la spesa di questo prevalentemente orientata verso il nord industriale, dell’Italia economicamente più avanzata. Inoltre, buona parte dei proventi dell’emigrazione non trovarono impiego in consumi, acquisti di immobili o investimenti immediatamente produttivi, ma fu tesaurizzata attraverso depositi presso gli uffici postali o l’acquisto di titoli del debito pubblico. L’accresciuta disponibilità finanziaria consentì allo stato di dirottare risorse finanziarie al sostegno dello sviluppo del triangolo industriale sotto forma di crediti, finanziamenti, commesse pubbliche[15]. I risparmi degli emigrati e dei loro parenti italiani si trovarono così a contribuire alla formazione dell’accumulo di capitale necessario allo sviluppo del paese.

Fondamentali per il primo decollo industriale italiano furono le rimesse nel decennio giolittiano (1903-1914). Fra il 1901 e il 1910 le rimesse costituirono il 25% della bilancia dei pagamenti. Secondo la stima della Commissione di immigrazione degli Stati Uniti, le rimesse raggiunsero nel 1907 la somma di 85 milioni di dollari. Dai quasi 132 milioni di lire al valore corrente nel 1902, le rimesse complessive dell'emigrazione italiana superarono i 716 milioni nel 1913 con una media annuale di circa 450 milioni. Nel primo dopoguerra, un progressivo incremento portò l'ammontare complessivo delle rimesse a circa 5 miliari di lire nel 1920, anno che registra il punto più alto nella curva delle rimesse dei primi decenni del Novecento.

Anche le somme raccolte dai soli collettori istituzionali si impongono per ammontare davvero consistenti. Sommando le rimesse effettuate per mezzo del Banco di Napoli con i depositi fatti nelle Casse di Risparmio postali e i vaglia postali internazionali pagati dagli uffici postali del regno, tra il 1902 e il 1905, si ottiene una media annua di rimesse pari a oltre 160 milioni di lire correnti. Un dato destinato a crescere negli anni successivi, fino ai 304 milioni annui del quadriennio successivo, ai 404 del periodo tra il 1909 e il 1913, per una media annua che, per l'intero periodo considerato, svetta a quota 290 milioni.

Nel complesso, le somme ufficiali depositate al risparmio nei soli istituti di credito italiani aumentarono del 61% nel periodo bellico, del 117% tra il 1918 e il 1921 e di un ulteriore 36% nei quattro anni successivi, passando dai 7 miliardi e 600 milioni di lire del 1914-15 ai 36 miliardi e 221 milioni del 1925, per un incremento complessivo del 376%. Senza tener conto, anche per queste cifre, del denaro che gli emigranti conservano in casa e di quello da essi impiegato nell'acquisto di titoli del debito pubblico[16].

Si tenga presente che l'Annuario statistico dell'emigrazione italiana nei dati raccolti ed elaborati, non menziona, nel catalogare gli importi rimessi in Italia dall'estero via vaglia postale internazionale, la causale. In questo modo non si fa distinzione tra il risparmio degli emigrati e il denaro inviato per transazioni commerciali effettuate in Italia. D'altra parte nelle cifre qui riportate, non figurano le cosiddette partite "invisibili", lo spostamento di denaro dall'estero verso l'Italia servito da canali informali. Se ai depositi, certificati bancari e postali, distinte di cambio, vaglia internazionali, etc. registrati presso il Banco di Napoli e gli uffici postali del regno si fosse in grado di sommare il flusso di dollari transitato attraverso la variegata panoplia di mezzi forniti alla galassia dell'emigrazione dalla rete di rapporti umani e professionali (dai "banchetti" privati dei luoghi di destinazione, al parente o compaesano di ritorno in patria, alla busta della posta ordinaria dove dentro un foglio con un saluto approssimativo vergato a mano si nascondeva un prezioso biglietto verde, al trasferimento diretto via portafoglio dell'emigrante in viaggio verso la casa delle origini) l'entità delle rimesse apparirebbe di tutt'altro spessore.

Le rimesse degli emigranti, ufficiali e non ufficiali, iniettando valuta pregiata altrimenti indisponibile, nel sistema finanziario italiano, fecero la fortuna di molti istituti di credito che sulle attività di trasferimento e cambio realizzarono un lucro non indifferente. L'invio dei risparmi in Italia seguiva un iter complesso ed articolato e, soprattutto nei primi tempi, gli operatori bancari residenti in Italia o impiantatisi nei paesi di destinazione, ne furono protagonisti indiscussi e privilegiati.

Può essere utile l'approfondimento di alcuni aspetti legati al fenomeno delle rimesse. Così quello sulla *redistribuzione regionale* in territorio italiano, in quanto ricollegabile immediatamente all'andamento dei flussi migratori, e alle modificazioni che assume la loro origine geografica. Tra il 1907 e il 1913 gli importi maggiori affluiscono nell'Italia meridionale (61%), con Sicilia, Campania e Calabria ai primi posti. Nel Settentrione è il Veneto a registrare la percentuale più elevata. Tra il 1914 e il 1918 le regioni ai primi quattro posti della graduatoria sono tutte meridionali: Sicilia (18%), Campania (19%), Abruzzo e Molise (14,5%), Calabria (14%), seguite da Veneto, Puglia, Piemonte, Basilicata, Marche, Lombardia, Toscana, Emilia e Lazio. Nel dopoguerra, dal 1919 al 1925, a stare alla documentazione fornita dal citato Balletta, la maggior parte dei vaglia viene pagata in Sicilia e Campania, immediatamente seguite da altre regioni meridionali; a distanza le regioni settentrionali e quelle centrali. A testimonianza che nel corso del tempo, l'emigrazione diventa un fatto soprattutto meridionale.

Dei positivi *effetti macroeconomici* sul piano strettamente finanziario, abbiamo già detto. Va aggiunto che l'immissione dall'estero di così grandi quantità di denaro, oltre a fornire sostegno diretto al sorgente capitalismo del triangolo industriale di nord-ovest, migliorò le condizioni delle famiglie degli emigrati, creando le premesse per una maggiore disponibilità di denaro da spendere al consumo. A trarre vantaggio dall'ampliamento della domanda fu evidentemente l'unica offerta allora disponibile, espressa dall'industria settentrionale che così poté piazzare i suoi prodotti in un mercato dei consumi meridionale tutt'altro che saturo.

Le rimesse fanno registrare il miglioramento delle consuetudini alimentari e in generale un *miglioramento della qualità di vita*. A risentirne sono in primo luogo le condizioni igienico-sanitarie, che si traducono in diminuzione di mortalità, a cominciare da quella infantile. Malattie endemiche come la pellagra, affezioni molto frequenti come quelle polmonari, diminuiscono rapidamente in modo sensibile.

Si registra con evidenza la crescita di propensione agli acquisti rispetto ai seguenti beni:

- abbigliamento,
- mobilio domestico e macchine da cucire
- attrezzature, macchinari, strumentazioni, di origine industriale e artigianale.

Si realizzano incrementi quantitativi e qualitativi in attività produttive collegate ad aziende famigliari, a botteghe, laboratori di sarti e calzolai. Crescono i contributi alle attività devozionali: ricorrono con una certa frequenza le offerte delle famiglie di emigranti per le feste patronali, e i contributi degli emigrati più facoltosi per ristrutturazioni ecclesiali e/o per il rinnovo degli arredi sacri.

Né può essere dimenticato l'impatto positivo che le rimesse ebbero sullo sradicamento dell'usura dalle campagne. Con i soldi "della *Merica*" i contadini pagarono innanzitutto i debiti contratti per poter tirare avanti, con la conseguente diminuzione del debito ipotecario della proprietà contadina. Le rimesse dell'emigrazione modificarono profondamente, nel giro di pochi anni, un contesto di sfruttamento criminale, sedimentato nel corso dei secoli e aggravatosi nell'ultimo periodo. Il mercato del credito ne risultò rivoluzionato, a tutto vantaggio del mondo contadino che finalmente riuscì ad emanciparsi da un cancro che ne aveva roso l'anima.

Casa e terra furono i beni immobili che maggiormente attirarono gli investimenti operati con le rimesse. Alle antiche casupole buie e con le pareti annerite dalla fuliggine, si sostituirono casette a due piani, con camere ampie e ariose, balconate o terrazzate. Per molti versi si realizzò lo spostamento massiccio del ceto contadino verso comportamenti e abitudini da sempre appartenuti alla piccola borghesia cittadina.

Il "pezzo di terra" era l'altra storica aspirazione da soddisfare col "denaro americano". La corsa all'acquisto non intaccò il grosso del latifondo, perché ci si concentrò sulle terre più vicine ai centri abitati, spesso già divise in microappezzamenti, o su quelle marginali. Pur con questi limiti, la piccola proprietà contadina crebbe significativamente anche nel periodo successivo, anche perché l'investimento dei piccoli proprietari si sposò con il bisogno dei ceti borghesi e nobiliari a superare le remore di ceto e blasone, nell'intento di sbarazzarsi di fondi trasformatisi in pesi parassitari a fronte di sopravvenuti costi o difficoltà finanziarie. Quando non era il bisogno, soccorreva il calcolo: senza liquidità non risultava possibile investire nei remunerativi investimenti immobiliari urbani e nell'avvio di professioni liberali. Tra il 1911 e il 1921 il numero degli agricoltori proprietari salì del 412% in Sicilia, del 309% in Puglia, del 306% in Calabria, del 159% in Veneto[17].

Si andava così realizzando, grazie alle rimesse dei parenti lontani, il miglioramento del tenore di vita dei congiunti rimasti, anche se non si poté portare a maturazione completa il necessario movimento di emancipazione e democrazia rurali. Mentre i contadini coronarono il sogno di possedere la terra, non riuscirono a determinare le condizioni per un compiuto sviluppo economico e sociale dei territori interessati dall'emigrazione. In molti casi, inoltre, le rimesse ebbero un inatteso effetto negativo, attribuendo valori abnormi ai beni di investimento e di consumo (ad es. l'aumento del costo della proprietà edilizia e terriera, speculazioni sui materiali dell'edilizia, incremento del prezzo dei generi alimentari) e generando così inflazione. L'impennata dei prezzi al consumo dei beni di prima necessità, in particolare, finì per espellere i soggetti marginali dal gruppo con capacità di domanda, incrementando il numero di candidati per le nuove forme di migrazione. I senza reddito o a basso reddito che non disponevano di parenti o consanguinei emigrati, non riuscivano a sostenere i costi legati agli aumenti o ai nuovi beni, per lo più generati dalla domanda inflattiva con radice oltreoceano.

Ci si può chiedere perché la disponibilità finanziaria delle rimesse non sia stata utilizzata dalle popolazioni del Mezzogiorno per promuovere il proprio avanzamento economico e sociale, e in particolare per costituire una base capitalistica per lo sviluppo industriale nel sud Italia. Tra le ragioni, il fatto che l'emigrazione aveva drenato forza lavoro e intelligenze, dirigendole verso mercati più evoluti. Inoltre, la popolazione attiva residua mancava di formazione tecnico professionale adatta e di cultura imprenditoriale. Non sorprende che la metà delle rimesse sia stata veicolata su consumi correnti e edilizia famigliare. Il 10% delle rimesse venne investito in agricoltura. Gli utilizzi residuali andarono ad attività artigianali e terziarie, moltiplicando le prestazioni poco remunerative e frammentando l'utilizzo del risparmio. Neppure gli investimenti fondiari furono indirizzati verso il consolidamento di una proprietà capace di sviluppo capitalistico: il microfondo restò la regola, con il 60% delle famiglie detentrici di appezzamenti inferiori all'ettaro.

Le rimesse alla base del boom economico

Le rimesse sono state l'elemento di fondo della ricostruzione italiana e del miracolo economico del paese, nel secondo dopoguerra. L'equazione ideata dal governo De Gasperi risultò efficace nella sua semplicità: un paese immiserito dalla guerra e dalla carenza di valuta, scambiava la sovrabbondanza di forza lavoro giovane, sana, produttiva con le materie prime, di cui l'Italia scarseggiava. Su questo assunto, vennero conclusi accordi con i maggiori paesi di immigrazione come Argentina e Australia, ma in particolare con i vicini europei: Belgio, Francia, Svizzera. In due anni, tra il 1946 e il 1947, partirono per le miniere francesi e belghe quasi 84mila italiani, la maggior parte provenienti dal Veneto, dalla Campania e dalle regioni del sud.

L'incredibile flusso di rimesse di quest'armata del lavoro, costituì una ricchezza formidabile che permise all'Italia di pagare il debito contratto con l'estero, acquistare materie prime, avviare la rinascita economica. Secondo i dati dell'Ufficio italiano cambi, le rimesse si aggiravano intorno ai 32 milioni di dollari nel 1947. Con l'incremento dell'emigrazione, nel '49 passarono a 90 milioni di dollari, a 102 milioni di dollari nel 1952, per registrare, negli anni successivi un aumento costante, sino a 246 milioni di dollari nel 1959 e 288 nel 1960. In totale le rimesse attraverso canali ufficiali tra il 1945 e il 1960, ammontarono a 2 miliardi e 40 milioni di dollari. Il 55% andò nel Meridione, con il 16% alla sola Sicilia. Con l'arrivo degli anni '80, al lavoratore italiano che opera all'estero è attribuito lo status di non residente: conseguentemente può trasferire risparmi in Italia sotto forma di accredito in conti esteri esenti da ritenute sugli interessi, o come donazioni ai familiari.

Ai sensi della rilevazione statistica, i citati movimenti in valuta sono catalogati all'interno di voci specifiche: investimenti esteri in Italia, conti esteri in Italia, donazioni a residenti. Complesso circoscrivere al loro interno lo specifico apporto dei connazionali non residenti. Inoltre continuano a sfuggire alle rilevazioni delle autorità finanziarie gli invii di denaro attraverso canali non ufficiali, le rimesse inviate alle famiglie con i mezzi più disparati, in particolare i risparmi trasportati dagli emigrati rimpatriati. Il Consiglio Generale degli Italiani all'Estero (Cgie) ha fatto notare che la scarsità di depositi in Italia di risparmi degli italiani all'estero, è dovuta all'assenza di una politica valutaria diretta ad incentivarne gli investimenti, in realtà persino penalizzati da assenza di agevolazioni, da ritenute sugli interessi, da rischi di cambio, da fiscalizzazione alla fonte, da scarsa remunerazione rispetto al tasso d'inflazione.

Non solo rimesse

Al contributo diretto degli emigrati allo sviluppo italiano attraverso le rimesse, vanno aggiunte tre ulteriori modalità di contribuzione finanziaria all'andamento dell'economia nazionale:

- la promozione dei prodotti italiani, attraverso il consumo diretto e l'introduzione del consumo nell'ambiente di vita,
- la promozione della cultura italiana,
- l'impatto economico del turismo di ritorno.

Rilevante è il ruolo degli Italiani all'estero nella promozione e diffusione del Made in Italy. Gli italiani all'estero favoriscono le esportazioni e fungono da veri e propri *promotori del Made in Italy*. Gli emigrati conservano e diffondono abitudini di consumo che vanno ad accrescere la domanda di beni prodotti dalle aziende italiane (si pensi a prodotti alimentari, moda e design). Non a caso, nei paesi esteri in cui è più forte la presenza della comunità italiana, maggiori sono le importazioni di prodotti italiani. Molti saldi attivi si realizzano proprio nei paesi di maggiore emigrazione.

Gli emigrati finiscono per costituire uno dei principali veicoli della produzione nazionale. Il caso Veneto, con il suo 10% di esportazioni italiane, è il più eclatante. Agli ex emigrati, il Veneto è debitore in modo troppo spesso sottovalutato e misconosciuto. Se esistessero rilevazioni puntuali per l'intero arco temporale delle nostre emigrazioni, si potrebbe proporre una curva di correlazioni fra la consistenza delle comunità italiane e le tendenze delle esportazioni nazionali verso i paesi di accoglienza. Si scoprirebbe probabilmente una legge di correlazione tra flussi migratori e incremento delle esportazioni, testimonianza, tra l'altro, della crescente integrazione delle comunità migrate nel tessuto sociale locale. Il mercato diretto e indiretto dei beni e dei servizi italiani all'estero è stato in larga parte alimentato da collettività che ancora vivono e consumano all'italiana, creano ditte d'importazione di prodotti italiani, attrezzano le proprie fabbriche con macchinari italiani. E che "italianizzano" lo stile di vita delle comunità locali influenzando, anche indirettamente, capillarmente e perciò definitivamente i gusti delle società di insediamento. Secondo il Consiglio Generale degli Italiani all'Estero (Cgie) si può ragionevolmente affermare che un terzo dei volumi delle esportazioni italiane è da attribuirsi agli effetti della rete delle comunità italiane all'estero.

Ulteriori dati danno conto dell'impatto economico che l'emigrazione ha per l'Italia. Nel mondo, sono circa 60.000 i *ristoranti* che si qualificano come "italiani" (35.000 in Europa), con un fatturato di 27 miliardi di euro e un miliardo di clienti. Gli italiani in Germania sono titolari di 38.000 aziende, specialmente nel settore gastronomico: solo le gelaterie, riunite nell'Uniteis, organizzazione affiliata alla Confartigianato tedesca, sono circa 2.500, in prevalenza gestite da italiani originari del Nord-Est. Le gelaterie sono una buona vetrina del *Made in Italy* e comportano annualmente un indotto di circa 250 milioni di euro per approvvigionamento delle materie prime e 100 milioni per investimenti in arredi e manutenzione.

È un fiorente mercato che pone problemi in termini di continuità. In Germania i due terzi dei ristoranti non appartengono più a italiani, e così in Corea del Sud dove su 600 ristoranti che si qualificano come "italiani" solo 8 sono gestiti da italiani. La soluzione adottata dai nostri gelatai in Germania può essere paradigmatica: in carenza di figli in grado di continuare l'attività paterna, si è resa virtuosa la rete delle diverse realtà migratorie facendo arrivare in Germania da Argentina e Brasile un migliaio di giovani di origine italiana.

L'idea di fondo, ribadita con forza nel corso della 2^ Conferenza Stato-Regioni-Province Autonome-Cgie, nel 2005, è di utilizzare gli imprenditori italiani esteri come "consulenti" del "sistema Italia", nella piena consapevolezza dell'opera di valorizzazione del *Made in Italy* di cui si sono fatti promotori tramite le loro iniziative imprenditoriali. In particolare gli emigrati italiani "di successo" possono esercitare "una sorta di attività di lobby". Si muovono in quest'ottica soprattutto le Regioni che, tramite le Consulte per l'emigrazione, approvano progetti e stanziano fondi per l'internazionalizzazione nei paesi di maggiore presenza di corregionali, spesso puntando sulla promozione di specifiche produzioni merceologiche, per cui l'incremento delle relazioni con le collettività dei corregionali diventa leva dello sviluppo locale. A riguardo, si possono citare Itenets (*International Training and Employment Networks*) e Pptie (Programma di partenariato territoriale con gli Italiani all'estero), finalizzati a guidare le regioni del Mezzogiorno nel processo di internazionalizzazione.

Un altro importante contributo degli italiani all'estero è costituito dal *turismo di rientro*, di cui sono protagonisti i connazionali con residenza all'estero che vanno in vacanza nel paese d'origine. È una forza economica, afferma l'Associazione delle Camere di commercio, che nasconde nelle maglie la diaspora italiana nel mondo, intesa come fattore sociale ed economico transnazionale, globalizzante, indifferente alle forme tradizionali dello stato-nazione, è l'idea post-moderna della identità di popolo che prescinde dal territorio e dal *limes*, i confini. Il flusso turistico di rientro non va sottovalutato, anche perché turismo allargato continua a presentarsi come uno dei pilastri dell'economia italiana.

Per mantenere o rafforzare i contributi economici dei differenti agenti italofili è importante un nuovo legame culturale a livello transnazionale. L'italiano nel mondo non è una lingua sconosciuta, come lascia intendere l'ampia e diffusa presenza di connazionali e di oriundi. Con la repubblica di San Marino, la Svizzera è l'unico paese estero in cui, grazie al canton

Ticino, l'italiano sia lingua nazionale, anche se la percentuale di coloro che lo parlano è in diminuzione. In Australia l'italiano è la lingua più parlata dopo l'inglese. In Argentina gli studenti di italiano sono circa 93.000, ripartiti in più di 5.000 corsi con 1.359 insegnanti. Negli Stati Uniti sono 60.000 i ragazzi che studiano l'italiano e, da settembre 2005, l'italiano è entrato nell'*Advanced Placement Program* (App), ingresso che consentirà il suo insegnamento in più di 500 scuole secondarie degli Stati Uniti, come già avviene per le lingue spagnola e francese. In alcune zone, Long Island è l'esempio più evidente, dove la popolazione di origine italiana diffusa, l'italiano è insegnato in tutte le scuole è diventata la seconda lingua straniera dopo lo spagnolo[18]. Va aggiunto che la presenza della Chiesa cattolica a Roma, e il fatto che il cattolicesimo abbia negli ultimi decenni abbandonato la pratica della lingua latina, sta dando nuove opportunità di diffusione all'italiano, ad iniziare dal fatto che pontefici e cardinali stranieri comunicano usualmente tra di loro in italiano, oltre che in inglese e che il papa pronuncia i suoi discorsi della domenica in piazza san Pietro in lingua italiana.

Non sono poche le iniziative condotte per soddisfare le necessità tanto degli italiani che degli amanti dell'italiano nel mondo. Sono stati 6.519 i corsi di italiano organizzati nel 2004 dagli Istituti italiani di cultura, oltre 5.000 quelli organizzati nello stesso anno dalla Società Dante Alighieri, 16.517 i corsi tenuti nelle scuole pubbliche (anno scolastico 2003/ 2004), cui si aggiungono ulteriori 13.181 corsi realizzati, al pari dei precedenti, grazie ai contributi erogati dal Ministero degli Affari esteri, per un totale di quasi 600.000 studenti. Questi dati aiutano a inquadrare la situazione attuale e a comprendere l'esigenza di porre in azione progetti incisivi di promozione e valorizzazione della lingua italiana.

Bisogna evitare, in primo luogo, che le nuove generazioni dimentichino la lingua dei loro genitori. In Svizzera, ad esempio, solo un terzo dei ragazzi tra i 6 e i 15 anni frequenta corsi di italiano e raggiunge un livello di conoscenza intermedio, mentre un crescente numero di anziani non parla più correntemente la lingua madre e ciò è di pregiudizio anche ai vari livelli di partecipazione.

Le iniziative culturali sono anche, come accennato, un veicolo di valorizzazione dell'immagine dell'Italia e del *Made in Italy*. Esistono importanti settori che "parlano italiano", si pensi al teatro lirico, al restauro, alla moda, alla cucina, al mondo del calcio e dei motori. Promuovere la lingua e il patrimonio culturale italiano significa, di riflesso, promuovere anche le peculiarità industriali, artigianali, agroalimentari del paese. La cultura ha infatti importanti ricadute sul piano delle relazioni internazionali, del turismo (il viaggio in Italia è un "sogno classico") e del marketing. Nei processi di internazionalizzazione degli affari, questi diversi aspetti risultano tra di loro strettamente collegati. La lingua e la cultura italiana si pongono come "anticipatori d'incontro" con l'Italia, un incontro che potrà abbracciare anche gli affari e i flussi finanziari positivi per il paese.

Concludendo

La straordinaria crescita economica e sociale italiana degli ultimi decenni non è stata casuale. Nella capacità innovativa, di trasformazione e di sviluppo imprenditoriale c'è anche la linfa di generazioni di emigranti, che hanno saputo trasferire in patria nuove potenzialità: capitale, lingua, tecnologie, mestieri, intraprendenza, coraggio e lungimiranza. Tutti valori che fanno parte integrante del substrato culturale nazionale. La vocazione al lavoro e al risparmio, specie negli anni duri, per esempio, spiega la forza del Veneto d'oggi. Il modello veneto, per quanto possa entrare in crisi con il progressivo atteso avanzare dell'Europa centro-orientale, è un dato acquisito, e si propone come un vero e proprio modello culturale, come ha scritto il sociologo Ulderico Bernardi.

Proprio ai veneti spesso in testa alle manifestazioni di sciovinismo razzista che percorrono talune forze politiche e culturali italiane, occorre ricordare che l'emigrazione è sempre esistita, per buona fortuna dell'Europa visto che ne ha fatto la fortuna e la ricchezza. Il vecchio continente non avrebbe avuto industrializzazione senza questa valvola di sfogo. Vale anche per l'Italia: è l'emigrazione che ha permesso la crescita del nostro paese. Dobbiamo essere profondamente grati alle persone che sacrificando vita e sentimenti (perché è veramente difficile sradicarsi da una realtà per radicarsi in una realtà totalmente diversa), hanno permesso la crescita dell'Italia in un modo inaspettato. È anche grazie a loro che oggi possiamo gratificarci di vivere in quella che, nel bene o nel male, è pur sempre una delle maggiori potenze economiche industriali del mondo. Il presidente della Repubblica ha espresso con eloquenza il riconoscimento che il Paese deve ai suoi emigranti:

> Per decenni l'emigrazione ha costituito una fondamentale "valvola di sfogo" per il persistere di gravi difficoltà economiche e sociali, e le rimesse degli emigranti hanno contribuito non poco allo sviluppo dell'Italia. Spesso gli italiani all'estero hanno condotto una vita difficile, di sacrifici e privazioni; ma la cultura del lavoro di cui erano portatori ed i valori in cui credevano hanno infine permesso loro di integrarsi con successo nel tessuto politico, sociale ed economico dei Paesi che li accoglievano. Oggi, gli italiani all'estero costituiscono uno splendido "biglietto da visita" per l'immagine dell'Italia e contribuiscono in ma-

niera spesso determinante al rafforzamento delle relazioni tra i paesi di residenza e la madrepatria e alla diffusione della lingua e della cultura italiana[19].

Mentre diamo all'emigrante il dovuto riconoscimento per il contributo allo sviluppo economico del paese e a quello industriale del Settentrione, dobbiamo ammonire l'Italia che i legami con i figli dei figli e dei pronipoti degli emigranti vanno nutriti con nuova linfa.

In quest'ambito, particolare attenzione va data alle iniziative culturali e al sostegno della lingua italiana all'estero. Spesso cultura e lingua si presentano come il più efficace veicolo per valorizzare l'immagine dell'Italia e del *Made in Italy.* Potenziare qualità e numero delle nostre iniziative di promozione linguistico-culturale[20] è un omaggio alla coerenza di qualunque progetto di promozione del sistema Italia, visto che già ora la richiesta di cultura italiana supera di gran lunga l'offerta. Occorre con urgenza mettere mano a ulteriori "prodotti" da offrire a un pubblico sempre più colto e moderno. Promuovere cultura e studio della lingua, Dna di ogni cultura, significa promuovere anche l'economia italiana. La lingua di un popolo è certo la sua più autentica manifestazione spirituale, ma di fatto diventa il fattore più forte di promozione sociale ed economica di un paese.

Note

1 Era l'8 agosto 1956 quando a Marcinelle, in Belgio, 262 minatori persero la vita nell'inferno delle miniere del Bois du Cazier. Tra quei lavoratori di dodici diverse nazionalità, più della metà erano italiani, emigrati in Belgio da tutta la penisola in cerca di un'occupazione. Persero la vita in 136. Un carrello, di quelli che i minatori usavano per trasportare il carbone, fu la causa della strage. Alle 8 e 10 del mattino, complice un malinteso tra chi era nel sottosuolo e i manovratori in superficie, uno dei carrelli si bloccò nel montacarichi del pozzo del Bois du Cazier e causò la rottura di un condotto di olio sotto pressione e di alcuni cavi elettrici. Si scatenarono una potente esplosione e un incendio. Nessuna possibilità di scampo per gli uomini al lavoro: furono intrappolati dal fuoco e soffocati dall'ossido di carbonio, a più di mille metri di profondità.

2 Citato in La storia di un grande esodo: il Museo Nazionale dell'Emigrazione Italiana, nel Rapporto Italiani nel mondo 2010, (Roma: Fondazione Migrantes, Idos Edizioni, 2010), 220-21.

3 *Immigrazione: Dossier statistico —XX rapporto sull'immigrazione*, (Roma: Fondazione Migrantes, Idos Edizioni, 2010).

4 Il rapporto tra spese pubbliche sostenute per gli immigrati e le tasse e i contributi da loro pagati (2.665.791 la stima dei dichiaranti) va a vantaggio del sistema economico italiano. Secondo le stime del Dossier Caritas, le uscite sono pari a circa 10 miliardi di euro: (9,95): 2,8 miliardi per la sanità (2,4 per gli immigrati regolari, 400 milioni per gli irregolari); 2,8 miliardi per la scuola, 450 milioni per i servizi sociali comunali, 400 milioni per politiche abitative, 2 miliardi a carico del Ministero della

Giustizia (tribunale e carcere), 500 milioni a carico del Ministero dell'Interno (Centri di identificazione ed espulsione e Centri di accoglienza), 400 milioni per prestazioni familiari e 600 milioni per pensioni a carico dell'Inps. I dati pubblicati dal Dossier dimostrano che le entrate assicurate dagli immigrati si avvicinano agli 11 miliardi di euro (10,827): 2,2 miliardi di tasse, 1 miliardo di Iva, 100 milioni per il rinnovo dei permessi di soggiorno e per le pratiche di cittadinanza, 7,5 miliardi di euro per contributi previdenziali. Al 31 maggio 2010 sono risultate iscritte 213.267 imprese con titolare straniero, 25.801 in più rispetto allo stesso periodo dell'anno precedente, un aumento che attesta la dinamicità della popolazione immigrata anche in periodo di crisi; in particolare, nei primi cinque mesi del 2010 le imprese sono aumentate al ritmo del 13,8%, con incrementi anche maggiori in Toscana. Caritas/Migrantes, Immigrazione—Dossier Statistico 2010: XX Rapporto sull'emigrazione—Dossier 1991-2010: Per una cultura dell'altro (Roma: Idos-Centro studi e ricerche, 2010), 6.

[5] Gli immigrati irregolari presenti in Italia sono 500-700 mila: è la stima della Caritas italiana. Gli irregolari, ritengono i ricercatori, sono tendenzialmente in calo (lo scorso anno le stime ipotizzavano circa un milione) e ciò è dovuto agli effetti dell'ultima regolarizzazione (300 mila) oltre al fatto che la crisi economica ha attratto di meno gli immigrati. All'origine dell'illegalità non ci sono tanto gli sbarchi quanto le entrate legali: si arriva con visto per turismo o affari, ma alla scadenza si resta e si diventa clandestini. Il rapporto ribadisce che il «rigore» contro la clandestinità «va unito al rispetto del diritto d'asilo e della protezione umanitaria, di cui continuano ad avere bisogno persone in fuga da situazioni disperate e in pericolo di vita». Rispetto ai «flussi imponenti, e non eliminabili, anche la punta massima di sbarchi raggiunta nel 2008 (quasi 37 mila persone) è ben poca cosa. Risulterà inefficace il controllo delle coste, come anche di quelle terrestri, se non si incentiveranno i percorsi regolari dell'immigrazione». Ciò — prosegue il rapporto — «induce a pensare in maniera innovativa la flessibilità delle quote, le procedure d'incontro tra datore di lavoro e lavoratore». La crisi libica e il conflitto esploso tra Italia e Francia, con Malta e Spagna testimoni silenti, mostra sino a che punto può spingersi la questione nel Mediterraneo.

[6] Riferendo un dato di Eurostat secondo il quale con immigrazione zero l'Italia in mezzo secolo perderebbe un sesto della sua popolazione. Sappiamo benissimo che l'Italia soffre di un pericoloso problema demografico dovuto al basso tasso di fertilità. Si guardi a questi dati di riferimento:

coppie con figli : 9 milioni 588 mila

nuclei con un solo genitore: 2 milioni 214 mila, 88,6% con la madre

famiglie con un figlio: 46,5%, con due figli 43,0%, con tre figli: 10,5%

numero medio di figli per donna: 1,42 (Francia: 2,00; Germania: 1,37)

nel 2009, il 13% di tutte le nascite viene da genitori immigrati (più del 20% in Emilia Romagna e Veneto). Se si aggiungono i bambini nati da madre straniera e padre italiano, la percentuale sale a 16,5%

Gli immigrati hanno forte presenza nella scuola italiana che sta registrando un rapido aumento di studenti stranieri, 7,5% dell'intera popolazione scolastica (molto più alta nelle scuole elementari). La percentuale non include i bambini rumeni

Questa la successione documentata: 2007-2008: 574 mila, 2008-2009: 630 mila, 2009-2010: 680 mila. Le iscrizioni rivelano un'alta percentuale sul totale, specialmente nelle aree del nord: nord-ovest: 36,9%, nord-est: 28,3%, centro: 24,2%, sud: 7,6%, isole: 3,1%. Di questi: 16,2% Romania,14,8% Albania, 13,3% Marocco, 4,8% Cina, 3,1% Ecuador.

[7] È uno dei dati contenuti nel Dossier statistico sull'Immigrazione 2010, presentato il 26 ottobre 2010 dalla Caritas Italiana e che vede anche l'importante contributo di Western Union .

[8] Leopoldo Franchetti, Mezzogiorno e colonie, saggio di Umberto Zanotti Bianco, (Firenze, La Nuova Italia, 1950), 230.

[9] Luigi Pirandello, "L'altro figlio," in Novelle per un anno (Milano: Mondadori, 1956), 928.

[10] Franceso Saverio Nitti, Scritti sulla questione meridionale, vol. 1, (Bari: Laterza, 1968), 199. Si deve far notare che di fronte all'uscita delle braccia degli emigranti dai confini nazionali con il deflazionamento del mercato del lavoro anche le rivendicazioni operaie poterono avere maggior successo. Gli anni d'inizio Novecento sono anni di grande conflittualità sociale. L'ultimo decennio dell'Ottocento fu in gran parte condizionato da innumerevoli manifestazioni di dissenso popolare che culminarono nell'insurrezione dei contadini siciliani del '94 e in quella operaia di Milano del '98. Di fronte a questi eventi, la classe dominante dovette rinunciare ad una politica troppo aggressiva e puntare su una politica caratterizzata da alleanze, democraticamente aperta alla realizzazione di un modus vivendi tra capitalismo ed operaismo. Spinta dal volano della crescita economica, anche la ricchezza prodotta poté essere in parte distribuita sotto forma di salario. Uscite molte famiglie dall'indigenza più nera, anche l'Italia si dotò di un pur modesto mercato interno per le proprie manifatture.

[11] Carmine Biagio Iannace, La scoperta dell'America, (Padova: Rebellato Editore, 1971), 106.

[12] Giustino Fortunato, *Il Mezzogiorno e lo stato italiano,* in *Discorsi politici (1888-1910)* vol.II (Bari: Laterza, 1911), 433.

[13] Il diffuso scetticismo su una possibile prospettiva industriale del Paese era soprattutto rappresentato da Stefano Jacini. Si veda in proposito: Antonio Prampolini, *Stefano Jacini e l'illusione agricolturista*, in Studi Storici, 1977, n. 2; ed anche: Alberto Caracciolo, *L'inchiesta agraria Jacini*, (Torino: Einaudi, 1973).

[14] Luigi De Rosa, *Emigranti, capitali e banche*, (Napoli, Edizioni del Banco di Napoli, 1980).

[15] È opportuno tuttavia indicare che le rimesse possono considerarsi una caratteristica soprattutto dell'emigrazione temporanea, che prevedeva il rientro in patria dell'emigrante; in quella definitiva l'invio dei risparmi si riduce sia per il congiungimento di interi gruppi familiari nei luoghi di emigrazione, sia per i decessi degli anziani rimasti nelle regioni di provenienza degli emigranti. Alienando il suo bene più caro, il lavoro dell'uomo, l'Italia aveva ottenuto in cambio il passaporto per lo sviluppo economico.

[16] Francesco Balletta, *Il Banco di Napoli e le rimesse degli emigranti (1914-1925)*, (Napoli, Institut international d'historie de la banque, 1972) 153

[17] Arrigo Serpieri, *La Guerra e le classi rurali italiane*, (Bari:Laterza, 1930), 151.

[18] In Long Island, la contea di Nassau ha il 25% di popolazione italo americana, mentre la Contea di Suffolk registra il 28%.

[19] Citato in *La storia di un grande esodo: il Museo Nazionale dell'Emigrazione*. Ibid. 219-20.

[20] Ulderico Bernardi, a cura di, *La società veneta: riferimenti bibliografici (1955-1990)*, (Padova: Il poligrafico, 1991).

Oreste Bazzichi
Pontificia Facoltà Teologica San. Bonaventura, Roma

L'industria nella storia nazionale

Il cinquantenario dell'unità d'Italia fu celebrato nel 1911, quando l'Italia liberale era riuscita a diventare la sesta potenza del mondo. Il centenario del 1961 fu celebrato quando il paese, dopo un faticoso ma straordinario impegno nella ricostruzione industriale, era al culmine della modernità e si godeva il "miracolo economico". L'attuale anniversario dei centocinquanta anni viene celebrato non tanto all'insegna dell'unità ancora da compiere, quanto piuttosto in un clima tutt'altro che euforico, dovendosi ancora superare la sfida, tutta interna, del "paese duale" nei suoi squilibri di sviluppo tra Nord e Sud.

L'industrializzazione dell'Italia, dal 1861 ad oggi, è una parte importante della nostra storia, sia per l'evoluzione e la modernizzazione del sistema produttivo, sia per il costante confronto socio-politico sulla cultura industriale, sino alle attuali sfide cruciali della globalizzazione[1].

Agli esordi dell'industrializzazione

Partiamo da una considerazione fondamentale: la caratteristica che connota la situazione italiana è la compresenza nello stesso arco temporale della unificazione nazionale e della rivoluzione industriale.

L'Italia conquista l'unità nazionale in un'epoca relativamente tarda: soltanto dopo la metà del XIX secolo. Mentre i principali paesi europei, ad eccezione della Germania, innescano il processo dell'identità nazionale a cavallo dei secoli XV e XVI. Al punto che è proprio lo stato ad avviare il processo capitalistico, intervenendo costantemente a risolvere le contraddizioni dello sviluppo economico e sociale. Nel caso italiano, invece, il ritardo della formazione dello stato moderno convive con il ritardo della rivoluzione industriale. Ciò fa sì che in Italia si dia inizio all'industrializzazione — stante l'originario intreccio specificamente italiano tra forma stato e mercato, tra sistema politico e società, tra classe politica e sviluppo industriale, tra sistema politico e masse contadine, che diviene uno dei principali contrassegni storici, determinando il metodo del patteggiamento e della contrattazione degli interessi in campo — grazie a un della gruppo di uomini geniali, che costituiscono il tessuto più genuino ed obiettivo della storia dell'industria italiana.

Non vi è interpretazione di fasi storiche o di avvenimenti, ma una constatazione di dati di fatto ed una serie di iniziative che hanno sopravvissuto in molti casi a coloro che le hanno fatte sorgere per genialità di intuizione, per capacità di realizzazione, per il coraggio dimostrato nell'assumere tutti i rischi connessi. Non è tanto la collettività, né la società, né l'apparato statuale, quanto piuttosto è l'uomo che intuisce il sorgere dei bisogni e crea quanto è necessario per soddisfarli.

I tanti imprenditori, che qui menzioniamo, dimostrano, senza ombra di dubbio e di equivoco, che l'industria italiana è stata creata da uomini di diverse estrazioni sociali, accumunati unicamente da un grande desiderio di intraprendere, dal gusto del rischio, dalla ferma volontà di creare qualcosa di utile alla società; perché nessuna via è tanto aperta e libera quanto quella della facoltà di creare.

Basti pensare ai pionieri dell'industria meccanica e metallurgica.

Ernesto Breda (1831-1918), che capì l'importanza per il nostro paese della produzione siderurgica, del materiale ferroviario e delle costruzioni navali. Alla sua morte lavoravano nei vari reparti dell'impresa più di diecimila operai.

Alberto Riva (1848-1924), che si distinse soprattutto per le costruzioni di turbine elettriche utilizzate negli impianti idroelettrici di tutta Italia e all'estero (rimaste famose sono le turbine installate presso le cascate del Niagara, per la prima volta sfruttate per la produzione di energia elettrica).

Giorgio Enrico Falck (1866-1943), che eredita i nomi di battesimo del nonno paterno, l'Ing. George Henry Falck di origine lorenese, venuto in Italia per occuparsi di ferro e ferriere. Nel 1906 fondò le famose Acciaierie e Ferriere Falck a Sesto San Giovanni, che ebbero grande impulso con il figlio Giovanni negli anni della ricostruzione.

Nel polo meccanico di Sesto San Giovanni, accanto agli stabilimenti Falck, troviamo Magneti Marelli e Officine Valsecchi-Osva.

Nello stesso anno nel bergamasco nacque la Dalmine, specializzata in tubi in acciaio senza saldatura; ed a Lucca si sviluppava la metallurgia di Luigi Orlando.

A Genova si costituì un polo di industrializzazione nel campo siderurgico, dell'industria pesante e dai cantieri navali, destinato a giocare un ruolo centrale per l'intero paese, che faceva capo a Edilio Raggio, imprenditore dai molteplici interessi settoriali, scalò con successo la Terni e anche una nuova impresa, l'Elba, concessionaria delle miniere di ferro elbano — da cui il nome — costituita nel 1899 da un gruppo di finanzieri francesi e belgi, poi ritiratisi, e da Arturo Luzzatto delle Ferriere Italiane. Al gruppo

Raggio-Luzzatto era strettamente collegata l'attività dei cantieri Odero-Orlando. A questi imprenditori genovesi se ne aggiunsero altri di primo piano: Giovanni Ansaldo e Carlo Brombini, protagonisti dello sviluppo dell'Ansaldo S.p.A, passata poi nel 1903 sotto la gestione di Ferdinando Maria Perrone. Altri gruppi genovesi importanti furono quelli della famiglia Erasmo Piaggio, che fondò la compagnia Lloyd italiano e acquisì quote di capitale in molte società, come nelle Acciaierie Italiane, nella Società Italiana Zuccheri, nella società Chimica Piaggio.

Un'altra grande azienda si sviluppò a Pavia: la Fonderia del Riccardo di Ambrogio Necchi, che produceva macchine agricole, stufe e cucine di ghisa, caldaie, macchine per cucire e attrezzature varie. Un altro gruppo del settore che conobbe grande sviluppo fu quello delle Officine meccaniche Riunite, creato dal varesino Antonio Comi.

Basta poi pensare al binomio Agnelli-Fiat, binomio che si identifica con Giovanni Agnelli, promotore con altri della "Fabbrica Italiana Automobili" in Torino — così si chiamava in origine — e quella che oggi si chiama semplicemente la Fiat. Una iniziativa presa nel momento in cui, alla fine dell'Ottocento, la febbre industriale aveva toccato un po' tutti i settori.

Giovan Battista Pirelli (1848-1932), che creò i sistemi di lavorazione della gomma, nella quale vide con lungimiranza tutte quelle applicazioni che ebbero in seguito grande successo. Costituì la Pirelli nel 1872.

Nel campo elettrico Giuseppe Colombo nel 1884 fondò la Società Edison, che divenne subito il punto di riferimento dell'industria elettrica. Nel settore dei veicoli emerge il nome di Edoardo Bianchi che a biciclette e motociclette fece seguire la costruzione di automobili.

E poi: i mulini e i pastifici della Riviera Ligure di Giacomo e Paolo Agnesi; il liquore beneventano "Strega", creato da Giuseppe Alberti; lo storico vermut di fama internazionale che porta il nome di Cinzano, entrato nell'uso di tutte le lingue del mondo; le costruzioni di opere pubbliche di Edoardo Almagià, primo esempio di lavori compiuti all'estero da imprese italiane, eseguendo agli inizi del Novecento, gallerie ferroviarie in Romania; la pasta dell'aretino Giovanni e Francesco Buitoni; i complessi industriali tessili di Eugenio Cantoni, di Felice Fossati, di Gaetano Marzotto, di Cristoforo Benigno Crespi, di Giuseppe Rivetti, ecc.; la chimica livornese della Montecatini di Guido Donegani; l'industria farmaceutica Carlo Erba, che emancipò l'Italia dalla soggezione straniera nel settore dei medicinali; il salumificio Pietro Negroni e la lavorazione delle carni di Francesco Vismara; i cementifici di Cesare Pesenti; la produzione di caldaie di Franco Tosi; le macchine da scrivere di Camillo Olivetti, ecc.

Falck, Odero, Donegani Agnelli, Orlando, Sinigaglia, Conti, Pesenti, Raggio, Brombini, Piaggio, Pirelli, Riva, Marelli, Perrone, Breda, Bocca, Diatto, Cantoni, Crespi, Marzotto, Ginori, Ceretti, Tampini, Bruzzi, Olivetti — per citarne solo alcuni — sono gli attori che hanno avviato l'industrializzazione italiana.

Quegli imprenditori erano animati da un forte pragmatismo e da una radicata convinzione nell'industria moderna quale motore dello sviluppo economico, basato sulla fabbrica meccanizzata, sulla concezione taylorista dell'organizzazione scientifica del lavoro, sulla fede nel mercato, sull'interesse verso l'innovazione tecnologica di prodotto e di processo sulla quale indirizzare quote crescenti di investimento, su una formazione universitaria e su un'etica del lavoro concepito non solo come strumento empirico di sussistenza, ma anche come autorealizzazione: tutti elementi che concorrono a delineare un profilo di imprenditore schumpeteriano, proteso consapevolmente a legittimare il proprio ruolo produttivo e sociale a vantaggio della società.

Il nuovo secolo

Il Novecento si aprì con gli scenari e gli umori della "belle époque": un periodo di progresso e di lavoro all'insegna delle scoperte scientifiche e tecniche che sembravano aprire all'umanità un avvenire di pace e di sviluppo. Le grandi esposizioni nazionali e internazionali e i congressi economici nazionali[2], dove si passavano in rassegna i prodotti e le macchine, le novità dell'industria, ma anche gli oggetti e gli strumenti che rendevano più confortevole la vita moderna, costituivano la più significativa sintesi dei caratteri e dei ritmi di crescita della mentalità e degli stili di vita che il processo di modernizzazione assumeva in Europa nei primi decenni del Novecento, quando il vecchio continente era al centro del mondo. In particolare, la grande Esposizione internazionale che si aprì a Torino nel cinquantenario dell'Unità d'Italia, mise in mostra notevoli progressi compiuti dal paese nell'ultimo decennio dell'Ottocento. Le industrie raggruppavano oltre il 65% del capitale azionario complessivo e il commercio estero italiano era cresciuto più del doppio rispetto all'Inghilterra.

Fu quella l'epoca in cui l'Italia liberale segnò il superamento della crisi di fine Ottocento e l'avvio dell'età giolittiana, che aprì un paese, ancora arretrato e largamente agricolo (65% degli addetti), allo sviluppo industriale, definendo i caratteri culturali e produttivi, ma anche politici e sociali, di quello che sarebbe poi diventato il "triangolo industriale" produttivo[3]: il principale tratto distintivo che ha caratterizzato, e continua tuttora a segnare, la distribuzione geografica del sistema industriale italiano. Si tratta dello storico divario fra Nord e Sud, di quel fenomeno già preesistente all'unità nazionale, dove Piemonte, Lombardia, Liguria e Veneto — comprendenti allora poco più di un terzo della popolazione della penisola — accentravano quasi cinque sesti del reddito prodotto dall'industria. Tanto che si può affermare che il Nord facesse già parte, sia pure come appendice ancora marginale, di quell'area dell'economia europea dove più consistenti erano gli incentivi al progresso sia agricolo che industriale.

Di fatto, Lombardia, Piemonte e Liguria presentavano parecchie analogie con alcune aree economiche dei paesi più sviluppati europei, come la Normandia, la Sassonia e la Baviera; e i rispettivi capoluoghi regionali Torino, Milano e Genova erano l'espressione emblematica dei primi sviluppi dell'industrializzazione italiana. Nel 1911 le province dell'Italia nord-occidentale concentravano da sole oltre la metà delle grandi e medie imprese industriali. Nel primo decennio del Novecento Milano passò da 490.000 a oltre 600.000 abitanti, Torino da 329.000 a 415.000, Genova da 219.000 a 265.000.

L'equazione fra industrialismo e modernizzazione, appoggiata in senso liberale e riformatore, venne condivisa da molti imprenditori affermatisi proprio allora sulla scena della grande industria: da Giovanni Agnelli a Camillo Olivetti, da Guido Donegani a Cesare Pesenti, da Ettore Conti a Giovan Battista Pirelli, da Ferdinando Bocca a Carlo Vanzetti, da Cesare Bozzalla a Bartolomeo Loleo.

Fu quella nuova generazione di industriali più preparati culturalmente e professionalmente, a forgiare l'associazionismo imprenditoriale del primo Novecento, che darà luogo il 5 maggio 1910, a Torino, alla Confederazione Italiana dell'Industria, alla quale aderirono circa duemila aziende con trecentomila dipendenti. Essi professavano i principi del capitalismo e dell'organizzazione tayloristica del lavoro: l'individualismo, l'etica del profitto, la mediazione del conflitto tra capitale e lavoro come elemento propulsivo di progresso, la visione della fabbrica come sede strategica della produzione della ricchezza e dell'accumulazione del capitale, ma anche il rispetto e la libertà del lavoro, nonché la buona intesa con gli operai.

Trascorso mezzo secolo dall'unità d'Italia, si assiste alla graduale avanzata delle classi operaie e imprenditoriali, e la stessa Italia muta aspetto. Nel 1911, data del primo censimento, lo sviluppo industriale (soprattutto delle regioni nord-occidentali), superando 2,3 milioni di persone dedite ad attività industriali, attesta il corso del cambiamento nelle strutture interne dell'economia.

Tra il 1913 e il 1914, con il sopraggiungere della prosperità nelle città del Nord, si crea una situazione nuova ed esplosiva, caratterizzata dal frequente ricorso allo sciopero generale.

Il 25 maggio 1915, dopo ampi dibattiti e alterne vicende, l'Italia entra in guerra contro Austria-Ungheria. La prima guerra mondiale fu "la Grande guerra": definizione che meritò dall'immaginario popolare, perché guerra di popolo, con i suoi seicentomila caduti, con le immani carneficine provocate dai tanti "attacchi frontali". L'Europa uscì dalla tragedia dissanguata e con problemi politici, economici e sociali irrisolti. Le vicende, in particolare della Germania e dell'Italia fecero da incubatrici ai successivi fascismi. Su tutt'altro versante ideologico, la rivoluzione d'ottobre (1917), portò la Russia al comunismo leninista, poi allo statalismo: con riverberi rivoluzionari anche in altre parti d'Europa, inclusa l'Italia (il cosiddetto "biennio rosso").

Mentre la classe industriale sente la necessità di un indirizzo uniforme e di un coordinamento nazionale migliore, trasferendo la sede della propria rappresentanza imprenditoriale, Confindustria, da Torino a Roma per facilitare i rapporti con le istituzioni governative e le controparti sindacali operaie[4], un duro scontro sociale percorre le fabbriche. Le lotte operaie, soprattutto nel 1919 e 1920, suggestionate dalla vittoriosa rivoluzione marxista sovietica, minano gli stimoli all'ampliamento del mercato e della domanda, al rilancio del meccanismo produttivo e agli aumenti di produttività. Ma il sistema imprenditoriale regge all'urto, anche perché era ormai giunto a maturazione il "paradigma industrialista", il modello secondo cui il futuro del paese risiedeva nello sviluppo industriale[5].

Gli effetti del conflitto della prima guerra mondiale (1915 – 1918) si fecero drammaticamente sentire in tutto il mondo imprenditoriale. Alcuni settori ne uscirono potenziati, altri andarono incontro a una grave crisi. I settori più avvantaggiati furono certamente il metallurgico, il meccanico e, in misura minore, l'elettrico e il chimico[6]. Il comparto siderurgico, naturalmente, registrò l'importante crescita dei due gruppi principali, l'Ilva e l'Ansaldo; ma crescite significative si verificarono in numerose imprese metalmeccaniche, come Breda, Franchi-Gregorini, Fiat che si ampliò creando nuovi stabilimenti (il famoso Lingotto), Alfa, la Società Sviluppo Aviazione di Giovanni Caproni, la Montecatini di Guido Donegani. Altri settori, come il tessile e i servizi furono penalizzati.

Complessivamente il sistema industriale si riprese e registrò significative modificazioni: l'industria continuò la crescita, superando le gravi difficoltà della "grande crisi" del 1929 con il crollo della borsa di New York, tanto che nel 1938 per la prima volta superò l'agricoltura nella formazione del prodotto interno lordo, Pil (34,2% contro il 29, 4%)[7]. Dieci anni prima, al primo Congresso industriale (Roma, 22 giugno 1928), il presidente della Confindustria Stefano Benni aveva presentato al governo e all'opinione pubblica oltre 6.000 industriali in rappresentanza di 66.557 aziende associate con 1.750.000 dipendenti, inquadrate in 96 associazioni territoriali e 49 federazioni nazionali di settore.

Dal punto di vista economico-industriale, il ventennio fascista[8], oltre a rappresentare una drammatica rottura con la tradizione dell'Italia liberale, si caratterizzò per la creazione di un sistema ad economia mista, destinato a durare a lungo, dove la presenza dello stato imprenditore, unito al corporativismo e all'autarchia, realizzava in qualche modo una "terza via" fascista tra capitalismo e socialismo a scapito dell'iniziativa privata[9]. Da qui la nascita il 23 gennaio 1933 dell'Istituto della ricostruzione industriale, Iri, con i due settori di intervento: la sezione finanziamenti, che si affiancò all'attività dell'Imi nel credito alle imprese, e la sezione smobilizzi che via via acquisì le partecipazioni azionarie di diversi settori: telefonico, marittimo siderurgico, meccanico, finanziario[10]. Il 12 marzo 1934 l'Iri ottenne il controllo dei tre maggiori istituti di credito — Banca Commerciale Italiana, Credito Italiano e Banca di Roma — accollandosi l'onere del loro risanamento finanziario ed entrando in possesso dei pacchetti azionari delle industrie detenuti da questi istituti[11].

L'intervento dello stato divenne talmente esteso che l'Italia fascista giunse paradossalmente a figurare subito dopo la Russia comunista negli indici di statalizzazione del sistema economico. Fu così che l'aumento dell'occupazione e del reddito prodotto dall'industria, avvenuto nella seconda metà degli anni Trenta, non pose le basi di una moderna società industriale, anche se l'iniziativa privata, al di là delle linee direttrici della politica governativa (produzione agricola ed espansione demografica), riuscì concretamente a conservare l'equazione fra industrializzazione e modernizzazione. Il censimento del 1937-1938 registrò, con 4.162.000 addetti all'industria, 850.000 unità in più di addetti al secondario rispetto al decennio precedente. Inoltre, a dispetto della politica, varata nel 1927, volta a frenare le emigrazioni interne e l'urbanesimo, sorsero nuovi centri industriali come Venaria, Settimo, Cesano, Maderno, Porto Marghera, Rosignano Solvay, Orbetello, Apuania, Monfalcone — per citarne alcuni — che, insieme ai capoluoghi di Milano, Torino e Genova, divennero meta di vari flussi migratori, andando a costituire i nuovi distretti industriali.

Ricostruzione e "miracolo economico"

L'Italia che emerge dalla guerra e dalla sconfitta è un paese distrutto, in condizioni disastrose sia dal punto di vista economico che politico-sociale. Ma le positive disposizioni psicologiche degli italiani a riuscire ad ogni costo a imprimere una svolta decisiva di sviluppo, lasciavano ben sperare — sotto la guida di quattro carismatiche personalità: De Gasperi, Einaudi, Costa e Di Vittorio — in una sicura e rapida ricostruzione. Alla classe industriale veniva chiesto di rimboccarsi le maniche e lavorare, insieme ai dipendenti, con tenacia, iniziativa, ingegnosità e sacrificio, per riattivare ciò che era andato distrutto, ricostruire il tessuto economico-sociale, rinnovare lo spirito culturale, civile e morale del paese[12].

All'imprenditoria pubblica che rispondeva, tra gli altri, ai nomi di Sinigaglia, Mattei, Mattioli, Saraceno, si affiancò l'imprenditorialità privata dei settori più dinamici. In larga parte si trattava di grandi imprese operanti nei settori più legati al mercato internazionale e con uno sviluppo tecnologico già stabilizzato come nella produzione automobilistica (Fiat, Lancia e Alfa Romeo), nella gomma (Pirelli), nelle fibre artificiali (Snia Viscosa e Mira Lanza), nella metallurgia (Magona d'Italia, Fonderia Milanese e Società Metallurgica Italiana), nella chimica e petrolchimica (Montecatini), nella meccanica leggera (Olivetti), nel tessile (Marzotto, Zegna, Cantoni), nell'alimentare (Buitoni, Perugina, Bertoldi), nell'editoria (Le Monnier, Vallecchi, Zanichelli, Vallardi, Sonzogno, Bompiani, Giuffrè, Mondadori, Rizzoli, Treccani, Paravia, Utet, De Agostini, Einaudi, Laterza), nelle aziende più legate al mercato nazionale (Italcementi, Falck, Italgas).

A partire dalla meccanica, leader della crescita industriale italiana, emersero nomi nuovi che diversificarono la produzione sui prodotti di massa a basso costo e che mantennero prezzi concorrenziali anche all'estero: Zanussi Ignis Indesit e Candy negli elettrodomestici; Agusta e Piaggio nel settore di motociclette e scooter, Necchi e Singer nelle macchine da cucire.

Accanto e in competizione con Eni (Ente Nazionale Idrocarburi), sorto nel 1953, in concorrenza con le grandi compagnie petrolifere internazionali che operavano in Italia, scommise sul paradigma petrolifero una schiera di medi imprenditori privati, tra i quali Angelo Moratti, Attilio Monti, Ferdinando Perretti, Edoardo Garrone, Camillo Gasparri, Giogio Valerio, Giuseppe Cenzato, Aldo Rovelli.

Protagonista del "miracolo economico" fu anche il settore alimentare che ampliò la struttura delle imprese a seguito dei consumi e delle trasformazioni di natura socio-culturale: dalla Peroni alla Galbani, dalla Motta e dalla Allemagna alla Perfetti, all'Algida e alla Pavesi, dalla Star alla Vismara, dalla Locatelli alla Galbani e all'Auricchio.

A capo di queste aziende si trovavano imprenditori geniali che a ragione si possono definire schumpeteriani, capaci, cioè di innovare in campo tecnologico e commerciale, di cogliere e sviluppare velocemente un'idea di successo. Alcuni provenivano dalla "gavetta": ex-operai ed ex-artigiani che fattisi da sé. Altri erano cresciuti nell'humus imprenditoriale di famiglia, e seppero arricchire di valore aggiunto l'azienda paterna con innovazioni progressive, immettendo nei processi produttivi o commerciali procedimenti non sperimentati.

Nonostante l'istituzione della Cassa per lo sviluppo del Mezzogiorno (1950), il divario tra Nord e Sud restava con tutta la sua drammaticità, costringendo molte persone meridionali ad emigrare o cercare lavoro al Nord, soprattutto a Torino, Milano e Genova. Vi furono anche al Sud imprenditori innovatori che si affermarono a livello internazionale, come Carlo Azzi a Napoli, Ettore Ceriani e Giuseppe Calabrese a Bari.

Se il 1955 indica l'anno in cui l'industrialismo coglie in pieno il vento dell'accelerazione economica più intensa che abbia conosciuto l'Occidente (indice della produzione industriale italiana, +9%), il 1960 assegna all'Italia un riconoscimento irripetibile in campo economico: una giuria internazionale, interpellata dal *Financial Times*, attribuisce alla valuta del nostro paese, la Lira, l'Oscar della moneta più solida fra quelle del mondo occidentale.

I progressi del sistema economico nazionale sono in pochi dati: incremento della produzione 10%, crescita della capitalizzazione delle società per azioni per 500 miliardi, incremento degli investimenti liquidi 77%, crescita dell'occupazione di 500 mila unità nel solo settore industriale. È questo settore ad apparire perno del progressivo benessere del paese.

Il 1965 segna, dopo quasi 20 anni di sviluppo ininterrotto, la fine del "miracolo economico". Il cuore del sistema produttivo, l'industria, vede ridursi i tassi di attività: l'indice della produzione industriale cala di ben 4 punti. Inoltre: scende il ritmo annuo dei crediti bancari, i prezzi conoscono una lievitazione dell'ordine dell'8-10%, gli investimenti ristagnano, i consumi si contraggono, i capitali fuggono all'estero, il grado di utilizzazione della capacità produttiva diminuisce. La crisi degli investimenti innesca una vera e propria recessione produttiva; il che non può non determinare una lievitazione dei livelli di disoccupazione, attraverso l'espulsione di forza lavoro debole (donne, anziani e giovani) dai sistemi produttivi, il rigonfiamento del lavoro precario e marginale, la dilatazione delle fasce dell'inoccupazione.

Dal rischio di declino alla capacità di competizione

Dalla fine degli anni '60 e per l'intero decennio degli anni '70 si aprì un processo recessivo sequenziale: alla recessione del 1967 seguirono quelle del 1969-70 e del 1973-75. Su questo declino economico strutturale agirono i due shock petroliferi del 1973-74 e del 1979-80, che inflissero forti colpi destabilizzanti, facendo lievitare i già rilevanti passivi delle bilance commerciali. In questo contesto il sistema economico italiano precipitò in una fase di stagnazione economica e produttiva. Ma all'interno del sistema industriale si registrarono mutamenti profondi. Accanto ai tradizionali complessi industriali, sorse e cominciò a consolidarsi un tessuto di piccole e medie imprese, capitanate da imprenditori di seconda o terza generazione che alla creatività paterna aggiungevano la competenza di una formazione tecnica ed economica. A questa nuova leva imprenditoriale corrispose una parallela crisi delle grandi industrie, che manifestarono la necessità di ricorrere ad intense ristrutturazioni industriali[13].

I grandi complessi produttivi italiani vissero dopo il 1970 una caduta vertiginosa dei processi e dei contenuti di qualità che avevano espresso nella fase migliore. Quel nucleo consistente che lo sviluppo industriale pubblico e privato aveva fatto emergere nel corso di un buon tratto del Novecento, condensato nel patrimonio organizzativo e gestionale di alcune grandi imprese, andò ampiamente scemando nell'ultimo quarto del secolo. Il degrado dell'impresa pubblica, il ridimensionamento di alcune grandi realtà industriali, la diminuzione del numero stesso delle grandi imprese non potevano non portare alla restrizione complessiva della qualità del sistema manifatturiero, che non avrebbe più riacquistatolo lo smalto posseduto fra la ricostruzione e gli anni Sessanta.

Qualità e capacità di performance si concentreranno nell'espressione riassuntiva "Made in Italy", che riesce a far coesistere fianco a fianco Ferrari e "Terza Italia" dei distretti industriali, moda e design, *griffe* degli stilisti e valore dei sarti artigianali. Le imprese minori, potendo ricorrere ad una scomposizione del processo produttivo, che permetteva specializzazione e integrazione settoriale, iniziarono a costituire un vero e proprio modello produttivo fondato su reti di imprese o "distretti industriali".

Si trattava di agglomerazioni di piccole e medie imprese legate da una fitta rete di rapporti, basati sulla miscela di cooperazione (tra imprenditori e lavoratori, tra imprese committenti e subfornitrici) e competizioni tra aziende che si situavano nella stessa "fase" del processo produttivo. La divisione specialistica del lavoro che si attuò tra le imprese consentì di realizzare alti livelli di efficienza mediante l'utilizzo di tecnologie avanzate, pur mantenendo ridotte le dimensioni; fattori che, uniti alla notevole flessibilità organizzativa, evitarono al sistema produttivo di precipitare in una classica situazione a "circolo chiuso"[14].

Agli inizi degli anni '80 lo scenario economico italiano appariva senza prospettive. Una nuova, più dura concorrenza internazionale premeva sulla competitività delle imprese. Un'ondata gigantesca di innovazione tecnologica, che si diffondeva con velocità eccezionale in tutto il mondo e a tutti i livelli, consumava e invecchiava rapidamente esperienze produttive consolidate da decenni. La congiuntura sfavorevole era aggravata da una struttura sindacale frammentata, che, cambiando i termini tradizionali delle relazioni industriali e della dialettica sindacato-impresa, limitava gli spazi di mediazione.

A cogliere le nuove potenzialità di sviluppo, in un quadro internazionale che vedeva protagonista il liberismo di Ronald Reagan e di Margareth Thatcher, furono nuovi imprenditori e manager di grande dinamismo, capaci di animare lo scenario del sistema imprenditoriale italiano, costringendolo a confrontarsi con un mercato in via di rapida globalizzazione. Alle grandi firme (Benetton, Stefanel, Della Valle, Merloni, Ferrero, Lucchini, Marcegaglia, Pininfarina, Del Vecchio, Rocca, Natuzzi per citarne alcune) si affiancava la schiera di medie e piccole aziende, specializzate in campi i più vari, che andava a costituire nicchie di mercato nazionale e internazionale. È questa tipologia di imprese di modesta dimensione a rivendicare le ragioni dell'impresa, a preparare l'appuntamento con l'Europa, a fare sistema di fronte alle sfide internazionali, dando impulso al Made in Italy.

A seguito della caduta del muro di Berlino e del concomitante declino dei regimi comunisti dell'Europa orientale, la geografia politica ed economica del vecchio continente tra il 1991 ed il 1995 cambia radicalmente. Per l'Italia continuano ad essere anni difficili, sia per le bufere giudiziarie che coinvolgono parlamentari, politici e imprenditori, sia per la crisi economica. Il 17 settembre 1992 la Lira, sottoposta ad attacco speculativo, esce dallo Sme (Sistema monetario europeo). Il governo è costretto a varare una manovra di bilancio di 93.000 miliardi, la più pesante mai fatta nel nostro paese, per ridurre il disavanzo pubblico. Quando rientra nello Sme, il 24 novembre 1996, la nostra moneta ha subito una svalutazione di circa il 30% rispetto alla parità dell'agosto 1992.

Anche l'industria italiana — particolarmente nella sua componente storica, quella attestata attorno alle grandi imprese — attraversa momenti di cambiamento, testimoniati soprattutto dal drastico processo di snellimento della struttura occupazionale.

Dalla seconda metà degli anni Novanta in Italia si assiste ad una sorta di rivoluzione. Venne sconfitta l'inflazione, che da oltre venti anni teneva in scacco il paese. A seguito della concertazione, cambiarono le regole delle relazioni industriali. Mutarono molte norme istituzionali a cominciare da quelle elettorali. I partiti si ristrutturarono e cambiarono nome e nacquero nuove formazioni politiche. Si costruì l'Unione economica e monetaria europea.

Ma per l'economia italiana continuò un periodo di crescita deludente. E la bassa crescita non fu soltanto frutto di politiche macroeconomiche restrittive o di shock esogeni sulla domanda, ma anche dei cambiamenti globali del contesto in cui l'Italia si trovò ad operare. Il profilo del capitalismo italiano si trasformò anche per la sollecitazione del "vincolo estero" comunitario, che obbligò l'Italia ad adeguarsi alle direttive europee, a seguito del trattato di Maastricht per l'integrazione economica e l'Unione monetaria europea, firmato il 7 febbraio 1992.

Mutamenti delle tecnologie, globalizzazione dei mercati, moneta unica furono i fattori base del cambiamento, che impose molta più flessibilità, molta più mobilità intersettoriale e territoriale delle risorse, molta più concorrenza nei mercati, molta più competitività nel sistema economico, molta più rapidità decisionale alle sollecitazioni dell'economia globale.

La metamorfosi di fine secolo si caratterizzò anche per la crescita e la mobilitazione di un capitalismo "molecolare"[15], incardinato su unità economiche di dimensioni contenute.

Il sistema imprenditoriale italiana era segnato dalle piccole e medie imprese che occupavano nicchie tecnologiche e segmenti di mercati finali con grande capacità di innovazione, specializzazione, fortemente competitive e talvolta concentrate nei distretti industriali di seconda generazione, coagulati intorno alle sfide dell'hi-tech[16]. Le serie storiche dell'Istat ne rilevano bene l'ampiezza: nel 1995 del numero complessivo degli addetti dell'industria manifatturiera ben il 67,9% lavorava in imprese che impiegavano da 1 a 99 addetti; e una parte consistente, la più dinamica di questa nuova realtà imprenditoriale, si andava a collocare nei 238 distretti censiti nel 1991.

Alla grande "campagna" delle privatizzazioni (tra cui Agip, Stet, Ina Telecom, Credit, Comit), fece seguito la crescita a ritmi interessanti delle esportazioni, dando l'opportunità al paese di avviare il risanamento così da poter entrare a far parte, da subito (2 maggio 1998), dell'Unione monetaria europea, insieme a Germania, Francia, Belgio, Olanda, Lussemburgo, Austria, Spagna, Portogallo, Irlanda e Finlandia.

Sono condizioni che consentono all'economia, a fine millennio, di fornire segnali di ottimismo. Nel 2000 il Pil cresce del 3%. È il miglior risultato degli ultimi anni, grazie alle importanti innovazioni tecnologiche introdotte nel modo di produrre e vendere beni e servizi, dando spazio alle nuove conoscenze, con particolare riguardo alle comunicazioni e alle biotecnologie. Tanto che ormai si parla comunemente di *new economy* per indicare, anzitutto, le aziende direttamente legate alle nuove scoperte, ma anche alle caratteristiche assunte dal sistema economico nel suo complesso, sempre più diffusamente attraversato, condizionato e in larga misura trasformato dai processi di innovazione.

Sono processi tuttora in corso, che stanno rivoluzionando sia le fasi di organizzazione delle imprese, dalla progettazione alla produzione fino alla gestione delle scorte, sia i rapporti tra impresa e consumatori, abbreviando tempi di consegna (*e-commerce*) e consentendo un monitoraggio in tempo reale sull'accoglienza del prodotto, con il risultato di eliminare gran parte delle barriere fisiche e temporali.

Pronti per il futuro

Il modello di sviluppo italiano si è presentato all'alba del terzo millennio con due punti di forza fondamentale. Può contare, da un lato, sulla triade manifattura, agricoltura e turismo, e a livello territoriale sulla formula vincente dei distretti industriali e del *Made in Italy*. Dall'altro lato, può fare affidamento sulla risorsa famiglia, come cellula economica di base, capace di attenuare l'impatto delle ricorrenti crisi, come quella gravissima economico-finanziaria dell'ottobre 2008 che, innescata dagli Stati Uniti, ha prodotto una profonda depressione economica anche in Europa ed ha gettato il sistema economico mondiale nel caos, nella recessione e nella disoccupazione.

Se però l'attuale crisi devastante, connessa all'utilizzo di strumenti derivati per finanziare progetti non meritevoli di credito, comporta l'abbandono dello storico contrasto ideologico tra stato e mercato, occorre non cedere alla tentazione di decidere la superiorità dell'uno sull'altro, essendo indispensabili entrambi e necessaria l'armonizzazione tra le rispettive esigenze. Lo stato deve sapere regolare efficacemente il mercato per permettere a questo meccanismo insostituibile nel creare ricchezza e sviluppo di funzionare in modo efficiente.

Il capitalismo familiare italiano, fondato sulla grande, media e piccola impresa, abbraccia aziende attive in tutti i comparti, comprendendo sia marchi consolidati e ricorrenti nella storia economica italiana, sia nuovi protagonisti emersi da pochi anni. Si va da Piaggio ad Aermacchi, da Marzotto a Zegna, da Max Mara a Miroglio, da Armani a Versace, da Stefanel a Diesel, da Peroni a Star, da Gavazza a Segrafredo, da Luxottica e Safilo a Natuzzi e Arcuati, da Bulgari a Ferragamo. Molte di queste imprese sono delle "multinazionali tascabili"[18].

Abbiamo un fattore fondamentale di sviluppo nel *Made in Italy*. Le imprese italiane dovranno scommettere nell'*Italian style*, nell'estetica e nella qualità. Nella storia, l'umanità ha attraversato l'era della caccia, dell'agricoltura, dell'industrializzazione. Oggi siamo nella transizione tra l'era dell'informazione, delle competenze e delle conoscenze e l'epoca, che già si intravede, del valore dello stile e dell'estetica, di cui l'Italia è da sempre maestra. L'ingegno italiano, il suo artigianato storico e le attuali imprese hanno sempre saputo apprezzare ed elaborare il bello, portandolo anche nei processi di produzione industriale. Ci sono produzioni eccellenti che non possono essere delocalizzate né conoscono crisi. L'attenzione ai mercati esteri per le imprese italiane è fondamentale: promuovere il *brand* legandolo sempre al "marchio paese", al concetto di *Made in Italy*, *driver* fondamentale per imporsi nei mercati internazionali, è la risorsa da preservare e valorizzare.

Non si parte dall'anno zero. Ci sono dati significativi che confortano. Il commercio internazionale coinvolge più di mezzo milione di imprese. Siamo il primo paese per numero di aziende e capitali investiti nell'est Europa (in Romania abbiamo circa 17.000 aziende che danno lavoro a 670.000 persone); le imprese fondate all'estero da imprenditori di origine italiana sono oltre 14.000 con 3,3 milioni di addetti; i ristoranti italiani nel mondo sono oltre 60.000 (di essi 35.000 solo in Europa); gli italiani titolari di aziende, specialmente nel settore gastronomico, in Germania sono 38.000; senza contare le gelaterie, ottima vetrina popolare del *Made in Italy*.

L'Italia resta un paese a forte anima manifatturiera e, grazie all'affermarsi di nuovi mercati e nuove tecnologie, va emergendo un'industria densa di servizio, che imposta sempre più produzione sulla personalizzazione delle esigenze, garantendo con la qualità l'assistenza pre e post vendita. La tendenza all'immateriale e alla personalizzazione si sposa bene con le caratteristiche della piccola e media impresa, che continua a formare il tessuto connettivo del sistema economico.

Note

[1] La fase storica dall'Unità ad oggi è stata analizzata per lo più sulla base della documentazione dell'Archivio storico e della biblioteca della Confindustria, v. Oreste Bazzichi, *Cent'anni di Confindustria. Un secolo di sviluppo italiano,* (Padova: Limea, Libreria Universitaria Edizioni, 2009). Non si rinvengono, al di là delle ricerche del Centro Studi Confindustria, analisi e studi sistematici sui processi di crescita dell'industria italiana a partire dal 1861 fino agli inizi del ventunesimo secolo. Particolarmente utile si è rivelato il materiale di alcune importanti associazioni che rappresenta-

no settori produttivi, nonché quello degli archivi storici di imprese e quelli personali di alcune famiglie di industriali, le cui consultazioni hanno reso possibile la ricostruzione dell'origine della struttura industriale italiana. Sulle caratteristiche dell'imprenditoria italiana, v. Valerio Castronovo, *Grandi e piccoli borghesi: la via italiana al capitalismo*, (Roma-Bari: Laterza: 1988); Duccio Bigazzi, a cura, *Storie di imprenditori*, (Bologna, Il Mulino, 1996); Paride Rugafiori, *Imprenditori e manager nella storia d'Italia*, (Roma-Bari: Laterza, 1999); Marco Doria, *L'imprenditoria industriale dall'Unità al "miracolo economico". Capitani d'industria, padroni, innovatori*, (Torino, Giappichelli: 1998); Franco Amatori con Andrea Colli, *Impresa e industria in Italia. Dall'Unità a oggi*, (Venezia: Marsilio, 1999); Giuseppe Berta, *L'Italia delle fabbriche. Genealogia ed esperienze dell'industrialismo nel Novecento*, (Bologna: Il Mulino, 2001); Nicola Crepax, *Storia dell'industria in Italia. Uomini, imprese e prodotti*, (Bologna: Il Mulino, 2002); Adriana Castagnoli con Emanuela Scarpellini, *Storia degli imprenditori italiani*, (Torino: Einaudi, 2003).

[2] Esposizione d'arte decorativa moderna di Torino del 1902, Esposizione fieristica internazionale di Milano del 1906, Congresso Nazionale fra gli industriali e commercianti del 1910, Congresso commerciale di Bologna del 1910.

[3] Inizialmente comprendeva tre regioni: Piemonte, Lombardia e Liguria, a cui si aggiunsero ben presto Toscana, Veneto, Emilia Romagna.

[4] La Confederazione generale del lavoro aveva sede a Roma fin dalla costituzione, nel 1906.

[5] Adriana Castagnoli con Emanuela Scarpellini, *Storia degli imprenditori italiani*, (Torino: Einaudi, 2003, pag. 158). E' opportuno osservare che resta difficile stimare la consistenza numerica degli imprenditori agli inizi del Novecento, poiché i metodi di rilevazione statistica erano alquanto variabili e diversi da quelli attuali, anche in considerazione del fatto che sono molti gli Italiani a mettersi in evidenza all'estero, non più solo come lavoratori, ma come imprenditori in tutti i settori. Basti pensare a Antonio Devoto, Pietro Vasena, Domenico Tomba, Giuseppe Guazzoni, Antenore Beltrame, Elia Lavarello, Felice Bagliani, Giuseppe Peretti in Argentina; Francesco Matarazzo, Rodolfo Crespi, Antonio Jannuzzi, Enrico Maggi, Pietro Morganti, Giuseppe Martinelli, Giuseppe Orlado in Brasile; Gio Batta Isola e Pietro Vaccari in Perù; Pietro Perfetti in Cile; Bonaventura Caviglia in Uruguay; Giovanni Battista Mainero Trucco in Colombia; e poi molti altri nei paesi nod-africani, in Sud Africa, negli Stati Uniti.

[6] Luciano Segreto, *Marte e Mercurio. Industria bellica e sviluppo economico in Italia 1861 – 1940*, (Milano: Franco Angeli, 1997).

[7] Da non dimenticare che gli effetti della crisi colpirono il sistema economico e imprenditoriale italiano con un certo ritardo e senza effetti immediati rilevanti su un'economia, in verità, già non brillante. Ma tra la fine del 1931 e i primi mesi del 1932 anche l'Italia entrò in una fase di grave recessione, confermata dai principali indicatori ufficiali: svalutazione media del 40% dei titoli azionari, caduta verticale dei prezzi, riduzione di due terzi del commercio estero, aumento della disoccupazione, calo dei salari e dei consumi. Felice Guarnieri, *Battaglie economiche fra le due guerre*, (Bologna: Il Mulino, 1988).

[8] Le concitate vicende della marcia su Roma del 28 ottobre 1922 segnarono la conquista del potere da parte dei fascisti; tre giorni dopo la costituzione del primo governo Mussolini in coalizione con i liberali e i popolari. Il duce governò fino al 25 lu-

glio 1943, allorquando il Gran consiglio del fascismo approvò l'ordine del giorno Grandi che ne chiese le dimissioni. Il re Vittorio Emanuele III nominò capo del governo il maresciallo Pietro Badoglio.

[9] Oreste Bazzichi, *Cent'anni di Confindustria. Un secolo di sviluppo italiano*, 44-5.

[10] Presidente fu nominato Alberto Beneduce e Donato Menichella ricoprì la carica di direttore generale. Entrambi fecero dell'Iri un perno stabile e centrale della politica industriale del regime.

[11] Per la consistenza dei pacchetti azionari e l'elenco delle aziende, v. Giuseppe Toniolo, *L'economia italiana 1861 - 1940*, (Roma-Bari: Laterza, 1978).

[12] Per una panoramica socio-economico-industriale, v. Michele Salvati, *Stato e industria nella ricostruzione*, (Milano: Feltrinelli, 1982); Marco Innocenti, *L'Italia del dopoguerra 1946 - 1960*, (Milano: Mursia, 1995); Marta Boneschi, *Poveri ma belli. I favolosi anni Cinquanta*, (Milano: Mondadori, 1995); Carlo Spagnolo, *La stabilizzazione incompiuta. Il piano Marshall in Italia 1947 - 1952*, (Roma: Carrocci, 2001).

[13] Per un'analisi dal punto di vista economico delle ristrutturazioni industriali fra gli anni Settanta e Ottanta, v. Fabtizio Barca con Marco Magnani, *L'industria fra capitale e lavoro. Piccole e grandi imprese dall'autunno caldo alla ristrutturazione*, (Bologna: Il Mulino, 1989.

[14] V. Andrea Saba, *Il modello italiano. La specializzazione flessibile e i distretti industriali*, (Milano: Franco Angeli, 1995); Giovanni Balcet, *L'economia italiana. Evoluzione, problemi e paradossi*, (Milano: Feltrinelli, 1997); Luigi De Rosa, *Lo sviluppo economico dell'Italia dal dopoguerra a oggi*, (Roma-Bari: Laterza, 1997); Marco Fortis, *Il made in Italy*, (Bologna: Il Mulino, 1998); Giacomo Becattini, *Distretti industriali e made in Italy. Le basi socioculturali del nostro sviluppo economico*, (Torino: Bollati Boringhieri, 1998); Giacomo Becattini, *Dal distretto industriale allo sviluppo locale. Svolgimento e difesa di un'idea*, (Torino: Bollati Boringhieri, 2000); Paolo Garonna con Gian Maria Gros-Pietro (a cura), *Il modello italiano di competitività*, (Milano: Il Sole 24 Ore, 2004)

[15] V. Aldo Bonomi, *Il capitalismo molecolare. La società e il lavoro nel Nord Italia*, (Torino: Einaudi, 1997); Aa. Vv. *Sul capitalismo contemporaneo*, (Torino: Bollati Boringhieri, 2001).

[16] V. Luciano Gallino, *La scomparsa dell'Italia industriale*, (Torino: Einaudi, 2003); Giuseppe Berta, *Metamorfosi. L'industria italiana fra declino e trasformazione*, (Milano: Egea, 2004).

[17] V. Giulio Sapelli, *La crisi economica mondiale. Dieci considerazioni*, (Torino: Bollati Boringhieri, 2008); George Soros, *Cattiva finanza. Come uscire dalla crisi: un nuovo paradigma per i mercati*, (Roma: Fazi Editore, 2008); GiulioTremonti, *La paura e la speranza. Europa: la crisi globale che si avvicina e la via per superarla*, (Milano: Mondadori, 2008); Hans Küng, *Onestà. Perché l'economia ha bisogno di un'etica*, (Milano: Rizzoli, 2011).

[18] Andrea Colli, *Multinazionali tascabili e quarto capitalismo: un profilo storico e problematico*, in *Annali di storia dell'impresa, vol. 12*, (Venezia: Marsilio, 2002).

Brandon Essary
University of North Carolina at Chapel Hill

Work and Migration in Italian Middle Age: Parallels with Present Times

In a number of recent historical works on migration, the importance and centrality of migration to the human experience has been underlined. In these same works, historians posit the general view that migration patterns found in ancient and medieval Europe caused and witnessed the birth pains of modern Europe. As a result, much can be learned from the study of migration in the first millennium AD and the medieval period, not only with regard to the periods themselves, but also with respect to the phenomenon of migration in general, even as it occurs in the modern world. In this vein, Peter Heather, in his recent book *Empires and Barbarians: The Fall of Rome and the Birth of Europe*, focuses on the profound cultural, political and economic transformations that led to a shift in power from the Roman-dominated Mediterranean around the birth of Christ to the various kingdoms and empires of northern Europe around the year 1000. According to Heather, Europe is less a geographical phenomenon and bears its shared identity in the aforementioned transformative forces: "What gives Europe its real historical identity is the generation of societies that were all interacting with one another in political, economic and cultural terms on a large enough scale to have certain significant similarities in common, and the first emergence of real similarity was one direct consequence of the transformation of barbarian Europe in the first millennium" (XV).

From early on in the text, one finds that Heather will utilize argumentation that takes into consideration not only the phenomenon of migration, but also that of internal development among the populations of first-millennium Europe. He, like scholars such as Harald Kleinschmidt in *People on the Move: Attitudes toward and Perceptions of Migration in Medieval and Modern Europe*, and Matthew Innes in the article "Economies and Societies in Early Medieval Western Europe," seeks to approach the treatment of historical migration with meaningful references to the present-day movements of people. Admittedly, one cannot assume that information and reflections from the modern era can be automatically applicable to the case of the first millennium. To be sure, there were major structural differences: the economy of barbarian Europe was agricultural in nature and worked at subsistence levels, there was no mass production, and so on. Nonetheless, as Heather and others convincingly argue, modern causes do apply and talk of comparative analysis is useful to understanding migration as a general human phenomenon.

Once this comparative approach to studying migration has been established for movements of people during the Roman Empire and medieval Europe, the focus of the present study will shift to the treatment of a particular kind of movement, a medieval phenomenon referred to by Kleinschmidt as "solitary migration." After establishing what solitary migration is and how it took place in the Middle Ages, a literary source of great relevance to the study of migration, pilgrimage, and travel will be considered. Specifically, Boccaccio's medieval masterpiece, the *Decameron* will be utilized as a primary source regarding the attitudes and perceptions toward the movement of people in one of the most famous *novelle* from the work's fifth day of storytelling, that of Nastagio degli Onesti. Finally, several salient points from the first-millennium and medieval sections will be emphasized through parallels with migration as a part of post-unification Italy.

Migration in the First Millennium

The title of the present section is homonymous with the first chapter of Peter Heather's *Empires and Barbarians: The Fall of Rome and the Birth of Europe*, in which the author opens the work with a comparative reference to the migration phenomenon that took place in Rwanda in the 1990s. Heather uses this notorious example of flight from danger as one major reason for migration along with others, such as transfer to a rich country to improve quality of life. Indeed, one finds that, through this example and countless others of today and the recent past, political violence and economic inequality combine to make migration one of the central stories of the modern world, as well as the ancient, such that we are left with the truism: "The history of mankind is the history of migration" (Heather 2).

However, in interpreting this particular facet of mankind's history, one becomes alerted of several pitfalls that have plagued scholarly production in the field during the nineteenth and twentieth centuries. Of particular notoriety among studies of the movement of people in the Roman world is the so-called "Billiard Ball Model of Migration" and the assumption that human beings always travel in compact, culturally homogeneous, and more or less equal population groupings of men, women and children. According to this approach, "all the migrant groups of the first millennium — documented or not — came to be viewed as large, culturally distinctive and biologically self-reproducing population groupings which moved, happily unaffected by the migratory process, from point A to point B on the map" (Heather 11).

The point for Heather and the first chapter of his work is to assure readers that this conception of Europe cannot be accepted, no matter how strongly it was broadcasted and taught with national affiliations that were imposed on the past in nineteenth- and early twentieth-century nation-states. Such superficially imposed nationalist assumptions would have one believe that all migrant groups of the first millennium were large blocks of population with distinctive political and national affiliations which fundamentally shaped their lives, movements and activities. This remnant of what Heather refers to as the "Grand Old Narrative" fits in well with the billiard-ball model of peoples' movement and called for migration to be read in a particular way: "In modern parlance, although the term had not yet been coined, the peopling of Europe was envisaged as being driven forward by one massive episode of ethnic cleansing after another, in what has been evocatively dubbed the 'invasion hypothesis' view of the past" (17).

Throughout the work, Heather makes it quite clear that this model is no longer workable or plausible for a number of reasons; however, he persuasively guides the reader away from the troubling shallows of assuming that migration as a whole must be discredited as a means of understanding the movement of people during the first millennium AD. Indeed, since the 1960s one finds that the term "migration" has become the Satan of archaeological explanation, as Heather puts it. Yet the author revitalizes the term and substantiates its use for studies of the Roman era by replacing "billiard balls" with the image of a snow ball effect when it comes to barbarian movements. In this view, small groupings began migratory movements, probably composed of warriors who were able to attract many more recruits because of their success as they travelled. As a result, one finds that migration, though archaeologists scarcely utilize the term, "remains part of this story, obviously, but with the scaling-down of the numbers of people envisaged as participating in those journeys, the key historical process is no longer the movement itself but the gathering-in of new recruits afterwards" (Heather 21). In this paradigm for interpretation, the invasion hypothesis is dead and so is the view of a succession of ancient "peoples" carving out their new abodes in others' homes via large-scale movement and ethnic cleansing.[1]

Despite Heather's revitalization and belief in migration, he ultimately argues that the phenomenon, whether on a large scale or a small scale, must be considered in light of internal transformation: "They are interconnected phenomena, which only together can satisfactorily explain how Mediterranean domination of the barbarian north and east came to be broken, and a recognizable Europe emerged from the wreck of the ancient world order" (35). In the second chapter of his work, Heather emphasizes the importance of these two interconnected phenomena by taking a look at globalization and its effects on the Germani during the first half of the first millennium. Through utilization of various historical and archaeological sources, Heather notes that essentially what transpired over the first and fourth centuries was the development of a class of military leaders who brought about a new sort of armed force which was used to put greater distance, in terms of social power, between themselves and everyone else. In order for such military kings to come about, there first had to be surpluses of foodstuffs and/or other forms of negotiable wealth being produced in the economy around them. Second, the kings had to be able to utilize such surpluses, or a large part of them, for their own purposes. Close contact with Romans, soldiers and otherwise, over the first centuries AD provided a stimulus to production as well as a source of ideas and technology that made agricultural intensification possible. In the end, "the important point is that economic and societal transformation had generated a new confederative element in Germanic society, or at least in some of those parts of it closest to the Roman frontier, which was capable of combining, for certain functions anyway, many tens of thousands of people" (Heather 71).

The Germani closest to the borders with the Roman Empire benefitted greatly so that their proximity to prosperity led to profound transformations in their society. Simultaneously, there was among the Germanic people a general resentment of overt and demeaning subservience to Roman authority, which, in Heather's view, "had the more profound effect of legitimizing the new type of military kingship that came to the fore among the Germani at this period, and which provided the bedrock of the greater political consolidation observable in the new confederations" (Heather 92). The situation on the border between the Romans and the Germani offers an excellent early example of globalization: "A thoroughly undeveloped essentially subsistence agriculture economic with little diversification of production, trade or social stratification suddenly found itself alongside the highly economic and powerful state structures of the Roman Empire" (Heather 92). The new wealth and struggles to control its flow and to limit Roman aggression brought about new political entities. Eventually, this newly acquired wealth became immense and at the same time became the desire of other Germani beyond the border as well as groups of people from well beyond Germania.

In chapter three, "All Roads Lead to Rome?" Heather underlines the magnetic effect this border zone of Germanic influence held over other groups from Germania and beyond. Then and now, one finds that "Homo sapiens sapiens is perfectly capable of organizing itself into armed groups with sufficient capacity to seize the assets of others, and does sometimes do so using migration as the vehicle" (Heather 143). In this case, for the - Germani, contact with the Roman Empire generated considerable development that resulted in marked difference in wealth, ultimately acting as a spur to migration. This was the case not only of outer-periphery Germani, but also of groups from much farther afield. By 376, Goths were set on the move by the aggression of Hunnic outsiders, and the glimmer of Roman and recently acquired Germanic wealth acted as beacon to the Goths and helped them decide the direction in which to travel to find a new home. Then again, by the mid-400s, one finds that the Attila and the Huns themselves were attracted westward and toward Roman possessions simply because "increased proximity to the political centers of the Roman world in northern Italy and Constantinople meant greater opportunities for extracting a share of Roman wealth" (Heather 214).[2]

In these cases and several others enumerated and considered in detail by Heather, one finds numerous references to the ways in which barbarian migration relates to the migratory motivations and habits of the modern world as well. In the case of Gothic motives, Roman wealth certainly entered into their calculations of where to move. This reasoning makes perfect sense, and also recalls modern case studies, where it is rare for economic motivations to be absent from immigrants' calculations, even if there happens also to be a strong involuntary and political element. In some cases, as many as twenty thousand soldiers were involved in barbarian migrations and, together with women, children and dependent slaves, as many as fifty to one hundred thousand souls in the whole migratory group.[3] Thus, let us take from Heather's analysis not only the instructive lesson in understanding correctly ancient migration, but also the knowledge that essentially some factors regarding migration and the decision-making related to it, remain constant over time. First, there remain two basic drivers behind migration: more voluntary, economically motivated migration, and less voluntary political migration. What results for our continued analysis of movement of people in the Middle Ages, and the particular case of solitary migration, as well as emigration in post-unification Italy is the useful and timeless matrix proposed by Heather as follows: "These complexities mean that a potential migrant's decision-making process now tends not to be analyzed in terms of push-and-pull factors, but modeled as a matrix whose defining points are on one axis economic and political, and on the other voluntary and involuntary, with each individual's motivation usually a complex combination of all four elements" (33).

Medieval Migration

By the time the reader arrives at the sixth chapter of Heather's work, "A New Europe," one finds that the changes caused by the magnetic draw of Roman wealth and barbarian migration led to the rise of the Franks as well as the basis of modern Europe: "This very significant phenomenon was a direct result of the processes of development that had been operating on the fringes of the Empire during the Roman period. The social, economic and political transformations under way on its periphery had all tended to generate ever stronger economies and political societies, and the rise of the Franks exploited this new strength to the utmost" (365). By the end of the first millennium, these transformations led to the establishment of new political powers of considerable stature all across central and eastern Europe, and in some cases in areas that had belonged to the most underdeveloped part of the western part of the Eurasian landmass. These new states enjoyed significant powers over their constituent populations: more elite elements could be made to present themselves and fight; central roadways, palaces, churches and fortifications were built in stone; and finally, economic resources could be mobilized to support rulers and their retinues, as well as the rapidly growing Christian priesthood that flourished under princely sponsorship. As Heather emphasizes, "with their emergence, Europe finally took on something of the shape that it has broadly retained down to the present: a network of not entirely dissimilar and culturally interconnected political societies clustering at the western end of the great Eurasian landmass" (517). And, it is without a doubt that the establishment and achievements of these states would not have been possible without a number of pre-existing social and economic transformations which took place in large part as a result of migration throughout the first millennium.

Although barbarian migration was at the root of the transformations necessary to facilitate the growth of such kingdoms, by the time of the last two hundred years of the first millennium, the mass movement of people played only a small part in the final stages of state formation in northern and eastern Europe. Earlier on, prevailing limitations in agricultural techniques in barbarian Europe generated a broad local mobility. But, by the end of the first millennium, various kingdoms and rulers were building castles and churches in stone on the back of wealth generated by more intense agricultural regimes and wider trade networks. With so much invested in where they stood, it would not have been easy or desirable to shift their centers of operation and, overall one finds that "both elites and broader populations within barbarian Europe were becoming much more firmly rooted in particular localities, and, as a result, were much less likely to respond by migration even when faced with powerful stimuli that might in other circumstances have led them to shift location" (Heather 613).

Heather's study of migration ends at the year 1000, and towards the end of his work he at least provides a generalization with regard to the future of migration in the medieval period. From the late first millennium onwards, migration generally took one of two characteristic forms: knight-based elite transfers, such as the Norman Conquest; and deliberate recruitment of peasantry to work the land. Upon closer inspection, however, one finds that situation was slightly more complex. In the work *People on the Move: Attitudes toward and Perceptions of Migration in Medieval and Modern Europe*, Harald Kleinschmidt agrees with the basic forms of medieval migration posited by Heather; however, he also provides his readers with a more detailed look at the manifestations of other types of movement of people. To be sure, the high and late Middle Ages witnessed far fewer migrations of large groups across long distances as one finds in the several cases of first-millennium barbarian movements.[4] Of particular interest to the present study is a sort of movement that Kleinschmidt refers to as "solitary migration." Let us pass, then, to a description of this phenomenon before proceeding with reflection upon a literary example of migration from the medieval period.

From the beginning, Kleinschmidt notes that in the Early Middle Ages, solitary migration or movement of very small groups was rare. For the most part, migrants of this type were monks and nuns who chose to evade monastic rule and the stability of residence by becoming missionaries and moving from place to place. Beyond missionaries, there were also wandering physicians and a group of technical specialists whom the author refers to as "migrant producers."

According to Kleinschmidt, the growth of urban communities from the twelfth century contributed to the further increase of solitary migration: "A growing number of countryside people moved into the urban communities to find acceptance and earn their living there. City and town governments as well as various artisans' guilds enacted statutes that made migration mandatory for certain groups of professionals, mainly for apprentices" (76). Beyond this form of movement, aristocrats often followed suit when they voluntarily embarked upon long-distance migrations in connection with military service or the crusades.

Given the aforementioned connection to the increase of solitary migration with the rise of urbanization, it seems logical that this effect would have been particularly marked in the case of Italy. Beginning in the eighth, ninth, and tenth centuries, more and more nucleated settlements with a fixed site began to emerge, especially as households clustered around newly founded churches and associated cemeteries. According to Matthew Innes, in the essay "Economies and Societies in Early Medieval Western Europe," often these urban centers found themselves along established trading routes: "By 900 the major trading centers and networks were clearly established, and the foundations for continued growth in transcultural exchange through the tenth century and beyond well laid, while within Italy traders, and market activity, became increasingly apparent" (Innes 19). Furthermore, he posits that these were the basis of the new economic patterns of the medieval period, and they were possible only because of changes in the countryside that led to the growth of cities and towns. This was especially the case in Tuscany, Innes affirms, where there was an emergence of villages located on hilltops and often walled as part of a wider process of *incastellamento*, the creation of nucleated settlement units, which was taking place right across the western Mediterranean in the tenth and eleventh centuries.

This process of urbanization was particularly prevalent in central and northern Italy, which had a strong urban tradition. To be sure, the elements that characterized Italian cities were also present in other parts of Europe, but, as Francesca Bocchi reminds us in the article "La formazione dei caratteri originali delle città italiane: l'eredità del mondo antico," there was a marked difference in the level of intensity. Along these lines, Bocchi notes the change one witnessed when passing from north to south across the Alps: "Percepisce immediatamente un cambiamento evidentissimo del paesaggio, dovuto all'addensarsi dei centri abitati e delle città. La percezione continua, anche proseguendo il volo lungo la penisola, dove solo le regioni impervie hanno saputo contenere il fenomeno urbano" (5). The author also aptly notes the importance of an economic core to the coalescence of medieval urban centers, especially during a period in which there was an omnipresent threat of invasion. This threat caused an inward movement and concentration of humanity in the cities and what Bocchi refers to as "la destrutturazione" of Italian cities:

> Soprattutto le città della provincia italica hanno ceduto sotto i colpi della crisi tardo-antica, restringendo l'abitato alle zone centrali, dove c'era l'edilizia pubblica e dove si trovavano le residenze delle famiglie economicamente più forti, lasciando degradare le zone periferiche, abitate dai ceti più deboli, che non sono stati in grado di affrontare la crisi e sono andati incontro ad un calo demografico molto marcato (Bocchi 13).

In this general context of urbanization, it is comprehensible that "solitary migration" was on the rise throughout the medieval period as people moved to cities for protection as well as economic opportunity. According to Kleinschmidt, travel was much less common during the early medieval period. However, with the rise of mercantile activity and international commerce, this attitude to travel changed by the time of the high and late Middle Ages, especially in Italy.

Travel, Mercantile Activity, and Migration in Boccaccio's Decameron

To begin with, it will be helpful to establish the difference between the two movements of people treated in this section. The distinctive criterion between migration and travel is the intention of return, and as Kleinschmidt opines, "migration and travel are different but interrelated patterns of action. Migration should be defined as a relocation of residence across borders of recognized significance, whereas travel should denote temporary changes of one's place of stay with the intention of returning" (51). For the Middle Ages, people did not always declare their intentions and, as a result, it is not always a simple task to delineate migration from travel, either as a modern reader looking back or as a contemporary observer of the phenomena. Nonetheless, it is safe to say along with Kleinschmidt that attitudes toward travel changed significantly between the late eleventh and the thirteenth century, especially because of the increasing number of persons involved in the production and distribution of goods who undertook numerous work-related journeys. Along with the journeys undertaken by merchants and businessmen, pilgrimages also increased dramatically during this period so that "people of many walks of life traveled not only to Rome and the holy places in Palestine but also to many places of worship at shorter distances in the Occident" (Kleinschmidt 81).

Amid this economic and social backdrop, it is no surprise also to find that travel literature began to flourish as a literary genre in the fourteenth century. Chaucer's *Canterbury Tales* come to mind in the later thirteenth-century English context, however, in the Italian context and for the purposes of the present study, there was Chaucer's predecessor and model, Giovanni Boccaccio and his *Decameron*. This work is of great value to considerations of both travel and migration in the medieval period. Indeed, the world of the *Decameron* is delineated by the extent to which Italian merchants had migrated and travelled in order to establish business contacts and increase the international commerce that flowed to and through Italy. In the seminal essay "L'epopea dei mercatanti," Vittore Branca supports his argument for the *Decameron* as "a merchant's epic" by underlining Boccaccio's own training in and knowledge of mercantile activities and movements. Since he was an apprentice in the largest and most influential company in Florence of his day, Boccaccio created a literary work that reflected the interests and concerns of the profession. According to Branca, the *Decameron* demonstrates nothing less than an Italy exiting the darkness of the Middle Ages with merchants lighting the way to the forgotten trade routes and world of the Roman past: "La rievocazione della civiltà italiana nell'autunno del Medioevo, che si è rivelata nel *Decameron* grandiosa e suggestiva, trova uno dei suoi centri più vivi e affascinanti nella serie di avventurosi e mossi affreschi in cui si riflette la ricchissima vita mercantile fra il Duecento e il Trecento" (Branca 8). Even if the critic mislabels the key through which Boccaccio's medieval masterpiece should be read, he ultimately and rightly calls attention to the prevailing mercantile and economic situations that often lead to the movement of people in the work.[5]

Born of a Florentine merchant with connections to the highly influential Bardi family, Boccaccio was especially well situated to take advantage of and flourish as a merchant even if he ultimately rejected the profession to pursue literature. Florentine merchants were the main human element in the growth and development of super-companies but also for Italy in general in the thirteenth and fourteenth century. The peninsula's location at the center of the Mediterranean gave Italian merchants a natural position as the go-between of goods from the Levant en route to the rest of Europe. In the work *Wealth and the Demand for Art in Italy*, Richard Goldthwaite underlines the result of this geographic centrality coupled with the ingenuity of Italian businessmen: "In the commercial sector Italians monopolized the trade of luxury items imported from the Near East and distributed throughout northern Europe; going abroad into both areas as merchant-colonizers, they dominated the maritime transport of these goods, created the network for their distribution, and promoted trade in other goods to balance payments" (13).[6] At the heart of this domination of maritime transport and the trailblazing of networks of commerce lie travel and migration, and the literary world of Boccaccio's *Decameron*, much like the actual world of medieval and modern Italy, is full of examples of people on the move.

Boccaccio's unique experience in this line of business helped him to create a literary world aware of these economic difficulties and realities. Naturally, Florence and Tuscany are at the heart of Boccaccio's world and the ideal geography of the *Decameron*, just as they were in finance and commerce; however, many other places near and far appear throughout the text. Branca aptly underlines the demarcation of the *Decameron*'s world and connects its geographical vastness to the frontiers frequented by Florentine companies. Thus, even if these companies and their agents do not appear quite as often as Branca suggests, the fruits of their exploration and, perhaps, exploitation, push the boundaries of the *Decameron* far beyond a narrow medieval conception of a literary setting.[7] Branca cogently observes the unique worldview that Boccaccio's mercantile and business background offered him: "L'esperienza mercantile offriva anche al Boccaccio un punto di osservazione della vita contemporanea, donde il suo sguardo poteva spaziare al di là del comune, al di là della regione, al di là dell'Italia stessa per l'Europa civile e per il Mediterraneo fortunoso" (14). If Florentine companies and their agents understood and crossed economic and geographic boundaries, Boccaccio also crossed literary borders bringing with him interesting and original observations on travel and migration.[8]

Heather and Kleinschmidt both place emphasis on the difficult and dangerous nature of travel and migration in the late first millennium and the medieval period, respectively. As cited above, Heather convincingly posits a paradigm by which a migrant's decision-making process can be analyzed: on one axis economic and political, and on the other voluntary and involuntary. In this system, inevitably each individual's motivation is usually a complex combination of all four elements; however, one must also take into consideration the factor of danger and potential troubles that could be met while on the move. In the case of the the Amal-led Goths, in 473 to the Balkans and again in 488/89 to Italy, there were economic and voluntary motives for a massive movement of men, women and children. Thus, as Heather reminds the reader, "In single file, two thousand wagons will have stretched over perhaps fifteen kilometers," as the people moved to find better opportunities (262). There was always the threat of defeat that would have disastrous consequences, turning the migrants into political refugees who had to accept burdensome terms from senior partners. And, even if the migratory campaign turned out well for those on the move, massive dislocation and trauma came along with resettlement. Inevitably, exhaustion and propensity of disease with overcrowding make moving in the ancient as well as modern world a potentially deadly experience. Then, there is the sheer distance of it all, at times complete with heavy military conflict. Kleinschmidt emphasizes that for merchants and other travelers alike, journeys in the medieval period occurred in a physical environment that was constantly perceived as hostile and dangerous: "The open space in between settlements was often under no one's control, and rulers lacked the political willingness and administrative means to establish and maintain territorial traffic control according to the standards of the nineteenth and twentieth century" (Kleinschmidt 77). In the case of Boccaccio's Florence and the world of the *Decameron*, merchants and travelling protagonists of the *novelle* often had to be skilled at dealing with not only business factors, but also temperamental rulers, lacking communications and next to no international law.[9]

Having established the background of people's movement in the Middle Ages, whether as travel or migration, the famous movement of Nastagio degli Onesti provides a unique and intriguing point for our consideration. This tale is the eighth novella of the fifth day in Boccaccio's *Decameron*, and the affabulatory requiremet of Day Five is that stories be told "di ciò che a alcuno amante, dopo alcuni fieri o sventurati accidenti, felicemente avvenisse." Ironically, however, even though Day Five's stories are supposed to end happily with the celebration of marriage and the triumph of love, nearly all of the events leading up to the irenic conclusions are shaped by tragedy, fear, violence, coercion and, in some cases, death. Rather than acting as a peaceful and socially unifying force fundamental to order and stability in society, the institution of marriage in Day Five is built upon a foundation of strained and unpropitious circumstances. The final image of matrimony is thus parodic and the elements of parody in Day Five are numerous.[10] In Nastagio's tale, there is certainly an example of migration and/or travel, and read in the aforementioned parodic key, it is possible to read a parody of what Kleinscmidt calls medieval "solitary migration."

Decameron 5.8 unfolds in the ancient city of Ravenna, which was known for its celebrated aristocracy. Nastagio degli Onesti becomes extremely wealthy through the deaths of his father and uncle, and the reader soon learns that Nastagio is without a wife and in love with the daughter of a nobleman from Ravenna. Despite his many achievements and seemingly limitless acts of conspicuous consumption, Nastagio fails to attract the lady he desires, and indeed, they do him harm: "...forse per la sua singular bellezza o per la sua nobiltà sì altiera e disdegnosa divenuta, che né egli né cosa che gli piacesse le piaceva" (*Dec*. 5.8.6). As a result of his futile, profligate spending and failure to attract the young girl, Nastagio's family and friends implore him to leave Ravenna and to forget his love and life there. Interestingly, he makes grand preparations for his departure and journey as if he were headed to France or Spain, we are told by the narrator: "e fatto fare un grande apparecchiamento, come se in Francia o in Ispagna o in alcuno altro luogo lontano andar volesse, montato a cavallo e da' suoi molti amici accompagnato di Ravenna uscì e andossene a un luogo fuor di Ravenna forse tre miglia, che si chiama Chiassi" (*Dec*. 5.8.10). The text then refers to Nastagio's establishment of what seems to be a settlement of his own in which he lives "la più bella e magnifica vita" that one could imagine. Soon after the arrival and establishment of his new abode, Nastagio orders that he wishes to stay alone in that place and that his retinue and family must return to Ravenna. Although the text states that Nastagio invites back friends and family to dine with him on occasion, one is left to believe that, for the most part, he has decided to seclude himself and live a life of relative solitude.

This assumption is further emphasized by one of his contemplative strolls in the forest, during which time he reflects upon the "cruel" young woman with whom he is in love: "Ora avvenne che, venendo quasi all'entrata di maggio … [e] comandato a tutta la sua famiglia che solo il lasciassero per più poter pensare a suo piacere, piede innanzi piè se medesimo trasportò pensando nella pigneta" (*Dec*. 5.8.13). The site offers a monastic sort of solitude and Boccaccio's description of the pine forest proffers nothing short of a *locus amoenus*, complete with reference to Dante's earthly paradise atop Mount Purgatory.[11] Indeed, the text intimates that Nastagio is fasting ("non ricordandosi di mangiare né d'altra cosa" and possibly in prayer ("alzò il capo per vedere che fosse") when he is suddenly interrupted the infamous and horrific vision of an eternal punishment in which a dark knight must chase down and slay a young woman who rejected his love when they were both alive.[12] Realizing that the infernal scene takes place every Friday in the same place and at the same time, the cunning Nastagio invites his own love along with his and her family to dine in situ the following week. The plan to intimidate the young girl works perfectly for Nastagio, for everyone present at the dinner is frightened and astonished, but, we are told, his young love was most terrified and realized that that too could be her fate if she did not accept Nastagio's advances and marry him.

In short, the city and society in which Nastagio fell in love with the young girl of the Traversari family would not permit Nastagio to marry the young woman. She was extremely beautiful, but the text makes it abundantly clear that she was also far too noble to be married to or to recognize the affection of a man of lower social status, even if he was immensely wealthy. In order to escape this rigid social construct and to find success, Nastagio turns to the road and embarks upon what might have started as a migration and ended up being merely travel. According to Kleinschmidt, the difference between migration and travel rests upon whether or not there is an intention of returning. In Nastagio's case, it is difficult to say as a reader and probably would have been difficult to discern as a contemporary observer. We are told that he leaves after having prepared "un grande apparecchiamento," which draws attention to the grandiose nature of his preparations, and it is made known that he prepares for a journey that reminds us even of the wagon trains of the Gothic migrants of the fifth century. Nastagio could be heading as far as France or Spain, but it turns out that he stops just three miles outside of Ravenna.

Although he brings along numerous attendants to help setup the site of his self-imposed solitary confinement, ultimately the image of a "solitary migration" results. Nastagio orders that everyone return to Ravenna, even if he does welcome them back on occasion to be fed at his table. From what Boccaccio tells the reader, one finds that when Nastagio is not feeding his guests, that he passes time amid nature on solitudinous strolls in which he certainly fasts and possibly, given that his head is down when he is interrupted by the *caccia infernale*, that he prays or, at the very least, meditates upon his love life. According to the medieval migratory and travel context described by Kleinschmidt, Nastagio's could be read as a parody of solitary migration. In the early Middle Ages, Kleinschmidt underlines that solitary migration or small-group migration was rare and that the most noteworthy solitary migrants were monks and nuns who chose to take to the road by becoming missionaries and moving from place to place. In this context, one finds that "authors of their lives praised them for their extraordinary physical and intellectual capabilities, as well as their willingness to devote their lives to religious service and to rely on divine help against the hazards of migration" (Kleinschmidt 73). In the high and late medieval period, the readiness and necessity to undertake solitary migrations increased, especially in light of the growth of urban communities and the growing number of people who moved to find acceptance and to earn a living in the cities.

Nastagio's movement, too, is an indirect result of a community's effects and its aristocratic ideals. Gerald Kamber explains that Boccaccio, having passed at least four significant periods of time in Ravenna, was well aware of its celebrated aristocracy and its substantial chivalric tradition, and the conflict between a *novus homo*, the wealthy though non-noble Nastagio degli Onesti, and the nobility rests at the heart of this novella.[13] Some critics assert that Nastagio demands marriage instead of a mere sexual encounter because he seeks to distinguish his sexual conquest and to claim her body. However, it also seems probable that Nastagio, ever-conscious of his social inferiority, does not want the Traversari girl to act in a way unfitting to her status; he wants his wealth, his accomplishments, his *saviezza* and conspicuous, non-noble consumption to be recognized by a noble family and wife amid the aristocratic atmosphere of Ravenna. It is quite noteworthy that the only way Nastagio's desires can be fulfilled in the social world of the novella is through the *deus ex machina* that is the infernal hunt he witnesses. Boccaccio must mix the realistic and the supernatural to create in this tale a world that is completely detached from the aristocracy and social status requirements of Ravenna's nobility. Boccaccio relies on migration and travel as a means of escaping the cityscape and he must resort to the fantastic in order to tear the medieval social fabric just enough to allow Nastagio's new money to have any value at all among a noble milieu. Nastagio embarks upon a massive movement that becomes solitary in order to establish a new settlement and social scene outside of the city. Far from the monk or nun who might have embarked upon a form of solitary migration during the time period, Nastagio secludes himself on a totally secular journey and meditates upon his worldly goods and his terrestrial love, even if he is surrounded by a parodic recreation of the earthly paradise.

Ancient and Medieval Parallels to Modern Migration

Although the notion of sacred versus profane migration does not bear as much significance for consideration of the modern period, there are nonetheless several parallels that can be drawn from the first two parts of the present study. First of all, from our consideration of Heather's work and the movement of barbarian peoples, we can draw on the author's reflections on migration as a general human phenomenon. In his fourth chapter, entitled "Migration and Frontier Collapse," Heather delves into unraveling the motives, composition, and histories of the Gothic Tervingi confederation that appeared on Rome's frontier around the year 376. After concluding that these Goths were on the move in part to gain access to the wealth of the Roman Mediterranean, and that they were initially displaced because of the aggression of Hunnic outsiders, Heather poses the question as to how come such a large group would resort to migration as the answer to their problems. In short, the author convincingly posits that migration had built up within the population to the point that it was seen as a means to solve life's big problems, especially among the Tervingi elite. Even though there were certainly political and economic motives for this grand move across Europe, a history of migration habits was also embedded in and essential to the Tervingi's decision to migrate: "In large measure, therefore, round two of the Völkerwanderung encompassed population groups with firmly entrenched migration habits, who were more likely to respond to major threats and opportunities by moving again" (Heather 185).

In the work Migrazioni italiane: storia e storie dall'ancien régime a oggi, Patrizia Audenino and Maddalena Tirabassi draw attention to the effects of "entrenched migration habits" as well. That is, they emphasize that among the emigrants of nineteenth- and twentieth-century Italy, those who had a longer history and more experience with migrating tended to be more propense to migrate farther as a response to their economic problems: "Chi intraprendeva il viaggio più lungo, quello transoceanico, aveva già alle spalle una tradizione familiare o un lungo apprendistato personale di migrazioni interne" (10). Having established the mercantile and literary elements of migration in the medieval period and in the Decameron in particular, it is also interesting that Audenino and Tirabassi collocate the "beginning" of Italian emigration during the 1300s: "Per ricostruire i percorsi e i protagonisti delle migrazioni della nostra penisola occorre risalire in molti casi alla mobilità mercantile e artigianale, ma anche a quella girovaga dell'Età moderna e anche medievale" (1). Thus, a connection between our analysis of an instance of migration in the Decameron can be connected to the phenomenon of modern migration and especially the limitless geographical extent of immigration for the sake of finding work such that people emigrated from Italy to every part of the world. For Branca, the trajectories of these emigrant entrepreneurs acted as lights along rediscovered paths to expand the commercial outreach of their Italian homelands: "Si direbbe che ovunque l'intraprendenza dei nostri uomini d'affari si indirizzò e trovò un qualche interesse, ivi anche la fantasia del Boccaccio, nutrita di esperienze mercantesche dirette o indirette, volle fermarsi e fermare prosepettive, ambienti, paesaggi" (18). For post-unification emigration, the words of Primo Levi, as related by Audenino and Tirabassi, seem relevant to Branca's observation: "Un grande scrittore italiano, Primo Levi, per esempio, ha affermato che in ogni angolo del mondo si può trovare un napoletano che fa le pizze e un biellese che fa i muri" (31).

One final reflection made on ancient and medieval migration tendencies can be paralleled to the modern period. In the case of the Gothic Tervingi and other barbarian migration groups in the late-fourth and early-fifth century, Heather observes that the groups were substantial and resilient and that they moved to survive and lead a better life: "Their treks took the form of discrete jumps, with considerable pauses in between, rather than one continuous movement, because migration was part of a developing survival strategy" (Heather 346). In the case of Nastagio's movement, one finds a survival strategy of sorts as Nastagio is vehemently encouraged to retreat from the city in order to safeguard his financial security. When considering modern migration, the notion of the phenomenon as a survival strategy and as a means of bettering one's life, family condition, or indeed one's country itself must be kept in mind. During the period from 1881 to around the first World War there was a boom in overseas emigration of Italians overseas, especially to the United States. These emigrations were undertaken to bring migrants closer to areas of wealth and job opportunities for the sake of leading a better life as well taking care of their families back in Italy, and, in the process helping to stimulate the economy and economic well-being of the newly formed Italian state.[14]

Conclusion

The movement of people in the first millennium and the political and cultural transformations they caused undoubtedly helped to create the foundation of modern Europe. According to Heather, it is appropriate to think of Europe's historical identity in terms of societies progressively interacting with one another more and more economically, politically, and culturally until certain significant similarities became common. Barbarian migrations were inextricably connected to these transformations. In the course of convincingly positing this argument, Heather makes many references to modern migration in order to support his belief that migration has always been a fundamental element to the human experience, even if the size, motivations, and government controls change from period to period. In the modern world, "migration flows are interfered with by states who attempt to channel, encourage or limit them by means of passports, border controls and immigration policies" (Heather 136). These controls were less sophisticated in previous epochs, including the first millennium and the Middle Ages, and have always been accompanied by political and economic motivations. Although Heather's matrix paradigm for deciding migrant motivations is broadly valid and well designed (with political versus economic factors on one axis and voluntary versus involuntary on another), it also seems likely that social concerns can also take part of the process. Such was the case with the medieval literary example of Nastagio degli Onesti, who left his home for largely economic and involuntary reasons amid a social setting that did not accept his presence. From Goths and Hunns and medieval migrants down to Italian people on the move in the history of Italy since unification, migration has been a constant phenomenon in the human experience. As amply demonstrated by Heather, much can be learned from a comparative approach across history and, as demonstrated in the present study, also at times from literary sources. Audenino e Tirabassi write that "l'Italia è arrivata solo in anni recenti a riconoscere nella lunga storia delle proprie migrazioni un elemento fondamentale del passato e del presente della nazione e a considerarne le valenze nella costruzione della propria identità nazionale" (155-56). If this is the case, with hope the present study has at least brought to light the great traveling distances as well as the vast historical reach of migration and its causes and effects on Europe and modern Italy.

Notes

[1] Heather, *Empires and Barbarians: The Fall of Rome and the Birth of Europe*, 22-23. The author presents two alternatives in this scheme of interpretation. The first is a "wave of advance model" in which small migration units are included. According to this model, for example, Neolithic farmers did not arrive en masse and oust hunter-gatherers; rather, they were progressively able to produce greater quantities of food and eventually swamped the hunter-gatherers while expanding. Then, there is the "elite transfer model" according to which an intrusive population is not very large but it does aggressively take territory by conquest. The intrusive population group ousts the sitting elite and takes over positions of importance, leaving most of the underlying social and economic structures intact. The classic example of the "elite transfer model" is the Norman Conquest.

[2] Ibid., 214. Support of this statement can be found in the diplomatic records from the period of the two massive attacks on the east Roman Balkans in 442 and 447, as well as the invasions of Gaul and Italy that followed in 451 and 452: "We have very detailed accounts of the diplomatic contacts that preceded and followed these attacks, and Attila's central concern was always the size of the diplomatic subsidy he could secure. Extra territory and other types of gain were of only marginal interest."

[3] Ibid., 250-259. In the case of the Amal-led Goths who eventually moved on to sack Rome and Italy, there were twenty thousand or more soldiers involved. Heather continues: "It was this much larger force, complete with women, children and wagon train and amounting to between fifty and a hundred thousand souls, that took the road for Italy in the autumn of 488" (250). Then, the author is careful to note that the numbers may be quite different when comparing modern and Roman-era movements of people, however, the motivations remain similar, if not the same: "But because even the voluntary had necessity to remake political circumstances to their benefit in order to enjoy the wealth they were targeting, they had to operate in large and cohesive

groupings. If the size and nature of these immigrant groups was not in line with modern examples, the complex nature of their motivation was" (259).

[4] Kleinschmidt, *People on the Move: Attitudes Toward and Perceptions of Migration in Medieval and Modern Europe*, 69. The author lists only three instances of large-group migration across long distances: that of the Vikings; that of Fenno-Hungarian groups that appeared as Magyars in central and southern Europe; and finally, an instance of colonization movement of German-speaking settlers in the Baltic region in Poland during the twelfth and thirteenth century.

[5] Branca, "L'epopea dei mercatanti." *Lettere italiane* 8 (1953): 21. Branca ultimately posits that preference is given throughout the medieval masterpiece to mercantile protagonists, environments and themes, and he believes that the text must be read through a mercantile key. Although there are many merchant protagonists throughout the ten days of storytelling and the one hundred stories recounted in the *Decameron*, it does not seem plausible to read the work as a whole as the "merchants' epic." For instance, the mercantile key of reading is particularly impractical when reading Day Five of the *Decameron*, the day from which the novella analyzed in the present study is taken. None of the day's protagonists are identified as merchants, and none of them directly take part in mercantile activity. Despite the lack of merchants and mercantile activity, Boccaccio's understanding of commerce and his years of direct and indirect experience with the mechanisms and tools used in ports for deposits, guarantees, and advances are evident when one reads the stories through an economic lens.

[6] Goldthwaite, *Wealth and the Demand for Art in Italy, 1300-1600*, 13. The author concludes shortly thereafter with an affirmation that echoes Branca's praise of Italian mercantile know-how and determination: "In short, Italians aggressively took the initiative in exploiting the relation between the developed economy of the eastern Mediterranean and the underdeveloped economy of Western Europe." Branca refers to merchants as "heroes of enterprise," "lively and aggressive champions," of commerce and ultimately praises Boccaccio for having elevated the commercial world to "literary dignity."

[7] Branca, "L'epopea dei mercatanti," 18. The critic skillfully describes this zooming out and enlarging of Italian and Mediterranean geography which had not been utilized or possible before Boccaccio: "Ma quel vasto sfondo europeo e mediterraneo su cui si tesse l'avventura, anzi la *quete* eroica dei 'mercatanti', allarga anche singolarmente, come mai fino allora nella nostra letteratura, l'orizzonte dei paesaggi e degli ambienti ritratti." For his day and age, Boccaccio's tales do not know physical limits: from England to Egypt, from Tunisia to Armenia, the settings of the *Decameron* offer a relatively globalized view of the world as it was then known.

[8] Hunt, *The Medieval Super-companies: A Study of the Peruzzi Company of Florence*, 43. After discussing the reasons for Italian predominance in the commercial world of Medieval Europe, Edwin Hunt comments that by the end of the twelfth century, primarily Italians were needed to finance foreign rulers and that more often than not native businessmen could not satisfy their needs (e.g. the first "emigration" of Italian merchants to England occurring after the Third crusade in which Richard I incurred huge expenses). With the increasing involvement in foreign business, these Italians "crossed enterprise as well as geographic boundaries, becoming buyers and sellers of wool, lenders to princes, and transfer agents of the papacy, in addition to being general merchants."

[9] Hunt, *The Medieval Super-companies*, 29. The historian emphatically praises the skill, discipline, and sheer talent necessary to manage trade operations in the medieval Mediterranean world, especially in light of how geographically dispersed markets were at the time. While facing dreadful communications and virtually no international law, the success of Italian merchants "required not only business acumen but the maintenance of satisfactory relations with a number of temperamental rulers, whose favor was essential and who were often at odds with one another."

[10] Historically and socially, one finds that the matrimonial bond was represented as a bulwark against disorder and as a fundamental unit of society's foundation. Ecclesiastically, the sacramental union of man and woman represented the bond between earth and heaven, of Christ and the Church, and between God and humanity. For many centuries prior to Boccaccio's age, marriage was the union that people recognized as the most efficacious way of perpetuating society and bringing about social harmony. Despite these historical tendencies, one finds that rather than acting as a peaceful and socially unifying force, matrimony in the fifth day is built upon a foundation of strained and inauspicious circumstances. This representation in *Decameron* Day Five, coupled with the striking absence of religious celebration calls into question the happy endings and ultimately yields a parodic image of matrimony.

[11] Branca draws attention to the paradisiacal representation of this pine forest in Chiassi and the ambience atop Dante's version of the Holy Mountain of Purgatory: "Del lido e della pineta di Chiassi o Classi ... Dante ha lasciato un'impressione suggestive nella descrizione della selva del Paradiso terrestre: 'La divina foresta spessa e viva / Tal qual di ramo in ramo si raccoglie / Per la pineta in su 'l lito di Chiassi...."

[12] The knight explains that he and the young woman are acting out their eternal punishments: on the one hand, for excessively desiring the young woman during his life and ultimately committing suicide, he must hunt down and slay the woman; on the other hand, for harshly rejecting him and resisting the knight's love in life, the young woman is condemned to be slain by him indefinitely.

[13] Kamber, "Antitesi e sintesi in 'Nastagio degli Onesti,'" 63. Kamber does not seem to believe in the centrality of this conflict. He states that Boccaccio does little more than allude to a vague aristocratic atmosphere. This assertion seems unlikely given the emphasis placed on Nastagio's lack of nobility compared to the young Traversari. Thus, Kamber's statement that 'quel che interessa al Boccaccio non è evidentemente lo sfondo, ma gli uomini che si muovono su quello sfondo e le loro azioni," is true to a certain extent; however, the background cannot be discarded. For the purpose of the present study, let us focus our attention on the *muoversi* in and of itself of the protagonist.

[14] Audenino and Tirabassi, *Migrazioni Italiane: Storia e Storie dall'Ancien Régime a Oggi*, 28. A propos of this point, Audenino and Tirabassi underline the importance of remittances sent back to Italy from the US, which amounted to "a river of capital," as they put it. Remittances resulting from emigration abroad permitted many rural Italian families to overcome a chronic lack of liquidity. Then, above all remittances meant a marked betterment in the conditions of life, from improved diet to better housing and more. Ultimately, the authors conclude that "l'informazione più evidente fornita da questa enorme massa di denaro inviato a casa è che l'emigrazione si configurò in modo generalizzato come un investimento per ottenere un futuro migliore nel proprio paese e non all'estero."

Bibliography

Audenino, Patrizia, and Maddalena Tirabassi. *Migrazioni Italiane: Storia e Storie dall'Ancien Régime a Oggi.* Milan: Mondadori, 2008.

Boccaccio, Giovanni. *Decameron.* Ed. Vittore Branca. Torino: Einaudi, 1991.

Bocchi, Francesca. "La formazione dei caratteri originali delle città italiane: l'eredità del mondo antico." In *L'Italia alla fine del Medioevo: i caratteri originali nel quadro europeo*, edited by Francesco Salvestrini, 1-24. Firenze: Firenze UP, 2006.

Branca, Vittore. "L'epopea dei mercatanti." *Lettere italiane* 8 (1953): 9-33.

Goldthwaite, Richard. *Wealth and the Demand for Art in Italy, 1300-1600.* Baltimore: Johns Hopkins UP, 1993.

Heather, Peter. *Empires and Barbarians: The Fall of Rome and the Birth of Europe.* Oxford: Oxford UP, 2010.

Hunt, Edwin. *The Medieval Super-companies: A Study of the Peruzzi Company of Florence.* New York: Cambridge UP, 1994.

Innes, Matthew. "Economies and Societies in Early Medieval Western Europe." *A companion to the Medieval World.* Eds. Carol Lansing and Edward D. English. Oxford: Wiley-Blackwell, 2009.

Kamber, Gerald. "Antitesi e sintesi in 'Nastagio degli Onesti.'" Italica 44.1 (1967): 61-68.

Kleinschmidt, Harald. *People on the Move: Attitudes Toward and Perceptions of Migration in Medieval and Modern Europe.* London: Praeger, 2003.

LUIGI FONTANELLA
Professor of Italian at Stony Brook University

THE EXPERIENCE OF ITALIAN WRITERS EXPATRIATED IN THE USA: SOME PRELIMINARY REFLECTIONS

And hunger is the patrimony of the emigrant;
Hunger, desolate and squalid —
For the fatherland,
For bread and for women, both dear
America, you gather the hungry people
And give them new hungers for the old ones.
Emanuel Carnevali

It is my intention to focus on certain preliminary theoretical and methodological questions related to two distinct categories: Migrant Writers in the Usa and Writers emigrants in the Usa, that is authors that co-exist on historical/temporal and stylistic/thematic levels.

The first "group" consists of established Italian writers, who emigrated to the United States about a century ago and very quickly inserted themselves into the mainstream of the American literary scene, some with greater, others with less success (Arturo Giovanitti, for example, the first important Italian emigrant author in America, who arrived in 1901, would fall into this category).

For all intents and purposes, therefore, this group became American writers by their own volition and by (it goes without saying) the expressive use of the adopted language.

We can also add to this group of expatriates, those poets and thinkers who were born in America and are defined today as "Italian-American writers," even though their surname may be all that has remained of their Italian heritage. Only a few of these writers at times convey indirectly in their creative work a degree of hidden or veiled Italian cultural references and "reflections." This category includes such writers as Pietro Di Donato, John Fante, John Ciardi, Michele Rago, Felix Stefanile, and others. I am aware that the term "reflections" is an approximation; later, I will explain in more depth what I mean by the "reflections" conveyed occasionally in their work.

Finally, we can also add to these two groups a third category of Italian migrant writers / writer emigrants who became more relevant beginning with the Post-World War II period. These are writers who have (1) successfully assimilated the new language, (2) consciously opted for one language or the other, (3) write easily in both Italian and English (Niccolò Tucci, Joseph Tusiani and Giose Rimanelli are three fine examples), or (4) have experimented in an interesting multilingual mix (for example, some recent compositions by Giose Rimanelli, whom I consider to be the most versatile Italian expatriate writer in the United States today).

I would also like to clarify the double meaning of the terms "migrant/emigrant" as I have used at the beginning of this speech.

The term "migrant writer" refers to a person who was *already* a writer prior to leaving Italy. The migrant writer may be someone who has among other accomplishments already produced a profound body of work in his or her native language (as with Giovanitti), or a writer who maintains his or her profession after emigrating permanently — or to use an old expression of Prezzolini that still has currency — after being "transplanted" in another culture (Giuseppe Prezzolini, *I trapiantati*, Milano, Longanesi, 1963). Such a writer has made a determined effort to assimilate the manners, themes, forms, and, above all, the new expressive language. There are, in other words, Italian writers, who at a certain point in their lives chose to relocate and establish residence in the United States, maintaining their profession as writers but *desiring* to now consider themselves American writers.

Take Emanuel Carnevali, for example. Carnevali was born in Florence in 1897 and emigrated to America in 1914, where he became a poet and polemicist, establishing close relationships with some of the most important American writers: Carl Sandburg, Sherwood Anderson, Ernest Walsh, and William Carlos Williams, among others. When, in a letter to Harriet Moore (*Poetry,* 11.6 [1918]: 343), Carnevali forthrightly declares, "I want to become an American poet," that admission is not only a declaration of the finality of his physical emigration. As a writer, it also serves as an ideological, literary statement, signifying his intent not only to write in the English language but also a desire for his work to belong to the literature of that language.

But is it enough for a writer to adopt a new language and for that alone to be considered adept in that role? How much remains of the culture that has been left behind in the creative expression in a *new* language? Doesn't this represent a challenge that is perhaps the challenge of all authentic, innovative literature?

It may be impossible to answer these questions because that would require penetrating into the deepest recesses of a writer to discover and ascertain, for example, to what degree and precisely how the writer has maintained elements of his own spiritual, cultural, and emotional background, and, at the same time, to pinpoint to what degree and precisely how he has absorbed the adopted culture. Besides, to what degree are such declarations proper and valid or just abstract? I believe we can only succeed in identifying and evaluating the *causes* of this desire that in most cases can be condensed into the following aspirations: to be read, valued, and *accepted* no longer by the public that you have left behind but by the one amidst which you have decided to live and work for the rest of your life.

To this aspiration, which I consider to be basic, other preliminary considerations can be added: the opportunity to express oneself, as writers in the most pervasive, hegemonic language (as mentioned previously this was the youthful dream of Mario Soldati, as it is evident in his book *America primo amore*); the advantages (and fertile contradictions) of being multi-lingual; the sense of working with great 'freedom" and in the broadest of geographical and literary spaces, with the secret ambition perhaps to fill a unique void. In a letter to Peter Neagoe, editor of *Americans Abroad* (The Hague, The Service Press, 1932,) written as early as 1932, when his mastery of English had by then been proven, Emanuel Carnevali wrote, "I believe that I occupy a unique space in American literature." Although this conviction may seem naïve, even vain or narcissistic, it also conceals a truth — a relatively profound awareness of not belonging to the literary culture in which this expatriate poet, who has lost his own cultural/ethnical center of gravity, lives.

This last point seems to me crucial to all Italian writers transplanted abroad, *but never completely accepted by the American literary establishment,* or regarded often with a certain suspicion, or generically classified as "ethnic writers." The problem, obviously, apart from the diverse (or rather nominally diverse) cultural anthropology, resides first of all in language: an acquired (applied) tool that places one in an antagonistic or altered position in respect to one's native language that little by little one loses but never loses entirely. Again, it seems to me that the case of Carnevali — to which one could also add Giovanitti — is exemplary.

A "second," applied language cannot entirely sweep away the original, "primary" language. This crucial point about Carnevali's language has already been made dramatically years ago by an attentive scholar, speaking of the "linguistic disguise" and of the "inevitable process of conscious internal translation, discernible in every poem and in the prose itself." (Guido Fink, *Le bugie colorate di Carnevali*, in *Paragone*, giugno1973, pp. 85-88). If not taken to an extreme, this assessment is one that I can, at least in part, share. In fact, the problem seems to me to be much more complex: the language of a Carnevali cannot be interpreted as a simple process of "conscious internal translation" because at a certain point a writer who has lived for years in America (with a linguistic reality significantly different from his original one) succeeds in naturally absorbing the "new" language and expressing himself directly in/with it, without intermediate operations of dis-guising or superimposing. My point is that the problem — more than being one of internal translation *is of a translinguistical nature.* In many instances, it's a matter of a true and proper marriage not a temporary arrangement. Once again, Carnevali's uncertainties of syntax and root words can be used as a demonstration of this concept. As early as 1919 (after just five years of living on American soil), Carnevali admitted in a letter to Papini, "I am no longer completely Italian." It's significant that when he returned to Italy in 1922, sick, traveling from one clinic to another, his contacts and literary exchanges were primarily with American writers, some of whom even came to visit him. This is confirmed by his correspondence with a few — really only a few — Italian intellectuals (Linati, Papini, Croce, and a couple of others) filled with anglicisims and English sentences inserted directly in a completely spontaneous way in the text of his letters, used especially when his *Italian does not immediately flow*.

It is astonishing to see the degree to which this inter-linguistic problem is still noticeable today, and present in all of the best Italian writers transplanted in the United States. Recently, I had the opportunity to review a new novel of Giose Rimanelli, a writer from Molise fairly well known in Italy in the 1950s, who had been living in the United States for several decades. Reference to Giose Rimanelli will serve to better elucidate this aspect of Carnevali.

In Rimanelli's novel, *Detroit Blues* (Welland, Ontario, Ed., Soleil, 1996), a professor of anthropology and son of Italian immigrants investigates the brutal, racially motivated assassination of his cousin Larry, a talented musician, deeply committed to the cause of equality for African-Americans. Dark-skinned himself, Larry was the son of a well-known jazz guitarist, Nebraska Dope, an Indian from Omaha, whom everyone thought was Black. The background: Detroit, a volcano erupting with racial tensions following the bloody riots that overturned the city in a hot July in 1967, a year before the assassinations of Robert Kennedy and Martin Luther King.

The letters of Emanuel Carnevali — albeit from a different time period — made me inevitably think, from a trans-linguistic perspective, of the Rimanelli novel — a dense, multilingual mixture where English is spontaneously inserted into the narrative as the natural sequel to Italian discourse. This union is intended not as a simple linguistic mixture but rather as a natural, fluid interference of one language and another that are inextricably bound together. We shouldn't forget that Rimanelli is also the author of novels written directly in English, such as *Benedetta in Guysterland* (Toronto, Guernica, 1993) and *Accademia* (ibidem, 1997). These novels seem to repeat and parallel the writing experiences of Carnevali, over half a century earlier. Many examples can be cited from each writer; here are a few, juxtaposed, to demonstrate this point.

> CARNEVALI (...) E siccome he knows all about Italy, la sua parola valse.
>
> (...) Lei sarà sport abbastanza da aiutarmi e loving enough da non buttarmi fuori dalla sua stima.
>
> RIMANELLI Well my friends, stavo propio addeso passado per questa lovely city of yours perché la mia missione haas a universal worth. (...) Quel camioncino è una ghiacciaia . . . His best food, *Black Magyk,* is solid frozen.

As you can see, the writing represents an interlingual cohabitation that no longer demands a conscious internal translation, but is a direct expression in a natural continuum of phrases. I'd like to underscore again that we are speaking here of two very different writers from quite distant time periods. For Carnevali, this difference entails an actual forgetting of Italian that tends to detract from its use as opposed to the *voluntarily acquired* English. On the other hand, Rimanelli's use of multiple languages is a conscious and sophisticated creation of his own expressive idiom that is also, however, a sign of a definitive interference of another language (that is English) with his native *koiné*.

Naturally, while in the case of Rimanelli, who came to America for the first time almost sixty years ago (precisely in 1953, the year of Mondadori's publication of *Tiro al piccione*), this "interference" of English is the fruit of a conscious, exquisitely experimental wish, not to put aside Italian but to enrich it until it forms an interesting, idiosyncratic multi-lingual mixture whose creation is the result of a radical choice to willfully and violently oppose the language of his parents. This passage from the emigration historian Emilio Franzina seems to me to clarify this central point:

> The English language, that should break down the walls of ethnic separation among humanity and whose prompt adoption has sometimes been considered as a kind of primal glue of the myths produced by emigrants in the first Italian communities who had difficulty in asserting them-

> selves ("couldn't one of the reasons for the force of the American myth — that was then transferred into the English language — be the emigrants' lack of loyalty to their native language? questions Sollers, for example [Werner Sollors, *Alchimie d'America. Identità etnica e cultura nazionale*, Editori Riuniti, 1990, 179].

This represents one of the reasons for their essential weakness, along with the proliferation of criminal and Mafia behavior in some of these communities — the *little Italies* of North America. Or it may be the other way around. The very broad loyalty of children and grandchildren to the adopted language, as documented in Italian-American fiction from Forgione to Carnevali, Fante to Puzo, across great distances of time and constrained very rigidly within the family environment, is transformed into a rapid and irreversible loss of linguistic identity. This theme has brought together not only scholars and observers from Giacosa on, but also writers and other image-makers in the bitter and reoccurring realization that the first emigrants didn't learn and almost never spoke English while their children and their descendants do not speak and almost never understand Italian (Emilio Franzina, *Dall'Arcadia in America*, Torino, Edizioni della Fondazione Agnelli, 1996, pp. 198-199).

> If the problem of which language (or voice) to give to one's own text cannot be resolved (and it is obviously a kind of handicap within the new literary establishment in which the migrant writer is asked to operate with only his own cultural strength since he no longer has the support of familiar places and people, while the new context is difficult to absorb), one shouldn't assume that this problem will automatically disappear in those authors who are of Italian descent but are born on American soil and who should be considered simply as American writers.

But this poses another question. Can these writers really be considered entirely American? Is it fair — as is often now done — to label such writers as Di Donato, Puzo, Talese, Stefanile, Mangione, and Gambino, "Italian-American writers"? What does it mean to be a "purely American writer"? And what does it mean to be an "Italian-American writer?" And again: that attribute ("Italian") placed beside "American" but preceded often by a hyphen — at once divisive and unifying, on which in recent years some scholars have had long and polarizing discussions (Tamburri, Alfonsi, Gardaphè, etc. — as cited in the Bibliography) proposing more "modern" solutions, such as "Italian/American" or (if said in Italian) "italiano americano." So, in what way and to what degree should that attribute "Italian" assume that a so-called "Italian-ness" is present in their work? Moreover, doesn't the term "Italian-ness" still evoke something ambiguous and ideologically dangerous? And in this regard, we haven't even mentioned the cinema, including Martin Scorsese's documentary film, *Italian-Americans*, which should be remembered in the context of this discussion. For this work, I would refer the reader to the excellent essay by Ben Lawton, *What is "Italian-American" Cinema* (Ben Lawton, *What Is 'Italian American' Cinema?*, in *V.I.A.*, Spring 1995).

I can now better explain the term "reflections" that I introduced at the outset, confirming that almost all of these writers have only an abstract image of their so-called "Italian-ness." In most instances, this refers to a sentiment that could be called "bookish," echoed in the home by parents or grandparents, in short, a derived or superimposed culture that doesn't require a direct knowledge of the Italian language or literature, other than the classics read in translation (Dante, Petrarch, Boccaccio, Machiavelli, Manzoni, Pirandello are the favored authors), nor of the arts (in general only Renaissance art reproduced in art history books).

This is the prevailing situation. I personally know American intellectuals, excellent scholars of English literature or Italian-American culture who come up with translations from Italian to English without knowing Italian (some indeed who have never been to Italy) and boast that they can be translators without even knowing the language from which they are translating!

Yes, this is the prevailing situation, but not entirely because there are a few scholars who are "exceptions" — American intellectuals and writers of Italian descent who are not constrained by this "derived culture." They have felt compelled to repossess the linguistic tools that after a generation or two had gradually fallen into neglect. The old workshop has been set up again: the fathers' or grandfathers' tools have been cleaned up, polished, and put back in use. Or they have been replaced with others that are stronger and more up-to-date. Not only do they want to master the language but also its expressive functions. They have embraced Italian literature in its original language; they have seen the masterpieces of Italian Renaissance art (and other periods) in person; they have finally rediscovered (and encountered) Italian life and society through frequent trips to the motherland. I am thinking of writers like John Fante, Lawrence Ferlinghetti (who is actually more French than Italian), John Ciardi, Felix Stefanile, Jerry Mangione, etc., who have been true bicultural ambassadors — as well as authentic translators of a language that had been apparently lost, then studied, and, finally, recaptured.

AMIR MALEK
Duke University

DIALETTI E LINGUA NELLA VICENDA ITALIANA

Secoli prima che il viaggio fosse di moda, il veneziano Marco Polo si mise in cammino verso l'Estremo Oriente e la corte di Kublai Khan. Sulla via della seta, incontrò molti popoli, culture e lingue diverse, in un viaggio che probabilmente introdusse l'Occidente in Oriente. L'incontro avvenne in persiano, allora lingua franca dell'Asia centrale: non apparteneva a nessuna delle due parti ma era l'unica che entrambi potessero capire.

Secoli dopo, in pieno Rinascimento, i nobili europei che realizzavano il Grand Tour nella penisola italica, si trovavano nella stessa difficoltà, tanto era variegato il patrimonio linguistico, tante erano le differenze all'interno di quel piccolo grande microcosmo costituito dal territorio italiano. Eppure era già in atto quel lungo e faticoso processo che avrebbe condotto all'unificazione linguistica, precedente all'unificazione politica del 1861.

Formazione della lingua e del popolo italiani

Si accetta correttamente che la lingua italiana scritta e parlata, sia basata sulla lezione e le opere di grandi scrittori toscani dei primi secoli dopo il Mille, in particolare: Dante, Boccaccio e Petrarca. La loro lingua non era quella parlata dalla gente, e non risultava neppure molto diffusa. Si costituiva nei fatti come lingua franca per taluni ceti, ma per la popolazione figurava idioma esotico e irraggiungibile, al più utile per dialogare con gli stranieri o italiani di altra provenienza. In casa e nelle comunità di appartenenza, si parlava dialetto. Di fatto, l'italiano sarebbe diventato definitivamente lingua di tutta la gente solo a metà del Novecento, grazie alla diffusione fattane da radio e televisione (Gambarota 5).[1]

Ci si chiede se l'inesistenza nei secoli scorsi di una lingua omogenea, autorizzi ad affermare che le popolazioni italiche non hanno avuto una storia comune e si sono mantenute disomogenee.

Per la risposta aiutano le riflessioni di alcuni viaggiatori del Grand Tour. Il primo è François Michel de Rotrou, nobile francese che viaggiò in Italia durante il Settecento. Si raccontò in *Voyage d'Italie*, diario nel quale descrisse le città visitate. Sebbene non fosse un linguista, ci fa capire come uno straniero potesse percepire l'italiano parlato dell'epoca, inteso "... all'estero come lingua del corteggiamento e della seduzione" (Serianni 58).

Lo stesso Serianni scrive: "...sembrerebbe dunque di trovarsi davanti a un paradosso: l'italiano, negato in Italia ritrova consistenza all'estero" (Serianni 58), particolarmente nelle corti dei principi d'Europa. Poco interessavano le difficoltà di comprensione nei rapporti diretti che si trovavano ad avere in territorio italiano. Succedeva infatti che:

1. il loro viaggio era mediato da guide, che avevano quantomeno un'infarinatura di francese, la lingua internazionale del Settecento cosmopolita;
2. la conoscenza del francese, prescindendo dalle guide (e dal ceto intellettuale, borghese o aristocratico al quale appartenevano gli ospiti italiani dei viaggiatori) era alquanto diffusa.

Secondo Barthélemy, «tous les italiens» comprendevano il francese, «ou du moins ne sont pas fachés d'en avoir la réputation». Il de Brosses trovò che quasi tutte le donne bolognesi sapessero il francese e che a Livorno il francese fosse lingua corrente, o almeno tanto diffusa da poter passare per tale (Serianni 67). Sapendo che i viaggiatori citati mancavano di interagire con il popolo minuto, e che i loro racconti coinvolgono quasi esclusivamente appartenenti al milieu alto, possiamo realisticamente affermare da un lato che il francese fosse un buon veicolo di comunicazione, almeno nel ceto medio alto, e che al contrario l'italiano non era ancora pronto per questa funzione.

Il viaggio di De Rotrou offre, a questo proposito, un significativo esempio. Tutto comincia nei pressi del confine tra Italia e Francia, a Susa in Piemonte. De Rotrou descrive alcuni aspetti della regione e dice che a Susa "...elle est bien éclairée, on y parle français, italien et piémontais» (Michel de Rotrou 59). Aggiunge che in genere i piemontesi «vivent à peu près comme en France et parlent pour la plupart aussi bien français qu'italien». Quando arriva a Milano nota che «...cette ville est la première où nous ayons été obligés de parler italien», (Michel de Rotrou 85). A Parma osserva che «nous n'avons pas été peu surpris de voir que les gens comme il faut et surtout les officiers, parlaient français. On nous a dit que le duc infant obligeait toutes les personne de sa maison, de savoir et de parler cette langue. ... En repassant par le secrétariat, nous avons vu plusieurs officiers occupés à lire la gazette de France» (Michel De Rotrou 96).

È chiaro che nell'Italia settentrionale si registrava una continuità linguistica composta da francese, italiano standard, vari dialetti come il piemontese. Le riflessioni del nobiluomo mostrano l'importanza dei dialetti: nel caso dell'Italia settentrionale funzionavano come lingue intermedie tra francese e italiano (come il dialetto torinese che il viaggiatore inglese William Hazlitt chiamò una "...bad imitation of ... French" (Serianni 81) e lingue d'uso quotidiano per la gente comune.

Il fenomeno risulta evidente nel racconto del grande tedesco Johann Wolfgang Von Goethe, in viaggio in Italia vent'anni più tardi. Durante il soggiorno nel Veneto si sente parlare "...in the common Venetian dialect, so that I understood him with difficulty, I answered that I did not understand him at all" (Von Goethe 23).

Commentano in modo ancora più esplicito le disparità tra dialetti e lingua scritta, i racconti di altri celebri viaggiatori. Il francese Marie-Henri Beyle, conosciuto come Stendhal, osservò che "La langue écrite de l'Italie n'est aussi la langue parlée qu'à Florence et à Rome. Partout ailleurs on se sert toujours de l'ancien dialecte du pays, et parler toscan dans la conversation est un ridicule". Stendhal riporta gli usi e le limitazioni della lingua nelle situazioni quotidiane attraverso l'osservazione che «on parle toujours toscan aux étrangers mais dès que votre interlocuteur veut exprimer une idée énergique, il a recours à un mot de son dialecte» (Serianni 71,73).

Le disparità appaiono più evidenti in due regioni, Veneto e Sicilia, agli estremi della penisola. Il veneziano è adottato dal Gran consiglio della repubblica di Venezia, e nei discorsi ufficiali si utilizza sempre il vernacolo (Serianni 80). In quanto all'idioma parlato in terra di Sicilia, appariva così dissimile dall'italiano standard che l'inglese Patrick Brydone osservò espressamente: "[instead of] talking to one another in their mountain jargon, which is unintelligible even to Italians (...), most of them speak Italian so as to be understood" (Serianni 74).

Il caso più interessante è Napoli, città con così tanti dialetti da far osservare a un viaggiatore francese: «Leur patois est tellement varié, qu'il y en a un particulier pour chaque quartier de Naples (...) les expressions de l'un sont absolument etrangéres à l'autre et suffisent pour en distinguer les habitans.» (Serianni 84). Data la prevalenza dei dialetti a Napoli, non è sorprendente che un gesuita tedesco, Duclos, dica del re di Napoli, Ferdinando I: «Ce jeune prince ne parle encore que l'Italien du peuple, par l'habitude d'entendre plus souvent que d'autres, les valets qui le servent».

> Le citazioni e riflessioni riportate hanno in qualche modo messo in risalto l'attenzione e la sorpresa dei grandi visitatori dell'Italia, della quale conoscevano un unico linguaggio scritto, nel rapportarsi con i tanti dialetti e idiomi parlati. Montesquieu trattò esplicitamente detta disparità, paragonando la situazione dell'italiano a quella del francese, fondato su una tradizione scritta che coincideva con il volgare della corte e del popolo di Parigi. L'instabilità della situazione linguistica della penisola italiana proveniva quindi dalla mancata unità politica intorno a una di-

nastia coronata, all'assenza di una capitale e di una corte nelle quali tutti potessero riconoscersi (Serianni 71). Una condizione di minorità linguistica e politica così riassunta da Dupaty: «Il existe, en Italie, une langue de l'Arioste, une langue du Tasse, une langue du Boccace, une langue du Machiavel, mais il n'existe pas encore, en Italie, de langue italienne». E ancora: «ce qui fait que la langue italienne a été fixée, c'est qu'il n'y a pas une cour commune, d'où les changements soient acceptés par la ville et les provinces» (Serianni 71).

Giusto chiedersi, a questo punto, come sia stato possibile che, dal magma di tanti idiomi e dialetti, emergesse una lingua letteraria che sarebbe poi stata assunta da un intero popolo, dopo la creazione dell'Italia unitaria e nel progressivo amalgama culturale della nazione nel corso del Novecento. Non sfugge che il punto di partenza è quello definito nel 1769 da Giuseppe Baretti, di fronte agli immensi numeri della analfabetizzazione delle popolazioni italiche: "la distanza tra la lingua parlata e la scritta, che questa può darsi quasi lingua morta" (Serianni 55). Una risposta viene certamente, come sottolinea Magazzini, dalle discussioni sulla lingua del Trecento, particolarmente dal *De Vulgari Eloquentia* di Dante Alighieri, "...una vera e propria 'retorica' del volgare, nella quale viene definito lo status della nuova lingua, si descrivono le sue possibilità espressive, si indica concretamente la strada che i poeti desiderosi di usare questo idioma nuovo devono percorrere". In quell'opera, Dante si schiera con decisione per il volgare rispetto al latino, e discetta sulla sua ricerca di un nuovo linguaggio illustre "destinato a risplendere al posto del Latino, il vecchio sole destinato a tramontare" (Marazzini 21). L'Alighieri, con una scelta di campo che non era certamente ovvia, adottò il volgare fiorentino per l'espressione artistica e filosofica del proprio genio, scegliendo di contribuire al parto di una "nuova" lingua, illustre quanto l'altra alla quale voltava le spalle, fondata su uno degli idiomi più colti e "dolci" della penisola che via via sarebbe potuto divenire lingua franca della comunicazione intercomunale e interregionale.

Nei secoli successivi, il modello di italiano che andava emergendo, avrebbe ancora trovato difficoltà ad affermarsi: "...nei primi secoli della sua storia, l'italiano dovette appunto lottare con il Latino, strappargli pezzo per pezzo settori a esso riservati, mostrare le proprie possibilità e capacità" (Marazzini 19). I popoli del tardo Medioevo consideravano il volgare una lingua barbara, frutto della corruzione del latino e delle contaminazioni apportate dagli invasori barbarici della tarda antichità: una sorta di impurità da opporre alla purezza suprema del latino classico. Il veneziano Pietro Bembo, in *Prose della volgar lingua* argomentò che "la lingua (ogni lingua)... può nascere barbara e migliorare nel corso del tempo" (Marazzini

41). Bembo corroborò la teoria del 'miglioramento progressivo' paragonando l'italiano, nella citazione da Magazzini, "con il Provenzale, la cui letteratura ha preceduto il fiorire del volgare italiano (e anzi ha fornito ai poeti italiani... i modelli a cui fare riferimento)". Un paragone adatto a far ragionare Bembo su uno scenario eguale e contrario, della possibile decadenza: "Sì come la toscana lingua, da quelle stagioni a pigliare riputazione incominciando, crebbe in onore e in prezzo quanto s'è veduto di giorno in giorno, così il Provenzale sta mancando e perdendo di secolo in secolo" (Marazzini 41).

In fondo all'agitato dibattito linguistico che prende luogo dal tardo Medioevo fino al Quattrocento, la presa di posizione di autori come Bembo che, "aveva preso a modello la lingua delle Tre Corone, Dante Petrarca e Boccaccio", gettavano le fondamenta dell'italiano volgare come lingua illustre. Si arriva anzi, a posizioni come quella di Fortunio, un altro proponente dell'italiano "favorevole all'adozione di un modello linguistico arcaicizzante quale era il toscano letterario trecentesco usato dai citati tre grandi autori" (Marazzini 38). Dal Cinquecento in poi il cammino dell'italiano è in discesa: "si potrebbe osservare che ormai..., la discussione di una simile tesi aveva più che altro un significato accademico, visto il successo reale e indiscutibile dell'Italiano; ma Bembo teorico non si accontentava, come Fortunio, del riscontro di un risultato empirico: non gli bastava partire dalla constatazione che ormai tutti imitavano le Tre Corone, e quindi il successo del volgare toscano era garantito de facto" (Marazzini 39). In realtà, la questione della lingua e la sua "giusta" forma sarebbe stata ancora agitata nei secoli successivi, dal Rinascimento sino al Risorgimento.

Nel Rinascimento il dibattito si incentra sulla teoria cortigiana, tesa alla creazione di una lingua comune, non completamente riferibile al volgare toscano. Gli esponenti della teoria, tra questi Gian Giorgio Trissino, volevano che la lingua italiana "fosse costituita da parole comuni ad ogni parte d'Italia" (Marazzini 53) invece che da un idioma fondato su parole quasi esclusivamente toscane. Trissino diceva che "la lingua può essere toscana come specie, non come genere; il genere è italiano in quanto più generale e comprensivo" (Marazzini 53). A suo avviso, detto genere è composto delle "specie del genere italiano [che] sono il toscano, il napoletano ecc..." con "le varietà del toscano, il senese, il fiorentino... e via di questo passo". Era la ricerca di una gerarchia "che scende dal generale al particolare, fino al singolo individuo parlante: da ciò si ricava che la disputa terminologica ha prima di tutto il compito di chiarire il concetto di lingua in riferimento non solo alla scrittura, ma anche al parlato" (Marazzini 53).

E comunque va sottolineato che mentre per quasi mezzo millennio principi e umanisti si accapigliavano su quale lingua adottare, con particolare riferimento all'espressione scritta, la gente che abitava la penisola, chierici e aristocratici come villici e borghesi, continuavano a praticare l'unica lingua che conoscessero davvero, il dialetto appreso col latte materno.

Nel Settecento, con l'emergere dell'idea di nazione negli stati settentrionali d'Europa, la questione della lingua tornò di forte attualità politica oltre che umanistica. Si trattava stavolta di soddisfare o meno un approccio anche utilitaristico.

Il francese si dimostrava "una [lingua] adatta alla speculazione razionale e alla divulgazione scientifica", assumendo con sempre maggiore consistenza il ruolo di nuova lingua franca d'Europa. L'italiano restava, in quel contesto, lingua "squisitamente poetica" (Marazzini 128). Fu un conflitto provvidenziale, perché l'invadenza della lingua transalpina, particolarmente nell'Italia di nord-ovest, testimoniata dalla citazione di De Rotrou qui riportata, rilanciò l'attualità della questione dell'italiano. Ne nacque un dibattito sui meriti della nostra lingua rispetto al francese. I linguisti francesi ritenevano che l'italiano non fosse una lingua pratica, contrariamente al francese, lingua "adatta alla speculazione razionale e alla divulgazione", capace di assurgere presto al posto che fu del latino come lingua letteraria e ufficiale dell'Europa. In quel contesto, l'italiano figurava alla stregua di lingua morta, che nessuno parlava o utilizzava, neppure negli stati italiani (Gambarota 5-10).

Si andò ad una situazione per la quale affermare la diffusione della lingua italiana significava interdire la diffusione del francese. Giambattista Vico fu, in questo, esemplare. Vico cercava di difendere il merito dell'italiano facendo riferimento alla storia gloriosa dell'impero romano, al valore e alla perfezione del latino, identificando in queste radici i meriti dell'italiano. Gambarota ha ben ripreso l'argomentazione nel suo *The Genius of Language and Italian National Identity*:

> ...identified an ancient 'Italic wisdom' as the source of the highly sophisticated philosophical vocabulary present in early Latin and attributed the metaphysical and scientific theories transmitted through that vocabulary — including the principle of the verum factum, the true foundation of his own thought — to the original populations that preceded the Roman occupation of Italy. He maintained that the Romans, who were exclusively occupied with farming and war, could not have created the learned phrases abounding in their language. Rather, they borrowed them, unaware of their philosophical meanings, from older Italic tongues such as Etruscan and Ionian, which in their turn — and this beca-

me a problem for him later — had preserved the philosophical knowledge o f the ancient Egyptian colonies (Gambarota 130) .

In più, nel commento di Gambarota, Vico riteneva che "...ancient myths are true history... and therefore do not allow him to dismiss the myth of the Greek founder Aeneas as a false narration". Una convinzione che lo avrebbe obbligato a "reinterpret [Roman myths] in order to do away with the legend of the Romans' foreign origin". Gambarota riassume questa reinterpretazione che dice "that the Romans were indigenous from the internal territories of the peninsula and conquered a Greek city on the coast; having encountered the refined culture of the Greeks, they started to 'boast of illustrious foreign origins' and to call the Greeks, 'their true founders'. Against the myth of the Greek Aeneas, Vico privileges the legend of the indigenous Romulus, which he extensively analyses as an instance of the emergence of the pious giants who established the nations" (Gambarota 131).

Nel commento del critico Gambarota, Vico cerca di mettere l'italiano, lingua poetica che Dante "created... by collecting native ways of speaking from the various populations of medieval Italy", in un posto d'onore e di riguardo. Perché Dante "literally made his own language and thus, like Homer, rose above the mute barbarism of his time" (Gambarot a 136). Sono riferimenti che innalzano lo status dell'italiano, mettendolo sul piedistallo del greco antico, rendendolo lingua con meriti e ricchezza intrinseci (la saggezza italica come *verum factum)*, gli stessi che attribuisce alla gente italica. È una retorica tipica del Settecento, tempo di giusnaturalismo, di riferimenti alla forza del sangue e della terra, di nazionalismi nascenti, quando evocare la dignità, se non la "santità", delle radici di un popolo e di una nazione, significa garantire la legittimazione di un potere dinastico e della costituzione di un popolo in stato-nazione. La lingua è vista giustamente come veicolo di "imperium". Ricacciare oltralpe il francese che si diffonde nella penisola, difende la dignità dell'italiano, ha immediate implicazioni identitarie e politiche, oltre che letterarie.

La lingua, fattore di identità nazionale

Progressivamente, nei secoli più vicini, l'italiano acquisì agibilità e nobiltà, diventando lentamente la lingua utilizzata nei rapporti quotidiani dagli abitanti della penisola italiana. È curioso osservare che il punto di partenza per la definitiva condivisione linguistica, avviene con l'invasione e la conquista napoleonica del nord Italia, in qualche modo allargata al sud attraverso l'effimero regno del cognato Gioacchino Murat. La restaurazione dei vecchi poteri reazionari e parrucconi, stabilita dal Congresso di Vienna del 1815, trovò un'Italia cambiata, dove le idee del nazionalismo "alla francese" e della rivoluzione del '79 avevano aperto larghe brecce tra i ceti colti e borghesi, arruolando anche fette di clero, aristocrazia, popolo minuto. E in questo clima che si pose non tanto la questione di una lingua utile e comune, quanto quella di una *lingua nazionale*, fondante l'identità comune di popolazioni disperse dalla caduta dell'impero di Roma.

Sotto questo profilo, figura importante diventa quella di Alessandro Manzoni, scrittore e poeta ma anche politico e parlamentare. È il lombardo e cattolico Manzoni, lavorando a tre successive stesure de *I promessi sposi*, a realizzare il transito definitivo dai localismi e regionalismi linguistici, nonché dagli ideologismi linguistici nati nei decenni post-rivoluzione francese, codificando il codice linguistico nel quale tuttora l'italiano trova ispirazione e *benchmarking*[2]. Mentre l'Ottocento si appresta a confluire nel Novecento della modernità e della definitiva uscita dall'Europa delle dinastie reazionarie, Manzoni stabilisce il punto di equilibrio tra le varie esigenze che ancora impedivano il fiorire diffuso della lingua italiana. Centrale la soluzione che offre al rapporto tra dialetti, ad iniziare dai suoi dialetti lombardi, e una lingua nazionale nella quale tutti gli italiani "nascenti" potessero riconoscersi e identificarsi. Manzoni, con i suoi epigoni, partono dalla constatazione che i dialetti sono percepiti come "strumento espressivo in quanto basso e plebeo...". Sanno che "Il classicismo primo — ottocentesco aveva confermato il giudizio negativo sui dialetti, dando alla condanna una giustificazione nella quale si può riconoscere un valore 'sociale': solo la lingua [italiana] poteva essere veicolo di promozione per il popolo, mentre il dialetto restava un freno per lo sviluppo e per il sapere" (Marazzini 158). Ma da qui, non volendo accettare la separatezza estrema tra lingua e dialetti, la sorta di *apartheid* nel quale i dialetti avrebbero potuto sopravvivere senza mischiarsi con il percorso "nobile" della lingua italiana, Manzoni sostiene che "Chi era abituato a parlare in dialetto... finiva per esserne influenzato anche quando scriveva in italiano". Da lì l'accettazione di un percorso che mischiasse sapientemente colori e sapori locali con la lingua nazionale, a partire dal " colore municipale ... caratteristico della lingua degli autori italiani". Era, peraltro, l'operazione compiuta con *I promessi*: "Egli ammetteva di aver adoperato nel romanzo alcune espressioni lombarde, e descriveva la propria lingua, usata fino a quel momento, come qualche cosa di non omogeneo, di composito: vi entravano elementi lombardi, toscani ma anche francesi e latini" (Marazzini 161). Sintetizza Magazzini, in *Dante Alla lingua Selvaggia*:

> che scriver bene significava, a suo giudizio, disporre di uno strumento linguistico e completo, che legasse in una fluida continuità l'espressione scritta e il parlato senza fratture. Riconosceva che lingue con queste caratteristiche già esistevano: i dialetti, strumento naturale di comunicazione in zone particolari d'Italia, avevano questo requisito.
> Il dialetto, dunque, aveva ai suoi occhi i requisiti per essere una lingua adatta a scriver bene. Il difetto del dialetto, però, stava nel fatto che aveva una circolazione limitata. In Italia esisteva tuttavia il toscano il più bello e il più ricco dei dialetti. Forse questo toscano — osservava Manzoni — poteva essere assunto come lingua di livello alto, al posto della lingua composita ed eterogenea in cui entravano barbarismi, dialettismi, localismi vari, francesismi, latinismi (Marazzini 161).

Don Lisandro metteva tuttavia il toscano al di sopra degli altri idiomi e dialetti italici, perché assomigliava più degli altri alla lingua scritta basata sulle opere delle tre corone, e perché così a Firenze "veniva affidata una funzione analoga a quella che Parigi aveva in Francia" (Marazzini 170), di essere il centro propulsivo e di garanzia per la lingua italiana. Manzoni sapeva che "Firenze non era Parigi, né poteva sperare di diventare l'equivalente italiano. Era una città anche meno vitale di altre: Milano, o Napoli, ad esempio erano più grandi, ed esprimevano una loro cultura non meno importante di quella fiorentina" e dunque "...quando Roma fosse diventata capitale politica (al tempo della redazione, la capitale era stata trasferita provvisoriamente da Torino a Firenze), si sarebbe creata una situazione anomala: il nuovo regno avrebbe avuto una capitale linguistica (Firenze) diversa dalla capitale politica (Roma)" (Marazzini 170).

Quando in Italia fu tempo di fascismo, la questione della lingua tornò in voga, stavolta come strumento del forte accento nazionalista e sciovinistico che il regime dava alla vita pubblica e privata. I dialetti si ritrovarono penalizzati a favore della maggiore diffusione e "ufficializzazione" dell'italiano. Il tentativo evidente fu di mette la "lingua toscana nella bocca romana"[3]. Mussolini cercò di 'italianizzare' i territori con minoranze di lingua serba, tedesca, albanese, francese, con particolare riferimento a Trentino-Alto Adige, Venezia Giulia, Valle d'Aosta (Richardson 71,72). Altro sforzo fu diretto a "purgare" la lingua di ogni giorno dalle acquisizioni provenienti da altre lingue. Peccato che gli interventi riguardassero termini ospitati con pieno diritto nella lingua italiana, che non avevano sostituti o, se ne avevano, finivano per risultare ben più ostici se non privi di senso. Il riferimento era a termini come: 'camion,' 'film,' "sofà" e via di questo passo. Altro impegno fu rivolto alla italianizzazione di località italiane nominate in lingua estera, magari perché di confine: Saint Vincent, in quest'ottica diveniva "San Vincenzo", luogo che sarebbe risultato ovviamente sconosciuto ai più. Il regime sceglie anche di abolire l'uso del 'Lei' sostituendolo con un apparentemente più latino e virile 'Voi' (Richardson 73, 75).

Nel dopoguerra, l'introduzione della scuola dell'obbligo e la progressiva diffusione di televisione e radio, crearono le condizioni per una effettiva diffusione della lingua italiana. Il problema, ora, era come salvaguardare l'eredità culturale legata alle lingue locali e più in generale all'identità dei localismi. Di questo scrissero e dibatterono figure importanti del Novecento, come Pasolini e Calvino. Pasolini affermò che l'italiano fosse la lingua della nuova borghesia del nord industriale, un'idea alla quale rispose Calvino, difendendo i meriti dell'italiano, e mettendo al tempo stesso in guardia contro l'emergere di un'antilingua burocratica, fredda e menzognera (Richardson 76, 79).

Conclusione

Nell'Italia del centocinquantenario, con cinque milioni di immigrati che hanno appreso a parlare l'italiano, tanti figli di italiani emigrati che volontariamente studiano e apprendono l'italiano, il grande interesse all'italiano che si manifesta in università e centri linguistici di paesi come il Giappone lontani dalle tradizioni italiche, ci si chiede se il problema della lingua sia finalmente risolto in Italia. Il paese è tra i più avanzati e industrializzati al mondo, e anche per questo la sua lingua appare più degna di considerazione di quanto lo sia stato in passato. E tuttavia, è irrisolta la questione centrale del problema lingua: come armonizzare linguaggio radio-televisivo-popolare, burocratico-statale, letterario-cinematografico, dialetti. Nel centesimo anniversario dell'unificazione, nel 1961, il linguista italiano Emilio Peruzzi riassunse bene la situazione in un ciclo di conversazioni radiofoniche. Lamentò una lingua dotata di "un vocabolario nazionale per discutere dell'immortalità dell'anima, per esaltare il valor civile, per descrivere un tramonto, per sciogliere un lamento su un amore perduto", ma priva di un "vocabolario comunemente accettato e univoco per parlare delle mille piccole cose della vita di tutti i giorni"; ad esempio delle stringhe delle scarpe, che si designano variamente come aghetti, legacci, lacci, laccetti, lacciuoli, laccioli (Marazzini 19). Peruzzi lasciò irrisolta la domanda se la ricchezza di idiomi e dialetti, accanto alla lingua italiana, costituisse una ricchezza e un'opportunità di arricchimento culturale, morale ed economico-politico. O se al contrario si trattasse della prova evidente dell'impossibilità di dare unità culturale politica ed economica effettiva e condivisa non formale o imposta, alle popolazioni che vivono nella penisola.

Note

[1] Gambarota, Paola. The Genius Of Language And Italian National Identity. Toronto: University of Toronto Press, 2011. 5. Print.

[2] L'opera di Alessandro Manzoni (1785-1873) attraversa tutto intero il periodo che porta alla formazione dell'Italia unitaria e al suo ingresso nel consesso delle nazioni-stato europee. Le tre stesure del suo romanzo capolavoro avvengono rispettivamente nel 1823, 1825, 1840. L'ultima e definitiva, dopo il soggiorno a Firenze durante il quale aveva "risciacquato i panni in Arno", per dirla con le sue parole.

[3] L'espressione è tratta dal sito dell'Accademia della Crusca. L'Accademia, originata da quella esistente già nel 1540 detta degli Umidi, nasce ufficialmente a Firenze nel 1583, a tutela della lingua "volgare". La decisione venne da un gruppo di studiosi, che erano anche compagnoni e goderecci buontemponi. All'Accademia si deve la compilazione del primo vocabolario basato su metodo storico e filologico. Pubblicò opere e libri senza "abbellirne" o "rivederne" le formule linguistiche utilizzate, nel pieno rispetto del "vernacolo". Oggi l'Accademia si articola in tre centri: filologia, grammatica, lessicografia. Il suo dizionario "elettronico" è gestito direttamente dal CNR, Consiglio Nazionale delle Ricerche.

Bibliografia

Michel De Rotrou,François. *Voyage D'Italie.* Alteredit, 2001.

Gambarota, Paola. *The Genius Of Language And Italian National Identity.* 1st ed. Toronto: University of Toronto Press, 2011.

Marazzini,Claudio. *Dante Alla Lingua Selvaggia.* 1st ed. Roma: Carocci Editore, 1999.

Richardson,Brian. *Questions of Language.* 2001.

Serianni,Luca. *Viaggiatori, Musicisti, Poeti.* 1st ed. Italy: Garzanti, 2002.

Von Goethe,Johann Wolfgang. *Travels in Italy.* London: George Bell and Songs, 1885.

http://www.accademiadellacrusca.it/faq/faq_risp.php?id=5497&ctg_id=93

IRENE MARCHEGIANI
Stony Brook University

"CANALE MUSSOLINI", PARADIGMA DELLA STORIA NAZIONALE

> Vede, fin dall'inizio noi abbiamo
> cominciato a scambiarci le giornate
> di lavoro e i mezzi agricoli con i
> nostri vicini, e financo le bestie.
> C'è stata subito una solidarietà
> Totale, un aiutarsi l'un l'altro
> — una comunità militante, come
> si dice adesso — a partire proprio
> da quell'esodo che avevamo
> fatto tutti insieme.
>
> *Antonio Pennacchi*

Nel 1990 Giorgio Bocca ha pubblicato un libretto intitolato *La disunità d'Italia*, in cui inizia citando le parole dell'economista e allora ministro Giorgio Ruffolo: "Mai, negli ultimi cinquant'anni, l'obiettivo della unificazione economica e sociale d'Italia è parso così amaramente lontano e frustrato". Bocca parlava anche di un'Italia "spaccata", soprattutto dopo le elezioni del 1990: "l'anno in cui la disunità d'Italia si è rivelata in modo nudo e crudo con le elezioni amministrative del 6 maggio: al Nord il trionfo delle Leghe, delle liste antipartito, degli astensionisti; al Sud la raccolta dietro lo scudo crociato della Dc e dietro il garofano del Psi, dietro i partiti di governo".

Poco più avanti continuava: "Resiste, in qualche modo, una unità ideale, il mito del Risorgimento è ancora presente, la nazione sopravvissuta a due guerre mondiali sembra irrinunciabile, ma è una nazione senza un popolo senza una cultura omogenei, la disunità di fatto è sempre più netta (p. 7).

Sono passati molti anni ed eccoci a discutere ancora della più o meno effettiva "unità" d'Italia, a volte mettendola in dubbio e altre trattandola come un fatto compiuto. Io credo che noi italiani che viviamo fuori d'Italia e possiamo guardare a essa dall'altra parte dell'oceano, siamo in grado di offrire un notevole contributo alla nozione di "ri-unificazione" di questo nostro paese. L'Italia probabilmente può esistere unitariamente meglio dalla nostra prospettiva di distanza, dal momento che questa ci permette di considerarla più globalmente. L'interpretazione della Storia, in effetti, cambia non solo con il tempo ma anche con lo spazio: nel nostro caso questo nostro spazio da fuori ci offre l'opportunità di guardare all'Italia come in una sorta di gigantografia.

Sono anche convinta che la Storia possa essere capita e interpretata non solo attraverso documenti e "fatti" più o meno "ufficiali", ma anche con l'ausilio della letteratura, anche se non mi dilungo qui sul valore storico dell'opera letteraria e le questioni teoriche ad essa connesse. Né mi sembra il caso (né la sede) di discutere in che cosa consista esattamente il romanzo appunto "storico", ma, semplificando grandemente, dirò che il libro *Canale Mussolini*, al centro di questo mio intervento, racconta uno spazio e un tempo della storia d'Italia che può essere utile per capire questioni di migrazione interna e di unificazione più o meno compiuta.

Le storie famigliari dentro la Storia nazionale

L'autore, Antonio Pennacchi, è di Latina, al centro del territorio che rappresenta il punto focale del romanzo. E' stato operaio di fabbrica fino all'età di cinquant'anni. Questo non è il suo primo libro e rivela maturità espressiva e coerenza stilistica, oltre alla capacità di portare avanti una complessa realizzazione costituita di tanti fili sapientemente intrecciati, come si intreccia con intelligenza e misura la storia della povera gente alla Storia ufficiale del paese.

Il canale Mussolini era al centro della bonifica delle paludi Pontine, spesso citate nei libri tradizionali di storia come una delle poche imprese positive compiute dal regime fascista. In tre anni circa trentamila persone furono trapiantate dal nord (in particolare da Veneto e Friuli) nell'area di quella che oggi è la provincia di Latina. Una migrazione interna di cui si sa poco, che di solito non si studia nella storia ufficiale d'Italia. Di loro scrive Pennacchi: "Fu un esodo. Trentamila persone nello spazio di tre anni — diecimila all'anno — venimmo portati quaggiù dal Nord. Dal Veneto, dal Friuli, dal ferrarese. Portati alla ventura in mezzo a gente straniera che parlava un'altra lingua. Ci chiamavano "polentoni" o peggio ancora "cispadani". Ci guardavano storto. E pregavano Dio che ci facesse fuori la malaria" (p. 137).

In effetti oltre alla storia della famiglia Peruzzi e alla storia del ventennio fascista, uno dei temi del romanzo è proprio l'emigrazione interna e il senso di alienazione ed estraneità di questi migranti, non affatto dissimile da ciò che hanno sempre sentito coloro che hanno lasciato l'Italia per un altro paese: "Una volta si emigrava in America in cerca di fortuna. Poi hanno chiuso i cancelli e negli anni Trenta, per l'Italia, l'America e diventata l'Agro Pontino — «La Merica xè in Pissinara» — e hanno fatto le carte false anche i braccianti, i barbieri, gli arrotini, i calzolai, perfino i segretari comunali per farsi mandare qui a conquistare un podere" (p. 185).

Ma questa "America", il luogo della migrazione per antonomasia (penso al film *Lamerica* di Michele Placido), benché sia all'interno della stessa Italia, è "straniera" non solo nella lingua ma anche nello spazio e nella natura particolare del suolo. Qui i Peruzzi scoprono gli eucalypti, completamente sconosciuti, che nel loro dialetto diventano i calyps che non sembrano neanche alberi e che la Milizia forestale decise di piantare dappertutto: "Piantava solo eucalypti oramai, e risultò subito vero che di acqua ne assorbiva. Ma in eccesso... Era peggio d'un cammello. Hai voglia a piantare grano o trifoglio e ad irrigare a profusione. Per quindici o venti metri dagli eucalypti non ci nasceva più un filo d'erba. Pure Attila sarebbe stato invidioso" (pp. 271-272), Il paesaggio nuovo ricorda quello lasciato dietro di sé, ma proprio attraverso la memoria (penso al "doppio" leopardiano) si avvertono ancora di più le differenze da cui nasce un senso profondo (anche se non esplicitamente descritto dall'autore) di nostalgia e rimpianto. Ad esempio, un'altra famiglia, quella dei Toson, viene da Zero Bianco, "un paese posto a metà strada tra Venezia e Treviso; tutto piatto pure là come da noi nel Polesine e le montagne più vicine a un centinaio di chilometri. Ma l'orizzonte no, l'orizzonte non era un vuoto senza fine. C'erano alberi a Zero Bianco, alberi dappertutto... E campanili poi. Ogni paese aveva il suo –e paesi vicini, a pochissimi chilometri l'uno dall'altro—e ognuno tentava di costruirlo più alto..." (p. 137).

Quando la nonna della famiglia Toson scende dal camion che l'ha portata fino al canale Mussolini, la sua malinconia, il senso di inappartenenza e la profonda nostalgia si esprimono proprio nel paesaggio: "si riguardò solo un attimo intorno, giusto il tempo di vedere la striscia di montagne a un quindicina di chilometri verso levante, una striscia celeste ma incombente, poiché da qui a quella non c'era nient'altro, non un albero, niente, tutto spoglio di qua e di là all'orizzonte: il vuoto assoluto" (p. 138).

In una Italia in cui solo una minoranza parlava italiano, è chiaro che prevalgono i problemi di lingua, ma alla base si tratta soprattutto di preconcetti e pregiudizi, o di semplice ignoranza, che si rivelano in maniera preponderante particolarmente nel comportamento verso le donne e nei giudizi sulle donne stesse. Per i sezzesi e quelli dei paesi intorno, i migranti venuti dal nord sono degli usurpatori: "Non ci siamo mai capiti. Tutto un altro modo di pensare, oltre che di parlare e mangiare... Per loro però — soprattutto — le femmine nostre erano tutte puttane. Loro non avevano mai visto una bicicletta, prima. E la donna era una schiava. Un essere inferiore all'uomo. Guai se parlava davanti al marito. E tutte intabarrate sempre di nero. Le nostre invece avevano vesti non dico corte, ma comode e tutte colorate, e andavano e venivano in bicicletta e — si sa — andando in bicicletta le gonne si alzano e lasciano vedere un po' di gamba....".

Il ballo (per quel poco di divertimento che questa povera gente poteva avere) costituisce un'altra profonda incomprensione: "E non le dico i balli. Per le feste della trebbiatura capitava di farne anche insieme a loro. Da noi non c'era niente di male nel ballo. Era una pura espressione, per così dire, artistica. Ti facevi un ballo e arrivederci e grazie. Per loro invece — a Sezze e sui Lepini — se ballavo una volta con una, poi te la dovevi sposare" (p. 246).

Con questa esemplificazione delle differenze, lo scrittore non sembra voler esprimere giudizi, ma, per quanto obiettivamente possibile, si propone di descrivere un dato di fatto, mentre nel tono a volte leggero si avverte una lieve sfumatura di autoironia. In quel "noi" del narratore, che assume valenze diversificate attraverso il racconto, c'è anche lo scrittore di oggi che guarda alla "sua" gente del nord spesso ignorante e chiusa a sua volta come le popolazioni del Lazio. In fondo si tratta di povera gente, e la povertà è una grande forma di uguaglianza: "C'era gente di tutte le città e le regioni d'Italia. I poveri di tutto il mondo — si può dire — s'erano dati appuntamento qua. Calabresi, siciliani, toscani, piemontesi, sardi, marchigiani, genovesi, chi non aveva da lavorare al paese suo — ed erano tanti — era venuto a Littoria" (p. 237).

Questi contadini, che al nord morivano di fame, vengono trapiantati nelle terre appena bonificate o che si andavano bonificando fra tante morti e sofferenze. Famiglie intere, nonni, cugini, nipoti, diventano i protagonisti di questo grande esodo: attraverso di loro Pennacchi racconta mezzo secolo di storia d'Italia, uno dei periodi più travagliati e complessi della vita di questo nostro paese giovane e vecchio insieme. Si muore di fame e si muore per la guerra, si va a combattere senza scarpe o cappotti in Russia, senza acqua né benzina in Africa e chi muore è tanta povera gente. Ma forse proprio attraverso esodi come questo gli italiani imparano lentamente a conoscersi e, si spera, anche a capirsi un po'. Gli abitanti del Lazio sono chiamati "marocchini" e guardano con diffidenza e rancore alla gente scesa dal nord, i "cispadani". I protagonisti di questa saga sono i Peruzzi che scendono al sud dalla pianura Padana e qui mi sembra opportuno riportare un parte della quarta di copertina per offrire sia pure a grandi linee una sintesi di questa storia dentro la Storia:

> Tra queste migliaia di coloni ci sono i Peruzzi, gli eroi di questa saga straordinaria. A farli scendere dalle pianure padane sono il carisma e il coraggio di zio Pericle, che dentro il Fascio conta qualcosa perché ha meriti di audacia e valore, ma che dal Fascio non si fa dettare ordini. Con lui scendono i vecchi genitori, tutti i fratelli, le nuore. E poi la nonna, dolce ma inflessibile nello stabilire le regole di casa cui i figli obbediscono senza fiatare. Il vanitoso Adelchi, più adatto a comandare che a lavorare, il cocco di mamma. Iseo e Temistocle, Treves e Turati, fratelli legati da un affetto profondo fatto di poche parole e gesti assoluti, promesse dette a voce strozzata sui campi di lavoro o nelle trincee sanguinanti della guerra. E una schiera di sorelle, a volte buone e compassionevoli, a volte perfide e velenose come serpenti.
> E poi c'è l'Armida, la moglie di Pericle, la più bella, andata in sposa al più valoroso. La più generosa, capace di amare senza riserve e senza paura anche il più tragico degli amori. La più strana, una strega forse, sempre circondata dalle api che le parlano e in volo sibilano ammonimenti e preveggenze che, come i sogni oscuri della nonna, non basteranno a salvarla dalla sorte che l'aspetta. E Paride, il nipote prediletto, buono e giusto, ma destinato, come l'eroe di cui porta il nome, a essere causa della sfortuna che colpirà i Peruzzi e li travolgerà.

Si tratta di una storia quasi impossibile da riassumere, "una storia corale", "una storia che è mille storie insieme", come l'ha definita Franco Borrelli in *America Oggi*, e io direi un affresco tridimensionale, quasi un gruppo scultoreo a tutto tondo. Storia di tre generazioni di una famiglia, e insieme storia d'Italia raccontata dal di dentro, da chi l'ha vissuta sulla propria pelle. Storia di classi sociali: i contadini poveri, morti di fame da una parte e i padroni, nobili e politici dall'altra, tutti uguali, in questo, che fossero del nord o del centro.

La lettura del romanzo è stata un'esperienza di profondo apprendimento. Sono cresciuta in Italia dopo la guerra, e, come forse è avvenuto alla mia generazione, ho imparato sui libri di scuola a leggere unicamente l'interpretazione a posteriori del ventennio fascista. Le famiglie dei miei genitori erano socialiste, e i racconti di cui mi sono nutrita mi hanno dato sempre e solo la prospettiva unilaterale del fascismo. Come penso sia accaduto a molti altri, ho appreso tardi, e solo dopo gli anni di scuola, la varietà, le sfaccettature, la progressione e l'evoluzione temporale del regime. È stato solo attraverso la storia dei Peruzzi che ho capito cosa può essere significato per gli italiani, dentro la loro vita (nei cuori, nelle menti, nelle esperienze concrete delle esistenze), il fascismo degli inizi, le illusioni di cui tanti si sono nutriti, le sofferenze e le conseguenti disillusioni da cui sono derivati tanti cambiamenti di posizione ideologica e politica.

I personaggi del romanzo sono troppi e troppo variegati perché qui se ne possa discutere la crescita e l'evoluzione, la "presa di coscienza", per usare uno stilema forse in disuso da tempo. Alcuni dei Peruzzi, con tanti italiani, avevano creduto in Mussolini e nelle sue promesse populiste. Avevano abbandonato la loro terra costretti da una povertà estrema e senza speranza e nel corso di vent'anni avevano sperimentato gli errori fatali e i disinganni del regime e di tutti coloro che ne approfittavano. Storia personale, storia corale di classe e storia politica si intrecciano e si arricchiscono a vicenda portando ad una comprensione più profonda e completa di cosa significasse essere italiani in quel periodo. Storia non solo del regime e delle persone, ma anche delle differenze e della disunità di un paese ancora alla ricerca della sua identità e unità.

Protagonisti delle storie e della Storia

Cosa può significare oggi scrivere un "romanzo storico"? La risposta ci viene offerta da uno dei più grandi scrittori che si sia posto il problema del rapporto tra letteratura e storia, Alessandro Manzoni: "È una parte della miseria dell'uomo il non poter conoscere se non qualcosa di ciò che è stato, anche nel suo piccolo mondo; ed è una parte della sua nobiltà e della sua forza il poter congetturare al di là di quello che può sapere".

In anni più recenti, il critico Geno Pampaloni ha scritto (nell'introduzione a *Tu vipera Gentile* di Maria Bellonci pubblicato con Mondadori nel 1972):

> Per un poeta la storia, come per il filosofo la libertà, è un frammento dell'eterno...tra documento e congettura... si apre un'intercapedine buia ove si cela l'ultima possibilità che il reale ha di essere... il destino umano si giuoca nel mondo, in un interrotto contrappunto dialettico tra la storia e quel trascendente storico che è la poesia (p. VI-VIII).

Come mi è accaduto di scrivere a proposito di un romanzo "parastorico", *La lunga vita di Marianna Ucría* di Dacia Maraini, se consideriamo non tanto l'effettiva esistenza di un evento storico, ma piuttosto il perché del suo accadere, finiamo con il dare prevalenza all'interpretazione, per cui le corrispondenze e relazioni fra realtà e immaginazione si intrecciano in modo molto più complesso e variegato della semplice dualità: l'atto creativo-immaginativo si fa mezzo e soluzione della storia, mentre anche tutta l'arte si fa esperienza di verità. Lo scrittore può diventare l'anello di congiunzione fra il momento storico, l'evento specifico, e una verità più umanamente e generalmente valida, a cui ci conduce l'immaginario interiore, che ci porta anche a una comprensione e conoscenza più valide e profonde: qui per interiore non si deve intendere privato o distaccato dalla storicità, ma quella soggettività che si cala nell'interpretazione degli eventi esterni, l'attitudine attraverso la quale interiorizziamo la storia.

Manzoni aveva messo in luce il contrasto fra storia e invenzione, com'è ben noto, e altri scrittori dopo di lui hanno affrontato il problema del "verosimile", cioè l'evento ipotetico e possibile, contrapposto sia al fatto storico che all'evento immaginario. Il romanzo storico resta una sfida, in quanto deve ricreare il passato intrecciando gli eventi ufficiali con le congetture del probabile e del privato: è una reinterpretazione della storia attraverso l'immaginario creativo. Il narratore sceglie di privilegiare dettagli, particolari e accadimenti che non sono tutti documentati ma che sono probabili, e deve necessariamente basarsi sulla ricerca accurata di documenti storici. La Storia ufficiale con la "S" maiuscola non parla mai dei giorni oscuri e immoti della gente comune che resta senza una voce.

Un romanzo storico, come *Canale Mussolini*, politicizza (nel senso proprio di *polis*) la vita privata e recupera la "voce debole" di coloro che sono restati inascoltati dalla Storia. Quando si parla di libertà, ad esempio, discutendo soprattutto della sua mancanza sotto una dittatura, Pennacchi si chiede, attraverso la voce del narratore, che cosa libertà potesse mai significare per i poveri, i reietti, coloro che hanno conosciuto solo la libertà di morire di fame, sia in Italia che dall'altra parte dell'Atlantico:

> La legge, dice lei? La politica, i diritti civile, il parlamento, lo Statuto albertino? Quella era roba per signori, solo loro votavano, tu non ne avevi diritto. Lei dice che la libertà in Italia l'avrebbe levata il fascismo? Ma in Italia non c'è mai stata la libertà, che t'ha potuto levare il fascismo? Ai signori magari gliel'avrà levata, ma i poveracci non ce l'avevano mai avuta. Le donne hanno votato per la prima volta nel 1946, ma pure i maschi, prima del fascismo votavano in pochi; solo i signori appunto, e noi poveri, il proletariato, contavamo meno di niente, meno delle zappe che adoperavamo. (p. 35)

La Storia e il suo senso (seppure essa lo possiede) cambiano non soltanto a seconda delle diverse classi sociali, ma anche chiaramente attraverso il tempo: mentre la Storia avviene, soprattutto per quelli che non hanno il potere di determinare gli avvenimenti, ciò che accade non ha lo stesso significato di quando tutto è già avvenuto e si può cominciare a rifletterci sopra e a porlo in prospettiva. Ciò è anche più vero quando si parla di poveri contadini che stentano a sopravvivere. Scoppia la guerra, ad esempio, ma loro non sono in grado di percepirne il significato, di porsi in modo consapevole rispetto a quella che poi diverrà, sui libri di storia, la guerra grande e mondiale. A questo sapere arriveranno solo quando si tireranno le somme:

> Comunque la settimana dopo della settimana rossa è scoppiata la Prima guerra mondiale. Noi naturalmente allora non lo sapevamo, non è che dicessimo: «Ahò, è scoppiata la Prima guerra mondiale», questo lo abbiamo saputo dopo". (p. 55)

È una verità che si comprende anche meglio quando la guerra tocca le famiglie e gli individui. Il nonno Peruzzi (che era stato favorevole all'intervento) se ne rende conto quando viene richiamato il figlio Pericle: non si tratta più di ideologia, territori, conquiste, nazioni, ma della propria carne. Pericle deve partire e "a mio nonno gli si è stretto il cuore: «Va' in malora alla guerra e a mì che l'ho voluta». (p. 61) Più tardi la guerra (questa volta la seconda) può servire anche a pagare i debiti che stanno soffocando alcune famiglie, per cui due zii del narratore si arruolano "per la prima guerra che saltasse fuori". (p. 348)

Questa "storica" è anche una scrittura che, riafferrando il passato può riuscire a connetterlo con il presente: il tempo si ferma e si dilata attraverso il ricordo. Con la distanza temporale e lo spazio creato dalla memoria lo scrittore ottiene anche una certa obiettività per cui è in grado di ricreare quello che ho già chiamato il "verosimile". E non si tratta solo di eventi, di fatti più o meno documentabili: nel romanzo impariamo a conoscere la storia delle emozioni, la storia privata, quella che resta sconosciuta, dell'io interno di ogni personaggio. Una grande scrittrice, Anna Banti, a questo proposito ha ironicamente detto che se possiamo congetturare ad esempio sulla strada percorsa da Annibale e dai suoi elefanti dall'Africa all'Italia, possiamo altrettanto immaginare la vita interiore del personaggio. Possiamo applicare al romanzo *Canale Mussolini*, sui reietti e i dimenticati dalla storia, anche le considerazioni di Virginia Wolf a proposito delle donne: la scrittrice infatti sfidava la società maschile e i suoi valori che per secoli hanno ritenuto la guerra più importante delle esperienze e della creatività delle donne e ritiene che la scrittura femminile sia storicamente più rilevante, ad esempio, delle Crociate e di altre guerre. A questo proposito il romanzo storico serve — ripeto — a restituire la voce a tutti coloro che sono stati fatti tacere dalla violenza stessa della Storia.

Canale Mussolini va al di là della restituzione di un posto e di un ruolo ad una classe sociale. Restituisce la voce ai personaggi intesi come individui, facilitando il loro rientro nella Storia e restituendo loro radici e lingua.

Questo procedimento è simile a quello definito dallo storico Carlo Ginzburg, nel senso che significa restituire una esistenza storica a tutte le marginalità, agli umili persi (e perduti) nella corrente principale e tradizionale della Storia.

In generale si potrebbe anche dire che questo romanzo rientra in una visione della storia che privilegia il come piuttosto che il cosa è accaduto: ciò — stiamo attenti — non significa negare ogni possibilità di conoscenza storica, ma dare rilevanza alla interpretazione degli eventi. Va anche detto — con il filosofo Gianni Vattimo — che non basta dire che l'evento storico è oggetto di interpretazione, ma l'opera d'arte stessa (in questo caso il romanzo) può essere considerata un evento storico poiché noi stessi siamo trasformati dalla nostra interpretazione dell'arte e dal trovare una verità momentanea, allo stesso modo in cui siamo trasformati da ogni esperienza che ci faccia incarnare nella Storia. Si tratta allora di rivalutare le esperienze minime e le piccole verità temporanee e deboli che scorrono parallelamente a quelle dei grandi avvenimenti storici. Anche se le verità metafisiche e le assolute verità sono andate perse, è importante riconoscere che la ragione non può essere completamente abbandonata: in letteratura questo significa costruire individualità minime e narrare una soggettività diversa da quelle storicamente dominanti.

Dalle molte Italie, una cultura comune

È in questa prospettiva che romanzi come *Canale Mussolini* si rivelano indispensabili. Si ha la sensazione che l'autore abbia inconsapevolmente dato realtà letteraria ad alcune idee espresse da Edward Said in uno dei suoi ultimi lavori, *Humanism and Democratic Criticism*: le parole infatti non sono solo mere figure passive ma agenti attivi nel cambiamento politico e storico e l'intellettuale (ovvero lo scrittore) deve tornare a riconoscere le sue responsabilità sociali, deve — come anni fa aveva affermato Romano Luperini — incarnarsi nel sangue e nella realtà della storia, aiutando così a riconoscere le identità nazionali, ma senza il dogmatismo e la dualità della tradizione. Un procedimento necessario soprattutto oggi, come scrive Said "*to coltivate that sense of multiple worlds and complex interacting traditions*" (p. 76) con quella complessità e ricchezza evidenti appunto nel conflitto-scontro di due Italie e contemporaneamente nell'integrazione e nel sofferto inserimento nella nuova realtà della famiglia Peruzzi. Invece di sostituire una identità forte e definita a un'altra già dominante, il romanzo ci invita a guardare alla migrazione come a un esempio di passaggio costante dal centro ai margini e viceversa. Non propone l'effetto — che sarebbe deleterio — di assicurare una identità da difendere escludendo gran parte del resto del mondo, ma una inclusione attiva e sofferta, che significa preservare alcune tradizioni mentre se ne accettano di nuove.

Un esempio su tutti: “Dal Veneto ci siamo portati la tradizione del filò, quella di riunirsi tutti a sera, dopo cena, ora in un podere ora in un altro a raccontarsi storie” (p. 300).

A questa tradizione si aggiunsero il ballo sull’aia, ma dice Pennacchi: “il guaio era quando ai balli capitava qualcuno dei paesi qui intorno, e allora succedevano i casini” anche se poi, continua lo scrittore: “Questo non significa che non abbiamo anche imparato in qualche modo — dai e dai — ad andarci d’accordo.” (p. 301). Per “andare d’accordo si inizia (forse come sempre) dai matrimoni e Pennacchi ne delinea chiaramente il progresso: prima rigorosamente soltanto donne dei Lepini che sposavano i veneti e sposandoli venivano completamente assorbite nella e dalla famiglia di lui, costrette anche ad abbandonare la propria lingua. In un mondo diviso in due in effetti la lingua costituisce una delle principali differenze. Dopo un matrimonio “misto” (e per misto, come si è detto s’intende quasi sempre un veneto che sposa una donna del luogo) la giovane sposa si ritrova scesa dalla montagna in pianura all’interno di una famiglia in cui si parla una lingua che lei non può capire, quando, ad esempio: “Togli la scaràna” significa “togli la sedia”. Ma allora che cosa può fare questa sposa? Impara il veneto, si adatta, si trasforma e da marginalizzata entra nel cerchio della nuova famiglia.

Poi, con il tempo, molto dopo la fine della seconda guerra mondiale, cominciano a vedersi anche matrimoni tra la donna veneta-cispadana e l’uomo dei Lepini, anche se “il luogo di abitazione e residenza della nuova famiglia resterà rigorosamente la pianura”, cioè fra i veneti. Correttamente Pennacchi ci fa osservare che “quando si parla oggi dei coloni dell’Agro Pontino, si dice costantemente «veneti» includendoci tutti... al punto d’essere divenuto un nuovo e distinto gruppo etnico, i “veneto-pontini”. E sa perché? Perché tutte le differenze che pure esistevano singolarmente tra di noi coloni dell’Altitalia, non erano nulla rispetto alla diversità assoluta tra noi e le popolazioni locali dei monti Lepini” (pp. 304-305).

Un altro esempio di queste differenze di fondo: la gente del luogo (ricordiamo che siamo nella campagna intorno a Latina) non aveva mai visto i tortellini mentre a sua volta la nonna che veniva dal Veneto non aveva mai visto le olive e quando gliene viene regalato un sacchetto lo butta via pensando che magari volessero avvelenarla:

> Loro per esempio non sapevano neanche cosa fossero i tortellini o i cappelletti in brodo, ma mia nonna raccontava sempre di quella volta che una spigolatrice di queste montagne le aveva portato in dono, per sdebi-

> tarsi, una sacchetta di olive e lei le aveva prese — «Grazi mille, cara» — ma appena quella se ne era andata, le aveva buttate nel fosso: «Còssa xèle queste?». Non le aveva mia viste. Pensavamo — chissà — che potessero farci male. Noi avevamo sempre condito con l'olio di semi o con lo strutto di maiale (p. 245).

Eppure nel momento più tragico per i "veneti" della pianura, quando avevano dovuto sfollare e abbandonare le proprie terre per la guerra e l'avanzare dei "marocchini veri" (è inevitabile ricordare *La ciociara* di Alberto Moravia e il film che ne fu tratto) le popolazioni dei monti Lepini hanno dato rifugio ai coloni "forestieri" e li hanno sfamati: "La mattina del 25 maggio 1944 — «'Ndémo a casa, 'ndémo a casa» diceva mia nonna, «prima che arriva i marochìn», e questa volta intendeva anche lei i marocchini veri del Marocco e non i nostri, che s'erano levati il pane dalla bocca per darlo a noi" (p. 448). Nel momento del bisogno, i poveri si sono riconosciuti.

Integrazione lenta nel tempo, quindi, fatta di conoscenza reciproca acquisita poco a poco, di superamento graduale delle diffidenze e dei preconcetti, integrazione difficile ma possibile.

Vorrei concludere con una riflessione apparentemente banale su questo esempio: oggi, quando ancora si vuole parlare di disunità, in tutta Italia si mangiano i tortellini e in tutta Italia si sa cosa sono le olive. Troppo semplicistico? Forse, e tuttavia abbiamo bisogno di individuare soprattutto cosa ci accomuna e non ciò che ci divide, pur continuando a rispettare e riconoscere le tradizioni, i dialetti e le differenze regionali tutte, creando in questo modo un'identità "debole" e mobile ma, proprio per questo, sempre più ricca e variegata.

Bibliografia

Bocca, Giorgio. *La disunità d'Italia*. Milano: Garzanti, 1990.

Marchegiani, Irene. 'La dualità fra individuo e storia: per una lettura di La lunga vita di Marianna Ucría di Dacia Maraini.' *Italian Quarterly*, 151-152 (2002): 45-60.

Pampaloni, Geno. *Introduzione a Tu vipera gentile di Maria Bellonci*. Milano: Mondadori, 1972.

Pennacchi, Antonio. *Canale Mussolini*. Milano: Mondadori, 2010.

Said, Edward. *Humanism and Democratic Criticism*. New York: Columbia UP, 2004.

Il fattore internazionale: storia, economica, cultura

Luigi Troiani
Pontificia Università San Tommaso d'Aquino, Roma

Un'interpretazione della politica estera italiana

La nascita dello stato unitario[1] avviene anche grazie a condizioni favorevoli nel sistema internazionale.

Ci si riferisce in particolare a:

- le alleanze che Cavour riesce a tessere con paesi chiave del sistema internazionale,
- il riconoscimento che la comunità degli stati accorda, quasi all'unanimità, al nuovo stato, risultante dal processo a tenaglia di legittimazione, via azione militare e cruenta *top down* delle truppe piemontesi, (e di Garibaldi) e attraverso le insurrezioni/cospirazioni e i plebisciti popolari del *bottom up*.

Senza la collaborazione o il *benign neglect* della comunità internazionale, o almeno di alcune delle potenze chiave dell'epoca, l'Unità non sarebbe stata possibile. Ciò risulta evidente se si pone mente da un lato al quadro complesso che la geografia politica peninsulare descriveva all'avvio del processo di unificazione politica ed economica con gli intrecci dinastici trans-europei dei tanti stati sovrani presenti nel territorio, dall'altro all'orrore che l'Europa restaurata del dopo '48 manifestava verso la componente rivoluzionaria[2] presente in modo significativo nella fascia di borghesia e piccola borghesia che prospettava l'*état-nation* italiano. Si aggiunga a ciò la "questione romana", non tanto e non solo per quello che la sovranità pontificia su parte dell'Italia centrale significava in termini di fedeltà delle potenze cattoliche al mandato costantiniano[3], quanto per gli impegni diplomatici di sicurezza assunti da talune di esse nei confronti del papa-re. In questo senso il processo unitario fu un vero capolavoro della diplomazia dello stato sabaudo, in particolare del suo riconosciuto artefice, Camillo Cavour, primo ministro quasi ininterrottamente dal 1852 al 1861[4].

Va aggiunto all'elenco il capitale di grande simpatia del quale le popolazioni italiche sono gratificate, in quanto eredi ed esponenti del vasto patrimonio culturale e artistico che si è venuto sviluppando nel territorio peninsulare nel corso dei due millenni e mezzo della sua vicenda storica.

> "L'Italia doveva rinascere appunto perché si sentiva che era stata ben morta" disse Madame de Staël, cui fecero eco gli spiriti romantici di tutta Europa, eredi di una tradizione umanistica di simpatia per il nostro paese. Questa simpatia farà accettare l'idea di un'Italia una e indipendente che, anche sulla soglia della realizzazione, sembrava così ostica alla diplomazia europea.[5]

Tre erano, all'epoca, i centri di potere continentali con i quali la diplomazia sabauda doveva confrontarsi, nel tentativo di tessere il sistema di alleanze sufficiente a consentire la realizzazione del disegno unitario: *la Francia* post napoleonica insieme monarchica e giacobina, il ceppo dei *Borbone* di Spagna che dominava nell'Italia meridionale e si ramificava in più punti del ceto monarchico continentale, *l'impero Austro-Ungarico* ingombrante presenza ai confini occidentali e orientali del piccolo regno piemontese. Dovevano essere davvero giuste le ragioni sottostanti all'esigenza di unificazione, ed eccellenti le capacità di Cavour per consentire che il vasetto di coccio Savoia (uno staterello di appena cinque milioni di abitanti, schiacciato tra Francia e impero austriaco) non fosse frantumato dai grossi bidoni in ferro che lo circondavano, ma si trasformasse nel fulcro di uno stato che sarebbe diventato grande protagonista delle due guerre mondiali, fondatore ed esportatore del fascismo, settima potenza economica nell'ultimo quarto del Novecento. Il capolavoro diplomatico supera anche quello coevo che realizza la Prussia di Bismarck unificando gli stati germanici, in ben altra posizione geostrategica e con ben altre risorse economiche e militari a disposizione.

Gli Asburgo, e per il dominio che Vienna deteneva nel nord Italia e per i rapporti dinastici con i Borbone che reggevano i destini del meridione, erano il nucleo su cui colpire con il maglio militare. La Francia, anche per il legame di protezione istituzionale che la legava al potere temporale dei papi, si imponeva come cardine obbligato sul quale far girare il capolavoro diplomatico che Cavour avrebbe dovuto architettare. Da soli i piemontesi non avrebbero mai potuto battere in guerra l'impero austro-ungarico: da qui il bisogno di un alleato forte, che i Savoia cercarono e trovarono nella Francia. Pur con i limiti dettati alla Francia dall'alleanza con lo stato pontificio e dagli interessi nazionali, Napoleone accetterà, e starà con i piemontesi contro l'Austria [6].

Nel rapporto con Parigi, casa Savoia partiva con qualche asso nella manica. Il regno del Piemonte godeva di consolidati rapporti di buon vicinato. Lo stato piemontese utilizzava la lingua francese e lo stesso Cavour frequenterà sin da giovane la vita politica ed economica parigina; parlerà e scriverà sempre in francese. Il futuro primo ministro nacque anzi francese, perché all'epoca il Piemonte era stato annesso da Napoleone Bonaparte e classificato come 27^ Divisione. I genitori di Camillo Benso furono molto amici di Napoleone Bonaparte, che li incontrò il 22 aprile 1805 a Stupinigi, mentre viaggiava verso Milano per l'incoronazione.

Per ingraziarsi i transalpini, Cavour accetta l'invito anglo-francese a spedire truppe piemontesi in Crimea, aderendo nel gennaio 1855 all'azione internazionale contro la Russia in guerra da qualche anno con l'impero ottomano. Il contingente di 15.000 uomini parte senza alcuna promessa di contropartita per il regno sabaudo, ma il buon comportamento dei bersaglieri di Lamarmora nella battaglia della Cernaia[7] consente a Cavour, in una seduta suppletiva del Congresso di Parigi del 1856, di porre la questione italiana all'ordine del giorno delle potenze.

Esemplare, in quest'ambito, l'episodio che riguarda la contessa Verasis di Castiglione, nata marchesa Virginia Oldoini. Appena diciottenne, nel Natale del 1855, col marito Francesco Castiglione e un figlioletto di pochi mesi, è spedita dal cugino Camillo sulle ginocchia dell'imperatore di Francia, Napoleone III: "Riuscite, cugina mia: con i mezzi che vorrete, ma riuscite", scriverà il primo ministro sabaudo alla contessa. Nell'epistolario il grande tessitore dell'unità d'Italia, spiegherà che la bella e giovane contessa[8] era stata mandata a Parigi "per far la corte all'imperatore, e, se possibile sedurlo", al fine di renderlo favorevole al disegno unitario del regno di Sardegna. L'idillio, dicono gli storici durò quattordici mesi e, se le date hanno un senso, sembra che effettivamente la Castiglione abbia sortito una positiva influenza rispetto all'attitudine imperiale nei confronti della causa italiana. L'alleanza tra Cavour e Parigi viene sancita nel convegno segreto di Plombières[9] il 21 luglio 1858.

Quegli accordi sono un caso complesso di diplomazia, con effetti sull'intero sistema internazionale. Napoleone III si vincola a schierarsi con il regno di Sardegna, in caso di aggressione austriaca. L'assetto post-bellico vedrebbe la semplificazione dei poteri sovrani nella penisola, con una triade di regni in armonia: Vittorio Emanuele II avrebbe il Settentrione tra Alpi e Adriatico, Gerolamo Bonaparte l'Italia centrale, Luciano Murat l'Italia meridionale. La Francia acquisirebbe la Savoia e, a certe condizioni, Nizza. A suggello dell'intesa e dell'alleanza, la figlia di Vittorio Emanuele principessa Clotilde sposerebbe il cugino dell'imperatore Gerolamo Bonaparte [10]. Quando il 23 aprile 1859 Francesco Giuseppe invia al Piemonte il suo ultimatum, scoccano le condizioni perché gli accordi di Plombières vadano in esecuzione. Le truppe franco-piemontesi costringono alla ritirata gli austriaci, Napoleone e Vittorio Emanuele entrano vittoriosi in Milano.

Il concerto europeo ha però da ridire sugli avvenimenti: rumoreggiano Regno Unito e Russia che avrebbero preferito lo status quo e temono che si vada verso una sorta di Confederazione italica sotto egemonia francese. Anche dalla corte parigina e dal talamo nuziale di Napoleone si alzano voci di prudenza. Il piccolo Piemonte, Garibaldi e gli altri patrioti che avevano parteggiato per Cavour e la sua capacità di tirar dentro la Francia nel conflitto con Vienna, non si fanno intimidire dall'armistizio e dagli accordi che intanto Napoleone firma a Villafranca con l'imperatore d'Austria ottenendo per il regno sabaudo la Lombardia sino al Mincio. L'Italia centrale è in agitazione, crollano ducati e Legazioni, il papa è chiamato a repressioni ed eccidi.

Londra capisce che deve muoversi per favorire l'unificazione, se vuole contrastare i disegni egemonici di Parigi sulla penisola e sul Mediterraneo. L'impero britannico ha bisogno che nel Mediterraneo esista un contrappeso credibile alla Francia. L'attivismo di Londra risulterà esplicito quando a Marsala, nel maggio 1860, la flotta inglese sbarra la strada a quella borbonica, consentendo lo sbarco dei Mille di Garibaldi. È uno scacco per Cavour e i francesi che avevano puntato sulla capacità della flotta borbonica di arrestare l'iniziativa delle camicie rosse. Il mese prima la Francia aveva incassato l'assegno di Nizza e Savoia, lasciando mano libera ai piemontesi nelle Marche e in Umbria, complici gli impegni sabaudi a rinunciare a Venezia, fermare Garibaldi nel Mezzogiorno e soprattutto impedire al Generale di arrivare a Roma.

Sin dove può spingersi la divaricazione tra Parigi e Londra sulla crisi italiana, risulta evidente all'indomani del voto unanime del 17 marzo 1861 del parlamento piemontese che proclama Vittorio Emanuele II re d'Italia "per grazia di Dio e volontà della Nazione". Il 30 marzo la monarchia britannica, prima nella diplomazia mondiale, riconosce il regno d'Italia, mentre Parigi, in compagnia dei regimi reazionari al potere a Berlino Pietroburgo e Madrid, in barba ai replicati proclami romantici sul principio di nazionalità, prende tempo. Il vicino elvetico effettua il riconoscimento il 30 marzo. Scandinavi, Ottomani, e minori periferici procederanno tra estate e autunno. Quando finalmente la Francia riconosce il regno italiano, 15 giugno, accompagna l'atto con un una nota che considera irreversibile l'incorporazione territoriale della sola Lombardia ed evidenzia la legittimità dei diritti pontifici sui territori perduti nel centro Italia. Olanda e Belgio rispettivamente a luglio e novembre adottano anch'essi riconoscimenti parziali. I governi di altri paesi, come Spagna Prussia Austria (1866) Russia Baviera prenderanno addirittura anni prima del riconoscimento. Si noti che il 13 aprile, il presidente degli Stati Uniti, pur nel cono d'ombra dell'insorgente guerra civile [11], e per primo tra gli stati americani, dà istruzioni per l'accreditamento del plenipotenziario Marsh presso il primo re d'Italia.

Sulle esitazioni francesi pesa anche la cosiddetta "*questione romana*". Da un lato i cattolici francesi rimproverano Napoleone III di acquiescenza verso la monarchia sabauda, notoriamente legata a circoli massonici e anticlericali. Dall'altra la Francia ha obblighi di tutela anche militare sulla sicurezza del regime vaticano. Un passo avanti si compie con la "Convenzione" del settembre 1864, firmata dal ministro Minghetti: l'Italia si impegna a non assalire lo stato della Chiesa, i francesi ritirano entro due anni i loro militi da Roma. La capitale viene trasferita da Torino a Firenze, segno implicito, per Napoleone, della rinuncia a Roma capitale. La Francia fa sì che il regno d'Italia acquisisca il Veneto dagli Austriaci, nonostante le umilianti sconfitte militari del 1866 degli italiani, alleati della Prussia contro l'Austria, in terra a Custoza e in mare a Lissa.

La situazione di Roma capitale si sblocca grazie alla successione di eventi provvidenziali. La Francia, in seguito ai ripetuti colpi di mano di Garibaldi e di altri esponenti del partito d'azione per ridare Roma all'Italia, aveva riposizionato nel 1867 suoi effettivi a difesa della città, arrivando ad incrinare i rapporti bilaterali con la dichiarazione del novembre 1867 del ministro Rouher: "L'Italia non entrerà mai a Roma". L'esplodere della brutta guerra con la Prussia, che si concluderà nel 1871 con la nascita del secondo Reich germanico e la fine dell'impero francese, fa però ritirare le truppe transalpine da Roma. La cattura di Napoleone III il 1 settembre 1870 e la proclamazione della III Repubblica francese il 4 settembre sciolgono l'Italia dagli impegni sottoscritti con Napoleone, né le diplomazie europee segnalano opposizione alla nota italiana sull'approssimarsi dell'occupazione di Roma del 20 settembre. Tuttavia la forte reazione di Pio IX contro la presa della *Urbs* cristiana, non mancherà di generare grossi problemi ai rapporti italiani con i paesi a dominanza cattolica.

La politica estera sino al fascismo

L'azione del nuovo stato nel sistema internazionale inizia nel segno dell'ambiguità, e della pluralità dei centri decisionali, e deve confrontarsi con un ambiente europeo diffidente se non dichiaratamente ostile. La prima caratteristica risulta evidente nel continuo scambio di campi e alleanze tra Francia, Prussia, Regno Unito; una prassi che si perpetuerà sino alla fine della seconda guerra mondiale. La seconda vede in competizione il capo dello stato e quello del governo [12], ma anche i due grandi schieramenti politici che hanno dato vita all'unità: quello liberale moderato che per comodità riassumiamo nella figura di Camillo Cavour, e quello d'azione e potenzialmente repubblicano che per comodità riassumiamo nella figura di Giuseppe Garibaldi, con sullo sfondo il dilaniante conflitto delle coscienze cattoliche divise tra fedeltà al papa e allo stato [13] e la paura borghese della rivoluzione sociale.

Ambiguità e molteplicità sono segni di un *genio italico* di politica estera che se ha portato in un solo lustro (tra il Congresso di Parigi del 1856 e il marzo 1861) il piccolo Piemonte a riunificare il territorio italico, sarà poi ispiratore dell'azione internazionale di tutta la storia unitaria. Non è detto siano segni negativi, visto che hanno consentito allo stato unitario di sopravvivere senza danni territoriali eccessivi lungo un secolo tormentato come il Novecento, superando sostanzialmente indenne due guerre mondiali e gli anni di guerra fredda. Basti guardare ai danni e alle amputazioni subite, nello stesso periodo, da potenze coeve qui citate, come Austria e Ungheria, Germania, Turchia, Russia, Serbia; alle perdite di peso di stati come il Regno Unito e la Francia; per capire che, in termini di interesse nazionale, quelle due caratteristiche potrebbero anche aver fornito una moneta che è risultata ben spesa nei confronti della storia.

In quanto all'atteggiamento diffidente delle diplomazie, risulta evidente dallo scarso entusiasmo col quale, ad eccezione del Regno Unito, esse procedono ai riconoscimenti spesso parziali nei confronti del nuovo Regno. In molti, abituati ai vantaggi di un'Italia da sempre divisa e disponibile all'uso, ne temono l'arrivo al banchetto delle potenze. A ciò si somma, nelle potenze cattoliche, l'astio per l'aggressione che il papato può subire ed effettivamente subirà da parte italiana. Ambedue le considerazioni valgono per la Francia, che, con lo stato unitario, si ritrova un potenziale partner britannico nel Mediterraneo, deve abdicare al progetto di un'Italia divisa in tre, fallisce nella difesa delle prerogative storiche del papato. L'esito della guerra franco-prussiana e le durissime condizioni imposte a Parigi dalla pace di Francoforte del 30 maggio 1871, si sommano al trasferimento della capitale italiana a Roma, nel ridimensionare il ruolo francese nel sistema delle relazioni internazionali, e portare alla ribalta all'inizio degli anni '70 dell'Ottocento due nuovi stati: il Reich tedesco e il Regno d'Italia. Nati ambedue nel segno di Marte, con efficaci azioni politico-militari pilotate dall'alto da due grandi come Cavour e Bismarck, si presentano caratterizzati da una forte vena di autoritarismo, militarismo e nazionalismo. La storia li vede nascere insieme e li ritroverà ancora insieme nella prima fila degli affari internazionali, sappiamo come, quando questi elementi originari si mescoleranno alle frustrazioni generate dal risultato della grande Guerra, mezzo secolo dopo. Con occhio profetico, guardando ai vantaggiosi sconvolgimenti promessi nell'immediato dall'arrivo italiano al tavolo europeo, Bismarck dice alla Conferenza di Londra del 1867: "Si le Royaume d'Italie n'existait pas, il faudrait l'inventer"[14].

La politica estera che si avvia nello stato unitario deve anche fare i conti con i limiti nei quali è costretta, in termini di potere finanziario e militare. Il Regno ha rischiato la bancarotta [15] in simultanea con il disastro sul campo del 1866, e il pareggio del bilancio è stato raggiunto solo con la vessazione fiscale indiretta e in particolare con l'odiosa legge sul macinato che ha scatenato le proteste popolari. È un quadro che mostra quanto possa essere velleitaria l'ambizione della monarchia sabauda a recitare un ruolo primario nel concerto continentale, facendo premio sulla consistenza territoriale e demografica dell'Italia: con quasi 27 milioni di abitanti, il paese si propone al sesto posto, in quanto a popolazione, ma non ha i mezzi per costituirsi in sesta potenza[16]. Di fatto lo stato unitario nacque, a causa dei suoi limiti strutturali e in particolare del divario nord-sud che era non solo economico ma sociale e culturale, come potenza di secondo rango, e in quella collocazione sarebbe rimasta almeno sino alla guerra civile spagnola.

Quell'Italia non ha né i mezzi sociali ed economici, né la cultura politica per giocare sul teatro delle relazioni internazionali con il rango di potenza media euro-mediterranea che le competerebbe in virtù della sua posizione geo-politica, specie dopo l'apertura all'attività del canale di Suez[17]. Né basta a far cambiare idea lo stabilimento di una concessione italiana nel porto eritreo di Assab, sul mar Rosso nel 1869, rinnovata dieci anni dopo attraverso l'armatore Rubattino.

Ha il corpo e i piedi al centro del Mediterraneo e la testa infilata tra due delle potenze dell'epoca, Francia e Germania, senza dimenticare la rilevanza di porta dell'oriente europeo e adriatico che le viene dalla sua fascia veneta e adriatica, che si rafforzerà ancor di più nei primi decenni del Novecento con il ritorno di Trieste. Un patrimonio geo-strategico che non è in grado di essere sfruttato, perché, al di là delle arretratezze della struttura economica e finanziaria, pesano gli effetti della disunione millenaria sulla capacità di operare nel sistema internazionale, in particolare sotto il profilo dell'assenza di una classe dirigente adeguata alla sfida. Gli eredi dei Cavour dei Mazzini e dei Garibaldi che avevano respirato aria rispettivamente francese, britannica e americana, fornendo al processo di unificazione le aderenze e il respiro internazionali di cui abbisognava per andare a successo, sono espressione di beghe e campanili, preda di conflitti interni che al meglio rappresentano divaricazioni ideali e ideologiche, al peggio contrapposizione di interessi economici e finanziari.

Agostino Depretis, che è primo ministro dal marzo 1876, esponente con vari ministeri di quella sinistra che subentra alla destra che ha costituito l'Italia unita, che sarà ricordato come antesignano del *trasformismo* in politica governando con alleanze le più composite e *à la carte*, scansava con così convinta pervicacia il vincolo della politica estera, da definirla un male necessario, aggiungendo che "bisogna farne quanto meno si può: basta all'occasione quando si vedono all'orizzonte dei nuvoloni mettere le spalle al muro e aprire l'ombrello" [18]. Racconta lo scrittore e uomo politico Ferdinando Martini[19] che Depretis, mentre reggeva ad interim il ministero degli Esteri, si trovò a doversela vedere con la crisi per la Rumelia orientale e certe complicazioni in territorio bulgaro. L'Italia aveva, come oggi, interessi diretti all'equilibrio regionale, e pertanto al ministero ritennero di poter disturbare il ministro, anche se si trovava in vacanza al paese natale di Stradella. Gli telegrafarono a più riprese senza successo, fino a decidere di spedirgli un alto funzionario per le indispensabili consultazioni. Un ineffabile e disarmante Depretis corrispose affermando di non aveva mai pensato alla Rumelia orientale. Non sorprende che al Congresso di Berlino del giugno luglio 1878, che chiuse un triennio di guerre balcaniche e un feroce confronto russo-turco, provvedendo al riassetto regionale, l'Italia risultasse praticamente assente e totalmente isolata. Tra l'altro Depretis, rilanciando le spese militari, aveva di nuovo messo in ginocchio il budget, risanato dalla Destra con la tassa sul macinato, da lui abolita, limitando di fatto le possibilità italiane di politica estera. Il successore Benedetto Cairoli, nel programma di governo non fa neppure menzione della politica estera, limitandosi a dire: "Il momento è grave, il domani incerto: l'Italia in amichevoli relazioni con tutte le potenze, saprà con il proposito di una neutralità sottratta ad ogni pericolo mantenersi rispettata". Con queste premesse spedisce il ministro Corti alla fondamentale Conferenza di Berlino che si apre il 12 giugno senza istruzioni e programmi ("*la politica delle mani nette*"), a rimediare pubblica ingiuria quando timidamente accenna alla questione del Trentino irredento. È un'Italia che già nella sua prima infanzia soffre di un male che sarà cronico nei 150 anni di storia: l'instabilità politica e dei ruoli. Si pensi che tra il 1861 e il 1881 il paese ebbe 19 ministri degli esteri, quasi uno l'anno!

Nel primo decennio del nuovo secolo, il più importante primo ministro da Cavour, Giovanni Giolitti, manifesta così poca dimestichezza con la politica estera da ritenere di non dover apprendere una sola lingua straniera, e da varcare i confini una sola volta, per fuggire allo scandalo finanziario che gli sta montando intorno[20]. La politica delle "mani nette" che sarebbe stata rivendicata come dimostrazione che lo stato italiano si muoveva in quegli anni in omaggio a principi che rispettavano i diritti degli stati e dei popoli, era in realtà non una scelta ma la necessità dettata da pochezza di mezzi e visione. Altrettanto può dirsi del mandato imposto alla nostra diplomazia dal maggiore suo esponente sino alla fine dell'Ottocento, Emilio Visconti Venosta: "indipendenti sempre, isolati mai".

Quando si tenta di correre ai ripari, come fa Depretis sottoscrivendo il 20 maggio 1882 la Triplice Alleanza con Germania e Austria, anche in seguito all'occupazione francese di Tunisi, si rischiano guai persino peggiori, spostando il paese verso l'innaturale aderenza ai modelli di organizzazione politica, militare e sociale, degli imperi centrali, con ancora aperta la questione delle terre irredente di nord-est. Se vi è, nei gruppi dirigenti unitari che si vengono formando, consapevolezza che il paese, condizionato da povertà strutturale e posizionamento geopolitico, non possa prescindere dal rapporto con la comunità internazionale, c'è chi si lascia prendere dalla retorica della "nuova potenza europea", costruendo velleitarie corazzate invece di far studiare il popolo e produrre beni per l'esportazione. È la tipologia di "unitari" che caccia il nuovo regno nelle guerre coloniali in Abissinia della metà degli anni '80 sino al massacro di Dogali, e in una politica estera d'avventura, ritenendo di contribuire, in questo modo, alla costruzione dell'identità nazionale. In un'intervista di qualche anno fa, l'economista Carlo Maria Cipolla ha raccontato di uno statista straniero che chiede al collega italiano perché il suo paese non facesse come la Svizzera che invece di produrre per la guerra produceva per l'esportazione, sentendosi rispondere che, a differenza del piccolo vicino, la nuova Italia era una grande potenza. Occorreva invece mettere la politica estera al servizio dello sviluppo della nazione (società, cultura, economia, infrastrutture) e non del suo supposto rango di potenza. E mettere poi la nazione sviluppata al servizio delle ambizioni di politica estera, che in quel meridiano dell'imperialismo significava ancora spartizione del mondo in colonie e fette di influenza. Meno nazionalismo e militarismo, più democrazia e sociale, per far avanzare insieme la gente e la nazione. Così non fu, e la giovane Italia si sarebbe infilata impreparata nell'imbuto delle avventure coloniali e della competizione europea, finendo inconsapevole nel tritacarne della Grande Guerra, quindi nei successi fasulli della guerra di Spagna e del fascismo, e del fine *bluff* con la sconfitta nella Seconda guerra. La nazione si riprenderà soltanto nel secondo dopoguerra, con una politica estera finalmente messa al servizio dello sviluppo, della pace, della collaborazione con i popoli europei.

Le scelte di politica estera del nuovo stato unitario non erano evidentemente né una chiamata, né un obbligo della storia. Da un lato coincidevano con lo spirito del tempo: il valore di quello che oggi chiamiamo *soft power* (la cultura, la scienza, il carisma politico) non trovava adepti in cancellerie generalmente aduse alla guerra e alla violenza verso gli altri stati. Ma erano anche effetto dell'impasto politico che venne a generarsi tra la cultura di casa Savoia, una monarchia nata dalla caserma e cresciuta nella reazione[21] che, come richiamato, lo Statuto albertino metteva a capo del potere esecutivo e della politica estera[22], con i gruppi dirigenti del paese allontanatisi presto dal liberalismo moderato e borghese cavouriano[23] per una cultura politica autoritaria e improntata alla difesa di interessi particolari. E questo, nonostante proprio in Italia il movimento democratico (si veda la rilevanza di Mazzini e del partito d'Azione di Garibaldi nella costruzione dell'unità), a differenza di quanto accaduto nel resto d'Europa, fosse sopravvissuto alla sconfitta della rivoluzione del biennio '48-'49.

Le modalità con cui il brigantaggio sorge e viene represso a sud[24], si contrastano gli assalti ai forni contro la legge sul macinato voluta dalla Destra per sanare il bilancio, si schiacciano in modo cruento manifestazioni di piazza come accade a Milano nel maggio 1898[25], sono esemplificazioni insieme di profonda povertà e frammentazione sociale di quell'Italia, e della risposta sediziosa e classista della monarchia e dei suoi governi, nei confronti di un paese che nell'unità rischiava di trovare miseria, migrazioni e guerra, invece che i luminosi destini promessi nei giorni gloriosi dei plebisciti.

L'Italia si presenta alle soglie del Novecento con un sistema socio-economico improntato ad arretratezza e ingiustizia. Sono molte le fratture all'ordine del giorno. La più evidente passa tra città e campagna. La metà della popolazione vive, direttamente o indirettamente, di agricoltura, e 2/3 in comuni rurali. Nelle zone agricole si muore ancora di stenti e di malattie come la pellagra a nord e la malaria nel centro-sud. Vigono costumi semi medievali: la mezzadria in Toscana Umbria Marche, il latifondo nel Meridione. L'eccezione è nella Bassa padana irrigua, col suo ceto di "affittuari", assimilabili ad imprenditori borghesi agricoli.

Tra il 1870 e il 1930 si accumula nella penisola un surplus di popolazione agraria di quasi 18 milioni di persone: moltissimi finiscono ammassati sui bastimenti in cerca di zolle o salari nelle Americhe, e quelli che restano devono vedersela con condizioni di lavoro e di vita arretrate e spesso subumane. Ancora nel 1910, dopo mezzo secolo di stato unitario, un coltivatore calabrese, a parità di ogni altro fattore, investe il triplo di lavoro del collega europeo per lo stesso raccolto; un rapporto che quarant'anni dopo, a metà del Novecento risulta ulteriormente raddoppiato schizzando a sei volte. Tra il 1800 e la Prima guerra mondiale, quasi 50 milioni di europei abbandonano il vecchio continente, cercando terre coltivabili di cui prendere possesso, un salario operaio o agricolo. L'Italia dà il contributo più elevato con il 38% del totale, con la Spagna seconda che non sale oltre il 28%. Quei contadini italiani, specializzati e non, sono espulsi dalle conseguenze politiche ed economiche dell'unità, con gli accordi commerciali tesi a favorire la nascente industria settentrionale, con la costrizione retributiva delle campagne unita alla repressione degli ordini giudiziario[26] e poliziesco, con l'estremo peso che viene ad assumere la macchina militare nel *budget*.

L'agricoltura italiana, in particolare il latifondo cerealicolo meridionale a bassa produttività, viene minacciata dalle importazioni, la cui convenienza è supportata dal progresso tecnologico e organizzativo di *competitor* che si avvalgono di trasporti sempre più convenienti e veloci. Comincia anche a pizzicare la competizione di altri paesi mediterranei. Molti di questi emigrati italiani progettano di metter da parte un gruzzolo per rientrare e allargare la propria disponibilità di terra da coltivare. In molti sognano di stabilirsi in un mondo nuovo e più libero, lontano dall'arretratezza delle origini. Quando un secolo dopo, negli anni Ottanta del Novecento, si conclude l'epopea dell'emigrazione italiana[27], si calcolerà che sono stati ventinove milioni i connazionali spinti dal bisogno di garantire a sé e alle famiglie un futuro più promettente ad essere costretti ad emigrare fuori dall'Italia, con un saldo tra emigrati e rientri che negli anni dell'Unità sino al 1980, anno convenzionalmente assunto come finale dell'ondata migratoria, evidenzia la perdita definitiva per la madrepatria di 18.761.000 italiani. Quegli emigrati innesteranno nell'economia italiana un flusso di denaro consistente. Ancora negli anni '70 del Novecento si tratta di 4 miliardi di euro l'anno, ma nel primo decennio dello stesso secolo sono pari a ben 1/4 della bilancia dei pagamenti, nel secondo dopoguerra rappresentano il principale strumento della ricostruzione e poi del miracolo economico degli anni Sessanta[28]. Eppure quel flusso non sarà considerato sufficiente perché gli emigrati siano considerati una forza di cui dover tenere conto nel disegno di politica estera nazionale. In compenso sul bilancio del Ministero affari esteri, nello stesso periodo appaiono cifre di impegno annuo per il Servizio Emigrazione" di livello miserando: tra 50 e 70 milioni di euro.

Uno dei portati di quella struttura demo-territoriale è che alla data dell'unità, 1861, risulta la frattura tra 17 milioni di analfabeti e 6 di "arcadi" come li chiama il napoletano Paquale Villari, "divisi in due campi opposti e nemici" stando alle parole di Angelo Camillo De Meis[29]. Solo 5 italiani su 1.000 sanno usare in modo appropriato la lingua letteraria. La riforma scolastica e la scuola elementare obbligatoria saneranno prima della Grande guerra questo scandalo ereditato dai regimi precedenti all'unità, ma resterà sempre, e resta nell'Italia dei nostri giorni, una massa eccessiva di analfabetismo di ritorno, autentico morbo per ogni ipotesi realistica di crescita della qualità della vita sociale e politica nazionale. E su questa sacca di ignoranza strutturale hanno creato le loro fortune, e le creano tuttora, raggruppamenti di interessi spesso inconfessabili camuffati da partiti politici. Se all'inizio della vita unitaria la frattura città campagna, e anche l'eccesso del numero di insediamenti umani dispersi sul territorio e irraggiungibili dallo stato, risalta con clamore, è tutta la penisola ad apparire fratturata tra dialetti, notabilati, particolarismi, campanilismi, un terreno fertile per l'innesto di potentati e contropoteri anche ai limiti della legalità. È un paese che non può svilupparsi, troppo esiguo il ceto dirigente e potenzialmente produttivo, troppo vasta la massa contadina e il ceto operaio a bassa produttività. Troppo complessa e frammentata la sua struttura territoriale. Di positivo, nell'Italia di quegli anni, c'è che, con la caduta di Antonio di Rudinì Starabba in seguito alle cannonate di Milano, il successore, Luigi Pelloux apre al dialogo con i ceti popolari, libera dal carcere gli oppositori come Turati, riapre i giornali soppressi, consente ai cattolici di operare liberamente lasciando fiorire organizzazioni come Azione cattolica e Opera dei congressi.

L'Italia qui ricordata è consegnata, nel 1887 a Francesco Crispi, già segretario di stato nella dittatura garibaldina, che ha grandi ambizioni e governerà dal 1887 al 1891 e dal 1893 al 1896. Ministro dell'interno nell'ultimo gabinetto Depretis, assume, da primo ministro, anche il portafoglio esteri. Primo meridionale a governare, mette al centro dell'azione internazionale la Triplice[30] e l'espansione coloniale, in omaggio agli interessi del blocco sociale che lo sostiene, la proprietà industriale-terriera-agraria, protezionista e conservatrice che chiede e ottiene subito nel 1887 la svolta protezionistica e la tariffa doganale. Crispi intende giocare ad armi pari nell'Europa centro-orientale e nella costituzione di un ridotto coloniale in Africa. Usa la leva internazionale per acquisire ruolo nel gioco con le potenze, ampliare il mercato delle materie prime e gli sbocchi commerciali. L'Italia guarda all'Europa continentale, sentendo anche di dover completare il disegno unitario con l'acquisizione dei territori irredenti di Trentino e Venezia Giulia[31]. Ma è nel Mediterraneo, Balcani inclusi, che sceglie di assumere i maggiori impegni in termini di diplomazia e sforzo bellico. Lì Austria e Germania trovano utilità, in funzione antifrancese e antibritannica, dal rapporto con l'Italia. Lì il Regno Unito vuole la presenza mediterranea italiana per evitare colpi di mano francesi. In quanto al sogno coloniale, il progetto di sviluppo nazionale vi rintraccia la grande occasione, e per questo gli attribuisce venature populistiche, altrove irrintracciabili, La Società

Geografica italiana, fondata nel 1867, famiglie di industriali, ecclesiastici, prendono parte al movimento colonialistico, che fa perno sulla vocazione mediterranea della penisola. L'espansione coloniale viene anche vista come soluzione alla piaga sociale e umana dell'emigrazione permanente che in quei decenni, come si è visto, sta prendendo peso.

Con Crispi, per la prima volta dopo Cavour, il Regno tenta di costruire una politica estera. L'ex garibaldino guerreggia con i diplomatici di carriera, specie quelli con *pedigree* aristocratico che reputa inetti e incapaci. Destituisce il conte Corti, passivo partecipe al Congresso di Berlino del 1878. Scopre che gli esteri possono e devono diventare il prolungamento degli interessi nazionali, specie quelli di carattere economico e commerciale.

In realtà, Crispi innovò la politica estera italiana precisamente in quanto dette espressione, sul piano dell'azione internazionale del paese, a tutte quelle forze dai cui interessi si era lasciato guidare nella realizzazione della politica economica e della riforma dello Stato, e in quanto proprio della politica estera fece uno strumento per rinsaldare il blocco di potere creato attraverso quella via. A partire da Crispi, insomma, la politica estera cessa di essere espressione esclusiva dei circoli di corte per rappresentare interessi più complessi: in essa compaiono già, di fatto, tutti gli obiettivi dell'imperialismo italiano, l'Albania e l'Asia Minore, Tripoli e il Mediterraneo.[32]

Diversamente da Depretis e come Cavour, viaggia all'estero e cerca contatti diretti con il vertice dei paesi strategici. La sua ossessione è sottrarre spazi alla Francia repubblicana e salvaguardare dalla competizione la nascente industria italiana. Fortunatamente né Germania né Regno Unito seguono il nostro nella sua voglia di menar le mani con la Francia. Dagli alleati l'Italia non ottiene nulla in Mediterraneo, e l'attivismo crispino si rivela velleitario quanto inconcludente. Meglio va con la politica coloniale, attraverso la creazione della Colonia Eritrea[33] il 5 gennaio 1890. I conti dello stato, nel frattempo, sono tornati in rosso, ed è evidente che la piccola economia italiana non è in grado di sostenere le aspirazioni di Crispi che, nonostante il successo elettorale del 1890, cade il 31 gennaio 1891 sulla difficile situazione finanziaria e sociale. L'economia è sfiancata dalla gara protezionistica con la Francia, le masse rumoreggiano mentre avanzano socialismo e sindacalismo. Non è casuale che proprio quell'anno Leone XIII emani l'enciclica "Rerum Novarum" dedicata ai problemi sociali e del lavoro.

Il successore, il siciliano Di Rudinì rinnova la Triplice e accentua la richiesta di protezione austro-tedesca alle ambizioni italiane nel nord Africa, nel caso di scontro con la Francia, benché non tutti in Italia vedano di buon occhio la perpetuazione dell'alleanza con gli imperi centrali, dei quali temono anche il contagio militarista[34]. L'alleanza è un peso da rivedere, con le forze armate arrivate a rappresentare ¼ del costo della intera macchina pubblica. Il re si oppone ad ogni riduzione, condizionando con ragioni di politica interna (la casta militare e l'aristocrazia di corte) la razionalizzazione del bilancio, e fa cadere alla Camera il governo Di Rudinì, cui succede quello del piemontese Giovanni Giolitti, costretto presto a lasciare a causa dello scandalo della Banca Romana. Torna alla ribalta Crispi, stavolta autoritario e antipopolare fino al bando del neonato partito socialista, ma cade presto sullo stesso scandalo. Con la fine del decennio crispino, torna alla guida della politica estera italiana l'esponente della destra Emilio Visconti Venosta, che riesce a disincagliare il paese dalla pericolosa deriva che mirava a spostare in Mediterraneo l'interesse della Triplice, concentrato sull'Europa centrale. Ci si sforza di non irritare il Regno Unito, che sta aprendo una stagione di contrasto con la Germania, e si mira a chiudere la questione coloniale. Il 26 ottobre 1896 la pace di Addis Abeba riconosce all'Italia il protettorato sulla costa somala, e la sovranità della colonia Eritrea con confine Mareb.

Sotto i governi Crispi (con l'interregno di un anno e mezzo di Giolitti) sono accadute cose di un certo interesse, rispetto al filo del nostro ragionamento. In un clima che l'esplosione della protesta siciliana per la mancata riforma agraria dopo il 1890, e l'occupazione militare dell'isola decretata da Crispi ha reso sensibile alla questione sociale, si prende coscienza delle condizioni dei lavoratori italiani impiegati come *coolies* sottopagati in paesi esteri: il riferimento va all'assassinio di otto lavoranti italiani e al ferimento di diciassette avvenuti ad Aigues-Mortes, cittadina francese alle bocche del Rodano[35]. Mischiato al sentimento antifrancese dei fautori della Triplice, le proteste nazionalistiche e pro-migranti sollevano problemi consistenti di ordine pubblico in particolare a Roma e Napoli, oltre che presso ambasciate all'estero. Ci si confronta con la contrazione dell'emigrazione in Tunisia, a causa dell'intervenuta occupazione francese: l'emigrazione è sospinta verso mercati e paesi più lontani. Si percepisce come le avventure coloniali siano lontane dalle possibilità del paese. Bisogna fare i conti con l'incidenza sul budget e con l'umiliante disastro militare di Adua (circa 5.000 vittime, 4.000 delle quali ascari) dove l'imperatore etiope Menelik, già alleato dell'Italia, batte le truppe del generale Oreste Barattieri integrate dagli ascari eritrei il 1 marzo 1896, bloccando le ambizioni italiane e relegandole alla sola costa eritrea. In ultimo, lo scandalo della Banca Romana mostra, per la prima volta, all'opinione pubblica come le ramificazioni finanziarie internazionali possano influenzare gli sviluppi di politica interna.

L'Italia comprende di non poter fare perno esclusivo sugli imperi centrali, percepisce che non potrebbe resistere in Mediterraneo se avesse come avversari le due potenze maggiori, e quindi apre a un dialogo con la Francia riguardo alla Tunisia e alle tariffe commerciali, e all'Inghilterra rispetto alla Triplice. Anche perché matura finalmente la consapevolezza, ed è Venosta a dirlo in pubblico, che gli interessi economici sono diventati il "fattore predominante delle questioni internazionali". Anche per difendere questi interessi l'Italia si riaffaccia fuori dai confini per partecipare in funzione subalterna al Regno Unito al banchetto che le potenze si sono attribuite in Cina nel 1899, in seguito alla sconfitta cinese contro il Giappone. Navi e soldati italiani vengono inviati a garanzia di un ridotto spazio coloniale. Nel frattempo il cancelliere von Bülow dichiara che l'Italia sta compiendo un "giro di valzer" con la Francia, e che rientrerà presto nei ranghi della Triplice. Invece, mentre l'Italia inizia a modernizzarsi e a industrializzarsi e di conseguenza a sentirsi piuttosto stretta nelle maglie del mercato "protetto" della Triplice, sta cambiando anche la sua politica estera: Roma guarda a Tripoli di Libia come il Regno Unito a Baghdad e la Francia a Tunisia e Marocco, conferma interessi conflittuali con l'Austria sulla fascia adriatica, in particolare in Istria Dalmazia Albania. Nel 1902 salta il guado, non rinnova la Triplice e sottoscrive un accordo strategico con la Francia, strizzando l'occhio alla Germania ostacolata dalla Gran Bretagna nelle ambizioni coloniali. L'avanzata italiana in Somalia del 1903, mette intanto il paese in prima rotta di collisione con gli Stati Uniti che lì stanno allenando la vocazione commerciale espansionista del loro capitalismo in sviluppo.

Con il nuovo secolo, appare chiaro che il paese sta abbandonando i complessi di ultimo arrivato, anche perché la sua industria inizia a girare, offrendo il sostegno della struttura produttiva di cui la politica estera della nazione ha bisogno. Tra fine Ottocento e inizio Novecento, mentre l'emigrazione di massa sterilizza parte dell'offerta di braccia (in un decennio emigrano quasi 8 milioni di persone), si struttura un movimento dei lavoratori consapevole e nasce il partito socialista (1892), il protezionismo e i finanziamenti di stato e banche come il Credito Italiano e la Commerciale alimentano il *take off* industriale in particolare nella siderurgia (15.000 operai nel 1902, 50.000 alla vigilia della Grande guerra), e nell'idroelettrico (100 milioni di kWh nel 1900, 4 miliardi alla vigilia della Grande guerra), tessile e meccanica (inclusi treni e automobili), macchine utensili. E però si tratta di una crescita "gonfiata", in quanto sostenuta da statalismo economico, e "non generalizzata" perché non coinvolge né il Mezzogiorno né le vaste fasce sociali che restano fuori dai benefici che produce.

Con il sostegno dei grandi gruppi finanziari e in violazione dello Statuto albertino[36], Giolitti che, in prima persona o attraverso alleati è il primo esponente politico del paese dal 1901 allo scoppio della Prima guerra mondiale tanto da far chiamare dagli storici quel quindicennio "età giolittiana", il 29 settembre 1911 dichiara guerra alla Turchia, puntando alla conquista della Libia. Sono ben 100 mila gli uomini che in ottobre occupano Cirenaica e Tripolitania, dichiarato territorio italiano il 5 novembre. Nel maggio successivo le truppe italiane occupano Rodi e Dodecaneso. La pace di Losanna del 18 ottobre 1912 impone all'Italia il ritiro dalle isole Egee e alla Turchia la cessione della Libia. Mentre la Turchia nicchia sulla Libia, Roma decide di restare nel Dodecaneso. Il trattato di Losanna del 1923 darà Dodecaneso e Rodi all'Italia, colonie poi perse nella Seconda guerra mondiale. Si noti il ruolo attivo di re Vittorio Emanuele III in queste imprese coloniali. Stesso attivismo il monarca mostrerà in favore dell'ingresso italiano nella Prima guerra mondiale a fianco di Francia, Regno Unito e Russia.

Alla Conferenza di Parigi, la "vittoria mutilata"[37] assegnerà all'Italia il Trentino-Alto Adige, Trieste e Friuli orientale, Gorizia, Istria, Zara e le isole del Carnaro, di Lagosta, di Cazza e di Pelagosa. Dalmazia e Fiume restano fuori dalla partita, fomentando il nazionalismo patriottardo che sfocerà nel dannunzianesimo e nel fascismo[38].

Il dopoguerra è un periodo di grandi rivolgimenti sociali e politici. Al centro don Sturzo fonda nel 1919 il partito Popolare italiano. Lo stesso anno l'ex socialista Mussolini fonda i Fasci italiani di combattimento, con dichiarata natura extraparlamentare ed eversiva: chiama a raccolta gli ex combattenti delusi, i ceti medi gli agrari e gli industriali frustrati dalle agitazioni popolari e in particolare dallo scossone del cosiddetto biennio rosso 1919-1920. A sinistra lo scontro tra massimalismo e riformismo porta nel 1921 alla fondazione del partito comunista da parte di Antonio Gramsci. Mai come in questa fase la politica estera del paese è strumentale alla lotta tra fazioni e partiti che si contendono il potere interno. Tant'è che, per sanare il vulnus inferto agli interessi e all'orgoglio nazionali dalle decisioni di Parigi, è richiamato in servizio, l'uomo politico più autorevole e sperimentato, Giolitti.

Nuovamente in sella dal giugno 1920, Giovanni Giolitti dà soluzione alla questione di Fiume, firmando con la Iugoslavia il trattato di Rapallo (12 novembre 1920) affermando i diritti italiani su Zara e le isole di Cherso, Lussino, Zara, Lagosta e Cazza. Fiume diventa città libera sino al 1924. In quell'anno, attraverso il trattato di Roma, Fiume sarebbe divenuta italiana.

Giolitti, grazie ai Balcani, aveva messo in cascina un altro successo diplomatico: in settembre, per via dell'accordo di Tirana del 2 agosto, Grecia consenziente, l'isola di Saseno, all'imbocco dell'Adriatico, diviene italiana.

Alle elezioni del 1921 il Partito nazionale fascista, appena fondato, vince 35 deputati. Il 28 ottobre Mussolini effettua la marcia su Roma. Il re rifiuta di proclamare lo stato d'assedio chiestogli dal governo e affida a Mussolini l'incarico di formare il governo. Due in questo periodo le priorità della politica estera italiana: allargare il proprio territorio ad est e a sud. È una politica estera tradizionale, alla quale l'Italia risulta arrivare tardi e male, rispetto alle altre potenze europee, come Gran Bretagna e Francia, che avevano realizzato processo unitario ed espansione territoriale prima di noi. Sarà presto evidente che i mezzi che la nazione può mettere a disposizione sono insufficienti rispetto alle ambizioni della classe dirigente.

La politica estera dello stato fascistizzato

Lo *squilibrio tra mezzi e fini* che ha come risultato l'eccesso di pesi scaricati dai gruppi dirigenti sul popolo, risulta ancora più evidente durante il ventennio fascista. Qui l'ambizione all'espansione territoriale, alla recitazione del ruolo di grande potenza, alla conquista di peso negli affari internazionali, diventa ragion d'essere del regime politico, spingendosi alla caricatura, purtroppo dolorosa e luttuosa per i destini nazionali. È il fascismo a fare chiarezza definitiva sulla *incompatibilità tra mezzi e fini della nostra politica estera*, una lezione che risulterà appresa dai più saggi governanti che rileveranno il paese dopo il disastro della seconda guerra mondiale, e che sarà la guida dell'impianto della politica estera repubblicana, che ha retto almeno sino alla caduta del muro di Berlino e all'apertura della fase post-bipolare.

Mussolini e il fascismo nascono sul rifiuto del risultato della Conferenza di Versailles del 1919, un risultato, va sottolineato, che scontentò molti, non solo italiani e tedeschi. Keynes abbandonò per protesta il tavolo della conferenza, dove partecipava come membro della delegazione britannica. Il senato degli Stati Uniti rifiutò, nel novembre 1919, l'impianto di nuovo sistema internazionale donato alla comunità degli stati dal presidente Woodrow Wilson con la creazione della *League of Nations*, Società delle Nazioni (Sdn), Wilson pagherà il suo sforzo generoso e visionario con la carriera politica e il suo stesso equilibrio psico-fisico. La Francia, tra le potenze che lo avevano in qualche modo imposto, all'inizio del 1923 insieme al Belgio occupa la Ruhr di una Germania che non pagava le esose riparazioni di guerra. Il trattato di pace e il corollario del Trianon dell'anno successivo sono una iattura per molti. Perché la storia non ammette forzature e la pace di Versailles purtroppo ne produce molte, o come tali sono percepite, specie da Italia e Germania. Le dittature degli anni '20 e '30 sono effetto anche di queste forzature, il che spiega come i nuovi regimi abbiano come priorità azioni di politica estera.

Come si è visto, la prima guerra mondiale e i suoi postumi, avevano portato all'Italia Trentino, Alto Adige, Gorizia, Friuli orientale, Istria, Trieste, Zara, Isole del Carnaro, di Lagosta, di Cazza e di Pelagosa. Nel 1920 si era prodotta l'annessione dell'isola di Saseno, e nel 1924 di Fiume. Ciò nonostante la Dalmazia restava fuori dal gioco. E in molti, in Italia, ritenevano ciò ingiusto.

All'inizio dell'esperienza di governo, Mussolini è cauto nei rapporti internazionali. Capisce che gli slogan ideologici (rinverdire la gloria romana, affermarsi nel Mediterraneo, attaccare la cosiddetta "plutocrazia internazionale") ha poca o nulla attinenza con le questioni reali con le quali l'Italia deve confrontarsi. Vittima della tradizionale frustrazione dei ceti dirigenti che si sono succeduti dall'unità a non riuscire a sedersi al tavolo dei grandi a parità di condizioni, ha certamente l'obiettivo di ritagliare all'Italia un ruolo da grande potenza. Al tempo stesso sa di dover conciliare il linguaggio triviale e rissoso di capo partito con la dignità della diplomazia e dell'etichetta di stato.

Contro la posizione del partito, Mussolini accetta il risultato del trattato di Rapallo (buon lavoro del ministro Sforza) e pacifica la frontiera con la Iugoslavia, senza più porre la questione dalmata. Nel luglio 1923, col trattato di Losanna, incassa il Dodecaneso. In pubblico Mussolini riceve complimenti e onorificenze da Londra, anche se in privato i giudizi sono di tipo assolutamente diversi[39]. Nel gioco delle potenze europee, il capo del governo italiano è tentato dalla carta continentale, ovvero da una alleanza con Francia e Belgio aperta alla Germania in funzione antibritannica, che la crisi della Ruhr manda in frantumi, con buona pace dei timori inglesi.

Il cambio di clima avviene nell'estate del 1923. Il nazionalismo greco patisce lo schiaffo del Dodecaneso italiano, e della simultanea presenza in Albania contraria agli interessi greci sull'Epiro settentrionale[40]. Causa un incidente che porta all'assassinio di alcuni italiani, Mussolini dà un ultimatum alla Grecia e il 31 agosto attacca e occupa Corfù. Con questo atto il regime che si sta installando a Roma, realizza il tragico primato di costituirsi in primo governo che violi l'assetto giuridico del dopoguerra, tale da interdire, attraverso lo statuto della Società delle Nazioni ("un duetto anglo-francese" lo chiama Mussolini), l'unilateralismo di guerra. La crisi si risolve in settembre, e l'Italia evacua il contingente. Seguono due anni di calma e l'accordo con la Iugoslavia per Fiume italiana con concessioni a Belgrado.

L'amicizia con Belgrado, che i serbi onorano coerentemente rifiutando le offerte di altre potenze, è interrotta nel 1926 quando Mussolini instaura un protettorato di fatto in Albania, scegliendo la carta Achmed Zogu contro ogni logica di moderazione. Non contento il regime inizia l'azione di italianizzazione della minoranza slovena in territorio italiano: in questo modo coalizza serbi con sloveni e croati, oltre a confermare l'inaffidabilità dei suoi impegni. Si va ancora oltre, quando il duce comincia a considerare nemica la Iugoslavia e istruisce Badoglio, capo di stato maggiore, a prepararsi per infliggere agli iugoslavi una lezione che ne sappia correggere quelle che lui chiama le storture mentali e politiche. In seguito alle decisioni su Albania e Iugoslavia, e a una serie di azioni bilaterali concluse in trattati e accordi con Austria, Romania, Ungheria, nel 1927 Mussolini si schiera per la revisione dei trattati che hanno chiuso la Prima guerra. Per effetto di questa posizione, l'Europa centrale e i Balcani si trovano divisi in filoitaliani e filofrancesi. Mussolini opera anche per ridurre la piccola Austria a satellite fascista della politica italiana. Al tempo stesso avvia nel sud Tirolo la politica di italianizzazione. Sono atti che generano le premesse per il futuro *Anschluss* autriaco con la Germania hitleriana, nel segno della comune culla culturale tedesca.

In paesi come Francia e Inghilterra vanno crescendo sentimenti antifascisti, dovuti anche all'alternarsi di forze politiche di sinistra al governo. L'Italia si trova a dover minacciare rappresaglie per quanto la stampa libera scrive contro il regime e per la politica di asilo dei governi verso esponenti dell'opposizione. Né va dimenticato che Mussolini e il fascismo fanno proselitismo e propaganda sul loro modello di vita e di politica, e che i governi europei si trovano spesso in mano situazioni imbarazzanti con antifascisti perseguiti o ostacolati in vario modo dagli agenti del regime italiano. Chamberlain è disturbato perché ciò non consente il patto tra grandi nella Società delle Nazioni che lui sogna. Intanto, per puro calcolo commerciale e politico Mussolini riconosce l'Urss nel 1924.

Il duce cerca nel Mediterraneo il suo spazio: riesce ad inserirsi nell'amministrazione internazionale della città di Tangeri nel Marocco mediterraneo, si appropria di Albania e Dodecaneso, è alleato della Spagna, compete con la Francia giocando sull'interesse britannico a detta competizione. Al tempo stesso appare distratto e incompetente nella politica verso l'Europa, in particolare sulla sicurezza delle frontiere nel nord Italia, portandosi di fatto, con l'atteggiamento assunto verso Cecoslovacchia e Austria, i tedeschi in casa. È però capace di costruire un rapporto solido e duraturo con il primo ministro britannico Chamberlain.

L'invasione dell'Etiopia nel 1935 e la guerra di Spagna dal luglio 1936 mutano scenario e fanno capire di che pasta è veramente la politica estera fascista. La comunità internazionale percepisce il pericolo di un fascismo alleato potenziale del nazismo. Appare in questa fase la necessità che gli Stati Uniti d'America tornino in gioco, per evitare il predominio dei totalitarismi nel vecchio continente. Il nove maggio 1936 Mussolini proclama l'Impero e re Vittorio assume il titolo di imperatore d'Etiopia. La Gran Bretagna chiede e ottiene alla Società delle Nazioni le sanzioni contro Roma. Stati Uniti, fuori dalla Società, e l'amica Germania continuano a commerciare tranquillamente con l'Italia fascista. Il Patto anti-Comintern del 6 novembre 1937 e quello d'Acciaio del 22 maggio 1939 fanno precipitare la situazione, anche perché nel frattempo Hitler ha proceduto all'*Anschluss* dell'Austria nel marzo 1938, e nell'aprile 1939 l'Italia ha occupato l'Albania e deposto re Zogu. Vittorio Emanuele assume il titolo di re d'Albania. Il 10 giugno 1940, subito dopo il crollo delle linee francesi, Mussolini abbandona la non belligeranza ed entra in guerra, certo della vittoria. Durante la guerra sono annesse le isole Ionie e la Dalmazia. Dopo la guerra alla Iugoslavia vanno Istria, Fiume, Dalmazia (con le isole di Pelagosa, di Lagosta e di Cazza). Le isole Ionie vanno alla Grecia, l'isola di Saseno all'Albania. La Francia prende i territori di Tenda e Briga, il passo del Monginevro e la Valle Stretta del monte Thabor, il Colle del Moncenisio e una parte del territorio del Colle del Piccolo San Bernardo. Non bastano le distruzioni e le morti; l'Italia resta amputata nel nord est e nel nord ovest. Il bilancio della politica estera fascista è disastroso per la nazione.

L'Italia si è mostrata ingiustamente aggressiva, violando, prima di ogni altra nazione, lo Statuto della Società delle Nazioni, aggredendo stati sovrani come Albania Spagna ed Etiopia, mostrandosi poco affidabile come nel caso iugoslavo, deludendo la linea di credito ricevuta da Belgrado e Londra a diverso titolo e per ragioni diverse, scegliendo per affinità ideologica e spirito di dominio, Hitler come partner del destino persino nello sterminio di ebrei zingari e portatori di certe malattie. La monarchia ha accettato e in qualche modo sollecitato questi comportamenti, salvo tentare di sfilarsi all'ultimo momento dal suo errore di prospettiva, facendo arrestare a Villa Savoia il duce, già sfiduciato dal suo Gran Consiglio.

La politica estera della Repubblica

Il paese esce dalla guerra tra macerie materiali e morali, consapevole di essere considerato dalla comunità internazionale tra i colpevoli maggiori dell'accaduto, venendo trattata di conseguenza. Trova un mondo cambiato. L'Europa dell'anteguerra non c'è più. Al suo posto, un continente diviso è controllato, anche se in modo diverso, dagli Usa nella parte occidentale, dall'Urss nella parte orientale. Segno e simbolo della divisione, la Germania subisce la *debellatio*, è occupata dai vincitori, presto sarà divisa in due anche come soggettività statale. L'avvio repentino della guerra fredda, scatenata dall'espansionismo sovietico, crea condizioni di conflitto permanente tra la sinistra comunista e il resto dello spettro politico, con i socialisti che prima si schierano con i comunisti e, dopo i fatti ungheresi del '56, rompono l'alleanza. Le esigenze della guerra fredda richiedono che l'Italia, piattaforma strategica nel Mediterraneo, superi al più presto la condizione di arretratezza sociale, economica e politica, così da poter interpretare la parte di potenza mediterranea a vocazione atlantica.

La prima esigenza è tornare ad essere parte della famiglia delle nazioni, recuperando la stima e la fiducia perdute. È l'impegno di De Gasperi, l'uomo che prende in mano il paese nel dopoguerra, e lo accompagna verso la scelta atlantica e l'uscita anche culturale dal fascismo, con l'immissione di un nuovo ceto politico nei ruoli dirigenti, in affiancamento ai vecchi dello stato liberale prefascista. Sforza, ad esempio, torna al ministero degli esteri per divenirvi uno dei padri della nascente nuova Europa. Un contributo al ristabilimento del ruolo internazionale dell'Italia, viene dall'impegno che molti italiani hanno profuso negli ultimi due anni di guerra, in favore degli Alleati, sia inquadrati come militi in corpi al fianco degli Alleati (dal dicembre 1943), sia come partigiani, le unità di irregolari che hanno portato alla guerra di popolo nella Resistenza patrioti italiani di ogni colore e tendenza politica. Il clima che gli emissari italiani respirano quando incontrano esponenti alleati non è favorevole. Non è servito il cambio di alleanza nell'ultima fase della guerra per convincerli delle buone ragioni della nascente Repubblica. In molti ritengono che si sia trattato di un comportamento dovuto al calcolo di comodo della monarchia, lo stesso calcolo (sbagliato) che aveva portato Mussolini ad entrare in guerra quando riteneva la Francia in ginocchio di fronte a Hitler.

Fanno eccezione gli Stati Uniti che, pur avendo represso persino in patria, negli anni di guerra gli italiani d'America con appositi campi di contenzione, fungeranno da garanti della nuova Italia. Due sono le ragioni che spingono la potenza americana ad assumere questa posizione:

- gli Stati Uniti contano milioni di cittadini ed elettori che sono emigrati dalla penisola
- il paese costituisce una piattaforma strategica dentro il Mediterraneo, utilissima nell'ambito della guerra fredda che sta iniziando.

Il comportamento americano, che sarà all'origine della speciale partnership che nella seconda metà del Novecento verrà a costruirsi tra Roma e Washington, è confortato dalla scansione di alcune date storiche, che qui si ripercorrono. Quando il 13 ottobre del 1943 il governo Badoglio dichiara guerra alla Germania, Urss Usa e Regno Unito riconoscono l'Italia come cobelligerante. L'Italia riaffermerà questo status dichiarando guerra al Giappone il 15 luglio del 1945, dopo la resa in maggio delle forze tedesche e la fine della guerra in Europa. L'11 ottobre 1944, Roosevelt annuncia che gli Stati Uniti hanno deciso un credito verso l'Italia in dollari, equivalenti all'ammontare delle Am-lire circolanti nella penisola dopo l'invasione alleata. A Potsdam, il 2 agosto 1945, al termine della Conferenza dei tre grandi, Truman fa inserire nel comunicato finale il riconoscimento del contributo italiano alla parte finale della guerra. A dicembre è annunciato l'accordo bilaterale sulla cooperazione bilaterale italo-americana, ma negli ultimi giorni dello stesso mese, il capo del governo italiano, Alcide De Gasperi, dovrà esprimere agli alleati il suo profondo dispiacere per la procedura avviata per la redazione dei trattati di pace, che non riconosce il ruolo di cobelligerante dell'Italia. Il 2 Aprile 1946 Byrnes dichiara al Congresso che l'Italia è un elemento fondamentale nella costruzione del nuovo equilibrio europeo. Come conseguenza, afferma che gli Stati Uniti pensano sia assurda l'intendimento di Regno Unito Francia e Urss di far firmare all'Italia un trattato di pace punitivo.

Il 10 giugno è proclamata la Repubblica. Il 12 settembre, alla conferenza di pace gli Usa dichiarano di non voler richiedere all'Italia nessun risarcimento per danni di guerra, e qualche giorno dopo, il 1 ottobre l'Italia è ammessa nella Banca Internazionale per la Ricostruzione e nel FMI, mentre il 10 ottobre, Byrnes dice a De Gasperi che Washington si appresta a rimborsare all'Italia ogni costo legato all'occupazione americana. Il 3 gennaio 1947, lo storico viaggio di De Gasperi a Washington su invito americano. Il 15 gennaio il Dipartimento di Stato annuncia il pagamento di altri 50 milioni di dollari per coprire i costi dell'occupazione. Annuncia anche un trattato commerciale e lo sblocco delle proprietà italiane negli Usa. L'Italia viene iscritta nell'elenco dei programmi di assistenza americana, che da giugno 1947 sono ulteriormente precisati con il Marshall Plan. In agosto sono sbloccati i beni italiani in America, e i fondi non sono più congelati. Ci sono voluti due anni dalla fine della guerra! Il 13 dicembre gli ultimi soldati americani d'occupazione lasciano l'Italia, due anni e mezzo dopo la fine delle ostilità! Nell'occasione Truman in radio dichiara che gli Stati Uniti continueranno a garantire la difesa dell'Italia come paese "libero e indipendente".

Nel frattempo si succedono i veto sovietici che impediscono all'Italia l'ingresso nelle Nazioni Unite. Il 2 febbraio 1948 è firmato a Roma il nuovo trattato di amicizia, commercio e cooperazione tra Stati Uniti e Italia. Il 20 marzo del 1948 Usa, con Francia e Gran Bretagna, dichiarano di essere pronti a far sì che Trieste torni all'Italia. In giugno, il ministro degli Esteri Sforza e l'Ambasciatore Dunn firmano l'accordo bilaterale per l'attuazione dello European Recovery Programm, ratificato in luglio dal Senato. Il 4 aprile 1949 è firmato il patto NATO, e l'Italia è lì. Il 23 c'è la protesta ufficiale sovietica che definisce l'adesione italiana una violazione ai trattati di pace. L'Italia si difenderà rilevando la natura difensiva del trattato. Nella prima sessione del Consiglio atlantico, si stabilisce che l'Italia faccia parte del Comitato strategico regionale dell'Europa occidentale e di quello del Mediterraneo.

Nel 1950 Mosca in una nota ai governi di Usa, Gran Bretagna, Francia, accusa di non volere la soluzione della questione di Trieste come prevista dal trattato di pace e protesta per come la Nato sta procedendo con l'installazione di basi navali ed aeree. Il 26 settembre 1951, un giorno dopo la conclusione della missione di De Gasperi negli Stati Uniti, con 3 identiche note Londra, Washington e Parigi riconoscono la fondatezza della richiesta italiana per la revisione del trattato di pace e si dichiarano disposti a rimuovere unilateralmente ogni discriminazione e restrizione nei confronti di Roma. L'8 dicembre l'Italia, in una nota a tutti i paesi firmatari del trattato di pace, chiede che del trattato di pace venga riconosciuta l'insussistenza del preambolo, la superfluità delle clausole politiche e l'incompatibilità delle clausole militari con la posizione internazionale e atlantica assunta nel frattempo dal paese. Nel 1951 l'Italia ha firmato il trattato Ceca e Ced con partner europei, sotto la forte spinta della volontà americana, all'epoca decisamente a favore dell'integrazione tra i popoli europei [41]. Il sospetto contro la nuova classe dirigente italiana, decade dopo l'avvio delle comunità europee e dopo l'ammissione alle Nazioni Unite (14 dicembre 1955).

Il 1 marzo 1956, al termine del viaggio negli USA, il presidente Gronchi dichiara che l'Italia non ha più bisogno di aiuti economici, ma necessita di investimenti per lo sviluppo industriale specie nel Mezzogiorno. Il 1956 è anche l'anno dei fatti d'Ungheria. Di fronte al comportamento sovietico, il partito comunista di Togliatti perde molti militanti e dirigenti, e l'alleato socialista. L'Italia risulta ancora più convinta della bontà della scelta atlantica, e partecipa come paese fondatore alla Comunità economica europea [42].

Con sufficiente coerenza, anche se non unanimemente, da qui in poi atlantismo ed europeismo saranno i due pilastri della politica estera italiana. E l'assorbimento dell'allora PCI nell'area della maggioranza, nell'ultima fase dei governi democristiani, si renderà possibile proprio grazie alla accettazione da parte dei cosiddetti "eurocomunisti" di questi due riferimenti della politica estera nazionale. Solo le impellenze del sistema economico nazionale (importazione di energia dai vicini paesi arabi e dall'URSS; esportazione dei prodotti trasformati verso mercati esteri) spingeranno talvolta i governi o soggetti dell'area pubblica (il più celebrato è il caso dell'Eni di Enrico Mattei) a decisioni che solo con molta super-ficialità possono essere interpretate come una deviazione dal binario delle alleanze richiamate [43].

Nei confronti del Mediterraneo l'Italia manifesterà una serie di opzioni di principio, derivanti dal vincolo geopolitico e geoeconomico, premendo, ad esempio, per un maggiore impegno delle istituzioni europee a favore dei popoli del sud Mediterraneo. La politica mediterranea dell'Italia non diverrà mai una alternativa all'impegno del paese in ambito europeo. Un tentativo di diversificazione, semmai, l'Italia lo compie verso l'area balcanica e in genere la fascia sud-orientale del continente, al fine di togliere spazio all'azione tedesca nella regione. È da qui che si sviluppa, negli anni Ottanta, l'Ince, Iniziativa Centro europea, attraverso la quale Italia e Austria lanciano il tentativo di influenzare il rapporto tra i paesi dell'Europa orientale e la Comunità europea della quale saranno presto membri a pieno titolo [44].

Occorre aggiungere che quando le ragioni della politica internazionale impongono all'Italia di scegliere tra militanza atlantica ed europea (accade, ad esempio, nel caso della guerra anglo-americana contro l'Iraq di Saddam Hussein), ciò comporta situazioni difficili e intensi conflitti politici interni. Paradossalmente, lo scadere della tensione europeistica nell'Unione, in concomitanza con l'allargamento ai paesi di nuova democrazia, consente all'Italia l'autonomia di cui sente bisogno in questa fase: risulta evidente nel modo con cui la diplomazia italiana gestisce prima la straordinaria amicizia del presidente del Consiglio e del governo con il regime di Gheddafi, poi la partecipazione all'azione armata contro Tripoli.

Conclusioni

Il percorso di politica estera negli anni dell'unità può essere riassunto nel transito che lo stato ha compiuto da comportamenti tipici del realismo politico (nazionalismo aggressivo, *show* di potenza, occupazioni e conquiste territoriali) alla pratica repubblicana dell'idealismo dove a farla da padrona sono il multilateralismo, l'adesione convinta alle organizzazioni internazionali e sovranazionali frutto della cooperazione tra stati, la solidarietà con le nazioni e i popoli meno favoriti dalla storia.

Con la condanna del nazionalismo, il sì alla costruzione europea, il rifiuto della guerra come strumento per risolvere le controversie internazionali e della pena di morte come strumento di giustizia criminale, il paese attua i principi esposti nella costituzione del 1947, e diventa fattore di relazioni internazionali improntate allo sviluppo economico e sociale, al multilateralismo, al dialogo. L'intensa partecipazione italiana alle missioni onusiane di *peace keeping* e altre missioni è la prova di quanto l'impegno sia coerentemente interpretato. Si tratta di una vera e propria riconversione della politica estera tradizionale. Nella prima fase l'Italia aveva chiesto alla politica estera espansione territoriale, affermazione della propria identità e del diritto all'esistenza. Nella seconda lo stato aveva esercitato capacità aggressiva e violenta: è il periodo dopo la prima guerra mondiale e del fascismo. Nella terza, tuttora in corso, l'Italia fonda le istituzioni comunitarie, e diviene attore riconosciuto della pacificazione del sistema internazionale.

Ciò non toglie che la nostra politica estera permanga vittima di alcune sindromi. Innanzitutto la *sindrome di introversione*, e quindi scelte di politica estera influenzate grandemente dalle convenienze interne e di parte. Da qui che la comunità internazionale ritenga spesso di scarsa credibilità gli impegni assunti dal nostro stato, come si trattasse di un soggetto che promette più di quanto possa mantenere, sempre alla ricerca di prestigio formale più che di ruoli sostanziali (è capitato a Crispi, a Mussolini, oggi a Berlusconi), che usa la minaccia e la politica della sedia vuota (Orlando nel 1919, Mussolini a Losanna nel 1923) come metodo, inefficace, per raggiungere i suoi fini.

La *sindrome del breve periodo*, che impedisce la finalizzazione strategica dell'azione estera. Tipico il comportamento di Mussolini verso la Iugoslavia. Re Alessandro vuole fortemente l'amicizia con il grande vicino. La scelta di coprire il regime di Zogu in Albania, che Belgrado benché sollecitata dallo stesso aveva rifiutato per non creare malumori a Roma, aliena la sua amicizia e spinge i serbi con croati e sloveni in funzione antitaliana, con l'apertura all'Urss. È una sindrome che sa anche di furbizia se non di cinismo. Per mezzo secolo viene esercitata nel balletto tra Gran Bretagna e Francia. Nel 1914, con l'abbandono dell'Austria che era stata scelta da decenni come alleata privilegiata, nonostante l'evidenza della situazione irrisolta del confine italiano nel nord-est e dell'irredentismo. Nel primo dopoguerra nel gioco tra Iugoslavia e Albania, e nell'ambiguità verso la Cecoslovacchia dei democratici Benes e Masaryk. Nel secondo dopo-guerra nell'ambiguità della scelta atlantica ed europea, quando queste entrano in conflitto di interessi.

La *sindrome di paternità e responsabilità*. La comunità internazionale, nel rilevare i limiti della politica estera italiana, non ignora che raramente questa è appartenuta solo allo stato e ha operato in rappresentanza esclusiva degli interessi nazionali. L'impianto della nostra politica estera risponde anche, se non soprattutto, ai partiti, agli interessi delle corporazioni d'affari, alle affiliazioni ideologiche e religiose. In sé non vi è nulla di illecito, salvo che si fa notare l'incapacità di sintesi all'interno di un interesse comune nazionale, e si assiste di conseguenza ad una politica estera sempre tentata di rapportarsi ad uno o più interessi corporativi.

Una situazione che spiega anche un fenomeno che è stato definito come *sindrome di delega*. Incapace di mediare su un interesse nazionale comune, la nostra politica estera preferirebbe affidarsi a soggetti internazionali o sovranazionali per realizzare interessi nazionali strategici. Così avrebbe delegato a Nato e Comunità europee sul piano istituzionale, e alle grandi imprese pubbliche e private sul piano degli interessi economici e commerciali strategici (si pensi al ruolo del'Eni a garanzia dell'autonomia energetica nazionale, gas e petrolio in primis, rispetto ai paesi arabi e alla Russia).

È da questa assunzione di giudizi, che derivano:

- lo *squilibrio tra mezzi e fini* evidenziato, con l'eccesso di pesi scaricati dai gruppi dirigenti sul popolo nel corso della storia unitaria
- *disinteresse a definire l'interesse nazionale*, nel timore che vincolerebbe all'interesse collettivo e al bene comune gli interessi corporativi e singolari
- *diplomazie duali e talvolta molteplici*, concorrenti se non conflittuali (inizia con il dualismo Cavour - Vittorio Emanuele, e giunge, ai nostri giorni, nelle ripetute differenziazioni tra Quirinale e governo o membri della coalizione di governo, ad esempio sulla Libia e soprattutto sui processi di integrazione europea). Si sono avute diplomazie dell'Eni (Mattei) e della Fiat (Agnelli), così come dell'Iri. Si sono avute diplomazie dei partiti politici quando funzionavano le Internazionali di partito democristiana e socialista. Si assiste a iniziative non riconducibili agli interessi tutelati dalla politica estera nazionale, operate da soggetti i più vari, come la Comunità di sant'Egidio, Emergency, Comunione e Liberazione. Si assiste ad una sorta di diplomazia personale del capo del governo condotta da Silvio Berlusconi verso personaggi come Putin, Gheddafi, Nazarbajev, Mubarak, Erdogan, Lukashenko.

Certe incoerenze della politica estera nazionale possono essere spiegate anche con fenomeni di questo tipo. Si veda il caso del rapporto con le istituzioni dell'Unione europea. Tradizionalmente si esibisce un forte e conclamato europeismo di facciata, ma lo si trasfonde in rari casi in concreto europeismo fatto di leggi e pratiche di governo in linea con le attese dei partner. Fu così, per riprendere un esempio storico, con Ciampi ed Amato quando si trattò di forzare il paese ad entrare nell'euro. Non si è fatto e non si fa altrettanto con il debito pubblico, mina vagante su cui potrebbe scivolare non tanto l'economia e la politica italiani quanto la politica e l'economia europei. L'Italia ha pure il non invidiabile primato di contenziosi con le istituzioni per ripetute inadempienze degli impegni decisi a Bruxelles con l'accordo anche dei suoi rappresentanti.

Dentro la mancanza di definizione degli interessi nazionali, sta la colpevole e autolesionista assenza di politiche ad hoc verso la comunità nazionale migrante. Questa andava insieme assistita e finalizzata alla politica estera del paese, in particolare alla politica economica estera. E invece essa viene riscoperta, e male, soltanto quando uno dei governi Berlusconi attribuisce il voto attivo e passivo agli italiani che vivono fuori dal territorio nazionale. Occorre rilevare con amarezza che mai gli italiani emigrati sono considerati utili ai fini della politica estera della madrepatria. Già nel primo anno di Unità lasciano il paese 1.210.000 cittadini che sono, si sottolinea, nella gran parte in uscita dalle regioni settentrionali. Ma bisogna attendere il 30 dicembre 1888 per vedere una legge, la 5877, che si occupi della questione, anche se quasi esclusivamente sotto il profilo di polizia e igiene. La successiva legge del 1901, decisamente migliore, non riesce a interrompere l'atteggiamento di aristocratica degnazione, se non peggio, che in genere il ceto diplomatico riservava all'emigrazione nazio-nale nei paesi d'accoglienza. Furono semmai soggetti espressi dal contesto religioso (si pensi alla Società di San Raffaele promossa da monsignor Scalabrini vescovo di Piacenza; all'Opera per gli emigranti nell'Europa e nel Levante fondata da monsignor Bonomelli nel 1900) e socio-politico (la Società Umanitaria di Milano), soggetti come le Acli, i patronati, le emanazioni dei sindacati dei lavoratori, a proporsi come vettori di assistenza e solidarietà.

Rilevati detti limiti, va ribadito che l'aspetto storicamente più rilevante del ruolo internazionale dell'Italia nel secondo dopoguerra, è di rappresentare un fattore permanente di pace e dialogo, di sostegno all'azione delle Nazioni Unite, anche con impegno diretto nelle missioni di pace e il contributo di sangue dei suoi ragazzi. La ricerca di questo ruolo, negli ultimi quindici anni ha purtroppo fatto il paio con un diminuito peso della presenza italiana al vertice sia di organismi internazionali che, soprattutto, nelle istituzioni dell'Unione europea dove, pur essendo paese fondatore, l'Italia conta sempre di meno, avendo smarrito la capacità di influenzare i destini del continente. In quest'ambito il bilancio del Prodi Presidente della Commissione è stato negativo, e ragionare sul rapporto che corre tra le presidenze Berlusconi e le istituzioni dell'Ue potrebbe risultare imbarazzante. Né ci si lasci ingannare dalla nomina di Mario Draghi a presidente della Banca centrale europea, incarico evidentemente tecnico più che politico. Può osservarsi con malinconia che, dopo aver fornito importanti esponenti all'Europa e al mondo nel primo dopoguerra (si pensi a De Gasperi, Sforza, e più avanti ad Andreotti e Altiero Spinelli) l'Italia ha perso la capacità di esercitare leadership e visione negli affari europei. La crisi economico-finanziario e la lotta interna sembrano aver assorbito tutte le energie della politica.

Note

[1] Il 17 marzo 1861 il primo parlamento italiano, riunito a Torino, proclama re d'Italia Vittorio Emanuele II, già capo dello stato di Piemonte e Sardegna. In stessa data, la legge n. 4671 istituisce il Regno d'Italia. Come costituzione è adottato lo statuto albertino, promulgato il 4 marzo 1849 per l'allora regno di Sardegna.

[2] Si pensi alla Carboneria, a Garibaldi e Mazzini, all'anticlericalismo presente nella stessa casa Savoia, alle venature di socialismo utopico che animavano significativi settori del movimento patriottico. Nella trinità risorgimentale, Cavour Garibaldi e Mazzini, si fanno notare i contrasti insanabili tra Mazzini e Garibaldi e il fatto che Cavour mai avrebbe incontrato, durante la sua vita, Giuseppe Mazzini.

[3] Il termine "mandato" ha qui contenuto politico e religioso, e riguarda il rapporto di deferenza e rispetto del potere politico e civile verso il papato in quanto capo della Chiesa di Cristo, favorito dall'imperatore Costantino con l'editto di Milano del 313. Non ci si riferisce, evidentemente, al presunto lascito di territori da parte dell'imperatore al papa. Nell'VIII secolo, il vescovo di Roma, Stefano III mostra a Pipino re dei Franchi, un documento che dichiara espressione autentica della volontà dell'imperatore romano. Stefano intende così legittimare le enormi proprietà accumulate dalla Chiesa. Nel 1440, il filologo Lorenzo Valle, evidenziando madornali errori lessicali terminologici e storici, dichiarerà il documento un falso, con una relazione scientifica che troverà pubblicazione nel 1517. Su questa scia l'imperatore d'Oriente Teodosio II in una lettera del 450 chiama Leone Magno "Patriarca d'Occidente", titolo al quale Benedetto XVI rinuncia nel febbraio 2006. Quando, nel Medioevo, entra in gestazione l'Orbis christianus, il papa ne diventa il suo esponente di riferimento, il che spiega ad esempio il ruolo di *primus inter pares* del nunzio pontificio nella diplomazia internazionale delle potenze cristiane.

[4] Cavour è un Benso (i Benso risalgono all'anno Mille), conte in quanto secondogenito dopo Gustavo. Il contino, nato il 10 agosto 1810 e battezzato dal principe Camillo Borghese e sua moglie Paolina (la sorella di Napoleone Bonaparte ritratta dal Canova), percepì presto che nobiltà e aristocrazia erano concetti in estinzione, eliminando dalla firma prima il titolo di conte poi il "di", assumendo un borghesissimo C. Cavour, qui rispettosamente confermato. Cavour muore il 6 giugno 1861.

[5] Fabio Cusin, *Antistoria d'Italia*, (Milano: Arnoldo Mondadori Editore, 1971), 69.

[6] "Solo limitatamente alla politica estera il bonapartismo era stato ed era un punto di riferimento per Cavour e per i suoi successori,perché una Francia saldamente conservatrice consentiva di sfruttarne l'appoggio diplomatico senza timore di importarne le idee rivoluzionarie". Giampiero Carocci, *Storia d'italia dall'Unità ad oggi*, (Milano: Feltrinelli, 1977), 32

[7] Černaja, fiumiciattolo nei pressi di Sebastopoli in Crimea, sfocia nel mar Nero

[8] La ragazza italiana passa alle cronache come la "divina contessa", "la donna più bella del secolo", dagli occhi pervinca, la pelle "di marmo rosa", i denti bianchissimi, "un punto vita e un seno eccezionali" (Michel Guerrin, *La Castiglione, comtesse et travesti d'elle-même*, Le Monde 14 dicembre 1999, pag. 31, intervistando Pierre Apraxine, curatore della mostra fotografica al Musée d'Orsay, a commento di un ritratto di Watts). La Castiglione tornerà nel 1861 a Parigi per stabilirvisi definitivamente, divenendo riferimento obbligato degli intrighi politici, finanziari e galanti del secondo impero. Come altre fascinose signore d'ogni tempo, sceglie, con l'arrivo del declino fisico, l'isolamento e la rinuncia alla mondanità.

[9] Località nei Vosgi

[10] L'accordo è prova evidente di come Cavour non puntasse all'unificazione della penisola, ma piuttosto a dare ai Savoia la riedizione del regno Cisalpino di Napoleone. Cavour nei suoi viaggi non era mai sceso sotto al Po, e morì senza mai essere stato né a Roma né a Napoli. Il contrasto di visione col suo monarca, viene drammaticamente alla luce quando Garibaldi attua la politica del fatto compiuto con la conquista del Regno delle due Sicilie. Vittorio Emanuele cavalca la crisi internazionale e a Teano si fa consegnare da Garibaldi i territori presi al Borbone. Cavour, in accordo con Parigi e contro Londra, esprime dissenso, pur facendo buon viso agli ottimi risultati per la Corona del cattivo gioco del Nizzardo. D'altronde Cavour era consapevole di quanti poteri lo Statuto albertino attribuisse al monarca in politica estera: "Al re solo appartiene il potere esecutivo. Egli è il capo supremo dello Stato; comanda tutte le forze di terra e di mare; dichiara la guerra, fa i trattati di pace, d'alleanza, di commercio ed altri, dandone notizia alle Camere tosto che l'interesse e la sicurezza dello Stato il permettano, ed unendovi le comunicazioni opportune" (Art. 5).

[11] In febbraio undici stati del sud, nel congresso di Montgomery, abbandonarono l'Unione costituendosi in Stati confederati d'America. Le ostilità sarebbero iniziate in aprile.

[12] "Durante il periodo culminante del processo risorgimentale, Vittorio Emanuele svolse una politica estera personale che non sempre si identificò con quella di Cavour, e nel 1870 ricorse ancora una volta alla diplomazia dinastica dietro le spalle dei propri ministri. ... Dopo il 1870 il potere del parlamento aumentò a spese della Corona, ma fino alla conquista del potere da parte dei fascisti il re continuò a svolgere un ruolo attivo, particolarmente in politica estera...". Christopher Seton-Watson, *Storia d'Italia dal 1870 al 1925*, (Bari: Editori Laterza, 1967), 20.

[13] "Ogni atto del governo fu concepito come un episodio di una continua guerra difensiva su due fronti: a destra, contro la Chiesa e i suoi alleati stranieri, a sinistra contro i repubblicani e le forze della rivoluzione sociale." Seton-Watson, ibid.,18.

[14] Filippo Mazzonis, L'Italia alla conferenza di Londra del 1867 nella memoria confidenziale di Alberto Blanc, (Roma: Rassegna storica del Risorgimento, LVI, 1969) 287.

[15] La spesa per le forze armate è, nel primo quinquennio dei '60, il 40% del budget, il debito pubblico lievita di conseguenza portando alla caduta del valore della rendita del titolo italiano sui mercati e il varo del corso forzoso nel 1866. All'inizio del XX secolo, il 21% delle spese dello stato è ancora assorbito dalle forze armate contro il 17% nella "militarista" Germania. Il 33% del bilancio va al debito pubblico contro il 20 in Germania. Intanto il reddito nazionale è 1/3 di quello francese.

[16] Dopo Regno Unito, Francia, Austria, Russia, Prussia. Si tratta delle potenze che hanno partorito e gestito il sistema internazionale del Congresso di Vienna del 1815. L'apparire del Reich e dell'Italia frantuma quegli equilibri.

[17] Il taglio dell'istmo che mette il Mediterraneo in contatto diretto con la via marittima asiatica, inizia nel 1859. L'apertura è il 17 novembre 1869.

[18] Cusin, ibid., 104.

[19] 1841-1928, toscano, fondatore delle riviste "Il Fanfulla della Domenica" e "La Domenica letteraria". Liberale di sinistra, fu deputato e senatore, sottosegretario, ministro della pubblica istruzione, ministro delle colonie. L'episodio è in Cusin, ibid., 104.

[20] Per i suoi comportamenti e la sua collusione con il malaffare, a partire dallo scandalo della Banca Romana del 1892, Giolitti fu definito da Gaetano Salvemini "ministro della malavita". Cusin, ibid., 142.

[21] Riconosciuto ai Savoia il merito storico di aver fatto l'unità anche a rischio del regno di Sardegna, resta il ruolo attivo della casata, documentato dagli storici, nella conduzione antipopolare della politica italiana sino alla Repubblica. Il comportamento tenuto con il fascismo, in particolare nei riguardi dei cittadini italiani di religione ebraica, non fu che la continuazione di una linea storica coerente e mai sottoposta a revisione. Il referendum che nel 1948 segnerà il rigetto del casato dai destini della nazione, fu un giudizio politico complessivo e definitivo.

[22] Il re si riserva in questi anni di scegliere su base fiduciaria i ministri della guerra e della marina, collocandoli e lasciandoli in permanenza al vertice di quei dicasteri. a prescindere da chi fosse a capo del governo.

[23] Con linguaggio tolto di peso dal "politically correct" contemporaneo, potremmo aggiungere i termini "riformista" e "compassionevole". A vent'anni, giovane romantico e ancora scapestrato, corrisponde con William Brockedon, pittore del Devonshire (1787-1854), membro della Royal Society. Paragonando la nazione italiana al resto d'Europa, scrive: "Infelice Italia! Sempre piegata sotto il medesimo sistema d'oppressione civile e religiosa! Dite ai vostri compatrioti che noi non siamo indegni della libertà, che se anche da noi c'è marciume, pure vi sono persone degne dei sacrifici della ragione…" . E più tardi, nel 1833, di sé in polemica con gli spiriti falsamente rivoluzionari: "Io sono un onesto 'giusto mezzo', il quale desidera perseguire, lavora con tutte le sue forze per il progresso sociale, deciso però a non conquistarlo attraverso una rivoluzione generale né politica né sociale. Il mio stato di 'giusto mezzo', invece, non mi impedisce di desiderare che gli italiani si liberino al più presto dei barbari che li opprimono e, quindi, di prevedere che una crisi, magari violenta, è inevitabile. Ma questa crisi io la voglio con tutti i riguardi dovuti alla situazione e sono ultrapersuaso che i tentativi forsennati degli estremisti non fanno che ritardarla e renderla più problematica". Riferimenti in Francesco Pappalardo, *Letture recenti sul Risorgimento*, (Roma: Cultura&Identità, anno III, n.9, gennaio-febbraio 2011), 46-53.

[24] Indro Montanelli, storico e giornalista conservatore, ha scritto nella sua rubrica che la guerra dello stato ai briganti del sud (1861-1865) "costò più sangue di tutte le battaglie contro l'Austria" . Corriere della sera, 27 aprile 2001, rubrica Risposte ai let-

tori. Cavour si lasciò scappare che "mettere in armonia il Nord e il Sud" era complicato come una guerra contro l'Austria. Sul letto di morte, contro le azioni feroci che vedeva addensarsi contro i contadini del sud, disse: "Tutti son buoni di governare con lo stato d'assedio. Io li governerò con la libertà".

[25] A Milano, il 7 e 8 maggio 1898, il comandante della piazza, generale Fiorenzo Bava Beccaris cannoneggia una folla di manifestanti inermi che chiede di poter mangiare. Restano sul terreno 81 morti e quattrocentocinquanta feriti. Oltre mille gli arresti. Nelle strade intorno a Porta Ticinese operanpo artiglieria pesante, fanteria e cavalleria. Stato d'assedio e tribunali militari sono gli strumenti giudiziari e d'ordine utilizzati dallo stato. Il generale è premiato con telegrammi di congratulazioni dal governo e dal re. Umberto I gli attribuisce una decorazione al merito.

[26] "Lo statuto albertino contemplava due soli poteri, l'esecutivo e il legislativo, e prevedeva solo l'esistenza di un 'ordine giudiziario': "La giustizia emana dal re ed è amministrata in suo nome dai giudici che egli istituisce" (art. 68). Esso altro non era che uno dei due ordini nei quali si articolava, insieme con l'autorità amministrativa, il potere esecutivo." (Storia d'Italia, Einaudi, vol. 11, pag. 1701). Gramsci scrive nel 1920: "Negli stati capitalistici, che si chiamano liberali democratici, l'istituto massimo delle libertà popolari è il potere giudiziario: nello Stato italiano la giustizia non è un potere, è un ordine, è uno strumento della Corona e della classe proprietaria". Antonio Gramsci, *L'Ordine Nuovo (1919-1920)*, (Torino: Giulio Einaudi editore, 1954), 73.

[27] I quinquenni migratori più intensi sono nell'ordine: 1906-1910 (2.256.000), 1901-1905 (2.226.000), 1911-1915 (1.766.000), 1921-1925 (1.379.000), 1891-1895 (1.283.000), 1861-1870 (1.210.000), 1886-1890 (1.110.000). In realtà l'Italia è tuttora paese di emigrazione, un fenomeno che è tornato ad esprimersi con numeri importanti nella seconda metà del primo decennio del nuovo secolo. Si contano in quegli anni più di 1 milione di emigrati, una media che si aggira sui 250.000 l'anno.

[28] L'Uic, Ufficio italiano cambi fornisce le seguenti cifre. Le rimesse sono (in milioni di dollari del tempo): 32 nel 1947, 90 nel 1949, 102 nel 1952, 246 nel 1959, 288 nel 1960. In totale le rimesse via canali ufficiali, nel periodo 1945-1960 (ricostruzione e boom economico) sono 2 miliardi e 40 milioni di dollari. Ma non bisogna dimenticare il denaro che arrivava nelle buste da lettera nascosto dentro le righe di saluto e confidenze in pessimo italiano, o quello lasciato in Italia dagli emigrati durante i periodi di vacanza e alle feste patronali. C'è ancora da aggiungere le forti somme investite in terreni o case dagli emigrati, in particolare dagli emigrati rientrati in età di pensione.

[29] Angelo Camillo De Meis, *Il Sovrano. Saggio di filosofia politica con referenza all'Italia*, a cura di Benedetto Croce, (Bari, Editore Laterza, 1927) 13.

[30] Il trattato è rinnovato il 20 febbraio 1887. Si tratta in realtà di una riscrittura dell'accordo internazionale di cinque anni prima. Crispi un tempo aveva definito la Triplice "la vergogna dell'Italia". In Fernando Manzotti, *F. Crispi e la politica estera*, (Firenze: Rassegna storica toscana, XVI, 1970), 65.

[31] Superfluo rilevare la contraddizione strutturale tra questa rivendicazione e la partecipazione alla Triplice con l'Austria.

[32] Seton-Watson, ibid., 1768.

[33] Il nome Eritrea sta per "Terra sul mar Rosso", dal greco *erythròs*, rosso, scelto personalmente da Crispi.

[34] "Io già non capisco nulla delle vostre crisi. Per accomodarle ci sarebbero voluti due battaglioni di bersaglieri, che mettessero alla ragione la Camera, e nulla più".

Guglielmo II a Umberto I, il 7 luglio 1892. Domenico Farini, *Diario di fine secolo*, (Roma, Tipografia del Senato, 1961), vol. I, 480.

[35] "Le saline di Fangousse, luogo del massacro, impiegano, su un totale di tremila operai, un migliaio d'italiani, sottopagati e, naturalmente, non protetti da alcun sindacato. ... Il sindaco di Aigues-Mortes, Marius Terras, è prima sospeso dall'inca-rico, poi costretto a dimettersi". *Storia d'Italia, vol. IV*, (Torino: Giulio Einaudi Editore, 1975), 538. L'episodio, benché locale, ebbe una grande eco e fu utilizzato in Germania per sottolineare l'esigenza di rafforzare la Triplice in funzione antifrancese. Diverse manifestazioni antifrancesi ebbero luogo in Italia.

[36] La dichiarazione di guerra di Giolitti e del ministro degli esteri Antonino di San Giuliano, è in violazione dell'art. 5 dello Statuto albertino. Questo prescriveva che le dichiarazioni di guerra dovessero venir approvate dal parlamento.

[37] Il momento più clamoroso di questa percezione italiana è rappresentato dall'abbandono della Conferenza di Parigi dei ministri plenipotenziari Vittorio Emanuele Orlando e Sidney Sonnino, aprile 1919. I due sarebbero presto tornati, per la firma dei trattati conclusivi della Conferenza.

[38] Si intende con dannnunzianismo l'agitazionismo estetico, emozionale e letterario di tipo nazionalista, che trova nel "vate" Gabriele D'Annunzio riferimento ed ispirazione. Il fascismo, contiguo ad espressioni letterarie come futurismo, marinettismo, dannunzianesimo, è movimento politico con radici nel sociale e nell'economico. Gabriele D'Annunzio nel settembre 1919 è protagonista dell'occupa-zione di Fiume, alla guida di un manipolo di volontari, fiancheggiati da manipoli fanatici dell'esercito reale.

[39] Mentre Giorgio V, in visita ufficiala a Roma nel maggio 1923, insignisce il capo di governo italiano della decorazione di cavaliere di Gran Croce dell'Ordine del Bagno e osserva in pubblico che la crisi sociale e politica italiana è stata "superata sotto la saggia guida di un forte statista", il suo ministro degli esteri scrive di Mussolini: "È un demagogo pericoloso e assolutamente privo di scrupoli, apparentemente sincero nell'atteggiamento, ma senza scrupoli o onestà nel comportamento". George Nathaniel Curzon, segretario di stato britannico agli esteri dal 1859 al 1925, a Bonar Law, primo ministro nel 1922, dopo aver conosciuto Mussolini alla conferenza di Losanna del novembre 1923, in Robert Blake, *The Unknown Prime Minister: The Life and Times of Andrew Bonar Law, 1858-1923*, (London: Eyre & Spottiswoode, 1955) 485. Anche Salvemini riporta i giudizi poco lusinghieri di Curzon, Bonar Law e Poincaré in Gaetano Salvemini, *Mussolini diplo-matico*, (Roma: Donatello De Luigi Editore, 1945), 48-51.

[40] La questione macedone è ancora irrisolta, con Atene che consente allo stato ex iugoslavo della Macedonia null'altro che il nome di "Fyrom, Former Yugoslavian Republic of Macedonia"; immaginare la sensibilità greca all'epoca.

[41] Ceca sta per Comunità europea del carbone e dell'acciaio, nasce con i trattati di Parigi del 1951 e se ne fissa la durata a cinquant'anni. Nel 1957 sono firmati a Roma i trattati della Comunità per l'energia nucleare e della Comunità economica europea. Washington ha imposto a diversi riottosi partner europei l'accelerazione nel senso dell'integrazione, minacciando, all'epoca dello *European Recovery Programm*, di ritirare gli aiuti agli europei se questi non avessero proceduto nel cammino dell'integrazione, mentre al Senato il Segretario di stato spiega che l'unione tra i popoli europei è nell'interesse del popolo degli Stati Uniti.

[42] Piace ricordare, tra gli italiani che diedero impulso al processo europeo, il federalista Altiero Spinelli che, con altri antifascisti, preparò il Manifesto di Vento-tene, anche per il collegamento di filiazione diretto di quel documento con gli ideali risorgimentali, in particolare espressi attraverso l'opera di Giuseppe Mazzini. Il genovese, fondatore dopo la "Giovine Italia" de "La Giovine Europa" fu tra i primi a teorizzare, su base democratica e riformista, la federazione europea, un secolo prima di Ventotene.

[43] Nella prima fase di esistenza, lo stato italiano ha ricercato l'espansione territoriale, l'affermazione della propria identità, il diritto ad una esistenza "forte e onorata". La seconda fase si caratterizza per l'aggressività successiva alla Prima guerra mondiale e il fascismo. Nella terza fase l'ispirazione dell'Unione europea, il ruolo di fedeltà efficace esplicato nella Nato, le numerose iniziative di cooperazione, fanno dell'Italia un attore riconosciuto della pacificazione mondiale. Si è forse aperta una quarta fase, tutta da decifrare, nella quale appaiono atteggiamenti che rievocano antichi vizi che sembravano rimossi: l'arroganza personale e la mancanza di rispetto per le istituzioni (v. le dichiarazioni al Parlamento europeo del presidente del consiglio contro il capo della delegazione del partito socialista tedesco Martin Schulz il 2 luglio 2003), le discriminazioni verso le minoranze (i provvedimenti sull'immigrazione clandestina criticati dalle istituzioni europee), le frequentazioni disinvolte di capi di stato autoritari e chiacchierati (la diplomazia personale del capo del governo in carica), operazioni armate fuori dai confini nazionali (l'intervento in Libia nella primavera 2011, in ambito Nato).

[44] L'Ince nasce nel novembre 1989 come Quadrangolare (Italia, Austria, Ungheria, Iugoslavia) per poi allargarsi a sedici paesi, in pratica tutti quelli dell'ex Europa orientale comunista più Italia e Austria. Un altro meccanismo, la Trilaterale, ha messo insieme Italia, Slovenia e Ungheria, puntando alla cooperazione rafforzata nell'ambito Ince. L'Iniziativa di cooperazione nell'Europa sud orientale, Seci, è stata fortemente voluta dagli Stati Uniti come progetto di pacificazione e sviluppo economico nell'area balcanica: rispetto all'Ince è caratterizzata dall'assenza di paesi membri dell'Ue e dalla presenza della Turchia.

Rocco Pezzimenti
LUMSA, Roma

Considerazioni sulla questione romana

Tra i pochi, che nella prima metà dell'Ottocento avevano "un concetto chiaro" dei rapporti che dovevano intercorrere, in Italia, tra lo Stato e la Chiesa", c'è senza dubbio Rosmini. Costui voleva affrontare il problema senza remore verso la posizione laica tanto d'arrivare a dire che "il sapere se lo Stato sia d'origine divina, è del tutto inutile alla presente questione"[1]. Su cosa riposa l'autonomia dello stato? Sul fatto che lo stato è "prima di tutto un certo numero di famiglie e d'uomini, uniti insieme al fine di dare un ordine pacifico alle loro reciproche relazioni". Dal che, deriva che lo "*scopo* dello Stato è la tutela e la prospera coesistenza, mediante uniformi regolamenti". Per questo ha una sua autorità derivante da una *forma di governo* che "risulta dal numero di quelle persone a cui viene affidata l'autorità di tutelare e di governare"[2]. Da qui si deduce la sua autonomia.

A questo punto emerge il problema di definire "l'*estensione* e il *limite* del potere civile" ed è qui che sorge il vero problema dell'indipendenza dello Stato "che sarà indipendente, se si verifica che la moltitudine di quelle famiglie e di quegli individui che lo formano sieno indipendenti: ma se ciascuna di quelle famiglie e di quegli individui dipendesse o dovesse dipendere dall'autorità della Chiesa, anche lo Stato (…) avrà una subordinazione"[3]. Ritorna qui, e non poteva essere diversamente, il problema delle due Italie quella *legale*, censitaria e laica, e quella *reale*, popolare e cattolica. In questo caso, infatti, non tener conto della dottrina cattolica in Italia, per Rosmini, significherebbe "l'abolizione del cattolicesimo"[4]. È una nota di realismo politico ignorata da una cultura politica di stampo idealista.

Certo, stando così le cose, Rosmini si affretta a dire "che questa dipendenza dello Stato dalla Chiesa è ristretta alle cose morali", proprio perché la morale degli italiani è la morale cattolica. Ristretta, al punto che la Chiesa non può dire allo Stato: "Operate così perché vi è utile"[5]. Facendo così oltrepasserebbe i propri limiti. Il nuovo problema si pone quando l'utile perseguibile garantito dallo Stato finisce per danneggiare quell'ordine morale che la Chiesa difende. S'incorrerebbe qui in un grave problema aperto da quei governi che "ne' nostri tempi sembrano concedere alle cose materiali un'attenzione quasi esclusiva, e si persuadono d'aver fatto tutto, quando abbiano reso lo Stato materialmente prospero"[6]. È questa la costante preoccupazione di Rosmini che vede, in questo caso, la *politica ridotta unicamente alla ricerca di beni materiali*, politica capace solo di generare quello che oggi si definisce *consumismo* e che porta alla totale separazione dello stato dalla chiesa.

Va inoltre ricordato che i rapporti tra stato e chiesa, nella ricerca di una vera armonia, devono rifiutare il *sistema d'immistione* e il *sistema d'alleanza*, mentre dovrebbero favorire il *sistema d'organismo*. I primi due, ai quali Rosmini dedica ampio spazio[7], finiscono per danneggiare reciprocamente le parti in causa. Soprattutto il secondo dato che "il governo civile non entra in questa via se non colla speranza e colla pretensione di averne un ricambio". È questo un metodo che danneggia entrambe le parti, stato compreso che, "occupandosi direttamente di un fine diverso dal suo (...) perde la sua naturale libertà e s'espone al pericolo di commettere molti errori"[8]. Per questo è necessario il terzo sistema, il solo che garantisce libertà ad entrambe le parti.

Se da parte dello stato non si capisce tutto ciò, vuol dire che ancora non si sono smussate alcune pregiudiziali ideologiche. Erano proprio queste che attaccava Rosmini anche assieme ad altri cattolici liberali. Fu, forse, anche quest'atteggiamento che determinò momenti d'aspra incomprensione, come quelli del *Sillabo* che, oggi, evidenziano aspetti che allora passarono, forse, in second'ordine, essendo ben altri i motivi del contendere tra stato e chiesa.

L'allora pontefice era tutt'altro che legato ad un mondo ormai superato. Pio IX sembrava aver da sempre intuito che il mondo stava cambiando. Indicative sono le parole di Settembrini:

> Eletto per insigne bontà d'animo, non ha mostrato nessuna grandezza di carattere, e pure è stato il primo iniziatore di questo moto che ha trasformato l'Italia, va trasformando l'Europa, e trasformerà tutto il cristianesimo[9].

Pio IX fu sempre così. A ben vedere già l'inizio del suo pontificato è in linea con quanto ne seguirà. Già nell'enciclica *Qui pluribus*, e siamo nel 1846, "affermava l'infallibilità pontificia in materia di fede e di costume". Condannava inoltre in modo inequivocabile indifferentismo e comunismo[10].

Per certi versi, quindi, quella del '48 non può dirsi una svolta. Tutto ciò è ben evidenziato in un denso, quanto poco conosciuto testo di Balmes, sacerdote e studioso spagnolo molto stimato da Pio IX ancor prima di diventare papa. Sappiamo che, nei difficili frangenti del '48, il papa pensò di sottoporre ad alcuni teologi domande riguardanti il diritto di *nazionalità* e di *indipendenza*. Al questionario, formulato in latino, l'ormai malato e morente Balmes non ebbe modo di rispondere, anche se molte delle sue possibili risposte sono presenti nel suo ultimo e non concluso scritto: *El Pio IX*. Merita di essere ricordato che arrivarono pochissime risposte e, tra queste, quella di Rosmini che riuscì ad avere il questionario, sebbene la curia non abbia pensato di farglielo pervenire[11].

Forse perché spirito solitario e fuori da qualunque scuola, Balmes ha saputo penetrare meglio di altri il carattere di Pio IX. La moderazione è uno dei tratti salienti del Pontefice, anche durante il difficile inizio delle vicende del 1848[12]. La descrive con queste chiare parole: "Le transizioni repentine sono pericolose; l'abilità dei governi consiste in fare trasformazioni onde evitare trambusti"[13]. Inoltre era suggerito al Pontefice di sganciarsi dalle potenze europee: "affidare la sorte temporale della Santa Sede al protettorato dell'Austria, o di altra potenza, è un errore grave; è addormentarsi tranquillamente sull'orlo di un abisso"[14]. Lo stesso doveva dirsi della Francia "piagata dal volterianismo" o, peggio, del Regno Unito, forza anticattolica[15]. Bisogna insistere per far capire che la "democrazia è funesta quando è priva di religione e di morale"[16] e che gli equilibri internazionali del futuro saranno retti da potenze extra-europee, come Stati Uniti e Russia, che non hanno certo simpatie verso la cattolicità. L'essere *super partes* è la strada maestra da seguire per una chiesa via via più spirituale e lontana dalle beghe politiche sempre più distanti dalla concretezza quotidiana delle popolazioni. In quel momento in Italia comincia la polemica tra cattolici "liberali" ed intransigenti.

Un giudizio così pacato non deve farci dimenticare che, in altri momenti, altri personaggi, come il Mariani, avevano tuonato: "Sentiamo il bisogno grave ed urgente di torre di mezzo quella temporalità odiosa"[17]. Si arrivò anche a proporre l'anti-Concilio di Napoli in antitesi a quello ecumenico Vaticano I. Quell'insieme "di ribelli, di miscredenti, di luciferi (...) presupponeva l'adorazione del *vero*, della *scienza*, della *ragione*, al di fuori dei *dogmi* e dei *miti*"[18], ma tutto restò fortemente circoscritto. Anche le posizioni carducciane, come il suo *Inno a Satana*, potevano influire solo in certi ambienti accademici. Occorre, però, ricordare che furono notevoli le intemperanze dell'anticlericalismo[19] democratico e radicale contro la chiesa.

Tutto ciò, comunque, evidenzia il cambiamento di un clima culturale: se la generazione che animerà la Destra storica era stata formata dall'idealismo e dallo storicismo, quella seguente sarà caratterizzata, invece, dal positivismo e dallo scientismo. Non a caso Bettino Ricasoli scrisse in una lettera del 1865: "Non parliamo più di *Libera Chiesa in libero Stato*, ma di separazione della chiesa dallo Stato"[20]. Era sempre questo cambiamento di clima anche culturale che, in Gran Bretagna portava Gladstone ad abbandonare quelle cautele diplomatiche che aveva manifestato in altri momenti, e che, in Germania, lasciava intravedere quel *Kulturkampf* che invogliava, anche in Italia, posizioni antipapiste ed anticlericali. Pio IX guardava oltre tutto ciò, nel decennio degli anni sessanta si occupò prevalentemente di questioni dottrinali. Giustamente si può dire di lui che è stato "uno dei Papi meno politici che la Chiesa abbia avuto (...) il suo scopo fondamentale era quello di irrobustire la dottrina cattolica"[21]. Salvaguardare, oltre le contingenze del momento, l'integrità della dottrina. Anche sul piano diplomatico, quello che lo interessava erano le problematiche riguardanti la fede dei popoli.

La sua vita assume le tinte provvidenzialistiche tipiche di chi rinunzia a tutti gli appannaggi promessi dal governo italiano preferendo puntare sull'obolo di san Pietro. Inoltre, la sua mentalità, giudicata elementare, lo rendeva quasi profetico pensando che si sarebbe potuti arrivare ad una *normalizzazione* "solo quando la Monarchia liberale avesse rinunciato alle sue pregiudiziali laiche e giacobine". Né volle insistere nelle vicende politiche interne dei vari stati, seppure a tradizione cattolica come la Francia[22]. Questo ci fa capire il recondito significato per il quale Pio IX, benché sollecitato da più parti, non abbandonò mai Roma. Comprese, infatti, – e questo è il suo più grande merito storico – "che la causa del papato poteva essere salvata soltanto sul piano universalistico, sul piano della fede, e che nessuna combinazione diplomatica sarebbe riuscita ad evitare il particolarismo degli Stati, a scongiurare il trionfo delle nazionalità, a prevenire il successivo definirsi e differenziarsi dei blocchi"[23]. Insomma, la rinascita cattolica poteva partire solo da Roma. Da una Roma, però, dove la voce del papa si sarebbe potuta differenziare da quella dell'esecutivo italiano e non sentirsi, in ogni caso, condizionata dalla politica di qualunque governo.

È in ogni modo certo che, già a partire dagli anni cinquanta (anche se in realtà a sentire Balmes da sempre), la posizione di Pio IX è quella di chi si affida totalmente alla Provvidenza e si estranea alla *ragion di Stato*. Lo testimoniano alcune lettere scritte al fratello — al quale non ha mai fatto un favore, neppure conferendogli una semplice onorificenza, tanto è alieno dal nepotismo — piene di sincerità e familiarità. Più volte ripete: "Quello che Dio vuole" oppure "Concludo che bisogna pregare assai". Lo stesso diceva al generale de Goyon, che lo invitava ad aver fede in Napoleone III: "La mia fiducia l'ho posta nella Croce"[24]. Anche un avversario, non tenero, come Luigi Carlo Farini, doveva ammettere che il papa aveva solo l'interesse della religione[25].

C'è un episodio che, credo, più di ogni altro spiega chi sia stato veramente Pio IX. Siamo alla fine di maggio del 1859. Vittorio Emanuele II gli scrive dai campi di battaglia sentendosi "in pericolo di morte ad ogni istante" in mezzo ad una carneficina. Il sovrano non fa ritrattazioni, si rivolge solo "al padre caritatevole dei fedeli" e parla anche della sua irregolare relazione con Rosa Vercellana. Pochi giorni dopo arriva l'assoluzione piena del Pontefice a patto che non ricada nelle stesse colpe di cui sembra pentirsi. Il Re non ha parlato delle vicende politiche che riguardano il futuro di Roma, neppure il papa ne parla: "Ma è singolare che anche in quest'episodio la nota pastorale prevalga sulla nota politica". Quelli erano i giorni in cui a Bologna — città ancora del papa — s'insorgeva gridando: "Italia e Vittorio Emanuele"[26]. La dignità del Pastore prevale sulla rassegnazione dell'uomo di stato.

In questa prospettiva si può capire che, sul piano politico unitario, erano ben altre le preoccupazioni "del Papa, il quale era molto angustiato delle radicali misure di laicizzazione adottate dal governo piemontese". Anche la proposta avanzata, ad un certo momento, da Napoleone III, di conferire la presidenza onoraria di una possibile Confederazione al Pontefice, era priva di reali possibilità. "Cavour, che in nessun caso avrebbe permesso ad altri, né al Papa né al mazziniano Garibaldi, di prendere in mano le fila del movimento d'unificazione nazionale, fece di tutto per far naufragare l'iniziativa, ponendo alla Santa Sede condizioni molto onerose e in ogni caso impossibili da accettare"[27]. Pio IX, comunque, esaminò la proposta con un certo distacco, lasciandola poi decadere.

Si tratta di un episodio tutt'altro che di secondaria importanza. Si acuisce da allora lo scontro "tra le due Italie, quella *legale*, censitaria e laica, e quella *reale*, popolare e cattolica". Tutto ciò spiega perché "nacque il mito della *nazione autentica*, benedetta da Dio, contrapposto all'*Italia dei pochi*, dominata dalla massoneria"[28]. Si tratta di una posizione che, sfumata dai risentimenti e dalle polemiche del tempo, costituisce un punto cruciale ancora per l'odierno dibattito. È, infatti, stato giustamente ricordato che "è dalla nazione che procede naturalmente lo Stato. L'uno senza l'altra non ha alcun senso, anzi sono destinati ad entrare in rotta di collisione"[29], finendo per rendere la nazione incompatibile con le proprie istituzioni.

Frattanto altri motivi di contrasto certamente non mancarono, anche prima di arrivare alla promulgazione di *Quanta cura*. L'anno precedente, nell'enciclica rivolta ai vescovi italiani, *Quanto conficiamur moerore*, Pio IX protestava contro l'appoggio dato dallo stato piemontese agli esponenti ribelli, o dissidenti, del clero: si trattava di una vera e propria interferenza dell'autorità laica[30] che voleva ridurre ad una diversa obbedienza alcuni ecclesiastici. Anche questo non era che l'ultimo di una serie di episodi che segnavano contrasti sempre più marcati.

Già nel 1861, dopo la proclamazione del regno, il mondo cattolico francese e spagnolo aveva "reagito vigorosamente" contro la formazione dell'unità d'Italia considerata non solo un danno per la Chiesa, ma anche per quel "principio federale che essa aveva incarnato e difeso". L'anno seguente la protesta si era estesa anche ad ampi settori del cattolicesimo italiano. Nel 1862, infatti, Pio IX canonizzò i martiri giapponesi, parteciparono alla cerimonia vescovi di ogni parte del mondo, tranne quelli piemontesi ai quali il governo aveva impedito di recarsi a Roma. In quell'occasione il papa, non solo presentò l'elenco delle proposizioni elaborate dai teologi che avrebbero costituito l'ossatura della futura enciclica, ma naturalmente protestò contro il governo sabaudo[31].

In *Quanta cura* — tale era il titolo dell'enciclica di cui il *Syllabus* era un'appendice che elencava ottanta proposizioni erronee — era espresso il motivo essenziale che stava a cuore al papa che, senza mezzi termini, affermava: "rimossa la religione dalla società, e ripudiata la dottrina e l'autorità della divina rivelazione, la stessa genuina nozione della giustizia e dell'umano diritto si ottenebra o si perde, ed invece della giustizia e del legittimo diritto si sostituisce la forza materiale"[32]. Dice giustamente Spadolini che si trattò di un "valore sottinteso" che fu ben capito meglio di tutti dall'allora arcivescovo di Vienna il Cardinal Rauscher. Questi, alla sua pastorale, dava il titolo emblematico di *Der Staat ohne Gott* (lo stato senza Dio) evidenziando come la tesi di fondo dell'enciclica non fosse affatto nuova. Riprendeva ed ampliava la tesi che da secoli fondava la "teoria del governo popolare" contro gli abusi del potere tirannico. Tale era il potere che non si voleva subordinare ad una morale trascendente ed immutabile. Si trattava di una teoria esposta anche da Suarez, Bellarmino, Mariana, ma che affondava le sue radici in tempi ben più lontani e che avevano giustificato persino il regicidio[33], per difendere la libertà delle coscienze di fronte ai sovrani senza Dio.

Dati i frangenti, la situazione era ancora più critica dato che le autorità piemontesi impedivano ai vescovi persino di comunicare liberamente col papa, anzi alcuni erano stati addirittura "imprigionati, altri deportati, altri esiliati, altri confinati". Un'istituzione che si riteneva di natura divina, doveva accettare di sottomettersi al *licet civile*. Come se non bastasse si arrivava a ostacolare anche le azioni quotidiane della vita ecclesiastica, come quelle relative al diritto di acquistare e possedere beni[34]. Anche su quest'argomento Balmes[35] aveva già lanciato il suo grido d'allarme.

L'ostilità dei piemontesi verso le "questioni" ecclesiastiche fu portata avanti con prudenza, ma senza tentennamenti, dalla Destra storica, dal Minghetti al Lamarmora, soprattutto nell'Italia meridionale. Dopo questa annessione si obbligarono i chierici a prestare servizio militare[36]. A ciò si aggiungano i problemi come quelli riguardanti l'istruzione, dopo i quali i gesuiti parlarono di "assolutismo laico". Certo non mancarono gli spiriti moderati che cercarono di fare opera di mediazione fra le parti, ma gli sforzi furono vani.

È così che, tra tentativi non riusciti ed incomprensioni reciproche, si arrivò al 20 settembre. Nell'approssimarsi della data, Pio IX si trovò solo ad affrontare il drammatico momento. Quasi non avesse capito i bisogni imminenti della storia, il Pontefice sdegnosamente ne accettò il verdetto. A ben vedere, papa Mastai preparò a lungo quest'isolamento, l'occupazione di Roma non fu per lui una sorpresa, anzi fu, forse, una liberazione, tutto preso com'era da altri problemi che collocano il suo comportamento ben oltre il momento storico che visse. Per questo, a dire di Spadolini, il 20 settembre "appare come un giorno di liberazione e di riscatto, l'avvio di una nuova storia"[37]. Di tutto questo sembrava aver sentore anche un papa che sembrava, sempre più, estraniarsi dal mondo.

La stessa difesa di Roma lo mostrò chiaramente. Nell'imminenza della conquista, l'11 settembre, il Pontefice aveva impartito precisi ordini al generale Kanzler: "in quanto alla durata della difesa, sono in dovere di ordinare che questa debba unicamente consistere in una protesta (...) cioè di aprire le trattative per la resa ai primi colpi di cannone. In un momento in cui l'Europa intiera deplora le vittime numerosissime, conseguenza di una guerra fra due grandi nazioni, non si dica mai che il Vicario di Cristo (...) abbia ad accondiscendere a qualunque spargimento di sangue". Disposizioni che non vennero seguite alla lettera, malgrado dal 10 sino al 20 settembre sulla cupola di san Pietro si era alzata una bandiera bianca a testimoniare il superamento dell'idea stessa di lotta ed il recupero di quella missione spirituale ben superiore alle armi ed alle frontiere[38]. Di là dalle razze e delle nazionalità, come dalle conseguenti politiche, Pio IX assumeva sempre più un'immagine ascetica e *super partes*, che si consoliderà con i due pontificati di Leone XIII e Pio X.

Ricordiamo pure che Vittorio Emanuele esitò ad entrare a Roma dopo il 20 settembre. Lo fece alla fine dell'anno, dopo lo straripamento del Tevere a fine dicembre, con un viaggio "quasi clandestino". Tempo prima era stato lo stesso Cardinal Antonelli, Segretario di Stato a chiedere al generale Cadorna di inviare le truppe a Borgo dove erano scoppiati moti di rivolta popolareschi[39]. C'era già chi, con animo sereno e non fazioso, lavorava ad una soluzione. Ruggero Bonghi, ad esempio, riteneva imprescindibile ripudiare, da parte dello Stato, tutte quelle leggi "che in qualche modo contrastino con l'essenziale principio di libertà della Chiesa". Non fu facile, da troppo tempo anche il mondo cattolico era diviso sulla questione romana. Basti pensare alle diverse posizioni espresse, ancora qualche anno prima, della “breccia”, da Massimo D’Azeglio, che giudicava una follia Roma capitale, e da Alessandro Manzoni[40] che, invece, la considerava l’unica soluzione. Il fatto è che, quello che è stato definito “il giorno più grande del secolo decimonono”, stava dividendo non solo gli italiani, ma faceva dibattere le menti più illustri del momento, anche quella di non cattolici.

A ciò si aggiunga che la breccia di porta Pia aveva provocato nei romani e nel clero una specie di stordimento. L’ingresso dei bersaglieri aveva generato “uno stato d’animo non facilmente definibile, tra l’incredulità e la costernazione, tra la sorpresa e l’angoscia”[41]. La stessa “opinione pubblica” stentò a riprendersi dall’accaduto e tutto ciò conferma che si era passati attraverso un evento epocale che oggi difficilmente si può capire.

Soprattutto gli intellettuali e gli osservatori stranieri sono la testimonianza dello sbigottimento del mondo. Gregorovius poco più di un mese dopo il 20 settembre scriveva:

> Roma perderà l’atmosfera di repubblica mondiale che ho respirato qui per 18 anni. Essa scende al grado di capitale degli italiani i quali sono troppo deboli per la grande posizione in cui sono stati messi dalle nostre vittorie (...) Il Medioevo è stato spazzato via come da un vento di tramontana e con esso tutto lo spirito del passato. Sì, questa Roma ha perso completamente il suo incanto”[43].

Merita anche di essere ricordato “il concitato richiamo che il prepotente Momsenn rivolgeva al Sella una sera del 1871: ‘Ma che intendete fare a Roma? Questo ci inquieta tutti: a Roma non ci si sta senza avere propositi cosmopoliti’”[44]. “E ancora più tardi, nel ’77, incalzava sulle colonne del suo diario un grande scrittore, di diversissima origine e mente, il Dostoevskij; anch’egli poco persuaso di quel che l’Italia unita avrebbe potuto fare, anch’egli in traccia della ‘grande idea romana dei popoli uniti’, l’idea di cui il popolo italiano era depositario e che, certo, non era attuata dal ‘piccolo regno di second’ordine (...) senza ambizioni, imborghesito’”[45]. Importante pure una considerazione di Spadolini (che certo non poteva, allora, dirsi papista): “Volere o no, l’Italia aveva compiuto un sopruso temerario, distruggendo prima gli Stati della Chiesa e abbattendo poi il potere temporale nella stessa Roma. La conquista della capitale, compiuta per iniziativa dello Stato, senza alcuna partecipazione di insorti, contro tutti gli schemi del dottrinarismo mazziniano e contro tutte le regole del dinamismo garibaldino, con un’azione diplomatica e militare che rinunciava a tutti i crismi della retorica (...) Era la piccola Monarchia sabauda che entrava a Roma, forte dei diritti dello Stato moderno, ma violando la logica tradizionale della storia italiana, infrangendo il mito millenario dell'universalità cattolica"[46].

A tanti anni da quelle vicende il dibattito sulla questione romana continua. È certo che la storia non si può cancellare, ma è anche vero che a guadagnare le vicende, col "senno di poi", è stata proprio la Chiesa che ha riacquistato la sua dimensione esclusivamente spirituale, potendo manifestare al mondo intero una posizione più distaccata e *super partes*.

Notes

[1] Antonio Rosmini, *Indipendenza dello Stato dalla Chiesa*, in *Le principali questioni politico-religiose della giornata brevemente risolte*, in *Opuscoli politici*, *Opere edite ed inedite di A. Rosmini*, n. 37, a cura di G. Marconi, (Roma: Città Nuova Editrice, 1978), 125.

[2] Ibid., 126.

[3] Ibid., 127.

[4] Ibid., 129.

[5] Antonio Rosmini, *Separazione dello Stato dalla Chiesa*, in *Le principali questioni politico-religiose della giornata brevemente risolte*, Ibid., 130-131.

[6] Ibid., 133.

[7] Antonio Rosmini, *Armonia tra lo Stato e la Chiesa*, in *Le principali questioni politico-religiose della giornata brevemente risolte*. Ibid., 142 e segg.

[8] Ibid., 145.

[9] Luigi Settembrini, *Ricordanze della mia vita*, vol. I, (Bari: Laterza, 1934), 152. Citato da Arturo Carlo Jemolo, *Chiesa e Stato in Italia negli ultimi cento anni*, (Torino: Einaudi Editore, 1948), 50-51.

[10] Arturo Carlo Jemolo, *Chiesa e Stato in Italia negli ultimi cento anni*. Ibid., 54.

[11] Rocco Pezzimenti, *Storia e politica in Jaime Balmes*, (Roma: Aracne, 1999), 140-141. Vedi anche Giacomo Martina, *Pio IX (1846-1850)*, (Roma: U. G. E.,1974), 1, nota 2.

[12] Rocco Pezzimenti, ibidem, 145. Nel capitolo II, 45 e segg., è esaminata anche la solitudine di Balmes alla quale ho fatto riferimento.

[13] Jaime Balmes, *Pio IX*, (Firenze: Tipografia dei Fratelli Martini,1857), 79, *El Pio IX*, in *Obras completas*, vol. VII, (Madrid, BAC, 1950), 997.

[14] Ibid., 38 e 969.

[15] Ibid., 41 e. 971.

[16] Ibid., 53 e 979.

[17] Arturo Carlo Jemolo, *Chiesa e Stato in Italia negli ultimi cento anni*. Ibid., 350.

[18] Giovanni Spadolini, *Le due Rome. Chiesa e Stato fra '800 e '900*, (Firenze: Felice Le Monnier, 1975), 52 e 54. A proposito dell'anti-Concilio di Napoli, cfr. Pietro Scoppola, *La Chiesa e lo Stato liberale*, (Roma, Bulzoni Editore, 1972), appendice 4. Interessanti sono, al riguardo, pure le appendici 2 e 5.

[19] Domenico Massè, *Cattolici e Risorgimento*, (Roma, Edizioni Paoline, 1961), 49 e segg. Interessante è pure ricordare al riguardo quanto fu organizzato dagli anticle-

ricali in occasione del centenario della morte di Voltaire. Cfr. Giovanni Spadolini, *L'opposizione cattolica. Da Porta Pia al '98*, (Milano: Mondadori, 1976) 132.

[20] Lettera a Celestino Bianchi del 21 marzo 1865, citata da Arturo Carlo Jemolo, *Chiesa e Stato in Italia negli ultimi cento anni*. Ibid. 288.

[21] Giovanni Spadolini, *Le due Rome. Chiesa e Stato fra '800 e '900*. Ibid., 88. A proposito delle battaglie del *Kulturkampf* giova ricordare che quello "che conta, agli occhi del Pontefice, è la compatta resistenza dell'episcopato tedesco (...) sono i sei vescovi che preferiscono la deposizione e il carcere all'umiliazione dell'investitura governativa (Gnesen-Posen, Colonia, Breslavia, Paderborn, Münster e Limburgo)". Ibid., 91.

[22] Ibid., 92 e segg.

[23] Ibid., 96. Quanto detto spiega anche alcune altre affermazioni di Spadolini su Pio IX: "Più santo che politico". Le reazioni del papa ai fatti di quegli anni lunghissimi confermano il suo "fondamentale orientamento spirituale, che porterà alle grandi svolte del suo ultimo Pontificato, che anticiperà il fecondo processo di trasformazione della Chiesa moderna". Ibid., 221.

[24] Ibid., 209 e segg., e 216. Già nel 1855, rimane illeso con 130 persone dal crollo di un pavimento durante una cerimonia pontificia a Sant'Agnese. Oltre che gridare al miracolo, comincerà a pensare che la sua vita è chiamata a ben altri ardui compiti.

[25] Ibid., 218. Da ricordare che Farini scrisse di Pio IX che "dove non presentiva o sospettava offesa alla religione, era concorde co' novatori", ma, al contrario, ogni cosa che attentasse alla religione o "importasse disprezzo a discipline o persone religiose, gli turbava l'anima e la mente". Ibid., 236.

[26] Ibid. 228 e capitolo seguente. Da evidenziare che "la logica del Capo della Chiesa vince ancora una volta su quella del capo dello Stato", 231. Spadolini – 228, nota 1 – fa riferimento alla "Miscellanea Historiae Pontificiae" dell'Università Gregoriana dal titolo *Pio IX e Vittorio Emanuele II dal loro carteggio privato*, II, *La questione romana 1856-1864*, parte II (documenti), 82-83. Sempre Spadolini evidenzia che "Pio IX si preoccupa di spiegare al suo reale interlocutore che la lettera di Casale è giunta nelle sue mani *non prima del giorno sei corrente*: quasi a giustificare il ritardo. Altro sintomo rivelatore dell'animo".

[27] Giovanni Sale, *L'unità d'Italia e Pio IX*, in "La Civiltà Cattolica", vol. III, anno 161, 2010, 115.

[28] Ibid., 118.

[29] Francesco Malgeri, *Italiani senza Italia*, in *L'Unità e l'identità della nazione di fronte le sfide del XXI secolo, Verso il 150° anniversario*, Atti del Convegno di *Liberal*, I quaderni di *Liberal*, n. 4, dicembre 2009, 61.

[30] Giovanni Spadolini, *L'opposizione cattolica. Da Porta Pia al '98*. Ibid., 4.

[31] Ibid., 9-10.

[32] Pio IX, *Quanta cura*, in *Tutte le encicliche dei sommi pontefici*, raccolte ed annotate da Eucardio Somigliano e Gabriele. M. Casolari S. J., vol. I, quinta edizione, (Milano: dall'Oglio Editore, 1959), 264.

[33] Giovanni Spadolini, *L'opposizione cattolica. Da Porta Pia al '98*. Ibid. 20-21.

[34] Ibid., 18 e 22. Sui religiosi imprigionati, deportati, esiliati, confinati, fatto già verificatosi ai tempi di Napoleone, è possibile trovare gli elenchi in molti archivi delle diocesi italiane. Ho potuto recentemente visionare quelli della diocesi di Orvieto.

[35] Rocco Pezzimenti, *Storia e politica in Jaime Balmes*, soprattutto *A proposito*

dei beni del clero: riflessioni sulla proprietà. Ibid., 153 e segg. L'opera di Balmes cui si fa riferimento è *Observaciones sociales, politicas y economicas sobre los bienes del clero*, in *Obras completas*, vol. V, (Madrid: BAC, 1949).

[36] Giovanni Spadolini, *L'opposizione cattolica. Da Porta Pia al '98*. Ibid. 24-25.

[37] Giovanni Spadolini, *Le due Rome. Chiesa e Stato fra '800 e '900*. Ibid., XVIII.

[38] Ibid., 46. Anni prima Pio IX aveva accettato il pacifico ritiro delle guarnigioni austriache dalle Romagne. Ibid., 237.

[39] Ibid., 267.

[40] Ibid., 260, 491 e segg.

[41] Francesco Malgeri, *La stampa cattolica romana dopo il 20 settembre*, in "Humanitas", nuova serie, anno XXV, 8-9, Agosto-Settembre 1970, 840.

[42] Francesco Malgeri, *La stampa cattolica a Roma dal 1870 al 1915*, (Brescia: Morcelliana, 1965).

[43] Gregorovius, *Diari romani*, (Roma: M. Spada, 1979), 519.

[44] Nino Valeri, *La lotta politica in Italia dall'unità al 1925*, (Firenze: Le Monnier, 1966), 16.

[45] Ibid., 16.

[46] Giovanni Spadolini, *Il papato socialista*, (Milano: Longanesi, 1964), 207. L'intero capoverso è ripreso da una nota apparsa in Rocco Pezzimenti, *Dall'intransigenza alla laicità. Don Sturzo e le influenze del pensiero cattolico francese* (Napoli: Gallina Editore, 1984), 117.

ALAN G. HARTMAN
Mercy College in Dobbs Ferry, NY

THE ROLE OF THE ITALIAN NATIONAL PARISH IN THE CREATION OF AN ITALIAN-AMERICAN IDENTITY

The Italian American community is comprised of a series of formerly regional identities that were unified by a common social reality upon immigration to the United States. While it is very difficult to note the precise relationship between Italian Americans and the Catholic Church, the relationship can be summarized as one that both grew and transformed together with the maturation and changes of the Italian community in the United States. In this work, I will examine how the Catholic Church first changed from being an unfriendly and unrecognizable institution for Italian immigrants to a stable center of the community through which an ethnically unique identity and common experience for Italians was forged. Then, I will discuss how as Italian Americans are no longer socially, culturally, linguistically or religiously very different in their appearance or expression from dominant American culture, the national Italian parish lost its central role in the community just as the ethnically Italian populations dispersed from "Little Italies" to non-ethnic areas in the city, suburbs, and beyond. This loss of a common ethnic experience has allowed for an increase in personal faith decision making and association and as a result, Italian Americans decreasingly associate with their former ethnic communities, beliefs, or social realities today. Consequently, the very Church that once united the internally fragmented Italian community has itself now become a foreign social "other" to many Italian Americans.

The first Italian immigrants

There were "approximately twelve thousand Italians who came to America between the founding of the American Republic in 1783 and the establishment of modern Italy as a nation in 1871" (Mangione, 14) and they were often found in many areas scattered throughout the early United States. Unlike the waves of immigrants that would come in the late Nineteenth Century and often reside in Italian ghettos in industrial cities, these first Italian immigrants were often literate, from Northern Italy, and their association with the Church was one that was similar to that of most Middle

Class Americans of this period. The Catholic Church at that time, therefore, did not serve a suffering and destitute people but an economically stable community of people from the Italian peninsula who worshiped God and socialized together.[1] The presence of a distinctly "national" Catholic Church also indicated that there was a sizeable community during that period.[2] Also unlike later waves of Italian immigrants, early immigrants from the Italian peninsula felt welcome in the United States.[3] These first immigrants were often highly skilled as well as economically independent and this made them appear to be more sophisticated than the large waves of impoverished Irish and German immigrants that were still arriving in large numbers at that time. Educated Americans were very aware of the achievements of the Italian Renaissance, Italian Opera, and other areas of refined Italian culture,[4] which made socially established Americans interested to learn more about Italian culture and learn skills that Italian artists, musicians, and others had that were not often found in American society. Furthermore, the increasing presence of Italian political exiles that fought against the Roman Catholic Church and monarchs, particularly during the 1840s and 1850s, permitted many Americans to associate with Italians politically and spiritually. The 1848 founding of the short lived Roman Republic by Giuseppe Mazzini, during which time the Pope was forced to flee from Rome for safety in Ancona, Italy, surely was on the minds of Americans, many of whom likely shared anti-papish sentiment and anti-Catholic views.[5] Many failed revolutionaries from the popular uprisings in Venice, Milan, Naples, Palermo, and other areas joined the Italian exile community in the United States. As Emerson, Whitman, and Thoreau reflect in their writings at this time, the early American sentiment was one that encouraged individualism, democracy, and independence. These frustrated Italian refugees were often anticlerical political exiles in America that shared this patriotic sentiment and the Americans saw in the exiled Italians a reflection of earlier patriotic struggles against the English monarchy.[6]

After Italian unification, it is widely understood that most Italians still did not see themselves as "Italians" but instead only identified with people in their own towns and provinces. One such reason for this is that Italians were linguistically, culturally, and geographically disconnected from one another and did not share a common language nor a common history with the exception of that of foreign subjugation. Shortly after the unification of Italy, the patriotic and unifying fervor of the Risorgimento faded and the newly formed "Italians" quickly became acutely aware of the differences that existed between them. The Catholic Church, which remained the one unifying characteristic of nearly all "Italians", was vocally and politically opposed to the new nation-state of Italy. The ensuing Italian civil war known as the "Brigantaggio" then emphasized inner-Italian divisions and became a major factor that led to Southern Italian mass emigration.

We see the beginning of this new flow of immigrants to the New World in the 1870s, scarcely ten years after Italian Unification. It is clear that a new form of immigration from the impoverished Italian South was then poised to replace that of the bourgeoisie, Northern Italian immigrants[7] to the United States, who were generally skilled laborers and merchants. These new Italian immigrants were also fleeing the social and economic stagnation of the South, which only worsened since Italian unification. Understandably, it was this same wave of impoverished immigrants that brought with them many more needs than were ever before seen in the Italian community in the United States. It was the Roman Catholic Church that largely provided them with the tools they needed to unify into a single and solitary social and ethnic immigrant unit.

The largest group of Italian immigrants to the United States began to arrive after 1880. Silvano Tomasi is perhaps the scholar that best examines how the Roman Catholic Church in America addressed the needs of the new Italian immigrants in his work *Piety and Power, the Role of Italian Parishes in the New York Metropolitan Area*. While Tomasi examines the Catholic Church and its relationship with the Italian immigrant community only in the Archdiocese of New York, it is fair to say that this is also the most important place to examine the relationship between the two. This is because New York City became the singularly largest destination and residence of Italian immigrants to the United States and one of the few American cities that had an established "Italian" community that existed decades before Italian unification.[8] Furthermore, New York was one of the five oldest dioceses in the country and one of the largest.[9] By 1875, there already were four national Italian parishes in the United States. These churches were found in Philadelphia, New York, Newark, and Boston. As the population of immigrant Italians continued to grow, so too did the number of distinctly Italian National Parishes and territorial parishes with sermons in Italian.[10]

The Italian National Parishes

The creation of Italian National Parishes was initially a controversial practice to many American bishops. Silvano Tomasi examines very carefully the conflict and hesitation on the part of the often Irish Catholic Church Leaders to create national parishes when it was generally felt by bishops that new Catholic arrivals should assimilate into a non-ethnic

American Catholic Church.[11] A general "indifference to and distrust of the institutional church" (Tomasi, 47) was common among Italians, who as a people considered themselves to be very religious and God fearing though their expressions of faith were often considered to be superstitious and idolatrous.[12] The nature of the relationship between the Italian community and the Catholic Church is one that was very weak at first but that grew progressively through the late Nineteenth Century and into the early and mid-Twentieth Century. Roberto Orsi writes:

> In 1912, an Italian American priest, Louis Giambastiani, tried to explain his community to an American Catholic audience. He began with a conundrum: 'It is in a way difficult to reconcile the deep religious sentiment of the Italian people with their attitude toward their church and priests. It is a puzzle which is not easy to solve.' But, he insisted, Italians are nonetheless 'naturally and essentially a religious people' (75).

As we have already discussed, while the first Italian communities may have had an "Italian" Church in which to worship, these early faith communities did not depend on these first Italian National Parishes for much other than spiritual and social support. With the enormous growth in size and dynamic of the Italian community, however, the Italian National Parishes eventually evolved into the social, faith, community, educational, and political center of the ethnically Italian neighborhoods in which they were found.

American Catholics often saw Italian immigrants as a problem because:

> They didn't attend mass, didn't receive the sacraments, didn't support the church financially, didn't patronize the parochial schools, didn't respect the clergy or contribute to their numbers, and didn't realize they should have been doing better at all of these things (Brown, 28).

Many scholars, however, note that this in no way meant that the Italians were irreligious or absent of religious faith, although this may well have been the reality for some of the immigrants. In Southern Italy, peasants rarely received the Eucharist at mass and although they would receive other sacraments like baptism, confirmation, reconciliation, marriage, etc…, regular mass attendance was not always expected of them and church administration was often funded entirely by the Southern Italian elite. Essentially, the institutional church in Italy was as distant and foreign to the average Italian peasant as was most of the American Catholic Church. In the

United States, homilies were largely delivered in English, donations were required to sit in the main church or sometimes even stand in the back of church during mass, and hostility towards Italians by non-Italian congregations and/or clergy as well as other elements initially alienated Italian immigrants from Catholicism.[13] Therefore, the Church had to adopt a National Parish model for welcoming Italians and making sure that they stayed in the church, as many were also courted by Protestant and schismatic churches.[14]

When supporting a National Parish was not financially or logistically possible for whatever reason, the Church often used what Silvano Tomasi refers to as a "Duplex Parish" model. A "Duplex Parish" is a faith community that worships in the same physical parish church as another faith community, though often in a different part of the building. One such example of this is how Italian immigrants worshiped in the basement of Transfiguration Parish near Mulberry Street in Manhattan before Most Precious Blood Parish on Baxter Street, with a rear entrance onto Mulberry Street, was founded as an Italian National Parish. The "Duplex Model" was a very common model for all new immigrant groups that did not have their own church building in which to worship and so worshiped as a separate group in the English speaking territorial parish.[15] Lastly, mission churches or chapels were also erected so that Catholic faith communities could gather there for mass when a parish church or chapel was not accessible or available.[16]

Faith was essential for most Italian immigrants, many of whom practiced their devotions outside of the Church and without direction from a priest. Many scholars discuss how the popular "feste", or religious celebrations in honor of a patron saint, were originally popular celebrations that were initially held away from the church and absent of church authorities. Orsi notes how the first "festa" for Our Lady of Mount Carmel in East Harlem was held "in the courtyard of a house on 110th Street near the East River: in the following year, the festa was held on the first floor of a house on 111th Street and the East River in a rented room that measured eight by thirty feet" (52).

> Such celebrations were common among Italian immigrants. One Catholic observer noted in 1900 that when immigrants from the same town managed to take over an entire tenement, they would transform the building's backyard into the setting of their religious celebrations. Another Catholic commentator remarked in 1899 that Italians seemed to prefer outdoor devotions to entering a church. (Orsi, 52)

In Orsi's observations, it is clear that Italian immigrants felt comfortable expressing their religious devotions outside of Catholic Churches, away from clergy, and among people that were from the same town or province as they.

The religious experience of the early arrivals, therefore, is one that remained very fragmented and removed from that of the dominant American Catholic community. Orsi emphasizes that only in 1883, one year after the first "festa," did an Italian priest say a mass and lead a procession in honor of the devotion of Our Lady of Mount Carmel. He did not remark if a priest did this for the other faith communities that had devotions to other saints[17] in the community but could be an indication of the importance and size of those that celebrated the feast of Our Lady of Mount Carmel. Alberto Micalizzi notes that the patron saint of the Sicilian city of Nicosia was celebrated in the United States where large communities of Nicosians were found to show the surrounding Italian American community as well as the larger and dominant American community that such a population was indeed present where they lived. The size of the feasts also allowed the Nicosians to stress their importance as well as allow the immigrants to communicate to those left behind in Sicily that the immigrants in America still recognize that they share the same community even though they are now abroad.[18]

Italian immigrants saw the helping hand of the Roman Catholic Church most particularly after 1890, when European bishops gathered to establish St. Raphael societies to help Catholic emigrants leave Europe and arrive in the United States safely and in an organized fashion.[19] Such an organization already existed since 1871 for the German Catholics and was very successful. "On December 9-10, 1890, an international conference of St. Raphaelsverein, an organization founded by Peter Paul Cahensley in 1871 for the care of German Catholic emigrants, was held in Lucerne, Switzerland" (Tomasi, 87) and later at the conference, a document was "signed by officials of the Society from seven different countries, (which) petitioned the Pope for parishes, priests and bishops suitable to the nationality of the immigrants" (Tomasi, 87). Essentially, this guaranteed exceptional spiritual care for immigrants because of their special needs, experiences, and dangers. Led by Bishop Scalabrini, this creation of a "double jurisdiction" (Tomasi, 87) for immigrant national parishes and territorial parishes was not a small change for archdiocesan operations but an enormous demonstration of solidarity by the Catholic Church with the migrants as well as recognition of their special spiritual and temporal needs.

The Catholic Church in the United States

In the United States, the Catholic Church also actively sought to provide the sacraments for communities of Italians when they were found to be far from a Church. Often these immigrant groups lived together entirely absent of access to the sacraments. Thomas J. Shelley describes how when Fr. Dean Ling in Yonkers, NY discovered "there were perhaps as many as fifteen hundred Italians in south Yonkers and another four thousand Italians in the neighboring city of Mount Vernon, without a single priest to care for them" (31). Ling then had the Italians use a chapel in the territorial parish of St. Mary's for worship, but only started to receive many Italians at mass when they built the Italian parish of St. Anthony's, which also had an Italian pastor.[20] Similarly, the parish of St. Philip Neri was erected in the Bronx by Irish pastors to serve the Italian workers that were building a nearby reservoir and St. Rita of Cascia parish was built where a poor but numerically large Italian community was found in the South Bronx. In each of the above cases, it was not an Italian popular movement that created a national parish in which to worship but instead a sacramental and institutional need was identified on the part of archdiocesan officials for the creation of such national parishes. This reflected a changing and increasingly favorable sentiment by archdiocesan leadership towards Italian immigrants as the Twentieth Century progressed.[21]

The initial weariness of immigrant Italians towards priests they did not know, particularly of those that were not Italian, forced American dioceses to depend heavily on secular priests from religious orders. This dependence eventually waned as diocesan seminaries and American religious orders received more Italian American vocations as well as vocations from Italy.[23] Indeed, many American dioceses and religious orders recruited for vocations in Italy to address this problem. As the Italian immigrants stayed in the United States, however, they also began having families of their own and their children, who often spoke an Italian dialect at home but were also fluent in English, were raised in an Italian community that centered around the Catholic Parish by the 1920s. During this period, Italian American children received their sacraments in the parish, perhaps attended parochial schools, and often socialized in the parish with other Italian American children from the community. Some Italian parishes also had kindergartens and nurseries for working mothers and others had recreational groups and perhaps even a summer camp where children were sent for constructive recreation when they were not in school and during which time they would otherwise be working menial and sometimes dangerous jobs or playing in the streets and alleyways of their neighborhoods, which were also often dangerous places morally and physically.[23] This means that the relationship that second generation Italian Americans had with the Catholic Church was often foundationally and practically different from the experiences of their parents.

Whereas peasant Italian immigrants were often marginalized from the structural church, the children of these immigrants were raised in a church that actively sought to provide them with the sacraments, instruction in the faith, and skills with which they could become successful in American society, within or outside of the Italian immigrant community. This period marks the enormous shift wherein the Italian National Parishes, now in their second generation, no longer needed to seek out a congregation but instead served as the social and faith centers for their communities. This period was also marked by an increase in Italian American vocations to religious life and therefore the Catholic Clergy also became increasingly Italian American and as such more accurately reflected the transformation of the ethnic community in which they served from a destitute immigrant population to an integrated American community.

The Catholic Parish also uniquely served "as political organizing spaces for Catholic women (who generally lacked other formal means of self-assertion) and men" (Savidge-Stern, 5) at a time when most churches and expressions of dominant American culture discouraged such activities. Immigrants that could not speak English "relied on ethnic newspapers as their main or even only source of information about politics in their host country" (Luconi, 1033). Italian language newspapers in the United States were often influenced by "economic constraints and short-term opportunism" (Luconi, 1034), and thus these periodicals were ineffective as cultural and social agents to the betterment of the Italian American community.[24] Instead, the Italian language newspapers were too preoccupied with the need for financial stability and survival to devote themselves fully and uniquely to the concerns and interests of the Italian American community.[25] As such, the Catholic Church remained the only large institution through which poor Italians were able to congregate, socialize, and empower one another as a community with political or social interests. Thus, the Italian American Catholic Church was nearly the opposite type of institution than it was in Southern Italy, where instead of empowering the poor masses of its congregations it would regularly support the agendas of the social elites who had often supported the church for centuries.

Children of Italian immigrants beginning around the 1920s also were growing up in a far more established and stable Catholic Church than their parents experienced when they arrived. Whereas the Catholic Church underwent enormous expansion from 1840-1920, precisely during the greatest period of immigrant influx, by the 1930s the Church was institutionally centralized and it remained increasingly so into the third and subsequent generations of Italian Americans. This allowed for the children of Italian immigrants to sense that they belonged to a strong Italian American social and faith community, which was also an important part of a large, influential, and efficiently run Church.[26] Furthermore, a common identity for "Italians" was created partially because of their identification with the Italian national parish system and the common use of the Italian language in the Italian Apostolate, which was used to preach homilies at mass as well as host missions to Italian communities that did not belong to Italian National Parishes. This is significant because children that were born to immigrants from Italy who may not have considered themselves to be "Italian" and who very likely did not speak or read standard Italian recognized themselves and their parents as "Italians" because of the ethnic, cultural, and linguistic group that was found in their Catholic parish, parochial school, and church related social and faith organizations common to Italian Catholics of this period.

Precisely as Italian American children were increasingly likely to see themselves, their parents, and their culture as "Italian", so too were they increasingly likely to consider themselves Catholic. While virtually all Italian immigrants that passed through Ellis Island declared themselves as Catholics, except for those often belonging to the Northern Italian Waldesian community, the average Italian immigrant experienced only a slight and marginal relationship with the Catholic Church. This new "Italian American" generation, however, identified with the Church as the center of their community wherein they, together with other Italian Americans, celebrated traditions, feasts, and religious devotions that were unique to Italians. Furthermore, the celebration of the sacraments, from attending mass to the sacraments that mark all of the major life stages from Baptism to the Last Rites, became commonplace and expected throughout the community.[27] Indeed Italian Americans felt a sense of "peer pressure" to socialize and receive the sacraments because this practice became an integral part of the Italian American Experience. Elizabeth Mathias has studied how the transition of Italian funeral traditions show a noticeable shift in practice and emphasis in the Italian American community beginning in the 1920s and 1930s. She argues that the intense focus on the human soul found in peasant superstitions and folk practices progressively transformed together with economic betterment into a material focus on the funeral ritual, the display of wealth, and the appearance of the body at the wake as well as the elaborateness of the gravestone. As the Italian community moved into its second and third generations, Mathias writes that:

> Folk religious practice went underground or disappeared under the pressures of the new models for "proper" display. In the entire procedure *bella figura*, or good showing, continued to establish itself in funereal display. (43-44)

Indeed, in the second and third generations of Italians in America, it was the Catholic Church that became the public space for Italian Americans to express themselves and gather as well as the very vehicle that allowed Italian Americans to witness and experience a unified ethnic reality, identity, and experience. It was also the social betterment of the Italian American community as a whole that led to its subsequent decline as a group with a shared common experience.

In the third and following generations of Italian Americans, the faith experience of Italian American Catholics is arguably little different than that of non-Italian Americans. Many scholars discuss how the celebrations of the *feste* have transformed in recent generations into parish fundraisers that place only a small focus on the religious elements of the celebrations.[28] Furthermore, economic betterment and social mobility has permitted Italian Americans to leave Italian ethnic ghettos for more pleasurable and less densely populated living spaces outside of the inner city.[29] The ensuing loss of traditionally Italian population centers then led to the suppression[31] or transformation of many Italian National Parishes into parishes that served mixed Italian and non-Italian populations or non-Italian communities entirely. Mary Elizabeth Brown describes the transformation of many of these parishes in her work and emphasizes how the Italian National Parish was no longer needed by most traditional New York City inner-city Italian communities by the 1960s.

"The trajectory of a person's experiences is, always and everywhere, in large part a narrative of experiencing the world as the body allows, does not allow, or "interprets," providing metaphors and nourishing the imagination" (Romanucci-Ross , 59). Thus the lack of a shared social experience among Italian Americans as well as an absence of lived experience as an ethnic or linguistic minority became commonplace as most third generation Italian Americans tended not to live in an Italian ethnic enclave nor speak Italian or the regional dialects of their grandparents.[31] This progressive disassociation of Italian Americans from one another as an ethnic group is also reflected in the decline in organizational unity among Italian Americans. Membership in the Order of Sons of Italy in America, the largest

Italian American organization, reflects the change in ethnic affiliation by Italian Americans. Luconi observes that:

> From 125,000 individuals in 1918 to nearly 300,000 in the early 1920s but dropped to 98,000 in 1977. It was to fall farther, to 90,000 people in the early 1980s… (the organization) therefore was not representative of the rising third and fourth generation Italian Americans who did not speak the language of their grandparents, married outside of their nationality… (*Paesani*, 138).

As such, it is fair to note that while numerically Italian Americans comprised the fifth largest ethnic group in the United States in the 2000 U.S. Census, their lack of affiliation with the largest Italian American Organization in the United States and the breakdown of manifestations of distinctly Italian American religious observations signify that the Italian American Catholics of the Twenty-First Century are similar in faith and organizational practices to non-ethnic Americans.

Alberto Micalizzi writes that "Oggi, a più di cento anni dall'inizio dell'emigrazione… nelle Americhe, il processo di assimilazione... si è definitivamente concluso" (119). The present near-absence of a common lived experience by Italian Americans strongly agrees with Micalizzi's thought and their faith experience is no exception. While the assimilation of all Italian Americans in the United States into dominant American culture has not yet occurred, the shared ethnic, faith, and social journey of most Italian Americans certainly has concluded. Precisely as the Italian American *festa* has become a celebration of Italian heritage rather than that of pious devotion, so too will the Italian American collective memory depend on nostalgia for group expression as the quotidian lives of members of the community are increasingly diverse, unique, and without first hand knowledge of a commonly lived social or faith experience.

Notes

[1] The fact that early Italian groups did found Catholic parishes is important to note as it shows that they did identify as a group. They did not, however, always identify as "Italians". Our Lady of Pompeii and St. Anthony Catholic Parishes in New York City's Greenwich Village were both founded by different groups of Genoan immigrants. So too was St. Mary Magdalen dei Pazzi the first Italian National Parish in Philadelphia, founded in 1852, and also founded by mostly Genoan immigrants (Juliani, 166).

[2] "Already by the 1850s the eastern seaports of New Orleans, Philadelphia, New York, and Boston had small Italian communities, mostly seamen and merchants, and a handful of political refugees" (Tomasi, 63).

[3] "From its earliest days, residents had held highly favorable perceptions of Italians. Beginning with William Penn himself as a young man, members of prosperous and prominent families visited Italy in search of intellectual edification, aesthetic cultivation, material gain, and personal adventure. These activities established maritime trade that commercially linked Italian ports and Philadelphia by 1760 and opened a door through which would flow travelers as well as agricultural products, native stone, manufactured goods, technological skills, artistic techniques, scientific knowledge, and philosophical ideas" (Juliani, 3)

[4] "The political and literary circles of New York and Boston, in fact, outdid each other in welcoming, entertaining and supporting the Italian *fuoriusciti*, the exiles from the various States of the Italian peninsula. As people condemned for their involvement in the revolution of a united Italy, they were receive in America as the symbol of freedom from bourbonic and papal tyrannies. In the eyes of the United States, this small Italian community of New York was a worthy and acceptable continuation of the Reformation and of the American Revolution" (Tomasi, 64).

[5] On January 30, 1860 the New York Times published an article "The Final Issue Between the Papacy and Civilization" . In this article the columnist writes that in the war for Italian unification against the Papal States that "the Papal question has revived a sprit in the Church which would be alarming if we did not know that a large proportion of the country has become too civilized to fall back again into the struggles and practices of the dark ages… it is not the Christian religion, it is not the interests of the Almighty, nor in fine the Almighty himself, which occupies attention, so much as the secular power of the Church, and the privilege to continue at Rome a political despotism which is a disgrace to the age in which we live".

[6] It is important to note that the most important Italian revolutionary, Giuseppe Garibaldi, was one of these Italians in America. He resided in New York and his house on Staten Island is now the Garibaldi-Meucci Museum.

[7] "The Italians migrating to the United States came mostly from Southern Italy and Sicily. The official Italian statistics report that 5,058,776 Italians migrated to the United States 1876-1930 period: 4,034,204, or 80% of the total, were southerners, and only 1,024,572, or 20%, were from the central or northern regions" (Tomassi, 16-17).

[8] Silvano Tomasi notes how of the 705,048 Italians that came to the United States 1889-1900, 682,134 of these "gave New York as their destination" (30).

[9] In 1808 "Rome made Baltimore an Archdiocesan see, with suffragan dioceses in Boston, New York, Philadelphia, and Bardstown, Kentucky" (Carey, 21).

[10] "In 1880… New York had one Italian parish. In 1902… there were ten Italian parishes. Archbishop Corrigan's successor, John Murphy Farley (Cardinal Farley after 1911) was archbishop 1902 to 1918; he authorized a dozen Italian parishes. Patrick Joseph Hayes (Cardinal Hayes after 1924), archbishop from 1918 to 1938, established eighteen. In 1941… 47 parishes in the City and Archdiocese of New York (Manhattan, Staten Island and Bronx) used Italian for at least one sermon on the Sunday Mass schedule" (Mary Elizabeth Brown, 48).

[11] "The Church, officially committed to nationalism, even to the risk of relinquishing its universal prophetic mission, understood well that 'Americans have no longing for a Church with a foreign aspect'" (Tomasi, 44).

[12] "The Italians were obviously destitute of vital religion. Idolatrous and supersitutious as they were, not only did they need the Gospel, they had also to be made into men" (Tomasi, 47).

[13] One example of this is the construction of St. Joseph Patron of the Universal Church in Bushwick, Brooklyn. Here, the congregation was too large and too distant to worship at the original Sicilian parish of Our Lady of the Rosary of Pompeii in Williamsburg, Brooklyn and began worshiping at the nearby and largely German parish, St. Leonard's. Ethnic tensions erupted at St. Leonard's, however, and the Italians needed to build St. Joseph Patron of the Universal Church Parish or walk the long distance to the overcrowded, ethnically Sicilian parish in Williamsburg. This is one example of a common phenomenon at that time.

[14] Many scholars have noted how Protestant churches as well as National Catholic Churches independent of Rome sought Italian Catholic converts. The poor theological preparation of most Italian Catholics as well as the often poor outreach to Italian Catholics that did not live in areas with Italian National Parishes or ministries by the Italian Apostolate by American Catholic dioceses were often primary targets for these groups.

[15] Thomas J. Shelley uses Yonkers, NY as a microcosm of the Catholic Church in the United States because of the many ethnic groups that arrived there and built their own ethnic Catholic parishes 1890-1900. Before doing so, however, he notes how Italians and Polish, at different times, worshiped in the chapel of the English speaking territorial parish of St. Mary's before building their own National Parishes, where they could then worship.

[16] In the research I have encountered, it is not always clearly expressed if a parish's chapel is a structurally different building than the parish church or rather in the same physical location as the territorial parish but in a different part of the church building, such as a side-chapel, in the apse, or a basement that is designated as a chapel.

[17] It is also important to note that the Irish clergy were deeply suspicious of the outdoor "feste" and processions that the Southern Italian communities celebrated. Furthermore, these types of outdoor celebrations reaffirmed the "foreigner" nature of the Catholic Church at a time when Irish American clergy were very interested in appearing as an "American" Church so as to attract American converts.

[18] "L'occasione religiosa dava la possibilità di 'apparire', dimostrare la propria importanza sia in seno alla comunità italo-americana, sia in quella d'origine, che veniva a conoscenza delle gesta sociali attraverso le corrispondenze pubblicate nei giornali locali. L'omaggio al Santo Padre della Provvidenza usciva quindi dalla devozione del singolo nicosiano per divenire l'occasione di affermare la comunità in terra straniera, tra i connazionali ivi emigrati e tra i concittadini rimasti in patria". (Micalizzi, 113).

[19] Note the letter "Report of Peter Paul Cahensly President of the International St. Raphael Societies to Archbishop John Farley of New York at the Conclusion of His 1910 Tour October 8, 1910. Found in *The Catholic Church and German Americans*, by Colman J. Barry, 1953, pp. 326-328.

[20] Shelley also writes how in 1895 when the Italians were first allowed to use the chapel for their masses that the priest, Fr. Corley, noted how the Italians "seem to fear that there is a secret effort to spring some device on them for money" (31), and so only twenty or so people attended mass there.

[21] St. Philip Neri was established as a parish in 1891, St. Rita of Cascia in 1900. St. Anthony's in Yonkers was also established in 1900.

[22] "In the early years of Italian parishes, the religious orders predominated. (Archbishop) McCloskey invited the Order of Friars Minor (Franciscans)… the Pious Society of the Missions (in 1884)… the Missionaries of Saint Charles in 1887, the Society of Jesus (Jesuits) in 1891, and the Salesians of Saint John Bosco in 1898. (Archbishop) Farley invited no new men's orders, but in 1922 Hayes introduced the Congregation of the Sacred Stigmata (Stigmatines)" (Brown, 54). Corrigan also invited many women's orders, including Mother Frances Xavier Cabrini's Missionaries of the Sacred Heart in 1889.

[23] Nativity Parish in the Lower East Side was an example of a parish that had a summer camp. The Jesuit leadership of the parish began the camp when they were in St. Joachim's Italian Parish, which was also located in the Lower East Side.

[24] "the non-English speaking group remained a considerable cohort of the Italian-American population. No data are available nationwide but, according to a case study, about one forth of Boston's residents of Italian descent could not understand English as late as 1941" (Luconi, 1033).

[25] Luconi argues that Italian newspaper editors supported Italian American politicians "to further the rise of Italian Americans in politics, but also from the efforts of the editors of the Italian-language newspapers to impose themselves as political leaders within their own communities" (1042).

[26] While Italian national parishes were still being constructed in the 1920s, it is important to note that no new Italian National Parishes were erected in the 1930s or after in New York City and those that were erected in the 1920s were built in areas of the Bronx and Manhattan that reflected migration patters of middle class Americans into northern Manhattan, Staten Island, and the Bronx. Altogether, this shows that while there continued to be large immigrant Italian communities into the 1920s, they were increasingly better positioned for economic and social upward mobility, away from the impoverished Italian ghettos where they began.

[27] The average Italian peasant did not receive the Eucharist on a weekly or frequent basis in Italy but such a practice was commonplace in the United States. As such, the very nature of liturgical celebration and expression reflects a visibly and practically different expression of Catholicism.

[28] "the *festa* became an increasingly secularized event… the new *festa* was linked to the past, not the supernatural. The attractions advertised in newspapers were not religious, but homemade sausages, peppers, meatballs, pizza, fried dough, calzone, and Italian nuts and ice cream. The reformed *festa* became a way to share the Italian heritage with non-Italians." (Brown, 170-171).

[29] Robert Orsi notes that Italians that left East Harlem still returned annually for the *festa* of Our Lady Of Mount Carmel. He writes that "Italian Americans still came to the festa in great, although ever diminishing, numbers throughout the 1950s and 1960s, but these were very different Italian Americans coming to a very different festa. They had left the neighborhood and had become more American: they returned to an Italian American Catholic parish that had an annual feast… Throughout the postwar period, the parish clergy redefined the nature of the festa. A greater emphasis on order and decorum appeared, as the clergy attempted to control what they saw as the

less acceptable features of the devotion; and there was at last a chance of their succeeding in this." (72).

[30] When a parish is "suppressed", the parish is closed and the former parish's financial and physical holdings become property of the diocese.

[31] Stephen Puleo notes how after the Second World War "these World War II veterans, these sons of Italian immigrants, began to marry, have children, and leave the inner city in droves. During the late 1940s and 1950s, and into the 1960s, the Boston Italians without question became the Greater Boston Italians, moving to nearby communities such as Chelsea, Winthrop, Revere, Medford, Malden, Somerville, Everett, and Quincy and even to a ring of communities beyond such as Wakefield, Stoneham, and Arlington, and further still to small towns like Woburn, Winchester, and Burlington" (226).

Bibliography

"Garibaldi", *The New York Times*, May 31, 1859.

"France" *The New York Times*, Feb. 20, 1860.

"The Final Issue between the Papacy and Civilization". *The New York Times*, Jan. 30, 1860.

"France". *The New York Times*, Oct. 16, 1860.

"The Emperor and the Pope". *The New York Times*, Mar. 24, 1862.

"Italian Political Club". *The New York Times*. Sep. 9, 1871.

"Swindling Immigrants". *The New York Times*. Dec. 10, 1872.

"The Italians". *The New York Times*. Dec. 11, 1872.

"The Homeless Italians". *The New York Times*. Dec. 13, 1872.

Barry, Coleman J. *The German Catholic Church and German Americans*. Milwaukee: Bruce Publishing, 1953.

Brown, Mary Elizabeth. *Churches, Communities, and Children: Italian Immigrants in the Archdiocese of New York, 1880-1945*. Staten Island: The Center For Migration Studies, 1995.

Carey, Patrick W. *Catholics in America*. 2nd ed. New York: Rowman and Littlefield, 2004.

Choate, Mark I. *Emigrant Nation, The Making of Italy Abroad.* Cambridge: Harvard UP, 2008.

Duggan, Christopher. *A Concise History of Italy*. Cambridge: Cambridge UP, 10th Ed. 2008.

Hogan, Dennis P. and David I. Kertzer. "Migration Patterns during Italian Urbanization,1865-1921". *Demography*, 22.3 (Aug. 1985), 309-325.

Juliani, Richard N. *Building Little Italy, Philadelphia's Italians Before Mass Emigration*. 2nd ed. University Park: Pennsylvania State UP, 1999.

Lalli, Michael. "The Italian-American Family: Assimilation and Change, 1900-1965" *The Family Coordinator* 18.1 (Jan. 1969), 44-48.

Luconi, Stefano. "The Italian-Language Press, Italian American Voters, and Political Intermediation in Pennsylvania in the Interwar Years". *International Migration Review*. 33.4 (Winter, 1999), 1031-1061.

Luconi, Stefano. *From Paesani to White Ethnics*. Albany, NY: State of New York Press, 2001.

Mangione, Jerre and Ben Morreale. *La Storia, Five Centuries of the Italian American Experience.* New York: Harper Perennial, 1993.

Mathias, Elizabeth. "The Italian-American Funeral: Persistence through Change". *Western Folklore*, 33.1 (Jan.1974), 35-50.

Micalizzi, Alberto. *Il cuore nella valigia.* Livorno: Il Quadrifoglio, 2006.

Moe, Nelson. *The View from Vesuvius.* Berkley: Univ. of California Press, 2002.

Morrogh, Michael. *The Unification of Italy*. New York: Palgrave. 2nd Ed. 2002.

Orsi, Robert. *The Madonna of 115th Street.* New Haven:Yale UP, 2nd Ed. 2002.

Puleo, Stephen. *The Boston Italians*. Boston: Beacon Press, 2007.

Putnam, Robert D. *Bowling Alone.* New York: Simon and Schuster, 2000.

Romanucci-Ross, Lola. "Matrices of Italian Identity: Past as Prologue". *Ethnic Identity*. Ed. Lola Romanucci-Ross, Georgee A. De Vos, Takeyuki Tsuda. Altamira Press: Lanham, 2006.

Savidge Stern, Evelyn. *Ballots and Bibles, Ethnic Politics and the Catholic Church in Providence*. Ithaca: Cornell UP, 2008.

Shelley, Thomas J. 'Dean Ling's Church: The Success of Ethnic Catholicism in Yonkersin the 1890s". *Church History*, 65.1 (Mar. 1996), 28-41.

Tomasi, Silvano. *Piety and Power, The Role of Italian Parishes in the New York Metropolitan Area.* Staten Island: The Center for Migration Studies, 1975.

Vandiver Nicassio, Susan. *Imperial City, Rome Under Napoleon*. Chicago: Univ. of Chicago Press, 2005.

Velikonja, Joseph. "Italian Immigrants in the United States in the Mid-Sixties". *International Migration Review*, 1.3 (Special issue: The Italian Experience in Emigration. Summer, 1967), 25-37.

STEFANO VACCARA
America Oggi

LA MAFIA, STRUMENTO DI GOVERNO LOCALE

L'anniversario dei centocinquanta anni dell'unità d'Italia coincide con un altro anniversario, parallelo e tutt'altro che edificante: la trasformazione della mafia siciliana in "strumento di governo locale". L'organizzazione segreta criminale, quella che poi, a partire del XX secolo e grazie soprattutto al costante e proficuo rapporto con i mafiosi emigrati negli Stati Uniti, comincerà a chiamarsi ed essere conosciuta anche col nome di "Cosa nostra", esisteva già prima dello sbarco dei Mille di Garibaldi. Ma non era ancora mafia, o almeno prima dell'unità quel nome "non esisteva". Meglio, con quel nome non si indicava la potente organizzazione segreta capace di esercitare funzioni di pubblico servizio, come il mantenimento dell'ordine costituito o l'amministrazione di una certa giustizia.

La mafia, nei secoli prima dell'unità d'Italia, non esisteva e nei cinquant'anni precedenti al 1860, quando "la setta" comincia ad affermarsi, non era ancora arrivata ad avere il monopolio del reclutamento di mano d'opera per il lavoro agricolo, minerario, o delle imprese commerciali. Né era intermediaria e agevolatrice dei lavori pubblici, o anche animatrice di società imprenditoriali. E neppure era diventata quella garanzia di "assicurazione contro se stessa", contro i rischi dei gravi danni materiali e umani che puntualmente avrebbe comportato tenerla fuori da un affare: dal più grande a quello più microscopico, tutti comunque interessanti per il fatturato dell'impresa mafia.

La Mafia si chiama quindi mafia, con questo nome "senza storia"[1] prima dell'unità, per quelle sue ormai storiche funzioni di strumento di governo locale. È questa efficace espressione che spiega cosa è stata la mafia a partire dalla metà del XIX secolo fino a ieri (oggi?). Gli italiani la lessero — o almeno quella percentuale che era in grado allora di farlo — già nel giugno del 1875, quando un parlamentare della sinistra storica, Diego Tajani, già procuratore capo alla corte di Appello di Palermo tra il 1868 e il 1872, in un discorso riportato dai maggiori giornali dell'allora regno d'Italia, puntando il dito contro gli scranni del governo come del parlamento, disse:

> La maffia che esiste in Sicilia non è pericolosa o invincibile di per sé. Lo è invincibile e pericolosa perché è uno strumento di governo locale[2].

Con l'avvento del neonato stato italiano, il mafioso si trasforma da "fuorilegge" a "supplente della legge". Lo stato non c'è, non vuole esserci, non riesce a esserci o semplicemente c'è ma è come se non ci fosse: la mafia ne assume le funzioni. Si potrebbe obiettare che detta "supplenza mafiosa" esisteva anche al tempo del regno delle Due Sicilie. Piace affermare, anche con un certo intento provocatorio in occasione della ricorrenza dell'anniversario unitario, che se prima dell'arrivo di Garibaldi in Sicilia c'erano i mafiosi ancora non c'era la mafia. C'erano dei criminali più o meno organizzati in sette segrete, che magari già giocavano con le santine e gli spilli[3], che commettevano estorsioni o altro tipo di ricatti e ruberie, ma che non avevano affatto il controllo nella vita economica, politica e sociale dei siciliani come gli appartenenti alle cosche mafiose riusciranno a fare dal 1860 in poi e fino a ieri (con la parziale esclusione di parte del ventennio fascista).

Identificare il mafioso

Ma chi è il tipico mafioso, o "uomo d'onore", nel 1860? E come è riconosciuto e viene chiamato dai siciliani? Chiediamo aiuto ad un classico della letteratura mondiale, il Gattopardo di Giuseppe Tomasi di Lampedusa. Terminato a circa 95 anni dall'avvenuta unità d'Italia, pubblicato postumo nel 1958, il capolavoro chiarisce i tratti del tipico mafioso in ascesa del 1860.

Lasciamo da parte il "futuro mafioso" Tancredi (interpretato nel film di Visconti da un giovanissimo Alain Delon), nipote del Principe di Salina, e colui che pronuncia la frase "se vogliamo che tutto rimanga come è, bisogna che tutto cambi"; escludiamo pure il protagonista del romanzo, il Principe Fabrizio (che Visconti fa vivere nel "sosia" Burt Lancaster).

Il primo "quasi mafioso" lo incontriamo nel primo capitolo del romanzo: è don Ciccio Ferrara, il contabile che amministra i feudi del principe di Salina. Il personaggio viene così introdotto dallo scrittore:

> Entrò don Ciccio Ferrara, il contabile. Era un ometto asciutto che nascondeva l'anima illusa e rapace di un liberale dietro occhiali rassicuranti e cravattini immacolati. Quella mattina era più arzillo del consueto: appariva chiaro che quelle stesse letizie che avevano depresso padre Pirrone avevano agito su di lui come un cordiale. "Tristi tempi, Eccellenza" disse dopo gli ossequi rituali "stanno per succedere grossi guai, ma dopo un po' di trambusto e di sparatorie tutto andrà per il me-

> glio, nuovi tempi gloriosi verranno per la nostra Sicilia; non Fosse che tanti figli di mamma ci rimetteranno la pelle, non potremmo che essere contenti." Il Principe borbottava senza esprimere un'opinione. "Don Ciccio" disse poi "bisogna mettere dell'ordine nella esazione dei canoni di Querceta; sono due anni che da lì non si vede un quattrino." "La contabilità è a posto, Eccellenza." Era la frase magica. "Occorre soltanto scrivere a don Angelo Mazza di eseguire le procedure; sotto-porrò oggi stesso la lettera alla vostra firma" e se ne andò a rimestare fra gli enormi registri nei quali, con due anni di ritardo, erano minutamente calligrafati tutti i conti di casa Salina, meno quelli davvero importanti. Rimasto solo don Fabrizio ritardò il proprio tuffo nelle nebulose. Era irritato non già contro gli avvenimenti che si preparavano ma contro la stupidaggine di Ferrara nel quale aveva ad un tratto identificato una delle classi che sarebbero divenute dirigenti. "Quel che dice il buon uomo è proprio l'opposto della verità. Compiange i molti figli di mamma che creperanno e questi saranno invece molto pochi, se conosco il carattere dei due avversari; proprio non uno di più di quanto sarà necessario alla compilazione di un bollettino di vittoria a Napoli o a Torino, che è poi la stessa cosa. Crede invece ai 'tempi gloriosi per la nostra Sicilia' come si esprime lui; il che ci è stato promesso in occa-sione di ognuno dei cento sbarchi, da Nicia in poi, e che non è mai successo. E, del resto, perchè avrebbe dovuto succedere? E allora che cosa avverrà? Trattative punteggiate da schioppettate quasi innocue e, dopo, tutto sarà lo stesso mentre tutto sarà cambiato." Gli erano tornate in mente le parole ambigue di Tancredi che adesso però comprendeva a fondo. Si rassicurò e tralasciò di sfogliare la rivista. Guardava i fianchi di Monte Pellegrino arsicci, scavati ed eterni come la miseria.

Ecco arrivare, immediatamente dopo, un "già mafioso", che lavora per il principe: è il soprastante Pietro Russo:

> Poco dopo venne Russo il soprastante, l'uomo che il Principe trovava più significativo fra i suoi dipendenti. Svelto, ravvolto non senza eleganza nella «bunaca» di velluto rigato, con gli occhi avidi sotto una fronte senza rimorsi, era per lui la perfetta espressione di un ceto in ascesa. Ossequioso del resto e quasi sinceramente devoto poichè compiva le proprie ruberie convinto di esercitare un diritto. "Immagino quanto Vostra Eccellenza sarà seccato per la partenza del signorino Tancredi; ma la sua assenza non durerà molto, ne sono sicuro, e tutto andrà a finire bene." Ancora una volta il Principe si trovò di fronte a uno degli enigmi siciliani. In questa isola segreta dove le case sono sbarrate e i contadini dicono d'ignorare la via per andare al paese nel quale vivono e che si vede lì sul colle a dieci minuti di strada, in quest'isola, malgrado l'ostentato lusso di mistero, la riservatezza è un mito.

Fece cenno a Russo di sedere, lo guardò fisso negli occhi: "Pietro, parliamoci da uomo a uomo, tu pure sei immischiato in queste faccende?" Immischiato non era, rispose, era padre di famiglia e questi rischi sono roba da giovanotti come il signorino Tancredi. "Si figuri se nasconderei qualcosa a Vostra Eccellenza che è come mio padre." (Intanto, tre mesi fa, aveva nascosto nel suo magazzino centocinquanta ceste di limoni del Principe e sapeva che il Principe lo sapeva.) "Ma debbo dire che il mio cuore è con loro, con i ragazzi arditi." Si alzò per lasciare entrare Bendicò che faceva tremare la porta sotto il suo impeto amichevole. Si risiedè. "Vostra Eccellenza lo sa; non se ne può più: perquisizioni, interrogatori, scartoffie per ogni cosa, uno sbirro a ogni cantone; un galantuomo non è libero di badare ai fatti propri. Dopo, invece, avremo la libertà, la sicurezza, tasse più leggere, la facilità, il commercio. Tutti staremo meglio: i preti soli ci perderanno. Il Signore protegge i poveretti come me, non loro." Don Fabrizio sorrideva: sapeva che era proprio lui, Russo, che attraverso interposta persona desiderava comprare Argivocale. 'Ci saranno giorni di schioppettate e di trambusti, ma villa salina sarà sicura come una rocca; Vostra Eccellenza è il nostro padre, ed io ho tanti amici qui. I Piemontesi entreranno solo col cappello in mano per riverire le Eccellenze Vostre. E poi lo zio e il tutore di don Tancredi!" Il Principe si sentì umiliato: adesso si vedeva disceso al rango di protetto degli amici di Russo; il suo solo merito, a quanto sembrava, era di esser zio di quel moccioso di Tancredi. "Fra una settimana andrà a finire che avrò la vita salva perchè tengo in casa Bendicò." Stropicciava un orecchio del cane fra le dita con tanta forza che la povera bestia guaiolava, onorata, senza dubbio, ma sofferente.

Poco dopo alcune parole di Russo gli diedero sollievo. "Tutto sarà meglio, mi creda, Eccellenza. Gli uomini onesti e abili potranno farsi avanti. Il resto sarà come prima." Questa gente, questi liberalucoli di campagna volevano soltanto avere il modo di approfittare più facilmente. Punto e basta. Le rondini avrebbero preso il volo più presto, ecco tutto. Del resto, ce n'erano ancora tante nel nido.

"Forse hai ragione tu. Chi lo sa?" Adesso aveva penetrato tutti i riposti sensi: le parole enigmatiche di Tancredi, quelle enfatiche di Ferrara, quelle false ma rivelarne di Russo, avevano ceduto il loro rassicurante segreto. Molte cose sarebbero avvenute, ma tutto sarebbe stato una commedia, una rumorosa, romantica commedia con qualche macchia di sangue sulla veste buffonesca. Questo era il paese degli accomodamenti, non c'era la furia francese; anche in Francia d'altronde, se si eccettua il Giugno del Quarantotto, quando mai era successo qualcosa di serio? Aveva voglia di dire a Russo, ma la innata cortesia lo trattenne: "Ho capito benissimo: voi non volete distruggere noi, i vostri 'padri'; volete soltanto prendere il nostro posto. Con dolcezza, con buone maniere, mettendoci magari in tasca qualche migliaio di ducati. È così? Tuo ni-

> pote, caro Russo, crederà sinceramente di essere barone; e tu diventerai, che so io, il discendente di un boiardo di Moscovia, mercè il tuo nome, anzichè il figlio di un cafone di pelo rosso, come proprio quel nome rivela. Tua figlia già prima avrà sposato uno di noi, magari anche questo stesso Tancredi, con i suoi occhi azzurri e le sue mani dinoccolate. Del resto è bella, e una volta che avrà imparato a lavarsi... 'Perchè tutto resti com'è.' Come è, nel fondo: soltanto una lenta sostituzione di ceti. Le mie chiavi dorate di gentiluomo di camera, il cordone ciliegia di S. Gennaro dovranno restare nel cassetto, e poi finiranno in una vetrina del figlio di Paolo, ma i Salina rimarranno i Salina; e magari qualche compenso lo avranno: il Senato di Sardegna, il nastro pistacchio di S. Maurizio. Ciondoli questi, ciondoli quelli."
> Si alzò: "Pietro, parla con i tuoi amici. Qui ci sono tante ragazze, bisogna che non si spaventino." "Ero sicuro, Eccellenza; ho di già parlato: villa Salina sarà tranquilla come una badia." E sorrise affettuosamente ironico.

Con il "terzo mafioso" incontrato nel romanzo, abbiamo la quintessenza della mafia postunitaria in Sicilia. Lo vediamo in azione nel secondo capitolo del libro, nell'agosto 1860 (Garibaldi è sbarcato l'11 maggio e ha già conquistato Palermo), quando il principe di Salina con tutta la famiglia giunge a Donnafugata, il feudo dove ad accoglierlo con la banda c'è il sindaco del paese, Calogero Sedara (interpretato nel film di Visconti da un superbo Paolo Stoppa). Con quel sindaco di un piccolo paese dell'interno – sarà una coincidenza, ma negli anni quando Tomasi di Lampedusa scrive il suo romanzo, il più famoso capomafia nell'isola è don Calogero Vizzini, "don Calò", sindaco della piccola Villalba... - incontriamo la mafia ipereccitata che entusiasta sa cogliere tutte le nuove opportunità offerte dalla conquista piemontese.

Come capiamo che Sedara è un mafioso? Ce lo fa intuire per prima la chiesa, con padre Pirrone (Romolo Valli, altro "sosia" proposto dal grande Visconti), il gesuita che vive a palazzo con i Salina, che viaggia con loro a Donnafugata e continuamente consiglia il principe anche se è poco ascoltato. Nel primo capito aveva mostrato tutte le sue riserve, perplessità e rancori verso quei massoni (come Sedara) che "arraffano" i beni della chiesa.

> In poche parole voi signori vi mettete d'accordo con i liberali, che dico, coi liberali! Con i massoni addirittura a nostre spese a spese della Chiesa. Perchè è chiaro che i nostri beni che sono il patrimonio dei poveri... e che saranno arraffati e malamente divisi fra i caporioni più impudenti...

Ce lo svela definitivamente don Ciccio Tumeo, l'organista della chiesa e compagno di battute di caccia del principe (altro grandissimo attore nel film, l'italo francese Serge Reggiani). È il principe Fabrizio a chiedere a don Ciccio cosa ne pensa del possibile matrimonio tra il nipote Tancredi e la bellissima anche se sgraziata Angelica, figlia del sindaco Calogero Sedara (interpretata nel film dalla magnifica e sensuale Claudia Cardinale). Tumeo cerca di trattenere la rabbia:

> Dopo tutto, Eccellenza, don Calogero Sedàra non è peggiore di tanta altra gente venuta su in questi ultimi mesi." L'elogio era modesto ma fu sufficiente a permettere a Don Fabrizio d'insistere "Perchè, vedete, don Ciccio, a me interessa molto di conoscere la verità su don Calogero e la sua famiglia."
>
> "La verità, Eccellenza, è che don Calogero è molto ricco, e molto influente anche; che è avaro (quando la figlia era in collegio lui e la moglie mangiavano in due un uovo fritto) ma che quando occorre sa spendere; e poichè ogni 'tari' speso nel mondo finisce in tasca a qualcheduno è successo che molta gente ora dipende da lui; e poi quando è amico, è amico, bisogna dirlo; la sua terra la da a quattro terraggi e i contadini debbono crepare per pagarlo, ma un mese fa ha prestato cinquanta onze a Pasquale Tripi che lo aveva aiutato nel periodo dello sbarco; e senza interessi, il che è il più grande miracolo che si sia visto da quando Santa Rosalia fece cessare la peste a Palermo. Intelligente come un diavolo, del resto: Vostra Eccellenza avrebbe dovuto vederlo nella primavera scorsa: andava avanti e indietro in tutto il territorio come un pipistrello, in carrozzino, sul mulo, a piedi, pioggia o sereno che fosse; e dove era passato si formavano circoli segreti, si preparava la strada per quelli che dovevano venire. Un castigo di Dio, Eccellenza, un castigo di Dio! E ancora non vediamo che il principio della sua carriera! fra qualche mese sarà deputato a Torino, e fra qualche anno, quando saranno posti in vendita i beni ecclesiastici, pagando quattro soldi, si prenderà i feudi di Marca e di Masciddàro, e diventerà il più gran proprietario della provincia. Questo è don Calogero, Eccellenza, l'uomo nuovo come dev'essere; è peccato però che debba essere così.
>
> Don Fabrizio avrebbe ricordato la conversazione di qualche mese prima con padre Pirrone nell'osservatorio sommerso nel sole. Quel che aveva predetto il gesuita si avverava; ma non era forse una buona tattica quella d'inserirsi nel movimento nuovo e farlo volgere, almeno in parte, a favore di alcuni individui della sua classe? Quel sindaco Sedara quindi, che andava di qua e di là come un pipistrello alla vigilia dello sbarco di Garibaldi. Che arraffava e usava metodi poco ortodossi, fino ai colpi di "lupara", per ammazzare il padre della moglie di don Calogero:

> Peppe Giunta si chiamava e tanto sudicio, e torvo era che tutti lo chiamavano 'Peppe 'Mmerda'. Scusate la parola, Eccellenza (...) Due anni dopo la fuga di don Calogero con Bastiana lo hanno trovato morto sulla trazzera che va a Rampinzeri, con dodici 'lupara" nella schiena. Sempre fortunato don Calogero, perché quello stava diventando importuno e prepotente.

Ed ecco Don Calogero Sedara protagonista della nascita della mafia made in Italia (o meglio made in Piemonte) con l'episodio emblematico del plebiscito, dove vediamo in azione il sindaco mentre trucca il voto. Inutile perchè la vittoria del "sì" ci sarebbe stata comunque anche a Donnafugata, ma non rispettando quel voto dei pochi che, come Ciccio Tumeo, avevano votato "no" alla sostituzione dei Borbone con i Savoia, ecco che tutti i don Calogero della Sicilia siglano col marchio di origine controllata della mafia la nascita del nuovo stato, "mascariato" per sempre. Il passaggio è lungo, ma si deve rileggere e con attenzione perché quello di Giuseppe Tomasi di Lampedusa è forse il miglior racconto del peccato originale che sigla l'alleanza tra mafia e il Regno d'Italia. E la citazione è d'obbligo, anche se piuttosto lunga.

> "E voi, don Ciccio, come avete votato il giorno Ventuno?"
> Il pover'uomo sussultò. Preso alla sprovvista, in un momento nel quale si trovava fuori del recinto di siepi precauzionali nel quale si chiudeva di solito come ogni suo compaesano, esitava, non sapendo come rispondere.
> Il Principe scambiò per timore quel che era soltanto sorpresa e si irritò. "Insomma, di chi avete paura? Qui non ci siamo che noi, il vento e i cani."
> La lista dei testimoni rassicuranti non era, a dir vero, felice; il vento è chiacchierone per definizione, il Principe era per metà siciliano. Di assoluta fiducia non c'erano che i cani e soltanto in quanto sprovvisti di linguaggio articolato. Don Ciccio però si era ripreso e la astuzia paesana gli aveva suggerito la risposta giusta, cioè nulla. "Scusate, Eccellenza, la vostra è una domanda inutile. Sapete già che a Donnafugata tutti hanno votato per il 'sì'."
> Questo Don Fabrizio lo sapeva, infatti; e appunto per ciò la risposta non fece che trasformare un enigma piccolino in un enigma storico. Prima della votazione molte persone erano venute da lui a chiedere consiglio; tutte sinceramente erano state esortate a votare in modo affermativo. Don Fabrizio infatti non concepiva neppure come si potesse fare altrimenti, sia di fronte al fatto compiuto come rispetto alla teatrale banalità dell'atto, così di fronte alla necessità storica come anche in considerazione dei guai nei quali quelle umili persone sarebbero forse capitate

quando il loro atteggiamento negativo fosse stato scoperto. Si era accorto però che molti non erano stati convinti dalle sue parole. Era entrato in gioco il machiavellismo incolto dei Siciliani che tanto spesso induceva, in quei tempi, questa gente, generosa per definizione, ad erigere impalcature complesse fondate su fragilissime basi. Come dei clinici abilissimi nelle cure ma che si basassero su analisi del sangue e delle orine radicalmente erronee, e per far correggere le quali fossero troppo pigri, i Siciliani (di allora) finivano con l'uccidere l'ammalato, cioè loro stessi, proprio in seguito alla raffinatissima astuzia che non era quasi mai appoggiata a una reale conoscenza dei problemi o, per lo meno, degli interlocutori. Alcuni fra questi che avevano compiuto il viaggio *ad limino Gattopardorum* stimavano cosa impossibile che un Principe di Salina potesse votare in favore della Rivoluzione (così in quel remoto paese venivano ancora designati i recenti mutamenti) e interpretavano i ragionamenti di lui come uscite ironiche volte a ottenere un risultato pratico opposto a quello suggerito a parole; questi pellegrini (ed erano i migliori) erano usciti dal suo studio ammiccando per quanto il rispetto lo permettesse loro, orgogliosi di aver penetrato il senso delle parole principesche e fregandosi le mani per congratularsi della propria perspicacia proprio nell'istante in cui questa si era ecclissata. Altri invece dopo averlo ascoltato si allontanavano contristati, convinti che lui fosse un transfuga o un mentecatto e più che mai decisi a non dargli retta e ad obbedire invece al proverbio millenario che esorta a preferire un male già noto a un bene non sperimentato; questi erano riluttanti a ratificare la nuova realtà nazionale anche per ragioni personali, sia per fede religiosa, sia per aver ricevuto favori dal passato regime e non aver poi saputo inserirsi nel nuovo con sufficiente sveltezza; sia infine perchè durante il trambusto della liberazione erano loro scomparsi qualche paio di capponi e alcune misure di fave ed erano invece spuntate qualche paia di corna, o liberamente volontarie come le truppe garibaldine o di leva forzosa come i reggimenti borbonici. Per una diecina almeno di persone egli aveva avuta l'impressione penosa ma netta che avrebbero votato "no", una minoranza esigua certamente ma non trascurabile nel piccolo elettorato donnafùgasco. Ove poi si voglia considerare che le persone venute da lui rappresentavano soltanto il fior fiore del paese e che qualche non convinto dovesse pur esserci fra quelle centinaia di elettori che non si erano neppur sognati di farsi vedere a palazzo, il Principe aveva calcolato che la compattezza affermativa di Donnafugata sarebbe stata variegata da una trentina di voti negativi.

Il giorno del Plebiscito era stato ventoso e coperto, e per le strade del paese si erano visti aggirarsi stanchi gruppetti di giovanotti con un cartellino recante tanto di "sì" infilato nel nastro del cappello. Fra le cartacce e i rifiuti sollevati dai turbini di vento, cantavano alcune strofe della "Bella Gigougin" trasformate in nenie arabe, sorte cui deve soggiacere qualsiasi melodietta vivace che sia cantata in Sicilia. Si erano anche viste due o tre “facce forestiere” (cioè di Girgenti) insediate nella taverna di zzu Menico dove decantavano le “‘magnifiche sorti e progressive” di una rinnovata Sicilia unita alla risorta Italia; alcuni contadini stavano muti ad ascoltarli, abbrutiti com’erano, in parti eguali, da un immoderato impiego dello “zappone” e dai molti giorni di ozio coatto ed affamato. Scaracchiavano e sputavano spesso ma tacevano; tanto tacevano che dovette essere allora (come disse poi Don Fabrizio) che le “facce forestiere” decisero di anteporre, fra le arti del Quadrivio, la Matematica alla Rettorica.

Verso le quattro del pomeriggio il Principe si era recato a votare fiancheggiato a destra da Padre Pirrone, a sinistra da don Onofrio Rotolo; accigliato e pellichiaro procedeva cauto verso il Municipio e spesso con le mani si proteggeva gli occhi per impedire che quel ventaccio, carico di tutte le schifezze raccolte per via, gli cagionasse quella congiuntivite cui era soggetto; e andava dicendo a Padre Pirrone che senza vento l’aria sarebbe stata come uno stagno putrido ma che, anche, le ventate risanatrici trascinavano con sè molte porcherie. Portava la stessa *redingote* nera con la quale tre anni fa, si era recato a Caserta per ossequiare quel povero Re Ferdinando che, per fortuna sua, era morto a tempo per non esser presente in questa giornata flagellata da un vento impuro durante la quale si poneva il suggello alla sua insipienza. Ma era poi stata insipienza davvero? Allora tanto vale dire che chi soccombe al tifo muore per insipienza. Ricordò quel Re affaccendato a dare corso a fiumi di cartacce inutili ed ad un tratto si avvide quanto inconscio appello alla misericordia si fosse manifestato in quel volto antipatico. Questi pensieri erano sgradevoli come tutti quelli che ci fanno comprendere le cose troppo tardi e l’aspetto del Principe, la sua figura, divennero tanto solenni e neri che sembrava seguisse un carro funebre invisibile. Soltanto la violenza con la quale i ciottolini della strada venivano schizzati via dall’urto rabbioso dei piedi rivelava i conflitti interni; è superfluo dire che il nastro della sua tuba era vergine di qualsiasi cartello ma agli occhi di chi lo conoscesse un “si” e un “no” alternati s’inseguivano sulla lucentezza del feltro.

Giunto in un locale del Municipio dove era il luogo di votazione fu sorpreso vedendo come tutti i membri del seggio si alzarono quando la sua statura riempi intera l’altezza della porta; vennero messi da parte alcuni contadini arrivati prima e che volevano votare e così, senza dover aspettare, Don Fabrizio consegnò il proprio “si” nelle patriottiche mani del sindaco Sedàra. Padre Pirrone invece non votò affatto perché era stato attento a non farsi iscrivere come residente nel paese. Don ‘Nofrio, lui, obbedendo agli ordini del Principe, manifestò la propria monosillabica opinione sulla complicata quistione italiana, capolavoro di concisione che venne compiuto con la medesima buona grazia con la quale un

bambino beve l'olio di ricino.
Dopo di che tutti furono invitati a "prendere un bicchierino" su, nello studio del sindaco; ma Padre Pirrone e don 'Nofrio misero avanti buone ragioni di astinenza l'uno, di mal di pancia l'altro e rimasero abbasso. Don Fabrizio dovette affrontare il rinfresco da solo.
Dietro la scrivania di don Calogero fiammeggiava una oleografia di Garibaldi e (di già) una di Vittorio Emanuele, fortunatamente collocata a destra; bell'uomo il primo, bruttissimo il secondo affratellati però dal prodigioso rigoglio del loro pelame che quasi li mascherava. Su un tavolinetto vi era un piatto con biscotti anzianissimi che defecazioni di mosche listavano a lutto e dodici bicchierini tozzi colmi di rosolio: quattro rossi, quattro verdi, quattro bianchi: questi, in centro; ingenua simbolizzazione della nuova bandiera che venò di un sorriso il rimorso del Principe che scelse per sé il liquore bianco perché presumibilmente meno indigesto e non, come si volle dire, come tardivo omaggio al vessillo borbonico. Le tre varietà di rosolio erano del resto egualmente zuccherose, attaccaticce e disgustevoli. Si ebbe il buon gusto di non brindare e comunque, come disse don Calogero, le grandi gioie sono mute. Venne mostrata a Don Fabrizio una lettera delle autorità di Girgenti che annunziava ai laboriosi cittadini di Donnafugata la concessione di un contributo di duemila lire per la fognatura, opera che sarebbe stata completata entro, il 1961, come assicurò il Sindaco, inciampando in uno di quei *lapsus* dei quali Freud doveva spiegare il meccanismo molti decenni dopo; e la riunione si sciolse.
Prima del tramonto le tre o quattro bagascette di Donnafugata (ve ne erano anche li non raggruppate ma operose nelle loro aziende private) comparvero in piazza col crine adorno di nastrini tricolori per protestare contro l'esclusione delle donne dal voto; le poverine vennero beffeggiate via anche dai più accesi liberali e furono costrette a rintanarsi. Questo non impedì che il "Giornale di Trinacria" quattro giorni dopo facesse sapere ai Palermitani che a Donnafugata "alcune gentili rappresentanti del bei sesso hanno voluto manifestare la propria fede inconcussa nei nuovi fulgidi destini della Patria amatissima, ed hanno sfilato nella piazza fra il generale consenso di quella patriottica popolazione."
Dopo il seggio elettorale venne chiuso, gli scrutatori si posero all'opera ed a notte fatta venne spalancato il balcone centrale del Municipio e don Calogero si rese visibile con panciera tricolore e tutto, fiancheggiato da due ragazzini con candelabri accesi che peraltro il vento spense senza indugio. Alla folla invisibile nelle tenebre annunzio che a Donnafugata il Plebiscito aveva dato questi risultati:
Iscritti 515; votanti 512; "si" 512; "no" zero.
Dal fondo oscuro della piazza salirono applausi ed evviva; dal balconcino di casa sua Angelica, insieme alla cameriera funerea, batteva le belle mani rapaci; vennero pronunziati discorsi: aggettivi carichi di superlati-

vi e di consonanti doppie rimbalzarono e si urtavano nel buio da una parete all'altra delle case; nel tuonare dei mortaretti si spedirono messaggi al Re (a quello nuovo) ed al Generale; qualche razzo tricolore si inerpicò dal paese al buio verso il cielo senza stelle; alle otto tutto era finito, e non rimase che l'oscurità come ogni altra sera, da sempre.
Sulla cima di monte Morco, adesso tutto era nitido sotto la gran luce; la cupezza di quella notte però ristagnava ancora in fondo all'anima di Don Fabrizio. Il suo disagio assumeva forme tanto più penose in quanto più incerte: non era in alcun modo originato dalle grosse questioni delle quali il Plebiscito aveva iniziato la soluzione: i grandi interessi del Regno (delle Due Sicilie), gl'interessi della propria classe, i suoi vantaggi privati uscivano da tutti questi avvenimenti ammaccati ma ancora vitali; date le circostanze non era lecito chiedere di più; il disagio suo non era di natura politica e doveva avere radici più profonde radicate in una di quelle cagioni che chiamiamo irrazionali perché seppellite sotto cumuli d'ignoranza di noi stessi.
L'Italia era nata in quell'accigliata sera a Donnafugata; nata proprio lì in quel paese dimenticato quanto nell'ignavia di Palermo e nelle agitazioni di Napoli; una fata cattiva però della quale non si conosceva il nome doveva esser stata presente; ad ogni modo era nata e bisognava sperare che avrebbe potuto vivere in questa forma: ogni altra sarebbe stata peggiore. D'accordo. Eppure questa persistente inquietudine qualcosa doveva significare; egli sentiva che durante quella troppo asciutta enunciazione di cifre come durante quei troppo enfatici discorsi, qualche cosa, qualcheduno era morto, Dio solo sapeva in quale andito del paese, in quale piega della coscienza popolare.
Il fresco aveva disperso la sonnolenza di don Ciccio, la massiccia imponenza del Principe aveva allontanato i suoi timori; ora a galla della sua coscienza emergeva soltanto il dispetto, inutile certo ma non ignobile. In piedi, parlava in dialetto e gesticolava, pietoso burattino che aveva ridicolmente ragione.
"Io, Eccellenza, avevo votato 'no'. 'No,' cento volte 'no.' Ricordavo quello che mi avevate detto: la necessità, l'inutilità, l'unità, l'opportunità. Avrete ragione voi, ma io di politica non me ne sento. Lascio queste cose agli altri. Ma Ciccio Tumeo e un galantuomo, povero e miserabile, coi calzoni sfondati (e percuoteva sulle sue chiappe gli accurati rattoppi dei pantaloni da caccia) e il beneficio ricevuto non lo aveva dimenticato; e quei porci in Municipio s'inghiottono la mia opinione, la Masticano e poi la cacano via trasformata come vogliono loro. *io* ho detto nero e loro mi fanno dire bianco! Per una volta che potevo dire quello che pensavo quel succhiasangue di Sedàra mi annulla, fa come se non fossi mai esistito,' come se fossi niente immischiato con nessuno, io che sono Francesco Tumeo La Manna fu Leonardo, organista della Madre Chiesa di Donnafugata, padrone suo mille volte e che gli ho an-

che dedicato una mazurka composta da me quando è nata quella... (e si morse un dito per frenarsi) quella smorfiosa di sua figlia!"

A questo punto la calma discese su Don Fabrizio che finalmente aveva sciolto l'enigma; adesso sapeva chi era stato strangolato a Donnafugata, in cento altri luoghi, nel corso di quella nottata di vento lercio: una neonata, la buonafede; proprio quella creaturina che più si sarebbe dovuta curare, il cui irrobustimento avrebbe giustificato altri stupidi vandalismi inutili. Il voto negativo di don Ciccio, cinquanta voti simili a Donnafugata, centomila "no" in tutto il Regno non avrebbero mutato nulla al risultato, lo avrebbero anzi reso più significativo, e si sarebbe evitata la storpiatura delle anime. Sei mesi fa si udiva la voce dispotica che diceva: "fai come dico io, o saranno botte." Adesso si aveva di già l'impressione che la minaccia venisse sostituita dalle parole molli dell'usuraio: "Ma se hai firmato tu stesso? Non lo vedi? È tanto chiaro! Devi fare come diciamo noi, perché, guarda la cambiale! la tua volontà è uguale alla nostra."

Don Ciccio tuonava ancora: "Per voi signori è un'altra cosa. Si può essere ingrati per un feudo in più; per un pezzo di pane la riconoscenza è un obbligo. Un altro paio di maniche ancora è per i trafficanti come Sedàra per i quali approfittare è legge di natura. Per noi piccola gente le cose sono come sono. Voi lo sapete, Eccellenza, la buon'anima di mio padre era guardacaccia nel Casino reale di S. Onofrio, già al tempo di Ferdinando IV quando c'erano qui gl'Inglesi. Si faceva vita dura ma l'abito verde reale e la placca d'argento conferivano autorità. Fu la regina Isabella, la spagnuola, che era duchessa di Calabria allora, a farmi studiare a permettermi di essere quello che sono, Organista della Madre Chiesa, onorato della benevolenza di Vostra Eccellenza; e negli anni di maggior bisogno quando mia madre mandava una supplica a corte, le cinque 'onze' di soccorso arrivavano sicure come la morte, perchè là a Napoli ci volevano bene, sapevano che eravamo buona gente e sudditi fedeli. Quando il Re veniva erano manacciate sulla spalla di mio padre e: 'Don Lionà, ne vurria tante come a vuie, fedeli sostegni del Trono e della Persona mia.' L'aiutante di campo, poi, distribuiva le monete d'oro. Elemosine le chiamano ora, queste generosità di veri Re; lo dicono per non dover darle loro, ma erano giuste ricompense alla devozione. E oggi se questi santi Re e belle Regine guardano dal Cielo che dovrebbero dire? 'Il figlio di don Leonardo Tumeo ci ha tradito!' Meno male che in Paradiso si conosce la verità. Lo so, Eccellenza, le persone come voi me lo hanno detto, queste cose da parte dei Reali non significano niente, fanno parte del loro mestiere! Sarà vero, è vero, anzi. Ma le cinque onze d'oro c'erano, è un fatto, e con esse ci si aiutava a campare l'inverno. E ora che potevo riparare il debito, niente. 'Tu non ci sei.' Il mio 'no' diventa un 'si'. Ero un 'fedele suddito,' sono diventato un 'borbonico schifoso.' Ora tutti Savoiardi sono! ma io i Savoiardi me li man-

> gio col caffè, io!" E tenendo fra il pollice e l'indice un biscotto fittizio lo inzuppava in una immaginaria tazza.
> Don Fabrizio aveva sempre voluto bene a don Ciccio, ma era stato un sentimento nato dalla compassione per ogni persona che da giovane si era creduta destinata all'arte e che da vecchio, accortosi di non possedere talento, continua ad esercitare quella stessa attività su scalini più bassi, con in tasca i propri poveri sogni; e compativa anche la sua contegnosa miseria. Ma adesso provava anche una specie di ammirazione per lui e nel fondo, proprio nel fondo, della sua altera coscienza una voce chiedeva se per caso don Ciccio non si fosse comportato più signorilmente del Principe di Salina; e i Sedàra, tutti questi Sedàra da quello minuscolo che violentava l'aritmetica a Donnafugata a quelli maggiori a Palermo, a Torino,' non avevano forse commesso un delitto strozzando queste coscienze? Don Fabrizio non poteva saperlo allora, ma una parte della neghittosità, dell'acquiescenza per la quale durante i decenni seguenti si doveva vituperare la gente del Mezzogiorno, ebbe la propria origine nello stupido annullamento della prima espressione di libertà che a questo popolo si era mai presentata.

Nel romanzo quasi mai si usa la parola mafia. Lo fa soltanto il principe quando dice a Tancredi che non dovrebbe mettersi con quei "mafiosi imbroglioni" di garibaldini (nel film, Visconti lo fa dire anche alla moglie del principe, quando impreca "mafiosi!" alla conferma dello sbarco dei Mille a Marsala).

Don Calogero Sedara viene chiamato nel romanzo per due volte "sciacalletto". Già, come le iene e gli sciacalli che verranno dopo i leoni nella celebre frase (nel romanzo solo pensata e non detta come avviene nel film) del principe di Salina che riaccompagna alla carrozza l'inviato piemontese Chevalley in partenza.

Perché il mafioso

Ma perché i piemontesi devono mettersi d'accordo con questi mafiosi "travestiti da liberali"? Perché tradiscono certe loro buone intenzioni, che ci sembrano sincere nel Gattopardo, almeno nel personaggio di Chevalley?

La Sicilia del 1860, come il meridione in genere, risulta terra difficile da governare per uno stato organizzato ma piccolo come quello guidato da Cavour. È terra in tumulto costante, prerivoluzionaria da più di mezzo secolo, dove si susseguono rivolte e insurrezioni. Un vulcano pronto ad esplodere, come lo sarà la Russia zarista nei primi del secolo successivo (Tomasi di Lampedusa sposerà una nobile baltica fuggita dalla rivoluzione d'ottobre...). I primi a rendersene conto sono probabilmente le camicie rosse di Garibaldi, nel più conosciuto e sanguinario episodio di Bronte. Il controllo del territorio, per uno stato come il Piemonte che contava meno abitanti di quelli che avrebbe presto annesso, si presentava come un problema che richiedeva soluzione prima ancora che si realizzasse la conquista.

La Sicilia era potenzialmente ricca, eppure non suscitava appetiti eccessivi nelle potenze dell'epoca. Erano le irrisolte contraddizioni sociali, l'estesa presenza delle masse di contadini affamati di terra, a tenerle lontane. Quando lo stato sabauda manifesterà qualche ambizioncella sulla Sicilia, la gran parte di quelle potenze riterranno di disporre di una buona carta da giocare, per disfarsi della fastidiosa media potenza del regno di Sicilia, ben piazzata al centro del Mediterraneo, con i cantieri navali napoletani a far concorrenza a quelli britannici. In particolare il Regno Unito apprezzerà di poter utilizzare l'occupazione sabauda in funzione antifrancese.

I mafiosi doc che nel romanzo del Gattopardo si chiamano "Sedara," "Russo", "Ferrara", i "liberali" che già avevano aiutato durante i fatti di maggio, diventano lo "strumento di governo locale" in grado di risolvere questi ed altri problemi, come si sarebbe successivamente dimostrato, con comportamenti arrivati sino ai nostri giorni.

> [...] questi liberalucoli di campagna volevano soltanto avere il modo di approfittare più facilmente. Punto e basta.

Questa condizione di permanente instabilità sociale, con le campagne e anche le città pronte ad esplodere, terrà ben ferma a Torino e poi a Roma la formula del governo parallelo mafioso, del non combattere questo strumento locale di governo, anzi avvalersene. Solo nei primi anni della dittatura fascista, lo "strumento" viene di colpo percepito come pericoloso concorrente del potere assoluto del futuro dittatore. Mussolini, che si reca in Sicilia nel maggio del 1924, è irritato da quel "patto di mutuo soccorso" tra mafia e stato così ben rodato nei decenni dell'Italia liberale. Per rinnegarlo scatena contro i capimafia il prefetto di ferro Cesare Mori.

Affidandoci ancora alla letteratura, che nel caso siciliano aiuta ad interpretare la storia meglio di un archivio, ecco che nel "Giorno della Civetta" di Leonardo Sciascia abbiamo il capitano Bellodi, ex partigiano di sicura fede antifascista, che riflettendo sulle condizioni in cui i contadini siciliani sono lasciati abbandonati al potere di sottomissione della mafia, conclude che per loro, unici in Italia, durante il fascismo, c'era più libertà dalla mafia...

> [...] questa regione che sola in Italia, dalla dittatura fascista, aveva avuto in effetti libertà, la libertà che è nella sicurezza della vita e dei beni. I siciliani [...] avevano visto salire sul banco degli imputati, nei grandi processi dell'assise, i don e gli zii, i potenti capi elettori e i commenda-

> tori della Corona, medici ed avvocati che si intrigavano alla malavita o la proteggevano; [...] per il contadino, il piccolo proprietario, il pastore la dittatura parlava questo linguaggio di libertà.[5]

Con la dittatura a Roma, la mafia perde la funzione di "collettore" di voti, che come abbiamo visto praticare a don Calogero Sedara, sarà una delle sue funzioni principali in quanto "strumento di governo locale".

Sarà un altro sbarco, dopo quello dei garibaldini, a riconsegnare alla mafia il posto che "le compete" nel suo destino italiano. L'arrivo degli alleati in Sicilia nell'estate del '43, mette i mafiosi in condizione di poter riconquistare il ruolo compromesso durante il fascismo.

All'inizio c'è tanta confusione, tra l'indipendentismo della prima ora e il salto sul carro del promettente vincitore democristiano. Con le elezioni regionali dell'aprile del '47, le prime elezioni dalla caduta del fascismo, se si escludono le scelte per la Costituente, la mafia vede riapparire d'incanto in forma d'impellente attualità la sua funzione di "legge e ordine" che l'aveva resa utile e potente subito dopo il 1860. A quelle elezioni, a sorpresa, il blocco di comunisti e socialisti vince le elezioni (30,4% dei voti rispetto al 20,5% della DC). Non c'è la maggioranza per guidare il governo, ma è un fatto che "i rossi" sono primi nell'isola.

La strage di Portella della Ginestra del 1 maggio del 1947, inaugura il lungo ciclo di stragi della storia repubblicana, e può anche essere indicata come il battesimo ufficiale della Guerra fredda nel cuore del Mediterraneo. Rimangono misteriosi i mandanti di una strage ufficialmente compiuta dalla banda di Salvatore Giuliano, ma è assodato che a partire da quel momento la mafia si assume il ruolo di principale guardiano nell'isola per il "contenimento" del pericolo rosso (decine di sindacalisti e attivisti politici saranno uccisi da killer mafiosi già a partire dal '46).

Ancora una volta la Sicilia si dimostra terra incandescente e prerivoluzionaria. Ecco la mafia, pronta e organizzata per riassumere il "suo ruolo naturale" di "strumento di governo locale", in questo caso molto conveniente non solo per Roma ma anche per la superpotenza d'Oltreoceano impegnata contro l'allora Russia sovietica.

Durante queste sue fatiche di guardiano dell'ordine stabilito dall'unità fino alla fine del XX secolo, in Sicilia la mafia non condivide con lo stato soltanto il ruolo di castigatore di chiunque si opponga a riconoscerne l'autorità. La mafia condivide con lo stato anche il ruolo di organizzatrice e promotrice delle attività economiche e quindi della creazione di "posti di lavoro" nell'isola. Il regime dei mafiosi sa che non si sarebbe retto soltanto su delle basi repressive, con una violenza che non offre nulla in cambio del "rispetto" ricevuto. Stalin non governa la Russia solo con purghe e campi di concentramento in Siberia, ma anche con i piani quinquennali. La mafia, fin dall'inizio dell'esperienza di "commander in chief" della Sicilia riunificata all'Italia, sa di doversi operare non solo nella sua funzione militare ma anche in quella economica. Ovviamente avidità e indole criminale nel guidare gli affari economici nell'isola faranno sì che la mafia provochi uno dei più grandi esodi migratori della storia, con milioni di siciliani che abbandonano la loro terra in cerca di un futuro migliore (prima, in quattromila anni di storia, in Sicilia c'era stata solo immigrazione, mai emigrazione).

Oltre a mantenere il controllo sulla forza lavoro delle terre prima amministrate per conto della nobiltà, e col trascorrere degli anni passate direttamente di proprietà ai capimafia, sono subito messe sotto l'influenza delle cosche mafiose le industrie più redditizie nell'isola: quella dello zolfo e quella dell'esportazione degli agrumi. Così la mafia porta "sviluppo", benché frenato dal carico di zavorra criminale. Non cresce la Sicilia come sarebbe potuto avvenire in una situazione di corretta economia di mercato, tra competitori regolati da leggi che favoriscono efficienza e produttività, con un'industria moderna e competitiva capace di penetrare i mercati. Siamo invece di fronte a delle attività economiche "regolate" solo dal profitto mafioso, in cui i costi di ogni attività aumentano a dismisura rispetto a quelli che sarebbero stati sotto la vigilanza di uno stato capace di imporre regole certe e in grado di schierare le forze di sicurezza per farle rispettare.

Nelle miniere di zolfo e dintorni, come nei terreni della Conca d'Oro ricchi di arance e mandarini, sono solo i mafiosi a "mettere ordine". A stabilire le cassette di frutta che devono arrivare al porto e quelle che dovranno portare ritardo e marcire. Quale terreno dovrà essere venduto al capo mandamento, e quale invece basterà che paghi il "pizzo" per continuare a produrre ed esportare. È così che funzionerà una attività economica florida ancor prima dell'unità che, come documentano le ricerche soprattutto dello storico dell'università di Palermo Salvatore Lupo (riprese da una schiera di studiosi e divulgatori anglosassoni), passerà sempre più sotto il controllo delle cosche mafiose dopo il 1860.

Circola il mito di una mafia che si radica nelle aree più depresse dell'isola, con la conseguenza che la sua sarebbe una funzione di "protezione" di feudi poco redditizi che vanno sorvegliati anche a garanzia della riscossione degli affitti concessi ai contadini. La mafia in realtà si insinua dentro le attività economiche più redditizie, che devono riuscire ad assicurare certi livelli di profitto pur dovendo sottostare al controllo parassitario delle cosche.

Poi la mafia sbarcherà in America, a New Orleans nella seconda metà del XIX secolo. Quella città ospitava il porto più importante per lo smistamento degli agrumi siciliani in territorio americano.

Negli Stati Uniti si replicano i sistemi di *racket* ed estorsione sperimentati con successo nell'isola. Qui però la mafia non può sempre contare su una rete garantita di appoggi e complicità delle autorità. La mafia, per essere tale, non può avere sul collo il fiato della legge, della quale pretende di essere "strumento" alternativo. Negli Usa questo stato di cose non è sempre possibile. Anche se non possono essere definiti esaltanti, ci sono buoni risultati nella caccia ai mafiosi da parte delle autorità. A New Orleans, una guerra di mafia raggiunge l'apice con l'assassinio nel 1890 del *commissioner* della polizia, David Hennessy. L'episodio si concluderà con l'assalto alla prigione dove erano rinchiusi gli imputati (tutti siciliani accusati — alcuni ingiustamente — del delitto) e il linciaggio più grande della storia degli Stati Uniti.

Mafia, fenomeno dello stato unitario

La mafia dell'inizio dell'esperienza unitaria non è soltanto violenta sopraffazione. Con uno stato debole e insicuro, diventa anche "agevolatrice" di affari: Il mafioso è "socio" occulto di affari che lui garantisce con la sua protezione: in alternativa, tenerlo fuori significherebbe doverne subire attacchi e vessazioni.

Dopo 150 anni, a Palermo le cose funzionano più o meno allo stesso modo. Ci sono state brevi parentesi, come durante la guerra del prefetto Cesare Mori e durante la stagione del *pool* dei magistrati antimafia, a partire dalla fine degli anni Settanta del secolo scorso. In quegli anni lo stato italiano, per iniziativa del potere giudiziario, inizia a intaccare la mafia imprenditoriale, che a partire dalla fine degli anni sessanta era cresciuta su scala globale grazie alla raffinazione e al commercio della droga. Ma non bastano i magistrati contro la mafia, ci vuole lo stato nella sua interezza.

La società civile, da parte sua, documenta alcuni interessanti sussulti. Per esempio esprime nel 2004 il movimento giovanile "Addio pizzo", che scuote dal suo torpore una classe imprenditrice siciliana, sollecitata a resistere alle offerte di "aiuto" mafioso ai suoi affari. Ma, come le cronache giornalistiche e soprattutto giudiziarie testimoniano, il contrasto alla mafia è ancora lontano da risultati soddisfacenti, né si vede un costante e adeguato sforzo per imporre l'ordine dello stato. Appare intermittente la volontà politica di Roma di non concedere più tregue, di smetterla definitivamente con le regole della "convivenza".

Nella cronaca dei nostri giorni, vediamo ancora politici siciliani di primo piano, a livello regionale ma anche esponenti nazionali e in posti di responsabilità vicini al presidente del Consiglio, invischiati in indagini con l'accusa di essere contigui alla mafia. Né mancano sospetti su ministri e presidenti della Regione. Continua, nei fatti, la linea storica della prossimità tra mafia e politica. Dopo 150 anni da un'unità che agevolò l'ascesa al potere in Sicilia dello "strumento locale di governo", esponenti dello stato proseguono ad evidenziare le loro debolezze originarie. I siciliani che vivono in Sicilia, quelli che vivono all'estero, mantengono l'impressione che a Roma si continui ad agire non per eliminare la mafia ma per meglio conviverci. Appena dieci anni fa un ministro dei trasporti del governo Berlusconi, Pietro Lunardi, forse in vena di battute provocatorie, lo disse apertamente: "...con la mafia bisogna conviverci". Fu scandalo, ma l'emiliano Lunardi non aveva fatto altro che esplicitare quello lo stato unitario ha sempre praticato. Le fortune della mafia sono garantite da un costante rapporto di osmosi con l'autorità. La mafia, almeno quella siciliana doc, non può crescere solo grazie ai rapporti "d'affari" con la avidità degli esponenti del ceto imprenditoriale. Ha bisogno, a sua volta, di un "protettore", e lo cerca nello stato. Quando quest'ultimo decidesse finalmente di opporsi seriamente e definitivamente alla mafia, questa cesserebbe di essere tale. Al più si trasformerebbe in una qualunque organizzazione criminale come tante ce ne sono in giro. Somiglierebbe ai "mob" americani, perdendo l'aura di mistero e autorevolezza che aspira ad incarnare.

Noi intanto continuiamo a chiamare mafia la "setta" di uomini eredi dei Calogero Sedara, di coloro che all'arrivo dei piemontesi in Sicilia avevano molto da guadagnare e nulla da perdere. Sono "le iene e gli sciacalli" che si riproducono grazie allo stato debole, intriso dei sensi di colpa di una conquista territoriale spacciata per liberazione risorgimentale.

Nell'ottobre del 2009, per il centenario dall'uccisione di Joe Petrosino, il poliziotto italoamericano di New York ucciso a Palermo mentre indagava sulla mafia, il Super Procuratore antimafia Pietro Grasso partecipò ad una conferenza con i suoi colleghi statunitensi che si tenne al John Jay College della City University di New York. Dopo la conferenza, Grasso mi concesse un'intervista per il quotidiano in lingua italiana di New York "America Oggi". La ripropongo perché certi passaggi mettono il sigillo sui temi trattati in questo *paper*.[6]

~ ~ ~

“La Mafia per conto d’altri”
Intervista con il Procuratore nazionale Antimafia Pietro Grasso

Giudice Grasso, alla conferenza su Petrosino, l’altro Grasso che le stava accanto, George, il tosto vice capo della polizia di New York, ha detto che se i mafiosi volessero suicidarsi, dovrebbero solo provare a colpire un poliziotto o magistrato americano. In Italia invece...

«Dal ‘92 anche da noi è così».

Però per anni, da Petrosino in poi, gli uomini di legge sono caduti come birilli in Sicilia. Perché negli Usa la mafia non tocca i magistrati, mentre in Italia li può ammazzare?
«È solo un problema di convenienza. La mafia siciliana non commette un omicidio eccellente soltanto perché c’è un ostacolo. Deve diventare un ostacolo assolutamente insormontabile sotto altri punti di vista. Il problema è che la mafia per molto tempo poteva contare sulla mancanza di una reazione seria. Da un certo momento in poi non più. Ha dovuto eliminare Falcone e Borsellino ma poi la repressione c’è stata. Tutti i mafiosi hanno ritenuto che questo sia stato un grave errore, perché ha acceso i riflettori e ha fatto scattare, finalmente, una repressione molto forte da parte dello Stato. Negli Stati Uniti probabilmente questo rapporto di utilità e convenienza si comprende, commettere un omicidio eccellente creerebbe delle reazioni che li metterebbe in grave difficoltà. Meglio curare gli affari senza farsi notare, piuttosto che compiere delle azioni eclatanti. La strategia per tanti anni di Cosa Nostra siciliana è stata quella volute da Provenzano, di rimanere invisibili. Di non commettere reati che attirino l’attenzione...».

Ma prima di Falcone e Borsellino, ci sono stati i delitti Mattarella, La Torre, Dalla Chiesa, Giuliano, Chinnici, Terranova... Perché non ci fu la reazione allora?
«La reazione ci fu, col maxi processo del’86. Con Buscetta grazie a Falcone. Purtroppo da noi i processi durano parecchio. Io sono stato giudice in quel processo, iniziato nell’86, finito in primo grado nell’88, diventata in Cassazione sentenza definitiva, dopo tre gradi di giudizio, soltanto nel gennaio del ‘92».

Le stragi di Falcone e Borsellino avvengono pochi mesi dopo quelle sentenze definitive, ma lei nel suo libro va oltre il movente della vendetta mafiosa

contro i magistrati del maxi processo. Certo, la mafia non dimentica mai come disse Buscetta, ma secondo lei non ci fu soltanto quello, nella decisione delle stragi lei indica anche la necessità di fermare quello che Falcone avrebbe potuto ancora fare contro la mafia, e dopo di lui anche Borsellino...
«Indico anche un terzo movente, quello destabilizzante».

In Italia scoppiava Tangentopoli, succedevano grandi sconvolgimenti politici...
«Quindi la mafia non fa soltanto i propri interessi, ma anche di qualcun altro...»

Nel suo libro ci sono diversi passaggi in proposito. A pagina 84, ecco il suo ragionamento in base a quello che hanno riferito dei pentiti: "Questa affermazione, riferita da collaboratori di giustizia vicini a Bagarella, lascia intendere che Riina, prima delle stragi, avesse ricevuto promesse da parte di soggetti politici o vicini alla politica, come contropartita per l'eliminazione di Falcone. Una conferma a tale ipotesi si rinviene nelle dichiarazioni rese a Caltanissetta da Salvatore Cancemi, secondo il quale la decisione dell'omicidio di Giovanni Falcone fu presa dopo che Riina aveva avuto un incontro con persone importanti, estranee a Cosa Nostra". Perché viene ucciso Falcone?
«Ci sono questi tre moventi complessi. Il primo è per quello che aveva fatto. Il secondo per quello che poteva fare. E poi per l'effetto destabilizzante che non era proprio l'interesse di Cosa Nostra ma di qualche altra entità...»

Lei nel libro li chiama poteri, gruppi. Ma ci spieghi meglio, chi sono questi poteri...
«Ma io... Purtroppo io non posso, la responsabilità penale è personale. Finché non si individuano delle persone, io non posso che rimanere generico».

Torniamo al rapporto tra Stato e mafia. Lei alla conferenza ha ricordato come il termine mafia abbia una derivazione letteraria. Ora, l'ascesa del potere della mafia nella società siciliana coincide con l'unità d'Italia. Fin dalla seconda metà dell'Ottocento ci furono indagini e rapporti che indicarono e descrissero a fondo il fenomeno mafioso e il suo constante rapporto con la politica. È questo costante rapporto che da alla mafia questo suo nome, si chiama allora mafia proprio per quel rapporto iniziale avuto con

la politica? Non si chiamerebbe soltanto criminalità organizzata se non ci fosse più quello?
«Guardi il problema non è terminologico. Il problema è che c'è questa organizzazione che non può vivere da sola. Diceva un collaboratore di giustizia: la mafia e la politica sono come i pesci e l'acqua».

Infatti è il boss Giuffré che lo dice nel suo libro, il mafioso collaboratore che sta al lavoro di Grasso come Buscetta a quello di Falcone...
«Significa che l'uno ha bisogno dell'altro. Perché come è spiegato nel libro, nei momenti preelettorali, la mafia ricerca il consenso. E lo trova già organizzato. Come scrivo nel libro, basta una passeggiata al centro del paese col capomafia, e tutti sanno che non c'è bisogno nemmeno di andarlo a chiedere per chi bisogna votare, tutti sanno chi è gradito alla mafia. Perché poi significa che io posso chiedere al capo mafia un favore, che poi quello si fa da intermediario con qualcun altro e quindi ottenere quello che io voglio. È questo rapporto di intermediazione, tra il bisogno e il favore fatto per soddisfare questo bisogno. Finché certi bisogni non verranno considerati dei diritti allora si creerà sempre questo discorso, che si da come favore qualcosa che spetta per poi richiedere come contraccambio a sua volta una fedeltà che diventa complicità. E quindi tu mantieni così il sistema».

Eppure questo sistema non si arriva a conoscerlo soltanto negli ultimi anni, con il lavoro di Falcone e grazie al pentito Buscetta. Basta leggere i lavori di storici come il britannico John Dickie o il siciliano Salvatore Lupo, con il suo libro sulla storia della mafia appena tradotto dalla Columbia University Press, per accorgersi che tutto quello che Buscetta racconta a Falcone, lo si sapeva già e pubblicamente alla fine dell'Ottocento...
«Scusi, letterariamente è una cosa, giudizialmente è un'altra cosa».

Giudice ma non si trattava solo di racconti letterari o di spartiti d'opera. Prendiamo come esempio storico quello di Diego Tajani, che prima di essere nel 1875 il deputato protagonista di un acceso dibattito in Parlamento a Roma — e di cui tutti i maggiori giornali dell'epoca scrissero — aveva servito come procuratore generale del re a Palermo, dal 1868 al 1872 e si era occupato di indagare le collusioni tra mafiosi, forze dell'ordine e politici. Tajani, grazie all'esperienza di inflessibile magistrato in Sicilia, terrà un discorso alla Camera in cui dirà che negare l'esistenza della mafia "significa negare il sole" e fino a puntare il dito in aula contro l'ex presidente del Consiglio Giovanni Lanza sospettato di complicità con la mafia. E poi Tajani giungeva ad una conclusione, 135 anni fa, che sembra

pronuciata ieri: "La mafia che esiste in Sicilia non è pericolosa o invincibile di per sé. È pericolosa e invincibile perché è uno strumento di governo locale". Perché è poi rimasta per oltre un secolo da quei discorsi così invincibile la mafia, fino al sacrificio di Falcone e Borsellino? È ancora adesso uno strumento di governo o è finalmente tornata ad essere vincibile la mafia?
«Questo non lo so, bisogna confrontarsi con le prossime elezioni. C'è però il fatto che noi abbiamo dato dei colpi notevoli, abbiamo diminuito il potere delle organizzazioni mafiose, soprattutto in Sicilia. In Calabria è un'altra storia, lì è più forte perché non ha avuto ancora la repressione che c'è stata in Sicilia. Noi abbiamo quindi creato le precondizioni perché ci si possa scrollare di dosso questa presenza e questa forma di collusione e intimidazione. Se vuole la politica può fare l'interesse e il bene dei cittadini senza doversi necessariamente confrontare con una mafia potente».

Ma lei che segnali ha visto dalla politica? Si vuole finalmente rinunciare a certe collusioni? Qui non si tratta di colore politico, si sa quanto la mafia cerchi di mettersi d'accordo con chiunque si trovi al potere...
«Io mi occupo di segnali criminali, non di segnali politici».

Appena oggi arriva la notizia che sarebbe stato consegnato ai magistrati di Palermo il famoso "papello" di Riina per la trattativa con lo Stato a tempi delle stragi del '92-93. Tutto ciò grazie alle rivelazioni di Massimo Ciancimino, figlio di Don Vito che di quel "papello" ne sarebbe stato non solo postino, ma persino "suggeritore". Lei che ne pensa? Se lo aspettava che spuntasse il "papello" o è stata una sorpresa?
«Lo aspettavamo e da tanto tempo, finalmente è arrivato. Devo dire che parecchi dei contenuti li conoscevamo già. È certamente un documento che se autografo...».

Cosa potrebbe succedere se èautentico?
«È un fatto importante, perché sarebbe un documento».

Non dice di più Grasso sul papello, ormai trascinato via da chi lo deve portare ad un ennesimo evento, questa volta in New Jersey. Davanti all'ascensore, riusciamo a porgli un ultima domanda:
Giudice lei a New York ha detto che per sconfiggere la mafia serve una stampa libera e una magistratura indipendente. Vede pericoli arrivare in Italia su questo fronte?
«Mi chiede di fare un discorso politico, che non posso fare».

Le chiedo di confermare o meno: senza la stampa libera e una magistratura indipendente, vince la mafia?
«In qualsiasi paese vale questa regola. La democrazia si misura ovunque su quanta libertà si riesce ad avere, quindi sulla stampa completamente libera e un pubblico ministero che riesce a fare indagini nei confronti di chiunque».

Note

[1] Le origini del termine mafia, parafrasando Pirandello, può avere una, nessuna e centomila spiegazioni possibili. In 150 anni di testi dei più autorevoli studiosi ed esperti siciliani, nazionali e internazionali, nessuno ci sembra arrivare alla conclusione certa sulle origini della parola così come della sua prima apparizione in riferimento alla organizzazione segreta. È molto improbabile che tra di loro i "mafiosi" si riconoscessero agli inizi con quel termine (più probabile "uomini d'onore" e simili). Di certo è che il termine siciliano "mafiusu", e il suo femminile "mafiusa", nella Sicilia occidentale é stato usato a lungo per indicare un uomo o una donna con un atteggiamento spavaldo ma senza che necessariamente indicasse un appartenente all'organizzazione segreta.

[2] Dagli atti parlamentari della Camera dei deputati, p. 4126. Discorso citato in Salvatore Lupo, *History of the Mafia*, Columbia UP, 2009, p. 58.

[3] I due termini identificano una delle procedure del copione di iniziazione mafiosa. Quando si entra a far parte della della mafia, si riceve una santina nelle mani, e una puntura di spillo. Il sangue cola sulla santina che viene poi bruciata.... Questo il significato del rito: "se tradissi, il tuo sangue avrebbe lo stesso trattamento". È un rito diffuso e conosciuto. Ne parla Buscetta a Falcone, ma se ne sapeva già tutto, difatti in Sicilia i mafiosi si chiamano "pinciuti" ("coloro che hanno ricevuto la puntura...").

[4] Giuseppe Tomasi di Lampedusa, *Il Gattopardo*, Universale economica Milano Feltrinelli, 1995 (la prima edizione è del 1958).

[5] Leonardo Sciascia, "Il giorno della civetta", Adelphi 2002 (la prima ediz. Einaudi, 1961).

[6] L'intervista di Stefano Vaccara a Pietro Grasso è stata pubblicata sul quotidiano "America Oggi", il 18 ottobre 2009.

Luigi Troiani*
Pontificia Università San Tommaso d'Aquino, Roma

Camere di Commercio italiane all'estero emigrazione, politica estera economica

Se c'è un fenomeno dell'emigrazione italiana poco esplorato, sul quale si dispone di dati insufficienti, è quello che vede come protagonisti gli imprenditori italiani all'estero.

Con l'espressione si intendono almeno tre aggregati di popolazione:

a. gli Italiani emigrati come lavoratori dipendenti, successivamente diventati lavoratori autonomi, professionisti, o imprenditori nel paese di elezione;
b. gli Italiani imprenditori che, per le ragioni più varie, hanno preferito spostare l'attività di rischio in paesi esteri, trasferendo l'impresa originariamente italiana e/o aprendo nuove imprese in territorio straniero;
c. gli Italiani con cittadinanza estera, figli di emigrati o perché nati in paesi esteri, che hanno avviato attività d'impresa nel paese di cui sono cittadini, o in un paese terzo.

Il fenomeno è meno nuovo di quanto si possa immaginare. Ha radici antichissime come la colonizzazione romano-italica dell'Europa e del Medio Oriente. Si è espresso all'interno del millenario movimento di cristianizzazione del mondo, come appendice più o meno esplicita dell'azione delle missioni. Ha messo radici profonde, soprattutto nel Mediterraneo, negli anni gloriosi delle Repubbliche marinare, favorito dalle capacità delle legazioni diplomatiche repubblicane e dall'operosità dei ceti produttivi e commerciali che rappresentavano. Ha tratto nuova forza dalle scoperte delle nuove terre oltre Atlantico e dalla moderna colonizzazione di Africa e Oriente. Nel Novecento, è rinato nei paesi di maggiore emigrazione italiana, giovandosi dei progressi di crescita sociale culturale ed economica dei ceppi di nuova emigrazione soprattutto in America Latina.

Quell'imprenditoria, ancora poco conosciuta e analizzata in Italia, costituisce un serbatoio di primaria rilevanza per la penisola in termini culturali, umani, economici. Si presenta come risorsa qualificata per l'alimentazione delle correnti commerciali del paese, soprattutto in settori dove la tradizione, il gusto, la tipicità, decidono la qualità del prodotto e la sua inclusione nelle culture e nelle abitudini di consumo straniere. Molti prodotti italiani trovano il migliore veicolo di ingresso in mercati esteri nell'azione e promozione degli imprenditori di origine italiana. Piccoli e medi, talvolta grandi capitani dell'economia locale, già italiani o espressione di rapporti non interrotti di sangue e cultura con l'Italia, favoriscono l'ingresso nei mercati di produzioni altrimenti sconosciute, estranee, difficilmente commerciabili. È accaduto in particolare con il cibo, il turismo, la cultura; accade con la robotica, il design, le nuove tecnologie.

C'è di più. Nel crescere di status e censo, le comunità imprenditoriali italiane all'estero acquisiscono rapporti strutturati con le élite locali, anche politiche. Taluni loro esponenti ottengono riconoscimenti sociali e visibilità tali da risultare in condizione di disporre di relazioni, a volte ruoli diretti, che, se non in termini politici, certamente in termini culturali ed economici possono essere utilizzati in favore della madrepatria.

L'imprenditore "italo-qualcosa" trasferisce processi e prodotti dall'Italia nel paese di elezione, gestisce produzioni basate su prodotti o processi italiani, combina semi-lavorati e pezzi di processi produttivi tra Italia e nuovo paese, intermedia acquisti e vendite di commercio bilaterale, realizza azioni di commercio interno legate al prodotto italiano. Ma può ampliare, e talvolta amplia, il rapporto con la terra d'origine allo scambio/incontro di correnti culturali e politiche bilaterali, nel segno dell'amicizia e della collaborazione anche umana. In questo modo estende la vicenda personale "binazionale" alla più ampia gamma di situazioni sociali ed economiche, influenza verso nuove opportunità gli esistenti rapporti bilaterali politici tra paese d'adozione e di origine.

La chiave del successo di quest'azione sta nel vantaggio competitivo di cui gode l'imprenditore italiano stabilito all'estero, rispetto alla concorrenza, di origini esclusivamente locali. Un vantaggio fondato sull'acquisizione di doppia conoscenza: del paese di origine e di quello nel quale opera. Una conoscenza che, sommata ai rapporti familiari amicali e sociali di cui gode in ambedue le situazioni, è garanzia dello sviluppo di legami originali ed esclusivi in grado di fornire risultati sul piano della sua storia imprenditoriale personale ma anche di quella delle due comunità nelle quali si identifica. Storie clamorose di successo, come l'introduzione dei vigneti di qualità e la produzione di vini in California e Cile, l'ingresso della pizza negli Stati Uniti, l'attuale penetrazione di olio d'oliva italiano e aceto balsamico di Modena nella ristorazione del nord America e del nord Europa, il ruolo di residenza della terza età di regioni come Toscana, Umbria, Marche, testimoniano sin dove si possano spingere dette potenzialità. In ciascuna delle esperienze citate, il contributo dell'imprenditoria locale di origine italiana è stato significativo e attivo sul piano personale e professionale.

Vi sono ovviamente anche storie di successo di imprenditori con radici italiane che nulla hanno a che vedere con i mercati o le tradizioni del paese di origine. L'esistenza di una categoria di imprenditori con radici italiane, del tutto omologata alla realtà locale, non nega i risultati raggiunti da chi ha costruito una fortuna imprenditoriale anche sulla sua doppia natura. Semmai fornisce l'ulteriore testimonianza della grande ricchezza che l'"altra" emigrazione, quella che potremmo definire di "fascia alta" ha assunto nel corso del tempo.

Imprenditoria italiana estera, spunti per una storia da scrivere

Se l'emigrazione delle qualifiche più umili ha trovato collocazione organizzativa nel sindacato dei lavoratori in patria e/o all'estero, ed è da sempre seguita e "certificata" dalle attività assistenziali di operatori religiosi e volontariato laico, oltre che dagli uffici consolari, il fattore imprenditoriale, meno bisognoso di tutele, è per lungo tempo e in molte situazioni cresciuto in modo del tutto autonomo, spesso fuori dai circuiti tradizionali che hanno continuato a legare l'emigrazione alla madrepatria. Per questa, e altre ragioni di cui si dirà, il suo risultato storico, la situazione di compiaciuto successo con la quale possiamo oggi fare i conti, appare di difficile identificazione, e si presta ad ambiguità ed errori interpretativi. Neppure gli archivi consolari sono in grado di ricostruire tutta questa interessantissima storia.

La complessità di una ricerca che punti alla piena individuazione e classificazione nei locali ceti imprenditoriali della presenza di italiani espatriati, risulta evidente quando si ponga mente ad una serie di considerazioni.

Val la pena richiamare innanzitutto le problematiche sperimentate da ogni tipo di migrazione italiana, che portano il soggetto emigrato a ricercare l'omogeneizzazione con la realtà del paese di accoglienza, e pretendere l'assimilazione come garanzia di sopravvivenza in un ambiente spesso poco ricettivo e comunque tendenzialmente discriminatorio verso il "diverso".

L'italiano migrato che si mette a fare impresa, soffre questo handicap di partenza, e vi immette ulteriori fenomeni. Nelle realtà percepite come "ostili", particolarmente nella fase di avviamento, è spinto a sfuggire la visibilità, a optare per una semi-clandestinità, per camuffamenti non necessariamente motivati dalla situazione obiettiva nella quale opera. Si tratta di comportamenti radicati nella cultura delle origini, ma anche nei timori di non accettazione da parte del contesto sociale autoctono, di volontà di cautelarsi rispetto al fisco nella fase di start-up. Possono anche essere comportamenti mirati ad accelerare i processi di accettazione e assimilazione da parte di colleghi di lavoro locale o ad evitare il rifiuto da parte della comunità di provenienza.

Questo non è vero sempre e ovunque. Ad esempio l'imprenditorialità italiana nella fascia mediterranea, con la debita eccezione della Francia, e nei paesi africani, ha sempre teso a non camuffarsi e anzi a caratterizzarsi come italiana: mandando i propri figli in scuole italiane, esibendo i simboli di italianità, tramandando la lingua per generazioni. Ma è un'eccezione che appare dettata anche da un malinteso senso di superiorità culturale riguardo al paese di accoglienza, nonché dalla specificità di un'emigrazione in genere più ricca e favorita di quella riversatasi nei paesi americani e in Australia.

Con queste premesse, le dinastie imprenditoriali di origini italiane, nel corso di poche generazioni tendono a ritrovarsi trasformate in imprenditorialità locale *tout court*, salvo recuperare, all'interno del generale fenomeno di riappropriazione di identità che investe le punte più avvertite dell'emigrazione italiana a partire dagli anni Ottanta del Novecento, il suo ruolo bi-nazionale e capitalizzarlo al meglio.

Di più facile individuazione il percorso di quegli imprenditori che, tra Ottocento e Novecento, hanno dato vita a forme di associazionismo etnico e/o rappresentativo dei loro interessi. Si tratta di imprenditori distintisi, nella comunità regionale o provinciale di acquisizione, per la solidarietà che mostrano verso il luogo di origine, all'interno di azioni caritatevoli organizzate a favore di una o più situazioni bisognose[1]. Acquisiscono, anche attraverso queste opere, ruoli di leadership comunitaria che poi spostano su livelli professionali e imprenditoriali, aggregando i colleghi in associazioni o Camere. Il percorso può anche essere inverso, e transitare dalla costituzione dell'aggregazione imprenditoriale su base etnica o di settore, al ruolo attivo nella comunità di appartenenza.

Il processo di crescita del ceto imprenditoriale italiano locale non corrisponde a una sola legge sociologica. Segue percorsi diversi a seconda dei paesi nei quali viene a svilupparsi, delle epoche storiche nelle quali si sviluppa, e spesso varia a seconda delle regioni o province nelle quali si esprime nei diversi paesi di accoglienza, spesso di dimensioni e natura composita (si pensi agli sterminati spazi di Argentina, Brasile, Australia).

A volte la lettura empirica della biografia di significativi esponenti di questa variegata comunità imprenditoriale può assistere nella comprensione della loro storia, pur non potendo costituire la base scientifica per sanare l'assenza di catalogazioni, dati ordinati, approfondimenti socio-economici.

In questa direzione, qualcosa ha detto il Primo convegno internazionale degli imprenditori italiani nel mondo, organizzato a Roma dal 20 al 22 ottobre 2003 dall'allora ministro per gli Italiani nel mondo Mirko Tremaglia[2]. Ripercorrere fasi salienti di quel convegno[3] è utile alla corretta ricostruzione del contesto del quale qui ci si occupa.

Nel saluto di benvenuto ai 150 imprenditori accorsi al richiamo del ministero degli Esteri, l'allora Presidente Ciampi sintetizzò correttamente il significato e la fecondità del rapporto tra paese di origine e comunità imprenditoriale italiana all'estero: "L'impegno degli imprenditori italiani che operano all'estero rappresenta per noi una ricchezza, una risorsa essenziale che rafforza la proiezione internazionale dell'Italia e concorre a diffondere il nostro patrimonio di civiltà, di valori e di prestigiosa tradizione".

Tremaglia è sceso più nel concreto: "Italiani nel mondo come risorsa e ricchezza... Una ricchezza economica che dopo anni di discriminazione è stata valorizzata dalla classe politica italiana".

E il ministro Frattini: "L'obiettivo finale è il passaggio del Made in Italy al Made by Italy" ovvero la costruzione di collaborazioni virtuose tra imprese collocate in Italia e imprese di italiani collocati all'estero "che mantengano un saldo ancoraggio con la madre patria e che non si limitino ad esportare i soli prodotti ma l'intero ciclo produttivo".

Meno economicistico e più politico il messaggio del sottosegretario alla Presidenza del Consiglio Gianni Letta:

> Il governo non può non guardare con simpatia al lavoro degli imprenditori italiani all'estero ma deve attivarsi per mettervi nelle migliori condizioni di operare… Siete gli ambasciatori all'estero della cultura, della storia e del vivere italiano e ambasciatori del genio nazionale.

Ma andiamo alle esperienze dirette, come risultano da testimonianze e interventi. Qui di seguito la testimonianza di Marco Marchetti, imprenditore statunitense, che sottolinea le opportunità offerte dagli esistenti rapporti bilaterali tra paese d'adozione e d'origine.

> Ho iniziato la mia carriere di lavoro a Roma con l'Alitalia. Dopo un tirocinio iniziale, ho assunto posizioni di sempre maggiore responsabilità che mi hanno portato in diverse parti del mondo… la mia decisione nel 1981 di diventare socio della Speedimpex, una delle prime società dedite alla distribuzione della stampa estera e soprattutto quella italiana, negli Usa. …Non vi è dubbio che nonostante i miei trent'anni di permanenza negli Stati Uniti, il legame con l'Italia è forte e mai si sfilaccerà. Tale interesse ha fatto sì che il sottoscritto abbia ricoperto la carica di

> presidente della Italy-America Chamber of Commerce di New York per cinque anni fino al giugno 2002. Ho anche ricoperto la carica di presidente di tutte le Camere di commercio dell'area Nafta (Usa Canada e Messico) e sono stato cooptato nel Consiglio di amministrazione di Assocamerestero a Roma.

La testimonianza di Marchetti offre una serie di conferme. Il percorso dal basso verso l'alto, da lavoratore a imprenditore; il legame con il paese di origine; l'impegno sociale e comunitario per lo sviluppo di economia e società italiane. Spigolando nell'intervento, vengono fuori interessanti motivazioni psicologiche.

> Nella mia carriere di presidente, ho dedicato le mie conoscenze allo sviluppo dei rapporti commerciali tra imprese italiane ed imprese americane e molto devo agli Stati Uniti in quanto è lì che ho avuto modo di realizzare gli obiettivi commerciali e di espansione della ditta che rappresento.

La bi-nazionalità, con la gratitudine al paese che ha consentito il successo imprenditoriale e sociale, è evidente in quest'affermazione che non è figlia solo di un'esigenza morale, trovando ottime ragioni economiche e civili.

> L'assenza di impedimenti burocratici e la flessibilità che le leggi americane danno agli imprenditori, sono stati strumenti essenziali per il raggiungimento della dimensione nazionale di cui oggi godiamo.

Laudatio del paese di adozione, e di converso critica neppure tanto velata a quello di nascita. Segue, inevitabile, l'orgoglio per quanto si è riusciti a realizzare con lo sforzo individuale, grazie anche alle proprie radici.

> La Speedimpex è la più grande azienda di distribuzione di stampa estera negli Usa. Ha la propria sede a New York e uffici a Philadelphia, Washington.....Nel portafoglio annovera la maggior parte degli editori più prestigiosi. Importa e distribuisce titoli dall'Italia, Spagna, Francia... oltre al New York Times, Wall Street Journal ed altri quotidiani domestici... Ritengo che le doti congenite di un Italiano mi abbiano sicuramente aiutato a superare ostacoli e difficoltà.

Né può mancare l'assunzione di responsabilità verso il futuro del proprio paese di origine e l'impegno imprenditoriale per favorirne lo sviluppo:

> Il sottoscritto mantiene costanti rapporti e legami con le comunità d'affari locali, dove tutti hanno un comune denominatore nel rafforzare e divulgare sempre più la presenza dei prodotti e delle industrie italiani negli Usa.

In diverso e meno significativo contesto, l'Uruguay, *Rodolfo Faccini Pinali*, fondatore della Transcargo, azienda di trasporti internazionali: "La nostra italianità è dimostrata dai rapporti continui con le aziende del Bel Paese che vogliono investire in Uruguay e che ci affidano i loro prodotti per poi distribuirli nelle nazioni del Mercosur". Anche lui ha fatto vita di Camera di commercio, quella italo-uruguayana, tesoriere dell'Alacat (Federazione degli agenti di trasporto), socio fondatore di Audaca (Associazione uruguayana degli agenti merce) di cui è stato presidente per tre mandati.

In Canada, *Giuseppe Bova*, emigrato dalla Calabria nel 1962 a soli quindici anni, a capo della società edile Manshield Construction Inc, con fatturato intorno ai 200 milioni di dollari, ricorda:

> Un anno dopo l'altro sono tornato in Italia in una sorta di pellegrinaggio, forse per non perdere quello che era rimasto di italiano in me, in quel grande melting pot che è il Nord America.

Dice che dieci dei suoi dodici dirigenti sono di origine italiana e che anche parte significativa della forza lavoro che occupa viene dalla penisola. Batte, come tutti, il tasto della scarsa collaborazione dall'Italia, denunciando l'assenza di impegno in un settore, quello del restauro degli edifici storici, dove il paese potrebbe dare molto: "Ho il sospetto che si faccia molto poco, ma il nostro orgoglio con può essere alimentato solo dalla gloria dell'impero romano o del Rinascimento". Allargando il ragionamento sull'assenza di una politica pubblica che valorizzi sia il rapporto tra imprenditori che vivono nella penisola e all'estero, sia il potenziale delle nuove generazioni a sostegno del progetto:

> Quando uno dei nostri bambini perde l'identità italiana, l'Italia perde più che un cittadino, perde il suo ambasciatore, il suo imprenditore, il suo miglior rappresentante.

Un concetto adeguatamente ampliato da *Umberto Lillaz*, un valdostano-piemontese che in Venezuela ha fatto il presidente della Banca di Caracas, e il vice presidente del Banco Caroni, Gruppo Universal. Spazia in settori come la chimica, l'edilizia, le miniere e gli alberghi. Ha promosso e fondato una Università italiana, insieme a molte attività di assistenza a connazionali e venezuelani. Occorre

> far incontrare le due Italie, farle lavorare insieme e recuperare, all'interesse per il paese d'origine, le generazioni più giovani. La generazione di emigrati degli anni cinquanta è già persa; le nuove generazioni da allevare allo spirito imprenditoriale italiano, parlano la lingua del bel Paese, sanno dell'Italia, e possono rappresentare dei veri mediatori tra i due paesi.

Collaborazioni, quelle tra le due imprenditorie, che avrebbe, tra gli effetti, quello di alzare il livello di presenza nel mondo della produzione e commercializzazione italiana, tuttora fatta soprattutto di realtà piccole e medie che faticano a inserirsi nei macro-circuiti globali, specie dopo l'ingresso dei pachidermi delle economie asiatiche. Su questo al convegno un buon contributo è arrivato da Roberto Grezzi, un fiorentino che opera in America latina, alla guida di un'impresa ittico conserviera:

> È fondamentale l'apporto che possono dare gli imprenditori di origine italiana nel mondo. Con loro possiamo alzare la produzione e riuscire a risolvere uno dei problemi più importanti dell'economia italiana, il nanismo industriale.

Uno schema che può andare a realizzazione solo con un ruolo pensante delle politiche pubbliche. Così *Tommasina Nicoletta-Hammerschimdt*, emigrata in Germania dalla Calabria, che ha costruito la propria fortuna sull'importazione di legname di ulivo dalla terra d'origine, esportando sino in Russia e Giappone. Una biografia da manuale: inizia come lavoratrice dipendente, e valorizza al meglio la bi-nazionalità. Alle autorità italiane ha chiesto soltanto "come orientarsi sul mercato", senza ottenere risposta. "È stata preziosa la mia esperienza alla Montedison tedesca, altrimenti non ce l'avrei fatta", e sottolinea: "Lo stato italiano all'inizio della mia attività mi ha ignorata. Solo la Camera di commercio italiana a Francoforte mi ha dato un po' di informazioni e consulenza".

Anche più interessante, sotto il profilo della crescita personale, la vicenda di *Virginia Santi Lopalco*, arrivata dalla provincia di Treviso in Inghilterra diciassettenne da ragazza alla pari per apprendere l'inglese, transitata in occupazioni precarie e poco retribuite (cameriera, piccola ristoratrice insieme al marito, un cuoco di Brindisi) e oggi imprenditrice con un'azienda che fattura più di 20 milioni di sterline l'anno e ha intorno ai

200 dipendenti. Con il marchio Pasta Reale ha imposto al gusto britannico, esportando anche in Irlanda Dubai Emirati Arabi, la nostra pasta all'uovo: tagliatelle, lasagne, tortellini, tonnarelli, tortelloni. Si ritrova, nella testimonianza, la solitudine degli inizi e l'assenza di ogni supporto delle autorità consolari. A lei l'aiuto è arrivato dai padri Scalabriniani: "Dallo stato italiano mai nessun aiuto, nessun incoraggiamento. A noi, ai nostri bisogni materiali o spirituali, hanno pensato solo i padri Scalabriniani". E quando viene richiesta su cosa le autorità del suo paese di origine potrebbero fare per rafforzare la sua azione di emigrata imprenditrice, risponde: "Nulla, ormai quello che è fatto è fatto. A posteriori direi che ci avrebbe fatto comodo un punto di riferimento, un ufficio, uno sportello che ci avesse offerto consigli e consulenza".

Sulle inadempienze dei governi italiani, e sul ruolo positivo della Camera di commercio italiana, torna un altro imprenditore italiano che vive all'estero, *Jean-Camille Carbonetta* che in Belgio è titolare di una impresa di trattamento dei minerali. In particolare si esprime sulle distorsioni del rapporto tra governo e imprenditoria: "Denuncio la complessità e la mancanza di coerenza dell'amministrazione italiana, specialmente in materia di tecnologia innovativa destinata all'ambiente. Troppa amministrazione, troppa politica di 'ombrello' che uccide l'innovazione e frena considerevolmente i miglioramenti in questo campo". E così la dichiarazione di bi-nazionalità, vista anche sotto il profilo utilitaristico: "Affermo di sentirmi sia italiano che belga, ma lo sono in funzione delle circostanze ed è un gran vantaggio tanto filosofico che professionale".

Di bi-nazionalità parla anche *Aldino Albertelli*, un toscano emigrato con la famiglia in Gran Bretagna all'età di dieci anni nel 1960. La sua è stata una formazione perfettamente bilingue, che lo ha aiutato a superare le difficoltà dell'inserimento iniziale. Produce pannelli pre-fabbricati per l'edilizia, con un espanso brevettato frutto della sua inventiva. È un prodotto che oggi gira il mondo, ma che agli inizi solo in Italia trovò il finanziatore sufficientemente flessibile e innovativo da accettare il rischio del nuovo, sino a generare il marchio Acell, prodotto a San Giuliano Milanese, in Lombardia. Della sua esperienza fa una teoria di comportamento: "L'ingegno, la validità dell'impiantistica, la capacità produttiva e l'inventiva italiana furono fondamentali per dare un avvio industriale al prodotto. Sotto questo aspetto l'Italia non teme confronti con nessuno. Per me è stata una conferma dello straordinario valore dell'italianità". E prosegue: "L'italiano all'estero che si è integrato, ma allo steso tempo ha mantenuto la propria identità, può giocare un ruolo fondamentale per superare questi malintesi. È il ruolo delle persone-ponte che sono riuscite, attraverso la flessibilità, a creare una sintesi nuova, utilizzando il meglio dei due sistemi". Albertelli, che è presidente del Centro Scalabrini a Londra, ai politici che lo ascoltano e ai colleghi imprenditori che approvano, dice che

> l'italianità è una cosa preziosa che va coltivata e mantenuta non solo per la prima generazione a livello affettivo e folcloristico, ma anche per la seconda e la terza generazione, come possibilità di dialogo e di confronto... è un tesoro con immense capacità in tutti i settori, un patrimonio che non va disperso.

Altro profilo di interesse, quello di *Luigi Conti*, conosciuto come il "re delle due ruote francesi". La famiglia emigra dalla provincia di Catania a Pescara nel 1948, successivamente in Francia. Gino studia da perito tecnico in Francia, trova un posto di tecnico commerciale in forniture industriale e macchine utensile. Quando diventa direttore commerciale, come lui dice al convegno, "incita la direzione a valorizzare marchi italiani e aiutarli ad impiantarsi in Francia". Sono marchi che riguardano rettificatrici, torni paralleli, ingranaggi, catene, riduttori e motoriduttori, motori elettrici. Sceglie di dedicarsi esclusivamente "all'attività delle due ruote", creando una S.p.A. che sviluppa il marchio Conti, ma continua ad importare dall'Italia prodotti come: corone per motociclo, catene per motociclo, gomme, marmitte per moto, ammortizzatori per moto, ruote e leve per moto, caschi. Definisce così la vocazione dell'azienda nel rapporto con l'Italia: "Rimarrà quel partner privilegiato al quale si dà in automatico la priorità assoluta". Una dichiarazione d'amore, tanto più rilevante in quanto viene da un uomo d'affari.

Ed è un contenuto che appare praticamente in tutti gli interventi al convegno. Così in quello di *Roberto Crea*, che fa biotecnologie negli Stati Uniti con la sua Creagri Inc., in America da più di un quarto di secolo:

> "... ho provato a tornare in Italia, con la voglia di sfida di noi imprenditori che viviamo all'estero. Non siamo soddisfatti se non facciamo qualcosa per l'Italia".

Una posizione che trova come contrappeso la critica a come il paese ha gestito il rapporto con i migrati, in specie con gli imprenditori:

> Non ho mai visto una politica chiara, mirata a far rientrare le persone che si sono formate all'estero. In Italia vi è disincentivazione del sistema di investimento privato, mancanza di un'interfaccia industriale nel settore farmaceutico e alimentare, nella burocrazia del sistema fiscale.

Esemplare per le difficoltà nelle quali può incorrere un nostro imprenditore all'estero, e dell'assenza di sostegno da parte delle autorità del paese di origine, la biografia dei *Bajocchi*, raccontata al convegno da Pietro che, come molti dei suoi colleghi, ha tuttora in tasca il passaporto italiano. La famiglia è titolare della più antica e prestigiosa gioielleria del Cairo, aperta verso la fine dell'Ottocento sull'onda di un importante flusso di emigrazione europea verso il paese dei Faraoni, seguito alla crisi economica del 1860. L'azienda di famiglia è sopravvissuta alla seconda guerra mondiale, all'insorgenza di Nasser, al suo nazionalismo politico ed economico espropri inclusi, superando indenne il traguardo dei cento anni e continuando a far onore al proprio marchio.

Tornando in Europa, esemplare per i suoi contenuti, la testimonianza di *Fausto Bortolot*, gelataio in Germania. Impegnato attivamente nella Uniteis, l'associazione dei gelatieri italiani in Germania, con doppia sede: a Francoforte, e a Vittorio Veneto in provincia di Treviso per il periodo invernale. Uniteis, ricorda nel suo intervento il gelataio migrante, fa parte della compagine sociale di Longarone Fiere, quarto polo fieristico del Veneto, che realizza anche la Mostra internazionale del gelato artigianale, la più prestigiosa al mondo. Bortolot rileva come tutte le gelaterie italiane presenti in Germania siano arredate da aziende nazionali e come tutti i prodotti utilizzati arrivino dalla penisola, dichiarandosi "volano di una filiera produttiva ed economica di rilievo". Con orgoglio cita un'indagine di mercato tedesca "dalla quale è emerso che uno dei valori più apprezzati dai tedeschi è l''italianità' degli ambienti, dei laboratori, dei locali di distribuzione, del servizio, del prodotto". Aggiungendo: "In sintesi, l'esaltazione del Made in Italy". È una italianità non solo apprezzata dal paese ospite, ma valorizzata come apporto alla cultura nazionale: "In Germania siamo stimati e ben inseriti nella società tedesca: ciò è testimoniato anche dal fatto che nel Museo della storia della Rft a Bonn ci è stato riservato uno spazio, significativo, nel quale è stata inserita la Gelateria italiana"[5]. Un processo che, a livello del sociale e dei rapporti sindacali, rintraccia tassi di formalizzazione di un certo rilievo: "La nostra è l'unica associazione non tedesca affiliata alla Confartigianato della Germania e che da oltre dieci anni ha sottoscritto un accordo con il sindacato di categoria tedesco in materia di lavoro". E ancora: "I tanti giovani che frequentano i corsi di formazione organizzati da Uniteis conseguono un attestato riconosciuto dalla Regione Veneto e dalla Camera di commercio e artigianato di Francoforte".

In parallelo la testimonianza di *Luigi Macaluso*, che però è esponente di una professionalità che appartiene al paese ospite, la Svizzera. Arriva da

Torino nel cantone di Neuchâtel nel 1992, e diventa presidente di Sowind Group che, nell'ambito dell'alta orologeria complicata, detiene i marchi Girad-Perregaux e Daniel Jeanrichard. Guardando al successo professionale della sua vita, ringrazia l'italianità:

> A noi Italiani vengono riconosciute un po' in tutto il mondo la nostra profonda attitudine culturale, la nostra forte propensione per il bello, l'attenzione al gusto, al buon gusto, con in più una spiccata predisposizione alla percezione delle tendenze, a ciò che i mercati desiderano. Tutto ciò mi ha sicuramente aiutato.

Benché si riconosca legato a Torino, dove, dice "trascorro, quando ne ho la possibilità, il mio tempo libero", è stato definito dal quotidiano di Ginevra "Le Temps" come "il più svizzero degli orologiai svizzeri". Macaluso commenta di sentirsi "adottato" non solo dal paese ma dalla comunità professionale alla quale ormai appartiene di diritto, tanto che ha portato con sé e immesso in azienda i due figli. Notevole l'elenco di incarichi associativi che lo mettono anche in condizione di tutelare gli interessi italiani in Svizzera: presiede la "Association Interprofessionelle de la Haute Horlogerie", fa parte della Camera di commercio del cantone di Neuchâtel e del Comitato economico del Ministero dell'Economia cantonale, è membro del Consiglio di amministrazione della Camera di commercio italo-svizzera e del Consiglio direttivo di Automobil Club Italia. La chiusa del suo intervento, di un imprenditore che ha ricevuto i massimi onori e attestazioni da un paese come la Svizzera, è da ricordare: "Presiedere la più alta organizzazione dello sport dell'automobile è per me un grande onore, in quanto l'automobile e la sua ovvia espressione costituita dalle corse, è sicuramente uno dei settori più prestigiosi che l'Italia possa vantare nel mondo e di cui tutti noi italiani dobbiamo essere fieri".

Le Camere di Commercio italiane all'estero

Il meccanismo della rappresentanza degli interessi legittimi delle comunità di imprenditori italiani nei diversi paesi, nella denunciata latitanza di un ruolo attivo dello stato italiano e delle sue politiche, ha trovato, come si è visto dalle testimonianze, il più interessante momento di espressione nella costituzione dal basso di Camere di commercio italiane. Gli interventi al primo Convegno internazionale degli imprenditori italiani nel mondo, hanno trasmesso ripetuti cenni di consenso e testimoniato l'impegno diretto di esponenti delle comunità imprenditoriali.

Le Camere di commercio italiane all'estero (Ccie) divengono elemento centrale di ogni analisi sul fenomeno della imprenditorialità italiana fuori dalla penisola, costituendo un crocevia di smistamento di vicende umane e imprenditoriali legate alla nostra emigrazione. Nei 130 anni di storia che le caratterizza (la prima Camera nasce negli ultimi decenni dell'Ottocento in Uruguay), le Camere hanno sviluppato caratteristiche e vocazioni, che le rendono fenomeno sociologico ed economico di grande rilievo, giustificando i riconoscimenti che le autorità destinano alle Camere sia nel paese di accoglienza che in quello delle origini. Per questo sono riconosciute dal governo italiano (L. 518 del 1 luglio 1970) e fanno parte integrante degli Sportelli Italia all'estero (L. 56 del 31 marzo 2005), che contribuisce con piccoli contributi annui ai loro bilanci.

Associazioni di imprenditori e professionisti italiani e locali, sbocciate e cresciute spontaneamente soprattutto nei luoghi delle grandi migrazioni italiane nel mondo, sono a loro volta associate in Assocamerestero, l'Associazione delle Camere di commercio italiane nel mondo, con sede a Roma, nata nel 1987 per valorizzare e sviluppare le attività delle Camere, diffondendo interesse e conoscenza sulla rete delle Camere e sulle sue specificità e capacità presso le istituzioni italiane ed internazionali e presso le organizzazioni imprenditoriali italiane. Assocamerestero ricerca collaborazioni ed alleanze strategiche con soggetti ed enti pubblici e privati, rappresenta le esigenze e potenzialità di servizio delle Ccie, favorisce la conoscenza e l'utilizzo della rete delle Ccie, promuove e diffonde programmi e progetti considerandoli utili alla crescita della rete, comunica con media istituzioni e imprese italiani, assiste e favorisce la nascita di nuove Camere italiane all'estero, fa networking con altri sistemi camerali bi-nazionali europei.

Così Assocamerestero riassume i servizi e i prodotti forniti alle Camere:

- attività di assistenza e supporto alle Ccie
    - assistenza sulle problematiche collegate a progetti di interesse di una o più Ccie
    - azioni di raccordo nei confronti di strutture di servizio, attraverso accordi e intese quadro
    - attività di supporto per la costituzione di nuove Ccie
    - organizzazione di sessioni di formazione e aggiornamento professionale
    - emissione della carta associativa di sistema
- attività di informazione e comunicazione
    - redazione del rapporto sulle opportunità d'affari
    - redazione e pubblicazione annuale del Business Atlas
    - sviluppo di azioni di promozione nei confronti di università ed

istituzioni di formazione italiani e organizzazione di stage presso le Ccie

- iniziative progettuali
    - progetti di marketing territoriale
    - assistenza progettuale e coordinamento degli sportelli per l'internazionalizzazione delle Cciee
    - azioni per la crescita qualitativa delle Ccie e dei servizi offerti.

Assocamerestero è strutturalmente inserita nella rete istituzionale della Unione italiana delle Camere di Commercio, Unioncamere.

Tra le caratteristiche esclusive del sistema camerale estero, possono rilevarsi tra le più interessanti:

a. lo status di bi-nazionalità
b. la capacità di rappresentanza degli interessi quando disponga di massa critica
c. la volontarietà delle adesioni
d. una certa pretesa di eccellenza
e. la garanzia di democrazia interna
f. la pratica della socialità come valore
g. la natura certamente privata associata ad una semi-ufficialità di stile e immagine
h. la capacità di servizio
i. l'autofinanziamento
j. la disponibilità alla collaborazione con le rappresentanze italiane nel paese.

La *bi-nazionalità* è elemento fondativo del fenomeno camerale. Organizzato come club di imprenditori, l'istituzione è aperta, indiscriminatamente e per sua natura, agli imprenditori di nazionalità locale o italiana, favorendo di fatto quelli che detengono la doppia nazionalità. Obiettivo comune è il progresso degli scambi tra i due paesi, il riconoscimento dei propri interessi nel paese di accoglienza e originario, lo sviluppo di un ambiente culturale sociale e politico favorevole all'incremento dei rapporti economici e commerciali bilaterali. Nell'attuale mondo globalizzato e aperto, l'attribuzione di doppia nazionalità facilita l'accesso alle istituzioni locali e a quelle di origine, e al tempo stesso dà alla Camera la funzione di ponte nel dialogo tra i due paesi di riferimento. È una potenzialità ancora poco sfruttata dalla diplomazia e dal sistema economico italiani, che potrebbe arricchire di opportunità inesplorate la funzione di avamposto italiano che le Camere di fatto espletano in teatri esteri.

Su questo punto fa testo l'intervento di Andrea Pallaro, in rappresentanza del Gruppo industriale argentino "Pallaro Hermanos", al citato convegno romano. Un intervento significativo anche perché nel gruppo opera Luigi, il fratello eletto al Parlamento italiano in occasione della prima tornata elettorale allargata alla diaspora italiana, già al vertice della locale Camera di Commercio italiana e molto attivo in Assocamerestero. I fratelli Pallaro sono nel settore della produzione elettrica ed elettronica con interessi anche nell'agroindustria e nel minerario, e incursioni nell'insegnamento della lingua italiana in tre grandi scuole fondate a Buenos Aires e dintorni. "Gli Italiani all'estero" dice Pallaro al convegno, "sono un pianeta quasi completamente sconosciuto in patria". Emigrati da Padova nell'immediato dopoguerra, i fratelli non hanno mai rinunciato alla nazionalità delle origini, impegnandosi "nella promozione dell'italianità, della cultura, della solidarietà e dell'assistenza per i meno fortunati". E prosegue: "In Argentina abbiamo formato le nostre famiglie, ormai con figli e nipoti: tanti italo-argentini che educhiamo all'attaccamento spirituale verso le due patrie".

Su detto "attaccamento" Andrea Pallaro, che si dichiara orgoglioso della "Italia rinnovata, moderna e industrializzata, un'Italia ricca che riempie d'orgoglio e soddisfazione, ripaga delle pene di altri tempi", dice che si può costruire un rapporto esemplare bilaterale dove proprio l'esperienza di sviluppo italiana possa risultare utile a paesi che, come l'Argentina, annaspano al confine dello sviluppo. "Saremmo felici e fieri dell'appoggio che venisse per la ripresa argentina dall'Italia del G7, della Ue, dall'Italia industrializzata e prospera. ... Auspichiamo una maggiore presenza italiana in cultura, scuola, cooperazione economica, formazione professionale, collaborazione universitaria, specializzazione, design. Vorremmo poter trasferire la moderna tecnologia dell'Italia anche in Argentina".

Un'azione, quella delle Camere italiane all'estero, che può risultare efficace solo se capace di costituirsi in *massa critica* capace di garantire quella *rappresentanza degli interessi* che persegue. Un auspicio che trova realizzazione sulla base del numero degli aderenti, della loro qualità, dell'apporto che forniscono alla vita della comunità alla cui esistenza contribuiscono.

La Camera è un soggetto del tutto privatistico, ad adesione volontaria, retto dal proprio Statuto. Giustifica la propria esistenza e sviluppo solo se riesce ad emergere come significativo punto di aggregazione sul territorio, della comunità di imprenditori italiani e di imprenditori locali interessati al mercato italiano. Non sempre questo si rende possibile e allora la Camera non decolla, non riesce a porsi come interlocutore di rilievo. Quando, e accade nella maggioranza dei casi, diventa efficiente e rispettabile, ha realizzato le basi di un lavoro che la renderà utile a quello sviluppo dei rapporti economici bilaterali che resta la sua prima vocazione.

In quest'ambito è evidente che la Camera italiana non può che pretendere di rappresentare, per l'area geografica nella quale opera, la punta migliore, l'eccellenza nella configurazione di servizio ai rapporti economici e commerciali bilaterali. La Camera non può che essere il riferimento obbligato di qualunque impresa intenda condurre affari con l'Italia e intenda confrontarsi con un interlocutore che detenga le sue stesse caratteristiche di imprenditore privato[6].

È l'eccellenza un bene che le Camere devono perseguire e salvaguardare, e che può essere garantito da due altri fattori: la *democrazia interna e la pratica del valore della socialità*. Detto in altri termini, la Camera va interpretata come un servizio agli iscritti e agli imprenditori esterni che intendano avvalersene. Non può essere interpretata come un centro di potere economico o politico, o come l'opportunità da utilizzare per migliorare la visibilità dell'una o l'altra impresa aderente. Gli statuti d'autonomia delle Camere offrono ampie garanzie sulla vita democratica interna, sui meccanismi elettorali e gestionali, sul fatto che nessuna autorità camerale possa utilizzare l'istituzione per trarne vantaggi personali legati alla sua attività imprenditoriale. Se non bastassero, il circuito virtuoso dell'appartenenza ad Assocamerestero e la supervisione esercitata dalle autorità italiane, giustificata dal contributo finanziario che rilasciano alle Camere estere, aggiungono ulteriori elementi di garanzia per iscritti e frequentatori delle Camere.

In questo modo la natura privatistica della Camera non vieta che essa operi e, quel che più conta, sia percepita dagli interlocutori pubblici e privati, come un soggetto *semi-ufficiale* di italianità in terra estera, con statuto locale e tenuto al rispetto delle leggi locali, ma con stile e comportamenti che lo rendono autorevole, credibile e onorato rappresentante della cultura imprenditoriale di un paese estero. Se la Camera, se i suoi organi, non riescono a compiere questo salto di qualità, deprivano l'azione dell'ente di autorevolezza ed efficacia, minandone alle fondamenta la sua ragione d'essere e d'operare, e precludendogli nel medio periodo, la capacità di operare soddisfacentemente.

È una situazione di fatto che viene accresciuta dalla collaborazione con le rappresentanze italiane nel paese, alla quale la Camera è in qualche modo tenuta. Si tenga presente che gli Ambasciatori d'Italia nei paesi nelle quali le Camere italiane operano, costituiscono il referente "onorario" obbligato, ma questo può essere un fatto esclusivamente formale. Quel che conta è invece che la comunità italiana d'impresa raccolta nella Camera, si senta motivata a collegarsi nei fatti con le iniziative di italianità che l'Ambasciata assume, a "vivere" l'italianità che un'Ambasciata diffonde sul territorio nel quale opera[7]. Un comportamento che si traduce nel sostegno anche finanziario alle iniziative italiane, alle opere caritatevoli in occasione di disastri o eventi luttuosi che colpiscono l'Italia, mostre, celebrazioni e altre opportunità non direttamente collegabili all'oggetto più proprio dell'attività camerale: l'economia e il commercio bilaterale.

Quanto qui esposto può, ovviamente, trovare realizzazione solo se la Camera gode di sufficienti mezzi finanziari. La regola è l'*autofinanziamento* attraverso le quote pagate dagli iscritti, le donazioni, i proventi dei servizi, con un contributo del Bilancio italiano non certo risolutivo. Essenziali si rivelano l'abilità della Camera nell'attrarre iscritti, specie quelli più rappresentativi, e la capacità di offrire *servizi a pagamento*, che risultino convincenti per gli operatori del paese ospitante e dell'Italia. Missioni commerciali, certificazioni, assistenza, informazioni di prima mano, relazioni sul territorio, rapporti e indagini confidenziali disponibili on line dietro disponibilità di una password o per vie più tradizionali, costituiscono di regola servizi a pagamento che possono alimentare il bilancio della Camera e consentirle di operare.

L'attività delle Camere viene così catalogata e riepilogata da Assocamerestero:

- agevolare l'accesso delle imprese italiane ai mercati esteri
- promuovere accordi commerciali e/o industriali di collabora-zione fra aziende
- progettare il marketing territoriale per l'attrazione di investimenti stranieri e diffusione di opportunità di investimento all'estero tra le imprese italiane
- individuare *know-how* specialistici e professionali
- *lobbying* e comunicazione presso le autorità istituzionali e commerciali locali
- promozione del turismo da e verso l'Italia.

Assocamerestero così riassume e cataloga i servizi che le Camere sono-in grado di fornire:

- attività di informazione su:
    - fiere e manifestazioni
    - paesi settori e mercati
    - opportunità d'affari
- seminari e workshop informativi o dimostrativi
- attività di formazione

- studi di mercato
- attività di promozione e ricerca partner
- attività di assistenza
    - scambi commerciali
    - trasferimento di tecnologie
    - costituzione di società in loco, joint ventures, etc
    - legale e composizione amichevole
    - consulenza finanziaria, fiscale e recupero crediti
    - protezione di brevetti e marchi registrati
- promozione di investimenti.

In un totale di 49 paesi si contano oggi 75 Camere italiane e 24mila associati. Le Camere hanno organizzato 140 uffici, attraverso i quali riescono a produrre ogni anno 300mila contatti d'affari. Il 70% degli aderenti è dato da imprese locali, a conferma del radicamento sul territorio delle Camere italiane. Utilizzano i loro servizi soprattutto imprese private e professionisti, ma anche Camere di commercio, consorzi export, associazioni imprenditoriali, enti fieristici, istituzioni le più varie incluse le autonomie locali e regionali.

Una realtà, come si vede, ricca e varia, una sorta di grande multinazionale senza fini di lucro a sostegno dell'azione del mondo d'affari italiano. È un'azione transnazionale al servizio del paese, che tende a valorizzare le espressioni imprenditoriali della emigrazione italiana, che il paese sembra ignorare, o sostenere, anche nelle sue espressioni ufficiali, con mezzi scarsissimi.

Forse è ancora necessario, come diceva il Ministro Mirko Tremaglia in occasione dell'apertura del primo Convegno internazionale degli imprenditori italiani nel mondo, "... far capire all'Italia che dall'altra parte dei confini nazionali vive una comunità ricca. Per questo motivo è importante utilizzare tutte le forze che abbiamo in campo al fine di mantenere saldi i rapporti ed il senso di appartenenza dei connazionali alla madre patria".

**Per gentile concessione di Fondazione Migrantes, che si ringrazia. Pubblicato, salvo leggerissime variazioni, in Rapporto Italiani nel Mondo 2010, (Roma: Idos Edizioni, 2010, pagg. 302-31).*

Note

[1] Azioni tipiche di questa fenomenologia, sono quelle a sostegno delle parrocchie o delle collegiate del paesello o cittadina delle origini, della festa del santo patrono, etc. Tracce di questa vicenda umana e religiosa, che tende ad ridursi sino ad esinguersi nel fluire delle generazioni, si ritrovano nelle lapidi appese sulle mura di molte chiese, nelle targhette apposte su panche e genuflessori, nelle targhe e scritte esposte da "mi-

sericordie", confraternite o simili, in contrade italiane di forte emigrazione (apparecchiature medicali, ambulanze attrezzate, etc.).

[2] Il richiamo al convegno è dovuto, nonostante i suoi manifesti limiti. Come si vedrà dai cenni qui riportati, risultò certamente utile per evidenziare alcune storie imprenditoriali di emigrati italiani. Non poté, e probabilmente neppure volle, costituire la fase iniziale di un percorso tuttora assente per giungere alla ricostruzione storica e all'analisi sociologica della comunità imprenditoriale italiana all'estero. Va rilevato che a quella sporadica iniziativa, non avrebbe avuto seguito degno di nota, a conferma del suo carattere del tutto episodico e forse propagandistico. Come ha detto bene all'Avvenire, (Giovanni Grasso, Imprenditori dell'orgoglio, 21 ottobre 2003) l'imprenditrice Nicoletta-Hammerschimidt, di cui nel testo di dirà più avanti: "Fa piacere sicuramente che le istituzioni italiane al massimo livello si accorgano finalmente che esistiamo. ... Attendiamo i fatti. Stiamo a guardare che cosa accadrà quando le luci del convegno si saranno spente".

[3] L'autore ha partecipato al convegno per ragioni professionali. Si ringrazia la cortesia del Direttore di Assocamerestero, Gaetano Esposito, per aver messo a disposizione copia dei documenti e dei resoconti stampa dell'evento.

[4] Da sottolineare, nel segno della bi-nazionalità. Come per altri settori, attaccamento alle radici e convenienza economica concordano nello spingere gli operatori a mantenere aperto il rapporto col paese d'origine. Il rigido inverno tedesco non consente affari ai gelatai, che ripetendo l'antico rito della transumanza attendono la primavera per rientrare in Germania. Quello del contro-stagione è un principio valido per altri settori, come turismo e abbigliamento.

[5] Anche in Italia le comunità di immigrati fanno avanzare il livello di accettazione sociale, attraverso l'espansione qualitativa e quantitativa del loro apporto alla vita locale, spesso attraverso produzioni e servizi radicati nella cultura delle origini. La diffusione in Europa di punti ristoro basati sul kebab o sul cous-cous maghrebini può a ragione essere accostata alla vicenda delle gelaterie italiane in Germania.

[6] Spesso la Camera mista affianca di fatto il lavoro dei Consiglieri economici e commerciali delle nostre Ambasciate, degli Uffici consolari, dell'Istituto per il commercio estero, Ice. A questo proposito occorrono almeno due osservazioni. La prima è che non sempre la localizzazione geografica delle Camere corrisponde a quella degli uffici pubblici italiani all'estero. La seconda che le funzioni espletate sono diverse e diversa la natura dei soggetti che le erogano. Detto questo, è auspicabile che si accresca l'armonizzazione delle azioni di detti soggetti a favore dell'Italia. Tanto più quando la cosiddetta federalizzazione italiana sta portando molte Regioni ad aprire propri uffici di promozione fuori dal territorio nazionale.

[7] Per quel che conta, la narrazione di un episodio vissuto in prima persona. Mi trovavo ad Atene, per ragioni professionali, presso la Camera di commercio italiana di Atene, sul cui giornale per un certo periodo ho tenuto una rubrica di informazione e opinione. Era il 12 novembre 2003: arrivò la notizia dell'attacco al contingente delle forze armate italiane di stanza a Nassirya e della strage che costò la vita a 19 italiani. Il presidente della Camera, Belisario Capocci, non esitò un istante a convocare gli iscritti, in particolare i membri del Direttivo, per la partecipazione ufficiale alla messa di suffragio presso la cattedrale cattolica di Atene, con l'Ambasciatore e le autorità italiane in Grecia.

SIMONE COLAFRANCESCHI
Università di Roma Tre

LA NASCITA DELLE CAMERE DI COMMERCIO ITALIANE NEGLI STATI UNITI

All'indomani dell'unità, la "legge di unificazione amministrativa" del secondo governo Ricasoli estende a tutta l'Italia la struttura centralizzata dello stato. A rappresentare il governo sul territorio è il prefetto, mentre scarsissima autonomia è attribuita agli enti locali: il governatore, presidente della provincia, e il sindaco sono nominati direttamente dall'esecutivo.

Tramontano in tal modo i progetti di decentramento dell'ordinamento amministrativo che rilanciavano le istanze di federalismo presenti con diverse matrici culturali nel processo risorgimentale. A determinare tali scelte, del resto, non sono tanto considerazioni ideologiche, quanto piuttosto le stesse modalità con cui è avvenuta l'unificazione del paese — le progressive annessioni al Regno di Sardegna — e, soprattutto, la preoccupazione per la fragilità del neonato stato unitario.

È in questo contesto che nel 1862 vengono istituite e disciplinate anche le Camere di Commercio ed Arti: enti periferici di natura privata che tuttavia sono strettamente collegati all'amministrazione centrale. Le nuove Camere, infatti, hanno funzioni consultive e di informazione, sono dotate di potestà regolamentare e di un'autonomia finanziaria garantita, oltre che dalle rendite proprie, dal diritto di prelievo sugli atti emanati. Organismi di rappresentanza di interessi di categoria e, al contempo, istituzioni dotate di capacità impositiva, le Camere di commercio saranno per i successivi cinquant'anni della loro storia caratterizzati da tale ambiguità costitutiva[1]. Parallelo alla riorganizzazione delle Camere di commercio è poi il tentativo di realizzare analoghe rappresentanze commerciali all'estero e, più in generale, un sistema di istituzioni per la promozione del commercio estero. A livello istituzionale e di governo si tenta, senza successo, di distaccare addetti commerciali presso ambasciate e legazioni e viene creato un Ufficio di informazioni commerciali al'interno del ministero dell' Agricoltura Industria e Commercio, Maic, mentre con il concorso dell'iniziativa pubblica e privata si sviluppano i musei commerciali di Milano e Torino e, appunto, le Camere di commercio italiane all'estero, Ccie[2].

Le pagine che seguono si soffermano sulla nascita delle prime due Camere di commercio italiane negli Stati Uniti, quella di San Francisco e quella di New York, e si propongono di evidenziare, in primo luogo, la complessità delle relazioni intercorse tra i diversi protagonisti di queste vicende: l'amministrazione centrale italiana, rappresentata dal Maic e dal ministero degli Affari esteri, Mae, le Camere di commercio in Italia (Cdc) e le comunità d'affari italiane nel nord America.

I primi tentativi di creare rappresentanze commerciali italiane all'estero rimandano al periodo post unitario e alle aspettative create dall'apertura del canale di Suez che, ridando centralità al Mediterraneo, avrebbe, a detta di molti, alimentato un risorgimento marittimo commerciale del paese.

Gerolamo Boccardo scriveva in quegli anni:

> l'avvenire dell'Italia è nel senno e nelle mani degli italiani e l'apertura dell'Istmo contribuirà a farlo lieto e felice, se gli Italiani vorranno e sapranno, come non sarebbe per loro che un amaro disinganno di più, se ne aspettassero i benefizi come premio miracoloso dell'inerzia. L'Istmo deve aprirsi in Italia[3].

Bisognerà attendere gli anni Ottanta, per vedere realizzate, nel pieno della seconda rivoluzione industriale e delle trasformazioni vissute dal commercio internazionale, le Ccie: nell'ottobre del 1883 nasce a Montevideo la prima camera di Commercio italiana all'estero e negli anni successivi analoghe rappresentanze sono costituite ad Alessandria d'Egitto, Santa Fè, Buenos Aires, Costantinopoli, Tunisi, San Francisco, Parigi, Londra e New York.

Al pari delle Camere di commercio in Italia, anche le Ccie furono sin dalle origini caratterizzate da un'ambiguità costitutiva poiché tali associazioni furono concepite quali strumenti di sostegno agli interessi della "madrepatria" e non furono tanto il frutto della dinamicità delle comunità italiane all'estero, quanto piuttosto il prodotto di iniziative centralistiche[4].

L'impulso decisivo alla creazione delle due camere venne da Roma, allorché il ministro di Agricoltura Industria e Commercio, Domenico Berti, nel giugno del 1883 sollecitò le Camere di commercio a stanziare fondi per costituire rappresentanze commerciali all'estero e, al contempo, il Mae a sensibilizzare a tal fine il personale consolare. Poche settimane dopo il ministro Mancini scriveva ai Consoli:

> Fra le istituzioni che gli altri Stati hanno promosso per agevolare ed accrescere i loro scambi internazionali ha fermato l'attenzione del mio

> onorevole collega il Ministro d'agricoltura, industria e commercio, quella delle rappresentanze commerciali nelle città estere, ove si trova raccolto un ragguardevole nucleo di nostri concittadini. Tali rappresentanze forniscono ampi mezzi di attività alle colonie e rendono, in parte, l'emigrazione vantaggiosa al paese d'origine. [...] io mi rivolgo, a nome del mio onorevole collega e mio, alla S.V. pregandola di volermi anzitutto manifestare il suo avviso sulla possibilità ed utilità di costituire una rappresentanza commerciale in codesta o in qualche altra località nell'ambito della sua giurisdizione. Ove la risposta sia affermativa, La interesso fin d'ora a dare notizia del desiderio del regio Governo ai nostri connazionali costì residenti, inducendoli a costituire la rappresentanza commerciale [...] la S.V. dovrebbe, *almeno per ora* [sottolineatura dell'originale] lasciare all'iniziativa locale una certa libertà nella compilazione dello statuto di ciascuna rappresentanza [...][6].

L'amministrazione centrale del recente stato unitario sollecitava la creazione di libere associazioni[7] di commercianti e imprenditori italiani emigrati e, in tal senso, la genesi delle Camere di commercio italiano all'estero è emblematica della complessa natura del progetto liberale e delle sue intrinseche contraddizioni: la difficoltà di coniugare "il momento autoritativo, progettuale dello stato, e il momento della libertà, dell'autonomia e del mercato", "il momento autoritario, statalistico (il momento del comando) e il messaggio di libertà ad esso affidato"[8].

Particolarmente significative di queste tensioni sono le vicende che portarono alla nascita delle Ccie a San Francisco e New York.

La nascita della camera di commercio italiana a San Francisco

In risposta alla citata circolare del Mae, il console Francesco Lambertenghi comunicò che riteneva "difficile da un lato e superfluo dall'altro ogni [mio] tentativo di organizzare in California una rappresentanza commerciale italiana". Tra le principali motivazioni di tale giudizio vi era la convinzione:

> Che i negozianti italiani in questa metropoli commerciale del Pacifico, i quali dovrebbero essere chiamati a formare la rappresentanza di cui si tratta sono cittadini americani.
> Che pochissimi fra loro intrattengono relazioni coll'Italia e queste si limitano all'importazione a più mesi di distanza di vini, oggetti alimentari e marmi.

> Che la istituzioni commerciali in California, come sarebbero le borse, i consigli dei mercanti, e simili sono formati da commercianti senza distinzione di nazionalità.
> Che a questa istituzione si dovrebbe pur sempre far capo per le notizie, i pareri e gli studi che potessero occorrere e i singoli negozianti non fossero in gradi di dare per favorire l'incremento dei traffici fra questa nazione e l'Italia[9].

In realtà le ragioni di quella contrarietà devono essere ricercate anche nelle perplessità dell'imprenditoria italiana lì operante, timorosa che la camera, stimolando l'incremento delle importazioni dalla madrepatria, avrebbe danneggiato le locali attività artigianali "all'italiana"[10]. Soprattutto, però, agiva in senso contrario all'iniziativa un certo pregiudizio politico del diplomatico sabaudo nei confronti delle tendenze repubblicane maggioritarie nella comunità italiana locale che rendeva, agli occhi del funzionario, poco auspicabile una "convivenza" nella costituenda associazione.

La comunità italiana a San Francisco aveva una connotazione politica marcata di indirizzo mazziniano e repubblicano. Le prime presenze italiane in California erano state principalmente quelle di commercianti genovesi lì stabilitisi dopo i moti risorgimentali. Nel 1850 gli italiani a San Francisco erano circa trecento, ma due anni dopo erano già raddoppiati e, con l'affievolirsi della febbre dell'oro, molti italiani avevano cominciano a dedicarsi con profitto alla coltivazione ortofrutticola, la cui distribuzione era gestita da una seconda ondata migratoria prevalentemente di origine lucchese[11].

Ad ogni modo, visti da Roma, tali contrasti erano ritenuti inaccettabili e comunque subordinabili alle esigenze del Paese. Da Roma si scriveva:

> Non mi sembrano abbastanza giustificate le ragioni per le quali il R. Console a S. Francisco reputa superflua e difficile la istituzione in quella città di una Rappresentanza commerciale nazionale. Innanzi tutto conviene por mente al numero discretamente notevole di italiani residenti in S. Francisco, i quali, secondo il censimento del 1881, raggiungono i 6.300. Sembra che con una colonia così numerosa non debba riescire soverchiamente difficile l'istituzione di una rappresentanza commerciale, e che la colonia stessa abbia a sentire il bisogno di trovarsi in più strette relazioni colla madre patria [...]. E tale bisogno è più manifestamente dimostrato dal R. Console a S. Francisco, il quale afferma che poche sono le relazioni d'affari che quei nostri connazionali hanno attualmente con la madre patria [...]. Infatti, appunto per ciò occorre provvedere ad estendere i nostri rapporti commerciali colla Cali-

> fornia, a trarre partito dall'attività dei nazionali colà residenti, indirizzandola con ogni sforzo ad accrescere la somma dei nostri scambi e la nostra influenza commerciale in quelle regioni[12].

Davanti a questa insistenza il console decise di convocare una riunione di commercianti italiani, in seno alla quale fu eletta una commissione di cinque persone incaricata di studiare il progetto per la costituzione della rappresentanza.

La composizione della commissione lascia intravedere che per lo meno una delle motivazioni addotte dal console poteva essere verosimile. Un comproprietario di due farmacie, un imprenditore dedito all'importazione di marmi e alla lavorazione degli stessi, il proprietario di una fabbrica di cioccolata, il gerente di uno stabilimento per la conservazione del pesce, dei legumi e della frutta e, infine, un solo imprenditore dedito all'import-export, non avrebbero avuto, relativamente alla commercializzazione di prodotti italiani, interessi sempre conciliabili.

In questo senso, non stupisce che "dopo varie riunioni tenute, non avendo i suoi membri potuto mettersi d'accordo" la commissione rinunciò al mandato conferitole. Il fatto non dovette dispiacere a Lambertenghi, che convocò nei locali del consolato una nuova assemblea dei commercianti, ritenendo in tal modo di suggellare il fallimento delle iniziative e togliersi d'impaccio con Roma. In quell'occasione, tuttavia, i pur pochi presenti — dei sessantaquattro invitati solamente otto avevano risposto all'invito — deliberarono su proposta di Giuseppe Onesti, commissionario all'ingrosso di frutta e prodotti domestici, di persistere nel progetto. Nella riunione successiva, che si ebbe il 19 marzo 1884, sette commercianti, con la delega di altri otto, decisero di nominare una nuova commissione incaricata di contattare i commercianti italiani in quella località e di raccogliere le firme degli aderenti.

Una volta attivatisi gli interessi della comunità italiana, le procedure di costituzione della rappresentanza procedettero rapidamente benché, a causa delle forti "resistenze" esercitate dal console, solamente nel dicembre del 1885 sarebbe stata creata la camera di San Francisco, per la verità inizialmente denominata, *Associazione per lo sviluppo delle Relazione Commerciali fra l'Italia e la Costa del Pacifico*, di *San Francisco, California":* "un'associazione – si specificava - che senza avere il nome pur si sforzerà di adempiere agli scopi di una camera di Commercio italiana su questa Costa"[13].

A giudizio del console Lambertenghi, tale denominazione rimandava alla volontà di far concorrere alla buona riescita della medesima, senza distinzione di nazionalità, quanti hanno o potrebbero avere a cuore lo sviluppo del commercio fra la California e l'Italia.

Si trattava, inoltre:

di evitare confronti poco lusinghieri colla Camera di commercio di San Francisco e soprattutto di non offendere la suscettibilità nazionale americana, divisa da moltissimi oriundi italiani, la quale nell'istituzione potrebbe ravvisare un messo d'illegittima ingerenza di un governo straniero in affari in cui gli americani non tollerano neppure un'ingerenza delle proprie autorità consolari[14].

Per il Maic tutto ciò costituiva l'esito positivo dei tanti contrasti e per questo motivo il ministro Grimaldi comunicò al console tutto l'apprezzamento per l'opera compiuta e per le attività dell'associazione, accettando pienamente l'adozione, anomala, di quella dicitura. Questa associazione, affermò il ministro:

costituisce un nuovo tipo delle nostre rappresentanze Commerciali, che finora furono istituite all'estero. È una nuova forma di sodalizio che merita d'essere attuata, ovunque si trovino italiani che abbiano dovuto naturalizzarsi cittadini del paese estero in cui risiedono [...] noi intendiamo promuovere all'estero non già un tipo costante di Rappresentanze commerciali, ma qualunque forma di Associazione composta in modo da adattarsi alle condizioni locali ed al carattere speciale della colonia italiana. Sono convinto che con questi criteri si potrà più agevolmente estendere all'estero il numero delle benefiche istituzioni di cui si tratta[15].

Grimaldi, inoltre, annunciava che il ministero avrebbe contribuito con un sussidio di lire millecinquecento per le spese di impianto e con cinquemila lire per il mantenimento fino a tutto giugno 1887. Si precisava inoltre, significativamente, che la cifra richiesta (pari a cinquemila lire annue) era ritenuta eccessiva ed avrebbe dato all'associazione un carattere governativo, stravolgendone il carattere di associazione libera e spontanea.

Tuttavia, come ben sapevano i protagonisti di queste vicende, la diversa denominazione rimandava ai contrasti mai sopiti del console con parte della comunità italiana lì residente e, in particolare, con il ligure Carlo A. Dondero[16], segretario della camera stessa. Anche in futuro il console, fortemente ostile a quella istituzione — a suo giudizio formata da cittadini americani, non più italiani, e per di più di fede repubblicana — tenterà di assumerne il controllo cercando di accreditarsi come unico referente verso il ministero. Il tentativo di ottenere una legittimazione esclusiva da Roma quali autorevoli rappresentanti dell'Italia a San Francisco, porterà ad uno scontro aperto tra il giornalista ligure e il diplomatico sabaudo di cui sono emblematiche le parole che, secondo Dondero, il console avrebbe pronunciato in occasione di una riunione della camera di commercio:

> sono anni che cerco far comprendere al governo che voialtri italiani di California siete tutti repubblicani rossi rossi, e volete che ora cerchi anche di fargli comprendere che siete tutti codini con tanto di coda lunga lunga come i Chinesi? Il console — continuava Dondero — a tutta prima mi fece l'impressione dolorosa di chi è subitaneamente colto da pazzia, e lo guardai un istante senza dir verbo. Poi gli dissi: Cosa mai hanno a che fare il repubblicanesimo e il codinismo colla Camera di Commercio Italiana?

Dondero avrebbe in seguito rivendicato le sue "origini" politiche:

> per quanto concerne l'insulto lanciato ai repubblicani, io, modestissimo gregario della fede mazziniana, mi posso vantare con onore di esserlo, certo che, quando i prodi figli d'Italia pugnavano da leoni sui cruenti campi di Como, di Varese e di San Martino, nessun repubblicano mazziniano serviva nella polizia austriaca come il sig. Cav F. Lambertenghi [...][17]

In un crescendo di tensioni, nel gennaio del 1890 la camera arriverà a deliberare una *Risoluzione in odio al Console*, optando per la sua radiazione dalla presidenza onoraria mentre, parallelamente, tali contrasti si andavano ripercuotendo, a Roma, nella spinosa situazione creatasi tra Maic, che riconosceva il valore dell'operato della camera di commercio, e il Mae, deciso a difendere, anche per mezzo dell'ambasciatore a Washington S. Fava, l'operato del console.

L'ultimo atto di questa complessa vicenda è piuttosto significativo: Lambertenghi lascerà San Francisco riuscendo a far pubblicare sulla stampa locale italiana la sua promozione, per il buon lavoro svolto, a console generale ad Amsterdam.

La nascita della Camera di commercio italiana a New York

Le vicende di San Francisco non erano certo anomale e, in particolare, anche a New York si registrarono contrasti con l'autorità consolare. Nel dicembre del 1883, il console Giambattista Raffo aveva comunicato che, in seguito alle sollecitazioni rivolte, si era prontamente occupato, facendo "appello ai più distinti personaggi" della colonia, di istituire "una rappresentanza secondo gli intendimenti del R. Governo". Il console comunicava:

Fino ad ora non ebbi ferma adesione di alcuno, perché a dire vero si presentano all'atto pratico gravissime difficoltà. Pochissimi sono i banchieri e negozianti cospicui per posizione, aventi le qualità richieste per una rappresentanza di tal natura, e quei pochi, *oltre ad essere divenuti cittadini americani*, non mantengono relazioni commerciali coll'Italia, e la gran mole dei loro affari non lascia ad essi il tempo per dedicarsi periodicamente a studi, e a lavori straordinari[18].

Anche in questo caso era evidente lo scetticismo del console che, d'altra parte, continuava affermando:

fra i negozianti e banchieri di secondo e terzo ordine [...] vi sono certo persone oneste e capacissime nel maneggio de' propri negozi, ma al di là non si estendono le loro vedute e cognizioni. In codesta categoria io non saprei, ad eccezione di qualche individuo, trovare gli elementi necessari per impiantare una corporazione che possa rappresentare gli interessi italiani col fine di agevolare lo svolgimento dei traffici della nostra colonia colla madre patria.

Le sollecitazioni ministeriali vennero raccolte da un cittadino non italiano, O. Heidenheimer, *banker and broker* a New York, offertosi come referente per la realizzazione della camera. Tuttavia, né le pressioni del Maic né l'iniziativa di Heidenheimer, valsero a persuadere Raffo, convinto che la "necessità di una tale istituzione, tanto sentita nelle Americhe meridionali e nei paesi del levante" fosse, invece, "assai lieve negli Stati Uniti e in questa gran metropoli specialmente, per ragioni dipendenti dal modo di essere del paese stesso e dall'indole della nostra immigrazione[19].

A giudizio del console, in definitiva, le iniziative per la fondazione della camera sarebbero potute cominciare soltanto non appena si fosse trovato il numero di commercianti e industriali sufficiente allo scopo.

Ancora una volta le sollecitazioni del Maic incontravano le resistenze del personale consolare e la complessità dei rapporti tra questi e le comunità di emigrati italiani. Dal ministero si scriveva:

Non posso ammettere che la nostra colonia negli Stati Uniti, che è fra le più numerose, non offra elementi idonei a costituire una Camera di Commercio. Sono certo che il R. Console si potrà agevolmente convincere di ciò quando – come promette nel suo rapporto - porrà ogni sua opera per l'istituzione tanto più utile in un centro, che mantiene cospicue relazione di traffico con la madre patria[20].

In effetti, in quegli anni la minoranza italiana a New York conosceva una crescita impetuosa e se nel 1860 gli italiani erano appena millecinquecento, nel 1880 erano già oltre ventimila (saranno oltre centomila dieci anni dopo). Questo rapido incremento aveva portato ad emergere all'interno della comunità una componente imprenditoriale, per lo più proveniente dal nord Italia, specializzata nell'offerta di servizi ai connazionali e, in particolare, di generi alimentari provenienti dall'Italia (sarà proprio il radicamento degli emigrati nelle tradizioni alimentari d'origine a costituire la testa di ponte per l'esportazione agroalimentare italiana negli Stati Uniti).

Era una comunità fortemente composita, che avrebbe trovato la via dello "spontaneo" associazionismo soltanto a fronte della decisa attività del Maic che, ancora una volta, esortava insistentemente il console ad imitare quanto avvenuto a San Francisco, convocando presso il consolato i più importanti industriali e commercianti italiani residenti a New York ed esponendo loro la deliberazione ministeriale relativa alla costituzione delle rappresentanze commerciali all'estero.

La raccomandazione cadde nel vuoto e, dopo lunghe tensioni analoghe a quelle verificatesi a San Francisco, la camera di commercio italiana a New York si costituirà soltanto nel novembre del 1887 con l'adesione di venticinque soci appartenenti prevalentemente alla "borghesia dei servizi": mercanti, importatori, e affaristi rappresentativi delle "tipologie professionali più consuete a registrarsi tra un'*elite* comunitaria allora a fondo implicata nel lucrativo «business immigratorio»[21].

Un incontro mancato?

La Camera di commercio italiana a New York fu l'ultima rappresentanza commerciale a vedere la luce con le dinamiche raccontate in queste pagine. Alla fine del 1887, il ministero operò una decisa revisione dei propri atteggiamenti nei confronti di quelle associazioni, ponendo in tal modo termine a questa prima, breve, stagione espansiva delle Ccie[22]. Constatata l'impossibilità di pervenire ad un'efficace sinergia tra pubblico e privato, tra centro e periferia, parve più opportuno orientarsi verso la costituzione di nuove strutture a sostegno dell'esportazione nazionale: di qui, la nascita di agenzie commerciali statali sostitutive delle Ccie. Le agenzie, che non contemplavano alcun coinvolgimento della "colonia" italiana, dipendevano direttamente dal Maic, che ne nominava il direttore assegnandogli un contributo annuo. Un commentatore coevo affermava:

> Al loro nascere le agenzie fecero nutrire le migliori speranze, e parevano destinate a dar frutti più pronti e copiosi di quelli che possono offrire

le rappresentanze commerciali. Sembravano chiamate ad adempiere a tutti gli uffici che sono propri delle Camere all'estero, senza cadere negli inconvenienti connessi con quelle istituzioni, e a compierne altri che alle Camere si rendono impossibili![23].

Alla fine del 1887, a quattro anni di distanza dalla nascita della prima camera di commercio italiana all'estero, il ministro Grimaldi aveva maturato, dunque, la convinzione che quelle associazioni non fossero idonee a promuovere gli interessi economici nazionali. D'altra parte, quella cesura, che caratterizza tanto gli atteggiamenti ministeriali che, per questa via, la storia delle Ccie, rifletteva i mutamenti più ampi attraversati dal paese. Nel luglio del 1887 vi era stato il varo della nuova tariffa doganale, che aveva posto al riparo dalla concorrenza esterna le attività industriali di settori come tessile, metallurgia, zucchero, maioliche, vetro, carta, esplosivi e fucili, olio d'oliva, vino.

Al problema della ricerca di nuovi mercati per le deboli manifatture nostrane fu dunque data una risposta di segno diverso, più forte e politica: la "conquista" del mercato interno. La nascita delle camere di commercio italiane all'estero era avvenuta in un contesto di libero scambio ed anzi era stata, in qualche modo, l'espressione di un tentativo di far fronte alle contrapposizioni economiche internazionali del periodo eludendo la scelta protezionista[24].

Il diffuso ritorno al protezionismo, da un lato, e la constatazione del mancato incontro tra amministrazione e imprenditoria nella "cogestione" delle Ccie spinsero il Maic ad avocare a sé le funzioni di promozione del commercio estero. Funzioni che in tal modo, nel quadro del nuovo corso crispino, perderanno il loro carattere originario, divenendo maggiormente inclini ad intonazioni neomercantiliste.

D'altra parte, le Ccie scontavano, sin dalle origini, l'ostilità del personale consolare se non del Mae stesso, ed è piuttosto eloquente in tal senso il rapporto inviato al Maic dal ministro Blanc nel dicembre del 1894, avente per oggetto: "Addetti commerciali, consolati commerciali, camere di commercio ed agenzie commerciali italiane all'estero".

Nel rapporto, dopo aver precisato che la camera di Alessandria d'Egitto "accenna a dissoluzione", quella di Costantinopoli "vive stentatamente", quella di Londra "diede argomento a varie controversie", quella di New York "versa in gravi strettezze che ne minacciano l'esistenza" il ministro affermava che quelle istituzioni "per loro natura" potevano essere utili al commercio locale, "ma non già propriamente per l'economia nazionale quali istrumenti atti a favorire con efficacia lo sviluppo degli scambi internazionali".[25]

Il fatto è che, come ben rappresentano le vicende di San Francisco e New York, l'impossibilità di trovare un terreno d'incontro tra amministrazione e società civile non dipendeva solo dalla natura contraddittoria del comando "ti ordino di essere libero", ma dall'impossibilità di ridurre il rapporto stato/società, centro/periferia a termini dicotomici. Quando pensiamo alle divergenze interne alle comunità imprenditoriali all'estero, alle conflittualità tra queste ultime e il personale consolare e, per questa via, tra Maic e Mae, si palesa come quel rapporto lungi da essere dicotomico era, al contrario, espressione di un ambiente complesso, "affollato". Se è vero, infatti, che il personale diplomatico rappresentava il potere centrale nei confronti di una potenziale istanza autonomistica della *business community* italiana all'estero, le stesse autorità consolari erano, frequentemente, attente a preservare una loro autonomia da Roma, contrastando la nascita di forme di potere parallelo al loro (le Ccie). Del resto, a chiedere un legame più stretto con il ministero era frequentemente, come abbiamo visto, la stessa comunità italiana all'estero, ansiosa di ricevere da una legittimazione dal centro, una sorta di delega di poteri da far valere verso le autorità consolari e altri settori della "colonia." Si aggiunga, infine, che in Italia, le realtà camerali più mature (Genova e Milano, in primo luogo) tendevano spesso a rifuggire, in nome della loro autonomia, le iniziative statali, vissute come ingerenze di una classe burocratica ministeriale "giovane" e inesperta negli affari economici.

Il tentativo di creare una sinergia tra pubblica amministrazione e interessi privati non ebbe, come detto, l'esito sperato e, dopo la costituzione della camera di commercio italiana a New York[26] il Maic, per iniziativa dello stesso ministro Grimaldi, operò un ripensamento nelle politiche di promozione del commercio estero, giungendo a scoraggiare la nascita di nuove Ccie. La creazione delle rappresentanze commerciali all'estero era avvenuta nell'ambito di un clima patriottico, ma non nazionalista o neo mercantilista. Al contrario, vi era stato nel tentativo di stimolare i privati a creare associazioni a tutela dei propri interessi, la volontà di perseguire la promozione del commercio estero in un'ottica liberista e di collaborazione internazionale. Lo stato aveva tentato di porre rimedio alle deficienze dell'organizzazione commerciale, non sostituendosi all'iniziativa privata, quanto piuttosto stimolandola. La difficoltà di trovare una cogestione efficace di quelle strutture porterà al progressivo accentramento delle funzioni in direzione della costituzione di un istituto centrale statale per la promozione del commercio con l'estero.

Note

[1] G. Sapelli, a cura, *Storia dell'Unione italiana delle Camere di commercio (1862-1994*), (Soveria Mannelli, Rubbettino, 1997).

[2] Il Belgio (a New York nel 1867), l'Austria-Ungheria (a Costantinopoli nel 1870), l'Inghilterra (a Parigi, nel 1872) e la Francia (a New Orleans nel 1878), erano stati i primi paesi a creare delle rappresentanze commerciali all'estero. Si trattava, tuttavia, di iniziative sorte prevalentemente ad opera di privati, mentre solo dalla metà degli anni Ottanta lo Stato diviene il principale artefice di tali istituzioni (o, meglio, lo diviene per ciò che concerne la Francia, l'Italia e la Spagna che tuttavia da sole, a tutto il 1890, possedevano l'84% di tutte le Camere all'estero). D'altra parte, tra il 1880 e il 1890 le camere di commercio all'estero dei diversi paesi passarono da 6 a 44, ed è da notare che l'Italia, per numero di camere all'estero, risultava seconda solo alla Francia. Per una bibliografia accurata sulla nascita delle camere di commercio italiane all'estero e delle altre istituzioni create in Italia nell'ultimo trentennio dell'Ottocento al fine di promuovere il commercio estero rimando a Colafranceschi S., *A guisa di un immenso molo. Le istituzioni per il commercio estero nell'Italia postunitaria* (Roma: Aracne, 2008).

[3] G. Boccardo, *Il bosforo di Suez ed il commercio genovese* (Genova: Pellas, 1857) p.18 e ss.

[4] G. Paletta, *La nascita delle Camere di commercio italiane all'estero*, in *Impresa e Stato*, XXII, 1993. V. anche E. Franzina, *Le comunità imprenditoriali e le camere di commercio all'estero (1870-1945)*, in G. Sapelli, a cura di, *Tra Identità culturali e sviluppo di reti, Storia delle Camere di commercio italiane all'estero* (Soveria Mannelli: Rubbettino 2000).

[5] V. la circolare del ministro Berti diretta ai presidenti delle camere di commercio, 15 giugno 1883.

[6] Circolare del ministro Mancini diretta ai consoli di S.M., Roma, 15 luglio 1883.

[7] Solamente il decreto luogotenenziale 1573 del 13 ottobre 1918 contemplerà il loro riconoscimento giuridico da parte del ministero.

[8] V. R. Romanelli, *Il comando impossibile. Stato e società nell'Italia liberale* (Bologna: Il Mulino, 1988) pp 8 e ss.

[9] Asmae, *Serie Politica A*, *Italia*, b. 70. Console Lambertenghi al ministro degli Esteri Mancini. San Francisco, 8 agosto 1883. Oggetto: *Rappresentanza commerciali all'estero.*

[10] F. Loverci, *La Camera di commercio di San Francisco*, in *Clio*, 1989, n°2, p. 270.

[11] Cfr. M. Vassanelli, La Camera di Commercio italiana di San Francisco, in Profili di Camere di Commercio italiane all'estero, vol. 1, a cura di G.L. Fontana e E. Franzina, (Soveria Mannelli: Rubettino, 2001).

[12] Asmae, *Serie Politica A*, *Italia*, b. 70. Maic a Mae, Roma, 29 ottobre 1883. Oggetto: *istituzione di una Rappresentanza commerciale in San Francisco.*

[13] Il 6 dicembre 1885 un'assemblea di 110 commercianti presieduta dal console dava vita all'associazione. G. Onesti veniva eletto presidente, C. Dondero segretario. Venivano, inoltre, nominate tre commissioni: finanze, arbitraggio e statistiche.

[14] Asmae, *Serie Politica A*, *Italia*, b. 70. Lambertenghi al Mae. S. Francisco, 4 gennaio 1884.

[15]Asmae, *Serie Politica A*, *Italia*, b. 70. Grimaldi al Mae. Roma, 14 aprile 1886.

[16] Carlo A. Dondero nato a Cicagna (Genova), era emigrato prima a New York e poi, dal 1857, in California. V- anche F. Loverci, *Un pioniere del giornalismo italiano in California: C.A. Dondero,* in *Miscellanea in onore di R. Moscati*, (Napoli: 1985) pp.453-459.

[17] Cfr. la memoria alla camera di commercio del 3 marzo 1886, dove egli riportava le frasi che il console gli avrebbe rivolto.

[18] Asmae, *Serie Politica A*, *Italia*, b. 70. Console G.B. Raffo a Mae. New York, 12 dicembre 1883.

[19] Ibidem.

[20] Ibidem, Maic al Mae. Roma, 7 novembre 1884. *Oggetto: Rappresentanza commerciale italiana in Nuova York.*

[21] S. Bugiardini, *La Camera di commercio italiana di New York*, in *Profili di Camere di commercio italiane all'estero*, cit. p. 109.

[22] Le Camere di commercio italiane all'estero conosceranno una nuova fase espansiva solamente a partire dalla fine del secolo, contestualmente al decollo economico del Paese e alla radicale trasformazione della distribuzione geografica delle nostre esportazioni. Le esportazioni italiane verso i paesi extraeuropei passavano in quegli anni dall'11% del 1878 al 13% del 1886. Al contrario, un radicale mutamento della distribuzione geografica delle esportazioni si avrà a ridosso della Grande Guerra. Nel 1913 ben il 35,1% delle esportazioni saranno dirette fuori dall'Europa. V. *Annuario statistico italiano*. 1878-80 e 1914.

[23] A. Teso, *L'Italia e l'Oriente. Studi di politica commerciale* (Roma: 1899) p. 427.

[24] Ancora nel 1887, l'avvocato Giuseppe Palomba, deputato al parlamento e segretario della Camera di commercio di Cagliari, affermava: "alle guerre di tariffa a cui ricorrono oggi i Governi; i popoli oppongano il fascio compatto dei loro interessi, l'armonico influsso delle loro reciproche espansioni. Questo programma le nuove Istituzioni delle Camere di Commercio all'estero coll'aiuto delle nostre sono destinate poco alla volta a tradurlo in pratica attuazione." G. Palomba, *Sull'Istituzione di Camere italiane di commercio all'estero* (Cagliari: Tipografia del Commercio, 1887) p. 11.

[25] Cfr. *Documenti Diplomatici italiani, Serie CVI, Iniziative del Governo ad incremento delle espansione commerciale,* Roma 1894, Tipografia di Gabinetto Ministero Affari Esteri.

[26] Dinnanzi alla cui costituzione, nel dicembre del 1887, non solo il console, ma lo stesso Grimaldi si mostrava scettico. Cfr. Asmae, *Serie Politica Italia, b.70.* Console Raffo a Mae, New York 28 dicembre 1887. Oggetto: Camera di commercio.

SIMONA FRASCA
Musicologa e critico musicale

ITINERARI DELLA CANZONE NAPOLETANA NEL CONTINENTE AMERICANO

Sul finire dell'Ottocento la canzone napoletana si presenta per alcuni tratti come il prototipo della musica di consumo italiana. A paragone di quest'ultima infatti non aveva ancora raggiunto una statura autonoma e matura in quanto a forme e testimoni. Il repertorio napoletano appare come un prodotto sonoro della prima era industriale destinato ad intrattenere gli appassionati dei raduni pubblici, fra tutti la celebre festa di Piedigrotta, e degli appuntamenti privati noti a Napoli come "periodiche", promuovendo occasioni che invogliassero l'ascoltatore ad acquistare lo spartito o l'incisione fonografica. Era una musica che rappresentava perfettamente il confine netto tra un'Italia contadina, preunitaria, del tutto esclusa dalla secolare questione della lingua nazionale, e un paese fortemente proiettato verso un inurbamento moderno sulla scia delle metropoli europee e americane. Un collante culturale, dunque, in grado di creare una produzione musicale compatta, "nazionale", capace di cancellare pur conservandole gelosamente le differenze spiccatamente "locali" che ancora costituivano il bagaglio distintivo dei nuovi repertori musicali italiani di intrattenimento all'indomani della raggiunta unità nazionale.

Da un passato remoto la canzone del Novecento eredita la tradizione popolare collettiva ed errante della "pusteggia" (o *cuncertino*), il cui nome deriva dal termine dialettale che indica il posto occupato per l'esibizione. La generazione dei "posteggiatori" ha il gran merito di diffondere nel mondo il *melos* napoletano più autentico, costituito dalla combinazione e interazione di composizioni d'autore e stili popolari. Già durante l'Ottocento la canzone napoletana, profondamente incardinata nelle forme della romanza da salotto, era diventata un fenomeno di massa *ante litteram*, diffusa in ogni strato della popolazione attraverso l'opera intelligente di alcuni editori musicali. Con l'inizio del nuovo secolo, la canzone conosce nuovi formidabili attributi formali che la separano dal rapporto preferenziale con la tradizione della romanza, subisce repentine trasformazioni derivate dal contatto con musiche provenienti dall'America e dall'Europa e che le conferiscono un corredo inedito nonostante questo processo di modernizzazione sia ostacolato da editori, intellettuali e interpreti spaventati dal pericolo di uno snaturamento che l'esposizione ad altre tradizioni avrebbe inevitabilmente causato.

Le resistenze non valsero ad evitare questi contatti perché con slancio la musica prodotta a Napoli attirò ritmi all'epoca definiti "esotici" come *habanera* — *'O Sole Mio* composta nel 1898 ne fu il primo celebre esempio — *fox-trot*, *shimmy*, *maxixe*, *rag*, inventò nuove forme di melodramma popolare, cinema e teatro musicale riuscendo a darne una personale versione attraverso le modulazioni di una lingua con una spiccata natura transnazionale. Fondamentale per la comprensione di quest'ultimo aspetto è la diaspora della canzone napoletana negli Stati Uniti e nel Sud America attraverso il canale dell'emigrazione che ha provveduto non solo a creare una storia parallela, italo-americana, del genere, ma anche a tenere in vita e a moltiplicare grazie ai nuovi strumenti di riproduzione offerti dalla tecnologia, i prodotti sonori provenienti dalla terra d'origine sul filo della memoria e della conservazione. A questo aspetto guarda il presente contributo che intende indagare proprio sulle modalità di innesto e sincretismo del repertorio napoletano con i modelli americani.

All'inizio del Novecento il ruolo dell'industria discografica nord-americana è di fondamentale importanza per la comunità italiana emigrata. Infatti il principio dell''americanizzazione' delle popolazioni emigrate messo in atto dalle etichette discografiche promosse la cultura 'etnica' giacché si comprese che l'identità di un popolo passa soprattutto per il suo valore simbolico che è massimo nelle espressioni artistiche. Il problema di 'rendere americani' gli immigrati era molto complesso ed investiva il concetto stesso di identità nazionale del popolo americano, di per sé un'astrazione della storia.

In aggiunta al valore sociale c'è poi la valenza strettamente storico-musicale delle nuove tecnologie legate alla musica riprodotta; è infatti a quest'ultima che si deve il passaggio da genere popolare a prodotto di consumo. L'attività delle prime etichette discografiche limitatamente alla produzione extra-colta era pensata come una sorta di archivio per immagazzinare su supporti stabili e non più per mezzo dell'oralità una produzione musicale che restava ancora in gran parte popolare per ispirazione, vocalità, temi e organico strumentale. Il passaggio su disco creò modalità di diffusione totalmente diverse rispetto alla tradizione popolare che veniva veicolata in massima parte per trasmissione diretta e soprattutto dette l'avvio al processo di fruizione trasversale e transnazionale dei repertori, impensabile prima di allora. È questo aspetto che trasformò il folklore musicale — in Italia più noto come musica popolare, espressione cioè di repertori profondamente radicati nei luoghi dai quali traevano origine — in *popular*, destinata cioè al mercato e che rese possibile la nascita di quel genere che prese il nome di *dance music*.

In Italia il termine fu tradotto con la parola 'ballabili' e portò alla diffusione dei repertori afro-latino-americani in ambiti radicalmente insediati nella tradizione come quello napoletano. Ciò che la studiosa Ruth Glasser sottolinea in *My Music is My Flag* a proposito della Repubblica Dominicana vale un po' per tutti i repertori etnici di inizio secolo e dunque anche per quello del quale ci occupiamo qui. Tra il 1915 e il 1934, scrive Glasser, durante l'occupazione di Haiti da parte degli americani, la musica fu letteralmente invasa sia dai modelli statunitensi che da quelli cubani; ciò avvenne anche grazie ai programmi radiofonici e ai dischi importati dagli Stati Uniti. La Repubblica Dominicana cominciò a commerciare incisioni americane a partire dal 1913. Queste includevano *danzas*, *danzones*, *canciones*, *zarzuelas*, opere e brani *two-step* e nonostante l'origine dichiaratamente ispanico-americana di questi modelli, nessuno dei dischi era di produzione dominicana. Bisogna aspettare il 1928 per ascoltare un disco prodotto nella Repubblica Dominicana da un artista dominicano. Nel frattempo il più importante cantante di questo paese, Eduardo Brito, che registrò per la Victor nel 1929 a New York, era cresciuto imitando la musica cubana che ascoltava dai dischi diffusi nella sua città natale. Risultato paradossale di ciò fu che Brito veniva scritturato come cantante cubano, cosa che dissimulava le sue vere origini ma che era perfettamente in linea con quell'eredità musicale che lui e tutto il vasto pubblico di ascoltatori latino-americani condividevano[1].

Eduardo Brito passava per artista cubano perché professionalmente conosceva quella tradizione appresa attraverso i dischi. La diffusione della musica riprodotta provoca, dunque, una perdita o un deragliamento dell'identità culturale processo che dall'inizio dell'era discografica ad oggi, in realtà, non si è mai arrestato. Partendo da questa osservazione è facile affermare che la musica di consumo ha stravolto i repertori popolari sottraendo loro la fisionomia specifica e avviandoli verso quel fenomeno di globalizzazione nel quale siamo immersi attualmente.

Le valutazioni economiche alla base della produzione e distribuzione di certa musica piuttosto che altra erano già al centro delle attenzioni delle compagnie discografiche che sceglievano gli artisti non solo sulla base della musica più orecchiabile o più adatta al ballo ma anche considerando fattori demografici come la densità della popolazione di una data area, geo-economici come le strade che erano già rotte commerciali, e ovviamente politici. I legami economici stretti tra gli Stati Uniti e i paesi dell'area latino-americana hanno avuto un ruolo di reciprocità importante per lo scambio dei rispettivi repertori musicali per molti anni. Così dall'inizio degli anni Venti l'aver stabilito filiali di stazioni radiofoniche, di società cinematografiche e musicali nord-americane in giro per le nazioni del Centro e Sud America dette agli Stati Uniti la possibilità di dominare culturalmente quei territori.

Limitatamente agli italiani, questo stesso scambio di repertori avvenne non solo tra gli emigrati ma anche tra coloro che risiedevano a Napoli, città che dette un contributo ineguagliabile alla cultura degli stessi e che per il tramite del grammofono e grazie anche all'attività di agenti come il noto Fred Gaisberg, emissario in Europa per conto di Emile Berliner, entrarono in contatto con repertori sconosciuti. È il caso della canzone eseguita da Berardo Cantalamessa *'A Risa*, derivata dall'originale americano *The Laughing Song* di George W. Johnson, che conobbe decine se non centinaia di adattamenti in tutto il mondo[2].

Nel panorama italiano Napoli divenne presto uno dei principali luoghi di produzione di musica riprodotta grazie al rapporto stabilitosi tra la Beka, etichetta tedesca e la ditta napoletana dei fratelli Esposito. La Beka era una compagnia discografica nata dalla fusione di etichette minori in Germania ad opera di Carl Lindström. A Napoli la Beka cedette parte delle sue matrici ad una ditta locale già rivendita di fonografi, grammofoni e dischi a cilindro. La ditta era la Fratelli Esposito di Raffaele che nel 1909 si era trasformata in Società Fonografica Napoletana e produceva i dischi Sirena. Intorno al 1911 la ditta cambiò nuovamente nome e divenne Phonotype Record e in questa fase si munì di presse per stampare dischi indipendentemente dalla casa madre. L'attività degli Esposito copriva vari aspetti della produzione musicale, la famiglia si occupava dell'assemblaggio e della vendita di macchine parlanti, si legò con contratto a *La Canzonetta*, la prestigiosa casa editrice più volte nominata, ne fondò altre due, la *Marechiaro* e la *Santa Lucia*, quest'ultima assieme all'editore Antonio De Martino, proprietario della Italian Book Company e amministratore della casa discografica Klarophone Record a New York, rilevata dagli Esposito nel 1924. I contatti con l'America erano stabiliti anche attraverso l'attività delle italo americane Geniale Record e della Italianstyle che di fatto stampavano le matrici della Phonotype per il mercato degli emigrati. È Fernando Esposito, uno degli eredi della ditta, che ricorda alcuni aspetti dell'attività legata agli scambi commerciali della ditta napoletana:

> Quando, all'inizio del Novecento, Ernesto, il padre di Louis Rossi, attuale proprietario del negozio di musica Rossi & Co., un tempo importante luogo di produzione e consumo musicale a New York, decise di trasferirsi in America, aprì niente di più di un emporio in cui vendeva di

> tutto, anche i dischi di cantanti lirici e soprattutto di canzonette napoletane. Alla fine dell'Ottocento, anche mio nonno, prima di inaugurare la Phonotype aveva un negozio di libri e grammofoni in via S. Anna dei Lombardi. Il grammofono fu una grande novità e molti artisti erano attratti da questo nuovo oggetto e si dimostrarono subito favorevoli ad incidere le loro voci, ecco perché nacque la prima versione della Phonotype, cioè la Società Fonografica Napoletana. Inizialmente i dischi erano incisi in Germania, poi, nel 1905, la lavorazione passò a Napoli, prima nello stabilimento di via Foria e, dal 1923, in via De Marinis, la nostra sede attuale. Anche Rossi compì più o meno lo stesso percorso, cominciò a specializzarsi nella vendita di dischi che acquistava da noi. Il trasferimento dei dischi sul piroscafo da Napoli a New York era rischioso perché la maggior parte delle copie arrivava a destinazione letteralmente a pezzi. Per questo motivo Ernesto cominciò ad acquistare da noi solo le matrici in metallo e a stampare direttamente a New York. In un secondo momento si occupò anche delle scritture americane di molti artisti che erano sotto contratto discografico con noi. Così negli anni cominciammo un vero e proprio scambio di matrici che si è rivelato fondamentale quando qualche anno fa, in occasione della ripubblicazione di tutto il catalogo storico della Phonotype, abbiamo chiesto a Louis di fornirci le matrici che a noi mancavano. Ricordiamoci che a Napoli abbiamo subìto i bombardamenti e la maggior parte delle nostre produzioni è andata perduta. Mio fratello Roberto ha stimato che il materiale sopravvissuto qui è solo il 10% del totale. La collaborazione tra noi e la Rossi è andata avanti dopo la morte di Ernesto con i due figli Eduardo e Louis, fino alla seconda guerra mondiale. In seguito e in buona parte a causa del naturale decadimento di questo repertorio i rapporti di lavoro si sono dilatati sempre di più. Per molti anni ancora Louis è venuto a Napoli per registrare artisti che a Napoli ormai avevano scarsa presa. Per la nostra ditta e per la Rossi l'emigrazione ha avuto un impatto importante perché in America, a New York, in quegli anni gli emigrati erano per la maggior parte meridionali che si riconoscevano tutti, senza distinzione di provenienza geografica, nella tradizione musicale napoletana[3].

L'aria che si respira in questi neonati contesti musicali è di grande fermento. In questo panorama si inserisce la vicenda della Ceria (Case Editrici Riunite Italia-America). La ditta fu fondata a Napoli dallo stesso Rossi, che già nel 1916, come ricordato da Esposito, aveva inaugurato la sua attività di editore con la ditta Rossi & Co. con sede a Manhattan, New York, al numero 187 di Grand Street, trasferita negli anni Trenta al 191. La Ceria a Napoli fu affidata alla direzione di Mario Nicolò, musicista importante durante gli anni Venti e Trenta, cornettista in bande e orchestre e buon batterista nonostante fosse privo sin dalla nascita dell'avambraccio sinistro. Nel 1924 Nicolò e Rossi organizzano la prima edizione della Piedigrotta Rossi. Nel 1928 Mario Nicolò si separa da Rossi e trasforma la Ceria in MIA (Musicale Italo americana), che resta in vita fino al 1936, per poi essere trasferita in America dove rimane attiva fino alla fine degli anni Cinquanta[4]. Ernesto Rossi fu un importante editore: stampava partiture e dischi per la Geniale Record, la sua casa discografica, e nel 1927 pubblicò uno dei più grandi successi napoletani legati al mondo degli emigrati, *'A Cartulina 'e Napule*, lanciata da un giovanissimo cantante, Mario Gioia, e resa poi ancor più celebre dall'interpretazione di Gilda Mignonette.

La diffusione della canzone napoletana nel continente americano avveniva, dunque, su dischi oltre che su supporto cartaceo. Inizialmente le case discografiche che stampavano questo repertorio erano le etichette italo americane specializzate in musica per emigranti, come la ricordata Geniale Record, la Italian Record Co. e la Nofrio Record; in seguito, il mercato passò alle americane Columbia, Victor e Okeh. Più che di case discografiche si trattava di veri e propri clan: intorno ad ogni etichetta si raggruppava infatti più di un cantante o attore e tra loro si creavano intense collaborazioni che portavano alla realizzazione collettiva di canzoni e scenette. La carriera di Gilda Mignonette fu esemplare in questo senso: l'artista fu lanciata dalle compagnie italo americane per passare, quasi contemporaneamente, a incidere per le più note case americane. C'è da supporre che il contatto così stretto che gli artisti italiani mantenevano con gli agenti discografici legati all'ambiente americano possa aver giocato un ruolo non secondario ai fini di un incontro, anche solo marginale, con la produzione americana.

Per il suo ruolo trasversale che raccoglie in sé varie professionalità, quella di talent-scout, compositore, tour manager e editore, uno dei personaggi più interessanti di questo contesto a cavallo tra l'ambiente italiano e americano, è Alfredo Cibelli. Insieme con i genitori e i fratelli Salvatore e Eugenio, quest'ultimo noto tenore contemporaneo di Enrico Caruso, Alfredo emigrò da Napoli a New York intorno al 1908. Dopo aver lavorato come mandolinista in alcuni ristoranti e music club della città e come baritono al Metropolitan Opera House, scelse la carriera di produttore discografico e divenne capo del *foreign department* della Victor Talking Machine Company. Alfredo Cibelli di formazione accademica fu musicista sensibile e direttore d'orchestra versatile; egli stesso diresse alcuni tra i più famosi interpreti del repertorio ispanico e italiano sotto contratto per la Victor: Juan Arvizu, E. Palacio Coll, Rodolfo Ducal, il grande Carlos Gardel, Tito Guizar, Alfonso Ortiz Tirado, Enrico Caruso, Gilda Mignonette, Eduardo Migliaccio, il duo Silvia Coruzzolo-Roberto Ciaramella, Ada Bruges e Amelia

Bruno. Fu sicuramente grazie a lui che molti performer italiani entrarono in contatto con il ricco mondo musicale di estrazione latino-americana, adottandone, spesso con successo favoriti anche dalla somiglianza fisica, i ritmi e le ispirazioni poetiche.

Glasser chiarisce quali fossero i rapporti del musicista e produttore italiano con i musicisti con cui si trovava a lavorare. Uno dei suoi compiti era di mantenere contatti continui con i rivenditori di musica. Ecco come la studiosa riferisce sul modo in cui Cibelli lavorava:

> Cibelli sapeva quale musica si vendeva perché andava dal negoziante o ci mandava un suo impiegato: "Che cosa sta vendendo di più?" "Ascolta, i *guarachas* stanno andando molto". "Bene faremo dischi di *guaracha*!". Secondo Lopez Cruz, Cibelli non era tanto interessato a particolari canzoni all'interno di un genere specifico, o a chi ne fosse l'editore, ma piuttosto gli interessava esaudire un settore relativo a quei generi che vendevano di più. Dopo un'audizione ad un nuovo gruppo, Cibelli diceva: "Ok, mi piace questo gruppo, penso che sia okey. Tra due settimana a partire da ora, venite con una *danza*, un *guaracha*, un *vals*, o un *plena* da registrare". Non importava chi fosse l'autore. Il leader del gruppo aveva l'incarico di cercare la musica. Così i musicisti con disinvoltura potevano riciclare le melodie. ... Pochi compositori si rivolsero agli editori per proteggere il loro lavoro, ciò significò che i leader, il cui talento poggiava più sulle capacità di organizzare gruppi o interpretare la musica di altri, 'prendevano in prestito' le canzoni, talvolta riconoscendo la paternità ai compositori ma spesso reclamandola per sé, creando una atmosfera litigiosa e alcune volte violenta tra i musicisti.[5]

La ricostruzione della Glasser, inoltre, sembra adattarsi perfettamente alle consuetudini con le quali anche gli italiani combinavano o, per così dire, riciclavano la musica altrui permettendo, talvolta, che canzoni note solo in inglese raggiungessero la celebrità anche nei repertori etnici.

Gli artisti emigrati incidevano per quasi tutte le etichette americane. I responsabili delle società discografiche avevano compreso che l'inserimento delle comunità straniere sul suolo americano doveva avvenire innanzitutto attraverso i canali della musica e del cinema, capaci di restituire agli immigrati un'immagine di sé positiva, nella quale riflettersi senza il timore di non riconoscersi in seguito alla perdita dei loro orizzonti geografici e culturali. Le principali compagnie per le quali gli italiani realizzarono le incisioni in America furono Columbia, Victor, Okeh e Brunswick. Dal 1917 la Columbia aveva inaugurato una nuova linea editoriale, realizzando incisioni di formazioni jazz, sebbene la prima casa discografica a mettere in commercio il primo disco di musica commerciale fu l'antagonista Victor, che il 26 febbraio dello stesso anno realizzò la prima incisione di una delle più note formazioni di jazz delle origini, la italo-americana *Original Dixieland Jass Band*, ottenendo un successo di vendite eccezionale, appena qualche giorno dopo, e dando così l'avvio alla fase storico-culturale americana dell'"età del jazz". La ODJB si recò negli studi della Columbia il 30 gennaio del 1917 e registrò alcune take di due popolari brani del suo repertorio, *Darktown Strutters' Ball* e *Indiana*. La Columbia tenne da parte queste incisioni perché non voleva editare musica che suonava come qualcosa di inintelligibile. Qualche giorno dopo i dirigenti della Columbia seppero che la Victor aveva registrato la band, aveva realizzato il disco e la cosa stava diventando un affare colossale. In tutta fretta, la Columbia licenziò le sue incisioni della ODJB e la cosa ottenne buoni riscontri. Ma la band, dopo alcune incisioni per la Aeolian, firmò in esclusiva per la Victor. La Columbia cercò di recuperare terreno mettendo sotto contratto W. C. Handy, 'The Father of the Blues' e la sua orchestra e altre band che erano annoverate sotto l'etichetta di '*jass*'.[6]

Mentre i due colossi del disco rivaleggiavano per accaparrarsi le fette di mercato più ghiotte si faceva largo una nuova compagnia la Okeh che adottò una strategia differente optando per la specializzazione in musica nera e in blues con influenze jazz. Anche la Victor e la Columbia avevano realizzato dischi di artisti neri ma quelli erano dischi concepiti per acquirenti bianchi. L'idea di ingaggiare artisti neri per un'audience di colore si rivelò vincente fino al punto che nel 1921 fu introdotta la Okeh Race Series. Questa divenne una delle fonti principali per il jazz. Pochi erano i grandi artisti di jazz, blues e spiritual che non registrarono almeno un disco di quella serie Okeh prima che venisse sospesa nell'estate del 1935 dopo 966 incisioni. La qualità di quelle registrazioni era talmente elevata che i collezionisti le considerano la pietra di paragone alla quale riferire tutte le altre realizzazioni discografiche di quegli anni.[7]

Contemporaneamente la compagnia inaugurò serie specifiche di musica americana di genere — hillbilly, ragtime, complessi di mandolini, calypso — e musica etnica — ebrea, europea, russa. A partire dagli anni Venti sull'esempio della Okeh, la Columbia cominciò anch'essa a pubblicare i *race records*, quelli che nel moderno linguaggio del marketing costituirebbero il mercato di settore, ovvero incisioni destinate alla comunità nera. Nel 1900 la popolazione americana era costituita per il 13,5 % di immigrati, la maggior parte dei quali era accalcata nelle aree metropolitane della costa orientale. Per costoro a partire dal 1920 la Victor realizzò circa 20.000 titoli di musica etnica costantemente minacciata in questo primato dalla Columbia.

Fino al 1923, le stampe di dischi di jazz e di musica commerciale della Columbia seguirono la sequenza numerica del catalogo generale; in seguito furono inaugurate serie numeriche specifiche. I grandi interessi economici in ballo accentuavano sempre di più il duopolio tra la Columbia e la Victor. Anche quest'ultima, perciò, nel 1929 inaugurò la sua collana di *race records*. Le due case continuarono negli anni a farsi una guerra senza quartiere soffiandosi nicchie di mercato ed artisti e accelerando la diffusione e l'incisione di una sterminata produzione musicale. Il destino di molte di queste incisioni era però segnato perché la musica commerciale non aveva particolari attributi di musica d'arte e, perciò, una volta esaurite le scorte e tramontato il successo dell'artista scritturato, la matrice veniva distrutta poiché l'onore della conservazione toccava solo alle incisioni di musica sinfonica e operistica.[8]

Il grande fermento musicale registrato nella comunità italo americana degli Stati Uniti cominciato alla fine dell'Ottocento all'indomani dell'unità d'Italia e cresciuto con intensità fino alla vigilia del secondo conflitto mondiale trova il suo corrispettivo nelle comunità italiane del Sud America anch'esse segnate dalla presenza napoletana tra gli artisti e in particolar modo tra i musicisti attivi nei primi decenni del Novecento. La vicenda degli italiani nell'America meridionale è significativa anche nei decenni precedenti l'unità d'Italia ma la loro incidenza qui sembra registrare un'accelerazione proprio al passaggio di secolo grazie ancora una volta ai nuovi strumenti tecnologici legati alla riproduzione fono-discografica.

Nella musica l'idea di migrazione degli stili, di scambi e imprestiti è connaturata al concetto stesso di musica, è il cuore di questo linguaggio. All'inizio del Novecento la possibilità di viaggiare da un paese all'altro, consuetudine cui nessun musicista si sottrae, subì un'ulteriore scatto grazie ai potenti transatlantici che sfruttavano gli ultimi ritrovati della tecnologia dell'era moderna, ciò rese possibile una maggiore fruizione dei generi e una più diffusa mobilità degli interpreti. Questo fenomeno divenne in breve tempo una realtà consolidata sul mercato musicale trasversalmente ai generi. Erano gli anni in cui Enrico Caruso, Carlos Gardel e Louis Armstrong potevano condividere i palchi e soprattutto incrociare il gusto del pubblico. I tre erano tra i nomi più rappresentativi della musica dei primi decenni del secolo ma ad un livello più basso lo scambio di stimoli e le influenze erano all'ordine del giorno e questo mentre la musica d'uso emetteva i primi suoni. Esemplare è la storia del Reisenweber, il celebre locale su Columbus Circle a Manhattan, che ogni sera offriva spettacoli di compagnie di varia provenienza geografica lasciando che si alternassero sulla ribalta orchestre sudamericane, combo di musica sincopata e complessi di diversa estrazione etnica.

In America Latina

Il sincretismo musicale e più nello specifico l'influenza della musica napoletana e italiana nei repertori nord e sudamericani sono temi di discussione capaci di rivelare indirizzi di ricerca di grande interesse e talvolta del tutto inediti. Attraverso le indagini di alcuni studiosi diventa evidente, per esempio, che in Argentina la letteratura creola frutto della mescolanza linguistica delle minoranze etniche lì emigrate, fissa il suo punto di riferimento proprio tra gli italiani immigrati per formare il sociotipo più rappresentativo del bacino culturale del Rio de la Plata. Fino agli anni Trenta la quota di italiani a Buenos Aires era del 40% sulla popolazione totale. L'integrazione linguistica fu un fenomeno veloce ed inesorabile che conobbe soluzioni ardite e varie spiegabili in parte come conseguenza della presenza di una popolazione di immigrati per lo più povera e scarsamente scolarizzata. Ne venne fuori una lingua meticcia nata dall'incontro tra una lingua spagnola per lo più maccheronica e un italiano con spiccati contributi dialettali.

Questa fantasia linguistica viene registrata immediatamente a teatro dove si formalizza e si lega alla tradizione del *sainete*, un tipo di teatro popolare che prende il nome dal termine omonimo con il quale si indicava fin dal Seicento un breve componimento drammatico dal carattere giocoso in un solo atto, in forma di intermezzo con accompagnamento musicale e la presenza di personaggi comico-caricaturali. Non sono poche le opere riferibili a questo genere che mettono in scena le figure di musicisti italiani in grande difficoltà nel nuovo contesto geografico. In *Conservatorio La Armonia* di Discepolo, de Rosa e Folco del 1917, un testo che rientra nel genere della "comedia asainetada referencial", ovvero un componimento di *sainete* dai toni spesso grotteschi, focalizzato sugli aspetti sociali, sui vizi, le idiosincrasie e le difficoltà di antieroi, i due musicisti protagonisti San Francesco e Leonardo falliscono in una maniera tragicomica per la loro presunzione e la loro incapacità di adattarsi al basso livello musicale del nuovo mondo. Cosa simile accade al compositore e musicista Stefano in un'altra opera dal carattere grottesco di Discepolo dal titolo omonimo del 1927.

Altrove invece è l'italiano che si impone sul creolo come in *La vida es un sainete* di Vacazezza in cui il tenore italiano Bongiardino la spunta sul cantore Marengo, anche se la sua superiorità viene stabilita con l'astuzia e non con la bravura visto che l'italiano lo mette fuori gioco fingendosi suo compagno. Le capacità musicali dell'italiano in questo caso non sono decisive anzi passano addirittura in secondo piano. In tutti i casi i musicisti italiani vengono da Napoli, la loro indubitabile preparazione musicale e il loro talento però non li aiuta affatto nel cammino dell'integrazione. Sembra quasi che la loro origine sia più una iattura che una cosa da coltivare tra l'approvazione generale.

In questo contesto accanto a quello del "genovese" si crea il tipo "napoletano" del *Cocoliche* rappresentato a teatro mentre suona il man-dolino o la chitarra e che si caratterizza appunto tanto per il suo spiccato desiderio di integrazione sociale quanto per il suo evidente talento musicale. Lo stesso termine di *cocoliche* sarà utilizzato in seguito proprio per indicare la combinazione linguistica ispanico-italo/dialettale parlato dalle prime generazioni di italiani immigrati. Alcuni vocaboli del cocoliche passeranno in seguito ad arricchire il gergo malavitoso del lunfardo e lo spagnolo argentino.

Gli ispanici inizialmente dimostrano forte scetticismo verso i nostri emigranti perché il loro arrivo aveva distrutto le usanze di quei territori. Poi la prospettiva cambia e nel giro di una manciata di decenni l'italiano in Argentina diventa il lavoratore serio e scrupoloso che aiuta a costruire la nuova patria e si confonde con gli argentini stessi. Questa trasformazione è esplicita nelle strategie di legittimazione che gli italiani mettono in campo nel corso del tempo proprio nella musica e nella figura del *gringo* termine che in origine era utilizzato proprio per designare gli italiani e che ritorna spesso nelle canzoni del repertorio italo-argentino. Questo cambiamento risponde ovviamente ai nuovi assetti politici e non si sviluppa in maniera lineare. Anzi questa trasformazione fu al centro di un acceso dibattito mai davvero sedato tra la fazione dei conservatori e quella dei progressisti nell'ambito del folclore argentino. Nel frattempo questa disputa plasmò gli strumenti per una moltitudine di musicisti e poeti che resero il repertorio ricco e di alto profilo.

Durante gli anni Trenta in un territorio in cui i musicisti si contendevano i palchi per conquistare potere, soldi e fama non c'era posto per gli outsider e per gli stranieri ma l'affermazione degli emigrati italiani fu un fenomeno veloce e inarrestabile. È nel tango che si ritrova con più incisività la presenza dei nostri musicisti quando nei testi si pone l'accento proprio sull'ideale maschile del lavoratore che si impegna quotidianamente per mettere da parte i soldi, pensare al bene della famiglia e del paese.

Partendo dalla storia sociale e politica argentina è possibile riconoscere una storia del tango divisa in tre periodi: il tango del postribolo (1880-1916), il tango canción (fino al 1955) e il tango di avanguardia (dal 1955 in poi). In ciascuno di questi momenti la presenza italiana è sempre decisiva. Le due prime fasi sono quelle più interessanti dal punto di vista sociale perché la collocazione dell'italiano interagisce con la riconfigurazione stessa degli strati popolari.

Nel primo periodo, quello cosiddetto *prostibulario* (scritto così) inteso come depositario di una vita associata ai bassifondi in cui pullulavano prostituzione e crimine, il tango si presenta soprattutto come reazione alla classe dirigente, in forma antagonista al potere costituito, palesemente critico nei confronti di qualsiasi sistematizzazione sociale che spingeva per collocare l'italiano immigrato ad un livello basso. Nella seconda fase entra in scena il lavoro come ideale maschile positivo che nell'immaginario della letteratura legata al tango appare proprio come elemento caratteristico associato all'immigrato italiano.

La periodizzazione così netta è legata ad alcune date nelle quali avvengono eventi di grande importanza per il paese: il 1880 è l'anno in cui con l'unificazione politica e territoriale dell'Argentina nasce lo stato nazionale, nel 1916 nasce il primo governo popolare con la presidenza di Hipólito Yrigoyen e nel 1955 si registra la caduta del regime di Perón. Ciò che è importante tener presente è che la nascita di questo repertorio musicale strutturalmente legato ai contributi degli immigrati italiani è l'effetto immediato del pensiero politico di Juan Baptista Alberdi, ideale autore della Costituzione Argentina del 1853, secondo il quale "governare è popolare", nel senso che nello stato argentino moderno lo straniero immigrato diventava il principale sostegno economico del paese e per questo bisognava attrarre l'immigrato soprattutto europeo e permettergli di stabilirsi lì e partecipare alla nascita del nuovo modello statale. Aprire le frontiere, incentivare l'arrivo degli immigrati, garantire il lavoro e distribuire la terra erano tutti imperativi che dipendevano dal pensiero ispiratore di Alberdi. Così il primo effetto in termini culturali di questa politica fu la formalizzazione del tango che nasce proprio come territorio di innesto in cui si incrociano gli apporti culturali delle etnie di immigrati, primi fra tutti gli italiani del sud. Pascual Contursi, l'autore di *Mi noche triste*, il testo da cui si comincia a datare l'inizio del tango canción, era figlio di italiani, lo stesso vale per il bandoneonista Aníbal Troilo, o i poeti Enrique Cadícamo, Homero Manzi e Enrique Santos Discépolo, e infine Nonino e Nonina, genitori di Astor Piazzolla, erano anche loro italiani.

Anche in Brasile la storia della cultura di quel paese è associata alla presenza italiana. In differenti ambiti, dalla politica all'architettura e all'economia passando per il cinema, il teatro, le arti figurative, la letteratura e la musica nomi come Giuseppe Martinelli, Francesco Matarazzo, Rodolfo Crespi, Franco Zampari, Gianfrancesco Guarnieri, Adolfo Celi, mettono in evidenza ben al di là dell'immaginabile l'influenza italiana per la nascita della cultura brasiliana moderna. Nell'ambito specifico delle arti, occorre sottolineare il ruolo significativo dell'italiano immigrato ma anche dei discendenti di immigrati italiani come Victor Brecheret, Anita Malfatti, Amacio Mazzaroppi e tutta una serie di altri *oriundi*, termine che in Brasile designa proprio i discendenti degli italiani.

A São Paulo, la città con il maggior numero di italiani al mondo assieme a New York e dopo l'Italia, campeggia la figura di Adoniran Barbosa che fu l'inventore del cosiddetto samba italiano e che con il suo portoghese maccheronico seppe recuperare sotto una nuova veste ritmica e linguistica brani del repertorio italiano e classico napoletano come *Dicitencello Vuje*, tra i più suonati alla radio già nei primi decenni del Novecento. L'esperienza musicale di Barbosa, i suoi interessanti innesti frutto proprio della sua origine italiana, fanno di questo "cantautore" una delle personalità principali della storia della canzone popolare urbana in Brasile. A 100 anni dalla sua nascita, era nato nell'agosto del 1910, Barbosa resta una delle figure di riferimento quando si parla di questo repertorio. Allo stesso tempo il suo lascito è uno dei più felice apporti per la costruzione della storia della città stessa di São Paulo.

Le sue canzoni raccontano il modo in cui si sono andate configurando le relazioni tra gli abitanti di São Paulo e lui stesso appare come un vero e proprio cronista della modernizzazione della città. Ricorrendo al portoghese maccheronico, una combinazione di accenti, prosodia e lessico forgiata nei diversi quartieri popolari paulisti Adoniran scrisse alcune delle sue più celebri composizioni nelle quali emerge evidente l'elemento italiano, da qui il titolo di una sua canzone *Samba Italiano* che è anche il manifesto del genere del quale si riconosce a lui la paternità.

> Gioconda, piccina mia,/Va brincare en el mare en el fondo,/Mas atencione co il tubarone, ouvisto?/Hai capito meu San Benedito?/ Piove, piove,/ Fa tempo que piove qua, Gigi,/E io, sempre io,/Sotto la tua finestra/E vuoi senza me sentire/Ridere, ridere, ridere/Di questo infelice qui/Ti ricordi, Gioconda,/Di quella sera in Guarujá/Quando il mare te portava via/E me chiamaste/Aiuto, Marcello!/La tua Gioconda ha paura di quest'onda/Dicitencello vuie, como ha detto Michelangelo//.

Nel testo compaiono omaggi alla storia dell'arte come alla canzone italiana, quel "Piove, piove" è un'evidente citazione della celebre *Piove (Ciao Ciao Bambina)* di Domenico Modugno, ma come svuotati di senso.

Conclusione

Questa breve disamina sull'impatto del repertorio napoletano nel continente americano nei primi decenni del Novecento procede quasi necessariamente per appunti e suggestioni rilevando sostanziali differenze negli esiti tra Stati Uniti e Sud America legate soprattutto alla lingua del paese di approdo. Le similitudine fonetiche e sintattiche con lo spagnolo permettevano una disinvoltura maggiore nella composizione dei testi rispetto all'angloamericano. Da questo dato deriva una moltitudine di altri aspetti culturali e sociali che rendono i repertori italiani molto più assimilabili con quelli ispanici che non con quelli nordamericani secondo delle coordinate che disegnano il futuro delle comunità italiane in America.

Negli Stati Uniti con il sopraggiungere delle tensioni internazionali che porteranno allo scoppio della seconda guerra mondiale anche lo scenario musicale americano cambia radicalmente e il suo impatto sulla musica italiana e sulla canzone napoletana acquista tutt'altro peso e natura. Alla fine degli anni Trenta si assiste alla nascita di un nuovo prototipo etnico; l'italo-americano con il trattino, ovvero un primo sostanziale passo verso l'integrazione. Louis Prima è colui che più di ogni altro in quegli anni, con i suoi tratti somatici inconfondibilmente meridionali – era di origini siciliane – proteso nella ricchezza ritmico-espressiva del jazz degli anni Trenta, ha operato il travaso della musica italiana nella tradizione americana rappresentando la vera integrazione musicale degli italiani in America. Anche Louis Prima pagò il suo tributo al repertorio napoletano; ricordiamo la sua versione di *Maria Marì*, il celebre brano del 1899 di Vincenzo Russo e Eduardo Di Capua, che dopo il trattamento sincopato, a metà tra lo stile boogie-woogie e dixieland, operato dal cantante italo-americano, appare totalmente destrutturato, fino al punto di perdere il senso più profondo della composizione originaria e mantenere nello scarno ritornello, che sopravvive quasi fedele all'originale, la vaghezza di un suono che insegue e perde rocambolescamente la verità del dialetto tra la fitta mescolanza di *nonsense* e del tipico *jive-talk*. La carriera di Prima rappresenta uno dei momenti più importanti nella storia della musica americana di intrattenimento. Egli indicò la strada ad intere generazioni di cantanti italo-americani che avrebbero reso l'enorme servizio di guidare definitivamente la naturale inclinazione degli italiani verso la melodia nel solco apparentemente inconciliabile della musica sincopata. Con lui emergono i cantanti confidenziali, i cosiddetti *crooners*, Dean Martin, Perry Como, Vic Damone, dopo di lui, ma non necessariamente nel solco della sua eredità, le generazioni italiane di *teen-idols*, Frankie Avalon, Fabian Forte, Bobby Darin, Annette Funicello, Connie Francis, dei gruppi *doo-wop*, Dion DiMucci e i Belmonts, i Four Seasons di Frankie Valli.

Esiti del tutto diversi avvengono in Sud America, il caso del Cile è esemplare. Qui nella seconda metà del Novecento si assiste ad un cambiamento radicale nei gusti degli ascoltatori di musica pop. Se fino all'inizio degli anni Sessanta erano personaggi come Elvis Presley a detenere il primato di vendite nei negozi di dischi, in seguito la supremazia nordamericana comincia a decadere e il rock'n'roll cede il passo alla produzione italiana. Questo aspetto è del tutto eccezionale perché la nostra tradizione al cospetto con quella angloamericana non ha mai giocato un ruolo così preminente. Anche se la percentuale di italiani immigrati in Cile è molto bassa a paragone con quella degli altri paesi dell'area sudamericana, grazie soprattutto al boom economico cantanti come Rita Pavone, Domenico Modugno, Adriano Celentano diventano celebrità indiscusse anche in Cile proprio perché attraverso le loro canzoni essi stessi diventano il veicolo di un nuovo approccio alla vita, positivo e fiducioso nel futuro. Le canzoni italiane trasmettono entusiasmo, sono l'inno all'Italia degli anni del "miracolo economico", arrivano a toccare l'immaginario dei cileni attraverso i resoconti spettacolari dei festival della canzone, primo fra tutti Sanremo e restituiscono i ritmi di origine sudamericana (bossanova, tango, bolero) ma in una forma e attraverso una lingua completamente nuove incarnando le aspettative dei giovani cileni che rifiutavano le loro tradizioni musicali giudicandole prive di attrattiva e superate.

In definitiva nel giro di pochi decenni l'italiano che emigra subisce un doppio passaggio identitario per cui dalla condizione di abitante di una città o di una regione (napoletano, genovese, siciliano, veneto) si riconosce cittadino di una nazione in un contesto extraterritoriale e il suo bagaglio di cultura e simboli è legato all'origine che resta a lungo regionale. Per quello che concerne la musica in questa fase di transizione il riferimento è il repertorio napoletano accanto ad influssi dialettali "minori" che si presentano in maniera più evidente in Sud America. L'innesto anche in questo caso è duplice se non addirittura molteplice, i casi di Adoniran Barbosa in Brasile o di Farfariello a New York raccontano proprio il bizzarro cammino di integrazione compiuto dall'italiano emigrato che *deve* scegliere di appartenere non al paese del quale conserva il cognome (il sangue) ma al paese che gli ha dato la possibilità del riscatto sociale.

[1] Ruth Glasser, *My Music is My Flag*, (Los Angeles: University of California, 1995), 135.

[2] Anita Pesce ha firmato un dettagliato studio sull'inizio dell'attività discografica a Napoli ricostruendo il modo in cui le compagnie straniere ingaggiavano gli artisti locali. La testimonianza che segue aiuta a inserire Napoli in un panorama più vasto di consumi musicali moderni. «Conosciamo, grazie a situazioni analoghe descritte da altri, come funzionava l'insediamento sul campo da parte dei primi discografici in pieno furore espansionista: si contattava innanzitutto un rivenditore locale per conferirgli

la rappresentanza; di solito la scelta cadeva su di un negoziante di materiali meccanici o elettrochimici (quali ventilatori, attrezzi fotografici, strumenti ottici, macchine da scrivere), oppure di strumenti musicali, pianoforti automatici, fonografi. A Napoli si optò per i fratelli Loreto di Antonino, che avevano un negozio in piazza Borsa, fondato nel 1898. Di solito erano gli emissari locali a contattare gli interpreti e ad accordarsi con loro per le modalità di esecuzione e per il compenso. A Napoli, dice Gaisberg, furono incise 35 matrici, con accompagnamento di mandolini e chitarra. Abbiamo anche l'immenso piacere di conoscere i nomi degli interpreti e i titoli, di questi brani. [...] A scorrere l'elenco, ci si rende immediatamente conto di una cosa che, al fianco di canzoni già pronte per il paradiso (famose, di autori garantiti e di successo), si trovano prodotti 'effimeri'. In questo primissimo momento della storia del disco a Napoli sembra che non si ponga troppo l'attenzione né sugli interpreti, né sui repertori. Parrebbe quasi che la priorità fosse quella di colmare un segmento merceologico, forse con quanto c'era di disponibile al momento». Anita Pesce, *La Sirena nel Solco* (Napoli: Guida, 2005), 78-80.

[3] Intervista pubblicata in Frasca Simona, *La Coscienza sull'Altra Sponda del "lago italiano",* in *Meridione*, V. 2, aprile-giugno 2005, 145-64 e. 148-9.

[4] Ettore De Mura, *Enciclopedia della Canzone Napoletana*, 3 voll., (Napoli: Il Torchio, 1969), vol. I, 447.

[5] Ruth Glasser, ibid., 150, [trad. dell'autrice].

[6] Brian Rust, *The American Record Label Book*, (New York: Da Capo Press, 1984), 78. Di recente la storia della prima incisione della ODJB ha conosciuto un esito differente da quello riferito da Rust. Lo studioso inglese traeva le sue notizie dal diario di Nick La Rocca, leader della formazione, che resta una fonte puntuale e dettagliata. Il 30 gennaio, seguendo le memorie di La Rocca, fu realizzata qualche incisione dalla ODJB, ad esempio un test poi distrutto, ma non quella del brano *Indiana*, del quale parla Rust che va invece postdatata al maggio di quell'anno per ragioni di numero di matrice, in Philippe Baudoin, *Une chronologie du jazz*, (Paris, Outre Mésure, 2005), 44.

[7] Brian Rust, ibid., 214.

[8] Sotto l'etichetta di musica commerciale si identificavano sia gli artisti legati agli ambienti del jazz che i musicisti folk provenienti da tutto il mondo.

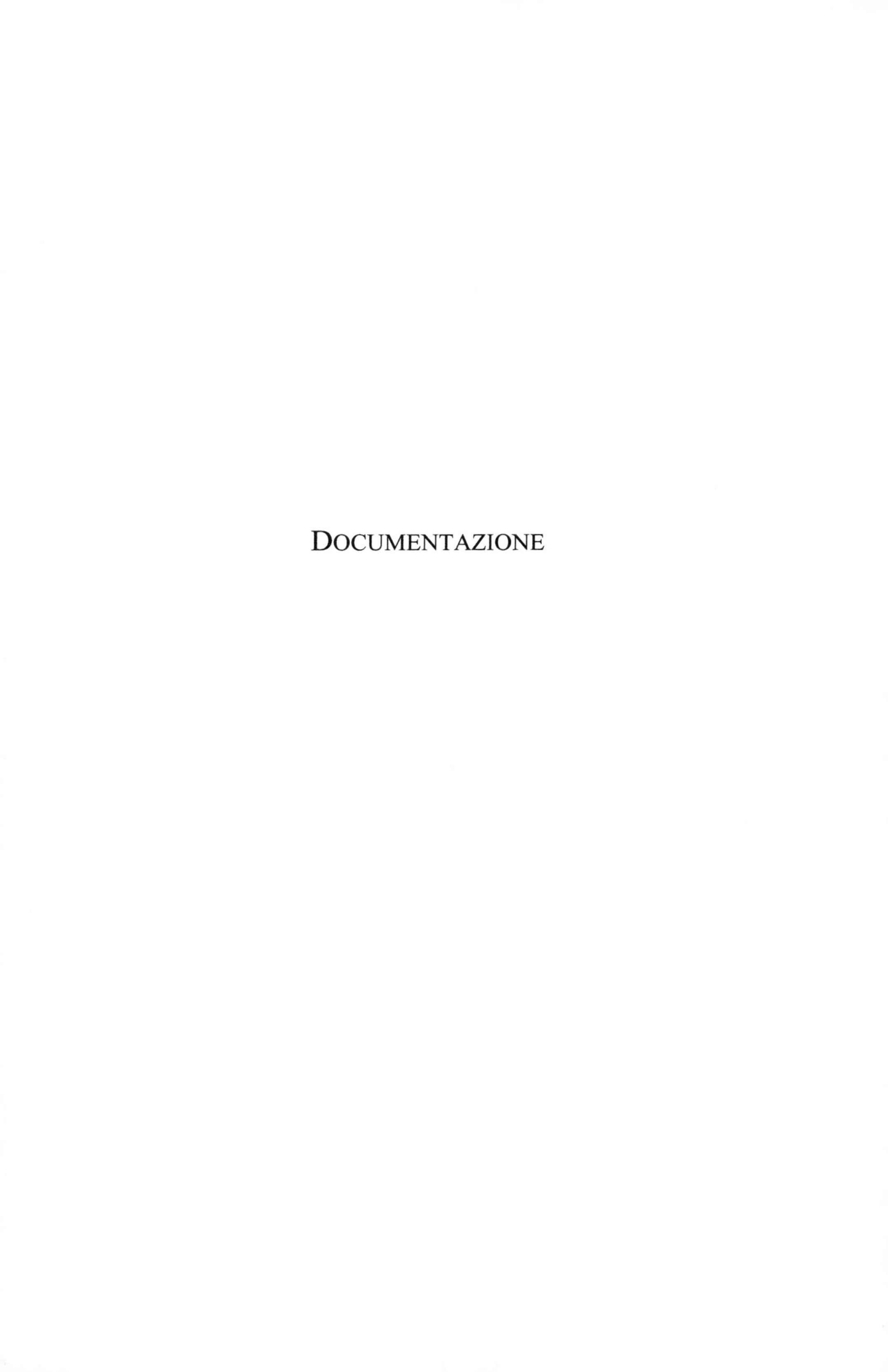

DOCUMENTAZIONE

Center for Italian Studies

27 novembre 2011

Signor PRESIDENTE DELLA REPUBBLICA ITALIANA GIORGIO NAPOLITANO
Palazzo del Quirinale
Roma, Italia

Illustrissimo Signor Presidente,

Lo scorso dicembre il Center for Italian Studies della State University di New York (Stony Brook), in collaborazione con CNEL e Pontificia Università San Tommaso in Roma (Iscop), ha organizzato una conferenza sul tema del lavoro e dell'emigrazione nei 150 anni della storia unitaria, inaugurando le celebrazioni accademiche statunitensi del centocinquantenario.

Avevamo come obiettivo di toccare da vicino lo spirito che ha animato l'emigrazione italiana ed ha tenuto legato l'emigrante all'Italia. Lavoro e creatività italiani hanno contribuito sia alla creazione delle fondamenta del sistema economico dell'America, sia allo sviluppo economico italiano.

La pubblicazione degli atti della conferenza, arricchita di ulteriori contributi accademici di fonte italiana e statunitense, col titolo "Fratelli d'Italia" (Lei, signor Presidente ne ha ricevuto la prima bozza di stampa), per i tipi della nostra casa editrice "Forum Italicum Publishing, N.Y." offre la possibilità di apprendere come l'Italia unitaria si sia espressa nella cultura e nel lavoro, e dà a studiosi e semplici lettori un variegato quadro di come l'emigrante, con grossi sacrifici e spirito di abnegazione, abbia onorato il paese d'origine e contribuito al suo sviluppo.

Il Center for Italian Studies, che ho fondato e dirigo da venticinque anni, organizza molti eventi culturali con lo scopo di disseminare e promuovere quegli aspetti della cultura italiana che hanno fatto la nostra penisola il faro di grande creativita' artistica e realizzazioni scientifiche. Da più di un decennio, assumiamo iniziative con ISCOP di Roma (Pontificia Università San Tommaso), in campo culturale e formativo. Mi piace segnalarLe in particolare che con l'Istituto e la Federazione Nazionale dei Cavalieri del Lavoro abbiamo creato il Programma Ponte e ogni estate, riusciamo a far venire a Roma, con borse di studio, una quindicina di studenti universitari figli di emigranti italiani, per un corso su istituzioni, economia e società nell'Italia contemporanea, diretto dal prof. Luigi Troiani, curatore e co-autore del volume "Fratelli d'Italia".

Auspico, signor Presidente, che possa trovare il tempo per onorare con il Suo autorevole e graditissimo Saluto/Intervento il nostro volume "Fratelli d'Italia", che porta in copertina il glorioso tricolore. Riceveremo con alta stima e rispetto il Suo pensiero che pubblicheremo in apertura di volume, consapevoli del gesto di grande considerazione indirizzato all'editore, e attraverso di noi all'intera comunità italiana d'America, che guarda con affetto al degno rappresentante dello stato italiano e dell'unità nazionale. Con stima e ammirazione,

Mario B. Mignone

Mario B. Mignone, Director
Distinguished Professor

Il Presidente della Repubblica

Roma, 2 gennaio 2012

Caro Professore,

la ringrazio vivamente per avermi inviato in anteprima gli atti del convegno promosso dal *Center for Italian Studies* dell'Università di New York, di prossima pubblicazione con il titolo di "*Fratelli d'Italia – 150 anni di cultura, lavoro e emigrazione.*"

Le iniziative per il centocinquantenario della nostra unità nazionale si arricchiscono così di un prezioso contributo che esplora il rilevantissimo fenomeno – ad un tempo sociale ed economico - dell'emigrazione italiana, che ha contrassegnato una larga parte della nostra storia nazionale.

Esprimo il mio plauso per questa iniziativa, risultato di una fruttuosa collaborazione anche con il CNEL e la Pontificia Università di San Tommaso, che testimonia la sensibilità e la vicinanza con cui il *Center for Italian Studies* contribuisce efficacemente a promuovere la cultura italiana.

L'occasione mi è anche gradita per inviarle i miei più cordiali saluti.

Giorgio Napolitano

Prof. Mario B. Mignone
Director
Center for Italian Studies
State University of New York - Stony Brook
New York 11794-3358

1. Le popolazione italiche nella prima età del ferro.
Licenza dell'autore, da *Le culture dell'età del ferro in Italia* http://www.archeologia.unipd.it/docpdf/gamba/lezione8910.pdf.

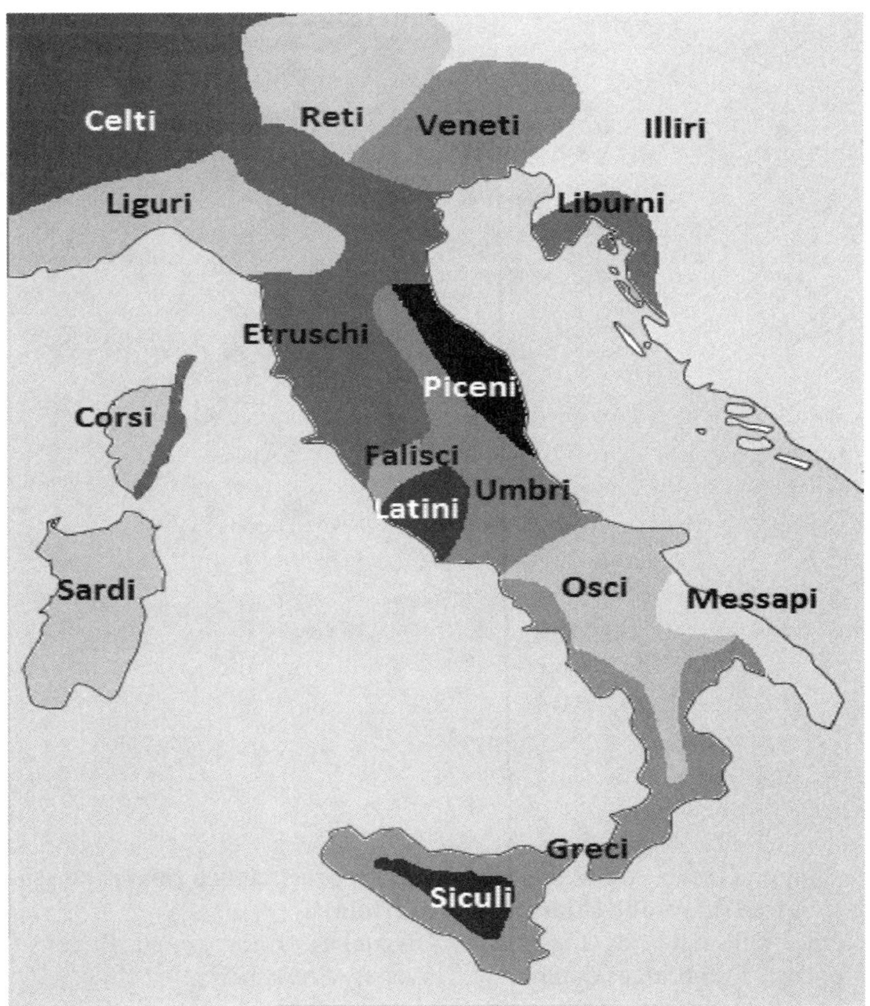

2. I primi abitanti dell'Italia.
Licenza dell'autore da Dbachmann
http://commons.wikimedia.org/wiki/File:Iron_Age_Italy.png

3. Magna Grecia con le colonie e i dialetti greci: acheo (marrone scuro); dorico (marrone chiaro) e ionico (viola).
Licenza dell'autore da *The Ancient Languages of Europe*, ed. Roger D. Woodard, Cambridge: Cambridge University Press, p.51.

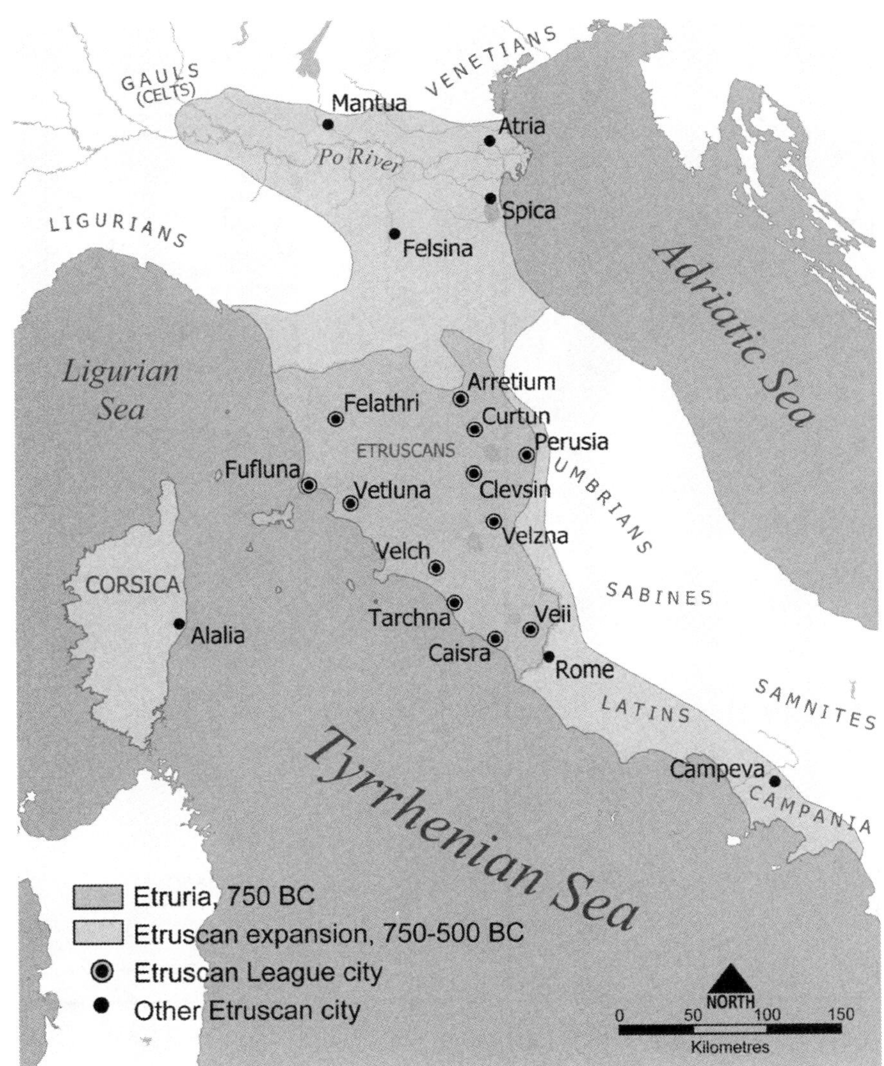

4. Espansione etrusca in Italia: è il primo popolo ad unire il Nord al Sud della penisola italiana.
Licenza dell’autore da *A map showing the extent of Etruria and the Etruscan civilization*. Based on a map from The National Geographic Magazine Vol. 173, No. 6 June 1988; permission GNU-FDL.

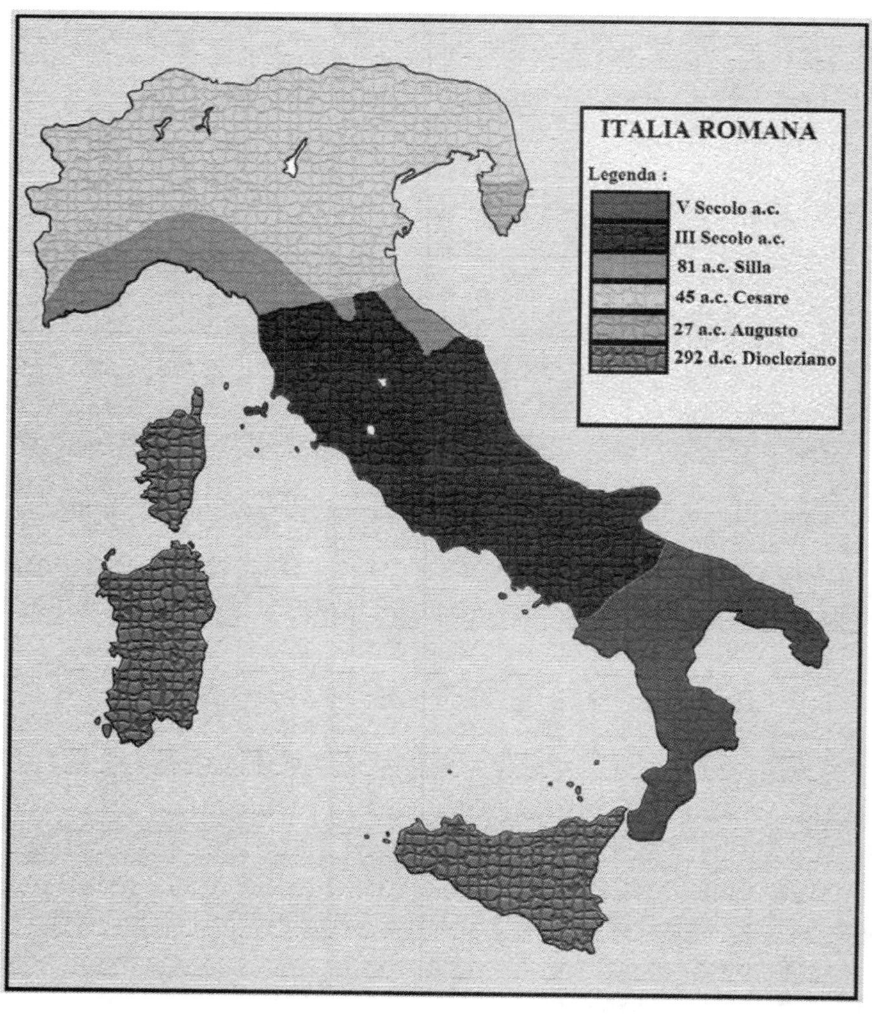

5. Espansione del termine Italia dal V sec.a.C. al III sec.d.C. in età dioclezianea.

Licenza dell'autore da GaiusCrastinus, *Evoluzione geografica dell'Italia nel periodo Romano*

http://italia.onwww.net/italia/testocompleto.htm

6. Moneta italica che rappresenta al diritto la testa dell'Italia e al rovescio il toro italico che schiaccia la lupa di Roma. Intorno al 90 a.C. gli Italici coniano la prima moneta della storia su cui figuri il nome ITALIA, iscritto nei caratteri romani che usiamo ancora oggi. Nell'88 a.C. gli Italici ottengono la cittadinanza romana.
Licenza dell'autore da
http://www.wildwinds.com/coins/rsc/marsic_confederation/Syd_627.jpg

7. Denario coniato nel 90 a.C. dagli insorti italici: la figura di Italia, identificata dalla legenda, appare di profilo verso destra sul diritto ma sul rovescio seduta su di una pila di scudi, con la lancia nella destra; dietro di lei la Vittoria, che le pone una corona sul capo.
Licenza dell'autore da
http://www.wildwinds.com/coins/rsc/marsic_confederation/Syd_627.jpg

7. 8. Denario (AR, 3,60 g): Testa laureata dell'Italia a sinistra; legenda osca retrograda UILETIV (Víteliú, Italia) Soldato elmato stante, di fronte; tiene una lancia puntata in terra; piede destro su uno stendardo; alla sua sinistra toro in terra, lettera osca "A" in esergo.
Licenza dell'autore da
http://www.wildwinds.com/coins/rsc/marsic_confederation/Syd_627.jpg

9. Denario (AR, 4,03 g, 19mm): Testa laureata a sinistra, personificazione dell'Italia; legenda latina ITALIA, in alfabeto latino. Si tratta della prima documentazione epigrafica del nome Italia Giovane inginocchiato a uno stendardo, tiene un maiale al quale otto soldati (4 per lato) puntano le loro spade; P in esergo.
Licenza dell'autore da
http://www.wildwinds.com/coins/rsc/marsic_confederation/Syd_627.jpg

10. Cartina del nord e centro Italia in epoca augustea.
Licenza dell'autore da Gaius Crastinus, *Evoluzione geografica dell'Italia nel periodo Romano*
http://italia.onwww.net/italia/testocompleto.htm

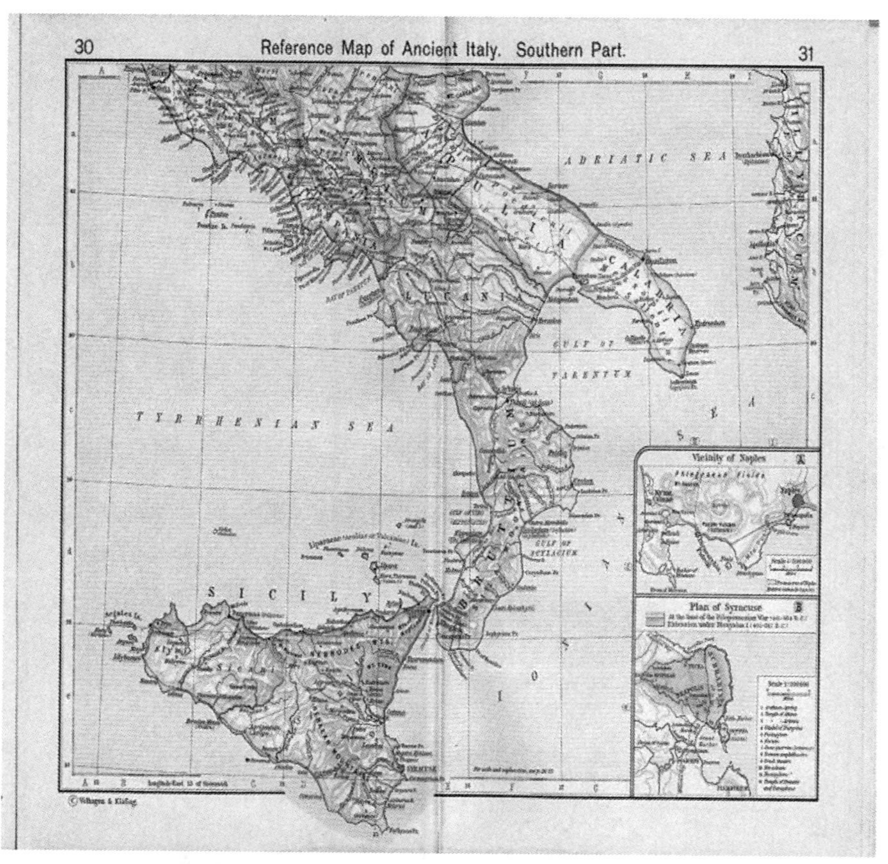

11. Cartina del sud Italia in epoca augustea.
Licenza dell'autore da *Evoluzione geografica dell'Italia nel periodo Romano*
http://italia.onwww.net/italia/testocompleto.htm

12. Saturnia Tellus nell'Ara Pacis di Augusto.
Licenza dell'autore Sailko.
http://it.wikipedia.org/wiki/File:Ara_pacis_freigo_lato_nord2_saturnia_tellus.jpg

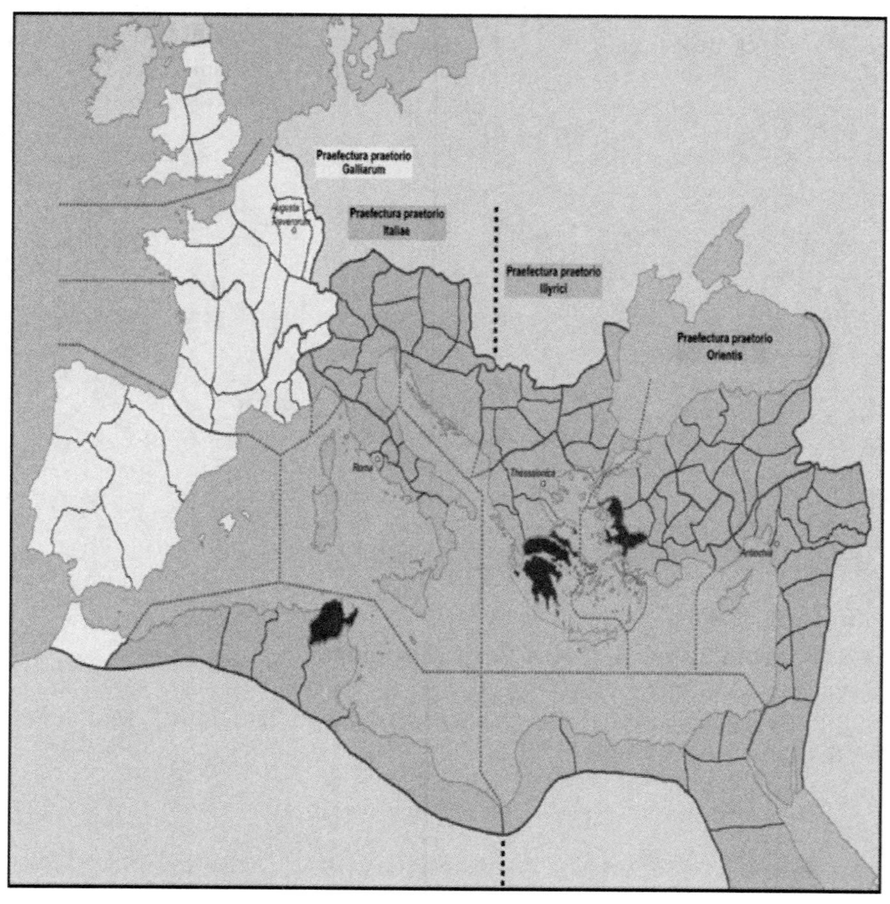

13. La divisione dell'impero romano nel IV sec.d.C.
Licenza dell'autore GaiusCrastinus
http://italia.onwww.net/italia/testocompleto.htm

14. Mappa Italia bizantina e longobarda.
Licenza dell'autore da *Mappa dell'italia Bizantina e Longobarda*
http://it.wikipedia.org/wiki/File:Mappa_italia_bizantina_e_longobarda.svg

15. Italia nell'anno 1000 d.C.
Licenza dell'autore da *Mappa dell'italia nell'anno 1000 d.C.*
http://cronologia.leonardo.it/storia/aa800.htm

16. Raggruppamenti delle lingue e dei dialetti in Italia.
Licenza dell'autore da *Fonetic classification of italian dialects as it's reported on linguistic studies.*
http://www.italica.rai.it/principali/lingua/bruni/mappe/mappe/f_dialetti.htm

17. Italia nell'età di Dante.
Licenza dell'autore da *Italia nell'età di Dante*. A Vallardi Editore Milano 1951. http:www.miol.it

18. Italia nel 1490.
Licenza dell'autore da Mappa dell'italia nell'anno 1490. A Vallardi Editore Milano 1951.

19. Italia agli inizi del 1500.
Licenza dell'autore da *Mappa dell'italia agli inizi del 1500.* A Villardi Editore Milano 1951.

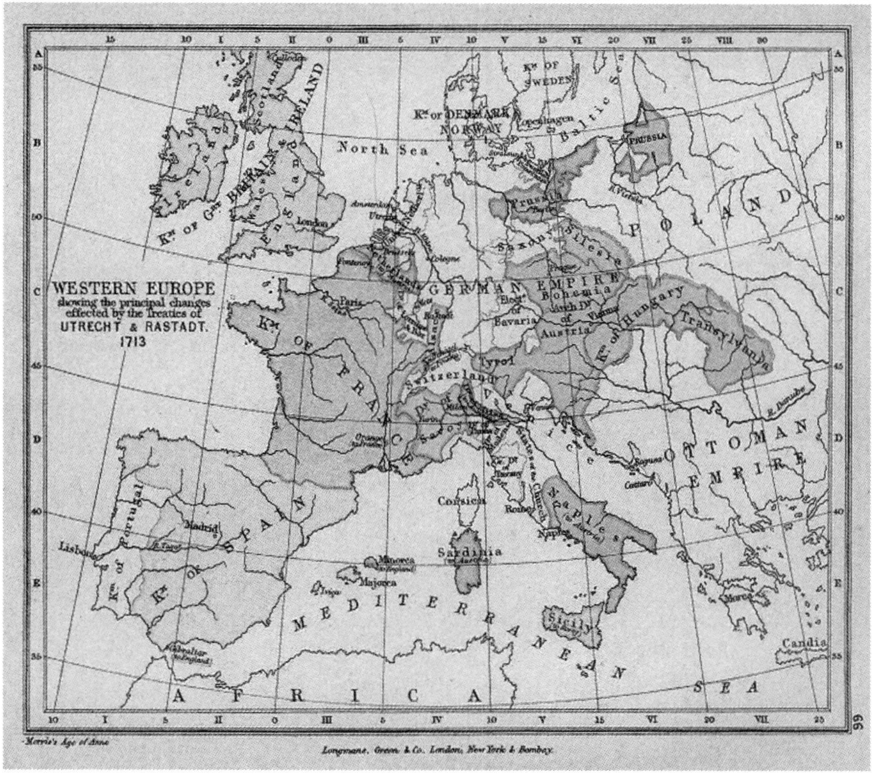

20. Italia nel 1713 dopo i trattati di Utrecht e di Rastad.
Licenza dell'autore da Urheber *The Public Schools Historical Atlas* by Charles Colbeck. Longmans, Gree.
http://www.lib.utexas.edu/maps/historical/colbeck/western_europe_utrecht_treaty.jpg

21. Gli stati italiani prima dell'unificazione nazionale.
Licenza dell'autore da Urheber *The Public Schools Historical Atlas* by Charles Colbeck. Longmans, Gree.
http://www.lib.utexas.edu/maps/historical/colbeck/western_europe_utrecht_treaty.jpg

LUIGI TROIANI

CRONOLOGIA DELL'UNITÀ

Nota medologica

La *Cronologia* è basata su appunti personali del curatore, e sui contenuti del libro dell'amico e collega Simone Colafranceschi, che ringrazio: *La nostra storia — Cronologia dell'Italia unita,* 2 voll., (Milano: Bompiani, 2011). Verifiche e incroci attraverso il *web system*, hanno consentito ulteriori ricerche e approfondimenti.

Si osserva quanto segue:

1. Ogni cronologia che rievochi fatti storici è arbitraria e faziosa. Non c'è alcuna possibilità di sfuggire alla tentazione di preferire una data rispetto ad un'altra, di evidenziare o "colorire" un fatto rispetto a un altro. Tuttavia, l'autore ha cercato di rendersi il più possibile disponibile alla ricerca dell'oggettività. Quanto vi si sia avvicinato, lo dirà il lettore che, però, nel suo giudizio sarà forzatamente vittima quanto l'autore di preferenze e pregiudizi inconfessabili...
2. Si sono preferiti gli eventi che nel tempo abbiano assunto un significato rilevante e che si siano tradotti in sviluppi duraturi, rispetto a quelli sporadici e quindi meno rilevanti sulla curva storica. In quest'ambito si sono riportati anche avvenimenti significativi per l'evoluzione del costume e delle tradizioni, per lo sviluppo economico e sociale, non solo per quello politico. Ma sono stati trascurati fatti politici effimeri, come la formazione di un partito politico dissoltosi nel giro di qualche mese.
3. Si è restati dentro un discorso rigidamente nazionale, immettendo nella linea narrativa eventi di politica internazionale solo se e quando di immediata rilevanza per l'Italia. Lo stesso per gli accadimenti dentro le mura vaticane, quando si è avuta evidenza che riguardassero la Santa Sede, o il sistema internazionale, più che lo stato italiano.

Con questi limiti, si spera di aver reso un servizio al lettore che troverà nella *Cronologia* un riferimento utile per ulteriori approfondimenti.

* ○ * ○

1861

27 gennaio, elezione dei 443 deputati del parlamento italiano. Votano poco più di 200.000 persone, circa la metà del 2% della popolazione titolata al voto attivo.
17 marzo, con votazione unanime il parlamento riunito a Torino approva la legge 4671 che istituisce il regno d'Italia, proclamando Vittorio Emanuele II re d'Italia "per grazia di Dio e volontà della Nazione". Il nuovo stato adotta come carta costituzionale lo statuto promulgato il 4 marzo 1848 per l'allora regno di Sardegna da Carlo Alberto di Savoia.
23 marzo, il re chiama Camillo Benso conte di Cavour a presiedere il governo.
27 marzo, la camera proclama Roma capitale del regno d'Italia. Cavour pronuncia il discorso su "Libera Chiesa in libero Stato".
30 marzo, la Gran Bretagna riconosce il regno d'Italia.
13 aprile, il governo Usa dà istruzioni per l'accreditamento del plenipotenziario Marsh presso Vittorio Emanuele II, come re d'Italia.
6 giugno, muore Cavour.
9 ottobre, decreti del primo ministro Bettino Ricasoli, che estendono la struttura centralizzata dello stato sabaudo al territorio del nuovo stato. Il prefetto rappresenta il governo sul territorio. Il governatore, presidente della provincia, e il sindaco sono di nomina governativa.

1862

12 luglio, il sistema monetario italiano è unificato per legge. La Lira inizia un mese dopo il suo corso legale.
29 agosto, Aspromonte, Calabria, si affrontano esercito italiano e garibaldini che avanzano su Roma. Garibaldi è ferito. Arrestato, è confinato a Caprera. Soldati regi che avevano scelto i garibaldini sono fucilati.
16 dicembre, a fronte dell'ampliarsi degli scontri armati tra esercito e protesta che a vario titolo si manifesta in un Mezzogiorno che sta soffrendo i costi dell'abolizione delle dogane e dell'apertura al commercio estero, la camera avvia la commissione d'inchiesta sul brigantaggio.

1863

25 febbraio, la Roma-Napoli ferroviaria è realtà. Quasi quattordici ore il tempo di percorrenza.
15 agosto, legge Pica, misure speciali per la repressione del brigantaggio nel sud. Giustizia militarizzata, esecuzioni immediate, più di centomila soldati, oltre seimila morti e duemila condanne sino al 1865.

1864

15 settembre, il capo del governo Marco Minghetti e Napoleone III concordano che i francesi rinunciano a proteggere lo stato pontificio, e gli italiani trasferi-scono la capitale a Firenze.
21-22 settembre, a Torino si protesta per il progetto di trasferire la capitale: oltre cinquanta i morti negli scontri.
19 novembre, il parlamento conferma che la nuova capitale del regno sarà Firenze.

8 dicembre, Pio IX emana l'enciclica *Quanta cura*: include il *Sillabo* con la critica di socialismo, comunismo, liberalismo, positivismo, libertà di stampa e d'opinione.

1866
8 aprile, l'Italia firma con la Prussia l'accordo che prevede l'intervento italiano in caso di conflitto con l'Austria. In cambio l'Italia riceverebbe Veneto e altri territori sotto dominio asburgico.
20 giugno, l'Italia è in guerra con l'Austria. Combattono anche Garibaldi e i suoi volontari.
24 giugno, sconfitta italiana a Custoza, e in luglio a Lissa.
9 agosto, Garibaldi, che ha continuato a battere gli austriaci ricevendo dal governo italiano ripetute intimazioni a fermare l'avanzata, pronuncia il celebre "Obbedisco", non prima di aver sconfitto gli austriaci a Bezzecca (Trento).
23 agosto, pace di Praga. Gli austriaci danno il Veneto alla Francia che lo gira all'Italia. Trento e Trieste sono ancora con Vienna.
16 settembre, Palermo, insurrezioni e *jacqueries*. In una settimana restano sul terreno centinaia di persone; migliaia gli arresti.

1867
15 agosto, sono approvati i provvedimenti per la soppressione degli enti ecclesiastici e la liquidazione delle loro proprietà.
20 ottobre, Garibaldi, fuggito da Caprera dove è al confino, sbarca a Livorno, e guida novemila volontari su Roma. E' sconfitto a villa Glori.
3 novembre, le truppe francesi sconfiggono i garibaldini a Mentana, alle porte di Roma.

1868
21 maggio, il governo del generale Luigi Federico Menabrea approva la tassa su farine e macinato, colpendo l'alimento di base delle classi popolari. I moti e le proteste causeranno più di duecentocinquanta morti e circa mille feriti.

1870
19 luglio, la Francia dichiara guerra alla Prussia. Il "guardiano" di Roma papale verrà sconfitto, aprendo un varco all'azione italiana per Roma capitale.
12 agosto, il contumace Giuseppe Mazzini rientra clandestinamente. Arrestato, amnistiato, ad ottobre abbandona ancora l'Italia.
20 settembre, occupazione di Roma da parte delle truppe del regno d'Italia.
2 ottobre, plebiscito per l'annessione di Roma e Lazio al regno d'Italia.

1871
2 maggio, al senato passa la legge delle "guarentigie", su poteri e garanzie del sommo pontefice. Il papa conferma di ritenersi capo di uno stato che ha sofferto la *debellatio* da un regime confinante.
1 luglio, Rome è capitale del regno d'Italia.
7 settembre, inaugurazione del traforo ferroviario del Frejus tra Italia e Francia (13,6 km).

1872
10 marzo, muore Giuseppe Mazzini

1873
luglio, a Venezia inizia il colera, che si estende ad agosto in tutto il Veneto.

1874
10 settembre, Pio IX si schiera contro la partecipazione dei cattolici alle elezioni del regno d'Italia: *Non expedit* (non conviene). Il diritto al voto è negato agli ecclesiastici: *Non licet* (non è permesso).

1876
25 marzo, è presidente del Consiglio il leader della sinistra, Agostino Depretis.
5 novembre, alle elezioni la sinistra incassa il 70% dei voti.

1877
15 luglio, legge Coppino sull'istruzione e alfabetizzazione di base.
26 luglio, l'elicottero a vapore di Enrico Forlanini si alza tredici metri da terra restando in volo venti secondi.

1878
9 gennaio, muore Vittorio Emanuele II, padre della patria, re dal 1849. Gli succede Umberto I.
7 febbraio, muore Pio IX.
28 febbraio, sperimentazione ufficiale della telefonia interurbana.
15 giugno-13 luglio, al congresso di Berlino, presieduto da Bismarck, prima partecipazione italiana a un grande consesso internazionale. Le potenze si spartiscono influenze nei Balcani, con Roma che adotta la politica delle "mani nette".

1879
aprile, a Milano apre *Aux villes d'Italie*, che D'Annunzio chiamerà *La Rinascente*. E' il primo grande magazzino italiano.

1880
27 settembre, Garibaldi si dimette da deputato. Scrive al giornale romano *La Capitale*: "Non voglio essere tra i legislatori di un Paese dove la libertà è calpestata ... Tutt'altra Italia io sognavo nella mia vita, non questa, miserabile all'interno e umiliata all'estero".

1881
5 maggio, Milano, inaugurazione della Esposizione industriale italiana.

1882
22 gennaio, nuova legge elettorale, basata sul principio dell'istruzione.

10 marzo, Depretis rinuncia alla politica delle "mani nette" e avvia il colonialismo italiano, acquistando dall'armatore Rubattino la baia di Assab, coste eritree del mar Rosso.
20 maggio, Vienna, è sottoscritto il trattato della Triplice alleanza, che mette l'Italia accanto a Germania e Austria-Ungheria. Sarà denunciato da Roma nel maggio 1915.
20 dicembre, gli austriaci impiccano Guglielmo Oberdan, giovane triestino, per attentato alla vita di Francesco Giuseppe.

1883
8 luglio, Cassa nazionale di assicurazione per gli infortuni su lavoro. Diverrà obbligatoria dal 1889.

1884
marzo, è fondata la Società Altiforni Fonderie e acciaierie di Terni; nell'anno nascerà anche la Società Generale Italiana di Elettricità-Sistema Edison.
luglio, relazione finale dell'inchiesta sull'agricoltura, del senatore Stefano Jacini. È un quadro di arretratezza, malnutrizione, analfabetismo, mancanza d'igiene, malattie. Confermano la situazione le pesanti proteste dei contadini del Polesine e del mantovano, con il movimento "la boje".
agosto, epidemia di colera, particolarmente in Toscana, Emilia, Calabria, Napoli.
novembre, sino al febbraio 1885, Berlino, Conferenza dell'Africa Occidentale, sull'assetto coloniale in Africa. Presenti: Austria, Belgio, Danimarca, Francia, Germania, Gran Bretagna, Italia, Norvegia, Olanda, Portogallo, Russia, Spagna, Svezia, Turchia, Usa.

1885
15 gennaio, legge per il risanamento edilizio di Napoli.
5 febbraio, l'Italia assume il controllo di Massaua, Eritrea. E' strategico per la penetrazione negli altipiani etiopici. Il ministro degli esteri Mancini motiva lo sbarco anche con l'apertura di sbocchi per gli emigranti.

1886
11 febbraio, legge sul lavoro minorile. Le prestazioni sono vietate nelle fabbriche ai minori di nove anni, nelle miniere ai minori di dieci. E' vietato il lavoro notturno ai minori di dodici anni.
22 giugno, è disciolto per decreto il partito operaio. I dirigenti sono arrestati in quanto capi di una "associazione di malfattori".
dicembre, *Cuore* di De Amicis, uscito nell'anno, è alla quarantesima edizione.

1887
26 gennaio, Dogali, Eritrea, una colonna di più di cinquecento soldati italiani è massacrata dalle truppe del raís Alula.
24 giugno, riforma doganale, a favore delle esportazioni delle industrie settentrionali. Soffrono le produzioni cerealicole del sud, per la concorrenza di prodotti agricoli esteri. Si avvantaggiano siderurgia e tessile.

29 luglio, muore Depretis. Inizia l'età dell'autoritario Francesco Crispi, già garibaldino e mazziniano, espresso dalla sinistra parlamentare.

1888
30 dicembre, legge sull'emigrazione che fissa il diritto dei cittadini all'espatrio.

1889
30 giugno, il nuovo codice penale, detto Zanardelli, abolisce la pena di morte. La legge di pubblica sicurezza approvata in stessa data limita le libertà sindacali.
maggio, ad Uccialli Crispi e Menelik stipulano il trattato che appoggia le ambizioni di questi al trono d'Etiopia.
È l'anno in cui cova lo scandalo della Banca Romana. Giovanni Giolitti, ministro del tesoro, mette tutto a tacere.

1890
5 gennaio, si fonda la colonia d'Eritrea comprendente anche la Somalia.
1 maggio, per la prima volta si celebra in Italia, come nel resto d'Europa, la festa del lavoro.

1891
15 maggio, l'emanazione dell'enciclica *Rerum Novarum* di Leone XIII, sui problemi sociali e del lavoro, ha fortissimo impatto in Italia, fornendo la base per la dottrina sociale cui faranno riferimenti i cattolici impegnati nei partiti e nel sindacato.

1892
15 agosto, Genova, è fondato il partito dei lavoratori italiani. Nel 1893 assume il nome di partito Socialista dei lavoratori italiani (Psli), cambiato dopo un biennio in partito Socialista italiano (Psi).

1893
19 gennaio, un'ispezione ministeriale accerta manovre fraudolente del presidente della Banca Romana e l'emissione irregolare di banconote. Vengono alla luce i rapporti illeciti tra finanza, speculazione edilizia, politici. Giolitti e Crispi sono tra gli accusati.
20 gennaio, nel palermitano, durante una manifestazione sono uccisi undici militanti dei Fasci siciliani, contadini operai e minatori di idee democratiche e socialiste.
10 agosto, la legge 449, crea Banca d'Italia, fondendo Banca Nazionale del Regno d'Italia (già banca Nazionale degli Stati Sardi), Banca Toscana di Credito per le Industrie e il Commercio d'Italia, Banca Nazionale Toscana, e liquidando Banca Romana.

1894
4 gennaio, Sicilia, è in vigore lo stato d'assedio contro i Fasci e le organizzazioni dei lavoratori. I Fasci sono sciolti nel corso dell'anno dal governo Crispi.
16 gennaio, Lunigiana, stato d'assedio.
22 ottobre, Crispi scioglie il partito Socialista.

1895
10 giugno, Felice Cavallotti, deputato ex garibaldino, pubblica la "Lettera agli onesti di tutti i partiti", contro corruzione e connivenze politiche con il malaffare.
1 dicembre, inizia la guerra d'Abissinia.

1896
1 marzo, Adua, l'imperatore etiopico Menelik ferma l'espansione italiana, battendo le truppe del generale Oreste Barattieri integrate da ascari eritrei: seimila morti e millecinquecento prigionieri. L'espansione italiana viene limitata alla costa eritrea.
5 marzo, dimissioni di Crispi. Gli succede Antonio di Rudinì, che amnistia gli incarcerati per i fatti di Sicilia e Lunigiana e al contempo rafforza il fronte conservatore.

1897
9 gennaio, sono sciolti la Camera del lavoro di Roma e i circoli di ispirazione socialista.
22 aprile, attentato a Umberto I senza conseguenze. Arresti di socialisti, anarchici, repubblicani.

1898
26 aprile, in Romagna e Puglia, quindi in altre regioni soprattutto nel nord, scoppia la guerra del pane, con il grano passato da 35 a 60 centesimi a kg.
2 maggio, Firenze, stato d'assedio.
4 maggio, Napoli, stato d'assedio.
6 maggio, Milano, scontri alla Pirelli, arresto di operai, estensione dell'agitazione, con intervento di polizia ed esercito. Muoiono due operai e un poliziotto
7 maggio, Milano, sabato, il popolo scende in sciopero e si riversa in strada alzando barricate contro la cavalleria pronta a caricare. Il governo decreta lo stato d'assedio e conferisce pieni poteri al comandante della piazza, generale Fiorenzo Bava Beccaris. Domenica e lunedì i quarantamila dimostranti, tra i quali vecchi donne e bambini, sono presi a cannonate dai ventimila militi accampati in città: un centinaio i morti, migliaia i feriti. Un soldato è fucilato sul posto per rifiutarsi di collaborare. Un mese dopo il generale per il "grande servizio reso alle istituzioni ed alla civiltà" è decorato dal re con la croce di grand'ufficiale dell'Ordine militare di Savoia. Il 16 giugno ha un seggio al senato.

1899
4 febbraio, il generale Luigi Pelloux, capo del governo, vara un disegno di legge che colpisce il diritto di sciopero, le libertà di stampa e associazione. L'opposizione risponderà adottando, per la prima volta, la tecnica dell'ostruzionismo parlamentare.
1 luglio, Torino, nasce la Fiat, Fabbrica Italiana Automobili Torino.

1900
29 luglio, Monza, alle 22 circa l'anarchico Gaetano Bresci spara quattro colpi di pistola, di cui tre a segno su spalla, polmone e cuore, a Umberto I. Sale al trono Vittorio Emanuele III.

1901
12 dicembre, Guglielmo Marconi realizza la prima comunicazione radio tra Irlanda e Terranova.

1902
1 dicembre, esce l'articolo "Movimento socialista e questione meridionale". L'autore, Gaetano Salvemini, teorizza che il decollo economico del nord si fondi sul voluto sfruttamento del sud Italia.

1903
maggio, desta impressione lo sciopero per miglioramenti salariali di cinquemila lavoratori italiani che stanno costruendo le rotaie della metropolitana di New York. Le ditte costruttrici impongono la ripresa entro il 13 maggio, e rimpiazzano gli italiani con neri fatti arrivare dagli stati del sud.
3 novembre, secondo governo Giolitti.

1904
28 luglio, è abolita l'Opera dei congressi. Papa Pio X intende opporsi ai "democratici cristiani" di Romolo Murri, che sarà sospeso *a divinis*. La Santa sede non gradisce un partito dei cattolici svincolato dalle gerarchie ecclesiastiche.
16 settembre, Milano, dopo mesi in cui la polizia ha ucciso decine di lavoratori durante scioperi e manifestazioni, parte il primo sciopero generale nazionale, sotto la direzione delle Camere del lavoro.

1906
26 gennaio, nascono le acciaierie Falck
29 maggio, mentre si inasprisce lo scontro sociale e cresce il numero delle vittime della repressione antioperaia e antisindacale, Giolitti torna alla guida del governo.
29 settembre, è fondata la Cgdl, Confederazione generale del lavoro.

1907
6 gennaio, Maria Montessori apre la prima "Casa dei bambini".

1908
29 gennaio, è fondata l'Azione Cattolica.
29 ottobre, Ivrea, nasce la società "Ing. Olivetti et Compagnia".
27 dicembre, Reggio di Calabria e Messina, terremoto-maremoto di 7,5 gradi della scala Richter. Ci sono più di centomila morti.

1909
20 febbraio, manifesto del futurismo di Filippo Tommaso Marinetti.

30 maggio, termina il primo Giro ciclistico d'Italia.
10 dicembre, Nobel per la fisica a Guglielmo Marconi.

1910
11 febbraio, manifesto della pittura futurista.
maggio, Torino, fondazione della Confederazione italiana dell'industria, futura Confindustria.
15 maggio, Milano, primo incontro della nazionale italiana di calcio.
24 giugno, si avvia l'Alfa, Anonima lombarda fabbrica automobili. È anche l'anno del pastificio industriale Barilla, aperto a Parma da Riccardo e Gualtiero Barilla.

1911
25 marzo, si ha notizia che sono in gran numero le italiane morte nell'incendio che a New York ha devastato Triangle Shirtwaist Factory in Greene Street, facendo un totale di centoquarantasei vittime tra quindici e ventitre anni.
30 marzo, quarto governo Giolitti
26 settembre, ultimatum all'impero ottomano per la presenza italiana in Cirenaica e Tripolitania.
29 settembre, è guerra con la Turchia. Si canta "Tripoli, bel suol d'amore", con Giovanni. Pascoli che inneggia alla "terza sponda" del Mediterraneo come continuazione della "terra natia". Si impegnano centomila uomini in combattimenti che includono anche Rodi e il Dodecaneso.
Intanto Giustino Fortunato ha pubblicato "Il mezzogiorno e lo stato italiano", denuncia dei ceti dirigenti per l'arretratezza meridionale.

1912
28 aprile, Giolitti apre alla conquista del Dodecaneso, con lo sbarco a Stampalia, base logistica per l'invasione di Rodi.
5 maggio, il generale Ameglio entra a Rodi.
15 maggio, resa turca, che consente la caduta delle altre isole.
7 luglio, Reggio Emilia, al congresso socialista, la corrente rivoluzionaria di Mussolini e Lazzari assumono la direzione del partito e del quotidiano *Avanti!*.
18 ottobre: pace di Losanna, con la rinuncia turca alla sovranità politica sui territori libici. Le isole del Dodecaneso sono date all'Italia come pegno dell'osservanza turca del trattato. Sono morti tremilaquattrocento italiani.

1913
26 ottobre e 2 novembre, elezioni con suffragio universale per i maschi sopra i trent'anni. Il patto Gentiloni, che sviluppa la posizione di Pio X favorevole alla partecipazione dei cattolici alla politica a determinate condizioni, consente al voto cattolico di far eleggere propri candidati nel listone liberale. La maggioranza giolittiana è sotto attacco.

1914
28 luglio, l'impero autroungarico dichiara guerra alla Serbia: inizia la prima guerra mondiale.

2 agosto, dichiarazione di neutralità dell'Italia.
novembre, Mussolini, espulso dal partito Socialista perché interventista, fonda e pubblica il quotidiano *Il popolo d'Italia.*

1915
20 maggio, il parlamento, che pure esprime una evidente maggioranza neutralista, accetta le forzature imposte dal re e della piazza, votando l'entrata in guerra e poteri straordinari al governo. Votano contro i socialisti del "né aderire né sabotare".
24 maggio, l'Italia entra in guerra contro l'impero austroungarico, a fianco dell'Intesa anglo-francese e russa. Pochi giorni dopo varca i confini puntando su Trento e Trieste.
21 agosto, dichiarazione di guerra alla Turchia.

1916
27 agosto, dichiarazione di guerra alla Germania.

1917
agosto, Torino, sommosse per il pane, organizzate dai primi nuclei comunisti sull'onda delle notizie in arrivo dalla Russia. Si ammazzano in sessanta: una decina i militari, gli altri operai, ragazzi, casalinghe.

1918
29 ottobre, Vienna chiede l'armistizio.
30 ottobre, il Consiglio nazionale italiano di Fiume proclama l'adesione della città all'Italia.
3 novembre, le truppe italiane entrano in Trento e Trieste.
4 novembre, villa Giusti presso Padova. L'Austria firma l'armistizio che conclude la Prima guerra mondiale. Sono morti quasi settecentomila italiani.
17 novembre, truppe italiane fanno ingresso a Fiume, aprendo una crisi internazionale.

1919
1 gennaio, Roma, ex combattenti di reparti speciali fondano l'associazione degli Arditi d'Italia
18 gennaio, Milano, don Luigi Sturzo fonda il partito Popolare italiano.
23 marzo, Milano, Mussolini fonda il Movimento nazionale dei fasci di combattimento.
19 aprile, Versailles, al tavolo della pace l'Italia respinge le proposte di Woodrow Wilson: Fiume città libera e Dalmazia alla Iugoslavia. La delegazione italiana abbandona le trattative. Sarà accolta con manifestazioni patriottiche, mentre nasce il mito della "vittoria mutilata".
10 settembre, il trattato di pace di Saint-Germain fissa le acquisizioni territoriali italiane.
12 settembre, Gabriele D'Annunzio, con duemilacinquecento uomini che includono anche truppe regolari, occupa Fiume. Roma sconfessa l'azione. Due mesi dopo il *vate* si ripeterà con Zara.

La Santa Sede rinuncia alla posizione "Non expedit".
16 novembre, prime elezioni con metodo proporzionale, centosettantanove deputati liberali e democratici, centocinquantasei socialisti, cento popolari, trentotto radicali, diciassette "combattenti", nove repubblicani. La guerra ha bruciato il predominio assoluto del vecchio ceto politico liberaldemocratico, generando le condizioni di instabilità politica che contribuiranno alla presa fascista del potere.

1920
10 agosto, il trattato di Sèvres assegna all'Italia l'arcipelago del Dodecaneso, in conseguenza della violazione turca degli accordi di Losanna del 1923 (appoggio alla guerriglia libica).
30 agosto, dopo mesi di conflitti sindacali nelle campagne bolognesi e nelle fabbriche torinesi e milanesi, l'Alfa Romeo dichiara la serrata. La Federazione dei lavoratori Fiom organizza l'occupazione dell'Alfa e di tutti gli stabilimenti metallurgici e siderurgici milanesi.
31 agosto, la Federazione nazionale dell'industria meccanica e metallurgica opta per la serrata in tutta Italia. In risposta si ha l'occupazione generalizzata delle fabbriche.
19 settembre, l'ottantenne Giolitti, di nuovo primo ministro da giugno, rifiuta l'intervento della forza pubblica e media tra le parti sociali, con gli industriali che accettano le rivendicazioni economiche dei lavoratori e questi che evitano di trasformare la protesta in insurrezione politica. Ha fine il cosiddetto "biennio rosso".
12 novembre, Rapallo, trattato italo-iugoslavo. Fiume è città libera. La Dalmazia, ad eccezione di Zara, è iugoslava, l'Istria italiana.
21 novembre, Bologna, i fascisti attaccano il comune mentre si insedia la giunta guidata dai socialisti. Gli scontri fanno nove morti tra i socialisti e cinquanta feriti. Il governo scioglie il consiglio comunale. Lo squadrismo, appoggiato dal latifondo terriero e da taluni poteri pubblici, rivendica mano libera contro associazionismo socialista e popolare.
24 dicembre, Fiume, truppe italiane rimuovono la presenza di D'Annunzio e dei suoi legionari.

1921
21 gennaio, Livorno, XVII Congresso del partito socialista, la scissione a sinistra genera il partito Comunista d'Italia.
28 febbraio, i fascisti abbattono la Camera del lavoro di Trieste, quindi la sede milanese dell'*Avanti!*.
21 luglio, Sarzana, carabinieri appoggiati dalla popolazione stanca delle violenze fasciste, affrontano cinquecento fascisti. Muoiono in diciotto.
7 novembre, Roma, Mussolini fa del movimento fascista un partito, con duecentomila iscritti dichiarati.

1922
26 febbraio, nasce il governo di Luigi Facta, sostenuto anche dal partito fascista.
26 marzo, Milano, adunata di oltre ventimila fascisti lombardi.

24 ottobre, Napoli, dopo un anno di violenze ferimenti e assassini, culminati in agosto con l'occupazione di palazzo Marino, sede del comune di Milano, da parte di squadre fasciste e la distruzione della sede dell'*Avanti!*, il partito nazionale fascista si candida a governare il paese o a un colpo di stato.
26 ottobre, squadre fasciste assaltano stazioni ferroviarie e prefetture, intendendo "marciare" su Roma.
27 ottobre, nella notte tra il 27 e il 28 il primo ministro Facta è informato che colonne fasciste sono in movimento sulla capitale.
28 ottobre, alle prime ore del giorno, il consiglio dei ministri proclama lo stato d'assedio. Verso le 8,30 Facta è dal re per la firma del decreto. Il re rifiuta, chiedendo le dimissioni dell'attonito primo ministro. A metà mattinata, dopo le dimissioni di Facta, e con Giolitti bloccato fuori città, il re apre le consultazioni per affidare l'incarico di governo. Il re prova un compromesso tra Salandra e Mussolini che però rifiuta, volendo l'incarico per sé e senza limitazioni.
30 ottobre, Roma, convocato dal re, alle 11,30 Mussolini arriva da Milano; alle 18 è pronta la lista dei ministri del suo governo.
31 ottobre, Mussolini è presidente del consiglio dei ministri. Le camicie nere sfilano davanti al re per più di sei ore.
16 novembre, il governo Mussolini si presenta alla camera per la fiducia. Ottiene 316 voti, 116 no, 7 astensioni. Eppure in parlamento siedono solo trentacinque deputati fascisti.
15 dicembre, prima riunione del Gran Consiglio del Fascismo; si avvia la corrispondenza tra partito unico e stato.
18 dicembre, ancora violenze fasciste, con ventidue morti.

1923
23 gennaio, le squadre d'azione fasciste confluiscono nella Milizia volontaria per la sicurezza nazionale (Mvsn).
febbraio, decimato dagli arresti il vertice e l'organizzazione di base del partito comunista. Agli arresti Piero Gobetti e Amadeo Bordiga.
marzo, gli arresti colpiscono i socialisti.
27 aprile, approvazione della riforma scolastica che prende il nome da Gentile.
21 luglio, legge Acerbo, che reintroduce il maggioritario: i 2/3 dei seggi parlamentari andranno alla lista più votata.
24 agosto: nel ferrarese è assassinato dai fascisti don Giovanni Minzoni. Mentre la chiesa dialoga e tratta con il nascente regime, i popolari soffrono le aggressioni fasciste.
27 agosto, incidente di Janina, Il generale Tellini, presidente della Commissione internazionale che sta delimitando la frontiera greco-albanese, con tre ufficiali membri della delegazione italiana, sono uccisi da sconosciuti in strada.
29 agosto, l'Italia occupa Corfù per ritorsione all'incidente di Janina.
21 settembre, arrestati i capi comunisti: tra loro Palmiro Togliatti e Angelo Tasca.
27 settembre, Corfù, la Società delle nazioni, Sdn, fa ottenere all'Italia soddisfazione per l'incidente di Janina, e l'Italia lascia l'isola.
26 dicembre, aggredito e gravemente ferito da fascisti Giovanni Amendola, importante leader dell'opposizione democratica.

1924
27 gennaio, Roma, Italia e Iugoslavia firmano l'annessione di Fiume all'Italia.
6 aprile, alle elezioni, caratterizzate dalle divisioni dell'opposizione e dalle intimidazioni governative, il listone nazionale che include fascisti liberali e cattolici, riscuote il 64,9% dei voti e 356 deputati.
30 maggio, alla camera il segretario del partito socialista unitario, Giacomo Matteotti, denuncia brogli e violenze della campagna elettorale.
10 giugno, Giacomo Matteotti è rapito.
27 giugno, in seguito al rapimento Matteotti, i gruppi parlamentari di opposizione si isolano "sull'Aventino", facendo affidamento sul ripristino della legalità da parte della monarchia.
16 agosto, è ritrovato il cadavere di Giacomo Matteotti, nei pressi di Roma, a una ventina di chilometri dal luogo del rapimento. Risultano implicati due dirigenti del Pnf.
5 settembre, Piero Gobetti è ferito gravemente dai fascisti.
9 settembre, papa Pio XI critica l'azione dei popolari contro le violente illegalità fasciste.
25 ottobre, don Luigi Sturzo lascia l'Italia per Londra.

1925
3 gennaio, Mussolini pronuncia alla camera il discorso con il quale assume "la responsabilità politica, morale, storica" dell'assassinio di Matteotti e dice di essere pronto a "stroncare definitivamente la sedizione dell'Aventino".
4 gennaio, è proibita ogni manifestazione pubblica.
21 gennaio, Giovanni Gentile e altri intellettuali fascisti pubblicano il loro Manifesto.
1 maggio, in risposta al Manifesto dei fascisti, per iniziativa di Benedetto Croce è pubblicato da *Il Mondo* il Manifesto degli intellettuali antifascisti.
20 luglio, è nuovamente aggredito Giovanni Amendola.
2 ottobre, a palazzo Vidoni, Confindustria e Confederazione delle corporazioni fasciste firmano il patto per il quale solo i sindacati fascisti troveranno riconoscimento.
8 novembre, per decreto è sospesa la pubblicazione dei giornali popolare socialista e comunista, *Il Popolo, Avanti!*, *Unità*. A fine mese i fratelli Albertini devono lasciare la direzione del *Corriere della Sera*.

1926
4 febbraio, la riforma delle amministrazioni locali toglie poteri al sindaco eletto consegnandoli al podestà, funzionario di nomina prefettizia.
16 febbraio, Parigi, in seguito all'aggressione di due anni prima, muore Piero Gobetti.
7 aprile, Cannes, muore Giovanni Amendola, in seguito alle ferite di luglio.
3 maggio, prosegue la fascistizzazione dello stato con l'istituzione del Ministero delle corporazioni e del Consiglio nazionale delle corporazioni.
12 maggio, Umberto Nobile e il norvegese Roald Amundsen, sorvolano con il dirigibile *Norge* il polo Nord-

31 ottobre, Mussolini esce illeso dal terzo attentato dell'anno. Nuova ondata di violenza squadrista.
5 novembre, "leggi fascistissime" aboliscono tutti i partiti, ad eccezione del Pnf, cancellano la stampa non allineata, avviano il tribunale speciale per i reati contro la sicurezza dello stato, con reintroduzione della pena di morte.
8 novembre, arresto di Antonio Gramsci.
27 novembre, trattato di Tirana, è istituito il protettorato italiano sull'Albania.
10 dicembre, Nobel per la letteratura a Grazia Deledda.

1927
4 gennaio, si scioglie la Cgdl. Nell'anno nasce l'Ovra, polizia politica segreta.
19 marzo, è arrestato Alcide De Gasperi, già segretario del partito Popolare.
agosto, arriva notizia che nella notte tra il 22 e il 23, nella prigione di Charleston, Boston, sono finiti sulla sedia elettrica Nicola Sacco 36 anni calzolaio di Torremaggiore (Foggia) e Bartolomeo Vanzetti 39 anni, pescivendolo di Villafalletto (Cuneo), emigrati negli Stati Uniti nel 1908. Il presidente del tribunale aveva definito i due, "anarchici bastardi". Il pubblico ministero "colpevoli di socialismo".

1928
12 aprile, Milano, attentato non riuscito al re, con venti morti e quaranta feriti.
25 maggio, polo Artico, il dirigibile Italia di Umberto Nobile precipita.
4 giugno, Antonio Gramsci, fondatore e massimo ideologo del partito comunista italiano, è condannato a venti anni e quattro mesi di carcere dal tribunale speciale fascista.
24 dicembre, progetto per la "bonifica integrale" delle zone paludose.

1929
11 febbraio, Il cardinale Gasparri e Benito Mussolini firmano i patti Lateranensi. Alla Santa Sede è garantita assoluta indipendenza, la religione cattolica è la sola religione di stato e verrà insegnata nelle scuole pubbliche, la Santa Sede riconosce il regno d'Italia con Roma capitale, e ottiene il riconoscimento della sovranità papale sullo stato della Città del Vaticano.
13 febbraio, Milano, in un discorso Pio XI chiama Mussolini "uomo della provvidenza".
24 marzo, si vota su lista unica, in base alla legge elettorale approvata in settembre. I candidati sono indicati dal Gran Consiglio del fascismo. Ci sono 8.506.576 sì, e 136.198 no, con una partecipazione dell'89,63%.
27 luglio, Parigi, Carlo Rosselli e Emilio Lussu, fuggiti dal confino di Lipari, fondano Giustizia e Libertà.
30 settembre, Sandro Pertini futuro presidente della Repubblica, è condannato a undici anni di carcere.

1930
7 ottobre, Roma, al Supercinema è proiettato il primo film italiano sonoro e parlato, *La canzone dell'amore*, di Gennaro Righelli.

1931
14 maggio, Bologna, Arturo Toscanini rifiuta variazioni al programma del concerto che dirige, lasciando cadere l'imposizione ad eseguire l'inno reale e *Giovinezza*. Aggredito a pugni e schiaffi dai fascisti, richiesto di abbandonare la città, decide di lasciare definitivamente l'Italia.
1 luglio, i codici penale e di procedura penale, promossi dal ministro Rocco, sono in vigore. Ripristinata la pena capitale.
28 agosto, un regio decreto impone ai professori universitari di giurare fedeltà "al Re, ai suoi Reali successori e al Regime fascista". Quando ad ottobre viene pubblicato sulla Gazzetta ufficiale, rifiuteranno di giurare soltanto dodici docenti.
3 ottobre, il giovane Lauro de Bosis vola sul centro di Roma con l'aereo chiamato Pegaso (cavallo alato mitologico), gettando centinaia di migliaia di volantini antifascisti. Terminata la missione, pilota e aereo scompaiono, probabilmente inabissati nel Tirreno.

1933
23 gennaio, è fondato l'Istituto per la ricostruzione industriale, Iri.
27 maggio, è deciso che solo gli iscritti al Pnf possano lavorare nel settore pubblico.
29 giugno, entusiasmo per la vittoria, a Long Island, di Primo Carnera che è ora campione del mondo dei pesi massimi.
1 luglio, Italo Balbo inizia da Orbetello la trasvolata dell'Atlantico. Terminerà il 12 agosto, dopo aver toccato Canada e Stati Uniti.

1934
giugno, l'Italia è per la prima volta campione del mondo di calcio.
10 dicembre, Nobel per la letteratura a Luigi Pirandello.
15 dicembre, l'Etiopia si rivolge all'arbitrato della Sdn, per risolvere il contenzioso con l'Italia.

1935
2 ottobre, Mussolini annuncia la guerra contro l'Etiopia.
7 ottobre, la Sdn condanna l'Italia per l'aggressione all'Etiopia, adottando sanzioni commerciali.

1936
9 aprile, contro l'Italia che sta utilizzando gas asfissianti e bombardamenti aerei su civili in Etiopia, la Sdn richiede il rispetto delle convenzioni di guerra.
5 maggio, il maresciallo Badoglio entra in Addis Abeba.
9 maggio, Mussolini offre al re la corona di imperatore d'Etiopia.
17 luglio, scoppia in Spagna la guerra civile. Hitler e Mussolini aiutano i golpisti del generale Franco.
17 ottobre, Madrid, volontari italiani iniziano a schierarsi con il legittimo governo repubblicano, per la difesa della repubblica. Arriveranno a più di tremila.
24 ottobre, è stabilito l'Asse Roma-Berlino.
18 novembre, Roma riconosce Francisco Franco come capo del governo della Spagna, elevando il livello della partecipazione militare diretta al conflitto.

1937
9 giugno, in Francia sono assassinati dal fascismo i fratelli Nello e Carlo Rosselli.
6 novembre, l'Italia sottoscrive il patto Anticomintern.
11 dicembre, l'Italia esce dalla Sdn.

1938
3 maggio, Roma, Hitler è accolto alla nuova stazione ferroviaria Ostiense. I lavori non sono terminati in tempo e quindi sulle rotaie è montato scenario posticcio, come in un film.
19 giugno, l'Italia vince per la seconda volta i campionati mondiali di calcio.
14 luglio, il *Giornale d'Italia* pubblica il *Manifesto degli scienziati razzisti*.
25 luglio, al Gran Consiglio del fascismo, Mussolini dice:"Ora l'antisemitismo è inoculato nel sangue degli italiani. Continuerà da solo a circolare e a svilupparsi...".
3 agosto, introduzione delle leggi razziali contro gli ebrei. Sono impediti i matrimoni misti, studenti e insegnanti ebrei sono espulsi dalle scuole, i loro beni confiscati,
29 settembre, Monaco di Baviera. Regno Unito Francia Germania e Italia concordano il futuro della Cecoslovacchia. E' *appeasement* di Arthur Chamberlain con Hitler: svenduti i Sudeti cecoslovacchi. Per Mussolini è grande successo diplomatico.
10 dicembre, Nobel per la fisica a Enrico Fermi, che emigra con la moglie ebrea negli Stati Uniti.

1939
19 gennaio, la Camera dei fasci e delle corporazioni prende il posto della Camera dei deputati.
25 marzo, l'Italia avanza contro gli albanesi l'ultimatum che prefigura l'ingerenza politica negli affari interni di uno stato sovrano.
7 aprile, venerdì santo, invasione dell'Albania. Fugge re Ahmed Zogu, Zog I dal colpo di stato del 1924.
12 aprile, Vittorio Emanuele III assume la corona albanese.
15 maggio, Torino, inaugurato lo stabilimento di Fiat Mirafiori, un milione di metri quadri per ventiduemila maestranze.
22 maggio, patto d'Acciaio con la Germania.

1940
10 maggio, la Germania attacca sul fronte occidentale. Informa l'alleato italiano a cose fatte.
10 giugno, visti i successi tedeschi sul teatro della Seconda guerra mondiale, l'Italia dichiara guerra a Regno Unito e Francia.
14 giugno, Genova è bombardata dal mare da inglesi e francesi.
20 giugno, dalle Alpi l'Italia aggredisce la Francia. Con i tedeschi a Parigi già da quattro giorni, l'attacco è strategicamente inutile. Risulta mal condotto e porta dopo qualche giorno all'armistizio. L'Italia pagherà caro la proditoria azione, con forti perdite territoriali al tavolo della pace.
27 settembre, nonostante le brutte figure di esercito e marina e in Grecia e Francia, ma anche Egitto Creta e Calabria, Mussolini firma con Germania e Giappone il

patto Tripartito. Ci si impegna a guerreggiare con ogni stato aggredisca uno dei tre firmatari.
28 ottobre, alle 3 del mattino il premier greco filo-fascista e nazionalista Ioannis Metaxas risponde *Ochi* (no) all'ultimatum di Mussolini, che chiede di occupare militarmente alcune zone strategiche elleniche, a garanzia della neutralità di Atene. In realtà Mussolini teme l'avanzata tedesca nei Balcani. L'Italia invade la Grecia, partendo dalle basi albanesi. Combattuto sui gelidi monti dell'Epiro e dell'Albania meridionale, il conflitto dura otto mesi, causa almeno venticinquemila morti, si conclude con la sconfitta italiana.
8 dicembre, britannici all'offensiva in Africa settentrionale, prendono la parte orientale della Libia.

1941
24 marzo, grazie all'offensiva italo-tedesca in Africa settentrionale, guidata da Rommel, la Cirenaica torna italiana.
6 aprile, invasione tedesca della Iugoslavia. Bulgari, ungheresi e italiani sono con i tedeschi. A maggio Roma annette la Slovenia, mentre controlla Dalmazia e Montenegro.
8 aprile, perdita di Massaua e Addis Abeba ad opera dei britannici.
21 aprile, armistizio tra Grecia Italia e Germania.
19 maggio, Amba Alagi, resa delle forze italiane dell'Africa orientale.
16 giugno, Washington rompe le relazioni diplomatiche con Italia e Germania.
22 giugno, attacco tedesco all'Urss.
26 giugno, Mussolini invia sessantamila uomini a supporto dell'azione tedesca in Urss.
30 settembre, la razione quotidiana di pane è ridotta a due etti.
11 dicembre, Germania e Italia dichiarano guerra agli Stati Uniti, on guerra con il Giappone in seguito a Pearl Harbor.

1942
21 gennaio, controffensiva italo-tedesca in nord Africa, sino a un centinaio di chilometri da Alessandria d'Egitto, a El Alamein.
Marzo, la razione quotidiana di pane è ridotta a 1,5 etti.
4 giugno, Roma, è fondato il partito d'Azione.
luglio, riprende la distribuzione de *l'Unità*, clandestina.
20 settembre, è rifondato il partito Socialista italiano.
ottobre, Milano, in casa dell'industriale Falck, è fondato il partito della Democrazia cristiana.
23 ottobre, da El Alamein riprende l'offensiva britannica.
19 novembre, Stalingrado, offensiva sovietica.
11 dicembre, controffensiva sovietica sul Don. Gli italiani sono in rotta. Il ripiegamento fa circa novantamila tra morti e dispersi, trentamila feriti o congelati.

1943
24 gennaio, con l'ingresso britannico a Tripoli termina il colonialismo italiano in Libia.

13 maggio, resa italo-tedesca in Africa.
9 luglio, sbarco alleato in Sicilia.
19 luglio, primo bombardamento di Roma. Millecinquecento i morti.
25 luglio, nella notte tra il 24 e il 25 il Gran Consiglio del fascismo approva l'ordine del giorno proposto da Dino Grandi che invita Mussolini a rimettere il mandato al re. Nel pomeriggio il duce è a rapporto dal monarca. All'uscita è arrestato dai carabinieri. Pietro Badoglio è capo del governo.
27 e 29 luglio, messa in libertà dei detenuti politici. Le manifestazioni di giubilo e contro la guerra sono represse, facendo oltre ottanta morti, più di trecento feriti, millecinquecento arresti.
28 luglio, è disciolto il Pnf e le strutture di riferimento create nello stato come il Gran Consiglio. Stato d'assedio.
7 agosto, i partiti Comunista, Socialista, d'Azione, chiedono la fine del governo Badoglio e della guerra contro gli alleati, organizzando la resistenza contro i tedeschi occupanti.
13 agosto, secondo bombardamento di Roma, che viene subito dopo dichiarata "città aperta".
3 settembre, Cassibile, firma dell'armistizio tra Italia e anglo-americani, rappresentati da Dwight D. Eisenhower.
8 settembre, Badoglio annuncia l'armistizio alla radio.
9 settembre, re e Badoglio lasciano Roma per Brindisi, da dove passeranno a Salerno. A Roma reparti dell'esercito e volontari civili tentano di contrastare l'ingresso tedesco in città. I partiti antifascisti creano il Cln, Comitato di liberazione nazionale, per la resistenza a tedeschi e fascisti, e la costituzione della repubblica.
10 settembre, capitolazione di Roma. I tedeschi occupano l'Italia centrale e settentrionale. Le forze armate italiane, prive di comandi e direttive, è allo sbando: circa seicentomila militari saranno deportati in Germania. Diversi membri delle forze armate scelgono la macchia e si uniscono alle nascenti forze partigiane.
12 settembre, paracadutisti tedeschi liberano Mussolini dalla prigionia sul Gran Sasso.
14 settembre, Cefalonia, la divisione *Acqui* rifiuta la consegna delle armi ai tedeschi. Dopo la resa, i superstiti sono abbattuti.
18 settembre, da radio Monaco Mussolini annuncia la ricostituzione su nuove basi del sistema fascista, attraverso una repubblica nel nord Italia, sotto protezione tedesca.
19 settembre, Boves, nel cuneese, è incendiato dai tedeschi in rappresaglia per l'uccisione di un soldato.
23 settembre, nasce la repubblica di Salò, che assume a novembre il nome di Repubblica Sociale Italiana.
29 settembre, Malta, firma del cosiddetto "armistizio lungo". Gli anglo-americani assumono il controllo dell'Italia.
1 ottobre, il Reich tedesco annette le province di Trento, Bolzano, Belluno, Udine, Gorizia, Trieste, Pola, Fiume, Lubiana.
13 ottobre, Badoglio dichiara guerra alla Germania. L'Italia è ora cobelligerante a fianco degli alleati.

16 ottobre, deportazione nei campi di sterminio degli ebrei romani. Partono in più di mille, torneranno in diciassette.

1944

11 gennaio, in seguito al cosiddetto "processo di Verona", Mussolini manda a morte alti esponenti del regime fascista, che gli si sono opposti. Tra questi il conte Ciano, suo genero.
22 gennaio, sbarco alleato ad Anzio.
13 marzo, con posizione diversa da quella di Churchill, Roosevelt si dice favorevole a includere gli antifascisti nel governo italiano e allontanare il re.
23 marzo, Roma, in via Rasella i Gruppi di azione partigiana, Gap, uccidono trentatre poliziotti di una colonna tedesca. Rappresaglia Gestapo e strage delle fosse Ardeatine: sono trecentotrentacinque i detenuti politici giustiziati.
2 aprile, su *l'Unità* si pubblica la posizione di Togliatti e del Pci che accantona la questione istituzionale e la pregiudiziale antimonarchica, per un fronte ampio antifascista. E' la cosiddetta "svolta di Salerno".
4 aprile, vicino Trieste si attiva il forno crematorio della "Risiera di san Sabba", campo di prigionia tedesco.
15 aprile, Firenze, i Gap uccidono Giovanni Gentile.
24 aprile, Salerno, Badoglio include rappresentanti del Cln nel governo.
4 giugno, Roma è liberata dagli alleati.
9 giugno, nasce la Confederazione Generale Italiana del Lavoro, Cgil, unitaria.
18 giugno, Salerno, governo di Ivanoe Bonomi, rappresentativo del Cln.
10 agosto, Milano, piazzale Loreto. Sono fucilati quindici partigiani detenuti a san Vittore.
11 agosto, il Cln toscano dispone l'insurrezione generale. Partigiani e alleati combattono insieme.
12 agosto, Sant'Anna di Stazzema. I tedeschi uccidono a freddo cinquecentosessanta persone.
28 e 29 settembre, Marzabotto. Eccidio tedesco di civili inermi, con milleottocentotrentasei uccisi.

1945

31 gennaio, il governo attribuisce il diritto di voto alle donne.
3 aprile, offensiva alleata in Appennino verso il nord. Gli alleati sono appoggiati, talvolta anticipati dalle azioni partigiane.
17 aprile: mentre crolla la linea gotica, Mussolini si trasferisce a Milano e il 25 cerca di trattare la sua resa col Cln.
25 aprile, il Cln ordina "in nome del popolo italiano" come "delegato del Governo italiano" l'insurrezione generale nel nord. Nella notte, Mussolini fugge da Milano verso Como.
27 aprile, Mussolini, che indossa una divisa tedesca, è in fuga verso la Svizzera. E'fermato e arrestato dai partigiani.
28 aprile, Mussolini è fucilato nel pomeriggio a Giulino di Mezzegra, insieme ai fascisti catturati con lui.

29 aprile, Milano, Piazzale Loreto, i cadaveri di Mussolini, di gerarchi fascisti, di Claretta Petacci sono esposti al pubblico ludibrio, appiccati a testa in giù alle strutture di un distributore di benzina. Resa del comando tedesco. Rivolta a Trieste, occupata dai partigiani iugoslavi.
7 maggio, a mezzanotte la Germania firma la resa incondizionata.
8 maggio, giorno della vittoria. Terminano in Europa le operazioni della Seconda guerra mondiale.
11 giugno, la Venezia Giulia è divisa in zona A che include Trieste, sotto comando alleato, e B, sotto comando iugoslavo.
21 giugno, governo presieduto dall'azionista Ferruccio Parri.
luglio, rivolte per mancanza di cibo. Occupazione delle terre nel sud.
21 agosto, l'Italia è inclusa nel programma dell'Unrra, struttura delle Nazioni Unite che sostiene la ricostruzione dei paesi in difficoltà post-bellica.
24 settembre, nell'anno di *Cristo si è fermato ad Eboli*, di Carlo Levi, al teatro Quirino di Roma è proiettato *Roma città aperta* di Roberto Rossellini. Nasce il neorealismo.
24 novembre, dimissioni di Ferruccio Parri.
10 dicembre, primo governo De Gasperi.

1946
4 febbraio, Ferruccio Parri e Ugo La Malfa, con la corrente liberaldemocratica, escono dal partito d'Azione.
9 maggio, Posillipo di Napoli, villa Maria Pia, Vittorio Emanuele III firma l'atto di abdicazione a favore del figlio Umberto di Savoia.
2 e 3 giugno, referendum istituzionale e voto per l'Assemblea costituente. Per la prima volta votano anche le donne.
10 giugno, la corte di cassazione legge i voti. Il 54,3% dei voti è per la Repubblica. Nel sud la preferenza è andata alla monarchia, con una percentuale che mostra il paese spaccato in due sulla questione istituzionale: Campania 76,9%, Puglia 67%, Sicilia 64,6%. La Cassazione procede all'esame dei ricorsi, impegnandosi a pronunciare il risultato ufficiale il 18.
12 giugno, il governo decide di trasferire i poteri del re al primo ministro Alcide de Gasperi, che assume le funzioni di Capo provvisorio dello stato. E' la deposizione di fatto di Umberto II.
13 giugno, Roma, aeroporto di Ciampino, decolla l'aereo che porta il re verso l'esilio portoghese. La moglie Maria José e i figli hanno già lasciato l'Italia con l'incrociatore Duca degli Abruzzi, e attendono il re a Lisbona.
18 giugno, la corte di cassazione a maggioranza (12 contro 7, voto contrario del presidente), conferma la vittoria della Repubblica.
20 giugno, d'accordo con i sindacati italiani, i governi di Italia e Belgio stipulano un contratto sul carbone. L'Italia manderà ogni settimana duemila lavoratori nelle miniere belghe, il Belgio venderà 200 kg di carbone al giorno per emigrato. Saranno in totale ottantamila gli italiani coinvolti nello scambio.
28 giugno, Enrico De Nicola è eletto dalla Costituente Capo dello stato provvisorio.
26 dicembre, Roma, Giorgio Almirante e altri esponenti del fascismo fondano il Movimento sociale italiano, Msi.

1947

5-15 gennaio, De Gasperi è negli Stati Uniti. Torna con i crediti necessari per la ripresa.

9 gennaio, Giuseppe Saragat, in dissenso con Lelio Basso per l'alleanza con il Pci, esce dal partito socialista e fonda il Psli. E' la scissione di palazzo Barberini.

10 febbraio, Parigi. I trattati di pace trattano l'Italia da aggressore sconfitto: riparazioni ai paesi invasi (Urss, Etiopia, Albania, Grecia, Iugoslavia), smantellamento di aviazione e marina militari con riduzione di effettivi nelle forze armate e nei carabinieri, perdita di territori e colonie. Dalmazia, Fiume e gran parte dell'Istria sono cedute alla Iugoslavia. Sul confine nasce il "Territorio libero di Trieste". Il controllo "provvisorio" della Zona A (l'attuale provincia di Trieste) è lasciato agli anglo-americani, quello della Zona B (area confinaria dell'Istria) agli iugoslavi. Dall'8 settembre, in risposta alla politica repressiva del fascismo verso gli slavi, si è assistito in Dalmazia e Croazia a ripetuti episodi di pulizia etnica, con un gran numero di italiani gettati nelle foibe, profonde cavità carsiche, anche vivi, seviziati e incatenati in lunghe fila. Ora può iniziare l'esodo verso il territorio dello stato italiano: dura fino al 1956. Saranno trecentocinquantamila, e trentamila saranno le case abbandonate.

1 maggio, Portella della Ginestra, Salvatore Giuliano spara ai braccianti in festa, facendo undici morti e cinquantasei feriti.

14 maggio, Milano, inaugurazione del Piccolo Teatro, diretto da Paolo Grassi e Giorgio Strehler.

31 maggio, il quarto governo De Gasperi è un monocolore democristiano. Gli altri partiti dell'alleanza antifascista ne vengono esclusi.

22 dicembre, Roma, l'Assemblea costituente approva la costituzione.

1948

1 gennaio, è in vigore la costituzione della Repubblica italiana.

20 marzo, Trieste, dichiarazione tripartita di Francia, Regno Unito, Usa.

3 aprile, parte l'attuazione del piano Marshall. L'Italia è tra i paesi favoriti dagli aiuti americani.

18 aprile, elezioni per il primo parlamento repubblicano. La Dc ha il 48,5% dei voti, il Fronte popolare il 31%.

11 maggio, Luigi Einaudi è eletto presidente della repubblica.

14 luglio, Antonio Pallante, giovane estremista di destra, scarica quattro colpi di rivoltella su Palmiro Togliatti che esce dal parlamento. Due vanno a segno, uno si schiaccia su un osso del cranio. Ne seguono tumulti, con quindici morti e circa duecento feriti.

22 luglio, le forze di ispirazione cattolica escono dalla Cgil.

10 dicembre, Dichiarazione Universale dei diritti dell'uomo, condivisa dall'Italia.

1949

28 febbraio, piano Fanfani per l'edilizia popolare.

27 marzo, il senato approva l'adesione alla Nato.

4 maggio, sulla collina torinese di Superga, cade l'aereo con la squadra di calcio del Torino.

5 maggio, nasce il Consiglio d'Europa, con sede a Strasburgo.
12 luglio, il sant'Uffizio decreta la scomunica di comunisti e sostenitori.

1950
9 gennaio, Modena, manifestazione sindacale, la polizia uccide sei operai.
5 marzo, nasce la Uil, Unione italiana del lavoro, di ispirazione laica.
1 aprile, su mandato Onu, l'Italia è amministratore fiduciario temporaneo della Somalia.
1 maggio, nasce la Cisl, di ispirazione cristiana.
10 agosto, istituzione della Cassa per il Mezzogiorno. In stessa data si approva la legge sull'emigrazione che favorisce l'espatrio.
21 ottobre, è completata la riforma agraria.

1951
29-31 gennaio, Sanremo, primo festival della canzone italiana.
18 aprile, Parigi, l'Italia è tra i sei fondatori della Comunità europea del carbone e dell'acciaio.
8 ottobre, Giuseppe Dossetti, leader della corrente di sinistra, in polemica con la politica sociale e la politica estera di De Gasperi, lascia direzione e consiglio nazionale Dc, dimettendosi anche da deputato.
12 ottobre, la camera decide un'inchiesta sulla povertà nel paese.
14 novembre, dopo cinque giorni di piogge ininterrotte, il Po invade il Polesine nel Veneto meridionale.
22 novembre, termina l'emergenza Polesine. Il bilancio finale è di novantadue morti, centomila ettari di campagna allagata, cinquemilasettecento case distrutte, quasi mille km di strade devastate.
21 dicembre, l'Italia ottiene la revisione del trattato di pace. Viene abolita la clausola contro il riarmo.

1952
1 febbraio, legge Scelba, proibita la riorganizzazione del partito fascista, sotto qualunque forma.
9 maggio, Londra, la conferenza tripartita con Stati Uniti e Regno Unito acconsente a un maggiore ruolo nella gestione dell'amministrazione civile del Territorio libero di Trieste.
26 maggio, Parigi, firma del trattato che istituisce la Ced, Comunità europea di difesa.
19 luglio, Fausto Coppi vince il Tour de France.

1953
10 febbraio, nasce l'Ente nazionale Idrocarburi, Eni, presieduto da Enrico Mattei.
8 ottobre, Stati Uniti e Gran Bretagna decidono il ritiro dalla zona A del Territorio libero di Trieste.
novembre, Trieste, scontri per il ritorno sotto sovranità italiana.

1954
4 maggio, Ribolla, nel grossetano, una fuga di grisou causa la morte di quarantadue minatori.
19 agosto, muore Alcide De Gasperi.
29 agosto, il parlamento francese rinvia, *sine die*, il voto sul trattato Ced.
5 ottobre, Londra, accordo quadripartito, Stati Uniti Regno Unito Iugoslavia Italia, sul riassetto di Trieste. La zona B passa definitivamente alla Iugoslavia.
23 ottobre, a Parigi nasce l'Ueo, Unione dell'Europa occidentale, creata dagli stati già alleati nel patto di Bruxelles del 17 marzo 1948, ovvero Francia, Regno Unito, Benelux. Sarà esteso a Repubblica federale di Germania e Italia. E' il tentativo di turare la falla aperta con il rifiuto francese di ratificare l'accordo sulla Ced .
25 ottobre, Trieste, i soldati americani imbarcano sulle loro navi, mentre la città è consegnata ai soldati italiani.

1955
8 gennaio, il ministro Ezio Vanoni presenta il piano decennale per lo sviluppo e l'occupazione.
10 marzo, Ginevra, Salone dell'automobile, è presentata la Fiast *Seicento.*
1-3 giugno, Messina, la Conferenza dei ministri degli esteri dei membri della Ceca discutono su come far nascere la Comunità economica europea e il mercato comune.
19 novembre, è in onda *Lascia o raddoppia*, condotta dall'italoamericano Mike Buongiorno, arrivato in Italia al seguito delle truppe statunitensi.
14 dicembre, caduto il veto sovietico, l'Italia è ammessa alle Nazioni Unite.

1956
12 aprile, insediamento della corte costituzionale.
3 giugno, è abolita la terza classe ferroviaria.
26 luglio, affonda l'Andrea Doria nel nord Atlantico. Muoiono cinquantacinque persone.
8 agosto, Marcinelle, Belgio, muoiono centotrentasette minatori, più di cento sono emigrati italiani.
22 dicembre, è istituito il ministero delle Partecipazioni statali per guidare le politiche delle aziende controllate dallo stato.

1957
6 febbraio, Venezia, in seguito ai fatti d'Ungheria dell'anno precedente e alla posizione del Pci favorevole all'invasione sovietica, il partito Socialista chiude la collaborazione con i comunisti.
25 marzo, Roma, l'Italia firma con altri cinque paesi i trattati che istituiscono la Comunità economica europea e la Comunità europea dell'energia atomica.
2 luglio, Torino, è presentata la *Cinquecento*.

1958
1 febbraio, Domenico Modugno vince il festival di Sanremo con la canzone "Nel blu, dipinto di blu". Venderà ventidue milioni di dischi nel mondo.

20 febbraio, si insedia il Cnel, Consiglio nazionale dell'economia e del lavoro.
20 settembre, è in vigore la legge che cancella le "case chiuse", in seguito alla decennale battaglia della senatrice socialista Lina Merlin.
28 ottobre, Angelo Roncalli è eletto papa con il nome di Giovanni XXIII.

1959
25 maggio, Londra, *Daily Mail* chiama "miracolo economico" il risultato dei processi produttivi italiani.
15 luglio, è inaugurato il primo tronco dell'autostrada A1.
10 dicembre, Nobel per la letteratura a Salvatore Quasimodo. Nobel per la fisica a Emilio Segrè, già allievo di Fermi, rifugiato negli Stati Uniti per le leggi razziali.

1960
27 febbraio, muore Adriano Olivetti, imprenditore, intellettuale di grande visione sociale, comunitaria e federalista.
18 maggio, la corte costituzionale si dichiara contro le norme che precludono alle donne gli uffici pubblici.
28 giugno, Genova, manifestazione antifascista contro il permesso al Msi di tenere il congresso in città.
30 giugno, Genova, oltre cento feriti negli scontri tra il corteo antifascista e la polizia.
1 luglio, il governo decide lo spostamento del congresso Msi a Nervi.
6 luglio, Roma, a porta San Paolo, la manifestazione antifascista è sciolta dai carabinieri a cavallo
7 luglio, Reggio Emilia, la polizia uccide cinque persone mentre si manifesta contro i fatti di Roma. La protesta si allarga in numerose città, e ci sono altre quattro morti.
14 luglio, Tambroni, che presiede un governo appoggiato dal Msi, accusa il Pci per quanto sta accadendo e approva l'operato delle forze dell'ordine.
19 luglio, dimissioni di Tambroni. Il terzo governo Fanfani apre ai socialisti, avviando il ciclo politico di "centrosinistra".
20 agosto, Fiumicino, è inaugurato il nuovo aeroporto di Roma, Leonardo da Vinci.
25 agosto, Roma, inaugurazione della XVII olimpiade.
15 novembre, Testori vede censurata la sua *Arialda*, al culmine di una attività censoria che, nell'anno, colpisce opere come *Rocco e i suoi fratelli* di Luchino Visconti, *L'avventura* di Michelangelo Antonioni, *La dolce vita* di Federico Fellini, *Il bell'Antonio* di Mauro Bolognini.

1961
10 febbraio, di fronte alla massiccia emigrazione che il boom economico sta causando dal sud verso il nord, è abolita la legge che limita gli spostamenti interni di popolazione. Negli ultimi dieci anni, il numero degli abitanti è cresciuto a Milano del 22%, a Roma del 27%, a Torino quasi del 40.
27 aprile, Leonardo Del Vecchio apre *Luxottica*.
11 novembre, Kindu, Congo, tredici italiani dell'aeronautica militare in missione Onu sono attaccati e uccisi da miliziani katanghesi.

1962
21 febbraio, quarto governo Fanfani, con appoggio esterno del partito Socialista, Psi.
11 ottobre, apertura del Concilio ecumenico Vaticano II.
27 ottobre, Bascapé, Pavia, precipita l'aereo di Enrico Mattei. Il presidente dell'Eni, con altri, muore. Nel 1997 sarà trovato metallo da bomba nei resti dei corpi.
21 dicembre, l'età dell'obbligo scolastico è innalzata a quattordici anni.
9 ottobre, dal monte Toc duecentosessanta milioni di metri cubi di roccia crollano nella diga del Vajont, alzando una colonna d'acqua che fuoriesce e si abbatte su cinque paesini collocati sotto l'invaso artificiale. Si contano poco più di millenovecento morti, millequattrocentocinquanta a Longarone, provincia di Belluno.
4 dicembre, primo governo Moro, con ministri socialisti.
10 dicembre, Nobel per la chimica a Giulio Natta, per la scoperta del Moplen.

1964
27 maggio, riforma dei patti agrari; 58% del prodotto ai mezzadri, 42% ai proprietari.

1965
6 marzo, don Lorenzo Milani, che nel Mugello ha creato la comunità scolastica di Barbiana, è in polemica con i cappellani militari sull'obiezione di coscienza, allora reato. Verrà processato.
10 aprile, Taranto, inaugurazione dell'Italsider, nell'anno in cui Luciano, Giuliana, Gilberto, e Carlo Benetton aprono "Benetton" a Ponzano Veneto.
14 luglio, Felice Gimondi vince il tour de France.
9 novembre, esce *Il Sole-24 ore*, quotidiano della Confindustria.

1966
26 marzo, fusione tra Edison e Montecatini, nasce Montedison, 80% della chimica italiana.
27 aprile, Roma, incidenti all'università. Muore lo studente di sinistra Paolo Rossi. Lo scontro sociale e politico, sempre attuale nella storia d'Italia, arriva nelle università.
4 novembre, Firenze, l'alluvione fa settanta morti e danni immensi al patrimonio artistico. Grande solidarietà e aiuto dall'Italia e dal mondo.

1967
8 febbraio, Pisa, occupazione dell'università. Nel corso dell'anno agitazioni e disordini in più atenei, in particolare a Trento e alla Cattolica di Milano. E' iniziata la contestazione studentesca.
15 aprile, è rimosso il capo di stato maggiore dell'esercito, Giovanni De Lorenzo, per deviazione dai fini istituzionali dei servizi segreti.

1968
14 gennaio, valle del Belice, trapanese, nella notte il terremoto fa circa trecento morti e oltre centocinquantamila senzatetto.

1 marzo, Roma, valle Giulia, dopo mesi di occupazioni studentesche di molte università, gli studenti di architettura si scontrano con la polizia. Ci sono più di seicento tra contusi e feriti.
21 agosto, il Pci critica l'invasione sovietica della Cecoslovacchia.
2 dicembre, Avola, la polizia uccide due braccianti durante una manifestazione.
4 dicembre, Milano, nasce *Avvenire*, quotidiano della Conferenza episcopale italiana, Cei.
19 dicembre, la corte costituzionale cancella il reato di adulterio femminile.

1969
2 giugno, Biafra, mentre infuria la guerra civile in Nigeria, sono uccisi dieci tecnici italiani dell'Eni.
4 agosto, Francesco De Martino, segretario dei socialisti, fa pubblicare dall'*Avanti!* il telegramma inviato al capo del governo, con il quale prevede un "autunno veramente caldo" di conflitti sociali.
11 settembre, sciopero generale dei metalmeccanici. E' l'inizio di un lungo periodo di scioperi e contestazioni dalle quali uscirà un nuovo potere, quello dei sindacati dei lavoratori.
14 dicembre, la corte costituzionale cancella i reati di concubinato e adulterio.
12 dicembre, Milano. Dopo una lunga stagione di attentati e scontri, costati anche la vita dell'agente di Ps Antonio Annarumma, alle 16.37 esplode una bomba nell'agenzia di piazza Fontana della Banca Nazionale dell'Agricoltura. Ci sono sedici morti e quasi novanta feriti. Bombe anche a Roma, con sedici feriti. La giustizia, a metà 2001, deciderà tre ergastoli per neofascisti milanesi e veneti: Maggi, Rognoni, il latitante in Giappone Delfo Zorzi esecutore materiale.
15 dicembre, Milano, il ferroviere anarchico Giuseppe Pinelli, portato dalla polizia in Questura con l'accusa di essere implicato nell'attentato di piazza Fontana, precipita dalla finestra della stanza dove è sotto interrogatorio del commissario Luigi Calabresi.
16 dicembre, per la strage di piazza Fontana è arrestato l'anarchico Pietro Valpreda.
22 dicembre, il contratto dei metalmeccanici riconosce la settimana lavorativa di quaranta ore.

1970
14 maggio, è approvato lo "Statuto dei lavoratori".
21 maggio, si fissano regole per la pratica del referendum abrogativo, previsto dalla costituzione.
7-8 giugno, prime elezioni regionali.
17 giugno, Città del Messico, stadio Azteca, nella notte italiana tra il 17 e il 18 si gioca si gioca la semifinale dei mondiali di calcio, tra Italia e Germania. Finisce 4 a 3 dopo uno spasmodico confronto. La gente esulta e attribuisce forte valore simbolico all'evento sportivo.
14 luglio e successivi, Reggio di Calabria, sciopero e tumulti per la scelta di Catanzaro come capoluogo di regione. Il 22 sei persone perdono la vita.
24 luglio, Gheddafi espelle dalla Libia gli italiani residenti, sequestrandone beni e ricchezze.

7 settembre, Reggio di Calabria, esplosione di quattro bombe. L'estrema destra, guidata da "Ciccio" Franco assalta le sedi della sinistra.
1 dicembre, è approvata la legge Fortuna, che consente il divorzio a certe condizioni. Nel 1966, 1967, e nel corso dell'anno, la chiesa ha rilasciato tre note diplomatiche in difesa dell'istituto tradizionale della famiglia. Paolo VI ravvisa nella legge "violazione del concordato".

1971
17 marzo, la corte costituzionale ammette la pubblicità degli anticoncezionali.
22 marzo, nasce Gepi, società pubblica per il risanamento di aziende private.
8 maggio, Palermo, la mafia uccide il procuratore della repubblica Pietro Scaglione.

7 ottobre, riforma fiscale. Nascono Irpef e Irpeg (imposta sulle persone fisiche e giuridiche), Ilor (sulla casa), Iva (sul valore aggiunto, al posto di Ige).
6 dicembre, varo dei Tar, tribunali amministrativi regionali.

1972
28 gennaio, scioglimento anticipato delle camere. Mai successo, nel dopoguerra. Succederà ancora.
3 marzo, arresto di Pino Rauti, capo di Ordine Nuovo, On, con l'accusa di ricostituzione del partito fascista.
13 marzo, Enrico Berlinguer è segretario generale del Pci.
14 marzo, Segrate, accanto a un traliccio di trasmissione elettrica, ritrovamento del cadavere dell'editore Gian Giacomo Feltrinelli, dilaniato da esplosivo.
17 maggio, assassinio del commissario Luigi Calabresi.
6 agosto, Marino Basso è campione mondiale di ciclismo su strada.
15 dicembre, è regolato il diritto all'obiezione di coscienza al servizio militare.

1973
12 aprile, Milano, negli scontri tra polizia ed estrema destra, è ucciso con una bomba dei manifestanti l'agente Antonio Marino.
16 aprile, Roma, Primavalle, tre militanti di "Potere operaio" appiccano il fuoco all'abitazione del segretario della sezione del Msi, Mario Mattei. I figli di dieci e ventidue anni muoiono nel rogo.
17 maggio, Milano, all'inaugurazione del busto del commissario Calabresi, la bomba lanciata da persona dell'estrema destra fa quattro morti.
24 maggio, la camera autorizza a procedere contro Giorgio Almirante per ricostituzione del partito fascista.
28 agosto, Napoli, epidemia di colera.
3 settembre, Felice Gimondi è campione del mondo di ciclismo su strada.
9 novembre, si ha notizia dell'eversione programmata da "Rosa dei venti", gruppo di estrema destra collegato ai servizi segreti.
22 novembre, scioglimento di On.
23 novembre, come effetto della guerra di Yom Kippur, si assumono misure di austerità pubblica e privata, collegate alla crescita vertiginosa del costo della bolletta petrolifera.

17 dicembre, Roma Fiumicino, terroristi palestinesi attaccano un aereo della Pan American, trentadue morti.

1974

18 aprile, dopo diverse azioni dimostrative nelle fabbriche, le Brigate Rosse, Br, rapiscono il pubblico ministero Mario Sossi, che è rilasciato il mese successivo.
28 maggio, Brescia, strage di piazza della Loggia, una bomba fa otto morti.
17 giugno, Padova, le Br uccidono due militanti del Msi.
25 giugno, Indro Montanelli porta in edicola *Il Giornale Nuovo*.
4 agosto, San Benedetto Val di Sambro, Appennino bolognese, nei pressi della stazione ferroviaria, esplode una bomba sull'*Italicus*, uccidendo dodici persone e ferendone quarantotto.
8 settembre, arresto di Renato Curcio e Alberto Franceschini, presunti capi delle Br.
24 settembre, Telemilano, commerciale via cavo, inizia a trasmettere. E' di Silvio Berlusconi.
31 ottobre, arresto per cospirazione contro lo stato di Vito Miceli, già capo del Servizio informazioni difesa, Sid.

1975

24 gennaio, Mario Tuti, terrorista di estrema destra, fa due morti e un ferito grave: sono carabinieri.
25 gennaio, a fronte dell'inflazione a due cifre, si introduce la "scala mobile", recupero salariale semiautomatico dell'aumento del costo della vita.
28 febbraio, Roma, manipolo di extraparlamentari di sinistra assalta una sezione del Msi, ferendo a morte l'estremista greco Mikis Mantakas. Nei mesi successivi si susseguono ancora scontri e attentati, mal regolati dalle forze dell'ordine: le vittime, più di dieci, sono soprattutto giovani.
6 marzo, l'accesso ai diritti della maggiore età è portato a diciotto anni.
22 aprile, approvazione del nuovo diritto di famiglia, con parità giuridica dei coniugi, condivisione della patria potestà, equiparazione dei figli nati dentro e fuori dal matrimonio, abolizione del concetto giuridico di dote, possibilità di beni in comunione.
30 aprile, la Raffaello compie l'ultimo viaggio transatlantico sulla rotta New York Genova. Termina l'epopea del trasporto marino di passeggeri tra le due sponde dell'Atlantico.
15 maggio, Milano, le Br sparano alle gambe di Massimo De Carolis, capogruppo Dc in consiglio comunale. Sono molti i dirigenti industriali, giornalisti, politici, amministratori che nei mesi successivi subiranno la stessa sorte.
21 maggio, legge Reale sulla tutela dell'ordine pubblico. Fermo giudiziario e meno vincoli all'uso delle armi da parte dei corpi di sicurezza sono gli elementi che la caratterizzano.
1 novembre, nella notte tra il primo e il due, sul litorale di Ostia è ucciso Pier Paolo Pisolini.
10 novembre, Osimo, firma del trattato tra Italia e Iugoslavia, con il riconoscimento reciproco dei confini e previsioni di collaborazioni industriali e finanziarie. E' conclusa la partita aperta con il memorandum di Londra del 1954.

15-17 novembre, Rambouillet, primo vertice dei capi di stato o di governo dei sei maggiori paesi industrializzati. C'è anche l'Italia.
10 dicembre, Nobel a Eugenio Montale per la letteratura e a Renato Dulbecco per la medicina.

1976
14 gennaio, Eugenio Scalfari porta in edicola *La Repubblica*.
4 febbraio, scandalo Lockheed che, per via di tangenti collegate ad acquisti militari, coinvolge il vertice della Dc e il presidente della repubblica Giovanni Leone.
7 aprile, in un clima politicamente torbido, riprendono gli assassini reciproci tra giovani militanti.
6 maggio, terremoto in Friuli, con circa mille morti e tremila feriti.
8 giugno, Francesco Coco, procuratore generale della repubblica di Genova, e la sua scorta sono assassinati dalle Br. Seguiranno altri omicidi delle Br. All'azione brigatista si aggiunge quella dei Nap, Nuclei armati proletari, mentre non cessano gli assassini da parte di gruppi della destra estrema. Si parla della convergenza di opposti estremismi nell'attacco allo stato.
10 luglio, Seveso, presso Milano, fuga di diossina alla Icmesa. On uccide il procuratore della repubblica Vittorio Occorsio.
13 luglio, Bettino Craxi è eletto segretario del Psi.
29 luglio, terzo governo Andreotti, monocolore democristiano appoggiato dall'astensione di tutti i partiti dell'arco costituzionale, compreso il Pci.
14 ottobre, Aldo Moro è presidente della Dc.
31 dicembre, le statistiche dicono che gli immigrati dell'anno superano il numero degli emigrati. E' inversione storica di tendenza.

1977
12 gennaio, legge 194 che depenalizza l'aborto e regolamenta l'interruzione volontaria della gravidanza in strutture pubbliche.
1 febbraio, iniziano le trasmissioni televisive a colori.
17 febbraio, il segretario generale della Cgil, Luciano Lama, è costretto ad abbandonare l'Università di Roma, dove è andato per parlare agli studenti in lotta. In un proliferare di sigle avanza violenza e intolleranza dell'estremismo politico di sinistra e di destra. Continuano gli assassini in tutta Italia, con una scia di sangue che le autorità non arrestano.
15 agosto, Roma, ospedale militare del Celio, evade Herbert Kappler, tenente colonnello delle SS, esecutore della strage delle Fosse Ardeatine.
3 settembre, il pretore di Voltri, Genova, sentenzia che esporre al sole il seno nudo non è reato.
4 settembre, Francesco Moser è campione del mondo di ciclismo su strada.
15 novembre, Milano, primo cinema a luci rosse.

1978
28 febbraio, Aldo Moro chiede una maggioranza di governo che includa il Pci.
16 marzo, mentre Andreotti si appresta a presentare al parlamento il suo quarto governo, monocolore con appoggio anche comunista, è rapito dalle Br Aldo Moro.

Restano uccisi i cinque uomini della scorta. Il governo di "solidarietà nazionale", sceglie la cosiddetta fermezza: non ritrova Moro né arresta la violenza politica che insanguina il paese.
9 maggio, Roma, nel bagagliaio di un'automobile, in pieno centro, a Via Caetani, su segnalazione telefonica delle Br, è rinvenuto il cadavere di Aldo Moro.
13 maggio, legge 180 che abolisce i manicomi, secondo gli insegnamenti e le esperienze dello psichiatra Franco Basaglia.
15 giugno, dimissioni del presidente della repubblica Giovanni Leone.
8 luglio, Sandro Pertini è eletto presidente della repubblica.
28 settembre, Roma, neofascisti assassinano Ivo Zini, comunista. Torino, le Br assassinano Pietro Coggiola, dirigente Lancia. Nei mesi successivi continuano gli assassini ispirati ad ideologie politiche, ad opera di disparate sigle, come Autonomia operaia, Prima linea, Nar Nuclei armati rivoluzionari. Continua anche la lotta dello stato (magistratura e corpi di polizia) contro le azioni eversive, con spargimento di sangue da ambo le parti.
16 ottobre, Karol Wojtyla è eletto papa, primo non italiano da mezzo millennio.
12 dicembre, l'Italia sottoscrive lo Sme, Sistema monetario europeo, oscillando non al 2,25% come i partner, ma al 6%. Sarà membro a parte intera dal 1990.
23 dicembre, riforma sanitaria che prevede il servizio sanitario nazionale gratuito.

1979
9 marzo, la mafia uccide il segretario provinciale Dc di Palermo, Michele Reina.
10 giugno, prime elezioni a suffragio universale e diretto per il Parlamento europeo.
11 luglio, Milano, l'avv. Giorgio Ambrosoli, commissario liquidatore di Banca Privata italiana, cassaforte del finanziere Michele Sindona, è assassinato in strada da un killer assoldato.
21 luglio, la mafia assassina Boris Giuliano, capo della squadra mobile di Palermo.

1980
6 gennaio, è ucciso a Palermo Piersanti Mattarella, presidente della Regione Siciliana, democristiano,
12 febbraio, Vittorio Bachelet, vice presidente del Consiglio superiore della magistratura e professore di diritto amministrativo, è assassinato dalle Br. Continua inarrestabile, nel corso dell'anno, l'attacco allo stato dei gruppi eversivi che colpiscono in particolare tra dirigenti di fabbrica, magistrati, forze dell'ordine, sindacalisti e politici di rango medio basso.
28 maggio, Milano, Walter Tobagi, inviato speciale del *Corriere della Sera*, è ucciso da Prima linea.
27 giugno, Ustica, precipita nei pressi dell'isola un aereo passeggeri *Itavia*, facendo ottantuno morti. La versione ufficiale dell'incidente risulta inaccettabile ai più.
2 agosto, Bologna, stazione ferroviaria, una bomba fa ottantacinque morti. Non vi è certezza sui responsabili. Ancora nell'agosto 2011 verrà indagata dalla magistratura una nuova pista (estremisti tedeschi collegati a movimenti palestinesi).
6 agosto, la mafia assassina il procuratore capo di Palermo, Gaetano Costa.
14 ottobre, Torino, "marcia dei quarantamila", quadri interni di Fiat schierati a favore dell'azienda contro gli eccessi del potere sindacale.

23 novembre, terremoto in Irpinia. Muoiono in Campania e Basilicata oltre seimila cittadini. Diecimila i feriti, trecentomila i senzatetto.
30 dicembre, Roma, in funzione la prima "isola pedonale" italiana.

1981
13 maggio in piazza San Pietro Giovanni Paolo II è ferito gravemente da Mehmet Ali Agca, turco, militante nella formazione terroristica Lupi grigi. La Commissione d'inchiesta del parlamento concluderà nel 2006 che "fuori di ogni ragionevole dubbio" l'Urss era dietro l'attentato.
20 maggio, è rinvenuto, nell'abitazione di Licio Gelli, l'elenco degli aderenti alla P2 (Propaganda 2), loggia massonica deviata. La loggia ha in progetto la riorganizzazione autoritaria dello stato, attraverso la progressione politica economica e di carriera degli aderenti. Negli anni dei governi Berlusconi molti degli iscritti avranno incarichi di governo e/o di alta responsabilità in strutture guidate o influenzate dalla politica.
22 maggio, latitante, Licio Gelli è inseguito da mandato di cattura.
23 agosto, primo meeting di Rimini, organizzato dal movimento Comunione e Liberazione.
Settembre, alla ripresa scolastica, la presenza femminile nelle scuole medie superiori risulta eguale a quella maschile.
9 dicembre, la P2 viene sciolta dal governo e sottoposta a commissione parlamentare d'inchiesta.

1982
30 aprile, la mafia assassina il deputato comunista Pio La Torre.
20 maggio, Roma, cittadini manifestano in bicicletta il malessere per il crescente inquinamento automobilistico.
18 giugno, Londra, è rinvenuto, impiccato sotto un ponte del Tamigi, il cadavere di Roberto Calvi, presidente del Banco Ambrosiano, detto "banchiere di Dio", per i legami con la finanza vaticana in particolare lo Ior di mons. Marcinkus, e la P2. Sarà accertato l'omicidio e il suicidio mascherato, ma non saranno individuati mandanti ed esecutori.
21 giugno, il ministro del Tesoro Beniamino Andreatta, su proposta di Banca d'Italia, dispone lo scioglimento degli organi amministrativi del Banco Ambrosiano, che ha un buco finanziario di milleduecento miliardi di lire. Il 6 agosto il Banco sarà in liquidazione.
11 luglio, ai campionati mondiali di Spagna, la nazionale di calcio guidata da Enzo Bearzot, è per la terza volta campione del mondo. Il paese esulta nelle strade e nelle piazze.
19 agosto, è deciso l'invio in Libano di un contingente militare di pacificazione, nell'ambito della forza multinazionale ad hoc.
3 settembre, Palermo, il prefetto Carlo Alberto Dalla Chiesa, sua moglie Emanuela Setti Carraro, l'agente Domenico Russo sono assassinati dalla mafia.
21 ottobre, Il Corriere della Sera pubblica i nomi di trecentoventuno italiani, scomparsi in Argentina negli anni della dittatura militare.

1983
24 gennaio, ergastolo a trentadue brigatisti in relazione a rapimento e uccisione di Moro.
26 febbraio, Genova, dieci ergastoli alle Br.
26 e 27 giugno, elezioni politiche, la Dc al minimo storico, 32%.
28 giugno, la Borsa perde l'8,6%.
29 luglio, Palermo, la mafia uccide Rocco Chinnici, capo dell'ufficio istruzione del tribunale, e due uomini della scorta.
4 agosto, primo governo Craxi.

1984
19 gennaio, Città del Messico, il ciclista Francesco Moser batte il record dell'ora, superando i cinquanta chilometri.
18 febbraio, firma del nuovo concordato tra stato e chiesa.
12 aprile, Milano, Umberto Bossi fonda la Lega Lombarda.
17 giugno, elezioni europee, il Pci diviene il primo partito italiano con il 33,3%, complice l'impatto emotivo dell'improvvisa morte, durante un comizio a Padova, di Enrico Berlinguer, il 7 giugno.
29 settembre, Palermo, le rivelazioni del pentito di mafia Tommaso Buscetta consentono l'emissione di trecentosessantasei mandati di cattura.
16 ottobre, per violazione di sentenze della corte costituzionale, sono oscurate da pretori le emissioni di Canale 5, Retequattro e Italia 1 di proprietà della Fininvest di Silvio Berlusconi.
20 ottobre, il governo Craxi emana il decreto legge, cosiddetto "decreto Berlusconi", che fa riprendere l'attività delle televisioni commerciali.
23 ottobre, mentre il governo da mesi elabora, con il repubblicano Bruno Visentini, provvedimenti che castighino l'evasione fiscale, in particolare dei commercianti, Confcommercio attua la serrata.
28 novembre, la camera non approva il "decreto Berlusconi".
10 dicembre, Nobel per la fisica a Carlo Rubbia.
23 dicembre, Il "rapido 904" Napoli-Milano, subisce un attentato, presumibilmente organizzato da mafia, camorra, estrema destra. Muoiono sedici persone.

1985
4 febbraio, in attesa del riordino complessivo del settore delle radio e tele trasmissioni, è approvato il cosiddetto "Berlusconi-bis", che consente alle reti private e commerciali di trasmettere su scala nazionale.
27 febbraio, le Br uccidono, all'università La Sapienza di Roma, l'economista Ezio Tarantelli.
29 maggio, il governo blocca il passaggio alla Buitoni delle industrie alimentari del gruppo pubblico Sme.
Bruxelles, allo stadio Heysel, in occasione della partita Juventus-Liverpool, il comportamento degli hooligan britannici causa panico e resse, con la morte di trentotto italiani.
9-10 giugno, referendum sulla scala mobile. Vittoria della posizione espressa da Craxi contro comunisti e Cgil.

14 giugno, Schengen, è firmata la Convenzione intergovernativa che darà luogo al sistema comune di circolazione dei cittadini dell'Unione europea. L'Italia non è pronta ad aderire.
19 luglio, Stava (Trento), muoiono duecentosessantotto persone per il cedimento del bacino di lavaggio della fluorite.
7 ottobre, gruppo palestinese sequestra la nave da crociera Achille Lauro, uccidendo Leo Klinghoffer, passeggero statunitense infermo ed ebreo.
9 ottobre, la mediazione di Arafat ottiene il rilascio in Egitto degli ostaggi della *Lauro*, a patto che si permetta al commando di evacuare senza danni o cattura. L'aereo con i palestinesi è dirottato su Sigonella dalla "Delta Force" statunitense, che ne esige la consegna. Craxi rivendica la sovranità italiana e rifiuta, consentendo al capo del commando, Abu Abbas, di riparare in Iugoslavia.
10 dicembre, Nobel per l'economia a Franco Modigliani.
27 dicembre, Fiumicino, palestinesi di Abu Nidal compiono un attentato presso i banchi El Al e Twa. Tredici morti e settanta feriti.

1986
10 febbraio, Palermo, Ucciardone, Giovanni Falcone e Paolo Borsellino avviano il processo contro la mafia.
22 marzo, Voghera, supercarcere, Michele Sindona, finanziere, ergastolano come mandante dell'omicidio dell'avvocato Giorgio Ambrosoli, muore dopo una tazzina di caffè avvelenato. L'accaduto è classificato come suicidio, e archiviato.
4 aprile, Giovanni Paolo II effettua una visita storica alla sinagoga di Roma.
15 aprile, Dopo il bombardamento americano di Tripoli e Bengasi, la Libia lancia due missili verso la postazione radio statunitense vicino Lampedusa.
2 maggio, la rube radioattiva di Chernobyl è sul territorio italiano.
23 maggio, muore Altiero Spinelli, confinato dal fascismo a Ventotene, autore del manifesto per la federazione dei popoli europei, grande europeista, ricordato dalla Ue con uno dei *palais* del parlamento europeo di Strasburgo.
10 ottobre, legge Gozzini, che umanizza il sistema carcerario.
10 dicembre, Nobel per la biologia a Rita Levi Montalcini.

1987
4 febbraio, riforma del codice penale.
25 febbraio, mandato di cattura contro mons. Paul Marcinkus, per il fallimento del Banco Ambrosiano.
14 giugno, elezioni politiche, crescono Dc (34,3%) e Psi (14,3%), cala il Pci (26,6%).
18 luglio, Valtellina, l'alluvione fa cinquantatre morti.
14 dicembre, Gianfranco Fini è segretario nazionale del Msi.

1988
1 febbraio, Istat informa che la disoccupazione è al 12,3%.
12 aprile, facendo seguito al voto referendario sulla materia, la legge istituisce e regola la responsabilità civile dei giudici.
10 maggio, Carlo De Benedetti ha il controllo di Mondadori.

1989
1 ottobre, legalizzazione dei prodotti omeopatici.
4 dicembre, Umberto Bossi, con esponenti di altri partiti e gruppi autonomisti o indipendentisti settentrionali, fonda la Lega Nord.

1990
28 febbraio, passa il primo provvedimento sull'immigrazione, cosiddetta legge Martelli.
26 marzo, Oscar per il miglior film straniero a *Nuovo cinema paradiso* di Giuseppe Tornatore.
13 giugno, legge sulla droga che sostituisce al principio della dose per uso personale, quello del possesso di stupefacenti come reato.
13 luglio, Brindisi, quattromila albanesi chiedono rifugio in Italia. E' la prima carretta del mare che attracca inattesa sulle coste italiane, che da allora diventano approdo di sbarchi, interrotti da condizioni avverse del mare o da accordi con paesi rivieraschi.
14 luglio, invio di mezzi della marina per garantire sicurezza nel golfo Persico.
21 dicembre, le prime due donne prefetto.

1991
10 gennaio, Libero Grassi, imprenditore palermitano, pubblica in prima pagina sul *Giornale di Sicilia* la lettera aperta ai suoi estorsori, confermando che non pagherà il pizzo.
17 gennaio, approvata in parlamento la missione italiana nel Golfo, per il ripristino della legalità internazionale nell'area, dopo l'azione dell'Irak contro il Kuwait.
31 gennaio, il Pci scompare e inizia la sua esistenza il Pds, partito Democratico della Sinistra.
23 agosto, è in vigore la legislazione che regola il sistema radiotelevisivo pubblico e privato. La situazione esistente viene cristallizzata nel duopolio tra sistema pubblico e monopolio privato Fininvest.
29 agosto, Palermo, la mafia uccide Libero Grassi.
17 settembre, da giorni sotto attacco della speculazione, la lira esce dallo Sme.
3 dicembre, sciopero generale dei magistrati contro gli attacchi della politica alla loro indipendenza. L'azione è diretta contro il ministro della giustizia Martelli, risentito per le azioni giudiziarie contro esponenti del partito socialista, e il presidente della repubblica Cossiga, che con le sue "picconate" o ripetute esternazioni non appare più garantire il sistema costituzionale.
9-10 dicembre, Maastricht, Olanda, Consiglio europeo. E' varato il trattato sull'Unione europea, con decisioni sulla creazione della Unione Europea e dell'Unione monetaria entro il 1999.

1992
7 febbraio, Maastricht, i Dodici della Comunità europea sottoscrivano il "trattato sull'Unione Europea". Si stabiliscono tempi e modi per giungere in dieci anni alla moneta comune.

17 febbraio, Mario Chiesa, amministratore socialista, è arrestato in flagrante mentre si fa consegnare una somma di denaro di 7 milioni di lire (circa 3600 euro al cambio). Il gruppo dei magistrati della procura di Milano, tra i quali si fa notare, per la particolare veemenza, Antonio Di Pietro, avvia la cosiddetta "operazione Mani pulite". Partendo dal malessere per la corruzione dei partiti politici e per le risorse che essi assorbono illegalmente, si tenta di riformare il sistema politico per via giudiziaria. Nei mesi successivi mandati di cattura e/o avvisi di garanzia arriveranno a numerosi politici di ogni livello, a loro uomini nelle aziende pubbliche, a privati imprenditori presunti corruttori. Il risultato sarà il ricambio anche con episodi drammatici, e non sempre in meglio, del ceto politico e dirigenziale, con moltissimi episodi di trasformismo e l'arrivo in parlamento di *parvenu*, in politica per carriere tutte interne a filoni di potere personale e clientelare.
12 marzo, Salvo Lima, capo della corrente andreottiana in Sicilia, è ucciso dalla mafia.
5 e 6 aprile, elezioni politiche, battuti Dc e socialisti, la Lega Nord raccoglie l'8,6% dei consensi.
10 maggio, Pontida, Umberto Bossi proclama la "Repubblica del Nord".
23 maggio, Capaci, sull'autostrada tra l'aeroporto e Palermo, salta in aria l'auto di Giovanni Falcone, appena arrivato da Roma. Con lui muoiono la moglie Francesca Morvillo e la scorta. Sarà imputata e condannata "Cosa nostra" ma come in ogni assassinio e strage accaduta in Italia, restano interrogativi su possibili mandanti.
28 giugno, governo Amato. Sarà costretto dalla situazione finanziaria dello stato, all'improvvisa manovra di novantatremila miliardi di lire. Il debito pubblico è salito al 105,2% del Pil.
3 luglio, Craxi alla camera chiede un percorso politico come risposta all'attacco giudiziario.
19 luglio, Palermo, assassinio mafioso del giudice Paolo Borsellino.
31 luglio, è abolita la scala mobile con accordo tra Confindustria e sindacati.
6 settembre, Gianni Bugno vince per il secondo anno il campionato mondiale di ciclismo su strada.
15 dicembre, primo avviso di garanzia a Bettino Craxi, nell'ambito di "Mani pulite".
24 dicembre, Palermo, Bruno Contrada, commissario di polizia è arrestato per reati di mafia.

1993
15 gennaio, Palermo, arresto del capomafia Salvatore Riina.
10 febbraio, Claudio Martelli, dopo l'avviso di garanzia, si dimette da ministro della giustizia e lascia il Psi.
11 febbraio, Craxi si dimette da segretario del Psi.
25 febbraio, è ritrovato il cadavere di Sergio Castellari, già direttore generale del Ministero delle Partecipazioni statali, indagato per uno degli scandali sotto esame dei magistrati di "Mani Pulite", riguardante Enimont.
Avviso di garanzia al segretario del partito Repubblicano Giorgio La Malfa, che si dimette dall'incarico.

5 marzo, il consiglio dei ministri decreta che non sono penalmente perseguibili i reati commessi per finanziare i partiti politici.
7 marzo, il presidente della repubblica, Oscar Luigi Scalfaro, rifiuta la sua firma sul decreto di depenalizzazione passato due giorni prima al consiglio dei ministri. Continuano a fioccare avvisi di garanzia ad esponenti di partito e a dirigenti di imprese presunti corruttori o corrotti.
25 marzo, è legge il provvedimento che prevede l'elezione diretta di sindaco e presidente di provincia.
27 marzo, Palermo, Giulio Andreotti è inquisito per associazione a delinquere mafiosa.
28 marzo, due esponenti di spicco della Dc, Antonio Gava e Cirino Pomicino, ricevono avviso di garanzia per associazione a delinquere di stampo mafioso.
6 aprile, in parlamento è approvata la relazione della commissione Violante sui legami tra potere politico e criminalità organizzata.
18 e 19 aprile, il referendum popolare ha come risultato l'avvio del sistema maggioritario uninominale per il Senato e l'abolizione del finanziamento pubblico ai partiti.
20 luglio, suicidio in carcere di Gabriele Cagliari, presidente Eni. Qualche giorno dopo si suicida Raul Gardini, presidente onorario Montedison, mentre si sta procedendo all'arresto dei vertici del gruppo.
4 agosto, nuova legge elettorale, con sistema maggioritario a turno unico e sbarramento al 4%.
6 settembre, Palermo, la mafia uccide don Giusepe Puglisi, impegnato nel recupero dei giovani contro la penetrazione mafiosa della società. Nei mesi precedenti la mafia aveva colpito in diverse città italiane con attentati e morti.
27 settembre, in casa di Duilio Poggiolini, ex direttore del servizio farmaceutico nazionale, agli arresti da una settimana per tangenti dalle industrie farmaceutiche, sono trovati 300 miliardi di lire. In giugno era finito sotto accusa l'ex ministro liberale della sanità Francesco De Lorenzo che sarà arrestato nel 1994 e condannato nel 1997 a otto anni, sempre per accordi tra politica e farmaceutici.
18 ottobre, Milano, centomila tra commercianti, artigiani e autonomi protestano contro la "minimum tax", basata sul reddito presumibile.
7 dicembre, arresto di Alessandro Patelli, segretario amministrativo della Lega Nord, per finanziamento illecito di duecento milioni di lire da Montedison.
31 dicembre, la bilancia commerciale italiana è finalmente attiva, per una cifra di 33.223 miliardi di lire (Export 266.214, import 232.991 miliardi).

1994
18 gennaio, la Dc decide di cambiare il nome in partito Popolare italiano, con segretario Nino Martinazzoli. La diaspora degli ex democristiani dà origine anche ad altri partiti di centro, sulla destra e sulla sinistra dello schieramento politico.
22 gennaio, è presentata Alleanza Nazionale, formata da Msi ed elementi della destra democristiana, con leader Gianfranco Fini.
23 gennaio, dalla diaspora degli ex appartenenti al Pci, Rifondazione comunista elegge segretario Fausto Bertinotti.

26 gennaio, a reti unificate tre televisioni Fininvest mandano in onda un messaggio registrato nel quale Silvio Berlusconi ufficializza la sua "discesa in campo" e la fondazione del partito politico "Forza Italia", Fi.
9 marzo, Marcello Dell'Utri, sin dagli anni settanta stretto collaboratore di Berlusconi, amministratore delegato di Publitalia, agenzia pubblicitaria Fininvest, cofondatore di Forza Italia, è arrestato per false fatturazioni.
27 e 28 marzo, la coalizione di centro-destra guidata da Berlusconi vince le elezioni. Fi è al 21%. Irrilevante il risultato del Psi.
10 maggio, primo governo Berlusconi.
13 maggio, è ritirato il passaporto a Craxi, contumace in Tunisia, ad Hammamet.
13 luglio, il consiglio dei ministri approva il decreto che limita le fattispecie per la carcerazione preventiva. L'opposizione dentro e fuori dal parlamento, che vede nel provvedimento un tentativo di favorire gli indagati di "Mani pulite", farà ritirare il decreto.
23 luglio, ordine di arresto per dirigenti Fininvest e Gemina, per corruzione della guardia di finanza. Il governo emana un decreto che riduce le pene per grave inquinamento.
29 luglio, Craxi e Martelli sono condannati a otto anni e sei mesi, per la bancarotta fraudolenta del Banco Ambrosiano.
30 luglio, Istat ufficializza la crisi demografica italiana e la diminuzione della popolazione.
8 ottobre, proposta ufficiale istituzionale di *blind trust* per risolvere il conflitto di interesse del presidente del consiglio. Critiche di opposizione e Lega Nord.
18 ottobre, il ministro di Grazia e Giustizia Biondi decide un'ispezione ministeriale sui giudici di Milano.
6 novembre, settanta vittime per l'alluvione in Piemonte.
13 novembre, finisce il partito Socialista italiano. Nasce "Socialisti italiani" con segretario Enrico Boselli. Ulteriori frazionamenti avranno luogo, con il parto di altre sigle.
22 novembre, avviso di garanzia a Berlusconi per corruzione della guardia di finanza.
6 dicembre, Antonio Di Pietro cessa di essere magistrato.
7 dicembre, la corte costituzionale sentenzia che la legge Mammì che ha dato a un unico gruppo privato tre delle nove reti nazionali è illegittima.
14 dicembre, la Lega Nord lascia la maggioranza, per dissensi sulla regolamentazione del sistema televisivo. Il governo si dimette.

1995
17 gennaio, governo di Lamberto Dini, con mandato "tecnico", sostenuto da Lega Nord, Pds, popolari.
2 febbraio, Romano Prodi si presenta candidato premier per il centro-sinistra.
5 maggio, il ministro della Giustizia Filippo Mancuso avvia l'azione disciplinare verso i magistrati di "Mani pulite"; a loro carico l'uso intimitadorio della carcerazione preventiva.
28 maggio, Bossi parla di un parlamento del nord a Mantova.
21 giugno, Roma, inaugurata la più grande moschea d'Europa.

11 luglio, mandato di cattura internazionale per Craxi, per la metropolitana milanese.
27 ottobre, processo per la tangente Enimont, condannati i vertici Montedison e politici di governo dell'epoca dei fatti: Forlani, Craxi, Martelli, Pomicino, La Malfa, Altissimo.
2 novembre, il governo decide di inviare militari in Bosnia.
31 dicembre, il debito pubblico è al 124% del Pil.

1996
24 marzo, Pontida, Bossi fa dichiarazioni secessioniste.
16 aprile, Craxi prende otto anni per le tangenti relative alla metropolitana di Milano.
21 aprile, elezioni politiche anticipate. Vince il centro-sinistra di Prodi. Il pds diventa primo partito 20,6%.
4 maggio, Bossi insiste sulla secessione e insedia il parlamento del nord a Mantova.
17 maggio, governo Prodi, con esponenti dell'Ulivo e tecnici.
20 maggio, Agrigento, arresto del mafioso Giovanni Brusca.
24 novembre, dopo le misure fiscali e di austerità assunte dal governo Prodi, la lira è riammessa nello Sme.

1997
15 aprile, sbarco italiano a Durazzo con l'incarico di pacificazione dell'Albania, attraverso l'operazione *Alba*. Sotto comando italiano vi è una forza di otto paesi (Austria, Francia, Turchia, Grecia, Spagna, Romania, Danimarca), Forza multinazionale di protezione (Fmp) con bandiera a otto stelle su fondo blu.
16 luglio, Antonio Di Pietro è eletto senatore per l'Ulivo alle suppletive, nel Mugello.
26 settembre, terremoto in Umbria e Marche, undici morti.
26 ottobre, l'Italia può aderire a Schengen.
3 dicembre, Berlusconi è condannato a un anno e quattro mesi di carcere per falso in bilancio. In appello e cassazione sarà assolto.
10 dicembre, Nobel per la letteratura a Dario Fo.
30 dicembre, muore Danilo Dolci, a 73 anni.

1998
3 febbraio, val di Fassa, Trentino, un aereo militare statunitense recide i cavi della funivia del Cermis, causando la morte di venti persone.
13 febbraio, vede la luce il partito Ds, Democratici di sinistra, che assorbe il Pds. Segretario Massimo D'Alema.
21 marzo, Di Pietro inaugura "Italia dei Valori".
6 maggio, Sarno, valanga di fanghiglia crollata dalla montagna devastata da speculazione e deforestazione, travolge e uccide centosessantuno persone.
13 giugno, Berlusconi è condannato a due anni e quattro mesi per finanziamento illecito del Psi di Craxi. Il reato sarà prescritto nel 2000.
19 luglio, Roma, centoventi paesi approvano il trattato che istituisce un Tribunale penale internazionale permanente, con sede all'Aja, che potrà giudicare i reati di

genocidio, crimini contro l'umanità, crimini di guerra e aggressione. Sette paesi hanno rifiutato di sottoscrivere il trattato: Cina, Filippine, India, Israele, Sri Lanka, Turchia, Usa.
9 ottobre, il governo Prodi è senza maggioranza.
23 ottobre, governo D'Alema.
12 novembre, Ocalan, leader del Pkk, il partito che in Turchia si batte per i diritti curdi, è fermato a Fiumicino. Chiede asilo politico. Lascia l'Italia in gennaio.

1999
16 marzo, abolito il monopolio elettrico dell'Enel.
24 marzo, inizia l'intervento Nato nel teatro bellico iugoslavo. L'Italia vi partecipa.
20 maggio, Roma, a due passi dalla centralissima piazza Fiume, è assassinato dalle nuove Br Massimo D'Antona, docente e consulente del governo.
10 luglio, Romano Prodi è presidente della Commissione europea.
25 agosto, Silvia Baraldini, da diciassette anni incarcerata negli Stati Uniti, è estradata in Italia.
29 settembre, è approvato il provvedimento legislativo sul voto degli italiani all'estero.
12 novembre, legge sull'elezione diretta dei presidenti di Regione, che saranno anche chiamati governatori.
23 novembre, Milano, Berlusconi è rinviato a giudizio per concorso in falso in bilancio.
26 novembre, Berlusconi, con Cesare Previti, è rinviato a giudizio per concorso in corruzione giudiziaria. L'inchiesta riguarda la vendita Sme.

2000
19 gennaio, morte di Bettino Craxi in Tunisia
14-20 ottobre, Roma, Tor Vergata, raduno di due milioni di persone per la Giornata mondiale della gioventù.
14 ottobre, guidata da Francesco Rutelli, nasce "La Margherita", partito di centro con orientamento al centro-sinistra.

2001
21 gennaio, prima emergenza rifiuti in Campania.
13 maggio, elezioni politiche e amministrative. La "Casa della libertà", guidata da Berlusconi, registra una chiara vittoria.
10 giugno, secondo governo Berlusconi, con Lega Nord, An, piccoli centristi democristiani.
11 settembre, dolore e orrore per l'attacco alle torri gemelle di New York. Diversi giornali lanciano lo slogan "siamo tutti americani".
28 settembre, il governo depenalizza il falso in bilancio e riforma il diritto societario.
7 ottobre, referendum confermativo sulla legge, varata da un governo di centrosinistra, sul federalismo regionale. Prevalgono con evidenza i sì.
18 ottobre, la legge che attribuisce vaste autonomie regionali e poteri propri alle Regioni può operare.

19 ottobre, la Cassazione assolve Berlusconi dall'accusa di aver versato denaro alla guardia di finanza.

2002

1 gennaio, l'euro circola accanto alla lira come moneta ufficiale a corso legale.
15 gennaio, Kabul, arrivano i primi militari italiani operanti nella forza internazionale.
1 marzo, nei dodici paesi dell'euroclub, l'euro diviene moneta esclusiva a corso legale.
19 marzo, Bologna, le nuove Br assassinano Marco Biagi, professore, consulente del ministero del Lavoro.
16 aprile, Italia, sciopero generale, il primo da vent'anni.
4 giugno, dopo anni di sbarchi clandestini, naufragi di emigranti verso l'Italia, immigrazione legale scarsamente regolata, la legge cosiddetta Bossi-Fini regolamenta il fenomeno migratorio, ancorando il permesso di soggiorno al possesso del contratto di lavoro.
31 ottobre, San Giuliano di Puglia, terremoto. Ventisette bambini e una maestra sono schiacciati dal peso della volta della scuola elementare "Jovine".

2003

12 marzo, approvata la riforma Moratti per la ristrutturazione dei cicli di formazione scolastica.
2 luglio, Strasburgo, emiciclo del parlamento europeo. Con l'Italia presidente di turno delle istituzioni europee, Berlusconi presenta il programma di presidenza. Il capogruppo socialdemocratico, il tedesco Martin Schulz pone la questione del conflitto di interessi. Berlusconi ironizza: "Stanno girando un film in Italia sui lager. La proporrò per la parte di kapò". I parlamentari sono esterrefatti ed è scandalo, con scambio di note diplomatiche tra cancelleria tedesca e ministero degli esteri italiano. Berlusconi chiederà scusa al popolo tedesco, non a Schulz. Fini, vicepresidente del Consiglio, presente a Strasburgo, prende le distanze.
12 novembre, Nassiriyya, Irak, diciannove italiani, tra cui due civili, muoiono per un attentato.
22 novembre, processo Sme, Previti, legale di Berlusconi e poi ministro della difesa nel suo primo governo, è condannato a cinque anni di carcere, per aver corrotto i giudici a favore di Fininvest.
19 dicembre, scandalo Parmalat.

2005

10 gennaio, è in vigore la legge che vieta il fumo nei locali pubblici o aperti al pubblico.
4 febbraio, Baghdad, è rapita Giuliana Sgrena.
4 marzo, l'agente del Sismi Nicola Calipari ha condotto le trattative per la liberazione di Giuliana Sgrena. Mentre scorta la giornalista verso l'aeroporto, è colpito a un *check point* statunitense e muore.
25 ottobre, è approvata la legge Moratti che riforma l'ordinamento universitario.

14 dicembre, nuova riforma del sistema elettorale, con reintroduzione del sistema proporzionale e rilevante premio di maggioranza alla camera e al senato, senza preferenze.
19 dicembre, coinvolto in un grave scandalo bancario, si dimette il governatore di Banca d'Italia Antonio Fazio.

2006
9 e 10 aprile, elezioni politiche. Vince il centro-sinistra, guidato da Romano Prodi.
11 aprile, Corleone, arresto di Bernardo Provenzano.
4 maggio, al processo Imi-Sir, è confermata la condanna di Cesare Previti, parlamentare di Fi, dal giorno successivo agli arresti domiciliari.
15 maggio, Giorgio Napolitano è presidente della repubblica.
17 maggio, governo Prodi.
30 giugno, decreto di liberalizzazione di molti servizi.
9 luglio, l'Italia vince ancora il campionato mondiale di calcio.
26 luglio, Roma, il ministro degli esteri D'Alema e il segretario di stato Condoleezza Rice presiedono, su convocazione italiana, la riunione del *Core Team for Lebanon*, riunito la prima volta a New York nel settembre 2005.
14 agosto, all'Onu si raggiunge l'accordo per il cessate il fuoco al confine tra Israele e Libano. Un milione di sud libanesi sfollati iniziano a tornare a casa.
25 agosto, Bruxelles, l'Ue decide di accettare l'invito Onu ad inviare soldati in Libano per garantire la tregua israelo-libanese. Italia, Francia, Spagna, nell'ordine, manderanno il più alto numero di soldati, che si affiancheranno all'Unifil.
1 settembre, Tiro, Libano, inizia lo sbarco degli effettivi italiani che a regime, assommeranno a circa duemilacinquecento uomini.
30 ottobre, Berlusconi è rinviato a giudizio, per corruzione di un legale inglese ai fini della falsa testimonianza nel processo cosiddetto "All Iberian" e in quello sulle tangenti alla guardia di finanza.
20 dicembre, Piergiorgio Welby, staccato per sua volontà dalla macchina che lo tiene in vita, muore. Forte dibattito bioetico nel paese.

2007
23 febbraio, ulteriore condanna di Cesare Previti, per il cosiddetto lodo Mondadori.
24 aprile, il decreto Amato-Ferrero modifica la Bossi-Fini, ampliando le maglie dell'immigrazione.
13 luglio, ancora una condanna per Cesare Previsti, stavolta in relazione al controllo della Mondadori. Nel frattempo Berlusconi è stato assolto nel processo stralcio Sme per non aver commesso il fatto.
14 ottobre, è fondato il partito Democratico, dai Democratici di sinistra e Democrazia è Libertà –Margherita.
29 dicembre, accordo con la Libia per il pattugliamento concordato del mare. Obiettivo arrestare i flussi clandestini di immigrazione dal Mediterraneo.

2008
16 gennaio, dimissioni del ministro Clemente Mastella, indagato per concorso in concussione, ma l'accusa è archiviata in aprile.

18 gennaio, condanna a cinque anni di carcere del presidente della Regione Siciliana, Salvatore Cuffaro, per favori a imputati in processi di mafia, condanna accresciuta a sette anni dalla Cassazione il 22 gennaio 2011.
24 gennaio, cade il governo Prodi che perde i voti del gruppo democristiano che si riferisce a Mastella.
13 e 14 aprile, elezioni politiche, la coalizione guidata da Berlusconi Polo della Libertà ovvero Fi e An, Lega Nord, Movimento per le autonomie, vince le elezioni.
8 maggio, quarto governo Berlusconi.
25 maggio, Cannes, il festival premia *Gomorra* (dal libro di Saviano) e *Il divo* (su Andreotti).
29 ottobre, la riforma Gelmini del sistema scolastico è legge.
1 dicembre, la lunga crisi di Alitalia, trova una soluzione tutta italiana, su proposta del primo ministro.

2009
9 febbraio, muore Eluana Englaro, in coma irreversibile dal 1992. Il padre ha lottato contro governo e chiesa, rivendicando una morte degna per sua figlia contro l'accanimento terapeutico.
6 aprile, L'Aquila, il terremoto distrugge il centro storico e fa trecento morti circa.
28 aprile, il senato approva la legge che introduce il federalismo fiscale.
1 ottobre, alluvione in provincia di Messina, trentasette morti.
25 ottobre, le primarie interne portano Luigi Bersani alla segreteria del Pd.
13 dicembre, Milano, piazza Duomo, Berlusconi è ferito in viso da una squilibrato.
20 dicembre, Niki Vendola crea "Sinistra, ecologia, libertà" .

2010
1 marzo, primo sciopero degli immigrati, con manifestazioni nel paese.
22 aprile, Gianfranco Fini, presidente della camera dei deputati ed alto esponente dell'alleanza di governo, dissente sulle scelte del governo sulla giustizia e altro.
29 giugno, Palermo, Marcello Dell'Utri, senatore della repubblica eletto per il Popolo della libertà, è condannato a sette anni per concorso esterno in associazione mafiosa.
29 luglio, nel pieno della battaglia parlamentare e di opinione pubblica per l'approvazione della legge che limita le azioni della magistratura contro i politici e l'uso delle intercettazioni, con polemiche di tono sempre più elevato da parte del presidente della Camera e cofondatore del Pdl Gianfranco Fini, il Pdl vota il deferimento ai probiviri di tre fedelissimi di Fini e dichiara il loro leader di riferimento fuori dal partito, invitandolo a lasciare la presidenza della Camera. Il gruppo che fa riferimento a Fini è identificato col nome di "Futuro e libertà per l'Italia", Fli.
29 ottobre, Milano, in questura, una ragazza marocchina di diciassette anni, fermata con accusa di furto, viene rilasciata su richiesta del capo del governo che la qualificherà come nipote del presidente egiziano Mubarak. La stampa documenterà che trattasi di prostituta che frequenta con certa regolarità la residenza del primo ministro, all'interno di un ampio giro di ragazze delle quali, secondo il legale del primo ministro, questi è "utilizzatore finale".
15 novembre, Fli ritira i propri esponenti dal governo.

30 novembre, la camera approva la riforma dell'università.
21 dicembre, Milano, la procura informa che sta indagando il capo del governo per concussione e prostituzione minorile.

2011
17 marzo, apertura delle celebrazioni dei centocinquant'anni dell'unità.

Capi di stato d'Italia

Vittorio Emanuele II	sino al 1878
Umberto I	1878 – 1900
Vittorio Emanuele III	1900 – 1946
Umberto II (luogotenente generale 1944-1946)	1946 9 maggio - 18 giugno*
Alcide De Gasperi (facente funzioni, pro tempore)	1946 13 giugno - 1 luglio
Enrico De Nicola (provvisorio)	1946 1 luglio - 1948, 1 gennaio
Enrico De Nicola	1948, 1 gennaio - 12 maggio
Luigi Einaudi	1948 – 1955
Giovanni Gronchi	1955 – 1962
Antonio Segni	1962 – 1964
Giuseppe Saragat	1964 – 1971
Giovanni Leone	1971 – 1978
Sandro Pertini	1978 – 1985
Francesco Cossiga	1985 – 1992
Oscar Luigi Scalfaro	1992 – 1999
Carlo Azeglio Ciampi	1999 – 2006
Giorgio Napolitano	2006 -

*Termine formale, ma il re lascia l'Italia il 13 giugno. Si cita la luogotenenza perché di fatto, installato al Quirinale, Umberto, in quel periodo, esercita le funzioni di capo dello stato, senza ancora esserlo sul piano formale.

VARIAZIONI DEL TERRITORIO D'ITALIA 1915-1975

In seguito alla **Prima guerra mondiale**, il regno d'Italia acquisisce:
Trentino
Alto Adige fino al Brennero
Gorizia
Friuli orientale
Istria
Trieste
Zara
Isole del Carnaro, di Lagosta, di Cazza e di Pelagosa.

1920
Annessione all'Italia dell'isola di Saseno

1924
Annessione all'Italia di Fiume

Durante la Seconda guerra mondiale sono *annesse* all'Italia:
le isole Ionie (ma non Corfù legata da statuto speciale all'Albania)
la Dalmazia.

Dopo la seconda guerra mondiale sono *cedute*:
alla Iugoslavia
Istria
Fiume
Dalmazia (con le isole di Pelagosa, di Lagosta e di Cazza)

alla Grecia
le isole Ionie

all'Albania
l'isola di Saseno

alla Francia
i territori di Tenda e Briga,
il passo del Monginevro
la Valle Stretta del monte Thabor
il Colle del Moncenisio
una parte del territorio del Colle del Piccolo San Bernardo

LUIGI TROIANI
INDICATORI SOCIO-ECONOMICI DI SVILUPPO

Indicatori	**Numeri**	**Note**
Popolazione residente, 2010	60.340.328	Numero
Di cui:	31.052.925	femmine
	29.287.403	maschi
	4.235.059	stranieri
Componenti per famiglia	2,4	media nazionale
Speranza di vita alla nascita, 2011	79,3	maschi
Speranza di vita alla nascita, 2011	84,8	femmine
Numero medio di figli per donna, 2011	1,4	
Tasso di natalità, 2011	9,2	(‰ abitanti)
Tasso di mortalità, 2011	9,7	(‰ abitanti)
Tasso migratorio, 2011	3,9	(‰ abitanti) -2.8 nel 1961
Separazioni legali coniugali, 2008	84.165	11.796 nel 1971 44.920 nel 1991
Divorzi, 2008	54.531	totale nell'anno 37.573 nel 2000
Matrimoni, 2009	3,8	(‰ abitanti) 4,9 nel 1999
Raccolta di rifiuti urbani, 2008		%, per tipologia
Non differenziata	67,7	
Differenziata	30,6	
Rifiuti ingombranti	1,7	
Rifiuti urbani totale	32.471.594	Ton.
Rifiuti urbani per abitante	542,7	Kg.
Spesa per consumi delle famiglie, 2009		%
Alimentari	18,9	
Abitazione	39,0	
Trasporti	15,7	
Tempo Libero	5,1	
Vestiario	5,8	
Altro	15,4	
Spesa per l'acquisto di beni durevoli, pro capite, 2010		€
Lavastoviglie	542	
Condizionatori di aria	1.083	
Televisori	483	
Personal Computer	398	
Telefoni cellulari	119	
Macchine fotografiche	552	
Automobili nuove	13.903	
Utilizzatori di Internet	42,0	% popolazione
Spread dei titoli del tesoro sul Bund tedesco	punti base 350	9 Settembre 2011
Tecnologie possedute dalle famiglie, 2010		% totale famiglie
Accesso a internet	52,4	
Personal Computer	57,6	
Antenna parabolica	34,8	
Telefono cellulare	90,6	
Lavatrici	97,1	

Automobili, 2009	79,5 (606 ‰ abitanti)	
Università, studenti a.a. 2008-2009		Numero
Immatricolati	295.936	
Iscritti	1.812.454	
Laureati	294.977	
Analfabetismo	1,5	%
Occupati, 2009	23.025.000	Numero
In cerca di occupazione	1.945.000	
Forze di lavoro	24.970.000	
Economia e Finanza:		
Pensioni erogate, 2008	399	‰ abitanti
Prodotto interno lordo, Pil, pro capite, 2009	25.237	€
Consumi pro capite, 2009	20.565	€
Importazioni di beni e servizi (Fob), 2009	442.163	€, milioni, a prezzi correnti
Consumi nazionali, 2009	1.262.509	"
Investimenti fissi lordi, 2009	301.286	"
Esportazioni di beni e servizi (Fob), 2009	414.728	
Debito Pubblico, 2010	119	% su Pil
Indice dei prezzi al consumo, 2010	1,5	%, incremento su anno precedente
Agricoltura		
Aziende agricole, 2008	1.630.000	Numero
Superficie investita in frumento tenero, 2009	568.000	Ettari
Superficie investita in frumento duro, 2009	1.254.000	"
Superficie investita in mais, 2009	916.000	"
Superficie investita in agrumi e fruttiferi, 2009	632.000	"
Superficie investita in viticolture, 2009	799.000	"
Superficie investita in oliveti, 2009	1.147.000	"
Superficie investita in ortaggi, 2009	475.000	"
Produzione, Nord, 2008	52,1	%
Produzione, Centro, 2008	15,3	"
Produzione, Mezzogiorno, 2008	32,6	"
Valore Aggiunto, Nord, 2008	48,0	"
Valore Aggiunto, Centro, 2008	14,7	"
Valore Aggiunto, Mezzogiorno, 2008	37,4	"
Costo del lavoro, Nord, 2008	34,8	"
Costo del lavoro, Centro, 2008	21,4	"
Costo del lavoro, Mezzogiorno, 2008	43,8	"
Costo del lavoro non agricolo, per dipendente, 2008		
Industria in senso stretto	37.600	€
Edilizia	31.600	
Servizi	30.200	

*Elaborazione da Istat e Sole 24 Ore, in collaborazione con la dott.ssa Donatella Lucente.

SIGLE

An	Alleanza nazionale
Br	Brigate rosse
Ccie	Camera di commercio italiana all'estero
Ceca	Comunità europea del carbone e dell'acciaio
Ced	Comunità europea di difesa
Cee	Comunità economica europea
Cei	Conferenza episcopale italiana
Cgil	Confederazione generale italiana del lavoro
Cisl	Confederazione italiana sindacati dei lavoratori
Cln	Comitato di liberazione nazionale
Dc	Partito della Democrazia cristiana
Eni	Ente nazionale idrocarburi
Fi	Forza Italia
Fli	Futuro e libertà per l'Italia
Fob	Free On Board
Gap	Gruppi di azione partigiana
Gepi	Società di gestione e partecipazioni industriali
Icmesa	Industrie chimiche Meda società azionaria
Ide	Investimenti diretti esteri
Ior	Istituto per le opere di religione
Iri	Istituto per la ricostruzione industriale
Istat	Istituto centrale di statistica
Mae	Ministero Affari Esteri
Maic	Ministero dell'Agricoltura Industria e Commercio
Msi	Movimento sociale italiano
Nap	Nuclei armati proletari
Nato	North Atlantic Treaty Organization
On	Ordine nuovo
Onu	Organizzazione delle Nazioni Unite
Pci	Partito comunista italiano
Pd	Partito democratico

Pdl	Popolo della libertà
Pds	Partito democratico della sinistra
Pil	Prodotto interno lordo
Ppp	Purchasing Power Parity
Ps	Pubblica sicurezza
Psi	Partito socialista italiano
Psli	Partito socialista dei lavoratori italiani
Sdn	Società delle Nazioni
Sme	Sistema monetario europeo.
Sme	Società meridionale di elettricità, poi Società meridionale finanziaria
Spa	Società per azioni
Ue	Unione europea
Ueo	Unione europea occidentale
Unrra,	United Nations Relief and Rehabilitation
Usa	Stati Uniti d'America

DANIELLA ALLEVATO — Currently a student at the University of California, Berkeley. Majoring in Landscape Architecture and Environmental Planning with a degree in Conservation and Resource Studies. Participant and tutor at Youth Opportunity valley community center within the City of Los Angeles to promote the improvement of mathematics and science skills in disadvantaged youth. In 2010 was invited as a researcher of hydrological systems at the Villa Adriana, Tivoli.

ORESTE BAZZICHI — Già dirigente responsabile della biblioteca e dell'archivio storico di Confindustria. Membro della redazione della rivista scientifica della fondazione Giuseppe Toniolo "La Società". Tra le pubblicazioni: *Guida all'archivio storico della Confindustria* (Roma: Sipi, 1990); *Alle origini del capitalismo* (Roma: Dehoniane, 1991); *Alle radici del capitalismo. Medioevo e scienza economica*, (Torino: Effatà, 2003); *Dall'usura al giusto profitto. L'etica economica della Scuola francescana*, (Torino: Effatà, 2008); *Cent'anni di Confindustria. Un secolo* di *sviluppo italiano*, (Limena: Libreria Universitaria, 2009); *Il paradosso francescano tra povertà e società di mercato. Dai Monti di Pietà alle nuove frontiere del credito*, (Torino: Effatà, 2011).

SIMONE COLAFRANCESCHI — Dottore di ricerca in Storia contemporanea, collabora alle attività didattiche e di ricerca della Facoltà di Scienze politiche dell'Università Roma Tre. Autore di numerosi saggi e dei volumi: Autogrill. Una storia italiana (Bologna, Il Mulino, 2007), A guisa di un immenso molo. Le istituzioni per il commercio estero nell'Italia di fine Ottocento (Roma: Aracne, 2008) e La nostra storia. Cronologia dell'Italia unita. Vol. 1, 1861 -1945 e Vol. 2, 1946-2011 (Milano: Bompiani, 2011).

BRANDON ESSARY — B.A. in History and Italian at Clemson University, and an M.A. in Italian Studies at UNC Chapel Hill. He is currently in the third year of the PhD in Italian Studies at UNC Chapel Hill. His research interests lie mainly in the Medieval and Renaissance periods and particularly in the person and works of Giovanni Boccaccio. In addition to these literary pursuits, Brandon has been the On-Site Director of the Italian-American study abroad program Programma Ponte for the past four years.

LUIGI FONTANELLA — Professor of Italian at Stony Brook University. Poet, literary critic, translator, and novelist, his most recent books are *Pasolini rilegge Pasolini* (Milan: Archinto-Rizzoli, 2005); *Land of Time. Selected Poems 1972-2003* (New York: Chelsea Editions, 2006, edited by Irene Marchegiani); *L'azzurra memoria. Poesie 1970-2005* (Milan: Moretti & Vitali Ed., 2007, Città di Marineo Prize, Laurentum Prize); *Oblivion* (poetry, Milan: Archinto, 2008); *Giuseppe Berto*

Thirty Years Later (Venice: Marsilio, 2009); *Controfigura* (novel, Milan: Marsilio, 2009); *L'angelo della neve. Poesie di viaggio* (Milan: Mondadori, Almanacco dello Specchio 2009). Fontanella is the editor of *Gradiva*, and the president of IPA (Italian Poetry in America). In 2004 President Carlo Azeglio Ciampi nominated him Cavaliere della Repubblica Italiana.

SIMONA FRASCA — Musicologa e critico musicale (Il Giornale della Musica, Il Manifesto, Alias, Rumore, Radio Rai), ha condotto studi e ricerche sulla storia sociale della musica in particolare sul free jazz e, come borsista Fulbright, sull'inizio dell'era discografica. Si occupa di modelli di produzione e consumo, rapporti inter-generazionali attraverso la musica, circuiti di distribuzione transnazionali, e in generale dello scenario underground legato alla cultura pop nell'era della globalizzazione. Ha pubblicato *Norah Jones, Piano Girl* (Roma: Arcana, 2004), *Birds Of Passage: musicisti napoletani a New York* (1895-1940) (Lucca, Lim, 2010).

GIUSEPPE GAZZOLA — Professore all'Università statale di New York, Stony Brook. I suoi interessi riguardano la letteratura italiana dell'Ottocento e del primo Novecento. Ha pubblicato una decina di articoli e capitoli di libri. Nel 1997, a sua firma, è uscito Le armi della ragione, prima monografia dedicata al drammaturgo Vico Faggi. Nel 2006, insieme ad Olaf Mueller, è uscita l'edizione critica tedesca del foscoliano Essays on Petrarch (Ugo Foscolo: Essays über Petrarca). In occasione della celebrazione del centenario del Manifesto futurista, ha edito la raccolta di saggi *Futurismo: Impact and Legacy* (2011). Sta lavorando a un libro sulle traduzioni marinettiane di Mallarmé.

ALBINO CARLO GORINI — Consigliere Cnel, Consiglio Nazionale dell'Economia e del Lavoro. Docente di Sociologia economica, Università S. Pio V, Roma, presidente di Fisba-fat Fondazione, amministratore delegato di Agrilavoro Edizioni, direttore del trimestrale di politica cultura e sindacato, *Opinioni*. Dal 1973 al 2008 ha ricoperto ruoli dirigenti nella Cisl, in particolare come Segretario generale Fai (agroalimentare e ambiente).

ALAN G. HARTMAN — Program Director of Modern Foreign Languages at Mercy College in Dobbs Ferry, NY. He holds a B.S. in Psychology from Manhattan College, a M.A. in Hispanic Studies from Boston College, a M.A. in Italian Studies from Middlebury College, and is currently A.B.D. in the Doctor of Modern Languages Program at Middlebury College. Prof. Hartman specializes in Italian American and Southern Italian literatures, history, and culture.

AMIR MALEK — Graduated Dux from Hamilton's Fraser High School. He attained an Outstanding Performance grade in the New Zealand Scholarship Science exam in 2007, placing amongst the top 3 students in the country. In 2008 he was awarded the Robertson Scholarship to Duke University. He is currently in his fourth year at Duke University, undertaking a B.A. in Physics and Italian and European studies. In 2011, Amir received a Programma Ponte Scholarship.

RAFFAELE MAMBELLA — Docente di Storia dell'Arte nell'Università di Padova. Laureato in Etruscologia ed Antichità italiche, perfezionamento in Archeologia. Ha partecipato a ricerche archeologiche in Grecia e a Roma, ha diretto scavi in Basilicata, Sicilia e Calabria. Ha pubblicato, in riviste specializzate italiane ed estere, articoli sull'arte etrusca, greca, paleoveneta e romana. Premi "Napoli-Mezzogiorno", "Primavera Catanese", "Firenze-Targa del Presidente del Senato", "Val di Magra", "Città di Milano", "Città di Leonforte". Ha collaborato a voci sul mito antico nel "Lexicon Iconographicum Mitologiae Classicae", edito sotto il patrocinio dell'Unesco.

IRENE MARCHEGIANI — Professore emerito di Lingua e Letteratura italiana presso la California State University di Long Beach. Responsabile della preparazione degli insegnanti di lingue romanze per la State University of New York di Stony Brook. È coautrice di libri di testo (*Percorsi, Crescendo*! e *Incontri Attuali*). Ha curato il volume di saggi *The poetics of Place, Florence Imagined*, e ha pubblicato numerosi saggi su Leopardi e poeti italiani contemporanei. Cotraduttrice dei volumi di poesia *La stella del libero arbitrio*, di Maria Luisa Spaziani, *Ceres*, di Luigi Fontanella e dell'antologia poetica di Plinio Perilli *Promises of Love*, nonché dell'*Aminta* di Torquato Tasso, premio Monselice "Diego Valeri". Sue poesie sono apparse in varie riviste fra cui *Filorosso*, *Hebenon* e *Gradiva*. Nel 2004 ha pubblicato la raccolta poetica *La vita in cerchio*.

MARIO B. MIGNONE — State University of New York Distinguished Service Professor in the Department of European Languages, Literatures, and Cultures. Founder and director of the Center for Italian Studies at Stony Brook University. He is Editor of *Forum Italicum* and has published widely in journals of Italian Studies. Author of *Il teatro di Eduardo de Filippo: critica sociale, Anormalità e angoscia nella narrative di Dino Buzzati, Eduardo De Filippo, Italy Today: Facing the Challenges of the New Millennium, Columbus: Meeting of Cultures, Leucò va in America: Cesare Pavese nel centenario della nascita*. He edited *Pirandello in America*.

RAFFAELLA PETRINI — Professed member of the Franciscan Sisters of the Eucharist, an American Catholic religious Community of Pontifical Right, founded in 1973 in Meriden, Connecticut. She earned a degree in Political Sciences at Luiss University, in Rome; a Master's degree in International Marketing in Bologna; a Master of Science in Organizational Behavior at the University of Hartford. She has just concluded her studies for a License in Social Sciences at the Pontifical University of St. Thomas Aquinas in Rome, with a thesis on "The Contribution of Franciscan Hospice Care to a Culture of Solidarity". When in Rome, sister Petrini works in a Vatican Office and is regularly involved as a volunteer in hospice care.

ROCCO PEZZIMENTI — Ha insegnato Storia delle dottrine politiche e Filosofia politica in varie università. Tra i suoi libri, tradotti anche in inglese e spagnolo: Il pensiero politico di Lord Acton. I cattolici inglesi dell'Ottocento; La società aperta e i suoi amici; La società aperta nel difficile cammino della modernità; Politica e Religione. La secolarizzazione nella modernità; Sovrastruttura e struttura. Genesi dello sviluppo economico; Il pensiero politico islamico del '900. Tra riformismo, restaurazione e laicismo.

CINTHIA PINOTTI — È stata avvocato civilista, commerciale e amministrativo. È Vice Procuratore Generale presso la Corte dei Conti. Professore di Diritto amministrativo I e II, Pontificia Università Lateranense in Roma, Facoltà di diritto civile. Ha insegnato diritto commerciale comunitario presso la Facoltà di Economia dell'Università della Tuscia di Viterbo. Autrice di Gli Aiuti di stato alle imprese nel Diritto comunitario della concorrenza (Padova: Cedam, 2000), Giustizia amministrativa (Città del Vaticano:Lateran University Press, 2009). Giornalista pubblicista, è autrice di numerosi saggi ed articoli di diritto amministrativo, commerciale, comunitario. Condirettore scientifico della rivista di diritto comunitario "Foro Europa" e Codirettore dell'omonima collana di monografie, edite dall'Istituto Poligrafico e Zecca dello stato.

SALVATORE G. ROTELLA — Salvatore G. Rotella holds a Ph D in Political Science from the University of Chicago. He has taught Political Science and Public Administration at the City Colleges of Chicago, the Graduate School of Public Administration at the Illinois Institute of Technology, Loyola University of Chicago, St. John's University and Stony Brook University. As an academic administrator he has made contributions to the community college systems of two states, Illinois and California. He has been Vice President of Academic Affairs at Nassau College of the State University of New York, Chancellor of the City Colleges of Chicago and has retired recently as Chancellor Emeritus of the Community College System in Riverside, California.

LUIGI TROIANI — Professore Incaricato di Relazioni Internazionali e Politica Economica Internazionale, Pontificia Università San Tommaso d'Aquino, Roma. Presidente Iscop, Istituto Superiore per la Comunicazione e l'Opinione Pubblica, Roma. *Columnist* di America Oggi, con la rubrica "A modo mio". È stato Researcher Associate, Harvard Un., Center of European Studies, ricercatore IAI di Roma, membro del Consiglio Scientifico ICE, Istituto Italiano per il Commercio estero. Ha pubblicato, tra l'altro: *A sud dell'Europa* (Roma: Agrilavoro, 2011, a cura), *Dopo Beveridge* (Roma: Agrilavoro, 2005, a cura), *Regionalismi economici e sicurezza* (Milano, Franco Angeli, 2000), *Italia e Mediterraneo* (Bologna, Il Mulino, 2000, a cura), *Lo sviluppo distratto*, (Perugia Broglioeditore, 1987), *La Grecia* (Milano, Franco Angeli, 1979).

STEFANO VACCARA — Nato e cresciuto in Sicilia. Laureato a Siena, Master alla Boston University, dal 1994 vive a New York dove lavora come giornalista. Executive editor di America Oggi, ne é anche *Columnist* con la rubrica "Visti da New York" pubblicata dal 1996. Corrispondente di Radio Radicale dalle Nazioni Unite. Dal 1997 insegna Lngua e Cultura italiana alla New School University. Dal 2009 ha due corsi al Lehman College della City University di New York: The Mafia: Demystifying a Social and Political Phenomenon, Media & Democracy, from Citizen Kane to Silvio Berlusconi.

ALJA VAN KLINKEN — Graduated in Psychology, University of Utrecht, 1984, Graduated in Communication Science in 1988, Amsterdam , The Netherlands. Specialisation in "European transborder television developments" at the University of Amsterdam, in collaboration with the European University of Florence, Fiesole and with the RAI (Italian Public Broadcaster) Rome, 1991. Lecturer in theories and techniques of Communication at ISCOP, Rome. Communication consultant, at RAI, Italy and NOS, The Netherlands.